주 안에서,

　　　　　　　　님께

하나님의 약속을

사랑의 선물로 드립니다.

　　　　　　　　　　　　드림

Promises
하나님의 약속 365

한·영합본

Promises: A Daily Guide to Supernatural Living

Promises: A Daily Guide to Supernatural Living © 1993, 1998 Bright Media Foundation (formerly Bill Bright). All rights reserved. No part of this publication may be reproduced, stored in a retrieval system, or transmitted in any form or by any means, except in the case of brief quotations printed in article or reviews, without prior permission in writing from the publisher.

『PROMISES 하나님의 약속 365』(Promises: A Daily Guide to Supernatural Living)는 미국 The Bright Media Foundation의 허락을 받아 KCCC(순출판사)에서 제작했습니다. 따라서 본 저작물의 영어 원문의 판권은 The Bright Media Foundation에 있으며 한국어 판권은 KCCC가 소유합니다. 저작권법에 의하여 한국 내에서 보호를 받는 저작물이므로 무단 전재와 무단 복제를 금합니다.

*특별한 표기가 없는 모든 성경 구절은 개역개정성경을 인용했습니다.

Promises
하나님의 약속 365
한·영합본

A DAILY GUIDE TO
SUPERNATURAL LIVING

Bill Bright

순출판사
CCC/한국대학생선교회

지난 20여 년 동안 쉼 없는 사랑과 헌신으로
나의 사역과 또 개인적인 어려움들을 풀어 나가는 데 큰 도움을 준
은혜로운 엘마 그리스월드 부인에게 이 책을 헌정합니다.

부인은 하나님께 온전히 사용되어 전 세계에 걸쳐 이루어진
'새생명 예수' 운동과 '대학생선교회'(CCC)의 전 사역을
우리와 함께 섬겼으며 그리고 또 우리 부부의 삶을 풍성하도록 도와주었습니다.

나와 내 아내 보넷은 부인께 깊은 감사를 드리고자 합니다.

To Erma Griswold, a gracious lady whose loving, tireless, self-giving spirit has helped to lighten my personal load and enhance my ministry in a very special way for 20 years. Vonette and I are deeply grateful to her for the way she has been used of God to enrich our lives and serve with us the entire ministry of Campus Crusade for Christ/Here's Life around the world.

Acknowledgments

It has been my desire for several years to assemble some of God's thousands of promises in a book that would be helpful on a daily basis for anyone who is seeking the supernatural, Spirit-filled life. The people listed below have been of particular assistance in bringing this book to fruition and I wish to thank them and acknowledge their service and support.

Dave Orris and Les Stobbe for their patience and encouragement when my busy schedule made it impossible to meet several deadlines.

John Boone for assistance in my many travels and in checking references.

Dave Enlow for transcribing and editing tapes for nearly 400 daily promises.

Erma Griswold for careful final editing and polishing.

Jean Bryant for helping to bring the daily promises together into book form.

감사의 말

　성령 충만한 삶, 초자연적인 삶을 갈구하는 모든 사람에게 날마다 도움이 될 수 있도록 하나님의 많은 약속 가운데 특별한 약속들을 집약하여 한 권의 책으로 엮어보고자 하는 것은 수년에 걸친 저의 꿈이었습니다. 여기에 말씀드리는 분들은 이 책이 출판되는 데 있어 각별한 도움을 주신 분들로서 그 수고와 후원에 깊이 감사드리고자 합니다.

　데이브 오리스와 레스 스토브는 제가 바쁜 일정 때문에 여러 번 마감 시간을 놓쳤을 때마다 이해해주고 격려해 주었습니다.

　존 분은 제가 많은 여행을 하는 가운데 큰 도움을 주었고 또 많은 자료를 확인해 주었습니다.

　데이브 엔로우는 거의 400가지의 약속을 녹음한 내용을 편집하고 옮겨 써 주었습니다.

　엘마 그리스워드는 세심하게 최종 편집과 퇴고를 맡아 주었습니다.

　진 브라이언트는 날마다 묵상할 약속들을 책의 형식으로 엮는 데 큰 도움을 주었습니다.

Introduction

The Christian life, according to the claims and promises of God's holy, inspired Word, is meant to be an exciting adventure, an abundant, fruitful life, characterized by the supernatural. It all began years ago on the night of our Lord's human birth outside that little village of Bethlehem. The angel announced it to the shepherds guarding their flocks when he said, "I bring you the most joyful news ever announced, and it is for everyone! The Savior-yes, the Messiah, the Lord-has been born tonight in Bethlehem."

Almost two thousand years have passed and it is still the most joyful news ever announced. Consider if you will the miracle of that event. Our omnipotent Creator God, who spoke the whole universe into being, came to earth as a little baby, and was laid in a humble manger, fulfilling everything the prophets of the Old Testament had foretold hundreds of years before about His birth. He grew to manhood-both perfect God and perfect man-and at the age of thirty he began the public ministry for which He came to this world. He taught as no man had ever taught. He performed miracles such as no man had ever performed. He lived the most holy life ever lived. In further fulfillment of prophecy He died on the cross for our sins, and three days later was raised from the dead. He is alive! The tomb in which His body was placed following His crucifixion is empty.

The chairman of the Garden Tomb Association in Jerusalem asked me to deliver the message there one Easter, on the resurrection of our Lord. It was an electrifying experience to stand only a few feet away from that empty tomb and proclaim the power and glory of His resurrection to more than 2,500 believers and nonbelievers from scores of countries around the world.

들어가면서

하나님의 거룩하고 영감된 성경의 말씀과 그 약속에 따르면, 그리스도인의 삶은 우리가 그것을 '초자연적인 것'이라고 부를 수 있는 풍성하며 열매 가득한 흥분에 찬 모험입니다.

이 모든 것은 오래 전 베들레헴 작은 마을에서 우리 주님이 인간으로 태어나시던 밤으로부터 시작되었습니다. 천사가 양떼를 지키던 목자들에게 이렇게 선포했습니다. "내가 온 백성에게 미칠 큰 기쁨의 좋은 소식을 너희에게 전하노라 오늘 다윗의 동네에 너희를 위하여 구주가 나셨으니 곧 그리스도 주시니라"(눅 2:10~11)

2,000여 년이 지난 오늘에도 변함없이 이 소식은 인류에게 전해진 가장 큰 기쁨의 소식입니다.

이 기적의 사건을 깊이 한번 생각해 보십시오. 말씀으로 온 우주를 지으신 우리 전능하신 창조주 하나님께서 어린 아기로 이 땅에 오셔서 초라한 구유에 누우심으로, 이 일이 있기 수백 년 전부터 구약의 선지자들이 그의 탄생에 관하여 미리 예언한 것들을 모두 이루셨습니다. 그는 완전한 하나님이신 동시에 완전한 인간으로 성장하셨으며 30세부터 그가 이 세상에 오신 목적이었던 공생애를 시작하셨습니다. 그의 가르침은 이전의 그 누구와도 다른 것이었습니다. 그는 이전의 그 누구도 행하지 못한 기적을 행했습니다. 그는 그 누구도 하지 못했던 거룩한 삶을 살았습니다. 그리고 그는 우리 죄를 대신하여 십자가에서 죽으시고 사흘 만에 부활하심으로 예언을 완전히 이루셨습니다. 지금도 그는 살아 계십니다. 십자가에서 죽으신 후 그 몸을 장사지냈던 무덤은 지금 비어 있습니다.

예루살렘에 있는 *정원무덤협의회의 회장이 어느 부활절 날에 우리 주님의 부활에 관하여 설교를 해달라고 제게 부탁을 해 온 적이 있었습니다. 예수님의 빈 무덤으로부터 불과 몇 걸음 떨어진 곳에서, 전 세계 수십 개 국가에서 온 2,500명이 넘는 신자와 불신자들에게 우리 주님의 부활의 능력과 영광을 선포한다는 것은 참으로 감격적인 경험이었습니다. 나사렛 예수는 역사상 가장 혁명적인 분이셨습니다. 그는 역사를 B.C.와 A.D.로 갈라놓았습니다.

편집자 주 *정원무덤협의회(Garden Tomb Association): 정원무덤은 예수 그리스도가 매장되었다가 부활한 장소라고 여겨지는 곳 중 하나로, 현재 영국의 정원무덤협의회에서 관리하고 있다.

Jesus of Nazareth was the most revolutionary person who ever lived. He changed the course of history He divided time-into B.C. (before Christ) and A.D. (anno Domini, the year of our Lord).

Dr. Charles Habib Malik, former president of the United Nations General Assembly, world-famous philosopher who received fifty honorary degrees from the most prestigious universities in the world, said, "There are revolutions and there are counter revolutions; the great est revolution ever was Jesus Christ Himself; not His miracles, not His ideas, not His teachings, not His moral principles, great and novel and revolutionary as all these things are, but He Himself. For nothing is greater, more revolutionary and unbelievable than, nothing is as great as, the Gospel of the crucified, resurrected and glorified God who is to come again to judge the living and the dead." (Charles Habib Malik, A Christian Critique of the University, Downers Grove, IL: University Press, 1982, pp. 30,31)

Blaise Pascal was a famous French physicist and philosopher, a mathematician and spiritual thinker whose Christian philosophy echoed that of Augustine. Pascal said, "Not only do we only know God through Jesus Christ, but we only know ourselves through Jesus Christ; we only know life and death through Jesus Christ. Apart from Jesus Christ we cannot know the meaning of our life or our death, of God or of ourselves. Thus without Scripture, whose only object is Christ, we know nothing, and can see nothing but obscurity and confusion in the nature of God and in nature itself." (Blaise Pascal, Pascal's Pensees (417), A.J. Krailsheimer, trans., NY: Penguin Books, 1966, p. 158)

Jesus claims that God the Father has given Him all authority in heaven and earth (Matthew 28:18).

The Scriptures proclaim that He is God incarnate, the visible expression of the invisible God (Colossians 1:15).

전 유엔 총회 의장이었으며 저명한 철학자이자 세계 각국의 유수한 대학에서 50여 개의 명예박사 학위를 받은 바 있는 찰스 하비브 말리크 박사는 이렇게 말했습니다.

"역사상 수많은 혁명과 또 반혁명이 있었지만 그중 가장 위대한 혁명은 예수 그리스도 자신이었다. 그가 행하신 기적과 사상과 가르침과 또 도덕적 교훈들은 너무도 위대하고 고귀하며 혁명적이었지만 예수님 자신과 비교할 수는 없다. 그 어떤 것도 십자가에 못 박히시고 부활하시고 영광을 받으신 하나님, 산 자와 죽은 자를 심판하러 다시 오실 하나님의 복음보다 더 위대하며 더 혁명적이며 더 놀라운 것은 없기 때문이다."(Charlie Habib Malik, A Christian Critique of the University, Downers Grove, IL:University Press, 1982, 30~31페이지)

블레이즈 파스칼은 유명한 프랑스의 물리학자이며 철학자이고 또 수학자이며 영적 사상가로서 그의 기독교적 사상에 의해 성 어거스틴의 사상을 다시 한 번 세상에 메아리치게 했던 사람입니다. 그는 이렇게 말했습니다.

"오직 예수 그리스도를 통해서만 우리는 하나님을 알 수 있을 뿐만 아니라, 우리 자신도 예수 그리스도를 통해서만 알 수 있다. 예수 그리스도를 통해서만 우리는 삶과 죽음을 이해하게 된다. 예수 그리스도를 떠나서는 삶과 죽음, 하나님과 우리 자신의 의미를 우리는 알 수 없다. 그러므로 그리스도를 유일한 주제로 삼는 성경을 떠나서는 우리는 아무 것도 깨달을 수 없으며 하나님의 본성과 자연 그 자체의 속성에 관하여 단지 혼란과 어두움 외에는 아무 것도 볼 수 없다."(Blaise Pascal, Pascal's Pensees(417), A.J Krailsheimer, trans.,NY:Penguin Books, 1966, p158)

예수께서는 아버지 하나님께서 하늘과 땅의 모든 권세를 그에게 주셨다고 선언하십니다.(마 28:18) 성경은 그가 성육신하신 하나님이시며 보이지 아니하는 하나님의 형상이심을 선언합니다.(골 1:15)

그 안에는 신성의 모든 충만이 육체로 거하십니다.(골 2:9)

우리는 그 안에서 충만하여졌습니다.(골 2:10)

그는 모든 사람을 부르고 계십니다. "수고하고 무거운 짐 진 자들아 다 내게로 오라 내가 너희를 쉬게 하리라"(마 11:28)

"평안을 너희에게 끼치노니 곧 나의 평안을 너희에게 주노라 내가 너희에게 주는 것은 세상이 주는 것과 같지 아니하니라 너희는 마음에 근심하지도 말고 두려워하지도 말라"(요 14:27)

"나를 따라오라 내가 너희를 사람을 낚는 어부가 되게 하리라 하시니"(마 4:19)

"오직 성령이 너희에게 임하시면 너희가 권능을 받고 예루살렘과 온 유대와 사마리아와 땅

In Him dwells all the fullness of the godhead bodily (Colossians 2:9).

We are complete in Him (Colossians 2:10).

He invites all men, "Come to Me, all who are weary and heavy-laden, and I will give you rest" (Matthew 11:28, NAS).

"Peace I leave with you, my peace I give unto you: not as the world giveth, give I unto you. Let not your heart be troubled, neither let it be afraid" (John 14:27, KJV).

"Follow me, and I will make you fishers of men" (Matthew 4:19, KJV).

"You shall receive power when the Holy Spirit has come upon you; and you shall be My witnesses both in Jerusalem, and in all Judea and Samaria, and even to the remotest part of the earth" (Acts 1:8, NAS).

Paul reminds us in Ephesians, "God has allowed us to know the secret of His plan, and it is this: He purposed long ago in His sovereign will that all human history shall be consummated in Christ, that everything that exists in Heaven or earth should find perfection and its fulfillment in Him" (Ephesians 1:9,10, Phillips translation).

But here is a staggering thing, that in all which will one day belong to Christ, we have been promised to share (Ephesians 1:11). Think of it. This wonderful Savior, the omnipotent Son of God, has come to live in the lives of all who receive Him (John 1:12).

our bodies become temples of the living God (1 Corinthians 6:19).

At the very moment He comes to take up residence in our lives, we become children of God (John 1:12).

Our sins are forgiven (Colossians 2:13).

We have eternal life (1 John 5:11,12).

And His many promises become a call to a supernatural life. Consider, for example, this promise from Jesus, "The works that I do shall [you] do also; and greater work than these shall [you] do; because I go to the Father...If you ask Me anything in My name, I will do it" (John 14:12, 14, NAS).

끝까지 이르러 내 증인이 되리라 하시니라"(행 1:8)

바울은 성경 에베소서를 통해 우리에게 이렇게 상기시키고 있습니다. "그 뜻의 비밀을 우리에게 알리신 것이요 그의 기뻐하심을 따라 그리스도 안에서 때가 찬 경륜을 위하여 예정하신 것이니 하늘에 있는 것이나 땅에 있는 것이 다 그리스도 안에서 통일되게 하려 하심이라"(엡 1:9~10)

그러나 참으로 놀라운 일이 여기 있습니다. 모든 것이 그리스도께 속하게 될 그 날 우리는 그리스도 안에서 기업을 얻을 것입니다. 생각해 보십시오. 놀라우신 구세주, 전능하신 하나님의 아들이 그를 영접하는 모든 사람의 삶 가운데 거하기 위하여 오셨습니다.(요 1:12)

우리 몸은 살아 계신 하나님의 성전입니다.(고전 6:19)

예수께서 우리와 함께 거하시기 위해 우리 삶 속에 오시는 바로 그 순간 우리는 하나님의 자녀가 됩니다.(요 1:12)

우리의 죄는 용서함을 받습니다.(골 2:13)

우리는 영원한 생명을 얻습니다.(요일 5:11~12)

그리고 그가 주신 많은 약속들이 우리를 초자연적인 삶으로 초대합니다. 예를 들어 주님의 이 약속을 생각해 보십시오. "내가 진실로 진실로 너희에게 이르노니 나를 믿는 자는 내가 하는 일을 그도 할 것이요 또한 그보다 큰 일도 하리니 이는 내가 아버지께로 감이라…내 이름으로 무엇이든지 내게 구하면 내가 행하리라"(요 14:12~14)

얼마 전 전국적인 규모의 출판물의 논설이 다음과 같은 몇 가지 대단히 심각한 의문을 제기했습니다. '소위 거듭난 복음주의적인 그리스도인들은 모두 어디 있는 것입니까? 스스로 거듭난 그리스도인이라고 주장하는 사람이 미국에 적어도 600만 이상으로 추정되지만, 범죄율은 위험 수준까지 계속 증가하는 중에 있습니다. 마약 중독, 알콜 중독, 성병, 이혼, 미성년자 임신, 낙태 그리고 이와 비슷한 심각한 문제들이 전염병처럼 퍼져 있습니다. 그리스도인들은 세상의 빛과 소금이 되어야 마땅하지 않습니까? 그렇게 많은 그리스도인들이 있다면 그들이 세상에 대하여 영향을 미치는 증거를 거의 찾아볼 수 없는 이유는 무엇입니까?'

이 논설이 제기한 의문은 제 마음속에 계속하여 깊이 자리 잡고, 그리스도인들을 향하여 우리는 참으로 세상을 바꾸는 빛과 소금이라는 사실을 상기시키도록 만들었습니다. 우리는 하나님이 거룩하신 것처럼 우리도 거룩하도록 부르심을 받았으며, 하나님께서는 우리에게 무엇을 명령하시든, 언제나 성령을 통해 우리가 그것을 할 수 있도록 하십니다.

Some time ago an editorial in a national publication raised some very significant questions: Where are all of the so-called born-again, evangelical Christians? It is estimated that over sixty million adults in America claim to be born again, yet crime continues to accelerate at an alarming rate. There are epidemics of drug addiction, alcoholism, venereal diseases, divorces, and teen-age pregnancies and abortions, as well as many other similarly serious problems. Are not Christians supposed to be the salt of the earth and the light of the world? If there are so many Christians, why is there such little evidence of their influence in our society?

These questions continue to sober me and prompt me to remind Christian believers that we are, indeed, light and salt, men and women of destiny, world changers. We are called of God to be holy as He is holy and whatever God commands us to do, He always enables us to do by His Holy Spirit.

That is what this devotional book is all about, a daily reminder that we are called to live supernatural lives for the glory of God.

In 1979 I wrote the first book of a trilogy, Believing God for the Impossible: A Call to Supernatural Living. The Holy Spirit: The Key to Supernatural Living followed in 1980. Now, after several years of preparation and prayer, I am happy to share my joy and excitement over the truths contained in this book, Promises: Daily Guide to Supernatural Living. It is my earnest prayer that the rights and authority of every reader, a child of God, will be claimed as that person considers these daily reminders of our spiritual heritage, and that every promise from the inspired Word of God will become a joyful reality for supernatural living.

- Bill Bright

바로 이것이 본 책이 쓰인 목적의 전부입니다. 이 책은 하나님의 영광을 위해 초자연적인 삶을 살기 위해 우리가 부르심을 받았다는 것을 날마다 상기하고자 하는 것입니다.

1979년에 나는 세 권의 연작 중 첫 번째 책인 '불가능한 일들을 향하여 하나님을 믿음-초자연적 삶으로의 부르심'(Believing God for the Impossible: A call to supernatural living)을 집필하였으며 이어서 1980년에 '성령-초자연적 삶의 열쇠'(The Holy Spirit: The Key to Supernatural Living)를 펴냈습니다. 이제 수년간의 기도와 준비 끝에 이 책 'PROMISES 하나님의 약속 365'(Promises: Daily Guide to Supernatural Living)를 마무리하게 되어 그 속의 진리를 통하여 내가 누릴 수 있었던 기쁨과 흥분을 함께 나눌 수 있게 된 것을 대단히 기쁘게 생각합니다. 간절히 기도하기는 이 책의 모든 독자들이 이 책을 통하여 우리가 누릴 수 있는 영적 유산을 날마다 새기면서 하나님의 자녀로서의 권리와 권위를 주장할 수 있게 되기를 빌며 그로써 하나님의 영감 된 말씀으로부터의 모든 약속들이 초자연적 삶을 위한 현실로 이루어지는 기쁨을 누리게 되기를 바랍니다.

- 빌 브라이트

편집자 주* 이 책의 원제목은 『약속 : 초자연적인 삶을 위한 매일 묵상집』이지만 『PROMISES 하나님의 약속 365』로 제목을 수정하였다.

추천사

사람에게는 꼭 필요한 세 가지가 있습니다.
물, 밥, 공기입니다.

예수 믿는 사람에게도 꼭 필요한 세 가지가 있습니다.
성령, 말씀, 영혼의 호흡입니다.

예수를 믿음으로 우리 안에 오신 성령님을 의지하지 않고는
예수 그리스도를 주라 시인할 수도 없고, 승리하는 삶을 살아갈 수 없습니다.
성령 충만을 받아야 합니다.

하나님의 말씀은 영의 양식입니다. 양식을 먹어야 성장합니다.
양식을 먹지 않으면 영양실조에 걸립니다. 피폐하게 됩니다.
꼬박꼬박 양식을 챙겨서 먹어야 합니다.

예수 믿는 사람들은 영혼의 호흡인 기도를 해야 합니다.
죄를 고백하고, 성령 충만을 간구해야 합니다.
영혼의 호흡을 잘 해야 하나님께 나아갈 수 있습니다.

CCC를 1951년에 설립한 빌 브라이트 박사님이 쓰신
『PROMISES 하나님의 약속 365』는 책상 위에서 쓴 글이 아닙니다.
온 삶으로 쓴 신앙고백록입니다.

빌 브라이트 박사님은 5분의 시간만 있으면 <4영리>로 복음을 전했습니다.
5분의 시간만 있으면 그리스도인에게 성령 충만 받는 비결을 소개했습니다.
미국인으로서는 드물게 40일 주스 금식기도를 6번이나 하셨습니다.

빌 브라이트 박사님은 홍해와 같은 거대한 세계 선교의 강을
성령의 능력을 의지하여 말씀 속에서 하나님의 뜻을 발견하고
기도를 통해 하나님의 은혜를 구하면서 한 걸음씩 담대히 건너갔습니다.

이 책을 읽는 독자들마다 빌 브라이트 박사님처럼 예수님과의 생생한 만남을
1년 365일, 일마다 때마다 시마다 깊이 경험하게 되기를 바랍니다.

- 박성민 목사(한국CCC 대표)

역자 도움말

평생을 통하여 그리스도의 충성된 군사로 전 세계 수많은 사람들에게 그리스도를 소개하는 일에 헌신하였던 대학생선교회(CCC)의 창립자인 빌 브라이트 박사의 만년의 저서, 그의 신앙의 결정체라고 할 수 있을 이 책을 우리말로 번역하여 소개할 수 있는 특권과 은혜를 주신 하나님께 감사와 찬송, 영광을 먼저 올려드리며 이 책을 읽고 묵상하실 때 도움이 될 수 있도록 몇 가지 내용을 아래와 같이 말씀드립니다.

1. 이 책은 1983년도에 처음 출판되어 1993년도에 개정판으로 발간된 빌 브라이트 박사의 저서 『Promises』의 1998년판을 번역한 것으로, 번역 과정에서 1983년판 『Promises』 초판을 번역하여 우리말로 소개한 순 출판사의 『오늘도 주님과 함께』를 많이 참고하였으며 원 저서의 내용을 가능한 그대로 전달하기 위하여 곳에 따라 우리말 번역이 다소 어색하더라도 원문을 그대로 번역하려고 노력하였습니다.

2. 책 내용 중 본문의 각 장 서두에 제시된 영문 성경 구절과 우리말 성경 구절(개역개정판)의 차이로 인하여 몇 장에서는 우리말 성경에 따라 번역 내용의 순서 등을 약간 조정해야 했다는 것을 말씀드립니다. (예, 23페이지)

3. 이 책의 내용 중 특정한 아래 몇 가지 용어가 반복하여 계속 강조되고 있음에 유의 바랍니다.

<u>By faith</u>: 이 책의 내용의 핵심이 되는 용어로서 빌 브라이트 박사가 특정한 개념을 전달하기 위해 책 내용 가운데 반복적으로 사용하고 있으며 번역본에서도 특별히 이 말이 사용되는 곳마다 영문으로 병용 표기하여 독자들께 그 뜻이 정확히 전달 될 수 있도록 하였습니다. 믿음이란 단어는 영어에 여러 가지가 있으나 특별히 위의 용어를 구분하여 계속 사용한 저자의 의도를 정확히 이해하는 것이 이 책을 이해하는 데 큰 도움이 될 것이며 참고

로 214장을 먼저 읽어 보시면 그 뜻을 이해하는 데 도움이 될 것입니다.

Claim: 영어에 '간구하다'라는 뜻을 가진 단어가 여럿 있으나 특별히 이 단어를 특정한 부분마다 반복하여 사용하고 있음에 유의 바랍니다. 이 책에서는 저자의 의도를 살리기 위해 문법적으로 다소 어색함을 무릅쓰고 우리 말 '주장하다'라고 번역하였습니다. 단순히 하나님께 '구하는' 것이 아닌 '하나님의 약속'에 따라 우리가 마땅히 '받을 수 있고', '받아야만 하며' 또 '받을 것을 내가 반드시 믿음으로(By faith) 확신한다'는 내용까지 포함하여 사용하고 있습니다.

As a way of life: 문자 그대로 일시적인 사건이 아닌, 매일 반복되는 삶의 형태라는 뜻으로 사용하고 있습니다. '삶의 방식으로'라는 표현으로 이 책에서 번역하고 있으나 영문 내용으로 보다 정확히 이해 바랍니다.

Appropriating the fullness of God's Holy Spirit by faith: '믿음으로' 하나님께서 '약속하신' 성령 충만을 '누려야' 한다는 말씀으로 766페이지에 첨부된 '성령 충만을 받는 방법'을 꼭 참고하시기 바랍니다.

4. 이 책의 내용을 더욱 잘 이해하시기 위해 각주(752페이지)의 내용을 꼭 참고하실 것을 권해 드립니다.

모쪼록 이 책을 읽으시는 모든 독자 여러분께서 빌 브라이트 박사의 간곡한 기도와 같이 매일매일 하나님의 약속(Promises)을 주장(claim)하며 'Live by faith, Walk by faith, Practice Presence of God'의 삶으로 '우리 안에서 그리고 우리를 통하여'(in and through our lives) 많은 열매 맺으시기를 간절히 기도합니다.

- 역자 정우철

The Bible's No. 1 Promise

*"For God so loved the world, that he gave his only begotten Son,
that whosoever believeth in him should not perish, but have everlasting life."*
JOHN 3:16, KJV

As I travel from country to country, I find that millions of people in many countries and cultures are receiving Christ into their lives after hearing about Him for the first time. Millions of others would respond joyfully if they fully understood the truth of John 3:16, the most wonderful promise ever given to man.

Only through His indwelling presence can they live supernaturally. The first prerequisite to supernatural living, of course, is life—eternal life, supernatural life from God. I encourage you to meditate often on the content of this God-inspired promise:

- God: The omnipotent Creator—loving, sovereign, holy, all-wise, everpresent, compassionate God who flung a hundred billion or more galaxies into space merely by speaking.
- So loved: His love is unconditional and inexhaustible.
- He gave: a gift that can never be earned by our good works, but can be received only by faith.
- His only begotten Son: the most precious, priceless gift ever given–Jesus.
- That whosoever: you and I and every person who inhabits the world.
- Believeth in Him: believes that He is the Son of God and the Savior of the world, the one who died on the cross for the sins of all people everywhere and who was raised from the dead.
- Should not perish: should not be eternally separated from God. "The Lord…is not willing that any should perish" 2 Peter 3:9, KJV.
- But have everlasting life: not only in heaven, but also on earth, experiencing the supernatural, everlasting life of the indwelling, risen Savior.

BIBLE READING Romans 5:6-11
ACTION POINT Today I will receive Jesus as my Savior and Lord, if have not already, and will acknowledge His lordship in my life. As I draw upon His resurrection power as a way of life, I am confident the result will be an abundant, supernatural life.

성경이 주는 최고의 약속

"하나님이 세상을 이처럼 사랑하사 독생자를 주셨으니
이는 그를 믿는 자마다 멸망하지 않고 영생을 얻게 하려 하심이라"
요한복음 3:16

여러 나라를 여행하면서 나는 많은 나라의 다른 문화 속에 사는 수백만의 사람들이 예수님에 관해 처음 듣고서 그분을 바로 자신들의 삶 속에 영접하는 것을 보았습니다. 인류에게 주어진 가장 놀라운 약속인 요한복음 3장 16절 말씀의 진리를 제대로 이해하게 된다면, 아마 수백, 수천만의 다른 사람들도 기꺼이 그렇게 할 것입니다.

오직 그리스도께서 각자의 안에 거하심을 통해서만 사람들은 초자연적인 삶을 살 수 있게 됩니다. 초자연적인 삶을 살기 위한 첫 번째 필수 요건은, '생명'—하나님으로부터 오는 초자연적인 영원한 생명—이 그 안에 있어야 한다는 것입니다. 나는 하나님께서 주신 이 놀라운 약속의 내용을 당신이 자주, 그리고 깊이 묵상해 볼 것을 권합니다.

- 하나님이 : 전능한 창조주—사랑이시고 천지의 주인 되시며, 거룩하시고, 모든 것을 아시며, 항상 계시고, 자비하시며, 말씀 하나로 우주의 수많은 별과 은하계를 흩어 만든 전능하신 하나님
- 이처럼 사랑하사 : 그의 사랑은 조건도, 끝도 없으시고
- 독생자를 : 가장 귀한, 값을 헤아릴 수 없는 귀한 선물, 예수님
- 주셨으니 : 우리의 선한 행위로 얻는 것이 아니라 단지 믿음으로만 받을 수 있는 선물로서
- ❖ 그를 믿는 : 예수님께서 하나님의 아들이시며 세상의 구세주로서, 세상 모든 사람의 죄를 지고 십자가에서 죽으시고, 그리고 다시 사신 것을 믿는
- ❖ 자마다 : 당신과 나, 그리고 세상에 사는 모든 사람들
- 멸망하지 않고 : 영원히 하나님으로부터 떨어지지 않을 것이며, "오직 주께서는 너희를 대하여 오래 참으사 아무도 멸망하지 아니하고 다 회개하기에 이르기를 원하시느니라"(벧후 3:9)
- 영생을 얻게 하려 하심이라 : 하늘나라에서뿐만 아니라 우리가 세상에 사는 동안에도, 부활하시고, 우리 안에 거하시는 우리 구주의 초자연적인 영원한 생명을 체험하게 하십니다.

❖ 한글 성경의 본문 순서에 따라 원문 번역의 순서를 바꿨으므로 참고 바랍니다.
❖❖ 758페이지의 '4영리'를 함께 읽어 보실 것을 권합니다.

오늘 주시는 말씀 로마서 5:6~11
믿음의 실천 ❖❖만일 내가 아직 예수님을 나의 구주로 영접한 적이 없으면, 나는 오늘 예수님을 나의 구주로 영접하고 이제 그분이 내 삶의 주인 되심을 기꺼이 받아들이겠습니다. 이제 나는 매일의 삶 속에 그분의 부활의 능력을 힘입어 살 것이므로, 그 결과 내 삶이 풍성하며 초자연적인 삶이 될 것을 확신합니다.

You Can Know the Spirit's Fullness

"Be filled...with the Holy Spirit and controlled by him."
EPHESIANS 5:18

An enthusiastic attractive couple traveled from their home in Chicago to Arrowhead Springs to share with me an idea about which they were very excited.

"We heard one of your filmed lectures on 'How to Be Filled With the Holy Spirit.' Our lives have been dramatically changed as a result of what you shared," they said. "We have come all this way to encourage you to go on nationwide television and tell Christians how they can know the fullness and power of the Holy Spirit and experience His revolutionary impact in and through their lives."

I am humbly grateful to God for the privilege of sharing these great truths concerning the Holy Spirit with tens of millions of people throughout the world, often with the same dramatic results experienced by this remarkable couple.

The disciples were with Jesus for more than three years. They heard Him teach as no man had ever taught. They saw Him perform miracles such as no man had ever performed—raising the dead, restoring sight to the blind and cleansing lepers. Though they were exposed to the most godly life ever lived on earth, during Jesus' time of crisis, Judas betrayed Him, Peter denied Him and all the others deserted Him.

Jesus knew His disciples were fruitless, quarreling, ambitious, self-centered men, so—on the eve of His crucifixion—He told them, "It is to your advantage that I go away; for if I do not go away, the Helper [Holy Spirit] shall not come to you; but if I go, I will send Him to you...He will guide you into all the truth... He shall glorify Me; for He shall take of Mine, and shall disclose it to you" John 16:7, 13, 14, NAS.

BIBLE READING Galatians 5:5, 16-18, 22-23, 25
ACTION POINT Today I will receive by faith the power of the Holy Spirit in order to have a supernatural life and witness. I will study the Scriptures and books concerning the Holy Spirit, to better understand His role in my life.

성령 충만을 받으라

"오직 성령으로 충만함을 받으라"
에베소서 5:18

열심이 있고 마음가짐도 아름다운 한 부부가 그들 부부의 마음을 흥분시킨 생각을 나에게 말해 주기 위해, 시카고에서 내가 사는 캘리포니아 애로우헤드 스프링스까지 찾아왔습니다.

"우리는 당신이 영상으로 강의한 '성령 충만을 받는 방법'이란 강의를 들었습니다. 그리고 그 강의의 내용으로 말미암아 우리 부부의 삶은 극적으로 바뀌게 되었습니다." 부부는 계속해서 "우리는 당신이 전국적인 방송망을 통해, 전국의 그리스도인에게 어떻게 성령의 충만함과 그 능력을 알 수 있고, 또 성령의 혁명적인 영향력을 삶 속에서 체험할 수 있는지를 이야기하도록 권면하기 위해 여기까지 직접 찾아오게 되었습니다."라고 말했습니다.

나는 하나님께서 성령에 관한 이 위대한 진리를 전 세계 수천만의 사람들과 함께 나눌 수 있도록 특권을 주신 것과 그것을 통해 많은 사람이 이 부부의 경험과 같은 극적인 결과를 체험할 수 있도록 해 주심에 감사드립니다.

예수님의 제자들은 예수님과 3년 이상을 함께 지냈습니다. 그들은 어디서도 보지 못했던 가르침을 예수님이 가르치시는 것을 보았습니다. 제자들은 죽은 자를 살리며, 앞 못 보는 자의 눈을 뜨게 하고, 나병 환자를 깨끗하게 하시는, 세상의 누구도 행한 적이 없었던 이적을 행하시는 예수님을 보았습니다. 그러나 세상에서 가장 거룩한 삶을 옆에서 지켜보았음에도 불구하고, 예수님께서 위기에 처하시자 유다는 예수님을 배반했고, 베드로는 부인하였으며, 다른 모든 제자는 그를 버리고 달아났습니다.

예수님은 자신의 제자들이 열매 맺지 못하며, 서로 다투고, 야심만만하고, 이기적이라는 사실을 잘 알고 계셨습니다. 그래서 십자가에 못 박히기 전날 밤에 제자들에게 이렇게 말씀하셨습니다. "…내가 떠나가는 것이 너희에게 유익이라 내가 떠나가지 아니하면 보혜사가 너희에게로 오시지 아니할 것이요 가면 내가 그를 너희에게로 보내리니…그가 너희를 모든 진리 가운데로 인도하시리…그가 내 영광을 나타내리니 내 것을 가지고 너희에게 알리시겠음이라"(요 16:7, 13~14)

오늘 주시는 말씀 갈라디아서 5:5, 16~18, 22~23, 25
믿음의 실천 오늘 나는 초자연적인 삶을 살고, 또 초자연적인 증거자가 될 수 있도록 믿음(by faith)으로 성령의 능력을 받도록 하겠습니다. 나는 내 삶 가운데 역사하시는 성령의 역할에 관해 더욱 잘 이해할 수 있도록 계속하여 성경을 읽고 또 성령에 관련된 신앙 서적들을 연구하도록 하겠습니다.

Abundant Life for the Asking

"The thief's purpose is to steal, kill and destroy.
My purpose is to give life in all its fullness" JOHN 10:10

For me, the Christian life is an exciting, joy-filled adventure. It has been that way through more than 30 years of walking with the Lord. If you are not already experiencing such a life, it can be the same for you today, tomorrow and the rest of your days, no matter what the circumstances.

Jesus promised the full and abundant life for all those who walk in faith and obedience. His "exceeding great and precious promises" include every kind of provision for you—spiritual, emotional, material.

You start by getting to know God—who He is, what He is like and the benefits we enjoy when we belong to Him. Your view of God influences all the rest of your relationships. Scripture says the righteous shall live by faith. Faith must focus on an object, and the object in which we have our faith is God and His inspired Word.

But how do we acquire that kind of faith? "Faith comes by hearing, and hearing by the Word of Christ" Romans 10:17, NAS. It is as simple as that. You are building up your storehouse of faith every time you read the Word of God, every time you hear the Word of God and every time you memorize the Word of God.

Our view of God determines the quality and degree of our faith. A small view of God results in a small faith. Great faith is the result of a correct biblical view of God—recognizing Him as great, mighty, all-wise and worthy of our trust.

Our view of God as sovereign, holy, loving, righteous, just and compassionate produces these same qualities in our lives. If we view Him as a God of love and forgiveness, we are prompted to love and forgive others also.

BIBLE READING   John 7:36-39
ACTION POINT   Through the enabling of the Holy Spirit, I will practice the presence of God moment by moment. As I meditate on His attributes and hide His Word in my heart, I expect to experience the full and abundant life Jesus promised.

풍성한 삶의 간구

"도둑이 오는 것은 도둑질하고 죽이고 멸망시키려는 것뿐이요
내가 온 것은 양으로 생명을 얻게 하고 더 풍성히 얻게 하려는 것이라" 요한복음 10:10

나에게 있어서 그리스도인으로서의 삶은 실로 흥분되고, 기쁨에 가득 찬 모험입니다. 주님과 함께 동행하며 30년 이상 직접 경험한 삶의 모습이 바로 그러했습니다. 만약 당신이 아직도 그러한 삶을 경험하지 못하고 있다면 지금 당신이 처해있는 상황이 어떠하든지 간에 당신도 오늘, 내일 그리고 당신의 남은 생애 내내 나와 똑같은 경험을 하실 수 있습니다.

예수님은 믿음과 순종으로 살아가는 모든 사람에게 충만하고 풍성한 삶을 약속하셨습니다. 예수님의 '지극히 크고 귀한 약속'들은 영적, 정서적, 그리고 물질적으로 당신을 위해 필요한 모든 것을 채워 주신다는 것을 포함합니다.

당신은 하나님이 누구시며, 어떠한 분이시며, 우리가 그분께 속하여 있을 때 누릴 수 있는 축복이 무엇인지 알게 되면서 새로운 삶을 시작하게 될 것입니다. 당신이 하나님을 바라보는 관점에 따라 당신의 삶 속에서 마주하는 다른 모든 것과의 관계에 영향을 받게 될 것입니다. 성경은 "오직 의인은 믿음으로 말미암아 살리라"(합 2:4, 롬 1:17)고 말씀하고 있습니다. 믿음은 반드시 그 믿음의 대상에 초점을 맞추어야 하는 것이며, 우리가 믿는 대상은 하나님과 그가 주신 영감으로 기록된 '하나님의 말씀'인 것입니다.

그러나 어떻게 우리가 그런 믿음을 얻을 수 있겠습니까? "믿음은 들음에서 나며 들음은 그리스도의 말씀으로 말미암았느니라"(롬 10:17) 그렇습니다. 그렇게 간단한 것입니다. 당신이 성경을 읽을 때마다, 당신이 성경 말씀을 들을 때마다, 당신이 성경 말씀을 암송할 때마다 당신은 당신의 믿음의 창고를 더 크게 세우고 있는 것입니다.

하나님을 바라보는 우리의 관점이 믿음의 질과 등급을 결정합니다. 하나님을 작게 보면 작은 믿음을 갖게 됩니다. 위대한 믿음은 하나님이 위대하시고, 전능하시며, 모든 것을 아시고 우리가 신뢰할 수 있는 분이라는 것을 깨닫는 올바른 성경적 관점의 결과인 것입니다.

하나님께서 우주의 주인이시며, 거룩하시고, 사랑이시고, 의로우시며, 공의로우시며, 자애로운 분임을 깨닫는 우리의 관점은 같은 성품을 우리의 삶 속에 만들어지도록 합니다. 우리가 하나님을 사랑과 용서의 하나님으로 바라보게 되면 우리도 다른 사람을 사랑하고 용서할 수 있게 됩니다.

오늘 주시는 말씀 요한복음 7:36~39
믿음의 실천 성령의 가능케 하시는 능력을 통해서 나는 순간순간 하나님의 임재하심을 깨닫는 훈련을 하겠습니다. 하나님의 성품을 묵상하고, 그분의 말씀을 내 마음에 새기며, 나는 예수님이 약속하신 충만하고 풍성한 삶을 경험할 것을 기대하겠습니다.

Anything at All

"Yes, ask anything, using my name, and I will do it!"
JOHN 14:14

"What is the most important thought your mind has ever entertained?" someone once asked Daniel Webster, one of the greatest intellects in American history.

"My accountability to God," he replied.

In John 14:14 we find a marvelous promise, one that surely gives ample reason for our accountability to God! Yet, in the face of those overwhelming words, most Christians do not live joyful and fruitful lives. Why? Because they have a limited view of God. Most of us sit at God's banquet table of blessing and come away with crumbs simply because of our lack of knowledge of God and faith to trust and obey Him.

Nothing is so important in the Christian life as understanding the attributes of God. No one can ever begin to live supernaturally and have the faith to believe God for "great and mighty" things if he does not know what God is like, or if he harbors misunderstandings about God and His character.

Would you like to live a joyful, abundant and fruitful life—every day filled with adventure? You can!

What is God like to you? Is He a divine Santa Claus, a cosmic policeman, a dictator or a big bully? Many people have distorted views of God and as a result are afraid of Him because they do not know what He is really like.

Our heavenly Father yearns for us to respond to His love. It is only as we respond to a scriptural view of God that we are able to come joyfully into His presence and experience the love and adventure and abundant life for which He created us and which He promised us.

BIBLE READING   Mark 11:22-26
ACTION POINT   I will meditate upon John 14:14 throughout the day, and I will claim His provision for a need I have or know that someone else has.

무엇이든지 시행하리라

"내 이름으로 무엇이든지 내게 구하면 내가 행하리라"
요한복음 14:14

"당신의 일생에서 마음에 품었던 여러 생각 중, 가장 중요한 생각은 무엇이었습니까?" 어떤 사람이 미국 역사상 가장 위대한 지성인 중 한 사람인 [2]다니엘 웹스터에게 물었습니다. 그는 이렇게 대답했습니다. "하나님께 대한 저의 책임입니다."

요한복음 14장 14절에서 우리는 하나님을 향해 우리가 반드시 책임을 져야만 하는 확실한 근거가 되는 엄청난 약속을 깨달을 수 있습니다. 우리에게 주신, 우리를 압도하는 엄청난 약속의 말씀에도 불구하고 대부분의 그리스도인은 기쁘고 열매 맺는 생활을 하지 못하고 있습니다. 왜 그럴까요? 그 이유는 하나님을 제한하는 하나님에 대한 우리의 견해 때문입니다. 우리 대부분은 하나님의 축복의 큰 잔칫상에 참여하고 있으면서도, 하나님을 신뢰하고 순종하는 믿음과 하나님에 대한 바른 지식의 결핍으로 그저 빵 부스러기만 주워 들고 돌아오고 있습니다. 그리스도인의 삶에서 하나님의 속성을 이해하는 것보다 더 중요한 일은 없습니다. 하나님과 그의 성품에 대하여 오해를 하고 있거나 혹은 하나님이 어떤 분이신지를 잘 이해하지 못한다면, 어떤 사람도 초자연적인 삶을 시작조차 못할 것이며, 또한 그분이 '위대하고 권능'에 찬 일들을 하실 것을 신뢰하는 믿음을 가질 수 없을 것입니다.

당신은 기쁘고, 풍성하고, 열매 맺는 삶을 살기를 원하십니까? 매일같이 즐거운 모험으로 가득한 삶을 살고 싶으십니까? 당신은 그렇게 살 수 있습니다!

당신에게 하나님은 어떤 분이십니까? 거룩한 산타클로스 같은 분인가요, 우주의 경찰이나 아니면 독재자, 혹은 폭군 같은 분으로 알고 계십니까? 많은 사람이 하나님에 대한 왜곡된 관점을 가지고 있습니다. 그 결과, 하나님이 어떤 분이신지를 제대로 이해하고 있지 못해서 그분을 두려워만 하고 있습니다.

하늘의 우리 아버지는 우리가 그분의 사랑에 반응하기를 갈망하고 계십니다. 우리가 하나님의 임재하심 가운데 거하며, 하나님께서 우리에게 주실 것을 약속하셨고, 그것을 주시기 위해 우리를 창조하셨던 그분의 사랑과 놀라운 경험, 그리고 풍성한 삶을 누릴 수 있게 되는 것은 오직 우리가 성경이 말하고 있는 대로의 우리 하나님에 대한 올바른 관점을 갖는 것 뿐입니다.

오늘 주시는 말씀 마가복음 11:22~26
믿음의 실천 나는 온종일 시시때때로 요한복음 14장 14절 말씀을 깊이 묵상할 것입니다. 그리고 나 자신이나 다른 사람의 필요를 하나님께서 채워주신다는 약속을 믿고 구하겠습니다.

An Infusion of Power

"Even the youths shall be exhausted, and the young men will all give up. But they that wait upon the Lord shall renew their strength. They shall mount up with wings like eagles; they shall run and not be weary; they shall walk and not faint."
ISAIAH 40:30-31

I flew all night from Los Angeles to New York for a very important meeting with the president of one of the major television networks, and after only three hours in New York flew back across the continent to Portland, Oregon, to speak that night at a conference of several hundred pastors.

Every fiber of my being ached with fatigue as I waited for my luggage in the Portland airport. In only 30 minutes I would be speaking to the pastors, yet I felt about as spiritual as a head of cabbage. Suddenly I felt impressed to pray, "Lord, do You have something You would like to share with me?"

Immediately I felt a leading to turn to the 40th chapter of Isaiah. As I read those familiar words, which at that instant had new, inspiring meaning for me, I sensed a surge of strength, energy and power flow into and through my body. I suddenly felt that I could have thrown my luggage over the building and run to the meeting several miles away.

I could hardly wait to stand before those servants of God and proclaim to them the wonder and majesty, the glory and power, the faithfulness and love of our God. Within a half hour or so, I did have that privilege and God empowered and anointed me for the occasion in a most unusual and marvelous way.

BIBLE READING Isaiah 40:25-29
ACTION POINT As I need renewed strength today, "I will go in the strength of the Lord God" (Psalm 71:16a, KJV). I will repeat that declaration throughout the day, and by faith will claim His supernatural strength for my every need.

새 힘을 얻으리라

"소년이라도 피곤하며 곤비하며 장정이라도 넘어지며 쓰러지되
오직 여호와를 앙망하는 자는 새 힘을 얻으리니 독수리가 날개치며 올라감 같을 것이요
달음박질하여도 곤비하지 아니하겠고 걸어가도 피곤하지 아니하리로다"
이사야 40:30~31

어느 큰 방송국의 사장과의 중요한 약속 때문에 밤 비행기를 타고 밤새 로스앤젤레스에서 뉴욕까지 비행한 적이 있었습니다. 그리고 뉴욕에서 겨우 세 시간을 보낸 후, 바로 그날 저녁 서부 오레곤주 포틀랜드시에서 수백 명의 목회자에게 메시지를 전하기 위해 뉴욕에서 또다시 미 대륙을 횡단하여 비행해야 했습니다.

포틀랜드 공항에서 짐이 나오기를 기다리는 동안 피로로 인해 내 몸 구석구석이 쑤시고 있었습니다. 이제 곧 30분 안에 목회자들 앞에서 메시지를 전해야 하는데 영적으로도 양배추처럼 지쳐 늘어져 있었습니다. 그런데 그때 갑자기 기도해야겠다는 생각이 들었습니다. "주님, 제게 주시고 싶은 말씀이 있으신지요?"

그러자 즉시 이사야 40장을 펼치라는 인도하심을 느꼈습니다. 평소 낯익은 말씀이었습니다. 그러나 읽어 내려가는 그 순간, 이 말씀은 새롭고 영감 있는 말씀이 되어 그 힘과 능력이 파도처럼 내게 밀려와 온 몸에 퍼지는 것을 느꼈습니다. 마치 내 짐 가방들을 건물 너머로 던져 버리고 수 킬로미터 떨어진 모임 장소까지 단숨에 달려갈 수도 있을 것만 같은 생각이 들 정도였습니다.

나는 당장 우리 하나님의 사랑과 신실하심, 그리고 그 영광과 능력, 또 그 경이로움과 그 위엄을 주의 종들 앞에서 선포하고 싶어 참을 수가 없었습니다.

30분 안에 나는 실제로 하나님께서 주신 그 특권을 누릴 수 있었으며, 하나님께서는 그 대회에 임하는 나에게 가장 놀랍고 비범한 방법으로 힘 주시며 기름을 부어주셨던 것입니다.

오늘 주시는 말씀 이사야 40:25~29
믿음의 실천 오늘 내가 새로이 강해져야 할 필요가 있으면 시편 말씀대로, "내가 주 여호와의 능하신 행적을 가지고 오겠사오며"(시 71:16) 나는 종일토록 이 말씀을 되풀이하여 기억하고, 나의 모든 필요를 채워주실 하나님의 초자연적 힘을 믿음으로 구하겠습니다.

Strong Love is the Proof

"And so I am giving a new commandment to you now—love each other just as much as I love you. Your strong love for each other will prove to the world that you are my disciples."
JOHN 13:34-35

A Navajo Indian woman who had been healed of a serious ailment by a missionary doctor was greatly impressed by the love he showed.

"If Jesus is anything like the doctor," she said, "I can trust Him forever."

The doctor was a living example of the above promise. When Jesus spoke these words, the world was filled with hate, war and fear. The Jews and Gentiles hated each other; the Greeks and Romans hated each other.

But with the resurrection of the Lord Jesus and the day of Pentecost came a breath of heavenly love. Those who received Jesus, the incarnation of love, into their lives and who chose to obey His command began to love one another. The pagan world looked on in amazement and said of the believers, "How they love one another!"

Within a few years following this command to love one another, the gospel had spread like a prairie fire throughout the known world. The miracle of God's love, His supernatural agape, had captivated multitudes throughout the decadent, wicked Roman Empire.

Tragically, today one seldom hears "How they love one another!" about Christians, Instead there is far too much suspicion, jealousy, criticism and conflict between Christians, churches and denominations. The unbelieving world often laughs at our publicized conflicts.

But those who demonstrate this supernatural love are usually warmly received by nonbelievers as well as believers. The churches that "love one another" usually are filled to overflowing and make a great impact for the glory of God. They represent a desirable alternative to secular society. How does one love supernaturally? By faith. God's Word commands us to love ^(John 13:34,35). God's Word promises that He will enable us to do what He commands us to do ^(1 John 5:14, 15).

BIBLE READING   1 John 3:14-19
ACTION POINT   Through the enabling of the Holy Spirit, I will by faith love others and thus prove that I am a true disciple of the Lord Jesus.

사랑이 그 증거

"새 계명을 너희에게 주노니 서로 사랑하라 내가 너희를 사랑한 것 같이 너희도 서로 사랑하라
너희가 서로 사랑하면 이로써 모든 사람이 너희가 내 제자인 줄 알리라"
요한복음 13:34~35

만성 질환을 앓다가 선교사에게 고침을 받은 한 나바호 인디언 여인이 그 의사가 보여준 사랑에 깊이 감동을 받았습니다. "예수님께서 이 의사와 같은 분이라면, 나는 그분을 영원히 믿을 수 있을 거예요."라고 여인은 말했습니다.

그 의사는 위 하나님의 말씀의 살아있는 본보기일 것 입니다. 예수님께서 이 말씀을 하셨을 때 세상은 증오와 전쟁 그리고 두려움으로 가득 차 있었습니다. 유대인들과 이방인들은 서로를 증오했고, 그리스인들과 로마인들도 역시 서로 미워하고 있었습니다. 하지만 주 예수님의 부활, 그리고 오순절 성령 강림과 더불어 하늘의 사랑의 숨결이 불어왔습니다. 사랑의 성육신이신 예수님을 자신의 삶 가운데 영접한 사람들과 또 그분의 명령에 순종하기로 선택한 이들이 서로 사랑하기 시작했습니다. 이교도 세계의 사람들은 이를 바라보며 놀라 이렇게 말했습니다. "서로 사랑하는 저들의 모습을 보라!" 서로 사랑하라는 명령을 하신 후 수년 내에 복음은 문명 세계에 들불처럼 번져갔습니다. 하나님의 초자연적인 아가페의 사랑의 기적이 타락하고 사악한 로마 제국 전역의 수많은 사람을 사로잡았습니다.

그러나 비극적인 사실은, 오늘날 그리스도인에 대해 "서로 사랑하는 저들의 모습을 보라!"고 감탄하는 말을 거의 들을 수 없다는 것입니다. 대신에 그리스도인들 간에 교회와 교파 사이에 너무 많은 의심, 질시, 비판 그리고 갈등이 존재하고 있습니다. 믿지 않는 사람들이 우리의 갈등과 대립이 공공연하게 드러나는 것을 보고 비웃는 일들이 자주 있습니다.

그러나 그럼에도 불구하고 앞에서 말한 선교사 의사처럼 초자연적인 사랑을 행하며 보여주는 이들은 믿는 자들뿐 아니라 믿지 않는 자들에게서도 따뜻한 환영을 받는 것이 보통입니다. '서로 사랑하라'고 하는 우리 주님의 명령을 순종하는 교회들은 넘쳐흐르도록 가득 채워지며, 하나님의 영광을 위해 큰 영향력을 만들어 냅니다. 그들은 세상이 나아가야 하는 바람직한 대안을 보여주고 있는 것입니다. 3)어떻게 사람이 초자연적으로 서로 사랑할 수 있습니까? 믿음(by faith)으로 그렇게 할 수 있습니다. 하나님의 말씀은 우리에게 서로 사랑하라고 명령하십니다.(요 13:34~35) 그리고 하나님의 말씀은 하나님이 우리에게 명령하신 그 일을 행할 수 있도록 능력을 주신다고 약속하고 계십니다.(요일 5:14~15)

오늘 주시는 말씀   요한일서 3:14~19
믿음의 실천   성령의 가능케 하심을 통해 나는 믿음으로(by faith) 다른 사람을 사랑하겠으며, 그로써 내 주 예수님의 진실한 제자임을 확증해 보이겠습니다.

An Open Line to God

"And we are sure of this, that he will listen to us whenever we ask him for anything in line with his will. And if we really know he is listening when we talk to him and make our requests, then we can be sure that he will answer us." 1 JOHN 5:14-15

John, chairman of the board of deacons in a large, successful church, refused to respond—though hundreds of others did—to my invitation to be filled with the Holy Spirit by faith.

Following the meeting, he came to me in tears.

"I have dedicated and rededicated my life to Christ many, many times, always to no avail," he said. "I didn't dare respond to your invitation, because I knew I would fail again."

I explained that my invitation was different. "God's power to live a holy life and be a fruitful witness is released by faith, based on His faithfulness and the authority of God's Word."

When John understood this, he responded enthusiastically and prayed, asking God to fill him with His Spirit. His life was changed, as have been thousands of others as they have come to understand how to be filled and empowered by the Holy Spirit by faith moment by moment, day by day.

On the basis of His command to be filled [Ephesians 5:18] and His promise that if we ask for anything in accordance with God's will, He will hear and answer us [1 John 5:14-15], we know that we can be filled with the Holy Spirit—as a way of life.

BIBLE READING Matthew 7:7-11
ACTION POINT I will humble myself before the Lord and tell Him that I want to live a holy life, to be a man/woman of God. I will surrender control of my life to Christ, turn from all known sin, and by faith receive the fullness of the Holy Spirit.

하나님께로 열린 통화선

"그를 향하여 우리가 가진 바 담대함이 이것이니 그의 뜻대로 무엇을 구하면 들으심이라
우리가 무엇이든지 구하는 바를 들으시는 줄을 안즉
우리가 그에게 구한 그것을 얻은 줄을 또한 아느니라" 요한일서 5:14~15

부흥하고 있는 어느 큰 교회의 안수집사회 회장인 존은 다른 수백 명과는 달리 [1]믿음(by faith)으로 성령 충만 받으라고 하는 나의 초청에 응답하길 거절했습니다. 집회가 끝난 뒤 그는 눈물을 흘리며 내게 찾아 왔습니다. "나는 그리스도께 나의 삶을 헌신하고 또 헌신하기를 수없이 거듭했지만, 아무 소용이 없었어요." 이어서 말했습니다. "나는 내가 또다시 실패하리라는 것을 알고 있기 때문에 감히 당신의 초청에 응할 엄두가 나지 않았습니다."

나는 그에게 나의 초청은 다른 것임을 설명했습니다. "거룩한 삶을 살며 열매 맺는 증인이 되게 하는 하나님의 능력은 하나님의 말씀의 권능과 그분의 신실하심에 바탕을 둔 믿음(by faith)에 의하여 우리에게 나오게 되는 것입니다."

이것을 이해했을 때 그는 열정적으로 반응하여 하나님께서 성령으로 충만케 해주시를 간구하며 기도했습니다. 매일매일, 그리고 순간순간마다 어떻게 믿음(by faith)으로 성령의 충만함을 받고, 그 능력을 받는지를 이해한 수많은 사람이 변화한 것처럼, 존의 삶도 그렇게 바뀌었습니다.

"오직 성령으로 충만함을 받으라"(엡 5:18)는 그의 명령과 "그의 뜻대로 무엇을 구하면 들으심이라"(요일 5:14)는 그분의 약속에 근거하여 일시적인 경험이나 체험이 아닌, 삶을 살아가는 지속적인 방식으로써 성령의 충만을 받을 수 있다는 것을 우리는 압니다.

오늘 주시는 말씀 마태복음 7:7~11
믿음의 실천 나는 주님 앞에 겸손히 자신을 낮추고, 나는 하나님의 사람이 되기 위하여 거룩한 삶을 살기를 원한다고 말씀드리겠습니다. 나는 내 삶의 주권은 그리스도께 맡기고 모든 죄에서 돌아서겠으며, 믿음(by faith)으로 성령의 충만함을 받도록 하겠습니다.

All Your Plans and Paths

"Oh, the joys of those who do not follow evil men's advice, who do not hang around with sinners, scoffing at the things of God. But they delight in doing everything God wants them to, and day and night are always meditating on his laws and thinking about ways to follow him more closely. They are like trees along a riverbank bearing luscious fruit each season without fail. Their leaves shall never wither, and all they do shall prosper." PSALM 1:1-3

Of all the great promises from God's Word, I claim none more frequently than these. As I focus on the attributes of God, I truly "delight myself in the Lord" and experience the full, adventuresome life which our Lord promised.

The psalmist expands on what it means to delight ourselves in the Lord. First, we should delight in doing everything God wants us to do; second, day and night we should meditate on His laws, and third, we should always be thinking about ways to follow Him more closely.

Sam had been a loser all his life, a failure in everything he attempted. As a result he developed a very poor self-image and a defeatist attitude.

"Can you help me?" he pleaded. "I really don't know what to do—I am about ready to give up."

Together we read and discussed Psalm 1. He agreed to delight himself in the Lord and to follow the threefold formula for spiritual success found in this psalm. Immediately his life began to change and within six months the results were dramatic.

"I begin every day delighting myself in the Lord," he said. "I spend special time studying and memorizing God's Word, telling Him that I want to do everything He wants me to, and I am always thinking about ways to follow Him more closely.

"I am no longer discouraged and defeated. My self-respect and confidence have been restored and I am truly experiencing the fulfillment of God's promise: 'All you do shall prosper.'"

BIBLE READING Proverbs 3:1-6
ACTION POINT I determine with the help of the Holy Spirit to delight myself daily in the Lord and experience the reality of His promise, "All you do shall prosper."

당신의 모든 계획과 길

"복 있는 사람은 악인들의 꾀를 따르지 아니하며 죄인들의 길에 서지 아니하며 오만한 자들의 자리에 앉지 아니하고
오직 여호와의 율법을 즐거워하여 그의 율법을 주야로 묵상하는도다
그는 시냇가에 심은 나무가 철을 따라 열매를 맺으며 그 잎사귀가 마르지 아니함 같으니
그가 하는 모든 일이 다 형통하리로다" 시편 1:1~3

하나님의 말씀이 주는 모든 위대한 약속들 가운데 이 말씀보다 내가 더 자주 주장(claim)하는 말씀은 없습니다. 내가 하나님의 속성에 초점을 맞출 때 진실로 나는 여호와를 즐거워하며, 주님이 약속하신 충만하고도 모험이 가득한 삶을 경험합니다.

시편 기자는 우리 자신이 여호와를 즐거워한다는 것이 무엇을 의미하는가에 대하여 다음과 같은 설명을 덧붙이고 있습니다. 첫째, 하나님이 우리에게 하기를 원하시는 모든 일을 기뻐해야 합니다. 둘째, 밤이나 낮이나 그의 율법을 묵상해야 합니다. 셋째, 항상 그를 더욱 가까이 따를 수 있는 방법에 대해 생각해야 합니다.

샘은 살아가면서 시도하는 것마다 모두 실패하는 인생의 오랜 패배자로 지냈습니다. 그 결과 그는 스스로에 대해 비참한 자아상과 패배적인 태도를 갖게 되었습니다.

"나를 좀 도와주실 수 있는지요?" 그의 간청이었습니다. "나는 정말 뭘 해야 할지 모르겠습니다. 나는 이제 모든 것을 포기하고 싶습니다."

우리는 함께 시편 1편을 읽고 이야기를 나누었습니다. 그는 여호와를 즐거워하고, 이 시편 1편에서 말씀하는 영적 성공을 위한 세 가지의 법칙을 따르겠노라고 동의했습니다. 그러자 그의 삶은 즉시 바뀌기 시작했고 6개월 안에 그 결과는 극적으로 나타났습니다.

그는 다음과 같이 내게 말했습니다. "나는 매일 여호와를 즐거워하기 시작했습니다. 특별히 시간을 내어 하나님의 말씀을 공부하고 암송하며, 그분이 내게 하기를 원하는 모든 일을 내가 하고 싶다고 말씀 드렸습니다. 나는 하나님을 어떻게 하면 더 가까이 따를 수 있을지 늘 생각하며 지냅니다. 이제 나는 더 이상 낙담한 자도, 패배한 자도 아닙니다. 나는 나의 자아에 대한 존중과 자신감을 다시 회복하였고, 이제 참으로 '그가 하는 모든 일이 형통하리로다'라는 하나님의 약속의 성취를 체험하고 있습니다."

오늘 주시는 말씀 잠언 3:1~6
믿음의 실천 나는 성령의 도우심으로 날마다 여호와를 즐거워하며 '그가 하는 모든 일이 형통하리로다'라고 하신 그분의 약속의 진실함을 체험하기로 결단합니다.

Seeking God's Face

"If my people, which are called by my name, shall humble themselves, and pray and seek my face, and turn from their wicked ways; then will I hear from heaven, and will forgive their sin, and will heal their land." 2 CHRONICLES 7:14, KJV

"Humility is perfect quietness of heart," Andrew Murray once wrote. "It is to expect nothing, to wonder at nothing that is done to me, to feel nothing done against me. It is to be at rest when nobody praises me, and when I am blamed or despised. It is to have a blessed home in the Lord, where I can go in and shut the door, and kneel to my Father in secret, and am at peace as in a deep sea of calmness, when all around and above is trouble."

For years, I have claimed God's promise recorded in 2 Chronicles 7:14. My emphasis has been on the humbling of ourselves and turning from sin. But recently a minister friend made a passing reference to the phrase "seeking God's face," and it triggered in my mind some new thoughts about this great promise from God.

In a sense, the humbling of ourselves and turning from sin are the byproducts, or end results, of coming to know God as He is, by meditating upon His character and attributes. To "seek God's face" is to meditate upon His sovereignty, His holiness, His power, His wisdom, His love—getting to know Him as He is.

The disciples of the first-century church were mightily used of God because of their exalted view of Him. There was nothing too great for Him. God could do anything. The church today can once again experience that same dynamic that characterized those first believers if we, too, become totally absorbed in the character and attributes of our great God.

It is then that we will truly begin to believe God for supernatural, impossible things and make a great impact for good on the world.

BIBLE READING   Psalm 145:5-12
ACTION POINT   I will deliberately choose to seek God's face today by meditating on His attributes, found in Psalm 145, and by looking for Him in every circumstance of my life this day.

내 얼굴을 구하면

"내 이름으로 일컫는 내 백성이 그들의 악한 길에서 떠나
스스로 낮추고 기도하여 내 얼굴을 찾으면
내가 하늘에서 듣고 그들의 죄를 사하고 그들의 땅을 고칠지라" 역대하 7:14

"겸손은 마음의 온전한 평온이다." [4)]앤드류 머레이는 이어서 다음과 같이 말했습니다. "겸손은 아무 것도 기대하지 않는 것이며, 자신에게 일어난 어떤 일에도 놀라지 않는 것이며, 나를 거스르는 일에 대해서 아무것도 느끼지 않는 것이다. 겸손은 아무도 나를 칭찬해주지 않고, 오히려 비난을 받거나 업신여김을 당할 때에도 평온할 수 있는 것이다. 겸손은 나를 둘러싼 모든 것이 소란하고 문제투성이 일 때, 그 안에 들어가 문을 닫고 은밀히 아버지께 무릎 꿇을 수 있는 복된 처소를 갖는 것이며, 그럼으로써 깊은 바다와 같은 평안에 머무르는 것이다."

수년 동안 나는 역대하 7장 14절에 기록된 하나님의 약속을 주장(claim)해 왔습니다. 내가 그동안 중요하게 생각해 온 것은 우리가 우리 자신을 낮추는 것과, 악한 길에서 떠나는 것이었습니다. 그러나 최근에 한 목회자 친구가 '내 얼굴을 찾으면'이라는 구절을 언급한 적이 있었는데, 그 즉시 이 위대한 하나님의 약속에 관한 몇 가지 새로운 깨달음을 얻게 되었습니다.

어떤 의미에서는 우리가 자신을 낮추게 되고 악한 길에서 떠나는 것은 하나님의 성품과 속성을 묵상함으로써 하나님을 그대로 알게 된 부산물, 혹은 그 결과인 것입니다. '하나님의 얼굴을 구한다'고 하는 것은 그의 주권자 되심과 거룩함, 그의 능력, 그의 지혜, 그의 사랑을 묵상함으로 계신 그대로의 하나님을 알게 되는 것을 말합니다.

1세기 교회 제자들은 하나님에 대한 그들의 숭고한 관점으로 인해 크게 하나님의 쓰임을 받았습니다. 그들에게 하나님께서 하시지 못할 일은 없었습니다. 하나님은 어떤 일도 하실 수 있는 분이셨습니다. 만일 우리도 그들처럼 크신 하나님의 성품과 속성에 깊이 끌려 들어가게 된다면, 오늘날의 교회도 한 번 더 초대 교회 그리스도인들과 같은 다이내믹한 영적 경험을 할 수 있을 것입니다.

그때에야 우리는 하나님께서 초자연적이며, 불가능한 일들을 이루시는 것을 참으로 믿기 시작할 것이며, 세상을 향해 위대하고 선한 영향력을 끼치게 될 것입니다.

오늘 주시는 말씀   시편 145:5~12
믿음의 실천   나는 오늘 시편 145편에 나타나 있는 하나님의 속성을 묵상함으로써, 또 오늘날 나의 삶의 모든 상황 가운데에서 그분을 찾음으로써 하나님의 얼굴을 구할 것을 진지하게 결심하겠습니다.

Nothing You Cannot Do

"I can do all things through Christ which strengtheneth me."
PHILIPPIANS 4:13, KJV

What would you give for the power to live a truly holy fruitful life? Strangely enough, it is yours for the asking. If your problem is timidity in witnessing, God promises to help you share your faith with others: "For the Holy Spirit, God's gift, does not want you to be afraid of people, but to be wise and strong, and to love them and enjoy being with them" 2 Timothy 1:7.

If it is victory over temptation, He reminds us that temptation is not a sin; it is only in the yielding that it becomes sin.

If you need victory in your thought-life, He promises to allow no tempting or testing above that you are able to bear—and that certainly includes your thought-life 1 Corinthians 10:13. You are invited to "cast all your anxiety upon the Lord, because He cares for you" 1 Peter 5:7.

If it is forgiveness you seek, He offers it freely "If we confess our sins, He is faithful and just to forgive us our sins, and to cleanse us from all unrighteousness" 1 John 1:9, KJV.

In short, you have no burden, no problem, no need that is too big for our Lord to handle. "Ye receive not, because ye ask not," He reminds us.

If your need is for physical healing, know that He is able to heal you if it is His will. If His answer to your prayer is no, thank Him for the sure knowledge that His grace is sufficient in the midst of pain and suffering. Acknowledge His sovereign right to be God in your life, whatever the cost may be. "Commit everything you do to the Lord. Trust Him to help you do it and He will" Psalm 37:5.

BIBLE READING   Philippians 4:6-12
ACTION POINT   I will begin every day by committing everything I do to the Lord and expecting Him to help me. I will remember that I can do everything God asks me to do with the help of Christ, who strengthens me (Philippians 4:13).

모든 것을 할 수 있느니라

"내게 능력 주시는 자 안에서 내가 모든 것을 할 수 있느니라"
빌립보서 4:13

참으로 거룩하고 열매 맺는 삶을 살기 위한 능력을 얻을 수 있다면 당신은 그것을 위해 무엇을 내어 놓겠습니까? 그러나 정말 놀랍게도 당신이 구하기만 하면 그것은 당신의 것이 될 것입니다. 만약 당신이 주님을 증거하는 일에 소심하다면, 하나님께서는 다른 사람들에게 믿음을 증거할 수 있도록 도우실 것을 약속하십니다. "하나님이 우리에게 주신 것은 두려워하는 마음이 아니요 오직 능력과 사랑과 절제하는 마음이니"(딤후 1:7)

만약 당신의 문제가 유혹을 이기는 것이라면 하나님은 유혹 그 자체는 죄가 아니며 단지 그 유혹에 굴복하는 것이 죄라는 것을 일깨워 주십니다.

만약 당신이 '살아가며 하는 온갖 생각'에 있어 승리를 바란다면 하나님은 당신이 감당할 수 없는 유혹과 시험은 허락하지 않으신다고 약속하셨으며,(고전 10:13) 이 약속에는 분명히 당신의 생각도 포함되는 것입니다. 당신은 "너희 염려를 다 주께 맡기라 이는 그가 너희를 돌보심이라"(벧전 5:7)라고 하시는 약속에 초대된 것입니다.

만약 당신이 구하는 것이 용서를 받는 것이면, 하나님은 값없이 용서하여 주십니다. "만일 우리가 우리 죄를 자백하면 그는 미쁘시고 의로우사 우리 죄를 사하시며 우리를 모든 불의에서 깨끗하게 하실 것이요"(요일 1:9)

간단히 말해 당신의 어떤 짐도, 어떤 문제도 그리고 어떤 필요도 우리 주님께서 감당하지 못하실 만큼 무겁고 큰 것은 없습니다. "너희가 얻지 못함은 구하지 아니하기 때문이요"(약 4:2) 주님께서 우리에게 상기시켜 주시는 말씀입니다.

만약 지금 당신의 필요가 육신의 질병으로부터 낫는 것이라면, 그리고 그것이 하나님의 뜻이라면 그것도 하나님께서 능히 고치실 수 있음을 아십시오. 만약 그 기도에 대한 하나님의 응답이 "No"라면, 하나님의 은혜가 고통과 괴로움 가운데에서도 족하다는 것을 분명히 깨닫게 해주심을 하나님께 감사드리십시오. 어떤 값을 치르더라도 당신의 삶 가운데서 당신의 하나님으로서 그분의 절대적 권위를 인정하십시오. "네 길을 여호와께 맡기라 그를 의지하면 그가 이루시고"(시 37:5)

오늘 주시는 말씀	빌립보서 4:6~12
믿음의 실천	나는 내가 하는 모든 일을 주님께 맡기고 그가 나를 도우실 것을 기대하는 것으로 매일매일을 시작하겠습니다. 나는 내게 힘과 능력 주시는 그리스도의 도우심으로 하나님이 내게 하도록 요구하시는 모든 것을 할 수 있음(빌 4:13)을 늘 기억하겠습니다.

Love Without Limit

> "I have given them the glory you gave me—the glorious unity of being one,
> as we are—I in them and you in me, all being perfected into one—so that
> the world will know you sent me and will understand that
> you love them as much as you love me."
> JOHN 17:22-23

One day, as I was reading this prayer of Jesus to God the Father, I leaped from my chair in excitement when I realized that God loves me as much as He loves His only begotten Son!

What is more, He loves us unconditionally. That means He loves us not because we are good, or worthy of His love, but simply because of who He is.

Of course, the miracle of it all is that when Jesus, who is the incarnation of God's love, comes to live within us, that same supernatural love becomes operative within us, enabling us to love others supernaturally as well.

Agape (sacrificial, supernatural and unconditional love) is best described in the well-known and oft-quoted 1 Corinthians chapter 13:

"Love is very patient and kind, never jealous or envious, never boastful or proud, never haughty or selfish or rude. Love does not demand its own way. It is not irritable or touchy. It does not hold grudges and will hardly even notice when others do it wrong. It is never glad about injustice, but rejoices whenever truth wins out. If you love someone you will be loyal to him no matter what the cost. You will always believe in him, always expect the best of him, and always stand your ground in defending him."

BIBLE READING   John 17:15-21
ACTION POINT   When things go wrong today—or any day—I will choose to remember that God loves me as much as He loves His only begotten Son! And I will tell everyone who will listen about God's supernatural love for them.

무제한의 사랑

"내게 주신 영광을 내가 그들에게 주었사오니 이는 우리가 하나가 된 것 같이
그들도 하나가 되게 하려 함이니이다 곧 내가 그들 안에 있고 아버지께서 내 안에 계시어
그들로 온전함을 이루어 하나가 되게 하려 함은 아버지께서 나를 보내신 것과
또 나를 사랑하심 같이 그들도 사랑하신 것을 세상으로 알게 하려 함이로소이다"
요한복음 17:22~23

어느 날 예수님께서 아버지 하나님께 했던 이 기도를 읽다가 하나님이 자신의 아들 독생자 예수를 사랑하심과 같이 나를 사랑하신다는 것을 깨닫는 순간, 나는 흥분으로 자리에서 벌떡 일어났습니다.

더 나아가 그는 우리를 조건 없이 사랑하십니다. 그것은 우리가 선하거나 하나님의 사랑을 받을 만한 가치가 있어서가 아니라, 단지 그분이 하나님이시기 때문입니다. 물론 그 모든 사랑의 기적은 하나님의 사랑의 성육신이신 예수님께서 우리 안에 오셔서 함께 사실 때 그와 동일한 초자연적인 사랑이 우리 안에 역사하게 되며, 우리도 또한 다른 사람들을 초자연적으로 사랑할 수 있게 되는 것입니다.

아가페의 사랑(자기희생적이며, 초자연적이고 무조건적인 사랑)은, 우리에게 익히 알려지고 또 자주 인용되는 고린도전서 13장에서 가장 잘 설명되고 있습니다.

"사랑은 오래 참고 사랑은 온유하며 시기하지 아니하며 사랑은 자랑하지 아니하며 교만하지 아니하며 무례히 행하지 아니하며 자기의 유익을 구하지 아니하며 성내지 아니하며 악한 것을 생각하지 아니하며 불의를 기뻐하지 아니하며 진리와 함께 기뻐하고 모든 것을 참으며 모든 것을 믿으며 모든 것을 바라며 모든 것을 견디느니라"(고전 13:4~7)

오늘 주시는 말씀　요한복음 17:15~21
믿음의 실천　　오늘 혹은 아무 때든지 내 삶에 어떤 어려움이 있을 때 나는 하나님께서 그의 외아들 예수님을 사랑하심처럼 똑같이 나를 사랑하고 계시다는 것을 기억하겠습니다. 또 나는 듣고자 하는 모든 사람에게 그들을 향한 하나님의 초자연적인 사랑을 꼭 이야기하도록 하겠습니다.

Be Strong in Character

"Dear brothers, is your life full of difficulties and temptations? Then be happy, for when the way is rough, your patience has a chance to grow. So let it grow, and don't try to squirm out of your problems. For when your patience is finally in full bloom, then you will be ready for anything, strong in character, full and complete."
JAMES 1:2-4

A friend of mine had been very successful in business, but after he became a Christian everything seemed to go wrong. Problem after problem seemed to plague him. Yet he never seemed to be discouraged or defeated.

As we counseled together, he assured me that there was no unconfessed sin in his life. So I rejoiced with him that God was preparing him for a very important responsibility in His kingdom. That is exactly what happened. He is now the director of a very fruitful ministry for our Lord. The problems and testing served to help equip him to be a better ambassador for Christ.

If you are experiencing difficulties in your life—physical illness, loss of loved ones, financial adversity—remember the above admonition from God's Word. Be happy, knowing that God will work in your life to accomplish His holy purpose.

You can decide how you will respond to problems and temptations—you can either become critical and cynical, or as an act of the will, by faith, you can choose to believe that our sovereign, loving God is allowing this to happen in your life for your own good and for His glory.

Even the hairs of your head are numbered. "His eyes run to and fro throughout the whole earth, to shew Himself strong in the behalf of them whose heart is perfect toward Him" 2 Chronicles 16:9, KJV. He is tender, loving and compassionate, concerned about your every need.

BIBLE READING James 1:5-12
ACTION POINT When I face difficulties and temptations, I will rejoice and be glad, knowing that He is always with me and will never forsake me. As I trust and obey Him, He will turn tragedy to triumph, heartache and sorrow to joy and rejoicing.

굳건한 성품

"내 형제들아 너희가 여러 가지 시험을 당하거든 온전히 기쁘게 여기라
이는 너희 믿음의 시련이 인내를 만들어 내는 줄 너희가 앎이라 인내를 온전히 이루라
이는 너희로 온전하고 구비하여 조금도 부족함이 없게 하려 함이라"
야고보서 1:2~4

  나의 친구 한 사람이 사업에 크게 성공했습니다. 그러나 그가 그리스도인이 된 이후로 모든 일이 어려움에 부딪히는 것처럼 보였습니다. 문제가 꼬리를 물고 일어나 그를 괴롭히는 것처럼 보였지만, 그는 결코 낙담하거나 패배한 것처럼 보이지 않았습니다.
  우리가 함께 이야기를 나눌 때 그 친구는 자신의 삶에서 주님께 고백하지 않고 숨기고 있는 죄는 아무 것도 없다고 말했습니다. 그래서 나는 하나님께서 그의 나라를 위해 매우 중요한 일을 맡기시기 위해 그를 준비시키고 계심을 깨닫고, 그 친구와 함께 즐거워했습니다. 그리고 정확히 그러한 결과가 나타났습니다. 지금 그는 주님을 위하여 열매가 풍성한 사역의 책임자로 일하고 있습니다. 문제와 시련들은 그가 그리스도를 위한 훌륭한 사신으로 훈련되는 데 도움이 되었던 것입니다.
  만약 당신이 육신의 질병을 앓고 있거나, 사랑하는 사람을 잃었다거나, 재정적인 어려움 등 삶에 어려움을 겪고 있다면 위의 하나님의 말씀의 권고를 기억하십시오. 그리고 하나님께서 그분의 거룩한 목적을 이루시기 위해 당신의 삶 속에 역사하실 것이라는 것을 깨닫고 기뻐하십시오.
  문제와 시험에 어떻게 반응할 것인가는 당신 자신이 결정할 수 있습니다. 비판적이고 냉소적인 태도를 취할 수도 있고, 의지적인 행동으로써 우리의 왕이고 사랑이신 하나님께서 당신 자신의 유익과 영광을 위하여 이 일을 당신의 삶에 일어나도록 허락하셨다고 믿을 수도 있습니다.
  하나님은 당신의 머리털조차도 다 헤아리고 계십니다. "여호와의 눈은 온 땅을 두루 감찰하사 전심으로 자기에게 향하는 자들을 위하여 능력을 베푸시나니"(대하 16:9) 하나님은 온유하시며, 사랑이 많으시며, 긍휼히 여기시며, 당신의 모든 필요에 관심을 갖고 계십니다.

오늘 주시는 말씀   야고보서 1:5~12
믿음의 실천   하나님이 언제나 나와 함께 하시며 결코 나를 버리지 않는다는 사실을 알기에 어려움과 시험이 나의 삶에 닥칠 때도 나는 기뻐하며 즐거워하겠습니다. 내가 그분을 믿고 순종함으로 그분은 비극을 승리로, 아픈 마음과 슬픔을 기쁨과 즐거움으로 바꾸어 주실 것입니다.

Perfect in His Sight

"But Christ gave himself to God for our sins as one sacrifice for all time and then sat down at the place of highest honor at God's right hand, waiting for his enemies to be laid under his feet. For by that one offering he made forever perfect in the sight of God all those whom he is making holy." HEBREWS 10:12-14

All the sins you and I have ever committed or ever shall commit—past, present and future—are forgiven the moment we receive Christ, according to God's Word. Think of it and rejoice!

Then you may rightly ask, "If all of my sins—past, present and future—are forgiven, why do I need to confess my sins?"

According to God's Word, confession is an act of obedience and a expression or demonstration of faith that makes real in our experience what is already true concerning us from God's point of view.

Through the sacrifice of Christ, He sees us as righteous and perfect. The rest of our lives on earth are spent maturing and becoming in our experience what we already are in God's sight.

This maturing process is accelerated through the faithful study of God's Word, prayer, witnessing for Christ, and spiritual breathing—exhaling through confessing our sins and inhaling by appropriating the fullness of God's Holy Spirit by faith.

If you retake the throne, the control center, of your life through sin (a deliberate act of disobedience), breathe spiritually. First, exhale by confession. "If we confess our sins, He is faithful and just to forgive us our sins, and to cleanse us from all unrighteousness" 1 John 1:9, KJV.

Next, inhale by appropriating the fullness of God's Spirit by faith. Trust Him now to control and empower you by faith according to His command to "be filled with the Spirit" Ephesians 5:18.

BIBLE READING Hebrews 10:19-25
ACTION POINT Today I will practice spiritual breathing whenever any attitude or action that is contrary to God's will short-circuits God's power in my life. I will confess it and by faith inhale by appropriating the fullness and power of God's Holy Spirit.

하나님 보시기에 온전함

"오직 그리스도는 죄를 위하여 한 영원한 제사를 드리시고
하나님 우편에 앉으사 그 후에 자기 원수들을 자기 발등상이 되게 하실 때까지 기다리시나니
그가 거룩하게 된 자들을 한 번의 제사로 영원히 온전하게 하셨느니라"
히브리서 10:12~14

지금껏 당신과 내가 범한 모든 죄, 그리고 앞으로 범할 수 있는 모든 죄, 즉 과거, 현재, 미래의 모든 죄들은 우리가 그리스도를 영접하는 순간 하나님의 말씀에 따라 모두 용서함을 받습니다. 이것을 마음에 새기고 기뻐하십시오.

그러면 아마 당신은 바로 이런 의문이 들지도 모릅니다. "만일 과거, 현재, 심지어 미래의 모든 죄들이 다 용서를 받았다면 굳이 왜 다시 나의 죄를 고백해야 합니까?"

하나님의 말씀에 의하면, 죄 고백은 하나님께서 우리에게 이미 이루어진 것으로 보아주시는 것을 우리 삶 속에서 실제가 되도록 하는 믿음을 드러내는 표현이자 순종의 행위입니다.

그리스도의 희생을 통해 하나님은 우리를 의롭고 온전하게 보십니다. 이 땅에서 우리의 남은 삶은 하나님께서 이미 완전하다고 보아주시는 그 온전한 우리의 모습을 향해 조금씩 닮아가고 성숙해가는 과정인 것입니다.

성숙의 과정은 하나님의 말씀에 대한 성실한 공부와 기도, 또 그리스도를 증거하는 것과 함께 끊임없는 5)'영혼의 호흡'을 통해 가속화됩니다. 영혼의 호흡이란 죄를 고백하여 내뿜고, 믿음으로 하나님의 성령 충만함을 들이마시는 것입니다.

만일 당신이 죄(의도적인 불순종)로 말미암아 삶의 왕좌 즉, 자기를 다스리는 자리에 당신이 다시 앉아 있다면 영혼의 호흡을 하십시오. 먼저 죄를 자백함으로 숨을 내뿜으십시오. "만일 우리가 우리 죄를 자백하면 그는 미쁘시고 의로우사 우리 죄를 사하시며 우리를 모든 불의에서 깨끗하게 하실 것이요"(요일 1:9).

그다음에는 1)믿음으로(by faith) 성령 충만을 누리는 숨을 들이마십시오. "성령으로 충만함을 받으라"(엡 5:18)라고 하신 명령에 따라 이제는 믿음으로(by faith) 하나님이 당신을 다스리시고 힘주시도록 신뢰를 드리십시오.

오늘 주시는 말씀 히브리서 10:19~25
믿음의 실천 오늘 나는 하나님의 뜻에 어긋나는 어떤 태도나 행동이 내 삶에서 하나님의 능력을 가로막을 때마다 영혼의 호흡을 하는 훈련을 하겠습니다. 나는 나의 죄를 자백하며 내뿜고, 그리고 성령 충만함과 그 능력을 누리는 숨을 믿음으로(by faith) 들이마시겠습니다.

A Blessing So Great

"Bring all the tithes into the storehouse so that there will be food enough in my Temple; if you do, I will open up the windows of heaven for you and pour out a blessing so great you won't have room enough to take it in!" MALACHI 3:10

Tom and Marti were newlyweds. They were just getting started in business and had all the expense of setting up housekeeping. So they found their budget severely strained. In fact, the bills were piling up. Then they were challenged to tithe their gross income. Their first response was, "Impossible! We can't even pay our present bills, let alone take 10 percent off the top."

As they prayed together, however, they felt definitely led that this was God's will. Since they wanted to please Him by obeying His command, they began systematically and faithfully to give priority to their tithe. At first, it was nip and tuck, and some of the other obligations had to wait. But after a few months they were amazed to see how they were able to accomplish more with the nine-tenths than they had previously been able to accomplish with the total amount.

Now they are enthusiastic over the privilege of laying up treasures in heaven, seeking first the kingdom of God. Tithing was only the beginning. Now they are giving 40 percent off the top because God has prospered them so abundantly.

I began to tithe as a new Christian when I learned the scriptural principle that everything belongs to God and we are only stewards during our brief time on earth. Actually a tithe is an Old Testament concept; according to the New Testament concept, every believer has the privilege of laying up treasures in heaven far beyond the amount of the tithe. There is a law of sowing and reaping: The more you sow, the more you reap.

To the Christian, it is not how much we give to God; it is how much we have left after we have given to Him—and to His kingdom.

BIBLE READING Malachi 3:5-9
ACTION POINT Today I will take inventory of my giving to the Lord. I will begin at least to tithe, expecting that God "will open the windows of heaven and pour out a blessing so great that I won't have room enough to take it in."

부어 주시는 복

"만군의 여호와가 이르노라 너희의 온전한 십일조를 창고에 들여 나의 집에 양식이 있게 하고
그것으로 나를 시험하여 내가 하늘 문을 열고
너희에게 복을 쌓을 곳이 없도록 붓지 아니하나 보라" 말라기 3:10

　톰과 마르티는 신혼부부였습니다. 두 사람은 사업도 막 시작한 데에다 새 살림을 꾸미느라 비용도 많이 들었습니다. 그 때문에 그들은 가계를 꾸려나가는 데에 자금 압박이 심했고, 청구서는 쌓여만 갔습니다. 그때 그들은 전체 수입의 십일조를 드리라는 도전을 받았습니다. 그들의 첫 번째 반응은 다음과 같았습니다. "불가능해! 우린 10%를 떼는 건 고사하고 지금 당장 이 청구서들을 지불할 능력도 없는 걸."
　그러나 두 사람은 함께 기도하면서 이것이 하나님의 뜻이라는 사실에 마음이 분명히 끌리고 있음을 느꼈습니다. 하나님의 명령에 순종하여 하나님을 기쁘시게 해 드리기를 원하는 두 사람은 이후부터 규칙적이고 성실하게 십일조를 드리는 일을 가장 중요하게 생각하기 시작했습니다. 처음에는 가계가 아슬아슬했으며, 어떤 청구서들은 지불하는 것을 뒤로 미뤄야 했습니다. 그러나 몇 달이 지나자 두 사람은 처음에 자기들이 수입 전액을 가지고 살던 것보다 10분의 9만 가지고도 가계를 더 잘 꾸려나갈 수 있었다는 사실에 놀라게 되었습니다. 이제 그 부부는 먼저 하나님의 나라를 구하면서 하늘에 보화를 쌓는 특권을 누리는 일에 열정적이게 되었습니다. 십일조를 드리는 것은 단지 시작에 불과했습니다. 지금 두 사람은 수입의 40%를 먼저 하나님께 드리고 있습니다. 하나님이 그들을 축복하셔서 풍성히 성공하게 하셨기 때문입니다.
　나는 처음 그리스도인이 되었을 때, '모든 것은 하나님께 속한 것이며 우리는 세상에 머무는 짧은 삶 동안 단지 그분의 청지기일 뿐'이라는 성경의 원리를 배웠을 때부터 십일조를 드리기 시작했습니다. 사실상 십일조는 구약적인 개념입니다. 신약적인 개념에 의하면 모든 믿는 자들은 십일조보다 훨씬 큰 금액을 하늘에 보물로 쌓아둘 특권을 가지고 있습니다. 씨를 뿌리고 거두는 데에는 법칙이 있습니다. 더 많이 뿌리면 더 많이 거둘 것입니다.
　그리스도인에게 있어 십일조란 하나님과 그의 나라를 위해 우리가 얼마를 드리는가의 의미가 아니고, 오히려 드리고 난 후 우리에게 얼마가 남는 것이라는 의미로 생각할 수 있는 것입니다.

오늘 주시는 말씀 　말라기 3:5~9
믿음의 실천 　나는 오늘 내가 하나님께 드리고 있는 것이 어떤 것인지 목록표를 만들어 보겠습니다. 나는 하나님께서 말라기에서 약속하신 대로 "하늘 문을 열고 너희에게 복을 쌓을 곳이 없도록" 부어 주실 것을 기대하면서 십일조부터 시작하겠습니다.

Your Paths Made Plain

"Trust in the Lord with all thine heart; and lean not unto thine own understanding. In all thy ways acknowledge him, and he shall direct thy paths."
PROVERBS 3:5-6, KJV

A young seminary graduate came to see me while he was investigating various possibilities of Christian service. In particular, he had come to discuss the ministry of Campus Crusade.

"In what way do you expect God to reveal His place of service for you?" I asked him.

"I'm following the 'closed-door policy,'" he replied. "A few months ago I began to investigate several opportunities for Christian service. The Lord has now closed the door on all but two, one of which is Campus Crusade. If the door to accept a call to a particular church closes, I'll know that God wants me in Campus Crusade."

Many sincere Christians follow this method—often with most unsatisfactory and frustrating results. God does sometimes use closed doors in the life of a Spirit-controlled Christian, as the apostle Paul experienced on different occasions, but generally one does not discover God's perfect will through a careless "hit-or-miss" attitude that ignores a careful evaluation of all the issues.

Such an approach is illogical because it allows elements of chance to influence a decision rather than a careful, intelligent, prayerful evaluation of all the factors involved. It is unscriptural in that it fails to employ the God-given faculties of reason that are controlled by the Holy Spirit.

Why not follow the "open-door policy" of Proverbs 3:5-6, trusting God for His clear directions? This is Gods provision for supernatural living.

BIBLE READING Psalm 37:3-7
ACTION POINT In every decision today, whether small or large matters, joyfully and with anticipation I will trust in the Lord with all my heart, knowing that He will direct my path to supernatural living. I will encourage others also to trust in the Lord.

분명히 나타나는 길

"너는 마음을 다하여 여호와를 신뢰하고 네 명철을 의지하지 말라
너는 범사에 그를 인정하라 그리하면 네 길을 지도하시리라"
잠언 3:5~6

한 젊은 신학교 졸업생이 기독교 사역 중 어떤 것이 그에게 좋을 것인지 알아보던 중에 나를 찾아왔습니다. 특별히 그는 캠퍼스 전도, CCC의 사역에 관해 관심을 가지고 있었습니다. "하나님이 어떤 방법으로 형제에게 사역의 장을 알게 해 주시리라고 생각합니까?" 나는 그에게 이렇게 물어보았습니다.

"저는 '닫힌 문의 원리'를 따릅니다." 그는 답변을 계속했습니다. "몇 달 전부터 저는 기독교 사역에 관련하여 여러 가지 가능성을 알아보기 시작했습니다. 주님께서는 이제 제게 두 가지만을 제외하고는 다른 문은 모두 닫아 버리셨습니다. 그중에 하나가 캠퍼스 전도 사역, 즉 CCC입니다. 만일 또 다른 문인 어느 특정한 교회에서 와 달라고 하는 요청을 받아들일 문이 닫힌다면, 저는 하나님이 제게 CCC에서 사역을 하라고 하시는 것으로 알겠습니다."

많은 열심 있는 그리스도인이 이 방법을 따르지만, 그 결과가 만족스럽지도 못하고 좌절하는 경우가 흔히 있습니다. 사도 바울도 특별한 상황에서 경험한 적이 있는데, 하나님께서는 이따금씩 성령의 다스림을 받는 그리스도인의 삶 가운데서 이렇게 '닫힌 문의 원리'를 사용하는 경우가 있습니다. 그러나 문제점에 대한 신중한 평가를 무시하게 되는 '한번 시도해 보고 안 되면 말고'식의 태도를 통해서는 하나님의 온전하신 뜻을 발견할 수 없습니다.

그와 같은 접근 방식은 관련된 모든 요소를 주의 깊게 이지적으로 기도하며 평가하기보다는, 결정에 영향을 줄 수 있는 우연이라는 요인을 허용하기 때문에 비논리적이라고 할 수 있습니다. 또한 이는 성령의 다스림을 받는 하나님이 주신 '이성'의 기능을 사용할 기회를 상실하게 한다는 점에서 비성경적인 것입니다.

왜 하나님의 분명하신 인도를 위하여 그분을 의지할 것을 말하는 잠언 3장 5~6절의 말씀 '열린 문의 원리'를 따르지 않는 것입니까? 이는 하나님이 우리의 초자연적인 삶을 위하여 예비하신 것입니다.

오늘 주시는 말씀 시편 35:3~7
믿음의 실천 하나님이 나의 길을 초자연적인 삶으로 이끄실 것을 알기 때문에 나는 오늘 크든 작든 모든 결정에 있어서 기쁨으로, 그리고 기대를 가지고 주님을 온 마음으로 신뢰하겠습니다. 또한 나는 다른 사람들에게도 주님을 신뢰하도록 격려하겠습니다.

The Supernatural Power of Praise

"With Jesus' help we will continually offer our sacrifice of praise to God by telling others of the glory of his name. Don't forget to do good and to share what you have with those in need, for such sacrifices are very pleasing to him." HEBREWS 13:15-16

Sometimes, in my busy schedule which takes me from country to country and continent to continent, my body is weary, my mind is fatigued, and if I am not careful, my heart will grow cold. I have learned to meditate on the many blessings of God and to praise Him as an act of the will. As I do so, my heart begins to warm and I sense the presence of God.

The psalmist often catalogued the blessings of God and found new reason to praise Him. I would like to share with you several reasons why I believe praise of God is so important in the life of the believer.

First, God is truly worthy of praise. Second, praise draws us closer to God. Third, all who praise God are blessed. Fourth, praise is contagious. Fifth, Satan's power is broken when we praise God. Sixth, praise is a witness to carnal Christians and non-Christians. Seventh, praise opens our hearts and minds to receive God's message. Eighth, praise is a form of sacrifice. Ninth, praise makes for a more joyful life. Tenth, praise enhances human relationships. Eleventh, praise is a supernatural expression of faith.

A further elaboration of the benefits and power of praise is found in my book Believing God for the Impossible. An entire chapter is devoted to this exciting subject.

With the promise of His blessings, so clearly delineated by the psalmist, comes the privilege and responsibility of offering up sacrifices of praise, and this leads to a supernatural life made possible by the indwelling Holy Spirit.

BIBLE READING Jeremiah 33:9-14
ACTION POINT I will look today for reasons to praise my heavenly Father. Whether I feel like it or not, I will praise Him throughout the day, seek to do good and to share His love with others, knowing that such sacrifices are pleasing to Him.

찬양의 초자연적인 능력

"그러므로 우리는 예수로 말미암아 항상 찬송의 제사를 하나님께 드리자
이는 그 이름을 증언하는 입술의 열매니라 오직 선을 행함과 서로 나누어 주기를 잊지 말라
하나님은 이같은 제사를 기뻐하시느니라" 히브리서 13:15~16

    이 나라에서 저 나라로, 이 대륙에서 저 대륙으로 바삐 다녀야 하는 일정 속에서 몸이 피곤하고 정신은 지쳐서 주의하지 않으면 자칫 마음도 냉랭해지는 때가 가끔 있습니다. 그럴 때 나는 의지적으로 하나님께서 주셨던 많은 축복을 묵상하고, 또 그분을 찬양하는 것으로 이기는 법을 배웠습니다. 내가 그렇게 할 때, 나의 마음은 뜨거워지기 시작하고 하나님의 임재하심을 느낍니다.

    시편 기자는 자주 하나님의 축복의 목록을 만들었으며, 그분을 찬양할 새로운 이유를 찾아내고는 했습니다. 나는 당신과 함께 그리스도인의 삶에서 하나님을 찬양하는 것이 매우 중요하다고 믿는 몇 가지 이유를 같이 나누고 싶습니다.

    첫 번째, 하나님은 진실로 찬양을 받기에 합당한 분이십니다. 두 번째, 찬양은 우리가 하나님께 보다 더 가까이 가도록 이끌어 줍니다. 세 번째, 하나님을 찬양하는 모든 사람은 축복을 받습니다. 네 번째, 찬양은 다른 사람까지 찬양하게 하는 전염성이 있습니다. 다섯 번째, 우리가 하나님을 찬양하면 사탄의 힘이 무너지게 됩니다. 여섯 번째, 찬양은 육신에 속한 그리스도인들과 믿지 않는 사람들에 대하여 우리 신앙을 증거하는 것입니다. 일곱 번째, 찬양은 우리의 마음과 생각을 열어 하나님의 말씀을 받아들이도록 합니다. 여덟 번째, 찬양은 제사의 한 형식입니다. 아홉 번째, 찬양은 삶을 보다 더 기쁘게 해 줍니다. 열 번째, 찬양은 인간관계를 더욱 견고하게 해줍니다. 열한 번째, 찬양은 믿음의 초자연적인 표현입니다.

    찬양의 유익과 능력에 관한 설명은 내가 쓴 책, 『불가능한 일들을 해내실 하나님을 믿으며』에 기록되어 있습니다. 그 책의 한 장 전체가 이 놀라운 주제를 다루고 있습니다. 시편 기자가 너무나 확실하게 기록하고 있는 대로, 하나님의 축복의 약속과 함께 찬양의 제사를 드리는 특권과 책임이 우리에게 주어졌으며, 그렇게 할 때 우리는 성령의 내주하심으로 가능하게 되는 초자연적인 삶에 이르게 되는 것입니다.

오늘 주시는 말씀 예레미야 33:9~14
믿음의 실천 오늘 나는 하늘에 계신 내 아버지를 찬양할 많은 이유를 찾도록 하겠습니다. 찬양하고 싶은 생각이 들든, 들지 않든 간에 그와 같은 찬양의 제사가 하나님을 기쁘게 하여 드릴 것을 알기에 종일 그분을 찬양할 것이며, 선을 행하는 것과 그분의 사랑을 다른 사람들과 나누는 일들을 좇을 것입니다.

How to Skip Judgement

"Now I say that each believer should confess his sins to God when he is aware of them, while there is time to be forgiven. Judgment will not touch him if he does." PSALM 32:6

Mary had rebelled against the preaching of her Nazarene father, a godly pastor. She lived with her boyfriend in open defiance of her biblical teaching. Now, God was disciplining her because of disobedience. She was miserable, filled with hate and resentment, when a mutual friend brought her to my office for counsel.

I shared with Mary that just as a loving father disciplines a disobedient child, so God in His love for us disciplines us when we are disobedient. Actually, "child training" would be a more accurate way of describing what God does for us when we are disobedient.

Like Mary, many Christians unnecessarily go through all kinds of adversity: financial, emotional, marital and family problems, and even physical illness. More often than not, God is trying to get their attention. But because they refuse to listen and obey Him, they are disciplined and their misery continues.

Beware, of course, that you do not assume that every time friends or loved ones have difficult experiences, they are being disciplined by God because of disobedience. It may well be that God is working in their lives as He did in Job's, not because of disobedience but to help them mature and become more fruitful and effective witnesses or models of His grace to others.

When you personally, like Mary, are going through adversity, however, and problems continue to plague your life, you would do well to look into the mirror of God's Word. Ask the Holy Spirit to show you if there is any unconfessed sin in your life. If there is, be quick to turn to the Lord, confess your sins and receive His forgiveness and cleansing in order to avoid further chastening.

BIBLE READING   Psalm 32:1-5
ACTION POINT   I will write down any known weakness or sin that plagues me today. I will confess that sin and receive by faith God's forgiveness and cleansing. I will breathe spiritually, confessing my sins immediately, so I will not allow sins to accumulate.

심판을 피하는 길

*"이로 말미암아 모든 경건한 자는 주를 만날 기회를 얻어서 주께 기도할지라
진실로 홍수가 범람할지라도 그에게 미치지 못하리이다" 시편 32:6*

메리는 나사렛 교회의 경건한 목회자였던 아버지에게 반항하는 생활을 해 왔습니다. 그녀는 자기가 배웠던 성경의 가르침을 공공연히 무시하고, 남자친구와 동거하고 있었습니다. 그런데 지금, 하나님은 불순종으로 인하여 그녀를 징계하고 계십니다. 그녀와 동거하던 남자친구가 메리를 데리고 나의 사무실에 상담하기 위하여 찾아왔을 때 그녀는 증오와 분노에 가득 찬 비참한 상태였습니다.

나는 사랑하는 아버지가 순종하지 않는 자식을 징계하듯이, 하나님도 우리가 불순종할 때는 사랑으로 우리를 징계하신다는 사실을 일러 주었습니다. 실제로 '자녀의 징계'라고 하는 개념은 우리가 불순종할 때 하나님이 우리를 위해 행하시는 일을 정확하게 설명해 주는 한 방법인 것입니다.

메리와 같이 불필요한 곤경을 겪는 그리스도인이 많이 있습니다. 경제적 문제, 정서적 장애 혹은 결혼 생활과 가족의 문제, 그리고 육체적인 질병도 여기에 포함이 됩니다. 많은 경우 하나님은 사람들이 이러한 어려움을 통해 하나님을 주목하게 하십니다. 그러나 사람들이 하나님의 말씀에 순종하지 않기 때문에 징계를 받으며 비참한 상황이 계속되는 것입니다.

물론 당신의 친구들이나 사랑하는 사람들이 어려움을 겪을 때 그들이 모두 불순종으로 인하여 하나님께 징계를 받고 있는 것이라고 속단하지 않도록 조심하십시오. 욥의 경우처럼 불순종 때문이 아니라 보다 성숙하게 하고, 보다 더 많은 열매를 맺는 유능한 증인이 되게 하려 하시거나, 다른 사람들에게 하나님의 은혜의 본이 되게 하시려고 그들의 삶 속에서 역사하시는 경우도 있습니다.

그러나 메리와 같이 당신이 곤경을 겪을 때, 그리고 문제가 계속 당신의 삶을 괴롭힐 때 당신은 하나님의 말씀의 거울을 들여다보기를 힘써야 할 것입니다. 당신의 삶 가운데 아직 고백하지 않은 죄가 있는지 보여 주시도록 성령님께 구하십시오. 만약 그러한 죄가 있다면 속히 주님께 돌아와 더 이상 징계를 받지 않도록 자신의 죄를 고백하고, 하나님의 용서와 정결케 하시는 은혜를 받아들이십시오.

오늘 주시는 말씀 시편 32:1~5
믿음의 실천 나는 오늘 내가 깨닫고 있는 나를 괴롭히는 죄와, 또 나의 연약함을 종이 위에 적어 보겠습니다. 나는 그 죄들을 고백하고 믿음으로(by faith) 하나님의 용서와 정결케 하시는 은혜를 받아들이겠습니다. 나는 영혼의 호흡을 하겠으며, 나의 죄를 즉시 고백하여 죄악이 내 속에 쌓이지 않도록 하겠습니다.

To Keep You From Sin

"How can a young man stay pure? By reading your Word and following its rules. I have tried my best to find you—don't let me wander off from your instructions. I have thought much about your words and stored them in my heart so that they would hold me back from sin."
PSALM 119:9-11

Carl, a Christian leader who had made a mess of his life, wept as he shared his defeat. "As a young Christian," he said, "I was warned that God's Word would keep me from sin, or sin would keep me from God's Word.

"For many years," he continued, "I studied and obeyed God's Word. A few years ago I became very busy and took less and less time for God's Word. So when temptation came, I had no strength to resist. Now my life and marriage have disintegrated and I am considering suicide."

If you do not already have a daily practice of spending time alone with God in prayer and in reading, memorizing and meditating on His Word, I encourage you to begin today. The spiritual food of God's Word is essential for victorious, supernatural living. Great benefit can be found in listening to recordings of the Bible, taped sermons and Christian music in your home and car.

Scientists and health nutritionists confirm that our physical well-being is largely determined by the food we eat. For example, many people cannot tolerate high quantities of refined foods, such as sugar, white flour and chocolate. When they eat such foods, they become seriously ill physically, mentally and emotionally. Some have even been known to develop criminal tendencies because of what is often diagnosed as hypoglycemia, caused by poor nutrition.

In like manner, our spiritual bodies are influenced by what we absorb from God's Word and other scripturally based writings. It is impossible to be happy, healthy, strong and fruitful for God without a regular intake from the Word of God.

BIBLE READING Philippians 4:8-9
ACTION POINT I will determine, with the help of the Holy Spirit, to set aside time each day to read the Bible and pray and wait upon God for His leading and maturing in my life.

주께 범죄 하지 아니하려 하여

"청년이 무엇으로 그의 행실을 깨끗하게 하리이까 주의 말씀만 지킬 따름이니이다
내가 전심으로 주를 찾았사오니 주의 계명에서 떠나지 말게 하소서
내가 주께 범죄하지 아니하려 하여 주의 말씀을 내 마음에 두었나이다" 시편 119:9~11

자신의 삶을 망쳐버린 기독교 지도자 '칼'은 자신의 패배에 대해 이야기하면서 눈물을 흘렸습니다. "내가 젊은 신앙인이었을 때, '하나님의 말씀이 나를 죄로부터 지켜주지 않으면, 죄가 하나님의 말씀으로부터 나를 지킬 것'이라는 경고의 말을 들은 적이 있었습니다."

계속해서 그가 말을 이었습니다. "오랫동안 나는 하나님의 말씀을 성실히 공부하고 말씀에 순종했습니다. 그러나 몇 년 전부터 너무 바빠져서 점점 하나님의 말씀을 위해 드리는 시간이 적어졌습니다. 그 때문에 시험이 닥치자 그 시험을 이겨낼 힘이 없어진 것입니다. 이제 내 인생과 결혼 생활은 파경에 이르렀고, 자살까지도 생각하고 있습니다."

당신이 만일 아직도 하나님의 말씀을 읽고, 암송하고, 묵상하고, 그리고 기도하며 하나님과 은밀히 홀로 교제하는 매일의 규칙적인 훈련 시간을 갖고 있지 않다면, 오늘부터 바로 시작할 것을 권면합니다. 영적 양식인 하나님의 말씀은 승리하는 초자연적인 삶에 필수적인 요소입니다. 성경, 설교 말씀 혹은 찬양을 집에서나 차에서 계속 듣는다면 커다란 유익이 있음을 알게 될 것입니다.

과학자들과 영양학자들은 우리가 먹는 음식에 의해 우리의 건강이 많이 좌우된다고 말합니다. 예를 들어 설탕, 밀가루, 초콜릿과 같은 정제된 음식을 다량으로 섭취해서는 안 되는 사람들이 있습니다. 그런 식품을 섭취하면 이들은 육체적, 정신적, 정서적으로 심각한 질병을 얻게 되는 것입니다. 어떤 음식물은 불충분한 영양분으로 인한 이른바 저혈당증 때문에 인간의 범죄 성향을 불러일으키기까지 한다고 알려져 있습니다.

그와 같이 우리의 영혼도 하나님의 말씀과 그 외의 영적인 책들로부터 섭취하는 것에 영향을 받습니다. 하나님의 말씀에서 규칙적으로 영양을 섭취하지 않으면, 행복하고 건강하게, 강건하고 힘차게, 또 하나님을 위해 열매 맺는 삶을 산다는 것은 불가능합니다.

오늘 주시는 말씀 빌립보서 4:8~9
믿음의 실천 성령의 도우심 가운데 오늘 나는 날마다 성경을 읽고 기도하며 하나님께서 내 삶을 인도하시고 성숙케 하실 것을 기다리는 시간을 정하여 지키도록 결심하겠습니다.

A New Life to Enjoy

"The Ten Commandments were given so that all could see the extent of their failure to obey God's laws. But the more we see our sinfulness, the more we see God's abounding grace forgiving us. Before, sin ruled over all men and brought them to death, but now God's kindness rules instead, giving us right standing with God and resulting in eternal life through Jesus Christ our Lord. Well then, shall we keep on sinning so that God can keep on showing us more and more kindness and forgiveness? Of course not! Should we keep on sinning when we don't have to? For sin's power over us was broken when we became Christians and were baptized to become a part of Jesus Christ; through his death the power of your sinful nature was shattered. Your old sin-loving nature was buried with him by baptism when he died; and when God the Father, with glorious power, brought him back to life again, you were given his wonderful new life to enjoy." ROMANS 5:20–6:4

"When I think upon God, my heart is so full of joy that the notes dance and leap, as it were, from my pen," replied the great musician Haydn when asked why his church music was so cheerful "And since God has given me a cheerful heart it will be pardoned me that I serve Him with a cheerful spirit."

A careful reading of 1 John 2 helps us realize that we will not want to sin if we really are children of God, any more than a butterfly would want to crawl on the ground as it once did as a caterpillar. "Someone may say, 'I am Christian; I am on my way to heaven; I belong to Christ.' But if he doesn't do what Christ tells him to, he is a liar" 1 John 2:4.

"The person who has been born into God's family does not make a practice of sinning, because now God's life is in him; so he can't keep on sinning, for this new life has been born into him and controls him—he has been born again" 1 John 3:9.

BIBLE READING Romans 5:15-19
ACTION POINT I will thank God often throughout the day for the fact that I don't have to sin. He has made a way of escape. So, I will "resist the devil" and he will flee from me. Today I will enjoy my new life in Christ by demonstrating a Joyful spirit.

기뻐할 새로운 삶

"율법이 들어온 것은 범죄를 더하게 하려 함이라 그러나 죄가 더한 곳에 은혜가 더욱 넘쳤나니
이는 죄가 사망 안에서 왕 노릇 한 것 같이 은혜도 또한 의로 말미암아 왕 노릇 하여
우리 주 예수 그리스도로 말미암아 영생에 이르게 하려 함이라
그런즉 우리가 무슨 말을 하리요 은혜를 더하게 하려고 죄에 거하겠느냐 그럴 수 없느니라
죄에 대하여 죽은 우리가 어찌 그 가운데 더 살리요 무릇 그리스도 예수와 합하여 세례를 받은 우리는
그의 죽으심과 합하여 세례를 받은 줄을 알지 못하느냐 그러므로 우리가 그의 죽으심과 합하여
세례를 받음으로 그와 함께 장사되었나니 이는 아버지의 영광으로 말미암아 그리스도를 죽은 자 가운데서
살리심과 같이 우리로 또한 새 생명 가운데서 행하게 하려 함이라"

로마서 5:20~6:4

"하나님을 생각할 때 나의 가슴은 기쁨으로 가득 차 선율이 나의 펜 끝에서부터 춤을 추며 뛰어 놉니다." 위대한 음악가였던 하이든이 그의 종교 음악이 그렇게도 기쁨으로 충만한 이유가 무엇이냐는 질문에 이렇게 대답했습니다. "그리고 하나님께서 나에게 기쁨이 넘치는 마음을 주셨기 때문에 하나님을 기쁨의 영으로 섬기는 것이 나에게 허락되는 것입니다."

요한일서 2장을 주의 깊게 읽으면, 애벌레 시절 땅바닥을 기어다니다가 나비가 된 후로는 더 이상 기어다니지 않는 것처럼, 우리가 진실로 하나님의 자녀라면 범죄하기를 원치 않을 것이라는 사실을 깨닫게 됩니다. "그를 아노라 하고 그의 계명을 지키지 아니하는 자는 거짓말하는 자요 진리가 그 속에 있지 아니하되"(요일 2:4)

"하나님께로부터 난 자마다 죄를 짓지 아니하나니 이는 하나님의 씨가 그의 속에 거함이요 그도 범죄하지 못하는 것은 하나님께로부터 났음이라"(요일 3:9)

오늘 주시는 말씀　로마서 5:15~19
믿음의 실천　내가 죄를 짓지 않아도 된다는 사실에 하나님께 감사드리겠습니다. 하나님은 내게 피할 길을 만들어 주셨습니다. 따라서 나는 마귀를 대적할 것이며, 그는 내게서 달아날 것입니다. 오늘 나는 기쁨에 찬 나의 영혼을 나타내 보임으로써 그리스도 안에 있는 나의 새로운 삶을 즐거워 할 것입니다.

He Will Tell You

"I advise you to obey only the Holy Spirit's instructions. He will tell you where to go and what to do, and then you won't always be doing the wrong things your evil nature wants you to."
GALATIANS 5:16

Major conflicts in life are resolved when, by an act of the will, one surrenders to the control of the Holy Spirit and faces temptation in His power.

It should be explained that there is a difference between temptation and sin.

Temptation is the initial impression to do something contrary to God's will. Such impressions come to all people, even as they did to the Lord, and they are not sin in themselves.

Temptation becomes sin when we meditate on the impression and develop a strong desire, which is often followed by the actual act of disobedience.

For practical daily living, we simply recognize our weakness whenever we are tempted and obey the Holy Spirit's instructions. When we do yield to temptation, we breathe spiritually and resume our walk with God.

"At what point does one who practices spiritual breathing become carnal again?" Whenever one ceases to believe God's promise that He will enable us to be victorious over all temptations. The fact is, one need never be carnal again. So long as a believer keeps breathing spiritually, there is no need to live a life of defeat.

The moment you realize that you have done that which grieves or quenches the Spirit, you simply exhale spiritually by confessing immediately, and then inhale as by faith you claim God's forgiveness and the fullness of the Holy Spirit, and you keep walking in the light as God is in the light.

BIBLE READING Galatians 5:17-26
ACTION POINT I will consciously seek to obey the Holy Spirit's instructions revealed to me in His holy, inspired Word.

성령을 좇아 행하라

"내가 이르노니 너희는 성령을 따라 행하라
그리하면 육체의 욕심을 이루지 아니하리라"
갈라디아서 5:16

인생의 대부분의 갈등은 우리의 의지적인 행동으로써(by an act of the will) 성령의 다스림에 순복하고 그분의 능력 안에서 시험과 대적할 때에 해결됩니다.

우리는 시험과 죄 사이에 한 가지 차이점이 있음을 알아야 합니다.

시험은 하나님의 뜻을 거스르는 어떤 행동을 취하려는 생각입니다. 그러한 생각은 심지어 주님께도 찾아왔던 것처럼 모든 사람에게 찾아오지만, 그것 자체가 죄는 아닙니다. 시험은 우리가 그 생각을 계속 되새기고, 종종 실제로 불순종의 행동이 따라오게 하는 강한 욕구를 키울 때 죄가 됩니다.

매일매일의 실제적인 삶 속에서 우리가 시험을 받을 때는 언제든지 우리는 그저 우리의 연약함을 인정하고 성령의 가르침에 순종해야 합니다. 우리가 시험에 졌을 때에 우리는 5)영혼의 호흡을 하고 다시 하나님과 동행하는 삶을 살아야 하는 것입니다.

"영혼의 호흡을 했던 사람이 다시 육신에 속한 그리스도인이 되는 것은 언제입니까?" 하나님께서 모든 시험에서 이길 수 있도록 해주신다는 약속을 신뢰하는 것을 멈출 때 누구든지 다시 육신에 속한 그리스도인이 되는 것입니다. 사실을 말하자면 우리는 다시는 육신에 속한 그리스도인이 될 필요가 없습니다. 그리스도인이 영혼의 호흡을 지속적으로 하는 한 패배의 삶을 살 필요가 없는 것입니다.

성령을 근심하게 하고 소멸하는 일을 했다는 것을 깨닫는 순간, 그저 즉시 죄 고백함으로 영적인 숨을 내쉬고, 하나님의 용서와 성령의 충만함을 1)믿음으로(by faith) 구하는(claim) 영적인 숨을 들이마시면서 하나님이 빛 가운데 계심 같이 당신도 빛 가운데 계속해서 걸어갈 수 있는 것입니다.

오늘 주시는 말씀   갈라디아서 5:17~26
믿음의 실천   나는 오늘 하나님의 거룩하고 영감 있는 말씀 가운데 내게 깨닫게 해주시는 성령의 가르치심에 순복할 것을 의식적으로 좇도록 하겠습니다.

Sure Road to Faith

"So then faith cometh by hearing, and hearing by the word of God."
ROMANS 10:17, KJV

Martin Luther said he studied his Bible in the same way he gathered apples. First, he shook the whole tree, that the ripest might fall; then he shook each limb, and when he had shaken each limb, he shook each branch, and after each branch, every twig; and then he looked under every leaf. He admonishes us:

"Search the Bible as a whole, shaking the whole tree. Read it rapidly, as you would any other book. Then shake every limb—study book after book.

"Then shake every branch, giving attention to the chapters when they do not break the sense. Then shake each twig, by a careful study of the paragraphs and sentences. And you will be rewarded if you will look under each leaf, by searching the meaning of the words."

Seek to know the Lord with all your heart. While you may have no difficulty in worshiping the omnipotent God, you cannot really know God unless you study His Word. The one who spoke and caused the worlds to be framed is waiting to reveal Himself to you personally.

Faith is not given to those who are either undisciplined or disobedient. Faith is a gift of God which is given to those who trust and obey Him. As we master His Word and obey His commands, our faith continues to grow.

It is my strong conviction that it is impossible to ask God for too much if our hearts and motives are pure and if we pray according to the Word and will of God.

Every time you and I open and read God's Word carefully, we are building up our storehouse of faith. When we memorize the word, our faith is being increased. When we study or teach a Sunday school lesson, or hear a sermon faithfully expounding the Word, we are growing in faith.

BIBLE READING Hebrews 11:1-6
ACTION POINT I will read, study, memorize and meditate upon God's Word daily, knowing that in the process my faith will grow, for "faith comes by hearing, and hearing by the Word of God."

믿음에 이르는 확실한 길

"그러므로 믿음은 들음에서 나며 들음은 그리스도의 말씀으로 말미암았느니라"
로마서 10:17

6)마틴 루터는 자신은 사과를 추수하는 것과 같은 방식으로 성경을 연구한다고 말했습니다. 먼저, 사과나무 전체를 흔들어 가장 잘 익은 사과를 따고, 그리고 큰 가지 하나하나를 흔들고, 다음으로 잔가지를 하나씩 흔들고, 마지막으로 잎사귀 하나하나를 모두 뒤져 사과를 추수하는 방법입니다. 그는 우리에게 다음과 같이 권고합니다.

"나무 전체를 다 흔들듯이 성경을 전체적으로 연구하십시오. 다른 책을 읽을 때처럼 성경을 빠르게 속독하십시오. 그리고 큰 가지를 하나하나 흔들듯이 성경의 각 권에서 다른 권으로 옮겨가며 연구하십시오. 그리고 의미가 분명하지 않을 때에는 나무의 작은 가지를 흔들듯 각 장에 관심을 집중시키고, 그다음에는 잔가지들을 흔들듯 문단과 문장을 자세히 읽으십시오. 그런 다음 잎사귀들을 잘 살피듯이 각 단어의 의미를 연구함으로써 보상을 얻게 될 것입니다."

마음을 다하여 주님을 알기 위해 힘쓰십시오. 전능하신 하나님을 아무리 잘 예배한다고 해도 그분의 말씀을 공부하지 않으면 그분을 참되게 알 수 없습니다. 말씀으로 천지를 지으신 하나님은 당신에게 자신을 개인적으로 나타내 보이려고 기다리고 계십니다.

믿음은 훈련되지 않은 사람들이나 순종하지 않는 사람들에게는 주어지지 않습니다. 믿음은 하나님을 신뢰하고 순종하는 사람들에게만 주시는 하나님의 선물입니다. 우리가 그분의 말씀을 연구하여 온전히 깨닫고 그분의 계명에 순종할 때 우리의 믿음은 계속 성장하게 될 것입니다.

우리의 마음과 동기가 순수하고, 하나님의 말씀과 뜻에 따라 기도한다면, 우리가 하나님께 아무리 많은 것을 구한다고 해도 얻지 못할 것이 없다고 나는 확신합니다.

당신과 내가 하나님의 말씀을 펼쳐서 주의 깊게 읽을 때마다 우리는 우리의 믿음의 창고를 점점 더 크게 세워가고 있는 것입니다. 우리가 하나님의 말씀을 암송할 때 우리 믿음도 더하여집니다. 우리가 주일 학교에서 가르치거나 공부할 때, 또는 하나님의 말씀을 신실하게 강해하는 설교 말씀을 들을 때, 우리는 믿음 안에서 자라나게 됩니다.

오늘 주시는 말씀 히브리서 11:1~6

믿음의 실천 나는 날마다 하나님의 말씀을 읽고, 공부하며, 암송하고, 묵상하겠습니다. '믿음은 들음에서 나며 들음은 하나님의 말씀으로 말미암는다'라고 한 대로 말씀을 읽고 공부하며 암송하고 묵상하는 과정에 나의 신앙이 성장할 줄을 알기 때문입니다.

He Sets Us Free

"I don't understand myself at all, for I really want to do what is right, but I can't. I do what I don't want to—what I hate...When I want to do good, I don't; and when I try not to do wrong, I do it anyway...It seems to be a fact of life that when I want to do what is right, I inevitably do what is wrong... So you see how it is: my new life tells me to do right, but the old nature that is still inside me loves to sin. Oh, what a terrible predicament I'm in! Who will free me from my slavery to this deadly lower nature? Thank God! It has been done by Jesus Christ our Lord. He has set me free." ROMANS 7:15, 19, 21, 24-25

Harry gave every indication of being a happy, joyful, fruitful Christian. He was active in every major event of the church and many large citywide Christian efforts. He always had a high visibility, and because of his extroversive, outgoing personality he seemed to be a model Christian.

Then one day I saw the real Harry. He just blurted it out.

"I'm a hypocrite—miserable, defeated, frustrated. I've lived a lie and worn a mask all my life, never wanting to reveal my true self. But I need help. I'm seriously thinking of committing suicide. I just can't live the Christian life, no matter how hard I try."

As I began reading Romans 7:15-25, he said, "That is my biography, the story of my life. I've done everything I know to find victory—to live the Christian life as I know I'm supposed to live it But everything fails for me no matter how hard I try."

I encouraged him to read on. Paul asks the question in the 25th verse, "Who will free me from my slavery to this deadly lower nature?" Then he answers that question by saying, "Thank God! It has been done by Jesus Christ our Lord. He has set me free."

If you are living a carnal life, as described in Romans 7, you can be liberated to experience a full and abundant, victorious and fruitful life, as you by faith claim the fullness and power of the Holy Spirit day by day, moment by moment.

BIBLE READING Romans 7:18-23

ACTION POINT By faith, I will claim the power of the Holy Spirit to enable me to live the abundant, supernatural life that Jesus promised, so that I can bring glory to God by bearing much fruit.

자유롭게 하시는 하나님

"내가 행하는 것을 내가 알지 못하노니 곧 내가 원하는 것은 행하지 아니하고 도리어 미워하는 것을 행함이라
…내가 원하는 바 선은 행하지 아니하고 도리어 원하지 아니하는 바 악을 행하는도다…
그러므로 내가 한 법을 깨달았노니 곧 선을 행하기 원하는 나에게 악이 함께 있는 것이로다…
오호라 나는 곤고한 사람이로다 이 사망의 몸에서 누가 나를 건져내랴 우리 주 예수 그리스도로 말미암아
하나님께 감사하리로다 그런즉 내 자신이 마음으로는 하나님의 법을 육신으로는 죄의 법을 섬기노라"
로마서 7:15, 19, 21, 24~25

해리는 언제나 행복해하고 즐거워하며 열매가 풍성한 그리스도인의 모습을 지니고 있었습니다. 그는 언제나 교회의 중요한 일에 적극적으로 참여했으며, 그가 살고 있던 도시 전역에 걸친 큰 기독교 사역들에도 많이 관계하고 있었습니다. 그는 언제나 높은 식견을 갖고 있었으며, 그의 외향적이고 사교적인 성품으로 인해 그리스도인의 본보기 같은 인물이었습니다.

그러나 어느 날 나는 해리의 진짜 모습을 보게 되었습니다. 갑자기 그가 이런 말을 불쑥 꺼낸 것입니다.

"나는 위선자입니다. 비참하고 패배하여 좌절한 인물입니다. 나는 절대로 내 자신을 드러내길 원치 않으면서 평생 가면을 쓰고 지금까지 거짓 속에서 살아 왔습니다. 하지만 이제는 도움이 필요합니다. 나는 진지하게 자살을 생각하고 있습니다. 내가 어떤 노력을 한다고 해도 나는 그리스도인의 삶을 살 수가 없습니다."

내가 로마서 7장 15~25절을 읽기 시작하자, 해리는 이렇게 말했습니다. "그게 바로 내 이야기입니다. 내 삶의 이야기입니다. 나는 그렇게 살아야 한다는 것을 알고 있기 때문에 그리스도인의 삶인 승리의 삶을 살기 위해 모든 것을 해 보았습니다. 그러나 아무리 열심히 노력해 보아도 모두 실패하고 말았습니다."

나는 그에게 계속해서 로마서 말씀을 읽어보도록 격려했습니다. 바울은 24절에서 다음과 같이 질문을 합니다. "이 사망의 몸에서 누가 나를 건져내랴" 그리고 이어 다음 말로써 스스로 질문에 답하고 있습니다. "우리 주 예수 그리스도로 말미암아 하나님께 감사하리로다" 예수 그리스도를 통하여 하나님께서 우리를 해방시키신 것입니다.

로마서 7장에서 묘사된 대로 만일 당신이 지금 육신에 속한 삶을 살고 있다면 성령 충만함과 그 능력을 날마다, 매 순간마다 1)믿음으로(by faith) 구함(claim)으로써 당신도 온전하고 풍성하며 승리하는, 풍성히 열매 맺는 삶을 살 수 있도록 해방될 수 있습니다.

오늘 주시는 말씀	로마서 7:18~23
믿음의 실천	믿음으로(by faith), 나는 예수께서 약속하신 초자연적이며 풍성한 삶을 살 수 있도록 성령의 능력을 구하겠으며, 그럼으로써 나는 많은 열매를 맺어 하나님께 영광을 돌릴 것입니다.

When You Open the Door

"Look! I have been standing at the door and I am constantly knocking. If anyone hears me calling him and opens the door, I will come in and fellowship with him and he with me."
REVELATION 3:20

"One morning I wanted to feed the birds," a saint once said. "It was gray and cold, and the ground was covered with snow. I stepped out on the porch and flung them handfuls of crumbs and called to them. But there they sat, cold and hungry and afraid. They did not trust me. As I watched and waited, it seemed I could get God's viewpoint more clearly than before. He offers, plans, hopes, longs for all things for our good. But He has to watch and wait as I did for my timid friends."

What a simple thing it is to open a door!

That still, small voice of conscience that pricks you from time to time is probably Christ Himself knocking at the door of your heart. He is waiting for that very simple act by which you open that door—an act of your will acknowledging that Christ is making a claim upon your life. He has that right; He died for you.

If you are not absolutely sure that Christ is in your life, that you would go straight to heaven if you died today, you can be sure right now.

By faith, respond to the invitation of Jesus and open the door of your life to Him. Why not make this your prayer:

"Lord Jesus, I need You. I know You are the Son of God, the Savior of all men. Thank You for dying on the cross for my sins. I open the door of my life and receive You as my Savior and Lord.

Thank You for forgiving my sins and giving me eternal life. Take control of my life. Make me the kind of person You want me to be. Enable me to live a supernatural life beginning today. Amen."

If you asked Christ to come into your life, by faith, trusting that He has answered your prayer even as He has promised, then you can know with absolute certainty that He has done so.

BIBLE READING John 14:23-27
ACTION POINT If I am already absolutely sure of my salvation, I will invite someone else today to pray this prayer. If I am not sure of my own spiritual condition, I will pray it for myself.

문을 열 때

"볼지어다 내가 문 밖에 서서 두드리노니 누구든지 내 음성을 듣고 문을 열면
내가 그에게로 들어가 그와 더불어 먹고 그는 나와 더불어 먹으리라"
요한계시록 3:20

"어느 날 아침, 새들에게 모이를 주려고 한 일이 있었습니다. 날은 춥고 흐렸으며, 땅에는 눈이 쌓여 있었습니다. 나는 현관 밖으로 나가 빵 부스러기를 한 줌 집어던지고는 새들을 불렀습니다. 하지만 새들은 춥고 배고픈 상태에서도 두려워하면서 여전히 그냥 앉아 있었습니다. 나를 믿지 못한 것이지요. 내가 앉아서 그 새들을 보고 있노라니 사람들에 대한 하나님의 입장이 어떤 것인지를 전보다 분명히 알 수 있을 것 같았습니다. 하나님은 우리에게 유익이 되도록 모든 것을 주시고, 계획하시며, 소망하시고, 기대하고 계시지만, 내가 소심한 친구들인 새들을 보며 기다려야 했던 것처럼 우리를 지켜보시며 기다리고 계시다는 사실을 말입니다." 이것은 어느 성자가 한 이야기입니다.

문을 열기만 하면 된다는 것은 얼마나 쉽고 단순한 일입니까!

때때로 당신을 찌르는 양심의 세미하고도 조용한 음성은 그리스도가 당신의 마음 문 앞에 서서 두드리는 소리일지도 모릅니다. 그리스도는 당신이 문을 여는 그 간단한 행동을 기다리고 계십니다. 그리스도께서 당신의 삶을 요구하고 계신다는 사실을 인정하는 의지적인 행동을 말입니다. 그분은 그러실 수 있는 권리가 있습니다. 그는 당신을 위해 죽으셨기 때문입니다.

만일 그리스도께서 당신의 삶 가운데 계시며 오늘 죽는다 할지라도 천국으로 곧바로 들어가리라는 확신을 분명하게 가지고 있지 못하다면, 지금 즉시 그 확신을 소유할 수 있습니다.

1) 믿음으로써(by faith) 예수님의 부르심에 응답하고 당신의 삶의 문을 그에게 열어드리십시오. 그리고 다음과 같은 기도를 주님께 드리십시오. "주 예수님, 나는 주님을 믿고 싶습니다. 십자가에서 죽으심으로 내 죄 값을 담당하시니 감사합니다. 지금 나는 내 마음의 문을 열고 예수님을 나의 구주, 나의 하나님으로 영접합니다. 나의 죄를 용서하시고 영생을 주심을 감사합니다. 나를 다스려 주시고, 나를 주님이 원하시는 사람으로 만들어 주옵소서. 예수님의 이름으로 기도합니다. 아멘."

약속하신 그대로 그리스도께서 당신의 기도를 응답하여 주신 것을 신뢰하면서, 믿음으로 (by faith) 그리스도가 당신의 삶 가운데 들어오시기를 요청했다면, 당신은 그분이 그렇게 하셨다는 사실을 분명히 알 수 있습니다.

오늘 주시는 말씀 요한복음 14:23~27
믿음의 실천 만일 내가 이미 나의 구원을 확신하고 있다면, 나는 오늘 다른 사람에게 이 기도를 하도록 권유하겠습니다. 만약 내가 나의 구원의 확신을 갖고 있지 못하다면, 이 기도를 내 자신이 하겠습니다.

Christ Our Attorney

"If anyone publicly acknowledges me as his friend, I will openly acknowledge him as my friend before my Father in heaven. But if anyone publicly denies me, I will openly deny him before my Father in heaven." MATTHEW 10:32-33

Some time ago, I challenged a famous and successful statesman to share his Christian faith.

"I believe that religion is personal and private, not something to wear on your sleeve," he replied. "I am a Christian, but I don't want to talk about it."

I reminded him that Jesus loved him enough to die for him. His disciples were so convinced of the urgency of passing on to others the message of God's love and forgiveness through Christ that they, and many thousands like them—though they died as martyrs—did not give up their efforts to get the message to us.

Further, I reminded him of the words of Jesus, "He that is not with Me is against Me" Matthew 12:30, KJV and the passage above from Matthew 10.

He was very sobered by my remarks. After a few minutes, he said, "I agree with you. I realize how wrong I have been. I had never realized how far off course I had gotten. I need to rethink all of my priorities and give Christ His rightful place in my life."

"My challenge to laymen," R. G. LeTourneau, one of America's leading industrialists and Christian statesmen, once said, "is that when Christ said, 'Go ye into all the world, and preach the gospel,' He did not mean only preachers but everyone who believed in Him as the Lord of glory...My challenge to you is for a return to this first-century conception of Christianity where every believer is a witness to the grace of the Lord Jesus Christ."

BIBLE READING Psalm 119:41-48
ACTION POINT Today I will publicly acknowledge my love for Christ, and through the enabling of the Holy Spirit I will live today so that others will want what I have, and I will speak so that they will know what I have.

우리의 변호인이 되시는 그리스도

"누구든지 사람 앞에서 나를 시인하면 나도 하늘에 계신 내 아버지 앞에서 그를 시인할 것이요
누구든지 사람 앞에서 나를 부인하면 나도 하늘에 계신 내 아버지 앞에서 그를 부인하리라"
마태복음 10:32~33

얼마 전, 나는 성공한 유명한 정치인에게 그의 기독교 신앙을 간증하여 주십사 하고 도전을 던진 적이 있습니다. 그는 이렇게 대답했습니다. "나는 종교 생활은 개인적이고 사적인 것이지, 겉으로 드러내놓고 하는 것이 아니라고 생각합니다. 비록 내가 그리스도인이지만 신앙에 대해서 남들과 이야기하고 싶지는 않습니다."

나는 그에게 예수께서 그를 위해 죽으실 만큼 그를 사랑하신다는 사실을 상기시켰습니다. 예수님의 제자들과 또 수많은 사람이 그리스도를 통한 하나님의 사랑과 용서의 메시지를 다른 사람들에게 전해야 한다는 긴급성을 너무나 확신했기 때문에, 그들은 순교를 당하면서까지 우리에게 그 소식을 전하는 노력을 중단하지 않았습니다.

나아가 나는 그에게 예수님의 "나와 함께 아니하는 자는 나를 반대하는 자요"(마 12:30)라고 하신 말씀과 오늘의 말씀인 위의 마태복음 10장의 말씀을 상기시켜 주었습니다.

내가 지적한 말씀들을 듣고 그는 매우 진지해졌습니다. 몇 분이 지나고 나서 그는 이렇게 말했습니다. "당신의 말에 동의합니다. 이제 나는 내가 얼마나 잘못되어 있었는지를 깨달았습니다. 지금까지 내가 얼마나 바른 길에서 멀어져 있었는지 전혀 깨닫지 못하고 지내왔습니다. 내가 내 삶에 우선순위로 두었던 것들을 모두 다시 살펴보고 그리스도께 내 삶의 왕좌를 돌려드리도록 하겠습니다."

그리스도인으로 미국의 지도적인 위치의 실업가이며, 정치가인 ㄱ)르 터너는 언젠가 이렇게 말했습니다. "평신도들에게 내가 던지는 도전은, 그리스도께서 '너희는 온 천하에 다니며 복음을 전파하라'고 하셨을 때 이 말씀은 단지 목회자에게만 해당하는 것이 아니라 그리스도를 영광의 주님으로 믿는 모든 사람에게 이르는 것이라는 사실입니다. …여러분에게 드리는 나의 도전은 모든 믿는 이들이 주 예수 그리스도의 은혜에 대한 증인이라고 하는 이 1세기 때의 기독교 정신으로 돌아가자는 것입니다."

오늘 주시는 말씀 시편 119:41~48
믿음의 실천 오늘 나는 그리스도를 향한 나의 사랑을 다른 사람들 앞에서 공개적으로 이야기하겠으며, 또한 성령의 가능케 하시는 능력을 통하여 오늘의 삶을 삶으로써, 다른 사람들이 내가 갖고 있는 것을 갖고 싶게 하고, 그리고 그들에게 내가 무엇을 소유하고 있는지 알려주도록 하겠습니다.

No More Fears

"There is no fear in love; but perfect love casteth out fear: because fear hath torment. He that feareth is not made perfect in love." 1 JOHN 4:18, KJV

"If I could hear Christ praying for me in the next room," declared Robert Murray McCheyne, "I would not fear a million enemies. Yet distance makes no difference. He is praying for me: 'He ever liveth to make intercession.'"

Is there some fear in your life over which you do not have victory? Whether it is great or small, you can gain victory over that fear through claiming, by faith, God's supernatural love for yourself and for others, for "perfect love casts out fear."

That promise makes it imperative that you and I claim God's agape, the supernatural love described in 1 Corinthians 13, love for God, for our neighbors, for ourselves and for our enemies—for all men. As we do this, we can begin to practice that perfect love, showing it to our families and to friends and neighbors.

No fear is too small for Christ to handle, and certainly none is too large. Remember, "God hath not given us the spirit of fear; but of power, and of love, and of a sound mind" 2 Timothy 1:7, KJV. If fear does not come from God, then we must reject that spirit of fear as coming from the enemy of men's souls.

Fear of the future is a large fear for many people, but sometimes the seemingly small fears—of crowds, of heights, whatever—can cause more distress than greater fears. It is in these instances that God demonstrates His faithfulness to fill our hearts with His love and to cast out fear.

Faith is the most effective foe of fear, and "faith comes by hearing, and hearing by the Word of God."

BIBLE READING 2 Timothy 1:6-12
ACTION POINT Today I will recognize any fear in my life as the enemy's attempt to sabotage my effectiveness as a disciple of Christ. By faith I will claim God's supernatural love for myself and others, and thereby gain victory over fear.

두려움이 없고

*"사랑 안에 두려움이 없고 온전한 사랑이 두려움을 내쫓나니 두려움에는 형벌이 있음이라
두려워하는 자는 사랑 안에서 온전히 이루지 못하였느니라"* 요한일서 4:18

스코틀랜드의 부흥을 이끌었던 [8)]로버트 머리 맥체인 목사가 이렇게 이야기했습니다. "내가 만일 옆방에서 나를 위해 기도하시는 그리스도의 음성을 들을 수 있다면 백만 명의 적도 두려워하지 않을 것입니다. 그러나 주님과 나와의 거리는 문제가 되지 않습니다. 주님은 언제나 나를 위해 기도하고 계십니다. '이는 그가 항상 살아서 저희를 위하여 간구하심이니라'(히 7:25)라고 말씀하고 계시지 않습니까?"

당신의 삶 가운데 당신이 이기지 못하고 있는 어떤 두려움이 있습니까? 그 두려움이 크든 작든 당신은 '온전한 사랑이 두려움을 내어 쫓나니' 하신 대로 당신 자신과 다른 사람들을 위해 하나님의 초자연적인 사랑을 [1)]믿음으로(by faith) 간구함(claim)으로써 그 두려움에 대하여 승리를 거둘 수 있습니다.

그 약속은 우리가 하나님을 사랑하고, 그리고 우리 이웃, 자신, 심지어 적들까지 모든 사람을 사랑하게 하는 고린도전서 13장에 기록된 하나님의 초자연적인 사랑인 아가페의 사랑을 간구하게(claim) 만듭니다. 우리가 그렇게 할 때 가족과 친구들, 그리고 이웃들에게 그 사랑을 나타내면서 그 온전한 사랑을 위한 훈련을 시작해 나갈 수 있습니다.

우리의 두려움 가운데 그리스도께서 해결하여 주실 필요가 없을 정도로 너무 작은 두려움은 없으며, 또한 너무 커서 그리스도께서 해결해 주실 수 없는 것도 없습니다. 기억하십시오. "하나님이 우리에게 주신 것은 두려워하는 마음이 아니요 오직 능력과 사랑과 절제하는 마음이니"(딤후 1:7) 만약 두려움이 하나님께로부터 오는 것이 아니라고 한다면 두려움의 영은 인간의 대적인 사탄으로부터 오는 것이므로 단호히 배격해야 합니다.

미래에 대한 두려움은 많은 사람이 갖고 있는 큰 두려움이지만, 그러나 사소해 보이는 두려움들 즉 대인공포증, 고소공포증과 같은 두려움들도 때로 더 큰 고통을 야기할 수 있습니다. 하나님이 자신의 사랑으로 우리의 마음을 채우시고, 두려움을 내쫓으심으로 자신의 신실함을 나타내 보이시는 것은 이런 경우에도 해당이 됩니다.

믿음은 두려움을 다루는 가장 효과적인 적수이며, 그리고 그 "믿음은 들음에서 나며 들음은 그리스도의 말씀으로 말미암는"(롬 10:17) 것입니다.

오늘 주시는 말씀 디모데후서 1:6~12
믿음의 실천 오늘 나는 내 삶 속의 어떤 종류의 두려움도 그리스도의 제자로서 나의 능력을 무력하게 하려는 원수의 시도라는 것을 확실히 깨닫도록 하겠습니다. 믿음으로 나는 나와 다른 사람들을 위하여 하나님의 초자연적 사랑을 구하겠으며 그로써 두려움을 극복하고 승리를 확보하게 될 것입니다.

The Sound Mind Principle

"For God hath not given us the spirit of fear; but of power, and of love, and of a sound mind." 2 TIMOTHY 1:7, KJV

Some years ago, a young college graduate came to me for counsel concerning God's will for his life. "How can I know what God wants me to do?" he asked.

Briefly, I explained a helpful approach to knowing the will of God: following what I call the "sound mind principle" of Scripture.

In less than an hour, by following the suggestions contained in this principle, the young man discovered what he had been seeking for years. He discovered not only the work which God wanted him to do but also the organization and manner in which he was to serve our Lord. Today he is serving Christ as a missionary in Africa, where he and his wife are touching the lives of thousands throughout the entire continent.

What is this "sound mind principle"? This verse refers to a well-balanced mind—a mind that is under the control of the Holy Spirit. It involves the practice of determining God's wisdom and direction through use of your mind saturated with God's Word, instead of relying only on emotional impressions. Though God often leads us through impressions, He generally expects us to use our "sound minds."

For example, when you have an important decision to make, take a sheet of paper, list all the positive and negative factors. Then consider what God's Word has to say about the matter—directly or indirectly. Be sure you are controlled by the Holy Spirit, then make your decision on the basis of what seems obvious, unless God specifically leads you to the contrary.

"Be not conformed to this world: but be ye transformed by the renewing of your mind, that ye may prove what is that good, and acceptable, and perfect, will of God" Romans 12:2, KJV.

BIBLE READING 2 Timothy 1:8-12
ACTION POINT In every major decision I face today, I will apply the sound mind principle to determine God's will in the matter, unless God specifically and supernaturally leads me to do something else which is also consistent with Scripture.

절제하는 마음

"하나님이 우리에게 주신 것은 두려워하는 마음이 아니요
오직 능력과 사랑과 절제하는 마음이니" 디모데후서 1:7

몇 해 전 한 젊은 대학 졸업생이 자기의 삶을 향하신 하나님의 뜻에 대해 상담하려고 나를 찾아왔습니다. "하나님이 내게 하기를 원하시는 것이 무엇인지를 어떻게 알 수 있습니까?" 그의 물음이었습니다.

나는 하나님의 뜻을 알 수 있는 유용한 접근 방법을 간단하게 설명해 주었습니다. 내가 성경의 '절제하는 마음의 원리'라고 부르는 것을 따르도록 권하는 것이었습니다.

한 시간도 채 안 되어 그 젊은이는 이 원리에 포함되어 있는 제안들을 사용하여 그가 수년 동안 추구하던 해답을 발견했습니다. 그는 하나님이 그에게 하기 원하시는 것이 무엇인지를 발견했을 뿐 아니라, 그가 주님을 섬기기 위하여 어떤 기관에서 어떤 방식으로 일할 것인가 하는 것까지 깨닫게 되었습니다. 현재 그는 아프리카 선교사로 그리스도를 섬기고 있으며, 그곳에서 그의 부부는 아프리카 전 대륙에 걸쳐 수많은 사람의 삶에 영향을 미치고 있습니다.

그러면 '절제하는 마음의 원리'란 무엇을 말하는 것일까요? 디모데후서의 오늘 구절은 균형이 잘 이뤄져 있는 마음을 가리킵니다. 즉 성령의 지배 아래 있는 마음입니다. 이것은 단순히 감정적인 느낌에만 의존하는 것이 아니라 하나님의 말씀으로 속속들이 배어 있는 당신의 마음을 활용해서 하나님이 주시는 지혜와 방향을 깨닫고, 그것을 따르는 훈련을 하는 것을 의미합니다. 하나님이 우리의 감정을 통하여 우리를 인도하시는 경우도 자주 있지만, 하나님은 일반적으로 '절제하는 마음'을 사용하기를 기대하십니다.

예를 들면 당신이 중요한 결정을 내려야 할 때 종이를 한 장 꺼내서 그 결정과 관련된 모든 긍정적 요소와 부정적인 요소들을 빠짐없이 적어 보시기 바랍니다. 그런 다음 하나님의 말씀이 직접 혹은 간접적으로 그 문제에 대해 어떻게 말씀하시는지를 숙고하십시오. 당신이 성령의 지배를 받고 있는지 다시 한 번 점검한 다음, 하나님이 특정한 다른 방향으로 당신을 인도하시지 않으신다면 명백해 보이는 방향으로 결정하면 됩니다.

"너희는 이 세대를 본받지 말고 오직 마음을 새롭게 함으로 변화를 받아 하나님의 선하시고 기뻐하시고 온전하신 뜻이 무엇인지 분별하도록 하라"(롬 12:2)

오늘 주시는 말씀 디모데후서 1:8~12
믿음의 실천 오늘 해야 하는 모든 중요한 결정에 있어서 하나님께서 초자연적이고 성경적인 특별한 방법으로 인도하시는 경우 외에는 그 결정을 위한 하나님의 뜻을 깨닫기 위하여 '절제하는 마음의 원리'를 적용하겠습니다.

He Orders Your Steps

"The steps of a good man are ordered by the Lord: and he delighteth in his way."
PSALM 37:23, KJV

Miriam Booth—a beautiful, brilliant, cultured woman—daughter of the Salvation Army founder, began her Christian work with great promise. She had unusual success. Before long, however, disease struck and brought her to the point of death. A friend visiting her one day said it seemed a pity that a woman so capable should be hindered by illness from doing the Lord's work. "It is great to do the Lord's work," she replied with gentle grace, "but it is greater to do the Lord's will."

Are you looking for direction, for purpose, for meaning to your life?

The psalmist wanted to make it very plain that the person who is "good," the one who is clothed with the righteousness, the goodness of Christ, can have the absolute assurance that His steps, one by one, moment by moment, hour by hour, day by day, are ordered by the Lord (planned and directed by Him).

That wonderful truth is made even more meaningful by the reminder that our "stops" as well are directed by the Lord. He knows when we need to slow down, to wait on Him. As a Christian leader once said, after several weeks of being bedridden: "I needed to be flat on my back so that the only way I could look was up."

Finding the will of God has been difficult for many people—for most of us at one time or another: But the truth remains that He promises to give wisdom to any who ask, and we have that privilege when we belong to Him by virtue of having received the Lord Jesus Christ as our personal Savior.

If you are facing a crossroad in your life, wait on Him and avoid the usual rush to a decision that might be disastrous. "He is faithful who promised." Depend upon Him to make the way clear as you lay the decision prayerfully before Him.

BIBLE READING Isaiah 58:9-14
ACTION POINT When I need wisdom for a specific decision today, I will breathe an earnest prayer for direction. Then I will thank God for the clear leading which He promises and for enabling me to continue living the supernatural life, as He directs my steps.

당신의 걸음을 정하시는 하나님

"여호와께서 사람의 걸음을 정하시고 그의 길을 기뻐하시나니"
시편 37:23

아름답고 쾌활하며 교양 있는 여인으로서 구세군 창시자의 딸이었던 미리암 부스는 전도 유망한 기독교 사역을 시작하여 유례없는 성공을 거두었습니다. 그러나 오래가지 않아 질병에 걸려 거의 죽음의 지경까지 이르게 되었습니다. 어느 날, 한 친구가 찾아와서는 그토록 유능하던 여성이 병 때문에 주님의 일을 하지 못하게 된 것이 마음이 아프다고 위로의 말을 했습니다. 그러자 미리암은 부드러운 미소를 띠면서 "주의 사역을 하는 것은 훌륭한 일입니다. 그러나 주의 뜻을 따르는 것은 더욱 훌륭합니다."라고 대답했습니다.

당신은 자신의 삶의 방향과 목적과 의미를 찾고 있습니까? 시편 기자는 '의인' 즉, 그리스도의 의로 덧입혀진 사람은, 주님께서 그의 걸음을 한걸음 한걸음씩, 순간순간 그리고 시간마다, 날이면 날마다 정하시고(계획하시고 또 인도하고) 계심을 절대적으로 확신할 수 있다는 사실을 분명히 말해 주고 있습니다.

이 놀라운 진리는 주님께서 우리의 '멈춤'도 인도하고 계시다는 사실을 상기함으로써 더욱 의미가 깊습니다. 하나님은 우리가 천천히 멈춰 서서 하나님을 바라볼 필요가 있는 때를 알고 계십니다. 어느 기독교 지도자가 언젠가 몇 주간 침대 신세를 지고 난 후, "나는 아파서 꼼짝 못하고 누워 있었는데 위 말고는 볼 수 있는 곳이 없었습니다."라고 한 말과 같을 것입니다.

사람들에게 때론 하나님의 뜻을 깨닫는 것이 어려울 때가 있습니다. 그러나 누구든지 구하는 자에게 지혜를 주시겠다고 한 약속은 여전히 진리이며, 우리의 개인적 구주로 예수 그리스도를 영접함에 의해 우리가 그리스도께 속하게 될 때 우리는 그 특권을 소유하게 되는 것입니다.

당신이 지금 만일 삶의 십자로에 서 있다면 하나님을 바라고 기다리십시오. 그리고 흔히 범하는, 파멸로 이를지도 모르는 결정을 성급히 서두르는 것을 피하십시오. "약속하신 이는 미쁘시니"라고 했습니다. 주님 앞에 기도하는 마음으로 결정을 내려놓고 길을 열어 주시도록 주님을 의지하십시오.

오늘 주시는 말씀 이사야 58:9~14
믿음의 실천 오늘 내가 특별한 결정을 내리기 위하여 지혜가 필요할 때 나는 그것을 위하여 최선을 다해 열심히 기도하겠습니다. 그런 후에 나는 하나님이 나의 걸음을 인도하실 때, 약속하신 대로 밝히 인도하시고 계속하여 초자연적인 삶을 살 수 있도록 하여 주심을 감사할 것입니다.

You Can Be Sure This Is God's Will

"In every thing give thanks: for this is the will of God in Christ Jesus concerning you."
1 THESSALONIANS 5:18, KJV

"Always give thanks for everything?" my friend Jim remarked with impatience bordering on anger. "How can I give thanks to God when my wife is dying of cancer? I would be a fool, and besides I don't feel thankful. My heart is breaking. I can't stand to see her suffer any more."

Jim was a Christian, but he had not yet learned how to appropriate the supernatural resources of God by faith. He had not heard that the Holy Spirit produces the supernatural, spiritual fruit of love, joy, peace, patience, kindness, goodness, faithfulness, gentleness and self-control. He did not know that the Holy Spirit was ready and eager to lift his load, fill his heart with peace and enable him to demonstrate a thankful attitude, even in times of heartache, sorrow and disappointment.

About the same time, I had a call from a beloved friend and fellow staff member, Bob. "I'm calling to ask for your prayers," he said. "My wife has an inoperable brain tumor, but we are trusting the Lord for a miracle. We are both thanking God, for we know He makes no mistakes and we are ready for whatever happens."

Bob and Alice were controlled by the Holy Spirit, responding as Spirit-filled persons are equipped to respond. Though God did not heal Alice's ailing body, He performed a greater miracle by providing the supernatural resources which enabled Bob and Alice to praise and give thanks to God as a powerful testimony of His love and grace in their behalf.

BIBLE READING   1 Thessalonians 5:11-17
ACTION POINT   Knowing that "all things work together for good to those who love God" – including me – I determine through the enabling of the Holy Spirit to obey God today by thanking Him in and for everything.

이것이 하나님의 뜻이니라

"범사에 감사하라 이것이 그리스도 예수 안에서 너희를 향하신 하나님의 뜻이니라"
데살로니가전서 5:18

"범사에 항상 감사하라고?" 내 친구인 짐은 화가 나서 참지 못하고 말했습니다. "아내가 암으로 죽어 가는데 감사하라니? 나는 바보가 아니야. 게다가 감사하는 마음을 느낄 수도 없어. 가슴이 찢어지고 있단 말이야. 아내가 고통당하는 것을 더 이상 지켜 볼 수가 없어."

짐은 그리스도인이었습니다. 그러나 아직 하나님의 초자연적인 능력을 믿음으로 소유하는 방법을 배우지 못했던 것입니다. 그는 성령께서 사랑, 희락, 화평, 오래참음, 자비, 양선, 충성, 온유, 절제의 초자연적인 열매들을 맺게 하여 주신다는 사실을 들어 보지 못했습니다. 그는 성령께서 언제라도 그의 짐을 들어 주실 준비가 되어 있고, 또 들어주시기를 간절히 원하고 계시다는 것과, 고통과 슬픔과 낙망의 시간에도 평강으로 마음을 채워 주시고 감사하는 태도를 갖게 해주실 수 있다는 것을 몰랐던 것입니다.

비슷한 시기에 나는 사랑하는 친구이며, 동료인 밥으로부터 전화를 받았습니다. "기도를 부탁하려고 전화를 했네. 내 아내가 수술이 불가능한 뇌종양에 걸려 있다네. 하지만 우리는 주께서 기적을 일으켜 주실 것을 믿고 있지. 우리 부부는 하나님께서는 실수하시는 일이 없다는 사실을 알고 있기에 하나님께 감사하고 있고, 어떤 일이 일어나더라도 마음의 준비가 되어 있다네."

밥과 엘리스는 성령의 인도하심을 받고 있었습니다. 그들은 성령 충만한 사람들로서 삶에 적응하는 방법을 배운 그대로 행했습니다. 하나님께서 엘리스의 아픈 몸을 고쳐 주시지는 않았으나, 밥과 엘리스가 하나님을 찬양하고 감사할 수 있도록 초자연적인 능력을 공급하여 주시는 더 큰 기적을 행하셨으며, 이것은 두 부부를 위한 하나님의 사랑과 은혜에 대한 힘있는 증거였던 것입니다.

오늘 주시는 말씀 데살로니가전서 5:11~17
믿음의 실천 "하나님을 사랑하는 자 곧 그의 뜻대로 부르심을 입은 자들에게는 모든 것이 합력하여 선을 이루느니라"라는 말씀을 알고, 또 여기에는 나도 포함된다는 것을 알기에, 나는 성령의 가능케 하시는 능력을 통해 믿음의 표현으로써 오늘 모든 일에 하나님께 감사함으로 그분께 순종할 것을 결심합니다.

Power to Become Rich

"Always remember that it is the Lord your God who gives you power to become rich, and he does it to fulfill his promise to your ancestors." DEUTERONOMY 8:18

A Christian woman whom I knew, worth many millions of dollars, panicked when the stock market dropped and she lost almost one million dollars. Even though she had tens of millions in reserve, she was filled with apprehension and fear that she would die a pauper. She had never discovered the adventure and freedom of "giving and receiving" in a trust relationship with God.

Conversely, a businessman called me long distance a short time later to tell me how excited he was over the way God was blessing his new business venture. He had decided to give all the profits—potentially millions—toward helping to reach the world for Christ.

"I am sending $50,000 for Here's Life in Asia," he said. "And there will be much more later. I don't want to invest in buildings. I want to invest this money where it will be used immediately to win and disciple people for Christ."

The principle is the same, whether you have $100 or $1 million. Ask God to tell you what to do toward helping to fulfill the Great Commission. Second, look for a worthy, proven project that you can support monthly, if only modestly in addition to your commitment to your local church.

As your faith in God's love and trustworthiness grows, prayerfully make a faith promise pledge that is greater than you are capable of fulfilling with your present income.

BIBLE READING Malachi 3:7-12
ACTION POINT I will ask God today to help me trust Him to give—by faith—more than I can possibly afford to give toward His work, with the certainty that He will supply all my needs and enable me to meet my faith promise pledge supernaturally.

재물 얻을 능력

"네 하나님 여호와를 기억하라 그가 네게 재물 얻을 능력을 주셨음이라
이같이 하심은 네 조상들에게 맹세하신 언약을 오늘과 같이 이루려 하심이니라" 신명기 8:18

내가 아는 그리스도인 여성 한 사람은 수백만 달러에 달하는 주식을 가지고 있다가, 증권 시세가 폭락하여 거의 백만 달러의 손해를 보게 되자 공포에 사로잡혔습니다. 그녀는 아직도 몇 천만 달러의 재산이 있었지만, 염려에 가득차서 거지로 죽을지도 모른다고 두려워하고 있었습니다. 그녀는 하나님과의 신뢰관계 속에서 '주고받는' 모험과 자유로움을 전혀 깨닫지 못하고 있었습니다.

그와 반대로, 그런 일이 있은 지 얼마 후에 어떤 사업가 한 사람은 하나님께서 자기의 새로운 모험적 사업에 축복해 주시는 것을 보고서 얼마나 흥분하였는지를 알려 주려고 내게 전화를 걸어 왔습니다. 그는 자기 사업의 수익금 전부를(아마 수백만 달러는 족히 될) 그리스도를 위하여 세계 곳곳에서 증거하는 사업에 드리기로 결정하였던 것입니다.

"나는 아시아 지역에서 Here's Life 사역을 위해서 5만 달러를 먼저 보내려고 합니다. 앞으로는 훨씬 더 많이 보내겠습니다. 건물 같은 것에는 투자하지 않겠습니다. 그리스도를 위하여 영혼들을 구하고 그들을 제자화 하기 위하여 즉시 쓰이는 곳에 투자하고 싶습니다." 그가 한 말입니다.

당신이 100달러를 가지고 있거나, 100만 달러를 가지고 있거나, 이 원리는 동일합니다. 지상명령의 성취를 돕는 일에 무엇을 해야 할지를 말씀하여 주시도록 하나님께 여쭈어 보십시오. 당신이 섬기고 있는 교회에 헌신하는 것 외에도 당신이 매달 후원할 수 있는 훌륭한, 그리고 그 가치가 입증이 되는 사역을 찾아보십시오.

하나님의 사랑과 신실하심에 대한 당신의 믿음이 자라갈수록 현재의 당신의 수입으로 할 수 있는 것보다 더 큰 믿음의 약속의 서원을 기도하며 할 수 있도록 하십시오.

오늘 주시는 말씀 말라기 3:7~12
믿음의 실천 하나님께서 나의 모든 필요를 채워주시고 내가 믿음으로 한 약속의 서원을 지킬 수 있도록 초자연적으로 역사하여 주실 것이라는 확신을 갖겠습니다. 또한, 내가 하나님의 사역을 위해 감당할 수 있는 것 이상을 드릴 수 있도록 하나님에 대한 신뢰를 갖게 도와주실 것을 믿음으로(by faith) 구하겠습니다.

He Knew His Future

"Jesus answered and said unto them, Destroy this temple, and in three days I will raise it up." JOHN 2:19, KJV

A missionary in Turkey sought to teach the truth of the resurrection of Christ to a group of people.

"I am traveling, and have reached a place where the road branches off in two ways," he said. "I look for a guide, and find two men—one dead, and the other alive. Which of the two must I ask for direction—the dead or the living?"

"Oh, the living!" cried the people.

"Then," said the missionary, "why send me to Mohammed, who is dead, instead of to Christ, who is alive?"

Jesus is the only person who has ever accurately predicted his own resurrection. He said He would be raised from the dead on the third day after dying on the cross for our sins, and He was!

Further, He was seen on many different occasions after His resurrection—once by as many as 500 people. He still lives today in the hearts of all who have placed their faith in Him, demonstrating His life of love and forgiveness through them.

Whenever men meet the living Christ, they are changed. The whole course of history has been changed because of Him.

"The gospel not only converts the individual, but it also changes society," historian Philip Schaff wrote. "Everywhere the gospel has been preached, dramatic change has resulted. It has established standards of hygiene and purity, promoted industry, elevated womanhood, restrained antisocial customs, abolished human sacrifices, organized famine relief, checked tribal wars and changed the social structure of society.

"Born in a manger and crucified as a malefactor, He now controls the destinies of the civilized world and rules a spiritual empire which embraces one—third of the inhabitants of the globe."

BIBLE READING   John 2:20-25
ACTION POINT   I will reflect on the fact that the risen Christ of history is the same Savior who now lives within me, offering me His love, peace, comfort, wisdom, strength. I will claim by faith His resurrection life to enable me to live supernaturally.

자기의 미래를 아시는 분

"예수께서 대답하여 이르시되 너희가 이 성전을 헐라 내가 사흘 동안에 일으키리라"
요한복음 2:19

터키에서 한 선교사가 한 무리의 사람들에게 그리스도의 부활에 대한 진리를 가르치고 있었습니다. "길을 가다가 두 갈래로 나눠진 곳에 이르렀습니다. 나는 안내해 줄 사람을 찾았는데 한 사람은 죽은 사람이고, 다른 한 사람은 살아있는 사람이었습니다. 두 사람 중에 누구에게 길을 물어야 하겠습니까?" 선교사가 물었습니다.

"아, 그야 산 사람이죠!" 사람들이 외쳤습니다.

"그렇다면 왜 살아계신 그리스도 대신에 죽은 사람인 모하메드에게 길을 물으러 가야 합니까?" 선교사의 결론입니다.

예수님은 자기의 부활을 정확하게 예언했던 유일한 분이십니다. 그분은 십자가에서 우리의 죄를 위하여 죽으신 후 3일 만에 죽은 자들 가운데서 다시 살아나실 것을 말씀하셨습니다. 그리고 그분은 그렇게 하셨습니다.

더구나 부활하신 후에도 여러 곳에서 자신을 나타내 보이셨던 것입니다. 한 번은 500명이나 되는 사람들에게 보이신 일이 있었습니다. 예수님은 오늘도 자기에게 믿음을 드린 모든 사람의 마음속에 살아 계시며 그들을 통해 자신의 사랑과 용서의 삶을 나타내 보이시고 계신 것입니다.

살아계신 그리스도를 만나기만 하면 사람들은 변화됩니다. 역사의 전 방향이 그분으로 인하여 변화되어 왔습니다.

"복음은 개인을 변화시킬 뿐만 아니라 사회도 변화시킵니다. 복음이 전파되는 곳은 어디나 극적인 변화가 나타났습니다. 복음은 위생과 청결의 표준을 세웠으며, 산업을 증진시키고, 여성의 권리를 신장시켰으며, 반사회적인 관습들을 없애고, 인신 희생 제도를 폐지하였으며, 기근 구조 사업을 조직화하고, 부족 간의 전쟁을 저지하였으며, 사회의 구조를 변화시켰습니다."라고 역사학자 필립 샤프는 기록하고 있습니다.

그는 이어서 다음과 같이 말했습니다. "구유에서 나시고 죄인으로 십자가에 못 박히신 그가 지금은 문명 사회의 운명을 지배하고 계시며 지구에 거주하는 인구의 삼분의 일 이상을 관할하는 영적인 왕국을 통치하고 계십니다."

오늘 주시는 말씀 요한복음 2:20~25
믿음의 실천 나는 오늘 역사에 실재하시고 부활하신 그리스도께서 내 안에 살아 계신 바로 그 동일한 구주이시며, 그분이 내게 사랑과 평화, 위로, 지혜와 힘을 베풀고 계신 분이라는 사실을 다시 상기하겠습니다. 나는 그의 부활의 생명이 나로 하여금 초자연적인 삶을 살게 해주심을 믿음으로 구하겠습니다.

God's Secret Plan for You

"God has told us his secret reason for sending Christ, a plan he decided on in mercy long ago; and this was his purpose: that when the time is ripe he will gather us all together from wherever we are—in heaven or on earth—to be with him in Christ forever" EPHESIANS 1:9-10

One Day a distinguished scientist questioned Michael Faraday, chemist, electrician and philosopher.

"Have you conceived to yourself what will be your occupation in the next world?" he asked.

Hesitating a moment or two, Faraday replied, "Eye hath not seen, nor ear heard, neither have entered into the heart of man, the things that God hath prepared for them that love Him." And then he added, in his own words, "I shall be with Christ, and that is enough."

Although nearly two thousand years have passed since He walked this earth, Jesus still stands as the ultimate expression of ethics and morality. Whatever one might think about Christians or the church, he will find no blemishes in the character of Jesus.

Perhaps the greatest testimony of Jesus' teachings is that they are still changing men and nations throughout the world today. Now, as before, those who listen to Him inevitably say, "No man ever spoke like this man!" John 7:46, RSV.

God's Word says that Jesus had the same temptations we do, though He never sinned Hebrews 4:15. Our Lord stands out as the supreme example of one who practiced the things that He taught to others and that He expects of His followers.

We still stand today in the shadow of God's sure promise: "For God has allowed us to know the secret of His plan, and it is this: He purposes in His sovereign will that all human history shall be consummated in Christ, that everything that exists in heaven or earth shall find its perfection and fulfillment in Him. And here is the staggering thing that in all which will belong to Christ we have been promised a share" Ephesians 1:9-11, Phillips.

BIBLE READING Ephesians 1:11-14
ACTION POINT I will meditate on the fact that as a child of God I am a joint-heir with Christ, and am related to Him and share with Him in all this indescribable privilege and blessing. I will speak freely to others of my relationship with Him.

당신을 향한 하나님의 계획

"그 뜻의 비밀을 우리에게 알리신 것이요 그의 기뻐하심을 따라
그리스도 안에서 때가 찬 경륜을 위하여 예정하신 것이니 하늘에 있는 것이나 땅에 있는 것이 다
그리스도 안에서 통일되게 하려 하심이라" 에베소서 1:9~10

어느 날 유명한 과학자 한 사람이 화학자이며, 전기학자인 동시에 철학자인 9)마이클 패러데이에게 질문을 던졌습니다. "당신은 다음 세상에서의 당신의 직업에 대해 생각해 본 적이 있습니까?" 잠시 머뭇거리던 패러데이는 다음과 같이 대답했습니다. "하나님이 자기를 사랑하는 자들을 위하여 예비하신 모든 것은 눈으로 보지 못하고 귀로 듣지 못하고 사람의 마음으로 생각하지도 못하였다 함과 같으니라"(고전 2:9)

그리고는 자신의 말을 덧붙였습니다. "나는 그리스도와 함께 있을 것입니다. 그리고 그것으로 충분합니다."

예수님께서 이 땅 위를 걸어가신 지 거의 2,000년이 지났지만, 그분은 아직도 윤리와 도덕의 궁극적인 표상이 되고 계십니다. 그리스도인 또는 교회에 대해 어떤 비판적인 생각을 가진 사람도 예수 그리스도의 인격에서는 아무런 흠을 찾아내지 못할 것입니다.

예수님의 가르침이 얼마나 위대한지를 보여 주는 가장 큰 증거는 오늘날까지도 여전히 전 세계에 걸쳐서 그 가르침이 사람과 나라들을 변화시키고 있다는 사실일 것입니다. 이전과 마찬가지로 지금도 그분의 말씀을 듣는 사람들은 "그 사람의 말하는 것처럼 말한 사람은 이 때까지 없나이다"(요 7:46)라고 고백하지 않을 수 없을 것입니다.

하나님의 말씀은 예수님께서 우리와 같이 시험을 받으셨으나 그럼에도 죄는 없으셨다고 일러주고 있습니다.(히 4:15) 우리 주님은 자신이 다른 사람들에게 가르치시고, 또 그를 따르는 제자들에게 기대하신 것들을 몸소 실천하신 최고의 본보기로 계신 것입니다.

우리는 오늘도 여전히 하나님의 확실한 약속 안에 서 있습니다. "그리스도 안에서 미리 세우신 하나님이 기뻐하시는 뜻을 따라 하나님의 신비한 뜻을 우리에게 알려 주셨습니다. 하나님의 계획은 때가 차면 하늘과 땅에 있는 모든 것을 그리스도 안에서 그분을 머리로 하여 통일시키는 것입니다. 하나님은 그리스도 안에서 우리를 상속자로 삼으셨습니다. 이것은 모든 것을 자기의 원하시는 뜻대로 행하시는 분의 계획에 따라 미리 정해진 일입니다"(엡 1:9~11, 새번역)

오늘 주시는 말씀 에베소서 1:11~14
믿음의 실천 오늘 나는 하나님의 자녀로서 그리스도와 함께 유업을 나눌 자이며, 그리스도와 한 가족이 되고 형용할 수 없는 이 모든 특권과 축복을 함께 나눌 것이라는 사실을 깊이 묵상하도록 하겠습니다. 나는 내가 누리고 있는 그리스도와의 관계를 다른 사람들에게 기꺼이 담대하게 이야기하도록 하겠습니다.

How to Assure Sucess

"Early the next morning the army of Judah went out into the wilderness of Tekoa. On the way Jehoshaphat stopped and called them to attention. 'Listen to me, O people of Judah and Jerusalem,' he said. 'Believe in the Lord your God, and you shall have success! Believe his prophets and everything will be all right!" 2 CHRONICLES 20:20

God does the same things for us in our time that He did so often in the Old and New Testament accounts of His power and grace.

I remember an eventful week at the University of California in Berkeley in 1966 when the president of the university was fired by the board of regents during the turbulent days of student revolution. Campuses throughout California erupted in anger and violence.

On the Berkeley campus, however, about 600 Campus Crusade staff members and students had gathered from across America to present the claims of Jesus Christ to more than 27,000 students. During the week, through some 80 meetings in dormitories, fraternity and sorority houses, international groups, at athletic banquets and faculty breakfasts and luncheons, in personal appointments and finally at a great meeting of some 8,000 gathered in the Greek theater, almost every student had an opportunity to hear the good news of God's love through Christ. Literally thousands responded.

When the camera crews from the local television stations rushed out to film the predicted violence, they were amazed to find that the Berkeley campus, fountainhead of the radical student revolution, was remarkably quiet. Music, singing and sharing the gospel of our Lord Jesus Christ prevailed. Many point to that week as a turning point in the direction of a world-famous university.

Light is more powerful than darkness. Believing God and obeying His commands assure eternal dividends.

BIBLE READING Joshua 1:5-9
ACTION POINT Today I resolve to believe God and do those things He directs me to do, regardless of the consequences. Then I am assured of success as, by faith, I live the supernatural life in the power of the Holy Spirit.

견고히 서는 법

"이에 백성들이 아침에 일찍이 일어나서 드고아 들로 나가니라 나갈 때에
여호사밧이 서서 이르되 유다와 예루살렘 주민들아 내 말을 들을지어다
너희는 너희 하나님 여호와를 신뢰하라 그리하면 견고히 서리라 그의 선지자들을 신뢰하라
그리하면 형통하리라 하고" 역대하 20:20

    구약과 신약의 이야기 속에서 자주 자신의 능력과 은혜를 베푸셨던 것처럼 하나님은 오늘도 우리에게 동일한 일을 행하고 계십니다.

    나는 학생 운동의 소요 속에 총장이 이사회에서 해임되었던 1966년 캘리포니아 버클리대학에서의 많은 일이 있었던 한 주간을 기억합니다. 캘리포니아 전역의 각 대학은 그때 분노와 폭력으로 들끓고 있었습니다.

    그러나 당시 버클리 캠퍼스에는 27,000명이 넘는 재학생들에게 예수 그리스도를 증거하기 위하여 미국 전역에서 600여 명의 CCC 간사와 학생이 모여 있었습니다. 그 한 주간 내내 학생 기숙사들과 남녀 학생 사교클럽들, 또 외국 유학생 모임과 운동선수들의 회식, 교직원의 아침 및 점심식사 모임과 개인적인 약속의 만남 등에서 이루어진 약 80여 회의 모임과 마지막으로 8,000여 명이 모인 그리스식 극장에서의 대규모 집회를 통하여 거의 모든 학생이 그리스도를 통하여 우리에게 주시는 하나님의 사랑에 대한 기쁜 소식을 들을 수 있었습니다. 문자 그대로 수천 명의 학생들이 결신을 했습니다.

    당시 있을 것으로 예견되었던 폭력 시위를 취재하기 위해 지역 방송국의 기자가 서둘러 취재를 나왔을 때 그들은 급진적인 학생 운동의 진원지인 버클리 캠퍼스가 너무도 조용한 것을 보고 놀라움을 금치 못했습니다. 그곳에는 음악과 찬양, 그리고 우리 주 예수 그리스도에 관한 복음을 나누는 사람들이 캠퍼스를 압도하고 있었던 것입니다. 많은 사람이 그 한 주가 세계적으로 유명한 그 대학의 진로를 결정짓는 전환점이었다고 지적합니다.

    빛은 어두움보다 더 강력합니다. 하나님을 믿고 그분의 명령에 순종하는 것은 영원한 기업을 보장합니다.

오늘 주시는 말씀   여호수아 1:5~9
믿음의 실천   오늘 나는 하나님을 신뢰하기로 결심하고 결과에 개의치 않고 그분이 내게 하도록 인도하시는 일을 행하겠습니다. 그리하면 성령의 능력 안에서 초자연적인 삶을 믿음으로(by faith) 살면서 성공적인 삶을 살게 될 것을 확신합니다.

Using Our Abilities

"Why is it that he gives us these special abilities to do certain things best? It is that God's people will be equipped to do better work for him, building up the Church, the body of Christ, to a position of strength and maturity; until finally we all believe alike about our salvation and about our Savior, God's Son, and all become full-grown in the Lord—yes, to the point of being filled full with Christ." EPHESIANS 4:12-13

We would be poor stewards if we ignored the special abilities the Holy Spirit has given to us.

We must use our abilities to glorify Christ, not to glorify ourselves, or some other person, or even to glorify the gift itself.

Peter says, "Are you called to preach? Then preach as though God Himself were speaking through you" 1 Peter 4:11. Do you possess musical ability? Share it with the rest of Christ's family. Peter goes on, "Are you called to help others? Do it with all the strength and energy that God supplies, so that God will be glorified through Jesus Christ—to Him be glory and praise forever and ever."

We have the obligation to use our God-given abilities in a scriptural manner to help equip others for Christian service. The apostle Paul writes that spiritual gifts are given "for the equipping of the saints for the work of service, to the building up of the body of Christ" Ephesians 4:12, NAS.

In order to live supernaturally, it is important for us always to exercise our abilities in the power and control of the Holy Spirit—never through our own fleshly efforts.

BIBLE READING Ephesians 4:11-16
ACTION POINT My motivation for using my spiritual gift(s) and abilities will be solely to glorify Christ through helping to equip other members of His body to be more effective and fruitful for Him.

은사를 사용하라

"이는 성도를 온전하게 하여 봉사의 일을 하게 하며 그리스도의 몸을 세우려 하심이라
우리가 다 하나님의 아들을 믿는 것과 아는 일에 하나가 되어 온전한 사람을 이루어
그리스도의 장성한 분량이 충만한 데까지 이르리니"
에베소서 4:12~13

만일 성령이 우리 각자에게 주신 독특한 재능들을 무시한다면 우리는 쓸모없는 청지기가 되고 말 것입니다.

우리는 우리가 받은 은사를 반드시 그리스도를 영화롭게 하는 데 사용해야지, 우리 자신을 높인다거나 다른 사람, 혹은 그 은사 자체의 영광을 위해 사용해서는 안 됩니다.

베드로는 말했습니다. "만일 누가 말하려면 하나님의 말씀을 하는 것 같이 하고"(벧전 4:11) 당신에게 음악적인 재능이 있습니까? 그 재능을 그리스도 안의 다른 가족들과 나누십시오. 베드로는 이어서 말합니다. "누가 봉사하려면 하나님이 공급하시는 힘으로 하는 것 같이 하라 이는 범사에 예수 그리스도로 말미암아 하나님이 영광을 받으시게 하려 함이니 그에게 영광과 권능이 세세에 무궁하도록 있느니라 아멘"(벧전 4:11)

우리는 다른 사람들이 그리스도를 더욱 잘 섬길 수 있게 훈련되도록 돕기 위해 하나님이 우리에게 주신 은사들을 성경적인 방법으로 활용할 의무가 있습니다. 사도 바울은 영적 은사가 우리에게 주어진 것은 "성도를 온전하게 하여 봉사의 일을 하게 하며 그리스도의 몸을 세우려 하심이라"(엡 4:12)라고 그 이유를 기록하고 있습니다.

초자연적인 삶을 살기 위해서는, 우리 자신의 육신적인 노력을 통해서가 결코 아닌, 성령의 능력과 다스림 가운데 우리의 재능들을 항상 활용하는 것이 중요합니다.

오늘 주시는 말씀   에베소서 4:11~16
믿음의 실천   내가 받은 영적 은사와 재능을 활용하고자 하는 나의 동기는 그리스도의 안에 있는 다른 지체들이 보다 더 효과적이고 더 열매 맺는 성도가 될 수 있도록 도움으로써, 오로지 그리스도를 영화롭게 하는 데 초점이 맞춰질 것입니다.

Your Source of Strength

"...the joy of the Lord is your strength."
NEHEMIAH 8:10, KJV

At a London train station one day, a woman was stopped by an elderly man.

"Excuse me, ma'am," he said, "but I want to thank you for something."

"Thank me!" the woman exclaimed.

"Yes'm, I used to be the ticket collector, and whenever you went by you always gave me a cheerful smile and a 'good morning.' You don't know what a difference it made to me.

"Wet weather or dry, it was always the same, and I thought to myself 'Wonder where she gets her smile from; one can't always be happy, yet she seems to.' I knew that smile must come from inside somehow.

"Then one morning you came by and you had a little Bible in your hand. I said to myself, 'Perhaps that's where she gets her smile from.' So on my way home that night I bought a Bible, and I've been reading it, and I've found Christ. Now I can smile, too, and I want to thank you."

As you and I seek to be God's witnesses today, in dependence on the supernatural power of the indwelling Holy Spirit, we should be mindful constantly of the fact that the joy of the Lord can indeed be our strength. That joy inevitably will shine on our faces, regardless of circumstances.

In the words of an anonymous poem:

"If you live close to God

And His infinite grace,

You don't have to tell;

It shows on your face."

BIBLE READING Psalm 16:6-11
ACTION POINT I will make an effort to reflect the joy of my indwelling Lord so that my countenance will glow. Although joy is a fruit of the Spirit, reflecting that joy is my responsibility. I will tell others about the source of my joy.

힘의 원천

"느헤미야가 또 그들에게 이르기를 너희는 가서 살진 것을 먹고 단 것을 마시되 준비하지 못한 자에게는 나누어 주라 이 날은 우리 주의 성일이니 근심하지 말라 여호와로 인하여 기뻐하는 것이 너희의 힘이니라 하고" 느헤미야 8:10

어느 날 런던의 어떤 기차역에서 한 노인이 지나가던 여인을 잠깐 세워 말했습니다. "잠시 실례합니다, 부인. 제가 부인께 감사드릴 일이 있습니다.", "제게 감사하신다고요?" 놀라서 여인이 말했습니다.

"그렇습니다, 부인. 저는 전에 검표원으로 여기서 일했었는데, 부인이 제 옆을 지나가실 때마다 언제나 항상 밝은 미소를 지으시며 "안녕하세요."라고 해주셨습니다. 부인께서는 그것이 제게 얼마나 각별한 일이었는지 모르실 겁니다. 맑은 날이나 궂은 날이나 언제나 변함이 없으셨습니다. 그래서 저는 속으로 혼자 생각했습니다. '저 부인의 미소는 어디서 오는 것일까? 사람이 늘 행복할 수만은 없을 텐데, 저분은 그래 보여.' 저는 그래도 그 미소가 내면에서 나오는 것이라고는 알고 있었습니다.

그러던 어느 날 아침, 부인이 지나가시는데 손에 작은 성경책을 들고 계셨습니다. 그래서 저는 혼자 '아마도 저 부인의 미소는 성경에서 나오나 보다.'라고 생각하고 그날 밤 집에 가는 길에 저도 성경을 한 권 샀고 읽기 시작해서 결국 그리스도를 알게 되었지요. 이제 저도 부인처럼 미소를 지을 수 있게 되었으니 부인께 감사를 드리고 싶었습니다."

우리 안에 거하시는 성령의 초자연적 능력에 의지하여 당신과 내가 오늘 하나님을 증거하는 자가 되려고 할 때 하나님을 기뻐하는 것이 실로 우리의 힘이 된다는 것을 우리는 항상 명심해야 합니다. 그 기쁨은 주변의 여건과 상황에 관계없이 우리의 얼굴을 빛낼 수밖에 없게 할 것입니다.

무명의 어느 시인은 이렇게 노래했습니다.
"하나님께 가까이 거하며
무한하신 그 은혜에 가까이 하면
말로 하지 않아도
그 은혜가 얼굴에 빛나네"

오늘 주시는 말씀 시편 16:6~11
믿음의 실천 나는 내 안에 거하시는 주님을 기뻐하는 기쁨을 보일 수 있도록 노력하겠습니다. 그럼으로써 나의 얼굴은 밝은 빛이 나게 될 것입니다. 기쁨은 성령의 열매이지만, 그 기쁨을 드러내 보이는 것은 나의 책임입니다. 나는 내 기쁨이 어디에서 오는지에 대해 다른 사람들에게 이야기해 주도록 하겠습니다.

Underneath: Everlasting Arms

"The eternal God is your Refuge, and underneath are the everlasting arms.
He thrusts out your enemies before you..." DEUTERONOMY 33:27
"...with us is the Lord our God to help us, and to fight our battles." 2 CHRONICLES 32:8, KJV

Susan was broken-hearted. She had just lost her first child at birth. The trauma of that experience had affected her relationship with her husband and with everyone else around her. She had become cynical and moody. She blamed God for what had happened and said, "I hate Him. Why would this happen to me? Where was God when I was going through the birth pangs, the excruciating pain of giving birth to a stillborn child? Why didn't He give me a healthy baby?"

I was reminded of a statement that I had heard in response to a similar anguished lea: "Where was God when I lost my son?"

The answer: "Where He was when His own Son died on the cross for our sins."

We do not understand the mystery of why God allows tragedy, heartache and sorrow, but we do know that those who trust the eternal God as their refuge will experience the reality of His promise that "underneath are the everlasting arms."

Sometime later I talked with a godly Christian leader whose son had just taken his own life. Of course this man and his wife were devastated. Their hearts were broken. But what a difference in their reaction. Even through his tears this great Christian was saying, "I know I can trust God. He is a loving God. He is my refuge, and I feel His strength and compassion and care for me and my loved ones. My wife and I and all of our family are rededicating ourselves to Him as an expression of our love and confidence in His trustworthiness."

BIBLE READING   Psalm 91:1-7
ACTION POINT   As an expression of my confidence in God, I will visualize those everlasting arms of love beneath me, ready for any fall I may take. That will give me courage in the face of every obstacle and assurance despite my weaknesses.

그의 영원하신 팔이 네 아래 있도다

"영원하신 하나님이 네 처소가 되시니 그의 영원하신 팔이 네 아래에 있도다
그가 네 앞에서 대적을 쫓으시며 멸하라 하시도다" 신명기 33:27
"우리와 함께 하시는 이는 우리의 하나님 여호와시라 반드시 우리를 도우시고 우리를 대신하여 싸우시리라" 역대하 32:8

　수잔은 마음에 큰 상처를 입었습니다. 그녀는 얼마 전 첫 아이를 사산했던 것입니다. 그 마음의 상처가 남편과 주위 모든 사람과의 관계에 영향을 미쳤습니다. 그녀는 점점 더 냉소적이고 우울해져 갔습니다. 그녀는 하나님을 원망했습니다. "나는 하나님을 미워합니다. 어째서 이런 일이 내게 생겼을까요? 내가 산고를 겪을 때, 이미 숨이 끊어진 아이를 낳기 위해 그 극심한 출산의 고통을 겪고 있을 때 하나님은 어디 계셨던 거죠? 왜 하나님은 내게 건강한 아기를 주지 않으신 건가요?"

　나는 이전에 이와 비슷한 말인 "내 아들을 잃었을 때 하나님은 어디 계셨습니까?"라고 고뇌에 찬 원망에 대한 답변을 들은 적이 있음을 상기했습니다. 그 대답은 이런 것이었습니다. "하나님은 우리의 죄로 인하여 자신의 외아들이 십자가에 못 박혀 죽을 때 어디에 계셨습니까?"

　우리는 하나님께서 비극과 고통과 슬픔을 왜 우리에게 허락하시는지 그 비밀을 다 이해하지는 못하지만, 그러나 영원하신 하나님을 자신의 피난처로 삼은 사람들이 '그 영원하신 팔이 네 아래 있도다'라고 하신 그 약속의 실재하심을 경험하게 될 것은 분명히 알고 있습니다.

　그 이후 나는 그의 아들이 얼마 전에 자살해 버린 어떤 경건한 기독교 지도자와 대화를 나눈 적이 있습니다. 물론 그와 그의 아내는 심한 충격으로 마음이 무너졌지만, 그러나 그들의 반응은 크게 다른 것이었습니다. 눈물을 흘리면서도 이 위대한 그리스도인은 이렇게 말했습니다. "내가 하나님께 의지할 수 있음을 나는 압니다. 그분은 사랑의 하나님이십니다. 그는 나의 피난처이시며, 나는 나와 내 사랑하는 사람들에게 베푸시는 그분의 능력과 자비, 그리고 보살핌을 느낍니다. 아내와 나, 그리고 우리 가족은 하나님께 대한 우리의 사랑과 하나님의 신실하심을 믿는 우리의 확신의 표현으로 우리 자신들을 하나님께 다시 헌신하고 있습니다."

오늘 주시는 말씀　　시편 91:1~7
믿음의 실천　　하나님께 대한 나의 확신의 표현으로 어떤 경우에라도 내가 추락하지 아니하도록 나의 몸 아래에서 나를 보호하고 계시는 영원하신 팔을 내 머릿속에 그려보겠습니다. 그렇게 할 때에 나의 연약함에도 불구하고 어떤 장애물 앞에서도 내가 용기와 확신을 얻게 될 것입니다.

He Maintains the Seasons

"As long as the earth remains, there will be springtime and harvest, cold and heat, winter and summer, day and night." GENESIS 8:22

On his way to a country church one Sunday morning, a preacher was overtaken by one of his deacons.

"What a bitterly cold morning," the deacon remarked. "I am sorry the weather is so wintry."

Smiling, the minister replied, "I was just thanking Go for keeping His Word."

"What do you mean?" the man asked with a puzzled look on his face.

"Well," the preacher said, "more than 3,000 years ago God promised that cold and heat should not cease, so I am strengthened by this weather which emphasizes the sureness of His promises."

It is most reassuring to realize that we serve a God who keeps His promises, for He is the same God who makes possible the supernatural life for the believer. Part of that supernatural life is the ability to accept our lot in life, to be able to say with the psalmist:

"This is the day the Lord hath made; we will rejoice and be glad in it" Psalm 118:24, KJV.

"Springtime and harvest" reminds us that as we sow the seed of the Word of God, He is faithful to give the increase—in His own good time. He simply asks and expects that we be faithful in our part, which is to give out His Word—to plant—at every possible opportunity.

The Christian who lives the supernatural life is enabled by the Holy Spirit to rejoice under all circumstances and to interpret every problem, adversity, heartache and sorrow in a positive light.

BIBLE READING   Genesis 8:15-21
ACTION POINT   I will give thanks to the Lord for His faithfulness, no matter what the circumstances. I will faithfully plant the Word of God today whenever and wherever possible, realizing that our faithful God will produce the promised harvest.

계절의 주관자

"땅이 있을 동안에는 심음과 거둠과 추위와 더위와
여름과 겨울과 낮과 밤이 쉬지 아니하리라" 창세기 8:22

어느 주일 아침에 한 목사가 시골 길을 걸어서 자기 교회로 가다가 집사 한 사람과 만나게 되었습니다. "지독하게 추운 아침이네요. 날씨가 정말 너무 춥습니다." 집사가 먼저 인사를 건네었습니다.

그러자 그 목사는 미소를 지으며 대답했습니다. "나는 방금 자신의 말씀을 그대로 지키시는 하나님께 감사하고 있었답니다.", "무슨 말씀이신지요?" 그 집사가 이해가 안 된다는 표정으로 물었습니다.

목사가 다시 대답했습니다. "3,000년도 더 오래 전에 하나님은 추위와 더위가 세상에 그치지 않을 것이라고 약속하셨습니다. 나는 지금 이 날씨 가운데서 하나님의 약속의 신실하심이 분명히 나타나는 것을 보고 힘을 얻습니다."

우리가 섬기는 하나님이 약속을 지키시는 분이라는 사실을 깨닫는 것은 참으로 우리를 안도하게 합니다. 믿는 사람에게 초자연적 삶을 살 수 있도록 해 주시는 분이 바로 동일하신 그 하나님이기 때문입니다. 그 초자연적인 삶에는, 우리가 시편 기자와 같은 고백을 할 수 있게 해주는, 우리 삶에서 우리에게 주어진 것들에 순응하는 모습도 포함됩니다. "이 날은 여호와께서 정하신 것이라 이 날에 우리가 즐거워하고 기뻐하리로다"(시 118:24)

본문의 '심음과 거둠'이라는 말씀은, 우리가 하나님의 말씀의 씨를 뿌리면 하나님의 때가 이를 때 신실하신 하나님이 우리가 훨씬 더 많은 것을 거둘 수 있도록 해 주실 것을 깨닫게 합니다. 하나님은 그저 우리가 가능한 모든 기회를 틈타 하나님의 말씀을 심는 일에 성실히 임하기만 요구하고 기대하고 계십니다.

초자연적인 삶을 살아가는 그리스도인은 모든 상황 속에서 기뻐할 수 있도록 성령께서 힘을 주시며, 또 모든 문제와 마음의 고통과 슬픔을 긍정적인 빛 가운데 해석할 수 있는 능력을 성령께로부터 받은 사람입니다.

오늘 주시는 말씀　　창세기 8:15~21
믿음의 실천　　나는 나를 둘러싼 상황이 어떠하든 주님의 신실하심에 대해 감사드리겠습니다. 신실하신 우리 하나님이 약속하신 추수를 거두게 하실 것을 알기 때문에 나는 오늘 가능한 모든 시간과 장소에서 하나님의 말씀을 성실하게 심겠습니다.

Children of God

"But to all who received him, he gave the right to become children of God. All they needed to do was to trust him to save them" JOHN 1:12

My wife, Vonette, had been active in the church since she was a little girl, and I assumed that she was a Christian. However, after my proposal and during our engagement, I realized she had never received Christ, though she was a very moral, religious person.

Because of the emotional involvement, I hesitated to press her to receive Christ because I was afraid she would go through the motions of receiving Him to please me, which certainly would not be pleasing to our Lord. So I asked the Lord to send someone who could introduce her to Christ. He clearly led me to call upon a dear friend, the late Dr. Henrietta Mears, who had played such a vital role in my own spiritual growth.

One day at Forest Home, a Christian conference center in California, Dr Mears took time to talk with Vonette. "Receiving Christ," she explained, "is simply a matter of turning your life—your will, your emotions, your intellect—completely over to Him." With that, the great transaction took place and Vonette became a new creature in Christ.

Similarly, in India, a convert from Hinduism could neither read nor write, so he asked others to read the Bible to him. His favorite verse was John 1:12.

"I have received Him," he said, "so I have become a son of God."

Radiantly happy, he returned to his village.

"I have become a son of God," he proclaimed. And his life was so transformed and his simple witness so effective that the other villagers all wanted to become "sons of God," too. That radiant convert led the whole village to Christ—and hundreds of others besides. A poor, illiterate, former Hindu, he realized that he had indeed become a son of God and he longed for others to become sons as well.

BIBLE READING   John 1:6-11
ACTION POINT   I will make certain first of all that I have truly received Jesus Christ as my Savior and Lord by faith—with my intellect, emotions, and will Then I will seek to be God's instrument to help introduce others to Him as well.

하나님의 자녀들

"영접하는 자 곧 그 이름을 믿는 자들에게는 하나님의 자녀가 되는 권세를 주셨으니"
요한복음 1:12

내 아내 보네트는 어린 소녀 시절부터 교회 활동에 열심이었기에 나는 당연히 그녀가 그리스도인이라고 생각했습니다. 그런데 청혼을 하고 약혼 기간을 거치는 동안 나는 그녀가 매우 도덕적이고 종교적인 사람이기는 하지만, 그리스도를 영접하지 않았다는 사실을 깨닫게 되었습니다. 우리 사이의 특별한 사적인 관계로 인해 나는 보네트가 그리스도를 영접하도록 강력히 권유하는 것을 망설이게 되었습니다. 왜냐하면 혹시라도 그녀가 나를 기쁘게 하기 위해 겉으로만 주님을 영접해서 제대로 주님을 영접하지 못할까 두려웠기 때문입니다. 그래서 나는 그녀를 주님께 인도해 줄 수 있는 누군가를 보내어 주시도록 주님께 간구했습니다. 주님은 나의 영적 성숙에 많은 영향을 끼쳐온 나의 친구 고 10)헨리에타 미어즈 박사에게 도움을 구하도록 명확히 알게 하셨습니다.

어느 날 캘리포니아에 있는 기독교 집회 장소인 포레스트 홈에서 미어즈 박사는 보네트와 함께 대화의 시간을 가졌습니다. "그리스도를 영접한다는 것은 단순히 말해 당신의 모든 삶, 곧 당신의 의지와 감정, 당신의 지성 모두를 그리스도께 넘겨 드리는 것입니다." 그 이야기로 위대한 드려짐이 이뤄지고, 보네트는 그리스도 안에서 새로운 피조물이 되었습니다.

이와 비슷한 일이 인도에서도 있었습니다. 힌두교에서 그리스도께로 돌아온 한 형제가 있었는데, 그는 읽을 줄도, 쓸 줄도 몰라서 다른 사람들에게 성경을 읽어달라고 부탁을 해야 했습니다. 그가 가장 좋아한 성경 말씀은 요한복음 1장 12절이었습니다.

"나는 주님을 영접했습니다. 따라서 나는 이제 하나님의 아들이 된 것입니다."

그는 기쁨에 가득 차 자신의 마을로 돌아갔습니다.

"나는 하나님의 아들이 되었습니다." 그는 마을에서 이렇게 선언했습니다. 그런데 그의 삶이 너무도 놀랍게 변하고, 또 단순했던 그의 증언의 효과가 너무나 커서 그 마을 사람들도 역시 모두 '하나님의 아들'이 될 것을 원했습니다. 기쁨으로 빛난 그는 온 마을 전체와 또 수백 명의 다른 사람들을 그리스도께로 인도했습니다. 가난하고 글도 읽을 줄 몰랐던 힌두교인이 이제는 자신이 진실로 하나님의 자녀가 되었다는 것을 깨달았으며, 그는 다른 사람들이 자신과 마찬가지로 하나님의 자녀가 될 것을 갈망했습니다.

오늘 주시는 말씀 요한복음 1:6~11
믿음의 실천 무엇보다도 먼저 나는 내가 진실로 예수 그리스도를 믿음으로 나의 지성, 감정, 의지로써 예수님을 나의 구주와 주님으로 영접했다는 사실을 분명히 하겠습니다. 그리고 다른 사람들을 그리스도께로 인도하는 일을 돕는 하나님의 도구가 되고자 노력하겠습니다.

Refuge for the Oppressed

"All who are oppressed may come to Him. He is a refuge for them in their times of trouble."
PSALM 9:9

The late evangelist Henry Moorehouse once faced a disturbing dilemma. His little paralyzed daughter greeted him as he entered the house bearing a package for his wife.

"Where is Mother?" he asked, after kissing and embracing his daughter.

"Mother is upstairs," the girl responded.

"Well" Moorehouse said, "I have a package for her."

"Oh," the girl pleaded, "let me carry the package to Mother."

"Why, Minnie dear," her father replied, "how can you carry the package? You can't carry yourself."

With a smile, the girl continued, "That is true, Papa. But you can give me the package, and I will carry the package—and you will carry me."

Taking her up in his arms, Moorehouse carried his daughter upstairs—little Minnie and the package, too. Then he saw his own position before the Lord: he had been carrying a heavy burden in recent days, but was not God carrying him?

In similar fashion, you and I often feel the weight of heavy burdens—sometimes forgetting that even as we carry them we are being carried by our heavenly Father, who is a "refuge for them in their time of trouble."

BIBLE READING Psalm 9:10-14
ACTION POINT As I carry my burdens today—large or small—I will recognize that my heavenly Father is carrying me, and I will pass this wonderful truth on to others who are weighted down with the loads and cares of daily living.

압제 당하는 자들의 피난처

"여호와는 압제를 당하는 자의 요새이시요 환난 때의 요새이시로다"
시편 9:9

 세상을 떠난 복음 전도자 고 11)헨리 무어하우스는 한때 곤란한 문제에 직면해 있었습니다. 그러던 어느 날, 그가 부인에게 줄 짐 꾸러미를 들고 집으로 들어오는 것을 보고 소아마비에 걸린 어린 딸이 그를 기쁘게 반겼습니다. 그는 딸을 안아 주고 입 맞춰준 후에 "엄마는 어디 계시니?"라고 물었습니다.
 "엄마는 2층에 계세요." 어린 딸이 대답했습니다.
 "그래? 아빠가 엄마에게 줄 짐 꾸러미가 있단다."
  그러자 딸은 대답했습니다. "아빠, 내가 그걸 엄마에게 가져다 드릴게요."
 "아니다, 아가. 네가 어떻게 들고 가겠니? 너는 네 몸도 움직이기가 어렵지 않니."
 딸은 미소를 지으며 계속 고집했습니다. "그건 그래요. 아빠, 하지만 아빠가 짐을 내게 주시면 내가 들고 가고 아빠는 나를 안고 가시면 되잖아요."
 헨리 무어하우스는 어린 딸 미니와 짐을 함께 안고서 계단을 올라갔습니다. 그때 그는 주님 앞에서의 자신의 위치를 깨달았습니다. 그는 최근에 무거운 짐을 지고 있었으나 사실은 하나님이 그를 안고 가시는 것이 아니었던가 하는 것이었습니다.
 이와 비슷하게, 당신과 나도 삶의 무거운 짐의 무게를 느낄 때가 종종 있는데, 때로 우리는 우리가 그 짐을 들고 가는 것 같아도 실상은 '환난 때의 요새'이신 하나님 아버지께서 우리를 안고 가고 계시다는 사실을 잊고 있는 것입니다.

오늘 주시는 말씀 시편 9:10~14
믿음의 실천 내가 크든 작든 내 삶의 여러 짐들을 나를 때, 나는 하늘의 내 아버지께서 나를 안고 가고 계시다는 사실을 인식하도록 하겠습니다. 나는 이 놀라운 진리를 매일매일의 삶의 짐과 염려에 눌려 있는 다른 사람들에게 전해 주도록 하겠습니다.

He Hears Our Cries

"Lord, you know the hopes of humble people.
Surely you will hear their cries and comfort their hearts by helping them." PSALM 10:17

Some time ago Nancy DeMoss—who with her beloved husband, Art(one of my dearest friends), had launched a fruitful ministry to executives—called to share an exciting experience. It had been raining all day, and a downpour was predicted for that evening. More than 1,300 guests were coming to their home for a lawn dinner to hear the gospel presented by the well-know Christian leader, Charles Colson.

They prayed that the rain would stop, and—miracle of miracles—except for only a few drops of moisture, the rain was held back, though around them, they later learned, there had been a downpour. The gospel had been presented and hundreds had responded to the invitation to receive Christ, and as the guests were on their way home, the rain came—but the harvest was over. The God of nature had heard their prayers and responded.

On another occasion, during EXPLO '74 in Seoul, Korea, as over a million people came each of five evenings to the famous Yoida Plaza, we prayed God would hold back the rain—but He chose to bless us in other ways, and the rain came. As it fell, God overruled and the people were drawn closer th each other and to the Lord.

Literally hundreds of thousands claimed to have received Christ during the week. In fact, more than a million—according to the officials—indicated that they had received Christ in just one evening. As a result, we gladly praised and thanked God for the rain.

God always knows what is best. He knows the hopes of humble people, and He will hear our cries and comfort our hearts. Sometimes He withholds the rain, other times He sends the rain and with it the outpouring of His blessings.

BIBLE READING Psalm 10:12-16
ACTION POINT Knowing that God makes no mistakes and is worthy of my trust, that He controls the affairs of men and nations and also the laws of nature, I will submit my requests to Him and abide by His decisions.

귀를 기울여 들으시고

"여호와여 주는 겸손한 자의 소원을 들으셨사오니
그들의 마음을 준비하시며 귀를 기울여 들으시고" 시편 10:17

얼마 전에 나의 가장 친한 친구 중 한 사람인 아서와 함께 많은 열매 맺는 사역을 시작한 아서의 부인 낸시 드모스 여사가 그녀 자신이 경험한 놀라운 체험을 이야기해 주기 위해 전화를 걸어 왔습니다. 온종일 비가 내렸고, 저녁에도 폭우가 쏟아지겠다는 예고가 있었던 어느 날이었다고 합니다. 1,300명 이상의 손님이 유명한 기독교 지도자인 찰스 콜슨의 설교를 듣기 위해 그의 집 정원에서의 저녁식사에 참석하기로 되어 있었습니다.

그들은 비가 멈추도록 기도하였는데 기적 중의 기적이 일어난 것입니다. 불과 몇 방울의 빗방울이 떨어졌을 뿐 비가 멎었고, 나중에 그들은 주변의 다른 지역에는 폭우가 쏟아졌다는 사실을 알게 되었습니다. 그날 복음이 증거되고 수백 명이 그리스도를 영접하라는 초청에 응했습니다. 사람들이 집으로 돌아갈 때 비가 다시 내렸지만, 이미 추수는 잘 끝난 다음이었습니다. 자연을 다스리시는 하나님은 그들의 기도를 들으시고 응답하셨습니다.

이와 다른 경우가 있었는데, 바로 1974년 한국의 서울에서 있었던 EXPOL'74 대회에서의 일입니다. 백만 명이 넘는 사람들이 여의도 광장에서 닷새 동안 매일 모여 집회를 가졌는데, 우리는 하나님께 비가 오지 않도록 기도했었습니다. 그러나 하나님은 다른 방법으로 우리를 축복하시기로 결정하셨으며, 비가 왔습니다. 비가 내리는 동안 하나님이 그 위에 임하여 다스리셨으며 사람들은 서로가 서로에게, 그리고 하나님께 더욱 가까이 이끌려 갔습니다. 문자 그대로 수백만 명이 그 주간에 그리스도를 영접했다고 고백했습니다. 공식 발표에 의하면 백만 명 이상이 불과 하루 저녁에 그리스도를 영접한 것으로 나타났습니다. 그 결과 우리는 비를 주신 하나님을 기쁘게 찬양하며 감사를 드렸습니다.

하나님은 언제나 무엇이 가장 좋은 것인지 아십니다. 그분은 겸손한 사람들의 소망을 아시며 우리의 부르짖음을 귀 기울여 들으시고 우리의 마음을 위로하십니다. 때로 그는 비를 멈추시기도 하고, 또 때로는 비를 보내시고 비와 함께 축복을 쏟아 부으시기도 하십니다.

오늘 주시는 말씀 시편 10:12~16

믿음의 실천 하나님은 실수하지 않는 분이시고, 또 나의 신뢰를 받으시기에 합당하신 분이시며, 인간사와 국가와 그리고 자연의 법칙을 다스리는 분이심을 알기에 나는 하나님께 나의 구할 것을 기도하겠으며, 또한 기꺼이 그분의 결정에 따르도록 하겠습니다.

The Heavens Declare God's Glory

"The heavens are telling the glory of God; they are a marvelous display of his craftsmanship."
PSALM 19:1

When King David was a small lad, his father assigned him the care of the sheep. Day after day, night after night he cared for his sheep as a loving shepherd. No doubt on numerous occasions he would lie on his back and look up at the sun and the vastness of space, during the daytime. At night, the stars and the moon would seem so close that he could almost reach them, as he would talk the God of his fathers.

The vast expanse of creation captivated him, and instinctively he knew that God, who created it all, was his God and he could trust Him with his life, so that just before he went against the giant Goliath he could say to King Saul, "When I am taking care of my father's sheep and a lion or a bear comes and grabs a lamb from the flock, I go after it with a club…I've done it to both lions and bears, and I'll do it to this heathen Philistine too, for he has defied the armies of the living God. The Lord who saved me from the claws and teeth of the lion and the bear will save me from this Philistine" 1 Samuel 17:34-37. When David went out against Goliath, he said to the giant, "You come to me with a sword and a spear, but I come to you in the name of the Lord of the armies of heaven and of Israel" 1 Samuel 17:45. Then, with a sling and a stone, he killed the Philistine.

I personally believe David triumphed because his confidence in God came not only from the teachings of the holy Scriptures, but also from the experience that he had had with God, who created all the heavens and the earth.

BIBLE READING Psalm 19:2-6
ACTION POINT I will study the vastness of God's creation through Scripture and science books, and take time to notice God's beautiful handiwork in creation, conscious that it will help me to become more sensitive to the needs of others.

하늘이 하나님의 영광을 선포하고

"하늘이 하나님의 영광을 선포하고 궁창이 그의 손으로 하신 일을 나타내는도다"
시편 19:1

다윗왕이 어린 소년이었을 때, 그의 아버지는 그에게 양을 돌보는 일을 맡겼습니다. 날마다 그리고 밤마다 그는 사랑의 목자로서 양들을 돌보았습니다. 낮이면 들에 누워 태양과 우주의 광대함을 수없이 바라보았을 것입니다. 밤에는 그의 조상들의 하나님께 이야기하면서, 달과 별들이 손을 내밀면 거의 닿을 것처럼 가깝게 보였을 것입니다.

창조의 광대함에 사로잡혀서 그는 본능적으로 그 모든 것을 창조하신 분이 그의 하나님이시고, 그의 삶 전체를 통해 그분을 신뢰할 수 있다는 것을 깨달았을 것이며, 그래서 골리앗을 향해 나아가기 직전 그는 사울왕에게 이렇게 말할 수 있었습니다. "주의 종이 아버지의 양을 지킬 때에 사자나 곰이 와서 양 떼에서 새끼를 물어가면 내가 따라가서 그것을 치고 그 입에서 새끼를 건져내었고 그것이 일어나 나를 해하고자 하면 내가 그 수염을 잡고 그것을 쳐죽였나이다 주의 종이 사자와 곰도 쳤은즉 살아 계시는 하나님의 군대를 모욕한 이 할례 받지 않은 블레셋 사람이리이까 그가 그 짐승의 하나와 같이 되리이다…여호와께서 나를 사자의 발톱과 곰의 발톱에서 건져내셨은즉 나를 이 블레셋 사람의 손에서도 건져내시리이다"(삼상 17:34~37) 다윗이 골리앗을 대적해 나갔을 때 그는 그 거인에게 말했습니다. "너는 칼과 창과 단창으로 내게 나아오거니와 나는 만군의 여호와의 이름 곧 네가 모욕하는 이스라엘 군대의 하나님의 이름으로 네게 나아가노라"(삼상 17:45) 그리고는 물맷돌을 던져 이 블레셋 사람을 죽였습니다.

나는 개인적으로 다윗이 승리를 거둔 것은 그의 하나님께 대한 신뢰가 성경의 가르침에서 뿐만 아니라 천지를 지으신 하나님과 함께 그가 경험했던 여러 살아 있는 체험으로부터 왔기 때문이었다고 믿습니다.

오늘 주시는 말씀 시편 19:2~6
믿음의 실천 나는 성경과 과학 서적을 통해 하나님의 창조의 광대하심을 공부하겠으며, 시간을 내어 피조물에서 드러나는 하나님의 아름다운 솜씨를 관찰할 것입니다. 그로 인해 나는 다른 사람의 필요를 더욱 잘 알아차리는 사람이 될 것입니다.

God's Word Gives Joy and Light

"God's laws are perfect. They protect. They protect us, make us wise, and give us joy and light." PSALM 19:7-8

Professor William Lyon Phelps, one of Yale's most famous scholars, said, "A knowledge of the Bible without a college education is more valuable than a college education without the Bible."

Why would he say this? Our verse gives us the answer. The Word of God protects us, makes us wise, gives us joy, and gives us light.

There are many other benefits that come from reading the Word of God. With dividends like these, we are indeed robbing ourselves of untold blessings when we neglect His holy, inspired Word for any reason.

It is my privilege to counsel many thousands of people with just about every kind of problem conceivable—need for salvation, poor self-image, marital problems, financial problems, health problems, loss of loved ones, insecurity, fear, and on and on. One could think of every kind of personal need and problem that man faces, and inevitably there is an answer in the Word of God.

I do not know of any individual who has ever received Christ without some understanding of the Word of God. That is why I included in The Four spiritual Laws booklet, which I wrote in the 1950s, the statement: "References contained in this booklet should be read in context from the Bible wherever possible."

By 1983, it was estimated that more than a billion copies of The Four Spiritual Laws, which contains the distilled essence of the gospel, had been translated into every major language and distributed throughout the world, resulting in many millions of people responding to Christ. Still, it cannot compare with God's Word, nor can any other piece of Christian or secular literature. There is something unique and powerful about holding the Bible in your hand and reading it with your own eyes, for it speaks with authority and power possessed by no other book ever written.

BIBLE READING 2 Timothy 3:14-17
ACTION POINT God's Word is the most important book ever written, and the most important book that I could possibly read. Today I will read it for at least 15 minutes with renewed devotion, dedication and sensitivity to its power to transform lives.

마음을 기쁘게, 눈을 밝게 하는 말씀

"여호와의 율법은 완전하여 영혼을 소성시키며 여호와의 증거는 확실하여 우둔한 자를 지혜롭게 하며 여호와의 교훈은 정직하여 마음을 기쁘게 하고 여호와의 계명은 순결하여 눈을 밝게 하시도다" 시편 19:7~8

예일대학의 가장 저명한 학자 중의 한 사람이었던 12)윌리엄 라이언 펠프스 교수는 이렇게 말했습니다. "대학 교육이 없는 성경 지식은 성경 없는 대학 교육보다 훨씬 더 큰 가치가 있다." 그가 그렇게 말한 이유가 무엇이겠습니까? 오늘의 말씀이 그 답을 줍니다. 하나님의 말씀은 우리를 소성(蘇醒)시키고, 지혜롭게 하며, 우리에게 기쁨을 주고, 우리의 눈을 밝게 해주시기 때문입니다.

하나님의 말씀을 읽을 때 얻는 유익은 그 외에도 무수히 많습니다. 우리가 어떤 이유로든 만약 하나님의 거룩하고 영감된 말씀을 소홀히 한다면 이러한 유익과 함께 다른 무수한 축복들도 우리 자신에게서 앗아가는 꼴이 될 것입니다.

그간 많은 사람에게 그들의 수많은 각기 다른 고민들, 구원의 문제, 낮은 자아상, 결혼, 재정, 건강의 문제, 사랑하는 사람을 잃는 슬픔, 불안감, 두려움 등에 관해 상담해 드릴 수 있었던 것은 주께서 주신 나의 특권이었습니다. 누군가가 인간이 직면할 수 있는 그 어떤 종류의 개인적인 필요와 문제를 상상한다고 해도 하나님의 말씀에 분명히 그 문제들에 대한 답이 있는 것입니다.

내가 아는 한 하나님의 말씀을 전혀 모르면서 그리스도를 영접한 사람은 없었습니다. 내가 1950년대에 만든 4영리라는 소책자에 "이 소책자에 담긴 참고 성경 구절들은 가능하면 어느 곳에서든 성경에서 그 전후 맥락을 찾아 읽어 보아야 합니다."라고 기술한 이유가 바로 그 때문입니다.

복음의 정수를 축약한 4영리는 1983년까지 대략 10억 부 이상이 각 나라의 언어로 제작, 보급되어 수백만의 사람이 그리스도께로 돌아오게 하는 데 도움을 주고 있습니다. 그러나 이 같은 4영리도 하나님의 말씀과 비교할 수는 없으며, 다른 어떤 기독교 서적 혹은 세상의 문서도 마찬가지인 것입니다. 성경을 당신의 손에 들고 당신의 눈으로 직접 읽는 것에는 아주 특별하며 강력한 무엇인가가 있습니다. 왜냐하면 성경은 세상의 어떤 책도 갖고 있지 못한 권위와 능력으로 우리에게 말씀하시기 때문입니다.

오늘 주시는 말씀 디모데후서 3:14~17

믿음의 실천 하나님의 말씀은 세상의 어떤 책보다 가장 중요하며, 또 내가 읽을 수 있는 모든 책 중에 가장 중요한 책입니다. 오늘 나는 새롭게 마음을 가다듬어 전심으로, 온전히, 그리고 삶을 바꾸는 말씀의 능력에 세심히 유의하면서 적어도 매일 15분 이상 성경 말씀을 읽도록 하겠습니다.

Wait and He Will Help

"Don't be impatient. Wait for the Lord, and he will come and save you! Be brave, stouthearted, and courageous. Yes, wait and he will help you." PSALM 27:14

Our surveys of hundreds of thousands of Christians throughout the world indicate that most Christians do not witness because of their fear. Even Timothy seems to have had the same problem.

His father in the faith, the apostle Paul, reminded him, as recorded in 2 Timothy 1:7, "For God hath not given us the spirit of fear; but of power, and of love, and of a sound mind" (KJV). That is the reason our Lord promised, in Acts 1:8, "Ye shall receive power, after that the Holy Ghost has come upon you: and ye shall be witnesses" (KJV).

The Holy Spirit is the only one who can enable us to overcome fear. So, as we claim the promises of God and appropriate the fullness and power of His Holy Spirit, we can know that courage.

A Japanese schoolboy once showed his courage in a way that puts many of us to shame.

"He belonged to a school in Nagasaki containing 150 boys, and he was the only Christian among them all. He brought his lunch to school, as he lived at a distance, and he dared to fold his hands and ask a blessing every day before he ate.

"He had some enemies among the boys who went to the master of the school and accused him of 'doing something in the way of magic.' The master thereupon called the lad before the school and asked him what he had been doing.

"The little fellow spoke up bravely, explaining that he was a Christian, and that he had been thanking God and asking Him to bless the food. At once the master burst into tears, putting his head down on the desk.

"'My boy,' he said, 'I too am a Christian; but I was afraid to tell anyone. Now, with God's help I will try to live as a Christian ought to live.'"

BIBLE READING Isaiah 40:27-31
ACTION POINT Today I shall, through the enabling of the Holy Spirit, be brave, stouthearted and courageous as I go forth to tell others about the Lord Jesus Christ.

여호와를 기다릴지어다 그가 도우시리라

"너는 여호와를 기다릴지어다 강하고 담대하며 여호와를 기다릴지어다"
시편 27:14

전 세계의 수십만의 그리스도인을 대상으로 이루어진 조사에 따르면, 대부분의 그리스도인이 두려움 때문에 하나님을 증거하는 생활을 하지 못하고 있습니다. 심지어 디모데조차도 같은 문제를 가지고 있었던 것으로 보입니다.

그의 믿음의 아버지인 사도 바울은 디모데후서 1장 7절에서 "하나님이 우리에게 주신 것은 두려워하는 마음이 아니요 오직 능력과 사랑과 절제하는 마음이니"라고 상기시켜 주었습니다. 우리 주님이 사도행전 1장 8절에서 "오직 성령이 너희에게 임하시면 너희가 권능을 받고 예루살렘과 온 유대와 사마리아와 땅 끝까지 이르러 내 증인이 되리라"라고 약속해 주셨기 때문입니다. 성령은 우리가 두려움을 이길 수 있게 해주시는 유일한 분입니다. 따라서 우리가 하나님께 받은 약속들을 주장하고(claim), 성령의 충만함과 능력을 소유할 때 우리는 그런 용기를 가질 수 있습니다.

일본의 어떤 어린 학생이 보여 준 용기는 우리 중 많은 사람을 부끄럽게 합니다.

그 소년은 나가사키에서 약 150명이 다니는 학교에 다니고 있었는데, 전교생 중 그 소년 혼자만 그리스도인이었습니다. 소년은 집이 멀기 때문에 도시락을 싸서 다녔고, 매일 식사를 하기 전에 두 손을 모으고 하나님께 감사를 드리며 복 주시기를 간구하는 기도를 담대하게 했습니다.

급우들 가운데 그 소년을 미워하는 친구들이 있었습니다. 그들은 교장 선생님에게 찾아가 그 소년이 '주술적인 일을 한다.'라고 고자질을 했습니다. 그러자 교장 선생님은 수업 전에 그 소년을 불러 무슨 일을 하였는지 물어 보았습니다.

어린 소년은 용감하게 자신이 그리스도인이고, 하나님께 감사를 드리며 음식에 복 주심을 간구하였노라고 대답했습니다. 그러자 교장 선생님은 머리를 책상에 숙이고 눈물을 흘렸습니다. "애야, 나도 그리스도인이란다. 그러나 나는 사람들에게 그 사실을 이야기하는 것이 두려웠단다. 이제는 나도 하나님의 도우심을 받아 그리스도인이 마땅히 살아야 할 바대로 살기로 노력하마."

오늘 주시는 말씀 이사야 40:27~31
믿음의 실천 오늘 내가 다른 사람들에게 나아가 주 예수 그리스도에 관해 증거할 때 성령의 가능케 하시는 능력을 통하여 나는 강하고 담대하도록 하겠습니다.

Set Upon a Rock

"For in the time of trouble he shall hide me in his pavilion: in the secret of his tabernacle shall he hide me; he shall set me up upon a rock." PSALM 27:5, KJV

Doug and Judy stood at the graveside of their little Timothy—their only child—who had been run over by a drunken driver while riding his tricycle on the sidewalk. It was a senseless, one-in-a-million, freak kind of accident, but their little lad was gone forever from their loving embraces.

As they wept, I consoled them with the promises of God's Word: "In the time of trouble, He shall hide us in His pavilion, in the secret of His tabernacle shall He hide us. He shall set us upon a rock."

In the words of Jesus, I shared with them His promise, "Come unto me, all ye that labor and are heavy laden, and I will give you rest" Matthew 11:28, KJV. "Peace I leave with you; My peace I give unto you; not as the world giveth, give I unto you. Let not your heart be troubled, neither let it be afraid" John 14:27, KJV.

Man's words are never adequate in a time like this. Only the holy, inspired Word of God, revealed through the indwelling Holy Spirit, can help us to comprehend and experience the reality of His promises.

What a joy to be able to tell people—burdened people, grieving people—that we serve God, who not only saves to the uttermost, but who also is the God of all comfort. As His Holy Spirit empowers us, let us share the good news of an all-loving, ever-wise Savior.

BIBLE READING Psalm 27:1-4
ACTION POINT Today I will ask God to help me be sensitive to the hurts of others, so I can comfort them with God's Word through the enabling of the Holy Spirit. When I face troubles, I will look to the rock, Christ Jesus, for comfort and strength.

높은 바위 위에 두시리로다

"여호와께서 환난 날에 나를 그의 초막 속에 비밀히 지키시고
그의 장막 은밀한 곳에 나를 숨기시며 높은 바위 위에 두시리로다" 시편 27:5

더그와 주디는 그들의 어린 아들 티모시의 무덤가에 서 있었습니다. 외아들 티모시는 보도블록 위에서 자전거를 타다가 술에 취한 사람이 운전하는 차에 치였던 것입니다. 참으로 말이 안 되고 일어날 확률이 100만분의 1에 해당하는 드문 사고였습니다. 그러나 어린 소년은 그들의 사랑의 품에서 영원히 떠나가 버렸습니다.

흐느껴 우는 그들에게 나는 하나님 말씀의 약속으로 위로하였습니다. "여호와께서 환난 날에 나를 그의 초막 속에 비밀히 지키시고 그의 장막 은밀한 곳에 나를 숨기시며 높은 바위 위에 두시리로다"(시 27:5)

예수님의 약속의 말씀도 그들과 함께 나누었습니다. "수고하고 무거운 짐 진 자들아 다 내게로 오라 내가 너희를 쉬게 하리라",(마 11:28) "평안을 너희에게 끼치노니 곧 나의 평안을 너희에게 주노라 내가 너희에게 주는 것은 세상이 주는 것과 같지 아니하니라 너희는 마음에 근심하지도 말고 두려워하지도 말라"(요 14:27)

이런 슬픔의 순간에는 사람의 어떤 말도 위로가 되지 않습니다. 오직 내주하시는 성령님에 의해 깨닫게 되는 거룩하고 영감 있는 하나님의 말씀만이 그분의 약속을 이해하고 경험하도록 우리를 도울 수 있습니다.

무거운 짐 진 사람들, 슬픔에 쌓인 사람들에게 우리가 섬기는 하나님이 궁극적인 구원뿐만 아니라 모든 아픔을 위로하시는 분임을 이야기해 줄 수 있는 것은 얼마나 기쁜 일인지 모릅니다. 하나님의 성령이 우리에게 주시는 능력을 따라 온전한 사랑과 영원한 지혜의 주님을 전하는 복음의 기쁜 소식을 나누어 주도록 합시다.

오늘 주시는 말씀 시편 27:1~4
믿음의 실천   나는 오늘 하나님께 내가 다른 사람의 슬픔에 민감할 수 있도록 도와주실 것을 간구하겠으며 가능케 하시는 성령의 능력을 통해 하나님의 말씀으로 그들을 위로하겠습니다. 또 내가 곤경에 처했을 때에도 위로와 힘을 주시는 바위 되시는 예수 그리스도를 찾도록 하겠습니다.

He Bears and He Gives

"What a glorious Lord! He who daily bears our burdens also gives us our salvation."
PSALM 68:19

Did it ever occur to you that you are disobeying God when you carry your own burdens, when you are worried, frustrated and confused over circumstances? That is exactly what God's Word says.

In 1 Peter 5:7, God gives a specific command to His children, "Cast…all your cares upon Him; for He careth for you" (KJV). Not to cast all of one's cares upon the Lord is to disobey Him and to deny oneself that supernatural walk with God among men.

Is it not logical to believe that He who loved us so much that He was willing to give His only begotten Son would also be faithful to keep His promise to bear our burdens daily?

As the psalmist so aptly states, the Lord bears our burdens on a daily basis. For the believer, the day will never come when God fails to carry our load, to strengthen us, to impart power to us through His indwelling Holy Spirit—if we but ask.

Marvel of marvels, the psalmist points out, our heavenly Father not only is our great burden-bearer; He is also the very one who gives us our salvation and the assurance of eternal life. How could anyone ask for more!

With the sure knowledge that our sins are forgiven (salvation) and the assurance that He knows all about every burden we face—more important, He bears them for us—our lives should reflect honor and glory to Him by the way in which we share His blessings and the message of His great love with others.

Provision for the supernatural life is promised in the Old Testament as well as the New, as evidenced by this glorious promise in the Psalms.

BIBLE READING   Psalm 68:15-18
ACTION POINT   Today I will take inventory of my burdens and worries and be sure that I am casting them all on the Lord with the certain knowledge that He cares for me. I will also encourage those around me to cast their cares upon the Lord.

짐을 지시고 구원을 주시는 주

"날마다 우리 짐을 지시는 주 곧 우리의 구원이신 하나님을 찬송할지로다"
시편 68:19

당신이 스스로 당신의 짐을 지고 갈 때, 혹은 근심하고 좌절하며 주변 상황으로 인해 혼란스러울 때, 당신이 하나님께 불순종하고 있다는 생각을 해본 적이 없었습니까? 하나님의 말씀이 이야기하고 계신 것이 바로 그것입니다.

베드로전서 5장 7절에서 하나님은 그의 자녀들에게 특별한 명령을 하십니다. "너희 염려를 다 주께 맡기라 이는 그가 너희를 돌보심이라" 사람이 그의 모든 염려를 주님께 맡기지 않는 것은 하나님께 불순종하는 것이며, 사람 가운데 거하시는 하나님과 함께 초자연적으로 사는 삶을 스스로 거부하는 것입니다.

우리를 너무도 사랑하셔서 유일하신 독생자마저도 기꺼이 주신 그분이, 우리에게 주신 또 다른 약속, 매일매일 삶의 짐도 져 주시겠노라는 그 약속도 역시 신실하게 지켜주실 것임을 우리가 믿는 것이 마땅하지 않겠습니까?

시편 기자가 분명하게 기록했듯이, 주님께서는 매일매일의 우리 짐도 져 주십니다. 다만 우리가 구하기만 한다면, 하나님께서 믿는 자들을 위해 내주하시는 성령을 통하여 우리의 짐을 지지 못하시거나, 혹 우리를 강하게 하지 못하시거나, 우리에게 능력을 공급해 주시지 못하는 그런 날은 결코 없을 것입니다.

시편 기자가 지적한 것 같이 놀라운 것 가운데 놀라운 것은, 하늘에 계신 우리 아버지는 우리의 짐을 대신 져 주시는 크신 분이실 뿐만 아니라, 또한 구원과 영생의 확신도 함께 주시는 분이기도 하다는 것입니다. 우리가 이보다 더 바랄 것이 무엇이 있겠습니까?

우리의 모든 죄가 용서받았음을 확실히 깨닫고, 그리고 하나님이 우리가 부딪치는 모든 짐들을 아시며, 아울러 하나님이 우리를 위하여 그 짐을 지신다는 더 중요한 사실을 확신하므로, 우리의 삶은 주님의 축복과 그의 크신 사랑의 소식을 다른 사람들과 나눔으로써 주님께 존귀와 영광을 돌려야 할 것입니다.

초자연적인 삶을 살 수 있도록 하나님이 베풀어 주신다는 것은 시편의 이 영광스러운 약속의 말씀이 말해주듯 신약뿐만 아니라 구약에서도 약속되어 있습니다.

오늘 주시는 말씀 시편 68:15~18
믿음의 실천 나는 오늘 내가 짊어지고 있는 짐과 근심들이 어떤 것인지 살펴보고, 하나님께서 나를 돌보고 계시다는 분명한 깨달음으로 그 모든 짐들을 꼭 주님께 다 넘겨드리도록 하겠습니다. 또 나는 내 주위 사람들에게도 역시 그들의 짐과 걱정을 주님께 넘겨드리도록 이야기해 주겠습니다.

Deliverance from Fears

"I sought the Lord, and he heard me, and delivered me from all my fears."
PSALM 34:4, KJV

Susie seemed outwardly to be a well-poised, lovely young wife and mother with everything under control. She was active in her church and attended other Christian gatherings during the week. But secretly she was filled with fear from which psychologists and psychiatrists with whom she consulted were unable to set her free.

She became very discouraged and depressed. "What can I do?" she asked through her tears. "I have everything to live for and no real reason to be afraid, but I am consumed with worry and dread, as I anticipate all kinds of evil things happening to me, my husband, and my children.

"Do you believe that God in heaven has the power to remove your fears, Susie?" I asked.

"Yes, of course," she replied. "Do you believe He loves you?" "Yes, I believe that."

"Do you believe He wants to remove that fear from you?" And I read her the above passage.

We turned together to 1 John 5:14, 15: "If we ask anything according to God's will, He hears and answers." This is the promise that every believer can claim whenever there is a command or another promise. I asked her if she would like to join with me in a prayer of faith that God would deliver her according to this promise.

Together we prayed, and though there was no immediate, dramatic deliverance, with the passing of days God set her free. Day after day she claimed by faith this and other promises from God's Word.

Are you plagued with fears? Are your days consumed with worry? Saturate your mind with God's truth—God's supernatural promises—and begin to claim by faith this supernatural life which is your heritage in Christ.

BIBLE READING Psalm 34:1-7
ACTION POINT At the first sign of fear in my life, I will commit it to the Lord and trust Him for deliverance. I will seek to help others who are filled with fear, and introduce them to the Prince of Peace—the God of all comfort.

두려움에서 건지심

"내가 여호와께 간구하매 내게 응답하시고 내 모든 두려움에서 나를 건지셨도다"
시편 34:4

수지는 겉으로 볼 때 침착하고 사랑스러운 젊은 아내요, 어머니로서 모든 것이 순조로운 삶을 살고 있었습니다. 교회에서는 활동적이었고, 주중에는 다른 기독교 모임에도 참석하였습니다. 그러나 아무도 모르게 그녀의 내면은 그녀가 상담하는 심리학자나 정신과 의사들도 해방시켜 줄 수 없는 비밀스러운 두려움에 가득 차 있었습니다.

그녀는 매우 낙담하며 용기를 잃었습니다. 그녀는 울면서 내게 물었습니다. "어떻게 하면 좋을까요? 나는 생활에 필요한 것은 모두 다 가지고 있고 두려워 할 어떤 이유도 실제로는 없는데 온갖 나쁜 일들이 나와 남편과 아이들에게 생길 것이라 지레 생각하고 근심과 공포에 사로잡혀 종일 마음을 뺏기고 말아요."

"당신은 하늘에 계신 아버지가 당신의 두려움을 없애 주실 능력이 있다고 믿으십니까?" 내가 물었습니다. "물론이죠." 수지의 대답이었습니다. "하나님이 당신을 사랑하시는 것을 믿고 있습니까?", "예, 믿어요.", "당신은 하나님이 그 두려움을 당신에게서 없애 주시기를 원하고 계시다는 것을 믿으십니까?" 그리고 나는 위의 오늘의 말씀을 그녀에게 읽어 주었습니다.

우리는 또 함께 요한일서 5장 14~15절을 폈습니다. "그를 향하여 우리가 가진 바 담대함이 이것이니 그의 뜻대로 무엇을 구하면 들으심이라" 이 말씀은 모든 믿는 자가 하나님의 명령이나 하나님의 또 다른 약속을 받았을 때 언제나 주장할 수 있는 중요한 약속입니다. 나는 그녀에게 하나님이 이 약속에 따라 그녀를 인도하여 주실 것이라는 믿음의 기도를 나와 함께 하겠느냐고 물어 보았습니다.

우리는 함께 기도했습니다. 비록 그 즉시 극적으로 그녀가 근심과 공포로부터 해방감을 느끼지는 못 했지만, 날이 갈수록 하나님은 그녀를 두려움으로부터 해방시켜 주셨습니다. 날마다 그녀는 위의 약속과 또 다른 약속들을 믿음으로 주장했습니다.

당신은 두려움으로 인한 고통을 받고 있습니까? 당신은 근심과 염려로 나날을 보내고 있습니까? 당신의 마음을 하나님의 진리, 곧 하나님의 초자연적인 약속들로 흠뻑 적셔 보십시오. 그리고 그리스도 안에서 당신이 물려받은 유산인 이 초자연적인 삶을 믿음으로 구하기를 시작하기 바랍니다.

오늘 주시는 말씀 시편 34:1~7
믿음의 실천 나의 삶 가운데서 어떤 두려움이라도 생기면 나는 즉시 그것을 주께 맡기고, 그가 나를 두려움으로부터 해방시켜 주실 것을 신뢰하겠습니다. 나는 또 두려움에 싸여 살고 있는 사람들을 도울 수 있도록 애쓰겠습니다. 나는 그들을 평강의 왕이며, 모든 위로가 되시는 하나님께 인도하도록 애쓰겠습니다.

Reap in Joy

"They that sow in tears shall reap in joy. He that goeth forth and weepeth, bearing precious seed, shall doubtless come again with rejoicing, bringing his sheaves with him."
PSALM 126:5-6, KJV

How long has it been since you have shed tears of compassion over those who do not know our Savior as you pray for their salvation? Is God using you to introduce others to Christ? Is your church a center of spiritual harvest? If not, it is quite likely that you and other members of your church are shedding few tears over the lost.

It is a promise of God that when we go forth with a burdened heart sharing the precious seed of the Word of God, proclaiming the most joyful news ever announced, we can be absolutely assured—beyond a shadow of doubt—that we shall reap the harvest and, in the process, experience the supernatural joy that comes to those who are obedient to God.

It is a divine formula. But where does that burden and compassion for the souls of men originate? In the heart of God. And it is only as men are controlled and empowered by the Holy Spirit of God that there can be that compassion. It is not something that we can work up, not something that we can create in the energy of the flesh, but it is a result of walking in the fullness and power of the Holy Spirit, with minds and hearts saturated with the Word of God.

The Old Testament references to sowing are often accompanied by sorrow and anxiety, evidenced by the tears to which the psalmist refers. As a result, the time of reaping is one of inexpressible joy.

BIBLE READING Proverbs 11:27-31
ACTION POINT Today I will ask the Holy Spirit who dwells within me to give me a greater burden for the souls of those around me, so that I may weep genuine tears of compassion as I sow I precious seed. I know that I shall reap abundantly.

기쁨으로 거두리로다

"눈물을 흘리며 씨를 뿌리는 자는 기쁨으로 거두리로다 울며 씨를 뿌리러 나가는 자는
반드시 기쁨으로 그 곡식 단을 가지고 돌아오리로다"
시편 126:5~6

당신은 구주를 알지 못하는 사람들의 구원을 위하여 기도하면서, 그들을 불쌍히 여기는 눈물을 흘려 보신지 얼마나 되었습니까? 하나님께서 다른 사람들을 그리스도께로 인도하시는 도구로 당신을 사용하고 계십니까? 당신의 교회는 영적 추수의 중심지 역할을 하고 있습니까? 만일 그렇지 못하다면 당신과 당신의 교회는 잃어버린 영혼들을 위해 거의 눈물을 흘리지 않고 있을 가능성이 큽니다.

우리가 지금까지 인간에게 전해진 것 중 가장 기쁜 소식을 선포하며 하나님의 말씀의 귀한 씨를 뿌리고자 하는 거룩한 부담을 마음에 안고 앞으로 나아갈 때, 반드시 수확을 거두게 될 것과 또 그 과정을 통해 하나님께 순종하는 사람들에게 주어지는 초자연적인 기쁨을 경험하게 될 것임을 추호의 의심도 없이 확신할 수 있다는 것이 하나님의 약속입니다.

이것은 하나님의 거룩한 공식입니다. 그러나 잃어버린 영혼을 위한 마음과 동정심은 어디에서 오는 것입니까? 하나님의 마음에서입니다. 그리고 하나님의 성령에 의해 다스려지고 힘을 공급받을 때에만 사람의 마음에도 그와 같은 동정심이 일어날 수 있는 것입니다. 그와 같은 마음은 인간이 만들어 낼 수 있는 것이 아니며, 또 육신의 힘으로 만들어 낼 수 있는 무엇이 아니라 하나님의 말씀으로 흠뻑 적셔진 생각과 마음을 가지고 성령의 능력과 그 충만함으로 삶을 살아갈 때 주어지는 결과인 것입니다.

씨 뿌리는 것을 가리키는 구약의 말씀들은 시편 기자가 말한 눈물이 상징하듯이 자주 슬픔과 근심의 단어와 함께 동반되는 경우가 많습니다. 그러나 그 결과 추수의 때는 표현할 수 없는 기쁨의 때가 되는 것입니다.

오늘 주시는 말씀 잠언 11:27~31
믿음의 실천 오늘 나는 내 안에 거하시는 성령께 내 주위의 영혼을 향한 더 큰 마음의 부담을 주실 것을 구하겠습니다. 그래서 나는 내가 귀한 말씀의 씨를 뿌릴 때 잃어버린 영혼을 가엾이 여기는 진실한 눈물을 흘릴 수 있게 될 것입니다. 나는 말씀의 약속에 따라 풍성히 수확을 거둘 것을 확신합니다.

Saved From Our Troubles

"This poor man cried to the Lord—and the Lord heard him and saved him out of his troubles."
PSALM 34:6

It was a high-security penitentiary—filled with murderers, drug pushers, bank robbers and others who had committed major crimes and many who would never see the light of day again outside those bleak, gray prison walls. At an evangelistic service, however, one inmate after another stood to share how Christ had forgiven him of his sins and how, even though he had committed murder or some other serious crime, he knew with assurance that he was now a child of God.

Many of these men expressed in different words, as I sat there listening with tears streaming down my cheeks, "I am so glad I'm in prison, for it was here I found Jesus Christ, and I would rather be in prison with Christ in my heart than to be living in a palatial mansion without any knowledge of God's love and forgiveness through His Son."

Often I talk with people—on planes, on campuses, at public meetings—who are poor, not only materially but also physically and spiritually. What a joy to be able to share with them the good news that God Cares.

A "poor man's" first cry must be one of repentance and confession, so that a divine relationship is established: Father and son. Conversion must come by the Spirit of God, before deliverance can come in the less important areas of one's life.

But after that Father-son relationship has been established, how wonderful to be able to assure such a one that God truly cares—enough to "save him out of his troubles." Oftentimes that entails enduring such troubles for a time, but never more we are able to bear. The supernatural life promises victory—in the midst of adversity.

BIBLE READING 2 Corinthians 5:14-19
ACTION POINT I will assure those I encounter today who are in trouble that God cares and promises deliverance. I will seek out those who need a Savior so that they, too, can experience the liberating power of God's love through Jesus Christ.

환난에서의 구원

"이 곤고한 자가 부르짖으매 여호와께서 들으시고 그의 모든 환난에서 구원하셨도다"
시편 34:6

그곳은 살인자들과, 마약 밀매범들과, 은행 강도들과, 그 외에 중범죄자들과 그리고 저 황량한 회색의 담 너머에 비치는 햇빛을 결코 보지 못할 많은 사람이 가득한, 고도의 감시 하에 놓인 교도소였습니다. 그러나 한 복음전도 집회에서 죄수들은 한 사람씩 나와서 그리스도께서 어떻게 그들의 죄를 용서하여 주셨는지와 또 그들이 아무리 중죄, 심지어 살인과 같은 죄를 범했다 할지라도 어떻게 이제는 그들이 하나님의 자녀된 것을 확신할 수 있었는지에 대해 간증했습니다.

내가 두 뺨에 눈물을 흘리며 그들의 간증을 듣고 있을 때 표현은 조금씩 달랐지만 그들은 모두가 이렇게 이야기하고 있었습니다. "나는 교도소 안에 있게 된 것이 참으로 기쁩니다. 여기서 예수 그리스도를 찾았기 때문입니다. 나는 하나님이 자신의 아들을 통하여 주시는 사랑과 용서를 전혀 알지 못하고 호화로운 저택에 사는 것보다 차라리 내 마음에 계신 그리스도와 함께 교도소 안에 있으렵니다."

나는 비행기 안에서나, 대학 캠퍼스, 혹은 대중적인 모임 등에서 물질적으로 뿐만 아니라 신체적 또 영적으로 가엾은 사람들을 만나 이야기를 나눌 기회를 종종 가집니다. 그때마다 하나님이 그들을 돌보시고 계시다는 좋은 소식을 그들과 나눌 수 있다는 것이 얼마나 큰 기쁨인지 모르겠습니다.

'곤고한 자'의 처음 부르짖음은 회개와 고백의 부르짖음이어야 합니다. 그럼으로써 아버지와 아들의 거룩한 관계가 이루어져야 하는 것입니다. 삶 가운데 겪는 다소 덜 중요한 문제들로부터 우리를 건져 주시는 하나님의 도움이 있기 전에 먼저 하나님의 영으로 말미암아 제일 중요한 회심의 사건이 있어야 합니다.

그러나 그가 하나님과 아버지와 아들의 관계가 이루어진 후에는 하나님이 그의 모든 어려움에서 구원하시도록 그를 보살피신다는 사실을 확신시킬 수 있다는 것은 참으로 놀라운 일입니다. 종종 환난에서 구원함을 얻기까지 한동안 그 고난을 좀 더 견뎌야 하는 경우도 있으나 결코 우리가 감당할 수 있는 이상의 것은 아닙니다. 초자연적인 삶은 환난의 한 가운데서 승리를 약속하는 것입니다.

오늘 주시는 말씀 고린도후서 5:14~19
믿음의 실천 나는 오늘 내가 만나는 환난 가운데 있는 사람들에게 하나님께서 저들을 보호하시며, 그들을 건져 주신다고 약속하였음을 확신시켜 주겠습니다. 나는 구주를 필요로 하는 사람들을 찾아, 그들도 역시 예수 그리스도를 통해 우리에게 자유를 주시는 하나님의 사랑의 능력을 경험할 수 있도록 돕겠습니다.

A Singing Heart

"And whenever the tormenting spirit from God troubled Saul, David would play the harp and Saul would feel better, and the evil spirit would go away." 1 SAMUEL 16:23

King Saul had disobeyed God and the Spirit of the Lord had left him. Instead, the Lord had sent a tormenting spirit that filled him with depression and fear. As a result, some of Saul's aides sent for David, who was not only a talented harp player but was handsome, brave and strong and had good, solid judgment. What is more, the Lord was with him.

Every believer experiences warfare between flesh and spirit. As an act of the will we decide whether we are going to allow the flesh or the Spirit to control our lives. One of the best ways to cause an evil spirit to go away is to listen to music of praise and worship and thanksgiving to God. The language of heaven is praise. Listen to music that causes your heart to sing praises to God. Also, saturate your mind with the Word of God. The psalms especially exalt and honor God and express the praise of the psalmist.

I like to begin the day praising God on my knees. During the course of the day, I listen to cassette tapes of praise music as well as recorded portions of Scripture that are appropriate and sermons that are helpful.

Are you discouraged, depressed, frustrated? Have problems in your life caused you to feel that God has left you? If so, may I encourage you to begin to praise the Lord. Purchase cassettes that honor our Lord, that cause your heart to sing and make melody to the Lord, and play them over and over again.

BIBLE READING   Psalm 92:1-5
ACTION POINT   Today I will make a special point of praising the Lord not only by reading psalms but also by listening to praise music. I will remember that praise is one of the expressions of a life that is lived in the supernatural power of God.

찬양의 능력

"하나님께서 부리시는 악령이 사울에게 이를 때에 다윗이 수금을 들고 와서 손으로 탄즉 사울이 상쾌하여 낫고 악령이 그에게서 떠나더라" 사무엘상 16:23

사울왕이 하나님께 불순종하여 주의 성령은 그를 떠나셨습니다. 대신 하나님께서는 괴롭게 하는 악신을 보내셔서 사울은 우울함과 두려움에 빠지게 되었습니다. 그리하여 사울의 측근 중 몇 사람이 다윗을 청했습니다. 그는 하프를 연주하는 재능뿐만 아니라, 단아하고 용감하며, 강하고도 선하여, 분명한 판단력을 소유한 인물이었습니다. 무엇보다 하나님이 그와 함께 계셨던 것입니다.

믿는 자는 누구나 육과 영의 싸움을 경험합니다. 우리의 의지적인 행동으로써(act of the will) 우리는 육이나 혹은 성령이 우리의 삶을 다스리도록 선택하는 것입니다. 악한 영이 떠나가도록 하는 가장 좋은 방법 중의 하나는 하나님을 찬양하고 예배하며 감사하는 찬송을 듣는 것입니다. 하늘의 언어는 찬양입니다. 당신의 마음이 하나님을 찬양하도록 하는 음악을 들으십시오. 또, 하나님의 말씀으로 당신의 마음을 흠뻑 적시도록 하십시오. 특별히 시편은 하나님을 드높이고 영화롭게 하며, 시편 기자의 찬양이 어떤 것인가를 말해 줍니다.

나는 날마다 무릎을 꿇고 하나님을 찬양하는 것으로 하루를 시작하는 것을 좋아합니다. 하루를 지내는 동안 유익한 설교와 또 적절한 부분의 말씀뿐만 아니라 찬양도 녹음으로 듣습니다.

혹시 당신은 지금 용기를 잃고 낙심하며 좌절하고 있지는 않습니까? 혹시 하나님께서 당신을 떠나셨다는 느낌마저 들게 하는 문제들을 안고 있습니까? 만약 그렇다면 주님을 찬양하는 일부터 시작하시기를 권합니다. 우리 주님을 영화롭게 하고 당신의 마음을 찬송하게 하며 주님께 아름다운 곡조를 드리는 찬양을 되풀이, 또 되풀이하여 듣도록 하십시오.

오늘 주시는 말씀 시편 92:1~5
믿음의 실천 나는 오늘 시편 말씀을 읽을 뿐만 아니라 찬양을 들음으로써 주님을 찬양하는 시간을 특별히 가지겠습니다. 나는 찬양이 하나님의 초자연적인 능력 안에 살고 있다는 한 가지 표현임을 기억하겠습니다.

Is Your Faith Worth Sharing?

"But the path of the just is as the shining light, that shineth more and more unto the perfect day." PROVERBS 4:18, KJV

I had just finished giving a message, challenging students and young executives to commit their lives to helping to fulfill the Great Commission, when Steve approached with words that shocked me. I had known him for a long time and believed him to be totally committed to Christ.

"If I were to respond to your challenge to take what I have to the rest of the world," he said, "I'm afraid not much would be accomplished, because my brand of Christianity—quite frankly—is not that attractive, exciting or fruitful."

He went on to share how he was not experiencing the joy of the resurrection in his life. The study of the Word of God had no appeal, his prayer life was nil and it had been a long time since he had introduced anyone to Christ. His outward evidence of being a man of God was just a facade, by his own admission.

What about you? Is your brand of Christianity truly the revolutionary first-century kind that helped turn the world upside down and changed the course of history? If not, it can be—and that is what this daily devotional guide is all about.

Every Christian needs to echo daily the sentiments of an unknown poet:

My life shall touch a dozen lives / Before this day is done,

Leave countless marks of good or ill, / Ere sets the evening sun.

This, the wish I always wish, / The prayer I always pray;

Lord, may my life help other lives / It touches by the way.

That should be my goal during my waking hours: to touch lives for eternity. If the all-powerful God truly lives and reigns, I can tap into His supernatural power and give evidence of it in my life.

BIBLE READING Proverbs 4:14-19
ACTION POINT Since this dark world desperately needs light, I will trust God to let His light shine through me today. I pray that my life will be so radiant and joyful that it will demonstrate the kind of Christianity that will draw others Christ.

나누어 줄 수 있는 믿음

"의인의 길은 돋는 햇살 같아서 크게 빛나 한낮의 광명에 이르거니와"
잠언 4:18

스티브가 나를 찾아와 몇 마디 말로 내게 충격을 주었던 것은 내가 학생들과 젊은 간사들에게 지상명령 성취를 위해 그들의 삶을 헌신하도록 도전하는 설교를 막 전하고 난 다음이었습니다. 나는 그를 오랫동안 알고 있었으며, 그의 삶을 완전히 그리스도께 헌신한 사람으로 믿고 있었습니다.

"세상을 향하여 나의 가진 것을 드리라는 당신의 도전에 내가 응한다고 하더라도 많은 결실을 얻지 못할까 두렵습니다. 나의 신앙의 질은 솔직히 말해서 다른 사람의 영혼을 끌어들일 만한 것도, 놀랄만한 것도, 결실을 맺는 것도 아니기 때문입니다." 그의 고백이었습니다.

계속해서 그는 자신의 삶에서 부활의 기쁨을 경험하지 못했음을 털어 놓았습니다. 하나님 말씀을 공부해도 아무런 감동도 얻지 못했으며, 그의 기도 생활은 공허한 것이었으며, 다른 사람들을 그리스도께 인도한 지도 오래 되었다고 했습니다. 그가 인정한 대로 하나님의 사람이라고 하는 그의 외적 증거는 단순히 겉모습 뿐이었던 것입니다.

당신은 어떻습니까? 당신의 신앙의 질은 역사의 방향을 바꾸고 세상을 뒤집어 놓았던 혁명적인 1세기 초대교회의 신앙과 같은 것입니까? 만약 그렇지 않다면 당신도 반드시 그렇게 될 수 있으며, 그것이 바로 이 책, 매일의 경건의 시간 지침이 쓰인 이유의 전부입니다.

모든 그리스도인은 한 무명 시인의 다음과 같은 감격을 매일 되새길 필요가 있습니다.

내 삶이 열두 명의 삶과 접하게 하소서 / 이 날이 다하기 전에,

좋든 나쁘든 수많은 자취를 남기게 하소서 / 저녁 해가 지기 전에,

이것이 내가 항상 원하는 나의 소원이며 / 내가 항상 기도하는 그 기도이기에

주여, 나의 삶이 다른 이들의 삶을 돕게 하소서 / 그로써 저들의 마음에 울림을 주도록

사람들의 삶에 영원을 깨닫도록 감동을 줄 수 있는 것, 그것이 내가 깨어있는 동안 내 삶의 목표가 되어야 할 것입니다. 만약 전능하신 하나님이 진실로 살아계시며 다스리신다면, 나는 그분의 초자연적인 능력에 기대어 내 삶에서 그 능력의 증거를 나타낼 수 있을 것입니다.

오늘 주시는 말씀　　잠언 4:14~19

믿음의 실천　　이 암흑의 세상에 빛이 절실히 필요한 줄 알기에 나는 오늘 하나님의 빛이 나를 통해 비추어 주시도록 하나님을 믿고 신뢰하겠습니다. 나는 나의 삶이 빛나고 기쁨에 가득 찬 것이 되어 그것이 다른 사람을 그리스도께로 끌어들일 수 있는 그런 신앙이 될 수 있도록 기도하겠습니다.

Security for the Children

"Reverence for God gives a man deep strength;
his children have a place of refuge and security." PROVERBS 14:26

Mary, the daughter of African missionaries, recalled how her father—the leader of a large missionary thrust—would on occasion call the family together and share something in his life that he felt was not pleasing to God, which he would confess both to the Lord and to his family whenever they happened to be involved.

This he did for at least two reasons: (1) he had a reverential fear of God, a fear that he might grieve or quench the Spirit by acts of disobedience, and (2) he wanted to be an example to his wife and children, not parading as one who was perfect. Like them, he needed to breathe spiritually, exhaling and confessing his sins whenever he became aware of them, and inhaling and appropriating the fullness of God's Holy Spirit by faith so that he could keep walking in the light as God is in the light.

He would then ask other members of the family if they wanted to share anything in their lives that was grieving or quenching the Spirit, so that together they might pray for each other.

This, Mary said, was such an encouragement to her and to other members of the family, helping her to have a greater sense of security and feeling of refuge, knowing that her father was a man of God who was honest with the Lord and with his family.

The example of her father and mother had played an important role in inspiring her to become a missionary as well, and now God is using her in a marvelous way for His glory.

In a day when children and young people lack a feeling of security, perhaps more than at any other time in history, it behooves Christian parents to cooperate with God in helping to provide for their families such a sense of security and refuge.

BIBLE READING Proverbs 14:15-21
ACTION POINT I will begin to pray regularly that God will grant to me an understanding of His attributes as I study His Word so that I will learn to reverence God and there-by provide refuge and security to those who look to me for leadership.

그 자녀들의 피난처

"여호와를 경외하는 자에게는 견고한 의뢰가 있나니
그 자녀들에게 피난처가 있으리라" 잠언 14:26

매리는 아프리카 선교사의 딸이었습니다. 그녀는 큰 선교단체의 지도자였던 부친이 가끔 가족들을 모아놓고 그의 삶에서 하나님을 기쁘시게 하지 못했다고 느낀 점들을 가족들과 함께 나누곤 했던 것을 회상했습니다. 그 부친은 하나님과 그 가족들에게 잘못한 것들이 있을 때에는 언제나 하나님과 가족 모두에게 고백했던 것입니다.

그 부친은 적어도 두 가지 이유에서 그렇게 했던 것입니다. 첫째, 그는 하나님을 경외하는 두려움을 가지고 있었습니다. 하나님을 경외하는 두려움이란, 그의 불순종의 행위로 인하여 성령을 근심하게 하거나 소멸할지도 모른다고 두려워하는 것입니다. 둘째, 그는 아내와 자녀들에게 본보기가 되기를 원했으며 완전한 사람으로 행세하기를 원치 않았습니다. 그의 가족들과 마찬가지로 그도 죄를 깨달을 때마다 그의 죄를 고백하는 [5]영혼의 호흡의 '내뿜기'와 믿음으로 성령 충만함을 누리는 영혼의 호흡의 '들이 마시기'가 필요한 사람이었으며, 그로써 하나님이 빛 가운데 계신 것처럼 그도 빛 가운데 계속하여 행할 수 있었던 것입니다.

그리고 그는 가족들에게도 혹시 그들의 삶 가운데 성령을 근심케 하거나 소멸한 잘못을 나누기를 원하는 것이 있는지를 묻고, 가족들은 서로를 위하여 함께 기도했던 것입니다. 매리의 말에 의하면, 그녀의 부친이 주님과 그리고 가족들에게 정직한 하나님의 사람임을 안 것이 그녀와 모든 가족들에게 참으로 큰 격려가 되어 그녀가 가정에서 깊은 안도감과 피난처의 느낌을 갖는 데 도움이 되었다고 합니다.

그녀의 부모가 보여준 본보기는 매리 역시 선교사가 되도록 하는 데 큰 역할을 하여, 하나님은 지금 그의 영광을 위하여 매리를 놀랍게 사용하고 계십니다.

아마도 인류 역사상 그 어느 때보다 청소년들과 젊은이들이 불안해하고 있는 이 시대에, 그리스도인 부모들은 매리가 가질 수 있었던 그런 안도감과 피난처를 그 가족들에게 제공하기 위하여 마땅히 하나님과 연합해야 할 것입니다.

오늘 주시는 말씀 잠언 14:15~21
믿음의 실천 나는 하나님의 말씀을 공부할 때 내가 하나님의 속성을 이해할 수 있게 해 주시도록 계속 기도하겠습니다. 그리하여 하나님을 경외하는 것을 배울 것이며, 그럼으로써 나의 인도를 기대하는 사람들에게 그들이 쉴 곳과 안도감을 제공할 수 있게 될 것입니다.

Exalting a Nation

"Godliness exalts a nation, but sin is a reproach to any people."
PROVERBS 14:34

God's Word [1 Timothy 2:2] reminds us that we are to pray for those in authority over us—from the precinct to the White House—so that we can live in peace and quietness, spending our time in godly living and thinking much about the Lord.

We should write letters and make personal visits to communicate God's love to each one of them, so that they may contribute to those qualities of godliness that will cause God's blessing to continue to be poured out upon this nation.

One day a mutual friend suggested that I drop by to see a senator in Washington, D.C. I had never met the man before, but within minutes it seemed as if we had known each other for a lifetime. A natural opportunity arose for me to ask him if he were a Christian, and I was able to share the gospel with him through the Four Spiritual Laws. Before I left his office, the senator said he would like to receive Christ.

Another time, I spoke at a congressman's home, to which several other congressmen and their wives had been invited. After the meeting, several individuals requested personal appointments.

I went by the office of one of the congressmen the next day.

"Did what I said last night make sense to you?" I asked him.

"It surely did," he replied.

"Would you like to receive Christ?" I asked. He said that he would and knelt to pray.

Down the hall, I shared Christ with still another congressman who had been present the night before. He too said he would like to receive Christ. All three of these men and many others continue to walk with God, seeking His wisdom to help them lead our nation wisely.

Because "godliness exalts a nation," it is important for every Christian to pray for and witness to all of our nation's elected officials.

BIBLE READING   Psalm 33:12-16
ACTION POINT   I will pray today for one or more of our nation's leaders, and I will seek opportunities to witness to them and other governmental leaders personally or through correspondence.

나라를 영화롭게 하는 것

"공의는 나라를 영화롭게 하고 죄는 백성을 욕되게 하느니라"
잠언 14:34

하나님의 말씀(딤전 2:2)은 우리가 위에서부터 아래에 이르기까지 나라를 다스리는 모든 사람을 위해 기도해야 할 것을 상기시켜 줍니다. 그럼으로써 우리가 고요하고 평안한 가운데 살면서 더 많이 우리 주님을 생각하고 경건한 삶을 사는 데 우리 시간을 사용할 수 있게 되는 것입니다. 우리는 편지를 쓴다든지, 혹은 개인적인 만남의 기회를 통해서 그들 모두에게 하나님의 사랑을 전하려고 노력해야 합니다. 그럼으로써 하나님이 계속하여 우리나라에 축복을 부어주시게 하는 경건한 신앙의 삶에 그들도 기여할 수 있을 것입니다.

하루는 나의 친한 친구 한 사람이 워싱턴에 있는 자신의 친구인 상원 의원을 만나 보라고 권했습니다. 그 의원과는 전혀 안면이 없는 사이였지만, 만난 지 얼마 지나지 않아 우리는 마치 오랜 지기처럼 가깝게 느끼게 되었습니다. 자연스럽게 나는 그에게 그가 그리스도인인지 물어 볼 기회가 왔고 4영리를 통해 나는 그와 복음을 나눌 기회를 갖게 되었습니다. 내가 그의 사무실을 나오기 전 그는 내게 그리스도를 영접하고 싶다고 말했습니다.

또 한 번은 어느 하원 의원의 집에서 하원 의원들 몇 부부가 초대된 모임에서 이야기할 기회가 있었습니다. 모임이 끝나자 몇 사람이 개인적으로 나와 만나고 싶다며 시간을 내달라고 요청했습니다. 다음 날 나는 그중 한 사람의 사무실에 들렀습니다.

"어젯밤 내가 전한 말씀이 이해가 되셨습니까?" 내가 물었습니다.

"확실히 이해했습니다." 그의 대답이었습니다.

"당신은 그리스도를 영접하시겠습니까?" 내가 그에게 묻자 그는 그렇게 하겠노라고 대답하고는 기도하기 위해 무릎을 꿇었습니다.

의사당 건물을 내려오는 길에 나는 전날 밤 모임에 참석했던 또 다른 하원 의원의 사무실로 향했습니다. 그도 역시 그리스도를 영접하겠다고 했습니다. 이들 세 사람 모두와 그리고 다른 많은 사람이 이 나라를 지혜롭게 이끌 수 있도록 하나님의 지혜를 구하며 그리스도와 동행하는 생활을 계속하고 있습니다.

'공의는 나라를 영화롭게'하기 때문에 모든 그리스도인이 국가의 선출된 위정자들을 위해 기도하고, 또 그들에게 그리스도를 증거하는 것이 중요합니다.

오늘 주시는 말씀 시편 33:12~16
믿음의 실천 나는 오늘 한 사람 혹은 그 이상의 이 나라 지도자를 위하여 기도하겠습니다. 그리고 또한 다른 공직자들에게 직접 혹은 간접적으로 그리스도를 증거할 기회들을 찾도록 하겠습니다.

Hunger and Thirst

"Blessed are they which do hunger and thirst after righteousness: for they shall be filled."
MATTHEW 5:6, KJV

Do you hunger and thirst after righteousness, for the fullness and power of the Holy Spirit in your life? If so, you can claim that fullness and power right now by faith.

"The great difference between present-day Christianity and that of which we read in these letters (New Testament epistles)," declared J. B. Phillips in his introduction to the *Letters to Young Churches*, "is that to us it is primarily a performance; to them it was a real experience.

"We are apt to reduce the Christian religion to a code, or, at best, a rule of heart and life. To these men it is quite plainly the invasion of their lives by a new quality of life altogether. They do not hesitate to describe this as Christ living in them."

The disciples were used of God to change the course of history. As Christian homemakers, students, businessmen and professionals, we have that same potential and privilege today.

The amazing fact that Jesus Christ lives in us and expresses His love through us is one of the most important truths in the Word of God. The standards of the Christian life are so high and so impossible to achieve, according to the Word of God, that only one person has been able to succeed. That person is Jesus Christ.

When we receive Christ into our lives, we experience a new birth and are also indwelt by the Holy Spirit. From that point on, everything we need—including wisdom, love, power—to be men and women of God and fruitful witnesses for Christ is available to us simply by faith, by claiming this power in accordance with God's promise.

BIBLE READING Romans 10:6-10
ACTION POINT "Dear Lord, create within me a hunger and thirst after righteousness that is greater than the hunger and thirst in my physical body. I claim the supernatural power of the Holy Spirit to enable me to live a victorious, fruitful life."

의에 주리고 목마른 자

"의에 주리고 목마른 자는 복이 있나니 그들이 배부를 것임이요"
마태복음 5:6

당신은 의에 주리고 목말라 있습니까? 당신의 삶 가운데 성령 충만함과 능력에 목말라 있습니까? 그렇다면 당신은 1)믿음으로(by faith) 성령 충만함과 그 능력을 지금 당장 구할 수(claim) 있습니다.

13)필립스는 그의 저서 『개척 교회에 보내는 편지』의 서문에서 이렇게 단호히 이야기했습니다. "이 편지(신약 성경의 서신서)들을 보면 오늘날의 기독교와 초기 기독교 사이에는 큰 차이가 있음을 볼 수 있습니다. 즉, 오늘날 우리에게 보여지는 기독교가 겉모습이라면 초기 기독교의 성도들에게는 생생한 체험이었다는 것입니다. 우리는 기독교 신앙을 하나의 법전, 혹은 기껏해야 마음이나 생활의 한 규율로 전락시킵니다. 그러나 그들에게 기독교 신앙은, 완전히 새로운 삶의 질(質)로서 그들의 삶에 분명히 엄습해 온 것입니다. 그들은 이것을 그리스도가 '내 안에 사심'이라고 말하기를 주저하지 않았습니다."

그리스도의 제자들은 역사의 방향을 바꾸기 위하여 하나님이 사용하셨던 사람들입니다. 가정주부든, 학생이든, 사업가이든, 전문 직업인이든 간에 그리스도인으로서 우리도 동일한 잠재력과 특권을 가지고 있습니다.

예수 그리스도가 우리 안에 살아 계시며, 우리를 통하여 그의 사랑을 나타내신다는 놀라운 사실은 하나님의 말씀 가운데 가장 중요한 진리 중 하나입니다. 하나님 말씀에 의하면 그리스도인의 삶의 표준은 너무도 높고 도달하기 불가능한 것이어서 단 한사람만이 성공할 수 있었습니다. 그분이 바로 예수 그리스도입니다.

우리가 그리스도를 우리의 삶 가운데 영접할 때 우리는 거듭남을 경험하며 성령이 우리 안에 거하시게 됩니다. 그 순간부터 우리가 온전한 하나님의 사람이 되기 위하여, 그리고 그리스도를 위한 열매 맺는 증인이 되기 위하여 우리가 필요로 하는 모든 것—지혜, 사랑, 능력을 포함한 모든 것—을 하나님의 약속에 의거하여 그저 단순히 믿음으로(by faith) 구하여(by claim) 모두 얻게 되는 것입니다.

오늘 주시는 말씀 로마서 10:6~10
믿음의 실천 사랑하는 주님, 내 안에 육신의 주리고 목마름보다 훨씬 더 큰 의를 위한 주림과 목마름을 갖게 하소서. 나는 승리하며 열매 맺는 삶을 살게 해 주시는 성령의 초자연적인 능력을 구합니다.

Inherit My Holy Mountain

"Let's see if the whole collection of your idols can help you when you cry to them to save you! They are so weak that the wind can carry them off! A breath can puff them away. But he who trusts in me shall possess the land and inherit my Holy Mountain." ISAIAH 57:13

It was the very last week prior to our deadline for raising two million dollars to purchase the property at Arrowhead Springs for our international Campus Crusade for Christ headquarters. A dear friend had offered a $300,000 matching fund as a gift if we could raise the balance of the $2 million by a certain date.

Because of a very heavy speaking schedule at both the student and faculty conferences held at Arrowhead, I was unable to make any significant contribution to the raising of funds. And yet somehow in my heart I knew that God was going to supply our need in a miraculous way.

The late Dr. V. Raymond Edman, then president of Wheaton College, was one of the featured speakers at the conferences. At breakfast, one day Dr. Edman shared with my wife, Vonette, and me this very meaningful verse in Isaiah—a verse that God had impressed upon him that morning to share with us as he prayed about our urgent financial needs.

Now we were all the more encouraged to believe God in an even greater way than before. We truly expected to see Him provide the remaining funds—miraculously. In the evening of the day of the dead line, I was informed that we still needed $33,000 and that every possible source of revenue had been exhausted. There was nothing more, humanly speaking, we could do. Yet, through a series of circumstances between 11:00 and midnight, those funds were pledged, and we met the deadline. Exactly at midnight, the last of God's miracles had been wrought and the goal had been reached. God had promised, "He who trusts in Me shall possess the land and inherit My Holy Mountain"—Arrowhead Springs.

BIBLE READING Isaiah 57:10-15
ACTION POINT Whether the need be for funds, for health, for wisdom, or whatever, I will believe God to supply my every need as He has so wonderfully promised in His Word to those who trust in Him.

나의 거룩한 산을 기업으로

"네가 부르짖을 때에 네가 모은 우상들에게 너를 구원하게 하라 그것들은 다 바람에 날려 가겠고
기운에 불려갈 것이로되 나를 의뢰하는 자는 땅을 차지하겠고
나의 거룩한 산을 기업으로 얻으리라" 이사야 57:13

CCC의 국제본부를 세우기 위해 애로우헤드 스프링스(CCC의 국제본부는 1962~1991년까지 애로우헤드 스프링스에 있었고, 1991년에 올랜도로 옮겼다)에 있는 토지를 매입할 자금 200만 달러의 모금을 마감해야 할 날짜의 바로 전 주간이었습니다. 나의 가까운 친구가 자신이 기부할 수 있는 30만 달러를 포함해 정해진 어떤 날짜까지 우리가 200만 달러의 금액을 모금할 수 있다면, 그 30만 달러를 기꺼이 희사(喜捨)하겠다고 제의했습니다.

나는 애로우헤드에서 계속된 학생들과 교수단 모임에서 말씀을 전하는 일로 매우 바빠 모금하는 일에 거의 제대로 기여를 할 수 없었습니다. 그러나 내 마음 깊은 곳에서는 하나님께서 기적적인 방법으로 우리의 필요를 채워 주시리라 느끼고 있었습니다.

당시 휘튼대학의 학장이었던 14)레이몬드 에드만 박사는 앞에서 말한 모임의 주 강사 중 한 사람이었습니다. 어느 날 아침 식탁에서 에드만 박사는 나의 아내 보네트와 나에게 위의 이사야서의 의미 깊은 구절을 나누어 주었습니다. 그 구절은 그날 아침 에드만 박사가 우리의 시급한 재정적 필요를 위하여 중보 기도하고 있을 때, 하나님께서 그에게 우리와 함께 나누도록 촉구하셨던 말씀이었던 것입니다.

우리는 더욱 용기를 얻어 이전보다 더 크게 하나님을 신뢰하게 되었습니다. 참으로 우리는 하나님께서 나머지 모금액을 기적적으로 채워 주시는 것을 보리라고 기대했습니다. 하지만 마감일 저녁, 나는 우리가 아직도 3만 3천 달러가 더 필요하며, 이제 더 이상 모금할 곳이 남아 있지 않다는 연락을 받았습니다. 인간적으로 말하자면 우리가 할 수 있는 것은 더 이상 없었습니다. 그러나 밤 11시에서 자정 사이에 일련의 상황이 계속 일어났습니다. 정확히 자정에 하나님의 기적의 마지막 부분이 일어나 목표가 달성되었습니다. 하나님은 약속하셨습니다. "나를 의뢰하는 자는 땅을 차지하겠고 나의 거룩한 산을 기업으로 얻으리라" 약속에 따라 CCC는 애로우헤드 스프링스를 하나님께 받을 수 있었습니다.

오늘 주시는 말씀 이사야 57:10~15

믿음의 실천 내게 필요한 것이 지혜이든, 건강이든, 물질이든, 그 무엇이든지 간에 나는 하나님께서 그를 신뢰하는 모든 사람에게 하나님의 말씀에서 약속하신 그 좋은 약속대로 내 모든 필요를 채워주실 것을 믿겠습니다.

The Kingdom of Heaven

"Happy are those who are persecuted because they are good, for the Kingdom of Heaven is theirs." MATTHEW 5:10

Have you ever been persecuted because of your faith in Christ? If so, how did you respond?

While Francis Xavier was preaching one day in one of the cities of Japan, a man walked up to him as if he had something to say to him privately. As the missionary leaned closer to hear what he had to say, the man spat on his face.

Without a word or the least sign of annoyance, Xavier pulled out a handkerchief and wiped his face. Then he went on with his important message as if nothing had happened. The scorn of the audience was turned to admiration.

The most learned doctor of the city happened to be present.

"A law which teaches men such virtue, inspires them with such courage, and gives them such complete mastery over themselves," he said, "Could not but be from God."

Supernatural power and enablement by God's Holy Spirit make that kind of behavior possible for every believer. Furthermore, that kind of behavior probably will do more to attract and influence an unbelieving world than words ever can.

With Christ as our example, love as our motive, and humility as our covering, let us depend on God's Holy Spirit for the wisdom and strength required to respond to mistreatment in a Christlike way. Then, and only then, are we in a position to reflect honor and glory to the Lord Jesus Christ.

BIBLE READING Matthew 5:7-12
ACTION POINT Mindful that millions of Christians have died as martyrs getting the good news to men, and remembering that "all who live godly lives in Christ Jesus shall suffer persecution," I will not shrink from whatever the Lord has in store for me.

천국

"의를 위하여 박해를 받은 자는 복이 있나니 천국이 그들의 것임이라"
마태복음 5:10

당신은 그리스도를 믿는 것 때문에 핍박을 받아본 일이 있습니까? 그렇다면 당신은 그때 어떤 반응을 보였습니까? 어느 날, 15)프란시스 사비에르가 일본의 한 도시에서 설교를 하고 있을 때입니다. 어떤 사람이 마치 그에게 은밀히 말할 것이 있는 것처럼 다가왔습니다. 그 남자가 하려는 말을 듣기 위해 사비에르 선교사가 몸을 숙이는 순간, 그 남자가 사비에르 선교사의 얼굴에 침을 뱉었습니다.

한 마디 분노의 말이나 조그마한 표정도 없이 사비에르는 손수건을 꺼내어 얼굴을 닦았습니다. 그리고는 아무 일도 없었던 듯이 계속하여 중요한 말씀의 증거를 이어 나갔습니다. 청중의 야유는 이제 칭찬으로 돌아섰습니다.

당시 그 도시의 가장 깊은 학식 있는 박사 한 사람이 우연히 그 자리에 참석하고 있었습니다. "사람에게 그러한 덕을 가르치고, 그와 같은 용기를 부여하며, 그와 같이 완전히 자기를 다스리게 하는 법이란 하나님 외에는 나올 수 없다."라고 그는 말했습니다.

하나님의 성령의 초자연적인 능력과 가능케 하심이 모든 믿는 자에게 그러한 행동이 가능할 수 있도록 합니다. 더욱이 그러한 행동은 말로 할 수 있는 그 어떤 것보다 믿지 않는 세상에 더 감화를 주며 영향을 미칠 수 있을 것입니다.

그리스도를 우리의 본보기로, 사랑을 우리의 동기로, 겸손을 우리의 겉 사람으로 삼아 우리가 받는 핍박에 대하여 그리스도를 닮은 방법으로 반응할 수 있어야 합니다. 그러기 위하여 요구되는 지혜와 능력을 주시도록 하나님의 성령께 의존합시다. 그럴 때, 오직 그렇게 할 때만, 우리는 주 예수 그리스도께 존귀와 영광을 돌리는 자리에 서게 되는 것입니다.

오늘 주시는 말씀   마태복음 5:7~12
믿음의 실천   수백만의 그리스도인이 하나님의 복음을 사람들에게 전파하다가 순교자로 죽은 것을 생각하고, 또 '무릇 그리스도 예수 안에서 경건하게 살고자 하는 자는 핍박을 받으리라'고 하신 말씀을 기억하며 주께서 나를 위해 예비하신 것이라면 나는 그 어떤 것에서도 물러서지 않을 것입니다.

Don't Worry

"So don't be anxious about tomorrow. God will take care of your tomorrow too. Live one day at a time." MATTHEW 6:34

The taxi driver who drove me from the airport to the hotel in Virginia Beach stated several times that he was having difficulty making ends meet for his wife and 2-year-old son.

He had two jobs and worked seven days a week. Even so, he could hardly get by. The rent was high; the utility bills were extravagant, and he was trying to save enough money so that he could move to another city where the hourly wages were considerably higher. There, he would be able to achieve a better way of life.

I asked him if he went to church. "No," he said, "I don't have time. I'm too busy."

During the next 30 minutes we talked about the love of God, and God's purpose and plan for men which was revealed to us in the person of Jesus Christ.

"I once went to church as a young man," he said, "and my mother is very religious. In fact, she used to preach to me all the time. But somehow I have gotten away from God and from the church."

I shared with him the Four Spiritual Laws, and the prayer: "Lord Jesus, I need You. Thank You for dying on the cross for my sins. I open the door of my life and receive You as my Savior and Lord. Thank You for forgiving my sins and giving me eternal life. Take control of the throne of my life. Make me the kind of person You want me to be."

By the time we reached the hotel, he was ready to pray that prayer in all earnestness, from the depths of his heart. So he offered the prayer, and I prayed with him. And it seemed as though, before my very eyes, the load he had been carrying for so long was lifted and that God, who had made the promise, had already begun to fulfill that promise.

BIBLE READING Matthew 6:28-33
ACTION POINT Today I will ask God to help me forget the conflicts and unfortunate memories of the past: to take no anxious thought for tomorrow, and to joyfully live in the reality of His supernatural presence and provision.

염려하지 말라

"그러므로 내일 일을 위하여 염려하지 말라 내일 일은 내일이 염려할 것이요
한 날의 괴로움은 그 날로 족하니라" 마태복음 6:34

공항에서 버지니아 비치의 호텔까지 나를 태워다 준 택시 기사는 자기 부인과 두 살 난 아들을 위한 수입을 올리느라 어려움을 겪고 있다는 사실을 여러 차례 털어놓았습니다.

그는 두 가지 일을 하며 일주일에 하루도 쉬지 않고 일하고 있었습니다. 그럼에도 불구하고 근근이 살아가고 있었습니다. 집세는 비싸고, 전기와 수도 요금도 엄청났으며, 또 그러한 가운데 그는 시간당 임금이 좀 더 나은 다른 도시로 이사를 가기 위해 조금이나마 저축하려고 애쓰고 있었습니다. 새로운 도시에서는 보다 나은 삶을 살 수 있으리라 생각했기 때문입니다.

나는 그가 교회에 다니는지를 물어보았습니다. "아니요, 나는 시간이 없습니다. 너무 바쁩니다." 그의 대답이었습니다.

그 후 30분 동안 우리는 하나님의 사랑, 그리고 예수 그리스도의 인격 안에서 우리에게 나타내신 바 된 우리를 위한 하나님의 목적과 계획에 대하여 대화를 나누었습니다.

"한때, 젊었을 때는 나도 교회에 다녔지요. 나의 어머니는 매우 신앙이 깊은 분이었습니다. 사실 어머니는 늘 내게 설교를 하시곤 했었습니다. 그런데 어떻게 하다 보니 지금 나는 하나님과 교회에서 멀어졌어요."

나는 그에게 4영리와 그 안에 포함된 기도를 읽어 주었습니다. "주 예수님, 나는 주님을 믿고 싶습니다. 십자가에서 죽으심으로 내 죗값을 담당해 주심을 감사합니다. 지금 나는 내 마음의 문을 열고 예수님을 나의 구주, 나의 하나님으로 영접합니다. 나의 죄를 용서해 주시고 영생을 주심을 감사합니다. 나를 다스려 주시고, 나를 주님이 원하시는 사람으로 만들어 주옵소서. 예수님의 이름으로 기도합니다. 아멘."

호텔에 도착할 때쯤 그는 마음 깊은 곳에서부터 가장 진실되게 그 기도를 드릴 준비가 되어 있었습니다. 그는 그 기도를 드렸고 나는 그와 함께 기도했습니다. 그리고 바로 내 눈 앞에서, 그가 그렇게 오랫동안 지고 다녔던 짐이 벗어진 것 같았으며, 그 무거운 삶의 짐을 벗겨 주시겠다는 약속하셨던 하나님은 이미 그 약속을 이루시고 계셨습니다.

오늘 주시는 말씀 마태복음 6:28~33

믿음의 실천 오늘 나는 과거의 불행하고 힘들었던 삶의 기억들을 잊을 수 있도록 나를 도와주실 것을 하나님께 기도하겠습니다. 또 내일 일을 염려하지 않고, 하나님의 초자연적인 임재하심과 공급하심을 실제로 맛보며 기쁨의 삶을 살 수 있도록 도와주실 것을 간구하겠습니다.

Anything You Ask

"You can get anything—anything you ask for in prayer—if you believe."
MATTHEW 21:22

God's word reminds us that we have not because we ask not ^{James 4:2}. Jesus said, "If ye abide in Me, and My words abide in you, ye shall ask what ye will, and it shall be done unto you" ^{John 15:7, KJV}.

A godly widow with six children was facing great stress. The family had eaten their last loaf of bread at the evening meal. The next morning, with no food in the house, the trusting mother set seven plates on the table.

"Now, children," she said, gathering them around her, "we must ask God to supply our need." Just as she finished her prayer, one of the children shouted, "There's the baker at the door."

"I was stalled in the snow," the baser said, after entering the house, "and I just stopped by to get warm. Do you need any bread this morning?"

"Yes," said the mother, "but we have no money."

"Do you mean to say you have no bread for these children?" he asked.

"Not a bit," said the mother.

"Well," said the baker, "you will soon have some." Whereupon he returned to his wagon, picked up seven loaves and brought them into the house. Then he laid one on each plate.

"Mama!" one of the children cried out. "I prayed for bread, and God heard me and sent me bread."

"And me!" chorused each of the children, feeling that God had answered personally.

God does not require us to have great faith. We are simply to have faith in a great God.

BIBLE READING   Mark 11:20-26
ACTION POINT   I will continue to abide in Christ and have His Word abide in me, so that when needs arise today—physical, material, or spiritual—I will place my simple faith in God, knowing that He hears and answers prayer.

무엇이든지 구하는 것은

"너희가 기도할 때에 무엇이든지 믿고 구하는 것은 다 받으리라 하시니라"
마태복음 21:22

하나님의 말씀은 우리가 얻지 못함이 구하지 않기 때문임(약 4:2)을 상기시켜 줍니다. 예수님은 말씀하셨습니다. "너희가 내 안에 거하고 내 말이 너희 안에 거하면 무엇이든지 원하는 대로 구하라 그리하면 이루리라"(요 15:7)

여섯 자녀를 거느린 경건한 과부가 큰 시련을 겪게 되었습니다. 온 가족이 전날 밤 마지막 남은 빵으로 저녁 식사를 마쳤습니다. 다음 날 아침, 집 안에 음식이라고는 전혀 없었으나 믿음 깊은 그 어머니는 식탁에 접시 일곱 개를 올려놓았습니다. "자, 얘들아!" 어머니가 자녀들을 식탁에 둘러 앉혀 놓고 말했습니다. "하나님께서 우리에게 먹을 것을 주시도록 기도하자." 그 어머니의 기도가 막 끝났을 때 한 아이가 외쳤습니다. "문 앞에 빵집 아저씨가 와 있어요."

"눈 때문에 꼼짝 못하겠군요. 몸을 좀 녹일 수 있을까 해서 잠시 들렀습니다. 오늘 아침 혹시 빵이 필요하진 않으신가요?" 빵집 주인이 집안으로 들어와 말했습니다. "네, 하지만 돈이 없네요.", "아니, 이 아이들에게 줄 빵이 없으시다는 말씀이신가요?" 그가 재차 물었습니다. "네, 한 덩어리도 없습니다." 어머니가 대답했습니다. "그렇다면, 잠깐만 기다리세요. 바로 빵을 가져다 드릴게요." 빵집 주인은 이렇게 말하고는 자신의 마차로 돌아가 빵 일곱 덩이를 가지고 집 안으로 돌아와 각각의 접시 위에 한 덩이씩 올려놓았습니다.

"엄마! 빵을 위해 기도했더니 하나님께서 기도를 들으시고 제게 빵을 주셨어요." 한 아이가 흥분하여 큰 소리로 말했습니다. "저도요!" 자녀들마다 하나님께서 기도를 개인적으로 응답하신 것을 느끼면서 소리 높여 외쳤습니다.

하나님은 우리에게 큰 믿음을 요구하지 않으십니다. 다만 크신 하나님께 대한 단순한 믿음만 가지고 있으면 되는 것입니다.

오늘 주시는 말씀 마가복음 11:20~26
믿음의 실천 나는 언제나 그리스도 안에 거하며, 또한 그의 말씀이 내 안에 거하도록 할 것입니다. 그래서 오늘 내게 필요한 것, 육체적이거나 물질적인 것 또는 영적인 필요가 생기면 하나님께서 내 기도를 들으시고 응답하신다는 것을 알기에 그저 단순히 하나님을 믿도록 하겠습니다.

Great and Mighty Things

"Call unto me, and I will answer thee, and show thee great and mighty things, which thou knowest not." JEREMIAH 33:3, KJV

How long has it been since you have prayed for great and mighty things—for the glory and praise of God?

I find in God's Word at least six excellent reasons you and I should pray for "great and mighty things": to glorify God; to communicate with God; for fellowship with God; because of Christ's example; to obtain results; and to provide spiritual nurture.

There is a sense in which I pray without ceasing, talking to God hundreds of times in the course of the day about everything. I pray for wisdom about the numerous decisions I must make, for the salvation of friends and strangers, the healing of the sick, and the spiritual and material needs of the Campus Crusade for Christ ministry—as well as for the needs of the various members of the staff and leaders of other Christian organizations and the needs of their ministries.

I pray for the leaders of our nation and for those in authority over us at all levels of government. I even pray about the clothes I wear, on the basis of the people I am to meet—that the way I dress, as well as my words and actions, will bring glory to God.

But there is another sense in which there is a set-apart time each day for prayer—I often kneel quietly before the open Bible and talk with God as I read His Word.

Before I begin to read the Bible, I ask the Holy Spirit, who inspired its writing, to make my reading meaningful. Throughout the reading I often pause to thank God for His loving salvation and provision, to confess the lack in my own life revealed by the Scriptures, to ask Him for the boldness and faith His apostles displayed and to thank Him for new insights into His divine strategy for reaching the world with the gospel.

BIBLE READING Jeremiah 33:4-8
ACTION POINT Today I will call on God, expecting Him to show me great and mighty things, for His glory and for the blessing of those about me, that they may know that God does supernatural things in response to the faith and obedience of His children.

크고 비밀한 일

"너는 내게 부르짖으라 내가 네게 응답하겠고
네가 알지 못하는 크고 은밀한 일을 네게 보이리라" 예레미야 33:3

당신은 '크고 은밀한 일', 하나님께 영광과 찬양을 돌리기 위해 기도해본 지 얼마나 되었습니까?

나는 하나님의 말씀에서 당신과 내가 '크고 은밀한 일'을 위하여 기도해야 할 적어도 여섯 가지의 놀라운 이유들을 발견합니다. 하나님께 영광을 돌리기 위하여, 하나님과 소통하기 위하여, 하나님과 교제하기 위하여, 그리스도께서 친히 본을 보이셨기 때문에, 기도의 응답을 얻기 위하여, 영적 성장을 얻기 위하여 등입니다.

내가 온종일 겪는 모든 일에 대해 수백 번도 더 하나님께 말씀을 드리며, 쉬지 않고 기도하는 것은 귀한 것입니다. 나는 내가 해야 하는 수많은 결정을 위한 지혜, 내 친구들과 또 모르는 사람들의 구원을 위해, 병든 자의 고침을 위해, CCC 사역의 영적, 물질적인 필요를 위해, 뿐만 아니라 다른 기독교 단체의 사역과 그 지도자들과 여러 구성원들의 필요를 위해서도 기도합니다.

또한 우리나라의 지도자들과 그리고 정부의 높고 낮은 모든 공직자를 위해서도 기도합니다. 심지어 내가 만날 사람들을 생각하면서 나의 말과 행동뿐만 아니라, 그 만날 사람들에 따라 적절한 옷을 입어서 그 적절히 입은 옷으로도 하나님께 영광을 돌리도록 기도합니다.

그러나 기도를 위한 시간을 매일 따로 정해 놓는 것 또한 매우 귀한 것입니다. 성경을 펼치기 전 나는 자주 조용히 무릎을 꿇고 하나님의 말씀을 읽으며 하나님과 대화를 합니다.

나는 성경을 읽기 시작하기 전에, 말씀을 기록할 때에 영감을 주신 성령님께 내가 성경을 읽을 때도 그 의미를 깨닫게 해 주시도록 간구합니다. 말씀을 읽어 나가다가 자주 멈추고 하나님께 그의 사랑의 구원과 공급하심에 감사드리고, 성경에 비추어 나의 삶이 부족하였던 것을 고백하며, 사도들이 보여 주었던 담대함과 믿음을 내게도 주시기를 간구하며, 복음을 들고 세상 곳곳에 이르게 하시는 하나님의 거룩한 전략에 대하여 새로운 통찰력을 갖게 해 주심을 감사합니다.

오늘 주시는 말씀 예레미야 33:4~8
믿음의 실천 오늘 나는 하나님께서 하나님의 영광과 그리고 내 이웃들의 축복을 위하여 크고 비밀한 일들을 보여주실 것을 기대하며 기도하겠습니다. 그들도 하나님께서 그 자녀들의 믿음과 순종에 응답하시어 초자연적인 일을 행하심을 깨달을 수 있도록 간구하겠습니다.

The End Will Come

"And the Good News about the Kingdom will be preached throughout the whole world, so that all nations will hear it, and then, finally, the end will come" MATTHEW 24:14

I applaud every effort to warn Christians and nonbelievers to be ready for our Lord's return, as Scripture clearly teaches that He will come again and has delayed His return in order that more people might have a chance to hear the gospel. To this end, we must give priority to taking the gospel to all men everywhere throughout the world.

However, we dare not wrongly interpret the Scriptures, as so many in previous generations have done, resulting in a lack of concern for the souls of men and a failure to correct the evils of society.

God expects us as His children to be His representatives here on earth. We are to love with His love, sharing the message of salvation with all who will listen and helping to meet the needs of widows, orphans and prisoners in His name.

True believers in previous generations have always been at the forefront of moral and social reforms as well as being active in evangelism. Child labor laws, women's suffrage and abolition of slavery, for example, grew out of a mighty spiritual awakening that swept England through the ministry of John Wesley, George Whitefield and their colleagues.

We in our generation must be no less concerned about injustice wherever we find it. The most important way to solve our social ills, however, is to change the hearts of men by introducing them to our Lord Jesus Christ. Our priority commitment as Christians must be to disciple and evangelize in obedience to our Lord's command.

Then we should instruct new believers that "loving our neighbors as ourselves" includes helping them where they hurt. But remember, the Lord cares more about the soul than He does about the body. The body will soon perish but the soul will live forever.

BIBLE READING Matthew 24:7-13
ACTION POINT I will keep my priorities straight—first sharing the gospel with as many as possible, but at the same time demonstrating love and compassion to widows, orphans, prisoners and all who are in need.

끝이 오리라

"이 천국 복음이 모든 민족에게 증언되기 위하여 온 세상에 전파되리니 그제야 끝이 오리라"
마태복음 24:14

나는 그리스도인들과 불신자들에게, 성경이 분명히 가르치고 있는 대로 주님이 다시 오실 것이며, 보다 많은 사람이 복음을 들을 기회를 얻도록 하기 위하여 기다리고 계신다고 우리 주님의 재림을 준비할 것을 경고하는 모든 노력에 갈채를 보냅니다. 이 일을 위해 우리는 온 세상 모든 사람에게 복음을 전하는 일을 최우선 순위로 삼아야 할 것입니다.

그러나 우리는 이전의 많은 세대가 범한 오류와 같이 성경을 잘못 해석하여 인간의 영혼에 대한 관심 부족을 낳고, 사회악을 바로잡지 못하는 잘못을 범할 수는 없습니다.

하나님은 그 자녀들이 이 세상에서 하나님을 대표하는 사람들이 되기를 원하십니다. 우리는 듣고자 하는 모든 자에게 구원의 소식을 전하며, 하나님의 이름으로 과부와 고아와 갇힌 자들의 필요를 채우도록 도우면서 하나님의 사랑으로 사랑해야 합니다.

이전 세대의 진실 된 신앙인들은 복음 전도에 열심이었을 뿐 아니라, 도덕과 사회의 개혁에도 언제나 그 최선두에 서곤 했습니다. 예를 들어 아동 노동법, 여성 참정권, 노예제도 폐지 등이 16)존 웨슬리와 17)조지 화이트 필드 그리고 그들의 동료들의 사역을 통해 전 영국을 휩쓴 강력한 영적 각성에서부터 이루어진 것입니다.

오늘날 우리는 어디에서든 불의를 보고 무관심해서는 안 될 것입니다. 그러나 우리 사회의 악들을 해결하는 가장 중요한 방법은 사람들에게 우리 주 예수 그리스도를 소개함으로 그들의 마음을 변화시키는 것입니다. 그리스도인으로서 우리의 헌신의 최우선 순위는 우리 주님의 명령에 순종하여 제자를 삼고 복음화하는 것이어야 합니다.

그런 연후에 우리는 새신자들에게 '네 이웃을 네 몸과 같이 사랑하라'라는 말씀에는 이웃의 상처를 감싸주도록 돕는 일이 포함된다는 사실을 가르쳐야 하는 것입니다. 그러나 기억하십시오. 주님은 몸보다는 영혼에 더 많은 관심을 가지고 계십니다. 몸은 곧 썩어져 없어질 것이지만, 영혼은 영원한 것이기 때문입니다.

오늘 주시는 말씀 마태복음 24:7~13
믿음의 실천 앞으로도 계속해서 나는 나의 최우선의 관심을 가능한 한 많은 사람에게 복음을 전하는 것에 두겠습니다. 그러나 동시에 고아와 과부, 그리고 갇힌 자와 어려운 형편에 있는 모든 사람에게 사랑과 동정을 베푸는 것을 실천하겠습니다.

I Am With You Always

"And then teach these new disciples to obey all the commands I have given you; and be sure of this—that I am with you always, even to the end of the world."
MATTHEW 28:20

When David Livingstone sailed for Africa the first time, a group of friends accompanied him to the pier to wish him bon voyage.

Concerned for the safety of the missionary, some of his well-wishers reminded him of the dangers which would confront him in the dark land to which he was journeying. One of the men tried to convince him he should remain in England.

Opening his Bible, Livingstone read the six decisive words that had sealed the matter for him long before: "Lo, I am with you always."

Then turning to the man who was especially concerned about his safety, Livingstone smiled before he gave a calm reply.

"That, my friend, is the word of a gentleman," he said. "So let us be going."

For many years, I have visited scores of countries on each continent, each year traveling tens of thousands of miles, as the director of the worldwide ministry of Campus Crusade for Christ. What a joy and comfort it is to know that I am never outside of His care! Whether at home or abroad, He is always with me, even to the end of the world. I can never travel so far away that He is not with me.

And so it is with you, if you have placed your trust and faith in Jesus Christ. You have His indwelling Holy Spirit as your constant companion—the one who makes possible the supernatural life that is the right and privilege of every believer. How important that we never lose sight of this truth: He is with us always.

BIBLE READING Matthew 28:16-20
ACTION POINT Today I will remember that Jesus, to whom God has given all authority in heaven and earth, is with me always; that His supernatural power is available to me moment by moment, enabling me to do all that God has commanded me to do.

항상 함께 있으리라

"내가 너희에게 분부한 모든 것을 가르쳐 지키게 하라
볼지어다 내가 세상 끝 날까지 너희와 항상 함께 있으리라 하시니라"
마태복음 28:20

18)데이비드 리빙스턴이 처음 아프리카를 항해하였을 때, 친구들이 순조로운 항해를 기원하며 부두까지 그를 전송했습니다. 선교사 리빙스턴의 안전을 염려한 나머지 환송객 중 일부는 그가 이제부터 여행하려는 암흑 대륙에서 직면할 위험들을 다시 일깨워 주었습니다. 그들 중 한 사람은 리빙스턴에게 영국에 머물러 있어야 한다고 설득하려 하기도 했습니다.

성경을 펼쳐 리빙스턴은 오래전에 그 문제를 그에게 해결해 준 결정적인 여섯 단어를 읽었습니다. "볼지어다 내가 너희와 항상 함께 있으리라."

특별히 자신의 안전을 염려해 준 사람을 돌아보며 리빙스턴은 조용히 미소를 띄우고 다음과 같이 대답했습니다.

"친구여, 이 말씀은 신사가 하신 약속의 말씀일세. 그러니 우리를 보내주게."

오랜 세월 동안 나는 CCC의 세계적인 사역의 책임자로서 여러 대륙의 수많은 국가를 방문하고, 또 매년 수만 마일을 여행했습니다. 그러나 단 한 번도 하나님의 돌보심 밖으로 벗어나 있지 않다는 사실을 깨달은 것은 참으로 큰 기쁨과 위안입니다. 집에서나 해외에서나 그분은 언제나 나와 함께 계시며, 세상 끝까지 함께 계실 것입니다. 나는 하나님이 나와 함께 계시지 않은 곳은 결코 갈 수 없습니다.

만일 당신이 당신의 신뢰와 믿음을 예수 그리스도께 드렸다면, 당신에게도 이 진리는 적용됩니다. 당신은 당신의 영원한 동반자인 내주하시는 성령님을 모시고 있으며, 그분은 모든 믿는 사람이 누릴 수 있는 권리요, 특권인 초자연적인 삶을 가능케 해주시는 분인 것입니다. 그는 언제나 우리와 함께 계십니다. 이 진리를 결코 잊지 않는 것이 얼마나 중요한지 모릅니다.

오늘 주시는 말씀 마태복음 28:16~20
믿음의 실천 오늘 나는 하나님께서 하늘과 땅의 모든 권세를 주신 예수님께서 항상 나와 함께 하시며, 하나님께서 내게 하도록 명령하신 모든 일을 할 수 있도록 그의 초자연적인 능력이 순간마다 내게 주어진다는 것을 기억할 것입니다.

We Hear His Voice

"My sheep recognize my voice, and I know them, and they follow me. I give them eternal life and they shall never perish. No one shall snatch them away from me, for my Father has given them to me, and he is more powerful than anyone else, so no one can kidnap them from me. I and the Father are one." JOHN 10:27-30

Are you one of God's "sheep"? Do you know for sure that you are a child of God? Do you have any question about your salvation? How do you know that Christ is in your life and that you have eternal life and that no one can take you away from our Lord? What is the basis of your assurance?

Frequently, one hears a Christian share the dramatic testimony of how Christ changed his life from years of drug addiction, gross immorality or some other distressing problem. On the other hand, there are many, like myself, who have knelt quietly in the privacy of the home, at a mountain retreat, or in a church sanctuary, and there received Christ into their lives with no dramatic emotional experience at that time of decision. Both are valid, authentic ways to come to Christ.

The apostle Paul had a dramatic conversion experience. However, Timothy, his son in the faith, had learned of Christ from his mother and grandmother in his early youth. The important thing is not how you met Christ, but the assurance that you are a child of God, your sins have been forgiven and you have eternal life. It is not presumptuous or arrogant to say that you know these things to be true, because God's Word says so 1 John 5:11-13: "And what is it that God has said? That He has given us eternal life, and that this life is in His Son. So whoever has God's Son has life; whoever does not have His Son, does not have life. I have written this to you who believe in the Son of God so that you may know you have eternal life."

BIBLE READING John 10:22-26
ACTION POINT As one of God's sheep, I will ask the Holy Spirit to help me be more sensitive to the voice of my Shepherd, so I may follow Him more closely, always obey Him, and be sensitive to others who are in need of His love and forgiveness.

그의 음성을 들으며

"내 양은 내 음성을 들으며 나는 그들을 알며 그들은 나를 따르느니라 내가 그들에게 영생을 주노니 영원히 멸망하지 아니할 것이요 또 그들을 내 손에서 빼앗을 자가 없느니라 그들을 주신 내 아버지는 만물보다 크시매 아무도 아버지 손에서 빼앗을 수 없느니라 나와 아버지는 하나이니라" 요한복음 10:27~30

당신은 하나님의 '양' 중의 하나입니까? 당신은 당신이 하나님의 자녀인 것을 확실히 알고 있습니까? 당신은 자신의 구원에 대하여 어떤 의문이라도 있습니까? 당신은 어떻게 그리스도께서 당신의 삶 가운데 계시며, 당신에게 영생이 있으며, 그 누구도 당신을 우리 주님에게서 빼앗아갈 수 없다는 것을 압니까? 당신의 그 같은 확신의 근거는 무엇입니까?

우리는 마약 중독이나 추한 부도덕이나 또는 고통스러운 어떤 문제로부터 그리스도께서 어떻게 자기의 삶을 변화시켜 주셨는가 하는 극적인 간증을 하는 그리스도인들을 자주 보게 됩니다. 반면에 나 자신과 같이 가정의 은밀한 곳에서 무릎 꿇고 있는 가운데, 산상 수양회에서 또는 교회의 제단 앞에서 아무런 감정적 체험 없이 결단의 시간에 그리스도를 자신의 삶 가운데 영접하는 사람들도 많이 있습니다. 양쪽 모두 그리스도께 나아가는 정당하고도 참된 방법입니다.

사도 바울은 극적인 회심의 체험을 했습니다. 그러나 그의 믿음의 아들인 디모데는 어린 시절 그 어머니와 외조모에게서 그리스도에 대해 배웠던 것입니다. 중요한 것은 당신이 그리스도를 어떻게 만났는가 하는 것이 아니라 당신이 하나님의 자녀이며, 당신의 죄가 사함 받았고, 당신이 영생을 소유했다는 사실에 대한 확신이 중요한 것입니다. 그 일들이 모두 진실인 것을 당신이 알고 있다고 말하는 것은 주제넘거나 오만한 것이 아닙니다. 하나님의 말씀이 그렇게 말씀하고 계시기 때문입니다. "또 증거는 이것이니 하나님이 우리에게 영생을 주신 것과 이 생명이 그의 아들 안에 있는 그것이니라 아들이 있는 자에게는 생명이 있고 하나님의 아들이 없는 자에게는 생명이 없느니라 내가 하나님의 아들의 이름을 믿는 너희에게 이것을 쓰는 것은 너희로 하여금 너희에게 영생이 있음을 알게 하려 함이라"(요일 5:11~13)

오늘 주시는 말씀   요한복음 10:22~26
믿음의 실천   하나님의 양으로서 나는 성령님께 내가 더욱 나의 목자의 음성에 민감할 수 있게 나를 도우시도록 간구하겠습니다. 그럼으로써 나는 주님을 더욱 가깝게 따를 수 있게 되고, 언제나 그분께 순종하며, 또 주님의 사랑과 용서가 필요한 사람들에게 민감할 수 있게 될 것입니다.

The Only Way

"Jesus told him, 'I am the Way—yes, and the Truth and the Life. No one can get to the Father except by means of me.'" JOHN 14:6

Dr. Bob Pierce, founder of World Vision, was conducting a great city-wide campaign in Tokyo and asked me to be in charge of the student phase of the crusade. So day after day, for more than a month, I spoke to thousands of students on many campuses, presenting the claims of Christ and challenging the students to receive Him as their Savior and Lord.

Many thousands responded, but occasionally a student would object and say that Jesus had no relevance for the Japanese—that Christianity is for the Westerner, not for the Asian. They were surprised when I reminded them that Jesus was born and reared in and carried out His ministry in the Middle East and that He was in many ways closer to them culturally and geographically than He was to me.

I reminded them, and I want to remind you, that though the Lord Jesus Christ was born in Bethlehem and grew up in Nazareth, in what is now Israel, He came to this world to die for all people in all lands.

The Scripture reminds us, "Whosoever will may come." In addition to coming to Him for salvation, Christians have the privilege of coming to God the Father a thousand times, and more, each day in prayer in the name of Jesus. This is because He is our mediator, unlike anyone else who has ever lived—Mohammed, Buddha, Confucius. No other religious leader died for us and was raised from the dead.

Jesus alone can bridge the great chasm between the holiness of God and the sinfulness of man, because He personally has paid the penalty for our sins. God proved His love for us by sending Christ to die for us while we were still in our sins.

BIBLE READING John 14:1-5
ACTION POINT Today I will visualize our mediator—the Lord Jesus Christ—seated at the right hand of God interceding for me. I will ask the Lord to lead me today to someone who does not yet know our Savior, that I may share the good news.

오직 한 길

"예수께서 이르시되 내가 곧 길이요 진리요 생명이니 나로 말미암지 않고는 아버지께로 올 자가 없느니라"
요한복음 14:6

월드비전의 창설자였던 19)밥 피어스 박사는 도쿄에서 도시 전역에 걸쳐 대규모 전도 운동을 주관하던 중 내게 그 운동에서 학생들 부문을 맡아 줄 것을 요청해 왔습니다. 그래서 나는 한 달 이상을 매일 하루도 쉬지 않고 그리스도를 소개하며, 그분을 구세주로 영접하고 각자의 주님으로 섬기도록 수천 명의 학생에게 도전하며 설교했습니다.

수천 명의 학생이 이에 응답했으나, 때때로 어떤 학생들이 나서서 예수 그리스도는 일본인들과는 아무런 관계도 없으며 기독교는 서양인을 위한 것이지 아시아인을 위한 것은 아니라고 말하며 반대했습니다. 하지만 그들에게 예수님께서 중동에서 태어나 성장하셨으며 그곳에서 사역하셨다는 것과, 문화적, 지리적 등 여러 면에 있어서 그들보다 오히려 일본인, 아시아인들에게 더 가깝다는 사실을 말하자 그들은 매우 놀랐습니다.

내가 그들에게 상기시켜 준 사실, 주 예수 그리스도께서는 지금은 이스라엘 땅인 베들레헴에서 나시고 나사렛에서 성장하셨으나 그분은 모든 땅의 모든 사람을 대신하여 죽기 위해 오셨다는 사실을 당신에게도 상기시켜주고 싶습니다.

성경은 우리에게 상기시켜 줍니다. "원하는 자는 다 올 것이요" 구원을 위하여 그리스도께 나아가는 것 외에도 그리스도인들은 날마다 예수 그리스도의 이름으로 기도하는 중에 천 번, 아니 그 이상이라도 하나님 아버지께 나아갈 수 있는 특권을 가지고 있습니다. 이는 모하메드, 부처, 공자 등 어느 누구와도 다르게 그리스도께서는 우리의 중재자이시기 때문입니다. 어떤 종교의 지도자도 우리를 위하여 죽고, 죽은 자들 가운데서 다시 살아나지는 못했습니다.

예수 그리스도만이 하나님의 거룩하심과 인간의 죄악 사이에 있는 크나큰 간극에 다리를 놓을 수 있습니다. 그분이 우리 죄의 형벌을 몸소 대신 치러 주셨기 때문입니다. 하나님은 우리가 아직 죄 가운데 있을 때 우리를 위하여 그리스도를 보내어 십자가에 죽게 하심으로 자신의 사랑을 확증하셨습니다.

오늘 주시는 말씀 요한복음 14:1~5
믿음의 실천 나를 위해 하나님의 우편에서 중재자 되신 주 예수 그리스도를 나는 오늘 마음속에 그려 보도록 하겠습니다. 나는 오늘 주님께 아직도 구주를 모르는 누군가에게 나를 인도해 주시어 이 복된 소식을 나눌 수 있도록 요청하겠습니다.

Strong and Steady

"And patience develops strength of character in us and helps us trust God more each time we use it until finally our hope and faith are strong and steady" ROMANS 5:4

God's Word communicates the same truth to us in James 1:2-4, "Dear brothers, is your life full of difficulties and temptations? Then be happy, for when the way is rough, your patience has a chance to grow. So let it grow, and don't try to squirm out of your problems. For when your patience is finally in full bloom, then you will be ready for anything, strong in character, full and complete"

Anyone who has ever been used of God in any significant way has learned to be patient. God's ways are not always our ways, and since the just are to live by faith, by faith we can say, "I can trust God. His timing is better than my timing and His ways are better than my own."

Learning the lesson of patience is a lifelong endeavor. But since it is a fruit of the Spirit, it is something we can claim by faith and cultivate at every possible opportunity. On many occasions God has impressed upon me that there were certain things He wanted me to do, but these projects sometimes were not completed for many years after the original impression was given. However, in the process God gave me the ability to be patient, to trust Him, and the reward has been well worth the waiting.

Since we know that God's timing is always perfect, we do well to wait upon Him for answers to our prayers—no matter how urgent they may seem to us at the moment, because our God is never late. He does all things perfectly.

BIBLE READING Romans 5:1-6
ACTION POINT I will rely on the Holy Spirit to enable me to be more patient. As I face problems and temptations, I will know that they are for my good, to develop strength of character so that I may serve God more effectively.

강하고 꾸준하게

"인내는 연단을, 연단은 소망을 이루는 줄 앎이로다"
로마서 5:4

하나님의 말씀은 야고보서 1장 2~4절에서도 이와 동일한 진리를 말해주고 있습니다. "내 형제들아 너희가 여러 가지 시험을 당하거든 온전히 기쁘게 여기라 이는 너희 믿음의 시련이 인내를 만들어 내는 줄 너희가 앎이라 인내를 온전히 이루라 이는 너희로 온전하고 구비하여 조금도 부족함이 없게 하려 함이라"

어떤 모양으로든지 하나님께 귀히 쓰임을 받은 사람들은 누구나 인내를 배웠습니다. 하나님의 길은 우리가 가려는 길과 언제나 같지는 않습니다. 그리고 '의인은 1)믿음으로(by faith) 살기' 때문에 믿음으로 우리는 이렇게 말할 수 있습니다. "나는 하나님을 신뢰할 수 있습니다. 하나님의 때는 나의 때보다 나으며, 하나님의 길은 나의 길보다 더 낫습니다."

인내를 몸에 익히기 위해서는 평생에 걸친 노력이 필요합니다. 그러나 그것이 성령의 열매의 하나이기 때문에 우리에게 주시도록 믿음으로써 주장할 수 있는 것이며, 기회가 있을 때마다 힘써 연마할 수도 있는 것입니다. 삶을 사는 가운데 하나님이 내가 하기를 원하시는 어떤 일이 있다는 것을 깨닫게 해주신 이후에도, 오랫동안 그 일이 이루어지지 않은 경우도 여러 번 있었습니다. 그러나 그 과정을 통해 하나님은 내게 인내하고 그를 신뢰할 수 있는 힘을 주셨으며, 그 결과로 주어지는 보상은 기다릴만한 충분한 가치가 있는 것이었습니다.

하나님의 때는 언제나 완벽하다는 것을 알기 때문에 보기에는 당장 긴급하게 보여도, 우리는 우리의 기도에 대한 하나님의 응답을 능히 기다릴 수 있습니다. 우리의 하나님은 결코 늦으시는 법이 없기 때문입니다. 그분은 모든 일을 완벽하게 처리하십니다.

오늘 주시는 말씀   로마서 5:1~6
믿음의 실천   나는 성령께서 나를 더 참을성 있는 사람으로 성장시키실 수 있도록 성령님을 의지하겠습니다. 어떤 문제나 유혹에 부딪힐 때도 그것들이 내 성품을 훈련하여 보다 효과적으로 하나님을 섬길 수 있게 하는 데 도움이 된다는 것을 명심하겠습니다.

Love Means Obedience

"The one who obeys me is the one who loves me; and because he loves me, my Father will love him; and I will too, and I will reveal myself to him." JOHN 14:21

A Campus Crusade staff member handed me a copy of Sports Illustrated with a cover picture of the Heisman Trophy winner. Proudly, he said, "I would like to introduce you to your great-grandson."

When I asked him what he meant, he explained. "You led Jim to Christ, Jim led me to Christ, and I led Steve [the Heisman Trophy winner] to Christ."

What a joy to see God's wonder-working power in this chain reaction of spiritual multiplication.

There is something exciting and wonderfully rewarding about seeing one whom you have discipled grow and mature, and lead others to Christ and disciple them, generation after generation. Such an experience often brings even more fulfillment than you derive from your own personal ministry of introducing others to the Lord Jesus.

For example, I have always taken special delight and pleasure whenever Vonette, our sons Zachary and Bradley, or many others whom I have discipled through the years, do something special for the Lord—much more than as though I were doing it personally. By investing your life in helping others to receive Christ and grow in the Lord, you will in turn be helping still others to experience the abundant life which only true disciples of the Lord Jesus Christ experience. Today's verse equates love for Christ with obedience to His commands. Two of the most important commands our Lord has given to His followers, which will result in His revealing Himself to us, are "Follow Me, and I will make you fishers of men" Matthew 4:19, NAS; and, "Make disciples of all the nations" Matthew 28:19, NAS. He is saying to us, "Teach the things that I have taught you."

BIBLE READING John 14:22-26
ACTION POINT Today I will seek to obey my Lord by telling others about Him and by seeking to disciple others who have committed their lives to Christ. I am assured that my Lord will manifest Himself to me in special ways as I walk in faith and obedience.

지키는 자라야 사랑하는 자

"나의 계명을 지키는 자라야 나를 사랑하는 자니 나를 사랑하는 자는 내 아버지께 사랑을 받을 것이요 나도 그를 사랑하여 그에게 나를 나타내리라" 요한복음 14:21

CCC 간사 한 사람이 하이스만 트로피의 수상자가 표지에 실린 '스포츠 일러스트레이티드' 한 부를 건네주었습니다.

그는 자랑스럽게 말했습니다. "당신에게 증손자를 소개해 드리고 싶습니다."

무슨 말이냐고 그에게 묻자 이렇게 설명해 주었습니다. "당신은 짐을 그리스도께 인도했고, 짐은 나를 인도했으며, 나는 스티브(하이스만 트로피의 그 수상자)를 그리스도께로 인도했기 때문입니다."

이 같은 영적승법번식의 연쇄 반응을 통해 경이로운 하나님의 역사하심의 힘을 보는 것은 참으로 기쁜 일입니다.

당신이 제자 삼아 양육한 사람들이 자라고 성숙하여, 그들이 다시 다른 사람들을 그리스도께로 인도하고 또 제자로 삼아 세대에서 세대를 이어가는 것을 본다는 것은 실로 흥분되고 놀라운 보람을 맛보는 일입니다. 이러한 경우의 기쁨과 만족감은 당신이 혼자서 사람들을 주 예수 그리스도께로 인도하는 사역에서 얻는 것보다 훨씬 더 큰 것입니다.

예를 들면, 아내 보네트나 아들 재커리와 브래들리, 혹은 내가 오랫동안 제자 훈련을 하였던 사람들이 주를 위하여 어떤 특별한 일을 할 때마다 나는 내 자신이 하는 것처럼 훨씬 더 큰 기쁨을 맛보곤 합니다.

다른 사람들이 그리스도를 영접하고 주 안에서 성장하도록 돕는 일에 삶을 투자함으로써, 당신은 주 예수 그리스도의 참된 제자들만이 경험하는 풍성한 삶을 다른 사람들도 이어서 경험할 수 있도록 도와줄 수 있습니다. 위의 오늘의 말씀은 그리스도를 사랑하는 것과 그의 계명을 지키는 것이 동등한 것으로 말하고 있습니다. 우리 주님께서 자신을 따르는 자들에게 주신 가장 중요한 두 가지 계명, 우리가 따르면 그 결과로써 우리에게 자신을 나타내 주시겠다고 약속한 두 계명은 이것입니다. "나를 따라오라 내가 너희를 사람을 낚는 어부가 되게 하리라"(마 4:19)라고 하신 것과, "모든 민족을 제자로 삼아"(마 28:19)라고 하신 것입니다. 주님은 우리에게 말씀하십니다. "내가 너희에게 분부한 모든 것을 가르쳐 지키게 하라"

오늘 주시는 말씀 요한복음 14:22~26
믿음의 실천 나는 오늘 다른 사람들에게 그리스도에 관해 이야기하고, 또한 이미 그리스도에게 삶을 드린 사람들을 제자로 훈련할 수 있는 기회를 찾으려고 애씀으로써 주님께 순종하기로 힘쓰겠습니다. 나는 내가 믿음과 순종 가운데 행할 때 주님께서 특별한 방법으로 그분 자신을 나타내 보이실 것을 확신합니다.

How Dearly God Loves Us

"...we are able to hold our heads high no matter what happens and know that all is well, for know how dearly God loves us, and we feel this warm love everywhere within us because God has given us the Holy Spirit to fill our hearts with his love." ROMANS 5:5

For years I had often spoken on the subject of love—the greatest privilege and power known to man. But, as in the case of most sermons on love, something was missing.

Then many years ago, I was awakened from a deep sleep. I felt impressed to get up, open my Bible and kneel to read and pray.

What I discovered during the next two hours has since enriched my life and the lives of tens of thousands of others. I learned how to love. With this discovery, God gave me the command to share this wonderful truth with Christians around the world.

There are five things every person needs to know about love.

First, God loves us with an unconditional love. The love that God has for us is without measure and will continue forever.

Second, we are commanded to love. "'Love the Lord your God with all your heart, soul, and mind.' This is the first and greatest commandment" Matthew 22:37-38. We are commanded to love our neighbors as ourselves and we are even to love our enemies.

Third, we cannot love in our own strength.

Fourth, we can love with God's love. It was God's love that brought us to Christ.

Fifth, we love by faith. Everything about the Christian life is based on faith. We love by faith just as we received Christ by faith, are filled with the Holy Spirit by faith and walk by faith.

In 1 John 5:14-15, we read: "And this is the confidence that we have in Him, that, if we ask anything according to His will, He heareth us: And if we know that He hear us, whatsoever we ask, we know that we have the petitions that we desired of Him" (KJV).

BIBLE READING Romans 8:14-17
ACTION POINT I will make a list of everyone I do not like. Then, on the basis of God's command to love all men, I will claim the promise of 1 John 5:14,15 and begin to love others by faith as a way of life.

하나님의 참된 사랑

"소망이 우리를 부끄럽게 하지 아니함은 우리에게 주신 성령으로 말미암아
하나님의 사랑이 우리 마음에 부은 바 됨이니" 로마서 5:5

오랫동안 나는 인간이 알고 있는 것 가운데 가장 큰 특권과 능력인 사랑에 대하여 자주 설교하여 왔습니다. 그러나 사랑에 대한 설교가 대부분 그러하듯이 나의 설교에도 부족한 무언가가 있었습니다.

오래 전 어느 날, 나는 깊은 잠을 자던 중 깨어났습니다. 하나님께서 내게 무엇인가를 말씀하시려는 것을 알았기 때문입니다. 자리에서 일어나 무릎을 꿇고 성경을 펴서 읽으며 기도해야겠다고 느꼈습니다. 그 후 두 시간 동안 내가 발견한 진리는 그때 이후부터 나와 수많은 다른 사람의 삶을 풍성하게 해 준 것이었습니다. 나는 어떻게 사랑해야 하는지를 배운 것입니다. 이 발견을 통하여 하나님은 전 세계의 그리스도인과 이 놀라운 진리를 함께 나누도록 내게 명령하셨습니다.

사랑에 관해 모든 사람이 알아야 할 다섯 가지가 있습니다.

첫째, 하나님은 우리를 아무 조건 없이 사랑하신다는 것입니다. 우리를 향한 하나님의 사랑은 측량할 수 없으며, 영원한 것입니다. 둘째, 우리는 사랑하도록 명령 받았습니다. "예수께서 이르시되 네 마음을 다하고 목숨을 다하고 뜻을 다하여 주 너의 하나님을 사랑하라 하셨으니 이것이 크고 첫째 되는 계명이요"(마 22:37~38) 우리는 이웃을 우리 몸과 같이 사랑할 것과 심지어 원수까지도 사랑할 것을 명령 받았습니다.

셋째, 우리는 우리 자신의 힘만으로는 사랑할 수 없습니다. 넷째, 우리는 하나님의 사랑으로 사랑할 수 있습니다. 우리를 그리스도께로 이끈 것은 하나님의 사랑이었습니다. 다섯째, 우리는 1)믿음으로(by faith) 사랑합니다. 그리스도인의 삶의 모든 것은 믿음(faith) 위에 기초합니다. 우리가 믿음으로(by faith) 그리스도를 영접한 것 같이, 믿음으로(by faith) 성령 충만을 받는 것 같이, 그리고 믿음으로(by faith) 매일 그리스도인으로서의 삶을 사는 것 같이 우리는 믿음으로(by faith) 사랑해야 합니다.

요한일서 5장 14~15절은 우리에게 이렇게 말해 주고 있습니다. "그를 향하여 우리가 가진 바 담대함이 이것이니 그의 뜻대로 무엇을 구하면 들으심이라 우리가 무엇이든지 구하는 바를 들으시는 줄을 안즉 우리가 그에게 구한 그것을 얻은 줄을 또한 아느니라"

오늘 주시는 말씀 로마서 8:14~17
믿음의 실천 나는 내가 좋아하지 않는 사람들의 명단을 적어보겠습니다. 그리고 모든 사람을 사랑하라는 하나님의 명령에 근거하여 나는 요한일서 5장 14~15절의 약속을 주장하며, 일시적 느낌이나 행동이 아닌 삶을 살아가는 방식으로써(as a way of life) 믿음으로(by faith) 사랑하기를 시작하겠습니다.

No Longer Under Law

"So there is now no condemnation awaiting those who belong to Christ Jesus."
ROMANS 8:1

What an exciting fact! We are no longer under the law. We have been liberated from the bondage of trying to please God through our self-effort.

What is our motivation under grace? Under law our motivation was fear, and desire for reward and blessing; under grace, our basic motivation is an expression of gratitude—an inward appreciation and response to God's love and grace.

Why do we do what we do as Christians? We should respond because we, like the apostle Paul, are constrained by the love of Christ. We live for the glory of God. You will remember that the apostle Paul had been beaten, imprisoned, shipwrecked, starved, buffeted, criticized and condemned, yet he said, "The love of Christ constrains me."

Even if there were no rewards for those who live godly lives and obey our Savior, the reward of knowing Him as our God and Father, being forgiven of sin and cleansed from all guilt, is more than just enough; it is unfathomable. We can know Him, love Him, worship Him and serve Him by faith—here and now!

A young man I know is writing a book on how to become rich in the kingdom of God. He is basing his theme on the rewards that will be his by winning souls. "I want to be rich in heaven," he says.

That may be a worthwhile goal, but it is not mine. Mine is gratitude and love. I love Him because He first loved me—died for me, liberated me, set me free.

BIBLE READING Romans 8:2-6
ACTION POINT I will sing praises and give thanks in my heart to the Lord upon every remembrance of the liberty and grace that is mine in Christ, and I will tell others that we are no longer in bondage to sin, for Christ has set us free.

결코 정죄함이 없나니

"그러므로 이제 그리스도 예수 안에 있는 자에게는 결코 정죄함이 없나니"
로마서 8:1

참으로 놀라운 사실입니다. 우리는 더 이상 율법의 정죄 아래 있지 않습니다. 우리는 우리 자신의 노력으로 하나님을 기쁘게 하려고 애써야 할 율법의 굴레에서 해방된 것입니다.

그렇다면 이제 무엇이 은혜 아래 있는 우리의 행동의 동기가 되겠습니까? 율법 아래에서 우리의 모든 행동의 동기는 두려움과 보상과 축복에 대한 갈망이었습니다. 그러나 은혜 아래에서는 그 근본적인 동기가 감사의 표현입니다. 즉, 하나님의 사랑과 은혜에 대하여 마음속에서 솟아나는 감사와 그 행동인 것입니다.

그리스도인으로 해야 할 바를 우리가 행하는 이유는 무엇입니까? 사도 바울과 같이 그리스도의 사랑이 우리를 강권하시기 때문에 우리도 그 사랑에 응답하는 것입니다. 우리는 하나님의 영광을 위하여 살아갑니다. 당신은 사도 바울이 매를 맞고, 옥에 갇히고, 배가 파선하고, 굶주리고, 괴로움을 당하고, 비난을 받고, 정죄를 당하고서도 "그리스도의 사랑이 우리를 강권하시는도다"(고후 5:14)라고 말한 것을 기억할 것입니다.

경건하게 살며 우리 주님께 순종하는 사람들에게 혹시 아무런 보상이 없을지라도, 하나님을 우리 하나님, 우리 아버지로 알게 되고, 죄를 용서받고 불의에서 깨끗함을 받는 것은 더 바랄 것이 없는, 헤아릴 수 없는 보상입니다. 우리는 1)믿음으로(by faith) 주님을 알 수 있으며, 사랑할 수 있으며, 예배하며 섬길 수 있습니다. 바로 이 자리에서 지금 그렇게 할 수 있습니다.

내가 아는 어떤 젊은이는 하나님 나라에서 부요해지는 방법에 대한 책을 쓰고 있습니다. 그는 영혼을 구원함으로써 후에 주어질 보상에 관한 주제로 글을 쓰고 있습니다. "나는 천국에서 부자가 되고 싶습니다."라고 그는 말합니다.

그것도 아마 가치 있는 목표일 수 있겠지만, 나의 생각은 그와 다릅니다. 나의 목표는 감사와 사랑입니다. 나는 주님께서 먼저 나를 사랑하셔서 나를 위하여 죽으시고 나를 해방시키고 자유케 하셨기 때문에 그분을 사랑하는 것입니다.

오늘 주시는 말씀 로마서 8:2~6
믿음의 실천 나는 그리스도 예수 안에서 나의 것이 된 자유와 은혜를 생각할 때마다 주님께 찬송과 감사를 드리겠습니다. 나는 내 말에 귀 기울이는 모든 사람에게 그리스도께서 우리를 자유케 하셨기에 우리가 이제 더 이상 죄의 굴레에 매여 있지 않다는 사실을 전해 주겠습니다.

Share His Treasures

"For his Holy Spirit speaks to us deep in our hearts and tells us that we really are God's children. And since we are his children, we will share his treasures—for all God gives to his Son Jesus is now ours too. But if we are to share his glory, we must also share his suffering."
ROMANS 8:16-17

You may cringe, as I do, at the thought of suffering for Jesus. As He reminds us in Mark 10, anything we ever give up for Him will be given to us a hundred times over, with persecution. Quite frankly, I have never relished the thought of being persecuted. Yet, again and again, in my own experience I have known the reality of that supernatural presence of God, that peace that passes all understanding, during times of suffering and persecution.

Our Lord Himself, knowing that He was on His way to the cross, spoke of peace, love and joy more than at any other time in His ministry. The apostle Paul knew all kinds of suffering. He was in prison frequently; he was beaten, and he finally died as a martyr for his faith. Yet, even while in prison, he wrote of joy and peace—"Count it all joy," he said. "Rejoice ever more."

Philippians 3:10 records the desire of his heart: "That I may know Him, and the power of His resurrection, and the fellowship of His sufferings, being made conformable unto His death" (KJV). Apart from the fellowship of His sufferings, Paul knew that he would never mature and become like the Lord Jesus Christ. "Adversity is the touchstone of character."

All men suffer; however, the disobedient Christians and the unbelievers suffer far more than the obedient, Spirit-filled Christians, because most of the problems of life are self-imposed and when they suffer, they suffer alone, for they are on their own. But the Spirit-filled, obedient, faithful servant of God always knows the reality of God's faithfulness.

BIBLE READING Romans 8:18-23
ACTION POINT Since I desire to be conformed to the image of Christ, I will gladly share His suffering, knowing that He will be with me, enveloping me with His love and peace. I will share this word of encouragement with others.

하나님의 상속자

"성령이 친히 우리의 영과 더불어 우리가 하나님의 자녀인 것을 증언하시나니
자녀이면 또한 상속자 곧 하나님의 상속자요 그리스도와 함께 한 상속자니
우리가 그와 함께 영광을 받기 위하여 고난도 함께 받아야 할 것이니라"
로마서 8:16~17

나처럼 당신도 예수님을 위한 고난을 겪는다는 생각을 할 때 두려운 생각이 들 수도 있을 것입니다. 예수님께서 마가복음 10장에서 깨우쳐 주신 대로 우리가 주님을 위하여 버린 것은 무엇이나 100배로 받되, 핍박도 겸하여 받을 것입니다. 솔직히 나는 핍박을 받는다는 생각을 좋아해 본 적이 없습니다. 그러나 나는 고난과 핍박 가운데 있을 때 주어지는 하나님의 초자연적인 임재의 실재, 다시 말해 사람의 헤아림을 뛰어넘는 하나님의 평화가 실제로 어떤 것인지를 나의 삶 속에서 거듭되는 경험을 통해 깨닫게 되었습니다.

우리 주님께서는 자신이 머잖아 십자가를 향하여 가고 계시다는 것을 알고 계실 때에, 공생애 사역의 그 어느 때보다도 더 많이 평강과 사랑과 기쁨에 대하여 말씀을 하셨습니다. 사도 바울은 고난이란 고난은 모두 겪었던 사람입니다. 감옥에 숱하게 갇혔고, 매를 맞았으며, 결국에는 그의 믿음을 위해 순교자로 생을 마쳤습니다. 그러나 감옥에 있는 동안에도 그는 기쁨과 평강에 대하여 기록하였던 것입니다. "온전히 기쁘게 여기라"(약 1:2), "항상 기뻐하라"(살전 5:16).

빌립보서 3장 10절에는 그의 마음의 소원이 나타나 있습니다. "내가 그리스도와 그 부활의 권능과 그 고난에 참여함을 알고자 하여 그의 죽으심을 본받아" 그리스도의 고난에 참여하면서도 바울은 그가 결코 주 예수 그리스도와 같이 온전하거나 그와 같이 될 수 없다는 것을 알고 있었습니다. "역경은 사람의 성격을 알 수 있는 시금석이다."

누구에게나 고난은 있습니다. 그러나 불순종하는 그리스도인들과 믿지 않는 자들은 순종하며 성령 충만한 그리스도인들보다 훨씬 더 많은 고난을 겪게 됩니다. 왜냐하면 우선 그 자신들의 삶의 대부분의 문제들이 스스로의 잘못으로 주어진 것들이며, 다음으로 그들이 고난을 겪을 때 불순종과 불신앙의 사람들은 자기가 자신의 주인이므로 홀로 그 고난을 겪기 때문입니다. 그러나 성령으로 충만하며 순종하는 신실한 하나님의 종은, 하나님의 신실하심의 실재가 어떤 것인지를 언제나 잘 알고 있습니다.

오늘 주시는 말씀 로마서 8:18~23
믿음의 실천 그리스도의 형상을 닮고자 하는 소망이 내게 있습니다. 그러므로 주님이 나를 사랑과 평강으로 감싸주시며 나와 언제나 함께 하신다는 것을 깨달으면서 기꺼이 그분의 고난에 참여하도록 하겠습니다. 나는 이 격려의 말씀을 다른 사람들과도 나누도록 하겠습니다.

You Can Bear It

"There hath no temptation taken you but such as is common to man: but God is faithful, who will not suffer you to be tempted above that ye are able; but will with the temptation also make a way to escape, that ye may be able to bear it." 1 CORINTHIANS 10:13, KJV

As Christians, we are on the offensive. We do not have to cringe, trembling in our boots, wondering when Satan is going to attack again and what form it will take. We are the ones on the move. We are to be the aggressors, for we have God's promise that the gates of hell shall not prevail against us Matthew 16:18.

There is no stronghold of Satan that cannot be recaptured for our Lord, who promises to fight for us. God's Word reminds us that all authority in heaven and on earth is given to the Lord Jesus, and He promises always to be with us, never to leave us.

Satan would have you believe that there is no hope for you. You are discouraged, you have financial or physical problems, sorrow from losing loved ones. The world seems to be caving in on you, and Satan says, "God doesn't love or care for you. He can't help you. You're on your own. You might as well give up."

When that temptation comes, we cry out to God in prayer and resist the enemy who is the author of depression, negative thinking, criticism, lies and all things that are contrary to the will of God.

To take a proper offense, we must live in the power of the Holy Spirit. That is why our Savior—after commanding the disciples to preach the gospel—commanded them to wait in Jerusalem until they received power from on high. "Ye shall receive power, after that the Holy Ghost is come upon you: and ye shall be witnesses unto me both in Jerusalem, and in all Judea, and in Samaria, and unto the uttermost part of the earth" Acts 1:8 KJV.

The key to escaping temptation and resisting sin is faith that God will keep His promise that you will not be tempted more than you are able to bear.

BIBLE READING 1 Corinthians 10:9-12
ACTION POINT I will not go into the spiritual battle unarmed, but will count on God's Holy Spirit to make a way of escape when temptation comes. I will tell others how they too can be victorious over temptation.

시험을 감당하게 하심

"사람이 감당할 시험 밖에는 너희가 당한 것이 없나니 오직 하나님은 미쁘사
너희가 감당하지 못할 시험 당함을 허락하지 아니하시고 시험 당할 즈음에 또한 피할 길을 내사
너희로 능히 감당하게 하시느니라" 고린도전서 10:13

그리스도인으로서 우리는 공격하는 쪽이어야 합니다. 사탄이 언제 다시 공격해올지, 또 어떤 식으로 쳐들어올지 생각하면서 겁을 먹고 떨고 있어서는 안 됩니다. 우리는 전진하는 사람들입니다. 우리는 공격을 취하는 자가 되어야 합니다. "음부의 권세가 이기지 못하리라"(마 16:18)라고 하신 하나님의 약속이 우리에게 있기 때문입니다.

제 아무리 견고한 사탄의 요새라 할지라도 우리를 위해 싸우기로 약속하신 우리 주님이 되찾을 수 없는 곳은 없습니다. 하나님의 말씀은 하늘과 땅의 모든 권세를 주 예수님께 주신 것을 우리에게 다시 상기시켜 주시며, 그리고 예수님은 항상 우리와 함께 계시고 결코 떠나지 않으실 것을 약속하십니다.

사탄은 당신에게 소망이 없다고 믿게 하려 할 것입니다. 당신은 용기를 잃고, 경제적으로 문제에 부딪치고, 건강상의 문제를 안고, 사랑하는 사람들을 여의는 슬픔에 빠지게 될 지도 모릅니다. 그때는 온 세상이 당신 위에 무너져 내리는 것처럼 보일 것입니다. 그리고 사탄은 이렇게 속삭일 것입니다. "하나님은 널 사랑하지도 보살피지도 않아. 하나님은 널 도울 수 없어. 넌 혼자야. 너 혼자 애쓰다가 포기할 수밖에 없을 거야."

그처럼 시험이 닥칠 때 우리는 믿음의 기도로 하나님께 부르짖으며 우리를 낙심하게 하는 장본인인 원수를 대적해야 합니다. 사탄은 애초에 부정적인 생각을 만들어내고 비판과 거짓말과 하나님의 뜻에 어긋나는 모든 일을 일으키는 장본인입니다.

우리가 사탄에 제대로 된 공격을 가하려면 먼저 성령의 능력 가운데 살고 있어야 합니다. 우리 주님께서 제자들에게 온 천하에 다니며 만민에게 복음을 전파하라고 명령하신 후 다시 위로부터 능력을 덧입을 때까지 예루살렘 성에 머물러 있으라고 명령하신 이유가 바로 그것입니다. "오직 성령이 너희에게 임하시면 너희가 권능을 받고 예루살렘과 온 유대와 사마리아와 땅 끝까지 이르러 내 증인이 되리라"(행 1:8)

시험을 피하고 죄에 대항할 수 있는 열쇠는 우리가 감당하지 못할 시험을 주지 아니하신다는 약속을 지키시는 하나님의 신실하심을 믿는 믿음입니다.

오늘 주시는 말씀 고린도전서 10:9~12
믿음의 실천 나는 무장하지 않은 채로 영적 전투에 뛰어들지 않겠으며, 시험이 올 때 피할 길을 열어 주시도록 성령님께 의지하겠습니다. 나는 다른 사람들에게 어떻게 그들도 시험에서 승리할 수 있는지 전해 주도록 하겠습니다.

More and More Like Him

"The Lord is the Spirit who gives them life, and where he is there is freedom (from trying to be saved by keeping the laws of God). But we Christians have no veils over our faces; we can be mirrors that brightly reflect the glory of the Lord. And as the Spirit of the Lord works within us, we become more and more like him." 2 CORINTHIANS 3:17-18

You and I can be mirrors that reflect the glory of the Lord, since we have no veils over our faces. As the Spirit of the Lord works within us and we mature, we become more and more like Him. What a tremendous truth! Two tendencies to error occur as we consider the concept of law and grace. One is legalism; the other is license. Legalism is that means of seeking to live according to the law, trying to merit God's favor by keeping rules and regulations in the energy of the flesh.

The other problem is license. Some Christians become so excited about their freedom in Christ that they go overboard and bring reproach and disgrace to the name of Christ. "Relax," they say. "Do what comes naturally." But they forget God's warning in Romans 14. Anything we do that causes our brother to stumble is sin. Often these same Christians tell us, "Don't witness for Christ unless you feel like it."

Quite honestly, I would not witness very often if I waited until I felt like it.

Why do I witness? Because our Lord modeled it and He commands His followers to witness, and out of a deep sense of gratitude and thanksgiving to God for what He has done for me. I do not wait until I feel like it; I have already been given the command.

Jesus said, "Follow Me and I will make you fishers of men." The apostle Paul said, "Everywhere I go I tell everyone who will listen about Christ." We are not to wait for some emotional, mystical impression of the Spirit. Liberty is not legalism, nor is it license. It is the privilege of doing the will of God in the power of the Holy Spirit.

BIBLE READING 2 Corinthians 3:8-16
ACTION POINT With all my heart, I want to be more and more like Jesus Christ. To this end, I will avoid legalism and license and embrace the freedom I have in Him to live a holy life and to be a fruitful witness for the living God.

저와 같은 형상으로

"주는 영이시니 주의 영이 계신 곳에는 자유가 있느니라 우리가 다 수건을 벗은 얼굴로 거울을 보는 것 같이 주의 영광을 보매 그와 같은 형상으로 변화하여 영광에서 영광에 이르니 곧 주의 영으로 말미암음이니라" 고린도후서 3:17~18

당신과 나는 하나님의 영광을 비추는 거울과 같이 될 수 있습니다. 그것은 우리의 얼굴을 가린 수건이 벗어졌기 때문입니다. 주의 영이 우리 안에서 역사하시고 우리가 주 안에서 성숙해 갈 때 우리는 점점 더 주와 같은 형상으로 닮아가게 됩니다. 이 얼마나 놀라운 진리입니까!

우리가 율법과 은혜의 개념에 대해 생각할 때 흔히 범하는 두 가지 오류가 있습니다. 하나는 율법주의이고, 다른 하나는 방종입니다. 율법주의는 율법을 따라 살려고 애쓰며 육신의 힘으로 온갖 법과 규례를 지켜 하나님의 은총을 얻으려 하는 것을 뜻합니다.

또 다른 문제는 방종인데, 어떤 그리스도인들은 그리스도 안에서 누리는 자신들의 자유에 너무 치우친 나머지 선을 넘어 그리스도의 이름에 수치와 불명예를 끼칩니다. 이들은 말합니다. "편안히, 그냥 본능대로 자연스럽게 살면 돼." 하지만 이들은 로마서 14장의 하나님의 경고를 잊은 사람들입니다. 형제를 걸려 넘어지게 하는 것은 무엇이나 죄가 되는 것입니다. 이런 그리스도인들은 "전도하고 싶다고 느껴지지 않으면 전도도 할 필요 없어."라고 자주 말하곤 합니다.

솔직하게 말하자면, 만일 내가 전도하고 싶다고 느낄 때까지 기다려서 전도한다면 아마 나는 그렇게 많이 주님을 증거하지 못할 것입니다. 왜 내가 증거합니까? 우리 주님께서 그 본을 친히 보이셨으며, 또 그를 따르는 자들에게 전하라는 명령을 하셨고, 하나님께서 나를 위하여 행하신 일에 대하여 마음으로부터 깊이 감사하기 때문입니다. 나는 전도하고 싶다고 느낄 때까지 기다리지 않을 것입니다. 나는 이미 명령을 받았습니다.

예수님께서는 말씀하셨습니다. "나를 따라 오너라 내가 너희로 사람을 낚는 어부가 되게 하리라" 사도 바울도 말했습니다. "내가 두루 행하여 복음을 편만하게 전하였으니" 우리는 성령께서 감정적이고 신비적인 어떤 느낌을 주실 때까지 기다려서는 안 됩니다. 자유하다는 것은 율법주의도, 방종도 아닙니다. 그것은 성령의 능력 가운데서 하나님의 뜻을 행하는 특권입니다.

오늘 주시는 말씀 고린도후서 3:8~16
믿음의 실천 온 마음을 다하여 나는 더욱더 예수 그리스도를 닮기 원합니다. 이를 위하여 나는 율법주의와 방종을 피하겠으며, 또 살아계신 하나님을 위한 열매 맺는 증인이 되고 거룩한 삶을 살기 위하여 그리스도 안에서 내가 누리는 자유를 항상 붙들고 있도록 하겠습니다.

His Power to Change

"But our homeland is in heaven, where our Savior, the Lord Jesus Christ, is; and we are looking forward to his return from there. When he comes back, he will take these dying bodies of ours and change them into glorious bodies like his own, using the same mighty power that he will use to conquer all else everywhere." PHILIPPIANS 3:20-21

George Gallup, Jr., a deeply religious man and dear personal friend, has just completed a very important survey asking people, in face-to-face, in-depth interviews, key questions about heaven and hell and other aspects about life beyond death.

One result indicated that two-thirds of all American adults—or 100 million people—believe in an after-life. But what was surprising, said Gallup, was that about 15 percent of those surveyed in one poll indicated they had had an unusual near-death experience—seeing figures or objects that beckoned them to a world beyond life on earth.

Dwight L. Moody caught a glimpse of the glory awaiting him a few hours before leaving this earth for his heavenly mansion.

"Earth recedes, heaven opens before me," he said, awakening from a sleep.

"If this is death, it is sweet. There is no valley here. God is calling me, and I must go."

A son stood by his bedside. "No, no, father," he said, "you are dreaming."

"No," said Moody, "I am not dreaming. I have been within the gates. I have seen the children's faces."

A short time passed, then followed what his family thought to be the death struggle. "This is my triumph," Moody said. "This is my coronation day. It is glorious!"

Nothing in that true story contradicts Scripture in any way. One of God's choice saints simply had a foretaste of his heavenly home, related for our joy and encouragement and edification.

BIBLE READING John 14:1-6
ACTION POINT Realizing that my homeland is in heaven with my Savior, and that the time of my departure from earth is unknown but certain, I shall take every opportunity to encourage others to be ready for their time of departure.

변하게 하시는 그의 능력

"그러나 우리의 시민권은 하늘에 있는지라 거기로부터 구원하는 자 곧 주 예수 그리스도를 기다리노니
그는 만물을 자기에게 복종하게 하실 수 있는 자의 역사로
우리의 낮은 몸을 자기 영광의 몸의 형체와 같이 변하게 하시리라" 빌립보서 3:20~21

깊은 신앙인이며 동시에 나의 친한 친구인 [20]조지 갤럽은 얼마 전에 사람들과 일일이 직접 대면을 통한 깊이 있는 인터뷰를 통해 대단히 중요한 조사를 실시했습니다. 그는 천국과 지옥 등 여러 가지 죽음 이후의 삶에 관하여 핵심적인 질문을 통해 설문 조사를 했습니다.

이 조사 결과에 의하면, 미국 성인의 3분의 2, 즉 1억에 가까운 사람들이 죽음 이후의 삶을 믿고 있는 것으로 나타났습니다. 갤럽의 말에 의하면, 정말 놀라운 것은 조사 대상 중 약 15퍼센트 정도의 사람이 어떤 물체 혹은 존재가 이 땅에서의 삶 너머 저 세계로 자신들을 오라고 부른다고 느끼는, 즉 죽음을 가깝게 느끼는 기이한 경험을 가진 일이 있다는 것이었습니다.

[21]드와이트 무디는 이 세상을 떠나 저 하늘에 그를 위해 예비 된 처소에 가기 몇 시간 전에 그를 기다리고 있는 영광을 희미하게나마 볼 수 있었습니다.

"땅이 물러가고 내 앞에 천국이 열리는구나." 잠에서 깨어 그는 이렇게 말했습니다.

"만약 이것이 죽음이라면 죽음은 참으로 달콤한 것이로구나. 여기는 어두운 골짜기가 없어. 하나님이 나를 부르시는구나. 나는 가야겠다."

그의 곁에 섰던 그의 아들이 놀라 말했습니다. "아니, 아니에요. 아버지는 지금 꿈을 꾸고 계신 거예요."

"아니다, 나는 지금 꿈을 꾸고 있는 게 아니야. 나는 천국 문에 들어갔었단다. 아이들의 얼굴을 보았다." 무디가 대답했습니다.

잠시 후 가족들이 보기에는 무디가 죽음과 싸우는 것으로 보이는 일이 있었습니다. "이제 나는 승리하였네. 오늘이 나의 대관식이야. 참으로 영광스럽구나!" 무디의 마지막 말이었습니다.

무디가 남긴 이 실화에서 성경과 어긋나는 점은 아무것도 없습니다. 하나님의 선택된 성도 중 한 사람인 무디는 그저 하늘에 있는 그의 처소를 미리 맛보았던 것이며, 우리에게는 기쁨과 용기와 교훈을 남겨주었습니다.

오늘 주시는 말씀 요한복음 14:1~6
믿음의 실천 나의 본향은 하늘에 있고 그곳에서 나의 구주와 함께 지내게 될 것과, 또한 내가 이 땅을 떠날 때가 언제인지는 알 수 없으나 분명히 있다는 사실을 새롭게 깨닫고 다른 사람들에게도 그때를 준비할 것을 기회가 있을 때마다 권면하겠습니다.

Thank Him for Answers

"Don't worry about anything; instead, pray about everything; tell God your needs, and don't forget to thank him for his answers. If you do this, you will experience God's peace, which is far more wonderful than the human mind can understand. His peace will keep your thoughts and your hearts quiet and at rest as you trust in Christ Jesus." PHILIPPIANS 4:6-7

Some years ago there was an occasion when my world was crumbling. All that my associates and I had worked and planned for in the ministry of Campus Crusade for Christ was hanging by a slender thread which was about to break.

Because of a series of unforeseen circumstances, we were facing a financial crisis which could bankrupt the movement and result in the loss of our beautiful facilities at Arrowhead Springs, California, acquired just a few years earlier.

Already thousands of students and laymen from all over the world were receiving training which would influence millions of lives for Christ. Now we were in danger of losing it all.

When the word came to me that everything we had planned and prayed for was in jeopardy and almost certain to be lost, I fell to my knees and began to give thanks to the Lord. Why?

Because many years before I had discovered that thanksgiving demonstrates faith, and faith pleases God. When we demonstrate faith through thanksgiving, as an expression of obedience and gratitude to God, He releases His great power in our behalf so that we can serve Him better. Miraculously, God honored our faith and what could have been disaster and tragedy turned to victory and triumph. The end result was that we were stronger financially than we had ever been.

God fights the battles for those who trust and obey Him.

BIBLE READING   1 Timothy 2:1-6
ACTION POINT   With God's help, my life will be characterized by praise and thanksgiving to God as an expression of my faith in Him and obedience to His commands. Today I will tell others of the goodness and trustworthiness of God.

감사함으로 아뢰라

"아무 것도 염려하지 말고 다만 모든 일에 기도와 간구로,
너희 구할 것을 감사함으로 하나님께 아뢰라
그리하면 모든 지각에 뛰어난 하나님의 평강이 그리스도 예수 안에서 너희 마음과 생각을 지키시리라"
빌립보서 4:6~7

몇 년 전에 나의 온 세상이 무너지는 것 같은 일이 벌어진 적이 있었습니다. 나의 동료들과 내가 함께 애쓰고 계획했던 CCC의 모든 일들이 곧 끊어지려고 하는, 실낱같이 가는 줄에 매달려 있는 듯한 상황이었습니다.

계속하여 이어진 예기치 못했던 몇 가지 상황 때문에 우리는 재정적 위기를 맞게 되어 우리 선교회의 사역이 자칫 파산하여, 불과 몇 년 전에 구입하였던 캘리포니아 애로우헤드 스프링스(화살촉 모양의 산과 온천에서 유래된 지명)의 우리의 아름다운 시설까지 잃게 될 지도 모를 지경에 이르렀습니다.

그때 이미 전 세계에서 온 수천 명의 학생과 평신도가 수백 만의 사람들에게 그리스도를 위한 삶을 살도록 영향을 미치게 할 훈련을 받고 있었습니다. 당시 우리는 그 모두를 잃을 위기에 처해 있었습니다.

우리가 계획하고 기도하던 모든 일이 엉망진창이 되고, 모두 잃게 될 가능성이 거의 확실하다는 소식이 내게 전해졌을 때 나는 무릎을 꿇고 하나님께 감사를 드렸습니다. 왜 그랬을까요?

오래 전 나는 감사는 믿음이 있음을 확실히 보이는 것이며, 믿음은 하나님을 기쁘시게 하는 것임을 발견했기 때문입니다. 우리가 하나님께 대한 순종과 고마움의 표현으로써 감사를 통해 믿음을 보일 때 하나님은 우리를 위해 큰 능력을 베풀어 주시며, 그리하여 우리는 그를 더욱 잘 섬길 수 있게 되는 것입니다. 그때 기적 같은 일이 일어났습니다. 하나님은 우리의 믿음을 영화롭게 하셔서 파멸과 비극이 될 뻔 했던 일들이 승리와 기쁨으로 바뀌게 되었습니다. 결국 그 일은 최종적으로 우리를 재정적으로 그 어느 때보다 튼튼해지게 하는 것으로 마무리 짓게 되었습니다.

하나님은 자기를 신뢰하고 순종하는 자들을 위하여 싸우십니다.

오늘 주시는 말씀 디모데전서 2:1~6
믿음의 실천 하나님께 대한 신뢰와 그의 명령에 대한 순종의 표현으로써 나는 하나님의 도우심을 힘입어 찬양과 감사의 삶을 살겠습니다. 오늘 나는 반드시 다른 사람들에게 하나님의 선하심과 신실하심에 대해 이야기하도록 하겠습니다.

Nothing Against You

"This includes you who were once so far away from God. You were his enemies and hated him and were separated from him by your evil thoughts and actions, yet now he has brought you back as his friends. He has done this through the death on the cross of his own human body, and now as a result Christ has brought you into the very presence of God, and you are standing there before him with nothing left against you—nothing left that he could even chide you for." COLOSSIANS 1:21-22

Have you ever claimed your right to holiness, not by virtue of anything you have done, but on the basis of what Christ has done and is doing for you?

This passage of Scripture explains how holiness is available to every believer. By acknowledging and receiving His gift of eternal life through Christ, we have been brought into the very presence of God. Now we are candidates for the supernatural filling of the Holy Spirit.

After we have claimed our right to holiness, we must confess all our known sins and appropriate, by faith, the fullness of the Holy Spirit, asking Him to give us spiritual insight into the true meaning of God's Word.

"And so, dear brothers, I plead with you to give your bodies to God. Let them be a living sacrifice, holy—the kind He can accept. When you think of what He has done for you, is this too much to ask? Don't copy the fashions and customs of this world, but be a new and different person with a fresh newness in all you do and think. Then you will see from your own experience how His ways will really satisfy you" Romans 12:1,2.

BIBLE READING 2 Corinthians 5:17-21
ACTION POINT By faith I will claim my right to holiness and, on the basis of Christ's finished work on the cross in our behalf, I will encourage others to do the same.

거룩하고 흠 없는 자로

"전에 악한 행실로 멀리 떠나 마음으로 원수가 되었던 너희를
이제는 그의 육체의 죽음으로 말미암아
화목하게 하사 너희를 거룩하고 흠 없고 책망할 것이 없는 자로
그 앞에 세우고자 하셨으니"
골로새서 1:21~22

   당신은 자신의 어떤 선한 행위 때문이 아니라 그리스도께서 당신을 위하여 행하셨고, 또 지금도 행하고 계신 일들에 근거하여 거룩한 자가 될 수 있는 자신의 권리를 주장(claim)해 본 적이 있습니까?

   오늘의 이 말씀은 모든 믿는 자에게 거룩함이 어떻게 이뤄질 수 있는지를 설명해 줍니다. 그리스도를 통하여 오는 하나님의 영생의 선물을 인정하고 받아들임으로써 우리는 하나님의 임재하심 그 앞에 서게 된 것입니다. 이제 우리는 성령의 초자연적인 충만함을 받을 수 있는 사람들이 됐습니다.

   우리가 거룩한 자가 될 수 있는 우리의 권리를 주장(claim)할 때, 우리는 깨닫는 모든 죄를 고백해야 하며 하나님 말씀의 진정한 의미를 깨닫도록 영적인 통찰력을 주실 것을 하나님께 간구하면서, 1)믿음으로(by faith) 성령 충만을 소유해야(appropriate the fullness of Holy Spirit) 합니다.

   "그러므로 형제들아 내가 하나님의 모든 자비하심으로 너희를 권하노니 너희 몸을 하나님이 기뻐하시는 거룩한 산 제물로 드리라 이는 너희가 드릴 영적 예배니라 너희는 이 세대를 본받지 말고 오직 마음을 새롭게 함으로 변화를 받아 하나님의 선하시고 기뻐하시고 온전하신 뜻이 무엇인지 분별하도록 하라"(롬 12:1~2)

오늘 주시는 말씀   고린도후서 5:17~21
믿음의 실천   믿음으로(by faith) 나는 거룩한 자가 될 수 있는 나의 권리를 주장(claim)하겠습니다. 그리고 우리를 위하여 그리스도께서 십자가에서 모두 다 이뤄주신 그리스도의 역사하심에 근거하여 다른 사람들도 나와 같이 하도록 권면하겠습니다.

Truly Rich

"Do you want to be truly rich? You already are if you are happy and good. After all, we didn't bring any money with us when we came into the world, and we can't carry away a single penny when we die." 1 TIMOTHY 6:6-7

If you had the choice of choosing between great wealth and good health and a happy, joyful relationship with our Lord, which would you choose? Though many would choose wealth I am sure that if you are a Christian, you would gladly choose to live modestly the rest of your life if necessary in order to experience daily the joy of your salvation.

During all of my career, I, an agnostic, had worked hard to successfully develop my business interests. Then, in the providence of God, I was brought face to face with Christ and His Word. "What does it profit a man if he gain the whole world and lose his own soul?"

It was as though God touched my mind to enable me to understand that I could eat only one meal at a time, wear one suit of clothes at a time and take nothing with me when I die. I understood for the first time that being truly rich does not involve the accumulation of vast wealth, but it involves knowing and doing the will of God—in walking in intimate, vital, personal fellowship with Him daily as a way of life.

Fanny Crosby, the hymnwriter, gave us more than eight thousand gospel songs. Although blinded at the age of six weeks, she never held any bitterness in her heart because of it. "I think it is a great pity that the Master did not give you sight when He showered so many other gifts upon you," a friend once said to her.

"Do you know," she responded quickly, "that if at birth I had been able to make one petition, it would have been that I should be born blind."

"Why?" asked the astounded clergyman. "Because," she replied, "when I get to heaven, the first face that shall ever gladden my sight will be that of my Savior."

BIBLE READING Luke 12:25-31
ACTION POINT As I figuratively sit at God's banquet table today, I will feast upon His spiritual bounties and not be satisfied with the crumbs of materialism.

진정한 부

"그러나 자족하는 마음이 있으면 경건은 큰 이익이 되느니라
우리가 세상에 아무 것도 가지고 온 것이 없으매 또한 아무 것도 가지고 가지 못하리니"
디모데전서 6:6~7

만약 '큰 부와 좋은 건강을 누리는 삶'과 '기쁘고 행복하게 우리 주님과 사귀는 삶' 중 하나를 선택하라고 한다면 당신은 무엇을 선택하겠습니까? 비록 많은 사람이 '부와 건강'을 선택한다 하더라도, 당신이 그리스도인이라면 날마다 구원의 기쁨을 맛보며 사는 삶을 위해서 필요하다면 기꺼이 남은 인생을 검소하게 살것을 선택할 것으로 나는 확신합니다.

과거에 나는 불가지론자로서 내 사업을 번창시키기 위해 열심히 일했었습니다. 그러나 어느 날, 하나님의 섭리 가운데 이끌려 그리스도와 그의 말씀에 붙잡힌 바 되었습니다. "사람이 만일 온 천하를 얻고도 제 목숨을 잃으면 무엇이 유익하리요"(마 16:26, 막 8:36).

그때 마치 하나님께서 내게 기껏해야 한 번에 한 끼의 식사만 할 수 있고, 한 번에 옷 한 벌만 걸칠 수 있을 뿐이며, 그리고 내가 세상을 떠날 때는 아무것도 갖고 가지 못한다는 사실을 깨닫게 하시기 위해 내 마음을 감동시키신 것 같이 느껴졌습니다. 나는 그때서야 비로소 참된 부는 막대한 재산을 쌓아 두는 것이 아니라 삶을 살아가는 방식으로서(as a way of life) 하나님과 매일 친근하고 생동적이며 개인적인 사귐을 가지며 살아가는, 즉 하나님의 뜻을 알고 행하는 데 있다는 것을 깨닫게 되었습니다.

찬송가 작사가인 [22]화니 크로스비는 무려 8,000여 곡 이상의 복음성가를 작사했습니다. 그녀는 생후 6주 만에 시력을 잃었지만, 그 때문에 마음의 고통을 느껴본 일이 없었다고 했습니다.

"나는 주님께서 그렇게 많은 은사를 당신에게 주셨으면서도 시력을 주시지 않으신 것이 참으로 애석합니다." 한번은 그녀의 친구 목사가 그녀에게 말했습니다.

그녀는 바로 "내가 만약 태어날 때 주님께 한 가지 소원을 구할 수 있었다면, 장님으로 태어나게 해 주십사 하고 부탁드렸을 것이라고 생각해 보셨나요?"라고 반문했습니다.

"왜 그런가요?" 목사는 너무나 놀라 물었습니다.

"왜냐면요." 그녀가 이렇게 대답했습니다. "내가 처음으로 눈을 떠서 보게 될 것이, 천국에서 뵙게 될 주님의 얼굴일 테니까요!"

오늘 주시는 말씀   누가복음 12:25~31
믿음의 실천   오늘 하나님의 잔칫상에 앉아 있는 것에 비유될 수 있는 그분의 식탁에서 결코 물질주의의 부스러기들에 만족하지 않고 하나님의 영적 풍요를 마음껏 맛볼 것입니다.

Supernatural Wisdom–by Faith

"If you want to know what God wants you to do, ask him, and he will gladly tell you, for he is always ready to give a bountiful supply of wisdom to all who ask him; he will not resent it."
JAMES 1:5

Often—many times a day—I need divine wisdom, not only in the multitudes of decisions that I must make daily, but also in the witnessing situations the Lord brings across my path. No doubt you recognize a similar need in your life.

All I have to do to have His presence guide me, if my heart is right with Him, is to ask in faith, and He promises the wisdom I need for each day and for each moment of the day.

If we are going to live supernatural lives, and if we are going to demonstrate to others that they, too, can live such a life, then we must begin to think and act differently. And that is possible only as we go to the source of all divine wisdom.

This verse from Scripture assures us that God's ear is always open to this kind of prayer. And of course the wisdom to which James refers is more than factual knowledge. It is the light of life, in which we can walk without stumbling.

Why does one need to pray to gain this wisdom? Perhaps because prayer is humbling and involves an acknowledgment of our inadequacy. Prayer opens our hearts and lives to the transforming influence of the Spirit of God.

BIBLE READING James 1:6-12
ACTION POINT Knowing that I need God's wisdom if I am to serve Him effectively and please Him today, I will obey Him—and claim His supernatural work in my life—by asking for His wisdom when I face a decision.

믿음으로 받는 초자연적인 지혜

"너희 중에 누구든지 지혜가 부족하거든 모든 사람에게 후히 주시고
꾸짖지 아니하시는 하나님께 구하라 그리하면 주시리라" 야고보서 1:5

날마다 내가 내려야 하는 많은 결정뿐만 아니라, 주님께서 나를 인도하시어 복음을 증거하게 할 때도 하루에도 몇 번씩 하나님의 지혜를 필요로 하는 때가 있습니다. 당신도 틀림없이 그러리라고 생각합니다.

나의 마음이 주님과 바른 관계에 있다면, 하나님께서 임재하셔서 나를 인도해 주시기를 위하여 내가 할 수 있는 일은 다만 믿음으로 구하기만 하면 되는 것뿐이며, 주님은 내가 날마다 순간마다 필요로 하는 지혜를 주시겠다고 약속하십니다.

만일 우리가 초자연적인 삶을 살고자 한다면, 그리고 다른 사람들에게 그들도 역시 우리처럼 초자연적인 삶을 살 수 있다는 것을 나타내 보여 주고자 한다면, 우리는 우리의 생각과 행동을 달리 해야 합니다. 그리고 그러한 변화는 모든 거룩한 지혜의 근원이신 하나님께 나아갈 때만 가능합니다.

오늘의 말씀은 하나님은 언제나 그러한 기도에 귀를 기울이고 계신다는 것을 우리에게 확신시켜 줍니다. 물론 야고보가 위에서 말하고 있는 '지혜'는 어떤 사실에 대한 지식 이상의 것입니다. 그 지혜는 삶의 빛이며, 그 안에서 우리는 넘어지지 않고 걸어갈 수 있는 것입니다.

이 지혜를 얻기 위하여 우리가 기도해야 하는 이유는 무엇입니까? 그것은 아마도 기도가 자신을 겸손하게 하고 또 우리의 무능함을 시인하도록 하는 것이기 때문일 것입니다. 기도는 하나님의 변화시키는 힘에 우리의 마음과 삶을 열도록 합니다.

오늘 주시는 말씀   야고보서 1:6~12
믿음의 실천   하나님을 효과적으로 섬기고 기쁘시게 하기 위해서는 하나님의 지혜가 필요함을 알기에 내가 어떤 결정이든 해야 할 때마다 그분의 지혜를 구하라는 명령에 순종함으로써 내 삶에 하나님의 초자연적인 역사가 이뤄질 것을 구하겠습니다.

Praying for Me

"Wherefore he is able also to save them to the uttermost that come unto God by him, seeing he ever liveth to make intercession for them." HEBREWS 7:25, KJV

George had tried to live a Christian life for many years, but finally gave up.

"It's no use," he said. "I have tried and tried and failed and failed. I have dedicated, rededicated, consecrated and reconsecrated my life to Christ, and nothing happens. I am a total failure."

Whereupon I read him this and several other key verses of Scripture, emphasizing the role that Christ plays in our behalf at the right hand of the Father.

"Did it ever occur to you," I asked, "that Jesus right now is aware of your every need and is interceding for you?"

That very thought overwhelmed him, and he fell to his knees with tears of gratitude.

"Oh," he said, "I knew that Jesus died for me and shed His blood for my sins, but somehow I had never made the connection between the cross and His present role of interceding for me."

"If I could hear Christ praying for me in the next room," declared the famous Christian statesman Robert Murray McCheyne, "I would not fear a million enemies. Yet distance makes no difference. He is praying for me. 'He ever liveth to make intercession.'"

When Satan tempts me with discouragement and frustration, often I can visualize a scene that brings instant victory over the enemy. At the right hand of God is a room—a prayer room, if you please—and kneeling there is the Lord Jesus Christ Himself, praying specifically for me and my needs. He is interceding for me!

BIBLE READING Romans 8:31-34
ACTION POINT I will allow no burden or problem to defeat me. Instead, I will visualize Christ praying for me, since all authority in heaven and earth is His, I will expect victory to live a supernatural life according to my spiritual heritage.

나를 위하여 간구하심

"그러므로 자기를 힘입어 하나님께 나아가는 자들을 온전히 구원하실 수 있으니
이는 그가 항상 살아 계셔서 그들을 위하여 간구하심이라" 히브리서 7:25

조지는 오랫동안 그리스도인의 삶을 살아보려고 애썼지만 결국 포기하고 말았습니다. "소용이 없습니다. 애쓰고 애쓰다가 실패하고 또 실패했습니다. 나의 삶을 그리스도께 드리고 또 드리고, 헌신하고 또 헌신했지만, 아무 변화가 없었습니다. 나는 완전한 실패자입니다." 그가 말했습니다.

나는 예수 그리스도께서 우리를 위하여 하나님 아버지의 오른편에서 하시는 역할을 강조하면서, 오늘의 이 말씀과 핵심적인 다른 몇 구절을 그에게 읽어 주었습니다.

"예수님께서 지금 당신의 모든 필요를 아시고 당신을 위해 대언하며 애쓰고 계신다는 생각을 한 번이라도 해 본 적이 있나요?" 바로 그 깨달음에 감격하여 그는 무릎을 꿇고 눈물로 감사를 드렸습니다.

"나는 예수님께서 나를 위해 죽으시고 나의 죄를 위해 피 흘리신 것은 알고 있었습니다. 그런데 어찌된 일인지 주님의 그 십자가와 주님이 바로 지금 나를 위해 대언하며 애쓰고 계신다는 것을 연관시켜 본 적이 없었습니다."

그리스도인이자 유명한 정치가였던 8)로버트 머리 맥체인의 선언입니다. "만일 그리스도께서 내 바로 옆방에서 나를 위해 기도하시고 내가 그 기도 소리를 들을 수 있다면, 나는 백만 대군의 적도 두렵지 않을 것입니다. 그러나 주님과의 거리는 문제가 되지 않습니다. 예수님은 지금 나를 위해 기도하고 계십니다.", "그가 항상 살아서 간구하심이니라"(히 7:25)

사탄이 낙심과 좌절로 나를 시험하려고 할 때, 나는 한 가지 모습을 자주 상상해 보는데 그 즉시 원수를 물리쳐 이길 수 있습니다. 하나님 오른편에 방이 하나 있는 모습입니다. 그 방은 기도하는 방입니다. 당신도 그 장면을 한번 그려 보시기 바랍니다. 바로 그곳에서 주 예수 그리스도께서 무릎을 꿇고 나와 나의 필요를 위해서 구체적으로 기도하고 계신 것입니다. 주님은 나를 위하여 간구하고 계십니다!

오늘 주시는 말씀 로마서 8:31~34
믿음의 실천 나는 내가 안고 있는 어떤 문제나 짐도 나를 패배시키도록 허용하지 않을 것입니다. 대신 나를 위해 기도하시는 그리스도의 모습을 그려보겠습니다. 하늘과 땅의 모든 권세가 그리스도께 속하였기 때문에, 나는 내게 주어진 영적 유산에 따라서 초자연적 삶을 살 수 있도록 승리할 것을 기대하겠습니다.

Tried in the Test Tube

"These trials are only to test your faith, to see whether or not it is strong and pure. It is being tested as fire tests gold and purifies it—and your faith is far more precious to God than mere gold; so if your faith remains strong after being tried in the test tube of fiery trials, it will bring you much praise and glory and honor on the day of his return."
1 PETER 1:7

A friend of mine has experienced great tragedy in his life—at least ten major things that seem to have gone wrong.

"I see you as a man of God," I have said to him during several counseling sessions. "I see you as a man who loves the Lord Jesus with all of your heart. In light of all the things that are happening to you, however, I am prompted to ask, 'Is there any sin in your life? Are you doing anything to dishonor the Lord?'"

"Absolutely nothing," he said. "My life is transparent before God. He can do anything He wants with me. I have turned my back on business success [he was an outstanding businessman], and I have given everything I have to the Lord."

The beautiful thing about this whole experience is that this man is rejoicing in the Lord Jesus while enduring things that would break the average person. Every time he emerges from a crisis, his face seems to glow all the more. He is praising God all the more.

He blesses me every time I am with him. "Lord, thank You," I say. "Thank You for his example."

Those who are mightily used of God often experience, like Job, some degree of adversity. Such adversity may be God's discipline for disobedience and unconfessed sin, or it may be—as in the case of Job, and I believe in the case of my friend—God's way of preparing you for a greater testimony for our Lord. "Whom the Lord loveth He chasteneth."

BIBLE READING   James 1:2-5
ACTION POINT   I will look upon my trials as part of God's way of strengthening my faith and my life to prepare me for a more powerful witness for His glory.

불로 연단하여도

"너희 믿음의 확실함은 불로 연단하여도 없어질 금보다 더 귀하여
예수 그리스도께서 나타나실 때에
칭찬과 영광과 존귀를 얻게 할 것이니라" 베드로전서 1:7

내 친구 한 사람이 그의 생애에서 커다란 비극을 맛보았습니다. 적어도 열 가지나 되는 중요한 일들이 잘못되어 버린 것이었습니다.

나는 그와 여러 차례 만나 상담하면서 이렇게 말했습니다. "나는 자네를 하나님의 사람으로 생각하네. 마음을 다하여 주 예수님을 사랑하는 사람으로 자네를 보고 있다네. 그러나 자네에게 일어난 일들을 모두 살펴볼 때 이렇게 물어 보고 싶네. '자네의 삶에 죄는 없는지, 혹시 주님을 영화롭게 하지 못하는 어떤 일을 하고 있는 것이 아닌지' 말일세."

그는 대답했습니다. "전혀 없네. 내 삶은 하나님 앞에서 감춘 것 없이 투명하다네. 하나님이 내게 원하시는 일은 무엇이나 다 해 드리고 싶은 마음이 있네. 나는 이제 사업의 성공에는 관심도 없네.(그는 탁월한 사업가였다) 그리고 내가 가진 것을 모두 주님께 내어 놓았네."

그러한 어려움 중에서도 더욱 아름다웠던 것은 평범한 사람들을 좌절시킬 수 있는 그 어려움들 가운데도 그 친구가 주 예수님 안에서 기뻐하고 있다는 것이었습니다. 위기에서 벗어날 때마다 그의 얼굴은 더욱 빛이 났습니다. 그는 하나님을 더욱 찬양하고 있었습니다.

나를 만날 때마다 그는 나를 축복했습니다. 나도 주님께 감사를 드렸습니다. "주님, 감사합니다. 그의 신앙의 본을 인하여 감사합니다."

하나님이 크게 쓰시는 사람들은 종종 욥과 같이 상당한 정도의 역경을 겪게 됩니다. 그러한 역경은 불순종과 고백하지 않은 죄에 대한 하나님의 징계일 수도 있지만, 욥의 경우나 혹은 내가 그런 경우라고 믿고 있는 나의 친구의 경우에서와 같이 우리 주님을 위해 더 큰 증인이 되도록 준비시키는 하나님의 한 방법일 수도 있습니다. "주께서 그 사랑하시는 자를 징계하시고"(히 12:6)

오늘 주시는 말씀 야고보서 1:2~5
믿음의 실천 나는 나의 삶 가운데 시련을 받을 때 하나님께서 그의 영광을 위하여 보다 능력 있는 증인이 되도록 나를 준비시키시기 위해 나의 믿음과 나의 삶을 강하게 연단시키는 것으로 생각하겠습니다.

Do the Will of God

"And this world is fading away, and these evil, forbidden things will go with it, but whoever keeps doing the will of God will live forever." 1 JOHN 2:17

There are few questions more frequently asked of me than this, "How can I know God's will for my life?" or "How can I know what God wants me to do in this particular situations?"

"When I was crossing the Irish Channel one starless night," said F. B. Meyer, a saint of yesteryear, "I stood on the deck by the captain and asked him, 'How do you know Holyhead Harbor on so dark a night as this?'

"You see those three lights?' he asked. 'All of them must line up together as one, and when we see them so united, we know the exact position of the harbor's mouth.'

"When we want to know God's will, there are three things which always concur: the inward impulse, the Word of God and the trend of circumstances—God in the heart and God in circumstances, indicating His will. Never start until these three things agree."

If we are to keep doing the will of God, as this verse in 1 John suggests, it is of course imperative that we know how to determine the will of God. F. B. Meyer's words of wisdom, based on years of experience, are a good starting point.

The average person lives his life, dies and vanishes from the world scene, soon to be forgotten. But the influence of all who do God's will lives on forever. Therefore, every individual should frequently and carefully evaluate how he invests his time, talents and treasure to be sure he truly is living not for worldly values but for the cause of Jesus Christ.

"Only one life, 'twill soon be past; only what's done for Christ will last."

BIBLE READING   Romans 12:1-3
ACTION POINT   As clearly as I am able to discern God's will for my life, I will follow Him and do His will instead of following the ways of the anti-God world system which is fading away.

하나님의 뜻을 행하는 이

"이 세상도, 그 정욕도 지나가되 오직 하나님의 뜻을 행하는 자는 영원히 거하느니라"
요한일서 2:17

아마 이 질문보다 내가 더 자주 받는 질문은 없을 것입니다. "나의 삶을 향한 하나님의 뜻을 어떻게 알 수 있습니까?" 또는 "이 특정한 상황에서 하나님이 내가 무엇을 하기를 원하시는지 어떻게 알 수 있습니까?"

지난 세대의 훌륭한 그리스도인이었던 [23]마이어는 이렇게 이야기했습니다. "별도 없는 캄캄한 어느 날 밤, 아일랜드 해협을 건너는 배에 있을 때였습니다. 나는 갑판에 서서 옆에 있는 선장에게 "오늘 같이 어두운 밤에는 '홀리헤드' 항구를 어떻게 찾아냅니까?"라고 물었습니다."

선장은 "저기 불빛 세 개가 보이지요? 불빛 세 개가 일렬로 나란히 서서 완전히 하나처럼 보일 때 항구의 입구를 나는 정확하게 알 수 있지요."라고 대답했습니다.

이 이야기와 함께 마이어는 다음과 같이 말했습니다. "우리가 하나님의 뜻을 알고자 할 때는 언제나 세 가지가 일치해야 합니다. 첫째는 내적인 마음의 움직임이며, 둘째는 하나님의 말씀이며, 셋째는 환경의 움직임입니다. 즉, 하나님께서는 사람의 마음에서, 그리고 환경 가운데서 자신의 뜻을 알리시는 것입니다. 이 세 가지가 일치하기 전에는 절대 일을 시작하지 마십시오."

요한일서에서 이르시는 대로 우리가 하나님의 뜻을 계속 행하려 한다면 어떻게 하나님의 뜻을 깨닫는가 하는 것이 당연히 필수적입니다. 오랜 경험에서 나온 마이어의 지혜로운 조언은 그 좋은 출발점이 될 수 있을 것입니다.

평범한 사람들은 그저 살다가 죽고 그 모습이 세상에서 스러져서 곧 세상에서 잊혀지지만, 하나님의 뜻을 행한 사람들의 영향력은 길이 남습니다. 그러므로 모든 사람은 각자 자신이 세상적인 가치가 아니라 진실로 예수 그리스도의 일을 위해서 살고 있음을 확실히 하기 위해 자신의 시간과 재능과 물질을 어떻게 사용하고 있는지를 자주, 그리고 주의 깊게 스스로 평가해 보아야 합니다.

"한번 뿐인 삶은 곧 과거의 것이 되어 버리지만, 그리스도를 위하여 한 일은 영원히 남을 것이다."

오늘 주시는 말씀 로마서 12:1~3
믿음의 실천 내가 나의 삶을 위한 하나님의 뜻을 분명히 깨달을 수 있는 한, 나는 머지않아 사라져 버릴 하나님을 대적하는 세상의 방법을 따르지 아니하고 하나님을 따르며 그의 뜻을 행하겠습니다.

Father and Son

"A person who doesn't believe in Christ, God's Son, can't have God the Father either. But he who has Christ, God's Son, has God the Father also." 1 JOHN 2:23

An angry young student leader of a leftist movement approached me after one of my lectures on campus.

"I resent your poisoning the minds of these students with your religious ideas," he said, obviously trying to start an argument.

Instead of responding in kind, I asked him to come to our home for dinner where we could talk quietly and more in depth. He accepted the invitation.

After dinner, we discussed our individual views concerning God and man and the way we felt our ideas could best help man to maximize his potential. He objected when I started to read from the Bible.

"I don't believe anything in the Bible," he said.

"Well," I said, "if you don't mind, I would like to read you a few portions of Scripture which will help you better understand why I became a Christian after many years of agnosticism."

"I didn't believe in God or the Bible either, but something wonderful happened to me which changed my thinking—in fact, my whole way of life."

"These are some of the Scriptures which made a great impression on my thinking, and I would like to share them with you."

Reluctantly he agreed to listen. So I read portions of John 1, Hebrews 1 and Colossians, finally coming to this key verse in 1 John. My new student friend asked questions along the way. Before leaving that night, the miracle occurred and he wrote in our guest book, "The night of decision."

BIBLE READING 1 John 4:14-17
ACTION POINT Rather than try to defend the supernatural Word of God, I will imply present it in the power of the Holy Spirit and let the Word of God be its own defense.

아버지와 아들

"아들을 부인하는 자에게는 또한 아버지가 없으되 아들을 시인하는 자에게는 아버지도 있느니라"
요한일서 2:23

어느 대학의 모임에서 강연을 마치자 좌익 운동의 지도자인 한 학생이 화가 나서 나를 찾아왔습니다. 의심할 바 없이 나와 논쟁을 벌이려는 자세로 그는 말했습니다. "저는 당신이 학생들을 종교적인 생각으로 오염시키는 것에 대해 불쾌하게 생각합니다."

나는 맞서서 논쟁하지 않고 그에게 우리 집에 와서 저녁 식사를 함께 하며 조용하게 좀 더 깊이 대화를 나누자고 제의했습니다. 그는 나의 초대를 받아들였습니다.

저녁 식사가 끝난 뒤 우리는 신과 인간에 대한 각자의 견해와 인간이 자신의 가능성을 극대화시킬 수 있도록 도와줄 수 있는 방법에 대해 나름대로 생각하고 있는 것들을 토론했습니다. 그러나 그는 내가 성경을 펴서 읽으려고 하자 반대하고 나섰습니다.

"저는 성경에 있는 것은 어떤 것도 믿지 않습니다."

"좋습니다. 그렇지만 괜찮다면 성경의 몇 부분을 당신에게 읽어 드리고 싶습니다. 그러면 왜 내가 오랫동안 불가지론자였다가 그리스도인이 되었는지를 좀 더 잘 이해할 수 있을 겁니다. 나도 전에는 신이나 성경을 믿지 않았지만, 내 생각을 바꿔 놓은, 아니, 인생 전체의 방향을 바꾼 놀라운 일이 내게 일어났습니다. 내가 함께 읽고, 함께 나누고 싶은 이 구절들은 내 생각에 큰 영향을 준 것들인데 이 구절들을 당신과 나누고 싶습니다."

그는 주저하면서도 듣겠다고 했습니다. 나는 그에게 요한복음 1장, 히브리서 1장, 골로새서를 읽어주고, 드디어 오늘의 말씀인 요한일서의 구절에 이르렀습니다. 그날 새롭게 사귀게 된 그 젊은 학생은 내가 성경 말씀들을 읽어 가는 동안 중간에 계속 나에게 질문을 던졌습니다. 그날 밤, 그가 우리 집을 나서기 전 기적이 일어났습니다. 그는 나의 방명록에 이렇게 기록했습니다. "결단의 밤".

오늘 주시는 말씀 요한일서 4:14~17
믿음의 실천 초자연적인 하나님의 말씀을 내가 변호하려고 하기보다, 성령의 능력 가운데 하나님 말씀을 단순하게 제시하고, 하나님의 말씀이 스스로 변호하도록 하겠습니다.

Not Hard at All

"Loving God means doing what he tells us to do, and really that isn't hard at all; for every child of God can obey him, defeating sin and evil pleasure by trusting Christ to help him."
1 JOHN 5:3-4

I believe that we are on the threshold of witnessing the greatest spiritual revival in the history of the church. I believe that the Great Commission will indeed be fulfilled before the return of our Lord Jesus Christ Matthew 28:19-20; Mark 13:10.

Today, however, because of the subtle ways of the world system, there are more carnal Christians than at any other time in history. But the Bible tells us that the tide will turn and that the church will soon enter its finest hour.

We are beginning to see that turning of the tide. More and more Christians are discovering how to live supernaturally in the power and control of the Holy Spirit. The gospel is being spread throughout the world by many committed Christians who are determined, by faith, to help fulfill the Great Commission in this generation, whatever the cost.

I do not know anyone, however, who loves this world system who has ever been used of God in any significant way. There is nothing wrong with money and other material success.

However, we are to wear the cloak of materialism loosely. We are to set our affection on Christ and His kingdom, not on the material things of this world.

The Lord left us with this wonderful promise: "…every child of God can obey Him, defeating sin and evil pleasure by trusting Christ to help him." Inviting Christ to help us is our decision to make. It is simply a matter of the will.

BIBLE READING 1 John 5:1-8
ACTION POINT I will obey God and trust Christ to defeat sin and evil pleasure in my life, so that I can live a supernatural life and help take His gospel to all men throughout the world.

무거운 것이 아닌 그의 계명

"하나님을 사랑하는 것은 이것이니 우리가 그의 계명들을 지키는 것이라 그의 계명들은 무거운 것이 아니로다
무릇 하나님께로부터 난 자마다 세상을 이기느니라
세상을 이기는 승리는 이것이니 우리의 믿음이니라" 요한일서 5:3~4

나는 지금 우리가 교회 역사상 가장 위대한 영적 부흥을 목격하는 문턱에 서 있다고 믿습니다. 나는 우리 주 예수 그리스도께서 다시 오시기 이전에 그리스도의 지상명령이 진실로 성취될 것을 믿습니다.(마 28:19~20, 막 13:10)

그러나 오늘날 온갖 교활한 세상의 구조로 인해 역사상 그 어느 때보다 더 많은 육신적인 그리스도인이 존재하고 있습니다. 그럼에도 불구하고 성경은 역사의 조류가 바뀔 것이며, 교회는 곧 그 마지막 때에 들어설 것임을 말해주고 있습니다.

지금 우리는 그 조류의 변화를 막 목격하기 시작하는 순간에 와 있습니다. 더욱더 많은 그리스도인이 성령의 능력과 그 다스림 안에서 초자연적으로 살아가는 법을 깨닫고 있습니다. 어떤 대가를 치르더라도 이 세대 안에 지상명령의 성취를 돕겠다고 믿음으로 결심한 수많은 헌신된 그리스도인에 의해 복음은 전 세계로 퍼져 나가고 있습니다.

그러나 나는 어떤 형태로든 하나님께 귀히 쓰임을 받으면서도 이 세상을 사랑하는 사람을 한 번도 본 적이 없습니다. 돈이나 세상의 다른 물질적 성공, 그 자체에는 아무런 문제가 없습니다. 그러나 우리는 물질주의의 겉옷을 헐겁게 입고 있어야 합니다. 우리는 우리의 사랑을 그리스도와 그의 나라에 맞춰야 하며, 세상의 물질적인 것에 두어서는 안 되는 것입니다.

주님은 우리에게 이 놀라운 약속을 주셨습니다. "무릇 하나님께로부터 난 자마다 세상을 이기느니라 세상을 이기는 승리는 이것이니 우리의 믿음이니라"(요일 5:4) 그렇게 되기 위해 우리를 도우시도록 그리스도를 초청하는 것은 우리가 내려야 할 결단입니다. 그것은 오로지 우리의 의지에 달린 것입니다.

오늘 주시는 말씀   요한일서 5:1~8
믿음의 실천   나는 나의 삶 가운데 죄와 사악한 즐거움을 물리칠 수 있도록 하나님께 순종하고 그리스도를 신뢰하도록 하겠습니다. 그럼으로써 나는 초자연적인 삶을 살 수 있게 되고, 또 온 세상 모든 사람에게 그분의 복음이 전해지도록 도울 수 있을 것입니다.

Praise Brings Blessings

"Go through his open gates with great thanksgiving; enter his courts with praise. Give thanks to him and bless his name. For the Lord is always good. He is always loving and kind, and his faithfulness goes on and on to each succeeding generation."
PSALM 100:4-5

I would like to suggest several reasons why I believe praising God is so important in the life of the believer.

First, God is truly worthy of praise. He is worthy of praise because of who He is and because of all He has done for us. The psalmist reminds us, "Praise the Lord! Yes, really praise Him! I will praise Him as long as I live, yes, even with my dying breath" Psalm 146:1,2.

We praise God for who He is and for His attributes—His love, His sovereignty, His wisdom, His power, His greatness, goodness and compassion, His faithfulness, His holiness and His eternal, unchanging nature.

These and other characteristics of God are described in many passages. Three of my favorites are Isaiah 40, Psalm 139 and Psalms 145-150.

Second, we praise God for His benefits to us. Though too numerous to mention, some of them are expressed in Psalm 103.

No wonder the psalmist concluded this list of great benefits by calling upon all who read this passage, "Let everything everywhere bless [praise] the Lord. And how I bless [praise] Him too."

Yes, we are to praise God first of all because of who He is, and then we are to praise Him for His blessings to us. We should never take for granted the benefits we enjoy as a result of belonging to Him.

BIBLE READING Psalm 103:1-8
ACTION POINT Praise toward God throughout the day will be on my lips as I recall His many attributes and all His benefits to me.

축복을 가져오는 찬양

"감사함으로 그의 문에 들어가며 찬송함으로 그의 궁정에 들어가서 그에게 감사하며
그의 이름을 송축할지어다 여호와는 선하시니 그의 인자하심이 영원하고
그의 성실하심이 대대에 이르리로다"
시편 100:4~5

찬양이 그리스도인의 삶에 왜 그렇게 중요한지 내가 믿고 있는 몇 가지 이유를 말하고 싶습니다.

첫째, 하나님은 진실로 찬양을 받으실 만한 분입니다. 하나님은 그가 하나님이신 것과 우리를 위하여 행하신 모든 일들로 인해 찬양을 받기에 합당한 분입니다. 시편 기자는 우리에게 이렇게 상기시켜 줍니다. "할렐루야 내 영혼아 여호와를 찬양하라 나의 생전에 여호와를 찬양하며 나의 평생에 내 하나님을 찬송하리로다"(시 146:1~2)

우리는 하나님이 하나님이신 것과, 또 그의 모든 속성들, 즉 그의 사랑, 주권, 지혜, 능력, 위대하심, 선하심, 긍휼하심, 신실하심, 거룩하심과 그리고 영원하고 불변하시는 그분의 성품으로 인하여 하나님을 찬양합니다.

이 같은 여러 속성들이 표현되어 있는 성경 구절들은 많이 있습니다. 그중 내가 가장 좋아하는 구절은 이사야 40장과 시편 139편, 그리고 시편 145~150편입니다.

둘째, 우리는 하나님이 우리에게 베푸시는 은총으로 인해 하나님을 찬양합니다. 그 은총은 너무 많아서 일일이 다 언급할 수도 없지만, 그중 일부가 시편 103편에 기록되어 있습니다. 시편 기자가 하나님의 크신 은총들을 열거하면서 이 시편을 읽는 모든 사람에게 다음과 같이 요청하는 것으로 마무리지은 것은 놀라운 일이 아닙니다. "여호와의 지으심을 받고 그가 다스리시는 모든 곳에 있는 너희여 여호와를 송축하라 내 영혼아 여호와를 송축하라"(시 103:22)

그렇습니다! 우리는 무엇보다 하나님이 하나님이심으로 인해 그를 찬양해야 하며, 그리고 우리에게 베푸신 그분의 모든 축복으로 인해 찬양해야 합니다. 우리가 하나님께 속하여 있기 때문에 누리게 되는 그 은총들을 우리는 결코 당연한 것으로 생각해서는 안 됩니다.

오늘 주시는 말씀 시편 103:1~8
믿음의 실천 나는 내게 주신 하나님의 모든 축복과 또 그분의 많은 속성을 되새기며, 하나님을 향한 찬양이 종일 내 입술에서 그치지 않도록 할 것입니다.

God Answers While We Are Praying

"So don't worry at all about having enough food and clothing. Why be like the heathen? For they take pride in all these things and are deeply concerned about them. But your heavenly Father already knows perfectly well that you need them, and he will give them to you if you give him first place in your life and live as he wants you to." MATTHEW 6:31-33

Whenever God impresses you with a need, you can always be assured that He will supply that need, often through others.

One time we needed $485 for a particular ministry. While I was still on my knees in prayer, the mailman knocked on my door to deliver a registered letter containing a $500 check. A couple, grateful that their son received Christ through our ministry, had sent this generous check. Later, we needed $10,000, and God impressed us to pray for that amount. An hour after we prayed, a man called to say, "You have been on my mind all day, so I thought it might be that God was trying to tell me something. I thought I would just call to see if you have a need."

I told him we had just prayed for $10,000. He said, "That's a lot of money, but I'll call you back in an hour."

An hour later he called to say he would send a $10,000 check the next day as a loan without interest. He added, "If God continues to bless me and my business, I will give you the money."

God greatly blessed his faith and obedience, and a year later the loan became a gift. God has graciously demonstrated His faithfulness on thousands of occasions and often in even greater ways.

For those who seek first God's kingdom, He promises, "I will answer them before they even call Me. While they are still talking to Me about their needs, I will go ahead and answer their prayers" Isaiah 65:24. If our hearts and motives are pure and we seek to please Him in all we do, we can never ask Him for too much. We can always be assured that our faithful God will answer us as we pray in accordance with His Word and will.

BIBLE READING Matthew 6:24-33
ACTION POINT I will remember the faithfulness of God, that so long as my heart and my motives are pure and I pray according to His Word and will, He will hear me and answer me even before I pray.

기도를 마치기 전에 응답하시는 하나님

*"그러므로 염려하여 이르기를 무엇을 먹을까 무엇을 마실까 무엇을 입을까 하지 말라
이는 다 이방인들이 구하는 것이라 너희 하늘 아버지께서 이 모든 것이 너희에게 있어야 할 줄을 아시느니라
그런즉 너희는 먼저 그의 나라와 그의 의를 구하라
그리하면 이 모든 것을 너희에게 더하시리라" 마태복음 6:31~33*

하나님께서 당신에게 필요한 것을 깨닫게 해 주실 때마다, 당신은 하나님께서 그 필요를 직접 채워 주시거나 종종 다른 사람을 통해서 채워 주시리라는 확신을 가질 수 있습니다.

한번은 어떤 특별한 사역을 위해 485달러의 돈이 우리에게 필요한 적이 있었습니다. 내가 무릎을 꿇고 아직 기도를 마치지 않았을 때 문을 두드리는 소리가 나서 나가보니 집배원이 500달러짜리 수표가 들어 있는 등기 우편을 배달해 주었습니다. 자신들의 아들이 우리 선교회의 사역을 통해 그리스도를 영접한 것에 감사하고 있었던 어떤 부부가 큰 금액을 보낸 것이었습니다. 그 후에 만 달러라는 큰돈이 다시 필요했고, 하나님께서는 우리에게 그 금액을 위해 기도하라는 마음을 주셨습니다. 기도한 지 한 시간쯤 후에 한 사람이 전화를 걸어와 이렇게 말했습니다. "하루 종일 내 마음에 목사님 생각이 떠나질 않네요. 그래서 그건 아마도 하나님께서 내게 어떤 것을 말씀하려고 하시는 것 같다는 생각이 들었습니다. 혹시 목사님께 어떤 도움이 필요한 것이 있는지 전화해 봐야겠다는 생각이 그냥 들었습니다." 나는 그에게 방금 우리가 만 달러를 주십사 하고 기도했다고 말했습니다. 그는 "그건 정말 큰 금액이군요. 하지만 한 시간 안에 다시 전화 드리겠습니다."라고 말했습니다. 한 시간 후, 그는 다시 우리에게 전화해서 그다음 날 무이자로 만 달러를 빌려주겠노라고 알려왔습니다. 그리고 이렇게 덧붙였습니다. "만일 하나님께서 저와 제 사업을 계속해서 축복해주시면 그 금액을 당신께 그냥 드리도록 하겠습니다." 하나님께서는 그의 믿음과 순종을 크게 축복하셨고, 1년 후 그 빌린 금액은 헌금으로 바꾸게 되었습니다. 하나님은 그 외에도 수 천 번에 걸쳐 그의 신실하심을 보여 주셨고, 자주 우리가 생각했던 것 이상으로 크게 축복하셨습니다.

먼저 하나님 나라를 구하는 이들에게 하나님은 이렇게 약속하셨습니다. "그들이 부르기 전에 내가 응답하겠고 그들이 말을 마치기 전에 내가 들을 것이며"(사 65:24) 만일 우리의 마음과 동기가 순수하고 우리가 하는 일을 통해서 언제나 하나님을 기쁘시게 하기를 원한다면, 아무리 많은 것을 구해도 하나님은 다 응답해주실 것입니다. 우리가 그의 말씀과 뜻을 따라 기도할 때, 우리 신실하신 하나님께서 우리에게 응답하여 주실 것을 언제나 확신할 수 있습니다.

오늘 주시는 말씀   마태복음 6:24~33
믿음의 실천   나는 하나님의 신실하심을 늘 기억하며, 내 마음과 동기가 순수하고 그의 말씀과 뜻을 따라 기도하는 한, 내 기도를 들으시며 내가 기도하기 전이라도 나의 기도에 응답하실 것을 기억하겠습니다.

How to Gain Understanding

"For ever, O Lord, thy word is settled in heaven. Thy faithfulness is unto all generations."
PSALM 119:89-90, KJV

A story is told of a young woman who had been informed about a famous novel. She was interested in reading it, but as she began to read the novel, she found it dry and uninteresting. She would put it down to read something else, and then she would come back and try to read it again because her friends said it was an excellent book.

Even with the high recommendations of her friends, the book just did not captivate her. Then one day she met the author. He was very handsome and personable. They became interested in each other, and she fell in love with him.

Now she could hardly wait to read the novel. It was the most exciting book she had ever read, for she had fallen in love with the author.

This is what happens with the Scriptures when we love the Author, the Lord Jesus Christ.

During my years of skepticism and agnosticism, I found the Bible very dry and difficult to read and I believed it was filled with "all kinds of errors and inconsistencies." Then after becoming a Christian I began to read the Bible again. It was a completely different book, filled with exciting, life-changing truth. All the "errors and contradictions" were gone.

Why the difference? The nonbeliever or disobedient Christian does not understand spiritual truth 1 Corinthians 2:14. The Spirit-filled believer is taught by the Holy Spirit, who illumines the truth which He revealed to the original authors as recorded in the Bible.

BIBLE READING Psalm 119:129-136
ACTION POINT I will ask God to give me a love for His holy, inspired Word. Then things that happen in my life which I do not understand will be made clear as I go to the source of all true understanding, the Word of God.

깨달음을 얻는 법

"여호와여 주의 말씀은 영원히 하늘에 굳게 섰사오며 주의 성실하심은 대대에 이르나이다"
시편 119:89~90

이런 이야기가 있습니다. 한 젊은 여성이 어느 유명한 소설에 관한 이야기를 들었습니다. 그녀는 그 소설을 읽고 싶은 마음이 생겼으나, 읽어 가는 동안에 내용이 너무 딱딱하고 재미없게 느껴졌습니다. 그래서 그 소설을 내려놓고 다른 책을 읽으려고 하다가 그녀의 친구가 그 소설이 매우 훌륭하다고 이야기하던 것 때문에 다시 읽으려고 해 보았습니다.

자기의 친구가 크게 추천해 주었음에도 불구하고 그 소설은 그녀를 사로잡지 못했습니다. 그러던 어느 날, 그녀는 그 소설의 작가를 만나게 되었습니다. 그는 매우 멋지고 품위 있는 남자였습니다. 두 사람은 서로 관심을 가지게 되었고 그녀는 그와 사랑에 빠지게 되었습니다.

그녀는 이제 더 이상 그 소설을 밀쳐 둘 수 없었습니다. 그 책은 이제 그녀가 지금까지 읽은 책 중 가장 흥분을 자아내는 소설이 되었습니다. 그녀가 그 작가와 사랑에 빠졌기 때문입니다.

우리가 성경의 저자이신 주 예수 그리스도를 사랑할 때 이와 같은 일이 일어납니다. 내가 회의론과 불가지론에 빠져 있을 당시에는 성경은 내가 보기에 매우 무미건조하고 읽기 어려운 책이었으며 온갖 오류와 모순으로 가득 찬 책으로 생각되었습니다. 그러다가 그리스도인이 된 후 성경을 다시 읽기 시작했습니다. 그때 성경은 완전히 다른 책이었습니다. 흥분을 자아내며 삶을 변화시키는 진리로 가득 찬 책이었던 것입니다. 온갖 '오류와 모순'들은 다 사라져 버렸습니다.

왜 그렇게 달라졌습니까? 불신자들이나 불순종하는 그리스도인들은 영적인 진리를 깨닫지 못하기 때문입니다.(고전 2:14) 성령 충만한 그리스도인들은 성령에 의해 가르침을 받는데, 바로 그 성령께서 성경 기자들에게 보여주셨던 동일한 진리를 깨닫도록 빛을 비춰주시는 것입니다.

오늘 주시는 말씀 시편 119:129~136
믿음의 실천 나는 거룩한 영감이 넘치는 하나님의 말씀에 대한 사랑을 내게 주시도록 하나님께 간구하겠습니다. 내가 모든 참된 깨달음의 근원이신 하나님의 말씀으로 나아갈 때, 내 삶에서 이해할 수 없었던 모든 일이 분명한 그 의미를 드러낼 것입니다.

Loving and Kind

"But his joy is in those who reverence him, those who expect him to be loving and kind."
PSALM 147:11

Can you imagine an intelligent person saying no to Christ if he fully understood how much God loves him and if he realized that when he receives Christ his sins are all forgiven and he is given eternal life together with new meaning and purpose for his present life?

The nonbeliever who does not know all these things continues to live in disobedience, rejecting God's love and forgiveness. Why? Simply because he does not understand; he lacks information.

It is difficult to imagine a person saying no to such a wonderful life of challenge and adventure with the risen Christ if that person knows all the facts about who Christ is and why He came to this world.

It is the same with the Christian who is living in spiritual poverty. He often continues to live a frustrated, fruitless life, simply because he just does not understand who the Holy Spirit is and what the supernatural life is all about. But lack of knowledge is not the only obstacle to enjoying the supernatural life.

Pride: Pride, which is an exaltation of self instead of God, is the root cause of all sin. This defeating aspect of our human nature has kept many Christians from living supernaturally. Pride is not the same as a God-given healthy love and acceptance of oneself.

Fear of man: Peer pressure keeps many Christians from living the supernatural life. "The fear of man brings a snare" Proverbs 29:25, NAS

Many are afraid to be different, or are ashamed to witness for Jesus Christ who loved us and gave Himself for us. "But His joy is in those who reverence Him, those who expect Him to be loving and kind."

BIBLE READING Psalm 147:5-10
ACTION POINT I will claim the enabling power of the Holy Spirit to overcome pride and fear of man. I will reverence the Lord and expect Him to be loving and kind as He promised.

사랑과 인자하심

"여호와는 자기를 경외하는 자들과 그의 인자하심을 바라는 자들을 기뻐하시는도다"
시편 147:11

하나님이 자신을 얼마나 사랑하시는지를 완전히 이해하고, 또 그리스도를 영접할 때 모든 죄를 용서받으며, 자신의 현재 삶에 대한 새로운 의미와 목적을 깨닫고 동시에 영원한 생명도 얻게 된다는 것을 알고도 지적으로 분별력이 있는 사람이 그리스도를 거부한다는 것을 당신은 상상할 수 있겠습니까?

이런 모든 진리를 알지 못하는 불신자들은 계속하여 불순종하며 하나님의 사랑과 용서를 거부하는 가운데 살아갑니다. 왜 계속 그렇게들 살아갑니까? 다른 이유가 있는 것이 아니라 그 이유는 단지 그들이 제대로 이해하지 못하고 있기 때문이고 필요한 내용들을 제대로 알지 못하기 때문입니다.

그리스도가 누구신지, 그리고 그분이 왜 이 세상에 오셨는지, 이 모든 사실을 깨달은 사람이 부활하신 그리스도와 함께 하는 그 놀랍고 행복한 도전과 모험의 삶을 거부하리라고 생각하기는 어렵습니다.

영적인 빈곤 가운데 살아가고 있는 그리스도인도 마찬가지입니다. 종종 그런 사람들은 계속하여 낙담하며 열매 없는 삶을 살아가곤 하는데, 이유는 단지 성령이 어떤 분인지, 그리고 초자연적인 삶이 정말 어떤 것인지를 제대로 이해하고 있지 못하기 때문입니다. 그러나 초자연적인 삶을 누리는 데 장애가 되는 것은 지식의 결핍만은 아닙니다.

교만은 하나님 대신 자신을 높이는 것을 의미하며, 모든 죄를 일으키는 뿌리가 됩니다. 사람을 넘어지게 하는 인간 본성의 일면인 이 교만으로 인해 많은 그리스도인이 초자연적으로 살지 못했습니다. 교만은 하나님이 주시는 건전한 자기 사랑과 자신에 대한 긍정과는 다른 것입니다.

사람을 두려워함도 마찬가지입니다. 주위 사람들을 의식하는 압박감이 초자연적 삶을 살 수 없도록 합니다. "사람을 두려워하면 올무에 걸리게 되거니와"(잠 29:25)

많은 사람이 자신이 다른 사람과 다르게 되는 것을 두려워하거나, 혹은 우리를 사랑하셔서 우리를 위해 자신을 주신 예수 그리스도의 증인이 되기를 두려워합니다. "여호와는 자기를 경외하는 자들과 그 인자하심을 바라는 자들을 기뻐하시는도다"

오늘 주시는 말씀 시편 147:5~10
믿음의 실천 나는 교만과 다른 사람에 대한 두려움을 극복할 수 있도록 성령의 내주하시는 능력을 구(claim)하겠습니다. 나는 주를 경외하며 약속하신 인자하심을 기대하겠습니다.

According to Your Faith

"Then touched he their eyes, saying, According to your faith be it unto you."
MATTHEW 9:29, KJV

A poor heathen woman, after receiving Christ as her Savior, was remarkable for her simple faith. She decided to take Him literally at His word.

A few months after her conversion her little child became ill, and recovery was doubtful. Ice was needed for the little one, but in that tropical country, away from the world's large cities, such a thing was not to be had.

"I'm going to ask God to send ice," the mother said to a missionary.

"Oh," came the quick reply, "but you can't expect that He will do that."

"Why not?" asked the simple-hearted believer. "He has all the power, and He loves us. You told us so. I'll ask Him, and I believe He'll send it."

She did ask Him, and strange things began to happen. Soon there came up a heavy thunderstorm, accompanied by hail. The woman was able to gather a large quantity of hailstones. The cold application was just what the child needed. Recovery of the sick child soon followed. In our sophistication and intellectualism we, like the missionary and most other Christians, would tend to question the audacity of such a prayer.

Faith as a little child always brings the desired answer. "According to your faith be it unto you." And where does such faith originate? "Faith comes by hearing, and hearing by the Word of God."

BIBLE READING Matthew 9:27-31
ACTION POINT If my storehouse of faith proves insufficient to enable me to live supernaturally or to believe God for a specific need, I will spend time in His Word to build up that storehouse of faith.

너희 믿음대로

"이에 예수께서 그들의 눈을 만지시며 이르시되 너희 믿음대로 되라 하시니"
마태복음 9:29

이전에 이교도였던 어느 가난한 여인이 그리스도를 구주로 영접한 뒤 단순하지만 놀라운 믿음을 가지게 되었습니다. 그녀는 문자 그대로 주님을 말씀대로 믿기로 결심했습니다.

주님을 영접한 후 몇 달이 지났을 때 그녀의 어린 아들이 병이 들어 회복이 어렵게 되었습니다. 얼음이 필요했는데, 그녀가 살고 있던 곳은 열대 지방이었고 대도시와도 멀리 떨어진 곳이어서 얼음을 구할 수 없었습니다.

"하나님께 얼음을 보내 주시라고 구하겠어요." 그녀가 선교사에게 말했습니다.

선교사가 이내 대답했습니다. "그래요, 하지만 하나님이 그렇게 해주시리라고는 기대하지 마십시오."

"기대하지 말라니요?" 단순한 믿음을 가진 그 여인이 말했습니다. "하나님은 전능하시고, 또 우리를 사랑하세요. 선교사님도 그렇게 말씀하셨잖아요. 나는 하나님께 달라고 구하겠어요.. 또 하나님께서 보내주실 것을 믿어요."

그녀는 하나님께 구했습니다. 그런데 이상한 일이 일어났습니다. 갑자기 큰 뇌우가 우박과 함께 쏟아졌습니다. 그녀는 많은 우박을 모을 수 있었습니다. 아들에게 필요했던 것은 바로 냉찜질이었던 것입니다. 병들었던 어린 아들은 곧 회복될 수 있었습니다. 허황된 논리와 지성주의 풍조 속에서 그 선교사와 대부분의 다른 그리스도인들처럼 우리도 그런 기도를 해서는 안 되는 것 아니냐고 묻는 경향이 있습니다.

어린아이와 같은 믿음은 언제나 바라던 응답을 얻습니다. "너희 믿음대로 되라"(마 9:29) 그와 같은 믿음은 어디에서 오는 것입니까? "그러므로 믿음은 들음에서 나며 들음은 그리스도의 말씀으로 말미암았느니라"(롬 10:17)

오늘 주시는 말씀 마태복음 9:27~31
믿음의 실천 만일 나의 믿음의 창고가 내가 초자연적인 삶을 살기에, 혹은 하나님께서 나의 어떤 특별한 필요를 채워 주실 것이라는 것을 믿기에 부족하다는 것이 입증된다면, 나는 나의 믿음의 창고를 세우고 넓히기 위해 하나님의 말씀을 공부하고 묵상하는 시간을 갖도록 하겠습니다.

Our Hearts' Desires

"Therefore I say unto you, What things soever ye desire, when ye pray, believe that ye receive them, and ye shall have them." MARK 11:24, KJV

Jesus, assuming that our lives are pure and we are Spirit-filled, declares that our heartfelt desires will be God-given. When God gives us those desires, He then gives us the power to fulfill them philippians 2:13. You can be assured that whatever God has placed in your heart, He will do.

For example, one of the great desires of my heart as a new Christian was to produce a film on the life of Jesus. I sought the counsel of the late Cecil B. DeMille who produced the magnificent King of Kings, which after more than fifty years is still being viewed by millions of people each year throughout the world. I continued to pray and many years later discussed with our Board of Directors whether we should produce such a film. They encouraged me to do whatever God led me to do, but made it clear that funds would have to be available before we could produce the film. More than thirty years passed before God, in a marvelous way, brought together John Heyman, a well-known film producer and director, and Bunker and Caroline Hunt to provide the finances, and the JESUS film became a dramatic reality.

Already, this film has been translated into more languages than any film in history and it is our goal to complete the translation into at least 271 languages, representing every group in the world with a million or more population. We expect to have at least 2,000 teams showing the film to four million people or more when the project is in full swing. It is our prayerful objective that at least one billion people will be introduced to a personal relationship with Jesus Christ through this film.

My point is, the desire was placed in my heart and as God reminded me from time to time, I would pray for and claim again by faith the fulfillment of that dream. And now, years later, this desire is becoming a joyful reality.

BIBLE READING Psalm 21:1-7
ACTION POINT Whenever a desire to do something special for God is placed on my heart, I will verify that it is scriptural, will bring glory to God, and meets the counsel of godly people. If so, I will trust God for its supernatural fulfillment.

마음의 소원

"그러므로 내가 너희에게 말하노니 무엇이든지 기도하고 구하는 것은 받은 줄로 믿으라
그리하면 너희에게 그대로 되리라" 마가복음 11:24

예수님께서는 만일 우리의 삶이 순수하며 우리가 성령으로 충만해 있다면, 우리의 마음에서 일어나는 소원은 하나님께서 주신 것이라고 말씀하십니다. 하나님께서 우리에게 그와 같은 소원을 주실 때는 그 소원을 이룰 능력도 함께 주시는 것입니다.(빌 2:13) 무엇이든 하나님께서 당신 마음 가운데 주신 소원은 하나님께서 꼭 이루실 것이라는 것을 확신해도 좋습니다.

예를 들어, 내가 예수님을 믿은 지 얼마 안 되었을 때 내 마음의 가장 큰 소원 중 하나는 예수님의 생애를 영화화하는 것이었습니다. 나는 작고한 [24]세실 B. 드밀 씨의 자문을 구했습니다. 그가 제작한 영화인 '왕 중 왕'(The King of Kings, 1927년 제작)은 제작된 지 많은 세월이 지난 오늘날도 전 세계 수많은 사람이 관람하고 있습니다. 나는 계속 기도하다가 여러 해가 지난 후에 CCC의 이사회에서 예수님의 생애에 대한 영화를 제작할 것인지의 여부를 토의했습니다. 이사회는 하나님께서 인도하시는 대로 무엇이나 해도 좋다고 격려했지만, 그 영화를 제작하기 전에 제작비가 마련될 수 있어야 한다는 점을 분명히 했습니다. 그 후 30년 이상의 세월이 흘렀습니다. 하나님께서는 놀라운 방법으로 유명한 영화 제작자이며, 감독인 존 헤이먼과, 제작비를 제공할 벙커 헌트와 그의 아내 캐럴라인을 보내 주셔서 드디어 '예수' 영화가 극적으로 만들어지게 되었습니다.

이미 이 영화는 역사상 어느 영화보다 더 많은 언어로 번역되었으며, 백만 명 이상의 인구가 현재 사용하고 있는 271개 언어로 번역을 마치는 것이 앞으로 우리의 목표입니다. 우리의 이 거대한 계획이 완전히 시행된다면 적어도 2천 개의 '예수' 영화 상영 팀이 4백만 명 이상의 사람들에게 영화를 관람시킬 수 있을 것으로 기대합니다. 적어도 10억의 사람들에게 이 영화 상영을 통해 예수 그리스도와 개인적인 관계를 가지도록 하는 것이 우리의 기도 제목입니다.

내가 말하고자 하는 것은 하나님께서 소원을 내 마음 가운데 주셨고, 그 소원을 때때로 계속 상기시켜 주시므로 나는 그것을 위해 기도하고, 그 꿈의 완전한 성취를 이루어 주실 것을 믿음으로 하나님께 간구했다는 것입니다. 지금, 오랜 세월이 지나, 나의 소원은 기쁨에 가득 찬 현실이 되었습니다.

오늘 주시는 말씀 시편 21:1~7
믿음의 실천 하나님을 위하여 어떤 특별한 일을 하고자 하는 소원이 내 마음에 떠오를 때마다 나는 그 소원이 하나님께 영광을 돌릴 수 있는 것인지 점검하겠으며, 경건한 사람들과도 상의를 해보겠습니다. 그 모든 것에 부합할 때 나는 하나님께서 그 소원을 초자연적으로 성취해 주실 것을 신뢰하겠습니다.

Cheer Up; He Has Overcome

"I have told you all this so that you will have peace of heart and mind. Here on earth you will have many trials and sorrows; but cheer up, for I have overcome the world." JOHN 16:33

I know of few promises in all the Word of God that offer more assurance and encouragement than this one.

The apostle Paul was an aggressive soldier of God who carried the gospel far and wide throughout the known world. He was greatly used of God to expand the territorial borders of Christendom. All that Paul did, he did in the name of Christ and through the power and control of the Holy Spirit.

But there was great opposition to Paul's ministry. consequently, he always seemed to be in the center of spiritual warfare. He knew his enemies, Satan and the world system, and their subtle, deceiving devices.

Throughout his Christian life, he suffered various kinds of persecutions, including stonings, beatings and imprisonment. In spite of such harsh persecution, Paul could write, "Rejoice in the Lord always; again, I will say, rejoice" Philippians 4:4, NAS.

It was during Paul's imprisonment in Rome, about A.D. 61 or 62, that he wrote to the church at Ephesus. The theme of his letter is supernatural living, and he talks about the Christian's spiritual warfare. He tells us that the battle we fight is against Satan and the spiritual forces of wickedness, not against other people.

The apostle Paul experienced the supernatural peace of heart and mind which Jesus promised, a promise which we too can claim, in times of difficulty, testing and even persecution.

BIBLE READING   John 16:25-32
ACTION POINT   Today I will claim the peace of heart and mind that Jesus promised to all who trust and obey Him. I will put on the whole armor of God so I can withstand the wiles of the enemy and thus live a supernatural life for the glory of God.

담대하라 세상을 이기었노라

"이것을 너희에게 이르는 것은 너희로 내 안에서 평안을 누리게 하려 함이라
세상에서는 너희가 환난을 당하나 담대하라 내가 세상을 이기었노라"
요한복음 16:33

하나님의 모든 약속 중에서 위의 말씀보다 내게 더 큰 확신과 용기를 주는 말씀은 없습니다.

사도 바울은 그 당시 전 세계에 걸쳐 널리 복음을 전한 하나님의 공격적인 군사였습니다. 그는 기독교 세계의 판도를 확장하기 위하여 하나님께서 크게 사용하신 사람이었습니다. 바울이 한 모든 일은 그리스도의 이름으로, 그리고 성령의 능력과 다스리심을 따라 한 것이었습니다.

하지만 바울의 사역에는 큰 적대 세력이 있었습니다. 따라서 그는 언제나 영적 전쟁의 중심에 서 있었던 것처럼 보입니다. 그는 자신의 대적인 사탄과 세상의 시스템, 그리고 그들의 교활한 미혹의 술책들을 알고 있었습니다.

그리스도인으로서 삶을 살면서 그는 돌팔매에 맞고, 또 매를 맞으며 감옥에 갇히는 등 온갖 박해를 겪었습니다. 그와 같은 혹독한 핍박에도 불구하고 바울은 이렇게 말할 수 있었습니다. "주 안에서 항상 기뻐하라 내가 다시 말하노니 기뻐하라"(빌 4:4)

바울이 에베소 교회에 편지를 쓴 것은 AD 61~62년 경 그가 로마의 감옥에 갇혀 있을 때였습니다. 에베소서의 주제는 초자연적인 삶이며, 바울은 그리스도인의 영적인 싸움에 관해 말하고 있습니다. 그는 우리의 싸움은 세상 사람들과의 싸움이 아니라 사탄과 악한 영들에 대한 싸움임을 말해 줍니다.

사도 바울은 예수님께서 약속하신 마음과 생각의 초자연적인 평안, 즉 우리도 고난과 시험 혹은 핍박을 받을 때에 동일하게 구할 수 있는 바로 그 약속의 초자연적인 평안을 경험했던 것입니다.

오늘 주시는 말씀   요한복음 16:25~32
믿음의 실천   오늘 나는 예수 그리스도를 믿고 순종하는 모든 사람에게 약속하신 마음과 생각의 평안을 주장(claim)하겠습니다. 나는 하나님의 전신갑주를 입어 원수의 모든 간계를 대적할 수 있도록 하겠으며, 그럼으로써 하나님의 영광을 위하여 초자연적인 삶을 살게 될 것입니다.

We Are Each a Part

"Each of us is a part of the one body of Christ. Some of us are Jews, some are Gentiles, some are slaves and some are free. But the Holy Spirit has fitted us all together into one body. We have been baptized into Christ's body by the one Spirit, and have all been given that same Holy Spirit." 1 CORINTHIANS 12:13

Most Christians agree that the Holy Spirit baptizes the believer into the Body of Christ, as this verse affirms. But the unity of the body is divided here on earth by many differences of interpretation concerning a "second baptism," speaking in tongues and "Spirit-filling."

Most believers agree, however, that we are commanded to live holy lives and the Holy Spirit supernaturally makes this human impossibility a reality. He does this when we totally submit ourselves to His indwelling love and power. Or, to use a metaphor of the apostle Paul, "For all of you who were baptized into Christ have clothed yourselves in Christ" Galatians 3:27, NAS

In His high-priestly prayer, our Lord prayed that we who are believers may be one with Him, even as He and the Father were one. We are commanded to love one another. "By this shall all men know that ye are my disciples, if ye have love one to another" John 13:35, KJV. No one who criticizes his brother is Spirit-filled. No one who sows discord among his brethren is Spirit-filled. In fact, the test of whether we are controlled by the Holy Spirit is how we love our brothers.

It is my joy and privilege to know most of the famous Christian leaders of our time, men and women whom God is using in a mighty way to help change our world with the gospel. How I rejoice at every good report that comes to me of God's blessing upon their lives and ministries. In fact, it is one way of checking my own walk with Christ. If I were jealous and critical, fault-finding and sowing discord, I would know that I am not walking in the light as God is in the light.

BIBLE READING 1 Corinthians 12:14-20
ACTION POINT I will not allow my interpretation of the Spirit-filled life to separate me from other members of the Body of Christ, but will love them and seek to promote unity among believers.

우리가 다 한 몸이 되었고

"우리가 유대인이나 헬라인이나 종이나 자유인이나
다 한 성령으로 세례를 받아 한 몸이 되었고 또 다 한 성령을 마시게 하셨느니라"
고린도전서 12:13

위의 말씀이 확증하는 바와 같이 대부분의 그리스도인은 성령께서 믿는 자에게 세례를 주셔서 그리스도의 몸에 참여하게 하신다는 사실에 동의합니다. 그러나 그리스도의 몸으로서의 연합과 일치는 제2의 세례, 혹은 방언, 또 성령 충만 등에 대한 해석의 차이로 인하여 이 땅에서 분열되어 있습니다.

대부분의 그리스도인은 우리에게 거룩한 삶을 살라는 명령이 주어져 있다는 사실과, 성령께서 인간으로는 불가능한 이 명령을 초자연적으로 가능하게 하신다는 사실에 동의하고 있습니다. 우리가 우리 안에 내주하시는 성령의 사랑과 능력에 전적으로 우리 자신을 맡길 때 성령은 그것을 가능하게 하시는 것입니다. 사도 바울은 "누구든지 그리스도와 합하기 위하여 세례를 받은 자는 그리스도로 옷 입었느니라"(갈 3:27)라고 비유했습니다.

대제사장으로서, 우리 주님은 그와 아버지가 하나이신 것 같이 우리 믿는 그리스도인들도 그와 함께 하나가 되도록 기도하셨습니다. 우리는 서로 사랑하도록 명령받았습니다. "너희가 서로 사랑하면 이로써 모든 사람이 너희가 내 제자인 줄 알리라"(요 13:35) 자기 형제를 비판하는 사람은 성령 충만한 사람이 아닙니다. 형제 사이에 불화의 씨를 뿌리는 사람도 성령 충만한 사람일 수 없습니다. 사실 우리가 성령의 다스림을 받고 있는지의 여부는 우리가 우리의 형제들을 얼마나 사랑하고 있는지로 알 수 있습니다.

세상을 복음으로 변화시키는 일에 하나님께 놀랍게 쓰이고 있는 우리 시대의 많은 저명한 기독교 지도자들을 알게 된 것은 내게 큰 기쁨이며, 특권입니다. 하나님께서 그들의 삶과 사역에 축복하신다는 좋은 소식을 들을 때마다 내가 얼마나 기쁜지 말로 다할 수 없습니다.

사실 그것은 내가 그리스도와 함께 동행하는 나의 삶을 점검하는 한 가지 방법이기도 합니다. 내가 만약 그들의 사역에 질투를 느끼거나, 비판적이거나, 흠을 잡고 불화의 씨를 뿌린다면, 빛 가운데 하나님이 계신 것처럼 나는 행하고 있지 않은 것입니다.

오늘 주시는 말씀 고린도전서 12:14~20
믿음의 실천 나는 성령 충만에 대한 나의 깨달음으로 그리스도의 몸 된 다른 형제자매와 분열을 일으키지 않도록 하겠으며, 대신 그들을 사랑하고 우리 믿는 사람 사이의 일치를 더욱 굳세게 하기 위해 힘쓰겠습니다.

The Holy Spirit Enlightens

"But the man who isn't a Christian can't understand and can't accept these thoughts from God, which the Holy Spirit teaches us. They sound foolish to because only those who have the Holy Spirit within them can understand what the Holy Spirit means. Others just can't take it in." 1 CORINTHIANS 2:14

Though I have been a Christian for more than 35 years, I still have much to learn. I am far from perfect. And I do not ever expect to be—in this lifetime. Only our Lord Jesus Christ was without sin.

However, I know from experience that the more time I spend with God through reading, studying, memorizing and meditating on His Word, with the help of the Holy Spirit to interpret God's truth to me, the more I become like our Lord Jesus Christ, God's Son.

When you spend time daily in Bible reading and study, your life will change.

After reading God's Word consistently for several months, you will be amazed by the things God has done in your life.

How can we understand the Bible? How can we experience its life-changing influence in our lives?

The nonbeliever and the disobedient, carnal Christian have difficulty in understanding the Bible because they must rely on their human faculties in their attempt to understand things that are of a spiritual nature in God's Word.

As Paul writes to the church at Corinth, "…the natural man receiveth not the things of the Spirit of God: for they are foolishness unto him: neither can he know them, because they are spiritually discerned" (KJV).

BIBLE READING 1 Corinthians 2:9-13
ACTION POINT Since the Holy Spirit inspired holy men of old to record God's Word, the Bible, I will ask Him to interpret God's message to my own life, and today I will encourage others to depend on the Holy Spirit to live a supernatural life.

깨닫게 해 주시는 성령

"육에 속한 사람은 하나님의 성령의 일들을 받지 아니하나니
이는 그것들이 그에게는 어리석게 보임이요,
또 그는 그것들을 알 수도 없나니 그러한 일은 영적으로 분별되기 때문이라"
고린도전서 2:14

비록 내가 35년 이상이나 그리스도인으로 살아왔지만 아직도 배워야 할 것이 너무 많습니다. 나는 완벽한 그리스도인과는 거리가 먼 사람이며, 내가 사는 동안 그렇게 될 수 있으리라 감히 기대하지도 않습니다. 오직 우리 주 예수 그리스도만이 죄가 없으신 분이셨습니다.

그러나 나는 하나님의 진리를 내게 설명해 주시는 성령의 도우심 가운데 하나님의 말씀을 읽고, 공부하고, 암송하고, 묵상하며 하나님과 함께 하는 시간을 더 많이 가질수록 하나님의 아들이신 우리 주 예수 그리스도를 더욱 닮아가게 된다는 것을 나의 경험으로부터 압니다.

날마다 성경을 읽고 연구하는 시간을 갖는다면 당신의 삶은 변할 것입니다.

하나님의 말씀을 계속하여 몇 달 동안 지속적으로 읽고 난 뒤, 당신은 하나님께서 당신의 삶에 행하신 일들을 보고 놀라게 될 것입니다.

어떻게 하면 우리가 성경을 제대로 이해할 수 있습니까? 우리의 삶을 완전히 바꿔놓는 그 능력을 어떻게 체험할 수 있습니까?

불신자들과 불순종하는 그리스도인들, 또 육신적인 그리스도인들은 성경을 이해하는 데 어려움이 있습니다. 그들은 하나님의 말씀의 영적인 속성들을 이해하기 위해 자신들의 인간적인 능력에 기댈 수밖에 없기 때문입니다.

바울은 고린도 교회에 보내는 편지에서 이렇게 적고 있습니다. "육에 속한 사람은 하나님의 성령의 일들을 받지 아니하나니 이는 그것들이 그에게는 어리석게 보임이요 또 그는 그것들을 알 수도 없나니 그러한 일은 영적으로 분별되기 때문이라"

오늘 주시는 말씀 고린도전서 2:9~13

믿음의 실천 성령께서 거룩한 사람들에게 감동을 주셔서 하나님의 말씀을 기록하게 하셨기 때문에 나는 성령님께 하나님의 말씀을 깨닫게 해 주시도록 간구하겠으며, 다른 사람들에게도 초자연적인 삶을 살 수 있기 위해 성령님께 의지하도록 권면하겠습니다.

As a Man Thinketh

"For as he thinketh in his heart, so is he..."
PROVERBS 23:7 KJV

"Every day in every way I am becoming better and better," declared the French philosopher Emile Coué. But it is said that he committed suicide.

Positive thinking by a nonbeliever without a biblical basis is often an exercise in futility. Though I agree with the basic concept of positive thinking, so long as it is related to the Word of God, there is a difference between positive thinking and supernatural thinking. We do not think positively so that we can know Christ better; we come to know Christ better, which results in supernatural thinking. The basis of our thinking is God's Word; supernatural thinking is based upon the attributes of God.

When a man says, "I am going to be enthusiastic, by faith, as an act of the will," or "I am going to rejoice, by faith, as an act of will," he is simply drawing upon his rights as a child of God, according to the promises of God.

In supernatural thinking, we apply the promises of God, knowing with certainty that if we ask anything according to His will, He will hear and answer us.

Some well-known Christian leaders emphasize "positive thinking" and "possibility thinking." They are men whom I admire and with whom I agree basically in this regard because the Christian life is a positive life. "As a man thinketh in his heart, so is he."

But I prefer to use what I believe to be the more scriptural definition of the Christian life—supernatural thinking, which includes—but goes far beyond—both positive thinking and possibility thinking.

BIBLE READING Proverbs 23:1-6
ACTION POINT Today I will claim by faith a promise or promises from God's Word which will help me to live a supernatural life.

마음의 생각대로

"대저 그 마음의 생각이 어떠하면 그 위인도 그러한즉 그가 네게 먹고 마시라 할지라도 그의 마음은 너와 함께 하지 아니함이라" 잠언 23:7

"날마다 모든 면에서 나는 점점 더 나아지고 있습니다."라고 프랑스의 철학자인 [25]에밀 쿠에(Émile Coué)가 선언했습니다. 그러나 그는 결국 자살하고 말았다고 합니다.

성경에 기초를 두지 않은 믿지 않는 사람들의 긍정적인 사고는 헛되이 끝나는 경우가 많습니다. 비록 하나님의 말씀과 일부 연관이 있다는 점에서 긍정적 사고의 기본적인 개념에는 동의한다고 하더라도, 긍정적인 사고와 초자연적인 사고에는 차이가 있습니다. 우리가 긍정적으로 생각함으로 인해 우리가 그리스도를 더 잘 이해하게 되는 것이 아닙니다. 우리가 그리스도를 더욱 잘 이해하게 됨으로써 그 결과로 초자연적 사고를 할 수 있게 되는 것입니다. 우리는 우리 모든 사고의 기초를 하나님의 말씀에 둡니다. 다시 말해 초자연적인 사고는 하나님의 속성에 근거하는 것입니다.

어떤 사람이 "나는 이제 [1]믿음으로(by faith), 의지적 행위(as an act of the will)로 열정적인 사람이 되려고 합니다." 혹은 "나는 이제 믿음으로(by faith), 의지적 행위(as an act of the will)로 기뻐하려고 합니다."라고 할 때 그는 하나님의 약속의 말씀에 따라서 하나님의 자녀 된 자신의 권리를 단순히 활용하는 것입니다.

초자연적인 사고에 있어서, 믿는 자는 하나님의 약속을 적용합니다. 그것은 우리가 무엇이든 하나님의 뜻을 따라 구하면, 그는 들으시고 응답하신다는 것을 확실히 알기 때문입니다.

어떤 저명한 기독교 지도자들이 '긍정적 사고'와 '가능성의 사고'를 강조했습니다. 그분들은 내가 존경하는 분들이며, 또한 그리스도인의 삶은 긍정적인 삶이라는 측면에 있어서는 기본적으로 그분들의 의견에도 동의합니다. "대저 그 마음의 생각이 어떠하면 그 위인도 그러한즉"이라고 하셨기 때문입니다.

그러나 나는 그리스도인의 삶에 대해서 보다 성경적인 정의라고 믿고 있는 '초자연적인 사고'라는 용어를 쓰기를 더 좋아합니다. 그것은 '긍정적인 사고'와 '가능성의 사고'를 모두 포함하면서도 그 이상의 것이기 때문입니다.

오늘 주시는 말씀 잠언 23:1~6
믿음의 실천 오늘 나는 내게 초자연적인 삶을 살도록 도와주시는 하나님 말씀의 약속들을 믿음으로 주장하겠습니다.

Rivers of Living Water

"For the Scriptures declare that rivers of living water shall flow from the inmost being of anyone who believes in me." JOHN 7:38

I was explaining to a group of Christians the meaning of Proverbs 15:13-15, "A happy face means a glad heart, a sad face means a breaking heart. When a man is gloomy, everything seems to go wrong and when he is cheerful everything seems to go right." God's Word reminds us that the source of joy is the Holy Spirit 1 Thessalonians 1:6. So if a man is filled with the Spirit, he will have a joyful heart. When we are filled with the Spirit, we will express love by singing and making melody in our hearts to the Lord. A happy heart will inevitably produce a joyful countenance Ephesians 5:18-21.

If we do not have a joyful, peaceful countenance, there is reason to question whether we have a loving, joyful heart.

And if we do not have a loving, joyful heart, it is not likely that we are filled with the Spirit.

One Christian leader, who had heard me speak, approached me later. He just happened to have a very somber, stern countenance. He explained to me that this was a new concept to him, and since he was reared in another culture, he felt that his somber countenance was a cultural thing.

"In our part of the world [the Middle East]," he said, "we don't smile and express ourselves like American Christians."

Together we analyzed the Scripture and concluded that culture has nothing to do with this truth, since Jesus, Paul and other writers of the New Testament were also born in the Middle East. If we truly understand the Spirit-filled life, whatever our cultural background, the joy of the Lord will flow from us from our "innermost being shall flow rivers of living water" John 7:38, NAS.

BIBLE READING John 7:33-37
ACTION POINT Recognizing love, joy and peace as trademarks of the Spirit-filled life, I will seek to be Spirit-controlled so that these expressions will be a natural overflow of my life. I will teach this spiritual truth to others today.

생수의 강

"나를 믿는 자는 성경에 이름과 같이 그 배에서 생수의 강이 흘러나오리라"
요한복음 7:38

나는 한 모임에서 그리스도인들에게 잠언 15장 13~15절의 의미를 설명하고 있었습니다. "마음의 즐거움은 얼굴을 빛나게 하여도 마음의 근심은 심령을 상하게 하느니라 명철한 자의 마음은 지식을 요구하고 미련한 자의 입은 미련한 것을 즐기느니라 고난 받는 자는 그날이 다 험악하나 마음이 즐거운 자는 항상 잔치하느니라"

하나님의 말씀은 기쁨의 근원이 바로 성령이신 것을 우리에게 상기시켜 줍니다.(살전 1:6) 따라서 성령 충만할 때 기쁜 마음을 가지게 될 것입니다. 성령 충만할 때 우리는 마음으로 주께 노래하며 우리의 사랑을 표현하게 될 것입니다. 행복한 마음은 즐거운 표정으로 드러날 수밖에 없을 것입니다.(엡 5:18~21)

우리의 얼굴에 기쁨과 평안이 없을 때는 우리에게 사랑과 기쁨의 마음이 있는가를 살펴볼 필요가 있습니다. 우리에게 사랑과 기쁨의 마음이 없다면 성령 충만하여 있다고 보기 어렵습니다.

내가 말한 것을 들은 한 기독교 지도자가 나중에 나를 찾아왔습니다. 그는 마침 무겁고도 굳은 얼굴을 하고 있었습니다. 그는 내게 내가 말한 것은 그에게는 새로운 개념이며, 그의 굳은 표정은 그가 다른 문화권에서 성장했기 때문에 나온 문화적인 결과물이라 생각한다고 그는 말했습니다.

"우리 중동에서는 문화적인 영향 때문에 미국의 그리스도인들처럼 잘 미소를 짓거나 자신을 외부로 표현하지 않습니다."라고 그는 이야기했습니다.

우리는 함께 성경의 말씀을 해석하면서, 예수님과 바울과 신약의 다른 기자들도 역시 중동에서 태어났기 때문에 문화권과 이 진리는 아무 관계가 없다는 결론을 내렸습니다. 만일 우리가 성령 충만한 삶을 참되게 이해한다면 우리의 문화적 배경이 어떤 것이든 주님이 주시는 기쁨이 우리의 '배에서 생수의 강이 흘러나옴으로' 우리로부터 흘러넘치게 될 것입니다.(요 7:38)

오늘 주시는 말씀   요한복음 7:33~37
믿음의 실천   사랑과 기쁨, 그리고 평화로움이 성령 충만한 삶의 표징인 것을 알기 때문에 나는 성령에 지배되는 삶을 구하겠으며, 그럼으로써 그 같은 표징이 나의 삶에서 언제나 자연스럽게 넘쳐흐르도록 하겠습니다. 나는 오늘 이 영적 진리를 다른 사람들에게도 가르쳐 주도록 하겠습니다.

To Encourage Us

"These things that were written in the Scriptures so long ago are to teach us patience and to encourage us so that we will look forward expectantly to the time when God will conquer sin and death." ROMANS 15:4

Tom had a "short fuse" and frequently exploded in anger when he was disappointed with himself or others. Then he received Christ and began to study the Word of God, obey its commands and walk in the fullness of the Holy Spirit.

His life began to change, gradually at first, until, as he told me recently, it has now been a long time since he has allowed his old nature to express his impatience.

The story is told of an impatient man who prayed and kept praying for God to grant him the virtue he so desperately needed.

"Lord," he prayed, "give me patience, and give it to me now!"

Patience, however, is a virtue that is developmental in nature, to a large degree. It is the result of walking in the fullness and power of the Holy Spirit Galatians 5:22,23. It develops out of a good heart and a godly attitude Luke 8:15. It is spawned sometimes during times of tribulation. Remember, it is a fruit of the Spirit.

Paul writes, "If we must keep trusting God for something that hasn't happened yet, it teaches us to wait patiently and confidently" Romans 8:25.

So patience comes from hope and trust in God. And finally, we learn patience through the study and personal application of God's Word in our lives, as suggested in Romans 15:4, "These things that were written in the Scriptures so long ago are to teach us patience and to encourage us."

BIBLE READING Romans 15:1-6
ACTION POINT When delays and seeming denials occur, I will exercise patience, with the help of the indwelling Holy Spirit.

인내로 소망을

"무엇이든지 전에 기록된 바는 우리의 교훈을 위하여 기록된 것이니
우리로 하여금 인내로 또는 성경의 위로로 소망을 가지게 함이니라"
로마서 15:4

톰은 성격이 급하고 다혈질이라서 자신이나 혹은 다른 사람들에게 실망할 때 자주 분노를 폭발시키곤 했습니다. 그러던 중 그는 그리스도를 영접한 후, 하나님의 말씀을 공부하며 그 명령을 순종하고 성령 충만한 가운데 삶을 살기 시작했습니다.

그의 삶은 서서히 변화하기 시작해서 드디어는, 최근에 그가 내게 한 말에 의하면, 마지막으로 화를 낸 것이 오래전 일이 되었다고 합니다.

어떤 참을성 없는 사람이 그가 절실히 필요로 하는 덕목인 인내를 주십사 하고 간절히 이렇게 기도했다는 이야기가 있습니다. "주여, 내게 인내를 주시옵소서. '지금 당장' 주시옵소서!"

인내는 자연적인 성품을 성숙해질 때까지 훈련하여 얻어지는 덕목입니다. 인내는 성령의 충만함과 또 그 능력 가운데 삶을 살아갈 때 주어지는 결과물입니다.(갈 5:22~23) 인내는 착한 마음과 경건한 태도에서부터 발전되어 나옵니다.(눅 8:15) 인내는 때로 환난의 때에 만들어집니다. 기억하십시오. 인내는 성령의 열매 중 하나입니다.

바울은 "만일 우리가 보지 못하는 것을 바라면 참음으로 기다릴지니라"(롬 8:25)라고 말하고 있습니다.

따라서 인내는 소망과 하나님께 대한 신뢰에서 옵니다. 그리고 끝으로 로마서 15장 4절에서 말한대로 하나님의 말씀을 공부하고 우리 삶 속에서 개인적으로 적용함으로써 인내를 배웁니다. "무엇이든지 전에 기록된 바는 우리의 교훈을 위하여 기록된 것이니 우리로 하여금 인내로 또는 성경의 위로로 소망을 가지게 함이니라"

오늘 주시는 말씀   로마서 15:1~6
믿음의 실천   일이 지체되거나 또는 막히는 것처럼 보일 때 나는 내주하시는 성령의 도움으로 인내를 훈련하도록 하겠습니다.

His Mark of Ownership

"He has put his brand upon us—his mark of ownership—and given us his Holy Spirit in our hearts as guarantee that we belong to him and as the first installment of all that he is going to give us." 2 CORINTHIANS 1:22

Some time ago, a young Christian came to share his problems. He was very frustrated and confused, and he spoke of the constant defeat and fruitlessness which he experienced in the Christian life.

"You don't have to live in defeat," I said to him.

The young man registered surprise.

"You can live a life of victory, a life of joy, a life of fruitfulness," I assured him. "In fact, by the grace of God—and to Him alone be the glory—for more than 25 years as a Christian I do not recall a single hour of broken fellowship with the Lord Jesus."

He was really shocked at that.

"Do you mean you haven't sinned in 25 years?" he asked. "No, that's not what I mean," I replied. "I have sinned regrettably; I have grieved and quenched the spirit at times with impatience, anger or some other expression of the flesh. But when I grieve the Spirit, I know exactly what to do. I breathe spiritually. I confess my sin to God and immediately receive His forgiveness and cleansing, and by faith I continue to walk in the fullness and power of the Holy Spirit."

BIBLE READING   1 Corinthians 12:3-11
ACTION POINT   Realizing that a believer can live a supernatural, holy life only as he yields to the control of the Holy Spirit, I will seek to practice holiness in my personal life and encourage other Christians to do the same.

하나님 소유로 인치심

"그가 또한 우리에게 인치시고 보증으로
우리 마음에 성령을 주셨느니라" 고린도후서 1:22

얼마 전 어떤 젊은 그리스도인이 자신의 문제를 상담하기 위해 나를 찾아왔습니다. 그는 심한 혼란과 좌절에 빠져 있었으며, 그리스도인의 삶을 사는 동안 계속하여 그가 경험하고 있는 패배와 열매 없는 삶에 대해 말했습니다.

나는 그에게 말했습니다. "당신은 패배 가운데 살지 않아도 됩니다."

그 젊은이는 놀란 표정을 지었습니다.

"당신은 승리의 삶, 기쁨의 삶, 열매 맺는 삶을 살 수 있습니다." 나는 그에게 확신을 주었습니다.

"사실 나는 하나님의 은혜로 그분에게만 영광을 돌리면서 25년 이상이나 그리스도인의 삶을 살아 왔지만, 단 한 시간도 주 예수님과의 사귐이 끊어진 때가 없었습니다."

그는 나의 이 말에 크게 충격을 받았습니다.

"그럼 25년 동안 한 번도 죄를 짓지 않았다는 말씀입니까?"

"아니요, 내 말은 그런 뜻이 아닙니다. 나도 후회할 만한 죄를 범한 일이 있었습니다. 때로 참지 못하고 화를 내거나 다른 육적인 감정의 표현 때문에 성령님을 근심하게 하거나 소멸하기도 했습니다. 그러나 나는 내가 성령을 근심케 했을 때 어떻게 해야 하는지를 잘 알고 있습니다. 나는 [5]'영혼의 호흡'을 합니다. 하나님께 죄를 고백하고 즉시 그의 용서와 깨끗케 하시는 은혜를 받는 것입니다. 그리고 나서 믿음으로 성령 충만과 그 능력 가운데 계속해서 걸어갑니다."

오늘 주시는 말씀 고린도전서 12:3~11
믿음의 실천 믿는 자가 성령의 다스림에 순복할 때만 초자연적이며 거룩한 삶을 살 수 있다는 사실을 깨닫기 때문에, 나는 나의 삶에서 거룩함을 훈련하도록 하겠으며, 다른 사람에게도 그렇게 하도록 권면하겠습니다.

Clothed in Christ

"For all of you who were baptized into Christ have clothed yourselves in Christ."
GALATIANS 3:27, NAS

You may be surprised, as I was, at the result of our personal surveys having to do with church members and salvation.

Such surveys indicate that somewhere between 50 and 90 percent of all church members are not sure of their salvation. Like Martin Luther, John Wesley and many others who became mighty ambassadors for Christ, some spend many years "serving God" before they experience the assurance and reality of their salvation.

The pastor of a large fashionable church of 1,500 members once reacted negatively when I shared these statistics, doubting that such large percentages of church members lacked assurance of their salvation.

He decided personally to survey his own congregation at the church where he had served as senior pastor for 15 years. To his amazement and shock, more than 75 percent of the membership indicated they were not sure of their salvation.

The following Sunday, the pastor arranged for the Four Spiritual Laws booklet, which contains the distilled essence of the gospel, to be distributed to each member of the congregation.

For his sermon he read the contents of the booklet aloud, as the congregation followed him, reading from their own copies of the Four Laws. Then he invited all who wished to receive Christ as their Savior and Lord to read aloud with him the prayer contained in the booklet. Almost the entire congregation joined in the prayer audibly. As a result the church was changed, because changed individuals in sufficient numbers equal a changed church, a changed community and a changed nation.

Have you clothed yourself in Christ?

BIBLE READING Galatians 4:4-7
ACTION POINT I will not take for granted that I have found faith in Christ simply because I belong to a church, nor assume that all church members, have assurance of their salvation. I shall encourage all who are not sure to receive Christ.

그리스도로 옷 입어

"누구든지 그리스도와 합하기 위하여 세례를 받은 자는
그리스도로 옷 입었느니라" 갈라디아서 3:27

²⁶⁾교회에 출석하는 사람들과 그들의 구원에 관해서, 출석하는 사람 개개인을 대상으로 한 조사 결과를 보면 내가 그랬던 것처럼 당신도 놀랄 것입니다.

그 조사에 의하면, 교회에 출석하는 사람들의 약 50~90%가 자신들의 구원을 확신하지 못하고 있다고 했습니다. 오랜 세월 동안 하나님을 섬기면서도 구원의 확신과 그 실제를 경험하지 못한 사람들이 많습니다. ⁶⁾마틴 루터와 ¹⁶⁾존 웨슬리, 그리고 후에는 그리스도를 위한 능력있는 대사로 변화되었던 많은 사람처럼, 수많은 사람이 구원의 확신과 그 실제성을 경험하지 못한 채로 '하나님을 섬긴다'고 하며 오랜 세월을 보냅니다.

1,500명이 출석하는 한 현대 교회의 목회자는 내가 이 통계를 말하자, 그처럼 많은 사람이 자신의 구원에 확신을 갖지 못한다는 사실에 의구심을 표시하며 믿기 힘들다는 반응을 보였습니다.

그는 자신이 담임 목사로 15년 동안 섬겨 온 자신의 교회의 회중들을 대상으로 개인적으로 설문 조사를 해 볼 것을 결심했습니다. 그 결과 약 75% 이상의 자신의 ²⁶⁾교회 출석자가 구원에 확신을 갖고 있지 못하다는 사실에 놀라움과 충격을 금하지 못했습니다.

그다음 주일에 그 목사는 복음의 가장 중요한 내용을 요약하고 있는 4영리 소책자를 회중 한 사람, 한 사람에게 모두 나누어 줄 수 있도록 준비했습니다. 설교 시간에 그는 4영리의 내용을 소리 내어 읽고 회중도 각자 받은 4영리를 따라 읽게 했습니다. 그리고 그는 그리스도를 자신의 구주와 주님으로 영접하기를 원하는 사람은 누구나 4영리의 영접 기도문을 크게 소리 내어 따라 할 것을 요청했습니다. 거의 모든 회중이 소리 내어 그 기도를 함께 했습니다. 그 결과로 그 교회에는 큰 변화가 왔습니다. 개인이 변화하면 변화하는 사람이 늘어나는 만큼 교회가 변하고, 그들이 속한 공동체가 변화되며, 나라가 변화되기 때문입니다. 당신은 그리스도로 옷 입었습니까?

오늘 주시는 말씀 갈라디아서 4:4~7
믿음의 실천 나는 나 또는 교회의 모든 등록 교인이 단순히 교회에 다니고 있다는 것만으로 당연히 그리스도를 믿는 믿음이나 구원의 확신을 가지고 있다고 여기지 않겠습니다. 나는 그리스도를 영접한 것을 확신하지 못하고 있는 사람들에게 권면하겠습니다.

Gift of His Spirit

"This is what God has prepared for us, and as a guarantee he has given us his Holy Spirit."
2 CORINTHIANS 5:5

A dynamic young business man sat across from me in my office. By almost every standard of human measure he was an outstanding success in both his business and his religion.

He was one of the leading men in his field of specialty in the world. A highly moral, religious person, he was very active in his church. And yet, he was not sure that he was a Christian.

He wanted desperately—more than anything else in the world—to have real assurance, but he did not know how to go about obtaining it. Step by step, I explained to him from the Bible how he could receive Christ into his life and be sure of his salvation.

Soon we were on our knees in prayer, after which he went on his way rejoicing in the assurance of his salvation to begin a supernatural walk with God.

Many pastors and other Christian leaders, I have discovered, also have this same gnawing doubt about their salvation. One pastor who had preached the Bible-centered gospel for 40 years told me that he was still unsure of his salvation.

The wife of an evangelist confided, "During the past 30 years, my husband and I have introduced thousands of people to Christ, but I have never been sure of my own salvation. Never before have I had the courage to share this concern with anyone, but now I am so desperate that I have come to seek your help."

I explained that we receive Christ as our Savior by faith or an act of the will; then, as a guarantee, He gives us His Holy Spirit.

BIBLE READING   2 Corinthians 5:6-10
ACTION POINT   With God's Holy Spirit as my constant witness, I will daily give thanks to Him for assurance of my salvation.

선물로 주신 하나님의 성령

"곧 이것을 우리에게 이루게 하시고 보증으로
성령을 우리에게 주신 이는 하나님이시니라" 고린도후서 5:5

열정적인 청년 사업가 한 사람이 나의 사무실에서 나와 마주 앉아 있었습니다. 사업적으로나, 종교적으로나 어떤 인간적인 기준에서 보아도 그는 뛰어난 성공을 거두고 있었습니다. 그가 일하는 분야에서 그는 세계적으로 뛰어난 인물 중 한 명이었습니다. 대단히 도덕적이며 종교적인 사람으로서 그는 교회에서도 매우 활동적인 사람이었습니다. 그러나 그는 아직 자신이 그리스도인이라는 사실을 확신하지 못하고 있었습니다.

그는 세상의 다른 무엇보다도 참된 확신을 간절히 원했지만, 그 확신을 얻기 위해 어떻게 해야 하는지를 모르고 있었습니다. 나는 그에게 어떻게 그리스도를 자신의 삶에 영접하고 구원을 확신할 수 있는지를 한 단계씩 순서대로 성경을 통해 설명해 주었습니다. 오래지 않아 우리는 함께 무릎을 꿇고 기도하게 되었으며, 그 후 그는 구원에 대한 확신 가운데 기쁨으로 하나님과의 초자연적인 삶을 시작하게 되었습니다.

나는 많은 목회자와 기독교 지도자들도 마찬가지로 자신의 구원에 대해 회의하면서 괴로워하는 것을 보아 왔습니다. 40년 동안이나 성경 중심적인 복음을 설교해 온 한 목회자도 아직도 자신의 구원에 대한 확신이 없다고 고백해 오기도 했습니다.

어느 전도자의 부인은 다음과 같이 자신의 속마음을 털어놓았습니다. "지난 30년 동안 저는 남편과 함께 수많은 사람을 그리스도께로 인도했지만, 정작 나 자신의 구원은 전혀 확신하지 못했습니다. 그리고 한번도 이 문제를 남에게 내놓을 용기가 없었습니다. 하지만 이제는 도저히 견딜 수가 없어서 당신의 도움을 받고자 왔습니다."

나는 우리가 1)믿음으로(by faith), 다시 말해 의지적인 행동으로(an act of the will) 그리스도를 우리의 구주로 영접한다는 것을 설명해 주었습니다. 그리고 그때에 하나님께서는 그 보증으로써 하나님의 성령을 우리에게 주시는 것입니다.

오늘 주시는 말씀 고린도후서 5:6~10
믿음의 실천 언제나 내게 변함없는 증인이 되시는 하나님의 성령에 힘입어, 나는 내게 주신 구원의 확신에 대하여 날마다 하나님께 감사를 드리겠습니다.

Your Joy Restored

"Create in me a clean heart, O God; and renew a right spirit within me. Cast me not away from thy presence; and take not thy Holy Spirit from me. Restore the joy of thy salvation; and uphold me with thy free Spirit. Then will I teach transgressors thy ways; and sinners shall be converted unto thee." PSALM 51:10-13, KJV

"The Christian owes it to the world to be supernaturally joyful," said A. W. Tozer. How do we attain that joy?

When we refuse to exhale spiritually by confessing our sins, we are miserable. On the other hand, when we do confess our sins, we experience God's complete forgiveness. He removes our guilt and fills our lives with joy, the kind of joy we will very much want to share with others.

The psalmist also knew this when he wrote: "Create in me a new, clean heart, O God, filled with clean thoughts and right desires…Restore to me again the joy of your salvation, and make me willing to obey you. Then I will teach your ways to other sinners, and they—guilty like me—will repent and return to you" Psalm 51:10,12,13

There was a time when I allowed moods and circumstances to prevent the joyful launching of a new day with the Lord. As a result, I did not feel that close relationship with Him, that beautiful awareness of His presence that comes from fellowship with Him in His Word and in prayer, and through faithful witnessing of His reality to others.

Without that time with Him, there is no joy and the day often begins and continues in the energy of the flesh. There is no personal awareness of God's presence, and things just seem to go wrong. We can begin every day with that joyful communion with Christ that gives us the assurance of His presence throughout the day. We are the ones who make that choice. God is available; we are the variable.

BIBLE READING Psalm 51:1-9
ACTION POINT I will begin this day on my knees, praising and rejoicing in the Lord as an expression of my desire to be with Him. I will also read His Word and offer prayers of adoration, confession, thanksgiving and supplication.

즐거움의 회복

"하나님이여 내 속에 정한 마음을 창조하시고 내 안에 정직한 영을 새롭게 하소서
나를 주 앞에서 쫓아내지 마시며 주의 성령을 내게서 거두지 마소서
주의 구원의 즐거움을 내게 회복시켜 주시고 자원하는 심령을 주사
나를 붙드소서 그리하면 내가 범죄자에게 주의 도를 가르치리니 죄인들이 주께 돌아오리이다" 시편 51:10~13

"그리스도인은 세상에 대해서 초자연적인 기쁨을 보여 줄 의무가 있다." [27]토저가 한 말입니다.

어떻게 그와 같은 기쁨을 얻을 수 있습니까?

우리가 죄를 고백하는 [5]'영혼의 호흡'을 하지 않으려 할 때, 우리는 비참하게 됩니다. 반면에 우리가 우리 죄를 고백할 때 하나님의 완전한 용서를 경험하게 됩니다. 하나님은 우리의 죄를 제거하시고 우리의 삶을 기쁨으로 채우시며, 우리는 이 기쁨을 다른 사람들에게 전하여 주고자 하는 간절한 마음을 가지게 됩니다.

시편 기자도 다음 시편을 기록할 때 역시 이 사실을 깨닫고 있었습니다. "하나님이여 내 속에 정한 마음을 창조하시고 내 안에 정직한 영을 새롭게 하소서…주의 구원의 즐거움을 내게 회복시켜 주시고 자원하는 심령을 주사 나를 붙드소서 그리하면 내가 범죄자에게 주의 도를 가르치리니 죄인들이 주께 돌아오리이다"(시 51:10, 12~13)

한때 나는 나의 기분과 주위 상황이 주님과 함께 새로운 날을 기쁨으로 시작하지 못하도록 허용한 적이 있었습니다. 그 결과 나는 주님과의 가까운 사귐을 느낄 수 없었으며, 말씀과 기도 가운데 하나님과 교제할 때, 그리고 또 주님이 살아 계심을 다른 사람들에게 신실하게 증거 할 때 따라 오는 하나님의 임재를 느끼는 행복한 깨달음도 느낄 수 없었습니다.

주님과 함께 하는 시간 없이는 기쁨이 없게 되며, 하루를 육적인 힘만으로 시작하여 보내게 되곤 합니다. 하나님의 임재를 인격적으로 인식할 수도 없게 되며, 하는 일마다 잘못되어 가는 것처럼 보입니다. 우리는 주님과의 즐거운 사귐으로 하루를 시작할 수 있으며, 그렇게 할 때 우리는 종일토록 그리스도께서 임재하심에 대한 확신을 얻게 됩니다. 선택을 하는 사람은 우리입니다. 하나님은 한결 같으시나 우리는 변하기 쉽습니다.

오늘 주시는 말씀   시편 51:1~9
믿음의 실천   나는 주님과 늘 함께 있고 싶은 나의 소원의 표현으로 무릎 꿇어 찬양하고 주를 기뻐하며 하루를 시작하겠습니다. 나는 그의 말씀을 읽으며 찬양과 고백과 감사와 간구의 기도를 드리겠습니다.

Fair in Everything

"The Lord is fair in everything he does and full of kindness. He is close to all who call on him sincerely." PSALM 145:17-18

Are you afraid to trust the Lord? I find that many people who have had unfortunate experiences in their youth with their parents, especially their fathers, have a reluctance to trust God.

In my talks with thousands of students, I have found a number of young people who have such an attitude problem.

Even the best of earthly parents, at times, are unfair and fail to demonstrate kindness. Yet how wonderful it is to know that our Lord is fair in everything He does and is full of kindness, and He is always close to all who call upon Him sincerely.

Notice that the Scripture promise quoted above is a categorical statement. The psalmist permits no exceptions, even when we are sure we deserved better than we received. Thus we need to claim the promise in God's Word by faith and live by it. Some day we will see events from God's side and recognize the fairness we could not see here. We often see "as in a glass darkly," but God has perfect 20/20 vision. That's why the attitude of trust alone will help us overcome our feelings that God or the world is unfair. Only then can we live a supernatural life of daily acceptance of what God sends our way.

BIBLE READING Psalm 145:8-12
ACTION POINT Today I will put my trust in God and His goodness, no matter how I feel. I will move beyond preoccupation with my disappointments and carry out God's appointments in the certainty that our Lord is fair in everything He does.

그 모든 행위에 의로우시며

"여호와께서는 그 모든 행위에 의로우시며 그 모든 일에 은혜로우시도다
여호와께서는 자기에게 간구하는 모든 자 곧 진실하게 간구하는 모든 자에게 가까이 하시는도다"
시편 145:17~18

당신은 하나님을 신뢰하는 것을 두려워합니까? 어린 시절에 부모님, 특히 아버지와의 관계에서 불행한 경험을 가진 사람들이 하나님을 신뢰하는 일을 꺼리는 것을 나는 많이 보아 왔습니다.

수많은 학생과 대화를 나누면서 나는 상당수의 학생이 그와 같은 태도를 가진 것을 발견했습니다.

세상적으로 아무리 훌륭한 부모라 하더라도 때때로 공정성을 잃거나 사랑을 보여 주지 못하는 경우가 있습니다. 그러나 우리 주님께서는 모든 일에 의로우시며, 언제나 넘치는 사랑으로 우리를 대하시고, 진실하게 간구하는 모든 자를 항상 가까이 하신다는 사실을 알게 되는 것은 얼마나 놀라운 일인지요.

오늘의 이 성경 말씀은 무조건적인 약속인 것을 깨닫게 되기 바랍니다. 시편 기자는 어떤 예외의 경우도 말하고 있지 않습니다. 때로 우리가 마땅히 받아야 할 만큼 받지 못했다고 생각할 때조차도 예외는 아닙니다. 그러므로 우리는 믿음으로 하나님의 말씀의 약속을 주장(claim)해야 하며, 그 약속에 따라 살아야 합니다. 언젠가 우리는 하나님의 곁에 서서 모든 것을 보게 되고 이 땅에 사는 동안 알 수 없었던 하나님의 의로우심을 그때 깨닫게 될 것입니다. 우리는 종종 "거울로 보는 것 같이"(고전 13:12) 희미하게 보지만, 하나님은 완벽하고 선명하게 모든 것을 보고 계십니다. 때로 하나님께서, 혹은 세상이 불공평하게 느껴질 때 우리가 오직 하나님을 신뢰하는 태도로 그것을 극복해야 하는 이유가 여기에 있습니다. 그래야만 하나님이 우리가 가는 길에 보내 주시는 것들을 날마다 기쁘게 받아들이는 초자연적인 삶을 살 수 있게 되는 것입니다.

오늘 주시는 말씀   시편 145:8~12
믿음의 실천   오늘 나는 나의 느낌이 어떻든 하나님과 그의 선하심을 신뢰하겠습니다. 나는 나의 짧은 생각으로 인한 어떤 실망감도 떨치고 일어나, 우리 주님은 그가 행하시는 모든 일에 언제나 의로우시다는 확신 가운데 하나님이 명하시는 일들을 준행하도록 하겠습니다.

Reap What You Sow

"Don't be misled; remember that you can't ignore God and get away with it: a man will always reap just the kind of crop sows!" GALATIANS 6:7

Steve had just been introduced to this great and exciting law of sowing and reaping. "Is it really true," he asked, "that I will always reap what I sow—and more than I sow—good or bad?"

I was able to assure him, from the authority of Scripture, from experience of 36 years of walking with Christ and by observing closely the lives of many thousands of Christians with whom I have counseled and worked, that the law of sowing and reaping is just as true and inviolate as the law of gravity.

If you want to judge a man, an American humorist once said, you should not look at him in the face but get behind him and see what he is looking at, what he is sowing.

For example, is he looking at God with reverence—or with no deference at all? Does he really believe God means what He says?

A student once asked, "If I give my life to Christ, do I become a puppet?" The answer is a resounding no! We have the right of choice; we are free moral agents. God's Word assures us that He guides and encourages us, but we must act as a result of our own self-will. God does not force us to make decisions.

The more we understand the love, the wisdom, the sovereignty, the grace and power of God, the more we will want to trust Him with every detail of our lives. The secret of the supernatural life is to keep Christ on the throne of our lives and delight ourselves in Him as Lord.

We fail in the Christian life when we, as a deliberate act of our will, choose to disobey the leading of the Holy Spirit.

It is a tragedy of the human will that we often think we have a better way than God has for living the Christian life. But do not deceive yourself or allow Satan to mislead you: God's way is best!

BIBLE READING Galatians 6:6-10
ACTION POINT I will seek to sow seeds of love and kindness and faith knowing that as a result I will reap God's best for my life.

심은 대로 거두리라

"스스로 속이지 말라 하나님은 업신여김을 받지 아니하시나니
사람이 무엇으로 심든지 그대로 거두리라" 갈라디아서 6:7

스티브는 이 위대하고도 놀라운 수확과 파종의 법칙에 대해 방금 들었습니다. "내가 뿌린 것은 좋은 것이든 나쁜 것이든 뿌린 그대로, 혹은 그 이상으로 거두게 된다는 것이 참된 진리입니까?"라고 그가 물었습니다. 나는 성경의 권위에 의해서, 그리고 36년 동안 그리스도와 함께 동행하여 온 나의 경험과 또 내가 상담하거나 동역하였던 수많은 그리스도인의 삶을 가까이에서 살펴 본 결과에 의해서, 수확과 파종의 법칙은 중력의 법칙과도 같이 참되고도 변할 수 없는 법칙이라는 것을 확실히 이야기해 줄 수 있었습니다.

미국의 어떤 익살꾼이 말한 것 같이 당신이 어떤 사람을 판단하고자 할 때는 그 사람의 얼굴을 들여다 볼 것이 아니라, 그의 뒤에 서서 그가 무엇을 보고 있는지, 그리고 그가 무엇을 심고 있는지를 보아야 합니다.

예를 들어, 그가 경외함으로 하나님을 바라보는지, 또는 전혀 경외함이 없이 바라보는지, 혹은 진실로 하나님과 그 말씀하신 것을 믿는지를 살펴보아야 할 것입니다.

어떤 학생이 이런 질문을 던졌습니다. "내가 그리스도께 나의 삶을 드린다면, 나는 꼭두각시가 되는 게 아닙니까?" 그 대답은 분명히 "아니요"입니다. 우리에게는 선택할 수 있는 권리가 있습니다. 우리는 도덕적인 측면에서 결정권을 갖고 있습니다. 성경은 하나님께서 우리를 인도하시고 권면하신다는 것을 분명히 일러주지만, 우리는 우리 자신의 의지의 결정에 따라 행동하게 되는 것입니다. 하나님은 우리에게 강제로 결정을 내리게 하시지 않습니다.

우리가 하나님의 사랑과 지혜와 주권과 은혜와 능력을 이해하면 할수록 우리 삶의 세세한 부분에 이르기까지 더욱 하나님을 신뢰하기를 원하게 됩니다. 초자연적인 삶의 비밀은 그리스도를 우리의 삶의 보좌에 계속 모시고 우리의 주님 되신 것을 기뻐하는 데 있습니다.

고의적인 의지의 행동으로써 성령의 인도하심을 불순종하기로 선택할 때 그리스도인의 삶은 실패하게 됩니다.

하나님께서 그리스도인의 삶을 위하여 예비하신 것보다 더 나은 방법을 가지고 있다고 우리가 종종 생각하곤 하는 것이 인간 의지의 비극입니다. 스스로 속이거나 사탄이 당신을 잘못 인도하도록 내버려두지 마십시오. 하나님의 길이 언제나 최선입니다!

오늘 주시는 말씀 갈라디아서 6:6~10
믿음의 실천 나는 사랑과 친절과 믿음의 씨앗을 뿌리기에 힘쓰겠습니다. 그렇게 할 때 나의 삶을 위하여 하나님이 마련해 놓으신 최고의 것을 거둘 수 있다는 것을 알기 때문입니다.

One More Reason to Praise

"His presence within us is God's guarantee that he really will give us all that he promised; and the Spirit's seal upon us means that God has already purchased us and that he guarantees to bring us to himself. This is just one more reason for us to praise our glorious God."
EPHESIANS 1:14

To me, this wonderful verse means that, as children of God, we have the ability to obey God's laws if we are filled continually with the Holy Spirit and refuse to obey the old evil nature within us.

In order to live the supernatural life which is available to us through the indwelling Holy Spirit, we must know our rights as children of God. We need to know our spiritual heritage. We must know how to draw upon the inexhaustible, supernatural resources of God's love, power, forgiveness and abundant grace.

The first step is to learn everything we can about God. We also need to know about the nature of man why he behaves as he does. The best way to learn who God is, who man is and about our rights as children of God is to spend much time—even at the sacrifice of other needs and demands on our schedules—in reading, studying, memorizing and meditating on the Word of God, and in prayer and witnessing.

Paul wrote to the Christians at Rome, "For His Holy Spirit speaks to us deep in our hearts, and tells us that we really are God's children. And since we are His children, we will share His treasures—for all God gives to His Son Jesus is now ours too. But if we are to share His glory, we must also share His suffering" Romans 8:16, 17.

BIBLE READING Ephesians 1:15-23
ACTION POINT I will acknowledge God's presence, believe His promises and surrender to His special will for me, and thus will I praise Him throughout the day.

찬양할 또 하나의 이유

"이는 우리 기업의 보증이 되사 그 얻으신 것을 속량하시고
그의 영광을 찬송하게 하려 하심이라"
에베소서 1:14

    나는 이 놀라운 성경 구절은 하나님의 자녀인 우리가 지속적으로 성령 충만하며, 또 우리 안에 있는 악한 옛 성품을 버릴 때, 하나님의 법을 순종할 수 있는 능력을 우리가 갖게 된다는 의미로 생각합니다.
    우리 안에 거하시는 성령을 통하여 주어지는 초자연적인 삶을 누리기 위해서는 하나님의 자녀로서의 우리의 권리를 알아야 합니다. 우리가 갖고 있는 영적 유산이 어떤 것인지를 알 필요가 있습니다. 또 우리는 끝없는 하나님의 초자연적인 사랑과 능력과 용서와 풍성한 은혜의 자원들을 어떻게 끌어올 수 있는지를 알아야 합니다.
    첫 단계는 할 수 있는 한, 하나님에 관한 모든 것을 배우는 것입니다. 또한 우리는 인간으로 하여금 그렇게 행동하도록 하는 인간의 본성에 관해 알아야 합니다. 하나님이 어떤 분이신지, 인간이 누구인지, 하나님의 자녀로서 우리의 권리에 관해서 알 수 있는 최고의 방법은 하나님의 말씀을 읽고, 공부하고, 암송하고, 묵상하며 또 기도하고 주님을 증거하는 일에 많은 시간을 보내는 것입니다. 때로 그렇게 하기 위해 우리의 계획된 일과나 다른 여러 일들을 희생해서라도 말입니다.
    바울은 로마에 있는 그리스도인들에게 이렇게 썼습니다. "성령이 친히 우리의 영과 더불어 우리가 하나님의 자녀인 것을 증언하시나니 자녀이면 또한 상속자 곧 하나님의 상속자요 그리스도와 함께 한 상속자니 우리가 그와 함께 영광을 받기 위하여 고난도 함께 받아야 할 것이니라"(롬 8:16~17)

오늘 주시는 말씀   에베소서 1:15~23
믿음의 실천   나는 하나님의 임재하심을 인정하고, 그분의 약속을 믿으며, 나를 위한 하나님의 특별한 뜻에 순복하겠습니다. 그리하여 종일토록 하나님을 찬양할 것입니다.

God's Home Is Holy

"Don't you realize that all of you together are the house of God, and that the Spirit of God lives among you in his house? If anyone defiles and spoils God's home, God will destroy him. For God's home is holy and clean, and you are that home." 1 CORINTHIANS 3:16-17

At this writing, I am with the staff at our annual training on the campus of Colorado State University. In addition to the 3,000 United States and Canadian field staff of Campus Crusade for Christ who are here, thousands more are attending music workshops, summer school, numerous conferences and meetings on this campus. Also, the entire Denver Broncos professional football team is here for training.

Throughout the day, from early morning till late at night, the campus is alive with people jogging, roller-skating, playing tennis, walking and other physical activities. These people are disciplining their bodies, keeping them in good physical tone.

Sadly, however, I also witness many people who lack interest in physical well-being by smoking and drinking alcoholic beverages. A stroll down the sidewalks of this beautiful campus will reveal numerous smokers. And, in the early hours, before the clean-up crews go to work, one can see in the gutters the empty beer cans from the previous night's revelry and carousing.

The body of the Christian is the temple of God—Father, Son and Holy Spirit 1 Corinthians 3:16,17; 6:19. For this reason, God asks us to present our bodies as "living sacrifices," holy and righteous, for God could dwell in no less a temple.

BIBLE READING   1 Corinthians 3:11-15
ACTION POINT   I will take especially good care of my body—physically, mentally, spiritually—realizing it is the temple of God's Holy Spirit.

하나님의 성전은 거룩하니

"너희는 너희가 하나님의 성전인 것과 하나님의 성령이 너희 안에 계시는 것을 알지 못하느냐
누구든지 하나님의 성전을 더럽히면 하나님이 그 사람을 멸하시리라
하나님의 성전은 거룩하니 너희도 그러하니라" 고린도전서 3:16~17

이 글을 쓰고 있을 때 나는 콜로라도주립대학 캠퍼스에서 우리 간사들과 함께 연례 연수회에 참석하고 있었습니다. 미국과 캐나다에서 온 3,000명 이상의 우리 CCC의 간사들 외에도 수천 명의 사람들이 대학 캠퍼스에서 개최되고 있는 음악 워크숍이나 방학 중 여름학기, 또 많은 회의와 모임들에 참석하고 있었습니다. 덴버 브롱코스 미식축구팀 전원도 이곳에서 훈련하고 있었습니다.

종일토록 이른 아침부터 밤늦게까지 캠퍼스는 조깅을 하는 사람, 롤러스케이트를 타는 사람, 테니스나 산책을 하는 사람 또 여러 체육 활동을 하는 사람들로 살아 움직이고 있었습니다. 이들은 자신의 몸을 단련하여 훌륭한 신체를 유지하려고 애쓰고 있었습니다.

그러나 슬프게도 담배를 피우고 술을 마시며 신체의 건강을 관리하는 일에 무관심한 사람도 많이 있음을 나는 목격할 수 있었습니다. 아름다운 캠퍼스의 보도를 걸어 내려가면서 담배를 피우는 사람을 많이 발견할 수 있었습니다. 이른 아침 미화원들이 일하기 전에 지난밤의 모임과 술판에서 버려진 맥주 깡통들이 하수구에 즐비한 것을 볼 수 있었습니다.

그리스도인의 몸은 하나님의 성전입니다. 아버지와 아들과 성령의 성전인 것입니다.(고전 3:16~17, 6:19) 그렇기 때문에 하나님은 우리 몸을 '산 제물'로 거룩하고 의롭게 드리라고 말씀하시는 것입니다.(롬 12:1) 하나님은 성전이 아닌 곳에 거하실 수 없기 때문입니다.

오늘 주시는 말씀 고린도전서 3:11~15
믿음의 실천 나는 나의 몸이 하나님의 성령의 전인 것을 깨닫고, 나의 몸을 육체적, 정신적, 영적으로 각별히 잘 관리하도록 하겠습니다.

Examples of His Love

"Little children, let us stop just saying we love people; let us really love them, and show it by our actions." 1 JOHN 3:18

The story is told about two farmers. Every day, one of them would haul pails of water up the steep slope to his terraced field and irrigate his meager crop.

The second farmer tilled the terrace just below, and he would poke a hole in the dike and let the other farmer's water run down into his field.

The first farmer was upset. Being a Christian, he went to his pastor and asked for advice. The pastor told him to keep on watering as before and to say nothing. So, the farmer returned to his fields and the watering of his crop, but the farmer below him continued to drain off his water. Nothing had changed.

After a few days, the first farmer went to his pastor again. The pastor told him to go a step further—to water his neighbor's crop! So the next day, the farmer brought water to his neighbor's field and watered the crops. After that, he watered his own field.

This went on for three days, and not a word was exchanged between the two farmers. But after the third day, the second farmer came to the first farmer.

"How do I become a Christian?" he asked.

"There is a saying, 'Love your friends and hate your enemies.' But I say: Love your enemies!...If you are friendly only to your friends, how are you different from anyone else? Even the heathen do that. But you are to be perfect, even as your Father in heaven is perfect" Matthew 5:43-48.

BIBLE READING 1 John 3:14-17
ACTION POINT I will make every effort to demonstrate the love of Christ by the way I act toward others.

하나님 사랑의 본보기

"자녀들아 우리가 말과 혀로만 사랑하지 말고 행함과 진실함으로 하자"
요한일서 3:18

이 이야기는 두 사람의 농부에 관한 이야기입니다. 한 농부가 날마다 가파른 비탈 저 아래로부터 양동이로 물을 퍼 올려 계단식으로 된 자기 밭의 메마른 농작물에 물을 대었습니다.

또 한 농부는 바로 그 밭 아래에서 계단식 밭을 경작하고 있었는데, 위의 밭두렁에 구멍을 내어 그 밭의 물이 아래로 흘러내리게 해 놓았습니다.

윗밭의 농부는 화가 났습니다. 그리스도인이었던 그는 그의 목사에게 찾아가 조언을 구했습니다. 목사는 그에게 전처럼 그냥 계속 물을 끌어 올리고 아무 말도 하지 말라고 했습니다. 그래서 농부는 자신의 밭으로 돌아가 이전처럼 농작물에 물을 주었습니다. 하지만 아래 밭의 농부는 계속해서 그 농부의 물을 빼돌려 갔습니다. 아무 변화도 없었던 것입니다.

며칠이 지난 뒤 위의 밭의 농부는 다시 목사를 찾아갔습니다. 목사는 한 걸음 더 나아가 그 이웃 농부의 농작물에도 물을 주라고 일렀습니다. 이튿날 그 농부는 이웃의 밭에 물을 길어다 그 농작물에 물을 주고 그 후에야 자신의 밭에 물을 대었습니다. 그렇게 사흘 동안 계속되었으나 두 농부 사이에는 말 한마디도 오가지 않았습니다. 하지만 사흘이 지나자 아래 밭의 농부가 윗밭의 농부에게 찾아와 물었습니다.

"내가 그리스도인이 되려면 어떻게 해야 합니까?"

"또 네 이웃을 사랑하고 네 원수를 미워하라 하였다는 것을 너희가 들었으나…너희가 너희를 사랑하는 자를 사랑하면 무슨 상이 있으리요 세리도 이같이 아니하느냐 또 너희가 너희 형제에게만 문안하면 남보다 더하는 것이 무엇이냐 이방인들도 이같이 아니하느냐 그러므로 하늘에 계신 너희 아버지의 온전하심과 같이 너희도 온전하라"(마 5:43, 46~48)

오늘 주시는 말씀 요한일서 3:14~17
믿음의 실천 나는 다른 사람들에 대한 나의 행동을 통하여 그리스도의 사랑을 나타내기 위하여 모든 노력을 다하도록 하겠습니다.

His Gifts and Powers

"It is the same and only Holy Spirit who gives all these gifts and powers, deciding which each one of us should have." 1 CORINTHIANS 12:11

As I counsel in the area of Christian service, I find much confusion among many Christians regarding the gifts of the Holy Spirit.

Believers often are so involved in trying to discover or receive additional spiritual gifts that they are not developing and using their known gifts and abilities to do God's will.

For this reason, I caution against going to great lengths to discover one's spiritual gifts. Rather than emphasize gifts, I encourage a person to surrender fully to the lordship of Jesus Christ and appropriate by faith the fullness of the Holy Spirit.

Then, by faith and hard work, while depending on the Holy Spirit, a person can set out with determination to accomplish that to which God has called him.

Paul wrote about this important principle in his letter to the Philippians: "Dearest friends, when I was there with you, you were always so careful to follow my instructions. And now that I am away you must be even more careful to do the good things that result from being saved, obeying God with deep reverence, shrinking back from all that might displease Him…Philippians 2:12.

"For I can do everything God asks me to do with the help of Christ who gives me the strength and power" Philippians 4:13. This, of course, can be done only if a Christian totally submits himself to the lordship of Jesus Christ and the control of the Holy Spirit.

BIBLE READING 1 Corinthians 12: 1-10
ACTION POINT I'll be more concerned about being yielded to the moment-by-moment direction and control of God's Holy Spirit than about discovering my spiritual gifts.

그의 은사와 능력

"이 모든 일은 같은 한 성령이 행하사 그의 뜻대로 각 사람에게 나누어 주시는 것이니라"
고린도전서 12:11

그리스도인으로서 하나님을 섬기는 여러 활동에 관해 상담하면서 나는 많은 그리스도인이 성령의 은사에 대하여 상당한 혼란을 겪고 있음을 발견합니다.

믿는 사람들이 더 많은 은사를 찾으려고 하거나 혹은 더 받으려고 종종 지나치게 애를 쓰다가 하나님의 뜻을 행하도록 자신들에게 이미 주어진 은사와 재능을 제대로 발전시키지도, 사용하지도 못하는 경우가 많이 있습니다.

그러한 이유 때문에 나는 자신의 영적 은사를 발견하기 위하여 과하게 애쓰는 것에 주의를 줍니다. 그리고 은사에 대해서 강조하기보다는 사람들에게 오히려 예수 그리스도의 주권에 완전히 순복하고 믿음으로 5)'성령 충만'을 누릴 것을 권면합니다.

그 후에 누구나 성령을 의지하면서, 하나님께서 자신을 부르신 어떤 소명을 이루리라고 결심하고 믿음(by faith)과 수고로 출발할 수 있게 됩니다.

바울은 빌립보 교인들에게 보내는 편지에서 이 중요한 원리에 대해 기록하고 있습니다. "그러므로 나의 사랑하는 자들아 너희가 나 있을 때뿐 아니라 더욱 지금 나 없을 때에도 항상 복종하여 두렵고 떨림으로 너희 구원을 이루라"(빌 2:12)

"내게 능력 주시는 자 안에서 내가 모든 것을 할 수 있느니라"(빌 4:13) 물론 이것은 그리스도인이 예수 그리스도의 주권과 성령의 다스리심에 전적으로 자신을 드렸을 때에만 가능한 것입니다.

오늘 주시는 말씀   고린도전서 12:1~10
믿음의 실천   나는 나의 영적 은사를 발견하는 일에 집착하기보다는, 매 순간 하나님의 성령의 인도하심과 다스리심에 순복하는 것에 더욱 많은 관심을 기울이도록 하겠습니다.

As Much As We Need

"But you should divide with them. Right now you have plenty and can help them; then at some other time they can share with you when you need it. In this way each will have as much as he needs." 2 CORINTHIANS 8:14

I like Paul's emphasis on spiritual equality. In his letter to the church at Corinth, this principle is clearly expressed:

"You can help them…they can share with you…each will have as much as he needs."

Not one of us is a total body within himself; collectively, we are the Body of Christ.

The hand can accomplish only certain kinds of functions.

The eyes cannot physically grasp objects, but they can see them.

The ears cannot transport the body like feet can, but ears can hear many sounds.

The hand needs the eye, and the eye needs the hand. All parts of the body need each other in order to function as a healthy body.

Are the parts the same? No. Do they have equality? Yes.

While the Christians at Corinth possessed all the spiritual gifts, they were not glorifying Christ or building up one another. Instead, they were glorifying themselves, glorifying their special gifts, and exercising their gifts in the flesh instead of in the power and control of the Holy Spirit.

Time and again, the apostle Paul stressed to the Corinthians that an atmosphere of godly love, agape, must prevail or the exercising of their gifts would be fruitless.

BIBLE READING   2 Corinthians 8:7-15
ACTION POINT   I will be content with my place in the Body of Christ, whether it be large or small, realizing that every part of the body is vitally important in God's kingdom.

서로 균등하게 하심

"이제 너희의 넉넉한 것으로 그들의 부족한 것을 보충함은 후에 그들의 넉넉한 것으로
너희의 부족한 것을 보충하여 균등하게 하려 함이라"
고린도후서 8:14

나는 영적 균등성에 대한 바울의 강조를 좋아합니다. 고린도 교회에 보낸 그의 편지에서 이 원리가 분명히 나타나 있습니다.

"지금 여러분에게 있는 풍성한 것으로 다른 사람들의 궁핍한 것을 채워 주면, 나중에 그들에게 있는 풍성한 것으로 여러분의 궁핍한 것이 채워질 것입니다. 이렇게 해서 공평하게 될 수 있습니다."(쉬운 성경)

우리 중의 어느 누구도 주님의 몸 전체는 아닙니다. 우리 모두가 함께 그리스도의 몸을 이루는 것입니다.

손은 다만 정해진 기능을 행할 수 있을 뿐입니다.

눈은 물체를 잡을 수 없으며, 다만 볼 수 있을 뿐입니다.

귀는 발과 같이 몸을 움직이게 할 수는 없으나 여러 소리를 들을 수 있습니다.

손은 눈을, 눈은 손을 필요로 합니다. 건강한 신체의 여러 기능을 할 수 있기 위해 우리 몸의 각 부분은 서로를 필요로 합니다.

각 지체가 모두 동일합니까? 아닙니다. 모두 평등합니까? 그렇습니다.

고린도 교인들은 영적인 은사를 모두 소유했었지만, 그들은 그리스도를 영화롭게 하지도, 서로를 세우지도 못했습니다. 대신 그들은 그들 자신들을 영화롭게 하며, 자신들이 받은 특별한 은사를 자랑하며, 성령의 능력과 다스림을 따라서가 아니라 육적으로 그 은사들을 사용하고 있었습니다.

사도 바울은 여러 번에 걸쳐서 고린도 교인들에게 경건한 사랑인 아가페의 사랑이 그들 가운데 먼저 있어야 하며, 그렇지 않으면 은사를 사용하여도 열매를 맺지 못하리라는 것을 강조했습니다.

오늘 주시는 말씀 고린도후서 8:7~15
믿음의 실천 하나님 나라에서 몸의 각 부분은 모두 대단히 귀중한 것임을 깨달으며, 나는 그리스도의 몸 된 교회에서의 나의 역할에 그것이 크든 작든 만족하겠습니다.

Without Me—Nothing

"Abide in me, and I in you. As the branch cannot bear fruit of itself,
except it abide in the vine; no more can ye, except ye abide in me.
I am the vine, ye are the branches: He that abideth in me, and I in him,
the same bringeth forth much fruit: for without me ye can do nothing." JOHN 15:4-5, KJV

As a young man in college and later in business, I used to be very self-sufficient—proud of what I could do on my own. I believed that a man could do just about anything he want to do through his own effort, if he were willing to pay the price of hard work and sacrifice, and I experienced some considerable degree of success.

Then, when I became a Christian, the Bible introduced me to a whole new and different philosophy of life—a life of trusting God for His promises. It took me a while to see the fallacy and inadequacy of trying to serve God in my own strength and ability, but that new life of faith in God finally replaced my old life of self-sufficiency.

Now, I realize how totally incapable I am of living the Christian life, how really weak I am in my own strength, and yet how strong I am in Christ. God does not waste our ability and training. We do not lay aside our God-given gifts and talents. We give them back to Him in service, and He multiplies them for His glory.

As Paul says, "I can do all things through Him [Christ] who strengthens me" Philippians 4:13, NAS. In John 15, the Lord stresses the importance of drawing our strength from Him:

"Take care to live in Me, and let Me live in you. For a branch cannot produce fruit when severed from the vine. Nor can you be fruitful apart from Me. Yes, I am the vine; you are the branches. Whoever lives in Me and I in him shall produce a large crop of fruit. For apart from Me, you can't do a thing" John 15:4,5. Our strength, wisdom, love and power for the supernatural life come from the Lord alone.

BIBLE READING John 15:6-11
ACTION POINT I will make it a special goal to abide in Christ so that His life-giving power for supernatural living will enable me to bear much fruit for His glory.

나를 떠나서는 아무것도

"내 안에 거하라 나도 너희 안에 거하리라 가지가 포도나무에 붙어 있지 아니하면
스스로 열매를 맺을 수 없음 같이 너희도 내 안에 있지 아니하면 그러하리라 나는 포도나무요 너희는 가지라
그가 내 안에, 내가 그 안에 거하면 사람이 열매를 많이 맺나니
나를 떠나서는 너희가 아무 것도 할 수 없음이라" 요한복음 15:4~5

젊은 시절 대학교에 다닐 때, 그리고 후에 사업을 하면서 나는 내 힘으로 무엇이든 해 낼 수 있다고 생각하는 자기만족의 교만에 깊이 빠지곤 했습니다. 나는 수고와 희생의 대가만 기꺼이 치른다면, 인간은 노력을 통해 거의 모든 것을 해낼 수 있다고 믿었고, 사실 삶에서 어느 정도 성공을 거두기도 했습니다.

그 뒤 내가 그리스도인이 되었을 때, 성경은 전혀 다른 새로운 삶의 철학을 알게 해 주었습니다. 하나님과 그의 약속을 신뢰하는 삶이었습니다. 나의 힘과 능력으로 하나님을 섬기려 할 때의 오류와 실패를 깨닫게 되는 데 한동안 시간이 걸리기는 했지만, 결국 이전의 자기만족의 삶이 하나님을 믿는 새로운 삶으로 바뀌게 되었습니다.

지금 나는 내가 그리스도인의 삶을 사는 데 얼마나 무능한지, 내 힘을 의지할 때 내가 얼마나 약한지, 그러나 동시에 그리스도 안에서는 내가 얼마나 강한지를 깨닫고 있습니다. 우리는 하나님으로부터 받은 우리의 은사와 재능을 묻어 두어서는 안 됩니다. 우리가 받은 은사와 재능을 하나님을 섬기며 돌려 드릴 때, 하나님은 그의 영광을 위하여 그 은사와 재능들을 배로 풍성하게 해주실 것입니다.

바울은 이렇게 말합니다. "나에게 능력 주시는 분(그리스도) 안에서 내가 모든 것을 할 수 있습니다"(빌 4:13) 또 요한복음 15장에서 주님은 주님으로부터 힘을 공급받는 것이 얼마나 중요한지를 강조하고 계십니다. "내 안에 거하라 나도 너희 안에 거하리라 가지가 포도나무에 붙어 있지 아니하면 스스로 열매를 맺을 수 없음 같이 너희도 내 안에 있지 아니하면 그러하리라 나는 포도나무요 너희는 가지라 그가 내 안에, 내가 그 안에 거하면 사람이 열매를 많이 맺나니 나를 떠나서는 너희가 아무 것도 할 수 없음이라"(요 15:4~5) 우리가 초자연적인 삶을 살기 위한 힘과 지혜, 그리고 사랑과 능력은 오직 주님으로부터 나옵니다.

오늘 주시는 말씀 요한복음 15:6~11
믿음의 실천 나는 내가 늘 그리스도 안에 거하는 것을 최고의 목표로 삼겠습니다. 그럼으로써 초자연적인 삶을 누릴 수 있도록 생명을 주시는 주님의 능력이 그분의 영광을 위해 내가 많은 열매를 맺을 수 있도록 도우실 것입니다.

Inner Strengthening

"...that out of his glorious, unlimited resources he will give you the mighty inner strengthening of his Holy Spirit." EPHESIANS 3:16

In Christ are all the attributes and characteristics promised to His children as the fruit of the Spirit. And the Holy Spirit was given to glorify Christ.

Do you need love?

The Lord Jesus Christ is the incarnation of love. Paul prays that our roots may "go down deep into the soil of God's marvelous love; and may you be able to feel and understand, as all God's children should, how long, how wide, how deep and high His love really is; and to experience this love for yourselves (though it is so great that you will never see the end of it, or fully know or understand it)" Ephesians 3:17-19.

Do you need peace?

Christ is the "Prince of Peace" "I am leaving you with a gift," said Jesus, "peace of mind and heart! And the peace I give isn't fragile like the peace the world gives" John 14:27.

Do you need joy?

Christ is joy.

Do you need patience?

Christ is patience.

Do you need wisdom?

Christ is wisdom.

Are you in need of material possessions so that you can better serve Christ?

They are available in Him, for God owns "the cattle on a thousand hills," and He promised to supply all our needs Philippians 4:19.

All that we need is to be found in Christ and nowhere else. The supernatural life is Christ, for in Him dwells all the fullness of the Godhead bodily.

BIBLE READING Ephesians 3:17-21
ACTION POINT Knowing that God's unlimited resources make possible the mighty inner strengthening of my life, I shall focus my attention upon Him through reading His inspired Word and obeying His commands.

속사람을 강건하게

"그의 영광의 풍성함을 따라 그의 성령으로 말미암아 너희 속사람을 능력으로 강건하게 하시오며"
에베소서 3:16

그리스도 안에는 하나님의 자녀들에게 성령의 열매로서 약속된 모든 속성과 성품이 다 들어 있습니다. 그리고 성령은 하나님 아버지께서 그리스도를 영화롭게 하기 위하여 우리에게 주신 바 되었습니다.

당신은 사랑을 필요로 합니까?

주 예수 그리스도는 사랑의 성육신이신 분입니다. 바울은 "뿌리가 박히고 터가 굳어져서 능히 모든 성도와 함께 지식에 넘치는 그리스도의 사랑을 알고 그 너비와 길이와 높이와 깊이가 어떠함을 깨달아 하나님의 모든 충만하신 것으로 너희에게 충만하게 하시기를 구하노라"(엡 3:17~19)라고 기도했습니다.

당신은 평안을 필요로 합니까?

그리스도는 '평강의 왕'이십니다. 예수님은 말씀하셨습니다. "나의 평안을 너희에게 주노라 내가 너희에게 주는 것은 세상이 주는 것과 같지 아니하니라"(요 14:27)

당신은 기쁨이 필요합니까?

그리스도는 기쁨입니다.

당신은 인내가 필요합니까?

그리스도가 인내입니다.

당신에게 지혜가 필요합니까?

그리스도가 지혜이십니다.

당신은 주님을 보다 더 잘 섬기기 위해 물질적인 무언가를 필요로 합니까?

그도 역시 하나님 안에서 가능합니다. "뭇 산의 가축이 다 내 것이며"(시 50:10)라고 말씀하시며, "너희 모든 쓸 것을 채우시리라"(빌 4:19)라고 약속하셨습니다.

우리가 필요로 하는 모든 것은 그리스도 안에서 찾을 수 있으며, 다른 어떤 곳에서도 그럴 수 없습니다. 초자연적인 생명도 그리스도 안에 있습니다. 그의 안에 하나님의 모든 충만하신 것이 거하기 때문입니다.(골 2:9)

오늘 주시는 말씀 에베소서 3:17~21
믿음의 실천 하나님의 무한한 능력이 나의 속사람을 강건하게 하실 수 있음을 알기에, 나는 그의 영감된 말씀을 읽고 그의 계명을 순종함으로써 나의 생각의 초점을 늘 하나님께 맞추도록 하겠습니다.

Destroying the Devil's Works

"But if you keep on sinning, it shows that you belong to Satan, who since he first began to sin has kept steadily at it. But the Son of God came to destroy these works of the devil."
1 JOHN 3:8

A young Christian came to inquire of me one day, "How do you account for the fact that so many Christian leaders, many of them famous personalities, pastors and heads of Christian organizations, are involved in moral and financial scandals?"

He named several well-known pastors and Christian leaders to illustrate his point.

Sadly I acknowledged his statement to be true. It seems there is an all out attack of Satan to destroy the credibility of the Christian message. My explanation to him was that our Lord and the apostle Paul dealt with the same problem because, even though the disciples had been with the Lord Jesus three years or more, Judas betrayed Him and the others deserted Him.

The apostle Paul spoke of several who had deserted him. Those included Demas, who loved the present world, and Hymenaeus, Alexander and Philetus, who strayed from the truth.

Only one person can help us live holy lives that will honor our Lord, who came to destroy the works of the devil, and that is the third person of the Trinity—God the Holy Spirit. As long as we cast our ballot for the Spirit in our warfare against the flesh, we can live supernaturally every day in the joy, the wonder, and adventure and the power of the resurrection. It is simply a matter of our will; the decision is ours.

BIBLE READING 1 John 3:4-10
ACTION POINT "Oh, God, thank You that You sent Your Son to destroy the works of the devil. I will claim the supernatural power of the Holy Spirit so that may live victoriously and never bring scandal or disgrace to Your name."

마귀의 일을 멸하려

"죄를 짓는 자는 마귀에게 속하나니 마귀는 처음부터 범죄함이라
하나님의 아들이 나타나신 것은 마귀의 일을 멸하려 하심이라"
요한일서 3:8

젊은 그리스도인 한 사람이 어느 날 내게 찾아와 이렇게 물었습니다. "수많은 기독교 지도자와 유명 인사들과, 목회자들과, 기독교 기관의 책임자들이 도덕적인 혹은 물질적인 추문에 휘말려 있는 것을 당신은 어떻게 설명하시겠습니까?"

그는 유명한 목회자들과 기독교 지도자 몇 사람의 이름을 예로 들었습니다.

슬프지만 나는 그의 말이 사실임을 시인하지 않을 수 없었습니다. 오늘날은 마치 사탄이 기독교 복음의 신뢰성을 파괴하려고 전력을 다해 공격을 하는 것 같이 보입니다. 나는 그에게 우리 주님과 사도 바울도 그와 동일한 문제에 부딪힌 일이 있었던 것을 설명해 주었습니다. 제자들은 예수님과 함께 3년을 넘게 있었지만, 유다는 주님을 배반하였고, 다른 제자들은 주님을 버리고 달아났습니다.

사도 바울도 자신을 버리고 떠난 몇 사람에 대해 말했습니다. 이 세상을 사랑했던 데마와, 진리에서 떠난 후메내오와 알렉산더와, 그리고 빌레도가 여기에 포함됩니다.

오직 한 분만이 우리가 주님께 영광을 돌리는 거룩한 삶을 살 수 있도록 도와주실 수 있습니다. 그분은 마귀의 일을 멸하려 오신 성삼위의 한 분이신 성령 하나님이십니다.

우리가 육에 대한 싸움에서 성령의 편에 서는 한 우리는 기쁨과 모험과 부활의 능력 가운데 날마다 초자연적으로 살아갈 수 있습니다. 이것은 단순히 우리의 의지의 문제입니다. 결정은 우리의 몫입니다.

오늘 주시는 말씀   요한일서 3:4~10

믿음의 실천   오, 하나님! 마귀의 일을 멸하시려고 성령을 보내어 주신 것을 감사합니다. 나는 성령의 초자연적 능력을 항상 구하겠으며, 그럼으로써 승리의 삶을 살 수 있게 되고, 결코 주님의 이름에 추문과 불명예를 끼치지 않을 수 있게 될 것입니다.

His Rich Storehouse

"However, Christ has given each of us special abilities—whatever he wants us to have out of his rich storehouse of gifts." EPHESIANS 4:7

Roger and Len read a popular book on spiritual gifts. Instead of being blessed, they were distressed. They came for counsel.

"What is our gift?" they pleaded, as though I had the ability to immediately discern God's supernatural provision for them. "First," I explained, "don't be exercised over the undue emphasis on gifts, which has been of somewhat recent origin. For centuries, men did not make a great deal of that particular in the Word of God."

"The emphasis was on the authority of the Scripture, the lordship of Christ, the fullness of the Holy Spirit. Great servants of God were mightily used as preachers, missionaries, teachers and godly laymen, without ever being made aware that spiritual gifts needed to be emphasized. The feeling was, 'Whatever God calls me to do, He will enable me to do, if I am willing to surrender my will to Christ, study the Word of God, obey the leading of the Holy Spirit, work hard and trust God to guide me.'"

I told them how, though I had been a Christian for over 30 years and God had graciously used my life in many ways—sometimes my preaching, other times my teaching or administrative gifts, or in the area of helps—I honestly did not know nor did I seek to "discover" my spiritual gift. I was content to know, with the apostle Paul, that I could do all things through Christ who strengthened me, who keeps pouring His power into me.

I showed them a quotation from a book on gifts, in which a famous Christian leader declared that for 25 years he had believed he had a particular gift but recently had cause to question whether he possessed it, and concluded finally that he did not.

My word to you, as to Roger and Len, is not to be distressed if you do not know your gift. Simply walk in faith and obedience, make Christ the Lord of every part of your life, be sure you are filled with the Spirit, and hide God's Word in your heart daily.

BIBLE READING   Ephesians 4:1-6
ACTION POINT   I shall seek the Giver and not the gift, depending on Him to give me the wisdom, ability and whatever is needed to accomplish the tasks He calls me to do. I shall share this concept with other Christians who are confused over spiritual gifts.

그리스도의 선물의 분량대로

"우리 각 사람에게 그리스도의 선물의 분량대로 은혜를 주셨나니"
에베소서 4:7

로저와 렌은 영적 은사에 관한 유명한 책을 한 권 읽었습니다. 그 책을 읽고 두 사람은 은혜 대신에 걱정이 생겨서 내게 찾아와 상담을 청했습니다. "우리가 받은 은사가 어떤 것인가요?" 두 사람은 마치 하나님께서 그들에게 초자연적으로 주신 은사를 내가 금방 알아낼 수 있는 능력을 가진 것처럼 간곡히 물었습니다. 나는 그들에게 설명해 주었습니다.

"먼저 영적 은사에 대해 지나치게 강조하는 것에 빠지지 말라고 말씀드리고 싶습니다. 영적 은사에 관한 지나친 강조는 사실 최근의 일입니다. 수세기 동안 성경에서 그것에 대해 특별한 의미를 부여한 적은 없었습니다. 이전까지는 성경의 권위, 그리스도의 주님 되심, 성령 충만에 대해 강조해 왔습니다. 하나님의 위대한 종들은 어떤 은사를 특별히 강조해야 한다는 생각조차 하지 않고도 설교자로, 선교사로, 교사로, 거룩한 평신도로 크게 쓰임을 받았습니다. 그들은 '하나님의 부르심이 어떤 것이든지 기꺼이 나의 의지를 그리스도께 드리고, 하나님의 말씀을 공부하며, 성령의 인도하심에 순종하고, 하나님께서 인도하실 것을 신뢰하며 열심히 일하면, 하나님께서 그 소명을 이루도록 내게 힘을 주실 것이다.'라는 생각을 가지고 있었습니다."

나는 두 사람에게 지난 30년 이상 하나님께서 나를 다양한 방법으로 설교로, 교사로, 행정적인 은사로, 남들을 돕는 일로 나의 삶을 은혜롭게 사용하여 주셨지만, 나는 솔직히 아직 나의 영적 은사가 무엇인지 알지 못하며, 또 그것을 '발견'하려고 애쓰지도 않았다고 이야기해 주었습니다. 사도 바울처럼 나도 끊임없이 그의 능력을 내게 부어 주시는 그리스도 안에서 모든 일을 할 수 있음을 알고 만족합니다.

나는 두 사람에게 은사에 관한 책의 한 구절을 보여 주었습니다. 그 책에서 저명한 한 기독교 지도자는 25년 동안이나 자신이 어떤 특별한 은사를 갖고 있다고 믿어왔지만, 최근에 자신이 그런 은사를 갖고 있는지 의문을 갖게 되었고, 결국에는 자신이 그런 은사를 갖고 있지 않다고 결론을 내리고 있었습니다. 로저와 렌에게 말한 것 같이 나는 당신에게도 자신의 은사를 모른다고 해서 걱정하지 말라고 말하고 싶습니다. 그저 단순하게 믿음과 순종 가운데 행하며 당신 삶의 모든 부분에서 그리스도께서 주가 되시게 하고, 늘 성령 충만함을 확신하며, 날마다 하나님의 말씀을 마음속에 간직하십시오.

오늘 주시는 말씀 에베소서 4:1~6
믿음의 실천 나는 내게 주신 소명을 이루기 위해 필요한 지혜, 능력, 무엇이든 주실 하나님을 의지하며 은사가 아니라 은사를 주시는 분을 찾을 것입니다. 나는 영적 은사의 문제로 혼란스러워하는 다른 그리스도인들에게도 이 개념을 전해주도록 하겠습니다.

A Healthy, Growing Body

"Instead, we will lovingly follow the truth at all times—speaking truly, dealing truly, living truly—and so become more and more in every way like Christ who is the Head of his body, the Church. Under his direction, the whole body is fitted together perfectly and each part in its own special way helps the other parts, so that the whole body is healthy and growing and full of love." EPHESIANS 4:15-16

I am concerned, as you no doubt are, that God's ideal church, in which the whole body is fitted together perfectly, becomes a reality. And if that is to happen, it will mean that I must become a part of that perfect fit.

Within the body of Christ, each of us has a unique function. True, two people might have similar functions just as a body has two hands that function similarly. But those two hands are not identical. Just try to wear a lefthand glove on your right hand!

The hands have similar functions, not identical functions. You and I might have similar abilities, but we are not identical. We are unique creations of God.

Therefore, we should not look upon our abilities with pride or be boastful of them. On the other hand, we should not be envious or look with disdain on others because of their different abilities.

Spiritual gifts include [1 Corinthians 12]: wisdom, knowledge, faith, healing, miracles, prophecy, discerning of spirits, tongues, interpretation of tongues, apostleship, teaching, helping and administration; [Romans 12, additional]: leadership, exhortation, giving and mercy.

BIBLE READING Ephesians 4:7-14
ACTION POINT So that I might fit more perfectly into God's whole body, I will prayerfully seek the leadership of the Holy Spirit to enable me to make a maximum contribution to the body of Christ.

건강하게 자라는 몸

"오직 사랑 안에서 참된 것을 하여 범사에 그에게까지 자랄지라 그는 머리니 곧 그리스도라
그에게서 온 몸이 각 마디를 통하여 도움을 받음으로 연결되고 결합되어 각 지체의 분량대로 역사하여
그 몸을 자라게 하며 사랑 안에서 스스로 세우느니라"
에베소서 4:15~16

당신도 분명 그렇겠지만, 나는 몸의 모든 지체가 완벽하게 있어야 할 자기 자리에 자리잡은, 하나님의 이상적인 교회가 실제로 이루어지는 것에 대해 관심을 가지고 있습니다. 그러한 교회가 실제로 이루어지기 위해서는 나 자신도 그러한 지체 중의 하나가 되어야 할 것입니다.

우리 각자는 그리스도의 몸에서 독특한 역할을 하고 있습니다. 사실 우리 몸에 비슷한 역할을 하는 두 개의 손이 있는 것처럼, 비슷한 역할을 하는 두 사람이 있을 수 있습니다. 그러나 그 두 손은 동일해 보여도 동일한 것은 아닙니다. 왼손의 장갑을 오른손에 끼어 보십시오. 두 손은 비슷한 기능을 하지만, 동일하지는 않습니다. 당신과 내가 비슷한 재능들을 가지고 있을 수 있지만, 동일한 존재는 아닙니다. 우리 각자는 하나님의 독특한 피조물인 것입니다.

따라서 우리는 자신의 재능에 대해 교만하거나 자랑할 수 없습니다. 또 한편으로는 우리는 다른 재능을 가진 남들을 질시하거나 경멸의 눈초리로 보아서도 안 됩니다.

영적인 은사에는 (고린도전서 12장) 지혜, 지식, 믿음, 병 고침, 기적, 예언, 영 분별, 방언, 방언의 통역, 사도직, 가르치는 일, 돕는 일, 그리고 섬기는 일 등이 있으며, 또 (로마서 12장, 추가적인 은사들) 다스리는 일, 권면하는 일, 구제하는 일, 긍휼을 베푸는 일 등이 있습니다.

오늘 주시는 말씀   에베소서 4:7~14
믿음의 실천   내가 그리스도의 몸에 최대한 기여할 수 있도록 성령의 인도하심을 기도하며 구하
겠습니다. 그렇게 할 때 나는 그리스도의 몸의 한 지체로써 보다 완벽히 자리잡을 수 있게 될 것입니다.

He Listens and Answers

"Mark this well: The Lord has set apart the redeemed for himself. Therefore he will listen to me and answer when I call to him." PSALM 4:3

My 93-year-old mother has known and walked with the Lord since she was 16. In all the years that I have known her, now more than 60, I have never known her to say an unkind or critical word or do anything that would be contrary to her commitment to Christ, made as a teenage girl.

Hers has been a life of prayer, study of God's Word and worship of Him. The radiance and joy of her godly life has inspired not only her husband and seven children, but also scores of grandchildren and great and great-great grandchildren, and thousands of neighbors and friends.

A few days ago I invited her—for the hundredth time, at least—to come and live with us, knowing that all the rest of the children have made similar invitations. She responded, "No, I prefer to live alone. But I am not really alone, for the Lord Jesus is with me, comforting me, giving me His peace and assurance that He will take care of me."

So she spends her days in prayer, in study of the Word and in being a blessing to all who enter her home, as the love of God flows through her. Only eternity will record the multitudes of lives that have been transformed through her godly example and her dedicated prayers of intercession.

Surely every Christian needs a daily engagement—with priority claim over everything else—to meet the Lord in the secret place if his life is to be a benediction to others.

BIBLE READING Psalm 5:1-7
ACTION POINT If I am going to live a supernatural life, I must set aside time that will take priority over every other consideration. Only a genuine emergency will take precedence over prayer, study of God's Word, worship and praise of my wonderful Lord.

부를 때에 들으심

"여호와께서 자기를 위하여 경건한 자를 택하신 줄 너희가 알지어다
내가 그를 부를 때에 여호와께서 들으시리로다" 시편 4:3

93세 되신 나의 어머님은 16살 때부터 주님을 알고 주님과 동행하는 삶을 살아오셨습니다. 나는 어머니와 함께 60년 이상을 살아왔지만, 불친절한 말이나 비판적인 말, 혹은 어머니가 10대 소녀일 때 어머니가 그리스도께 드린 자신의 약속에 어긋나는 그러한 일을 하시는 것을 보지 못했습니다.

어머니의 삶은 기도와 성경공부, 그리고 예배의 삶이었습니다. 어머니의 경건한 삶에서 우러나오는 빛과 기쁨은 남편과 일곱 자녀뿐만 아니라 수십 명의 손자, 증손자, 고손자들 그리고 많은 이웃과 친구들에게까지 감동을 주었습니다.

며칠 전 나는 어머님께 우리 집에 오셔서 함께 지내자는 말씀을 드렸습니다. 아마 내가 적어도 백 번은 그런 말씀을 드렸을 것이고, 나의 다른 형제자매들도 같은 부탁을 드렸다는 것을 알고 있었습니다. 어머니는 이렇게 말씀하셨습니다. "아니다. 나는 혼자 사는 게 더 좋아. 그리고 주 예수님이 나를 위로해주시고, 나를 돌보아주신다는 확신과 평안을 주시며, 나와 함께 계시기 때문에 나는 전혀 외롭지 않단다."

어머니는 기도하고 말씀을 공부하며 어머니를 통하여 하나님의 사랑이 넘쳐흘러서 집에 찾아오는 사람들에게 축복의 통로가 되는 나날을 보내고 계십니다. 어머니의 헌신적인 중보의 기도와 그 경건한 삶의 본보기에 의해 변화된 수많은 사람은 영원히 기억될 것입니다.

그리스도인들이 만약 자신의 삶이 다른 사람들에게 축복이 되게 하려고 한다면, 누구든지 반드시 날마다 은밀한 곳에서 주님과 만나는 일을 무엇보다 우선적으로 행해야 할 것입니다.

오늘 주시는 말씀 시편 5:1~7
믿음의 실천 내가 초자연적인 삶을 살고자 하면 다른 어떤 것보다 주님과 함께하는 시간을 따로 가져야 한다는 것을 깨닫습니다. 참으로 긴박한 어떤 경우가 아니면 기도와 하나님 말씀의 연구와 나의 놀라우신 주님께 대한 찬양과 예배에 드리는 시간을 미루게 할 수 없을 것입니다.

Source of Joy

"So you became our followers and the Lord's; for you received our message with joy from the Holy Spirit in spite of the trials and sorrows it brought you."
1 THESSALONIANS 1:6

Mary was so radiant it was as though she had swallowed a light bulb. Wherever she went, there was the radiance of the Lord's presence about her. She literally bubbled over with joy, and whenever she talked about the Lord her words came so quickly they practically tumbled over each other. She was an exciting, courageous person to be around, and many nonbelievers inquired of her, "Why are you so happy? What makes you so different?"

To which, of course, she would always respond by telling them about our wonderful Lord and how He had filled her heart with His joy.

The verse for today clearly indicates that joy comes from the Holy Spirit, who came into this world to glorify Christ. We are told in Galatians also that the fruit of the Spirit is joy, among other things.

When we are filled with the Spirit and thus growing in the fruit of the Spirit—which includes joy—then we will express that joy by singing and making melody in our hearts to the Lord. A happy heart inevitably will be reflected in a joyful countenance.

"I presume everybody has known someone whose life was just radiant," R. A. Torrey said. "Joy beamed out of their eyes; joy bubbled over their lips; joy seemed to fairly run from their fingertips. The gladdest thing on earth is to have a real God."

In the words of an unknown poet:

"If you live close to God and His infinite grace,
You don't have to tell; it shows on your face."

BIBLE READING Nehemiah 8:9-12
ACTION POINT I will not expect to find joy in things, or even in other people primarily, but rather in the source of all joy—God's Holy Spirit. With His help, I will share His supernatural joy wherever I go.

기쁨의 근원

"또 너희는 많은 환난 가운데서 성령의 기쁨으로 말씀을 받아 우리와 주를 본받은 자가 되었으니"
데살로니가전서 1:6

메리의 모습은 너무나 빛나서 마치 백열전구를 삼킨 것 같이 보였습니다. 메리가 가는 곳마다 그 주변에는 주님이 임재하신 듯 빛이 났습니다. 그녀는 문자 그대로 기쁨에 넘쳐 말을 더듬기도 하였으며, 그녀가 주님에 대해 말할 때마다 말이 너무 빨라 제대로 말을 알아듣기가 어려울 정도였습니다. 그녀는 주변의 사람들에게 생기 넘치고 담대한 사람이어서 많은 불신자들이 그녀에게 물었습니다. "당신은 어떻게 그렇게 행복합니까? 무엇이 당신을 그렇게 다르게 만듭니까?"

그러한 질문들에 대해서 메리는 언제나 우리 놀라우신 주님에 대해, 그가 어떻게 자신의 마음을 기쁨으로 채워 주시는가를 이야기했습니다.

오늘의 말씀은 그리스도를 영화롭게 하시기 위해 이 세상에 오신 성령께서 바로 그 기쁨의 근원이 되신다는 것을 분명히 말해 주고 있습니다. 우리는 갈라디아서를 통해서도 기쁨이 성령의 열매 중의 하나인 것을 배웁니다.

우리가 성령 충만하여 기쁨을 포함한 성령의 열매 가운데서 자라갈 때, 우리는 마음에서부터 노래와 찬미로 우리 주를 향하여 그 기쁨을 나타내게 될 것입니다. 행복한 마음은 그 얼굴에 기쁜 표정으로 나타나지 않을 수가 없습니다.

28)토레이는 이렇게 말했습니다. "아마 누구나 자신의 주변에서 진정으로 기쁨에 찬 삶을 산 어떤 사람을 알고 있을 것으로 나는 생각합니다. 기쁨이 그들의 눈으로부터 비춰 나오며, 입술에서도 넘쳐 나오고, 손끝에서도 흐르고 있는 것처럼 보였을 것입니다. 세상에서 최고의 기쁨은 참 하나님을 소유하는 일입니다."

한 무명 시인이 노래했습니다.

"그대가 하나님과 그의 무한하신 은혜에 가까이 살고 있다면, 말하지 않아도 그대의 얼굴에 나타나리니"

오늘 주시는 말씀	느헤미야 8:9~12
믿음의 실천	나는 기쁨을 세상의 것이나 혹은 사람들 속에서도 찾지 않겠습니다. 나는 기쁨을 모든 기쁨의 근원이신 하나님의 성령으로부터 찾겠습니다. 그의 도우심으로 나는 어느 곳에 가든지 하나님의 초자연적인 기쁨을 전하도록 하겠습니다.

He Prays For You

"Likewise the Spirit also helpeth our infirmities; for we know not what we should pray for as we ought: but the Spirit itself maketh intercession for us with groanings which cannot be uttered." ROMANS 8:26, KJV

Prayer is our mighty force for supernatural living and the most personal, intimate approach to and relationship with God. Through the instrumentality of God's Holy Spirit, we have access to the Almighty, leading the way to supernatural living.

In some theological circles there is much skepticism and hesitancy about the Holy Spirit. We must not forget, however, that Jesus Himself had much to say about the Holy Spirit.

In John's Gospel, for instance, Jesus explained to the disciples that it was necessary for Him to leave them in order that the Holy Spirit should come to them. "He shall guide you into all truth…He shall praise Me and bring Me great honor by showing you My glory" John 16:13,14

Just as the Holy Spirit transformed the lives of the first-century disciples from spiritually impotent, frustrated, fruitless men into courageous witnesses for Christ, He wants to transform our lives in the same way. We need only to surrender ourselves and by faith we will be filled with His power.

It is the Holy Spirit who draws us to the Lord Jesus whom He came to glorify. He makes the difference between failure and success in the Christian life, between fruitlessness and fruitfulness in our witness. Through His filling of our lives with God's love and forgiveness we are "born again" into the family of God.

And it is the Holy Spirit who not only enables us to pray but who also prays on our behalf, as today's verse clearly points out.

BIBLE READING Romans 8:27-31
ACTION POINT Today I will visualize, with deep joy and gratitude, the Holy Spirit Himself praying for me, beseeching God on my behalf.

우리를 위하여 친히 간구하심

"이와 같이 성령도 우리의 연약함을 도우시나니 우리는 마땅히 기도할 바를 알지 못하나
오직 성령이 말할 수 없는 탄식으로 우리를 위하여 친히 간구하시느니라"
로마서 8:26

　기도는 초자연적인 삶을 살기 위한 가장 강한 힘이며, 하나님과 가장 친밀하고도 개인적인 접근과 사귐을 가질 수 있게 해 줍니다. 하나님의 성령의 도우심으로 우리는 전능하신 하나님께 나아갈 수 있게 되며, 초자연적인 삶으로 인도함을 받게 됩니다.
　일부 신학계에서는 성령에 대하여 말하는 것에 관해 회의적이며, 거리낌이 있기도 합니다. 그러나 우리는 예수님 자신이 성령에 대해 많은 말씀을 하신 것을 잊어서는 안 됩니다.
　요한복음에 의하면, 예수님은 제자들에게 말씀하기를 성령이 그들에게 오시기 위해서 자신이 떠나야 한다고 하셨습니다. "…그가 너희를 모든 진리 가운데로 인도하시리니…그가 내 영광을 나타내리니 내 것을 가지고 너희에게 알리시겠음이라"(요 16:13~14)
　성령께서 영적으로 무기력하고 좌절되고 열매 없는 1세기의 제자들을 그리스도를 위한 용기있는 증인으로 변화시키셨듯이, 성령께서는 우리의 삶도 동일하게 변화시키기를 원하십니다. 우리는 그저 단순히 그분께 우리 자신을 순복하기만 하면 되며, 그리고 1)믿음으로(by faith) 성령 충만을 받을 수 있습니다.
　우리를 그리스도께로 인도하시는 분은 그리스도를 영화롭게 하려고 오신 바로 그 성령이십니다. 성령은 그리스도인의 삶에서 실패와 성공의 차이를 낳으며, 그리스도를 증거할 때 열매를 맺게도, 그렇지 못하게도 하는 차이를 낳습니다. 성령께서 우리 삶에 하나님의 사랑과 용서를 채워주심으로 말미암아 우리는 하나님의 가족의 한 사람으로 '거듭나게' 됩니다.
　그리고 오늘의 말씀이 분명히 일러주듯이, 우리가 기도할 수 있도록 도우실 뿐만 아니라 우리를 대신하여 친히 간구하시는 분도 성령님이십니다.

오늘 주시는 말씀	로마서 8:27~31
믿음의 실천	오늘 나는 진심으로 기쁨과 감사를 드리면서, 나를 위하여 하나님께 탄원하며 친히 간구하시는 성령의 모습을 그려 보겠습니다.

Place of Privilege

"For because of our faith, he has brought us into this place of highest privilege where we now stand, and we confidently and joyfully look forward to actually becoming all that God has had in mind for us to be." ROMANS 5:2

Interesting, is it not, that because of our faith, which is really His faith imparted to us, He has brought us, you and me, to a place of highest privilege.

What are some of the benefits that constitute this highest privilege?

First, we are justified—considered righteous in God's sight.

Second, we are admitted into His favor and we abide there.

Third, we have the hope and prospect of even higher and richer blessings, in the fullness of His glory, when we are admitted into heaven.

Strange, then, that you and I often chafe at the bit when things become a little rough. At such times as that, I need to remind myself that I do not deserve any better. All the mercies and blessings of God are undeserved—gifts of God's grace ("God's Riches at Christ's Expense," as the apt acrostic expresses it).

What, really, is the "bottom line" of everything that happens to the believer—to you and me? After confessing that we are receiving our just deserts, we must always go back to the all-inclusive promise: "All things are working together for our good." They may not feel good, they may not seem good, they may not even be good, but they are accomplishing good in us.

BIBLE READING Ephesians 3:8-12
ACTION POINT I will meditate on the rare and high privilege that is mine as a child of God and look forward to becoming all that God wants me to be.

은혜의 자리

"또한 그로 말미암아 우리가 믿음으로 서 있는 이 은혜에 들어감을 얻었으며 하나님의 영광을 바라고 즐거워하느니라" 로마서 5:2

하나님이 우리의 믿음을 보시고 그 믿음 때문에 우리를 은혜의 특권의 자리에 들어가게 하셨다는 사실이 놀랍지 않습니까? 사실은 하나님께서 그 믿음도 우리에게 주신 것인데 말입니다.

이 은혜의 특권의 자리에 들어간다는 것은 어떤 축복을 의미하는 것인지를 살펴봅시다.

첫째, 우리는 하나님이 보시기에 의롭다고 여김을 받았습니다.

둘째, 우리는 하나님의 사랑 가운데로 받아들여져 거기서 거하게 됩니다.

셋째, 우리가 천국으로 들어갈 때, 하나님의 영광이 충만한 가운데 보다 크고 풍성한 축복을 받으리란 소망과 기대를 가지게 됩니다.

그런데 우리는 일이 잘되어 가지 않을 때 종종 짜증을 내는 경우가 있습니다. 그런 때에는 나 자신이 더 나은 것을 받을 자격이 없음을 스스로 상기할 필요가 있습니다. 나는 하나님의 모든 긍휼과 축복을 받을 자격을 가지고 있지 못합니다. 이 모든 것은 하나님의 '은혜'(Grace)의 선물입니다. (그리스도의 희생으로 주어지는 하나님의 풍성하심. 'God's Riches at Christ's Expense'의 첫 글자의 조합처럼 말입니다.)

우리 믿는 사람에게 일어나는 모든 일을 이해하는 마지막 핵심은 결국 무엇이겠습니까? 우리는 마땅히 우리의 행위로 인해 받아야 할 결과를 겪고 있다고 고백하되, 이 모든 것을 포괄하는 약속, "모든 것이 합력하여 선을 이루느니라"(롬 8:28)는 약속을 믿어야 합니다. 벌어지는 일들이 좋지 않게 느껴질 수도 있고, 또 좋지 않게 보여질 수도 있으며, 그리고 실제로 좋지 않을 수도 있습니다. 그러나 이 모두가 합력하여 우리에게 선을 이룰 것입니다.

오늘 주시는 말씀 에베소서 3:8~12
믿음의 실천 나는 하나님의 자녀로서 내가 누리는 이 고귀한 특권을 깊이 묵상하겠으며, 하나님께서 내게 원하시는 그 모습이 내가 될 것을 기대하겠습니다.

All Men Know What God Wants Them to Do

"But this is the new agreement I will make with the people of Israel, says the Lord: I will write my laws in their minds so that they will know what I want them to do without my even telling them, and these laws will be in their hearts so that they will want to obey them, and I will be their God and they shall be my people." HEBREWS 8:10

Harry boasted that he was an atheist, that he could not believe in God—that there was no such thing as right and wrong. But as we talked, it became apparent that he lived a very immoral life, and he could justify his conduct only by rationalizing away the existence of God.

This he was unable to do. As God's Word reminds us, His law is written in our minds, so that we will know what He wants us to do without His even telling us.

A very honest, frank talk helped Harry to see that he was living a lie, a life of deceit and shame. All this resulted in making him a very miserable person until he surrendered his life to Christ and become an authentic, transparent disciple of the Lord Jesus Christ.

The Bible says that the mind of natural man is essentially disgusting Ezekiel 23:17-22, despiteful Ezekiel 36:5, depraved Romans 1:28, hardened 2 Corinthians 3:14, hostile Colossians 1:21 and defiled Titus 1:15.

In contrast, the Scriptures show that the mind of the Christian is willing 1 Chronicles 28:9, is at peace Romans 8:6, is renewed Romans 12:2, can know Christ's mind 1 Corinthians 2:16 and can be obedient Hebrews 8:10.

Our minds are susceptible to the influence of our old sin-nature and, as such, can pose some dangers to us. As soon as we get out of step spiritually with theHoly Spirit and get our focus off the Lord, our minds begin to give us trouble.

BIBLE READING Hebrews 8:7-13
ACTION POINT Claiming by faith the help of the Holy Spirit, I will discipline my mind to think God's thoughts as expressed in His holy, inspired Word. In this way, I can be assured of knowing and doing His perfect will.

누구나 하나님이 원하시는 일을 알리라

"또 주께서 이르시되 그 날 후에 내가 이스라엘 집과 맺을 언약은 이것이니
내 법을 그들의 생각에 두고 그들의 마음에 이것을 기록하리라
나는 그들에게 하나님이 되고 그들은 내게 백성이 되리라" 히브리서 8:10

해리는 자신이 무신론자이고, 따라서 하나님을 믿는다는 것은 있을 수 없는 일이며, 선악 따위는 존재하지 않는다고 큰소리쳤습니다. 그러나 함께 상담하면서 나는 그가 매우 부도덕한 생활을 해온 것과 자신의 행동을 정당화할 수 있는 유일한 방법은 신의 존재를 이론적으로 부정하는 길 뿐이라는 것을 알게 되었습니다.

그러나 그의 이 같은 시도는 불가능한 것이었습니다. 위의 성경 말씀이 상기시켜 주는 것처럼, 하나님의 법은 우리 마음에 기록되어 있으므로 하나님께서 말씀하시지 않는다고 하여도 우리는 이미 하나님께서 우리가 하기를 원하시는 일을 알고 있기 때문입니다.

매우 솔직한 상담을 거친 해리는 자신의 삶이 기만이 가득한 수치스러운 삶이었음을 깨닫게 되었습니다. 그의 모든 허물은 그가 삶을 그리스도께 온전히 드리고(surrendered), 참되고, 거짓 없는 주 예수 그리스도의 제자가 될 때까지, 그를 매우 비참한 사람이 되도록 했습니다.

성경은 자연인의 마음은 역겨운 것이며(겔 23:17-22), 악의에 차고(겔 36:5), 부패하고(롬 1:28), 완고하며(고후 3:14), 적대적이며(골 1:21), 더러운 것(딛 1:15)임을 말해 줍니다.

그와는 반대로 성경은 그리스도인의 마음은 기꺼이 자원하며(대하 28:9), 평온하며(롬 8:6), 새롭게 되며(롬 12:2), 그리스도의 마음을 알고(고전 2:16), 하나님의 법에 순종하려 한다는 것(히 8:10)을 말해 줍니다.

우리의 마음은 옛 죄의 성품의 영향력에 민감하게 반응하며, 그럴 때마다 어떤 위험을 초래할 수 있습니다. 우리가 성령과 동행하는 영적인 걸음에서 벗어나 주님에게 있던 초점을 옮기게 되면, 그 즉시 우리의 마음은 우리에게 어려움을 가져다줍니다.

오늘 주시는 말씀　　히브리서 8:7~13
믿음의 실천　　성령의 도우심을 믿음으로(by faith) 구하면서(claim), 나는 하나님의 거룩하고 영감 있는 성경에 나타난 하나님의 생각을 묵상하도록 나의 마음을 훈련하겠습니다. 그렇게 함으로써 나는 하나님의 온전하신 뜻을 확실히 알고 그대로 행할 수 있을 것입니다.

We Need the Word

"And you will need the helmet of salvation and the sword of the Spirit—which is the Word of God." EPHESIANS 6:17

In my own life, as I have come to know God better and to live more fully in the power and control of the Holy Spirit, my daily devotional Bible reading and study is not a duty or a chore, but a blessing; not an imposition on my time, but an invitation to fellowship in the closest of all ways with our holy, heavenlyFather and our wonderful Savior and Lord.

Remember, God delights to have fellowship with us. The success of our studying God's Word and of prayer is not to be determined by some emotional experience which we may have (though this frequently will be our experience), but by the realization that God is pleased that we want to know Him enough to spend time with Him in Bible study and prayer.

Here are some important, practical suggestions for your individual devotional reading and study of the Bible:

1. Begin with a prayer. Ask the Holy Spirit to give you an understanding of God's Word.
2. Keep a Bible study notebook.
3. Read the text slowly and carefully; then reread and take notes.
4. Find out the true meaning of the text. Ask yourself: (a) Who or what is the main subject? (b) Of whom or what is the writer speaking? (c) What is the key verse? (d) What does the passage teach you about Jesus Christ? (e) Does it bring to light personal sin that you need to confess and forsake? (f) Does it contain a command for you to obey? (g) Does it give a promise you can claim?
5. List practical applications, commands, and promises.
6. Memorize the Scriptures—particularly key verses.
7. Obey the commands and follow the instructions you learn in God's Word.

BIBLE READING 2 Timothy 3:14-17
ACTION POINT With His help, I will begin to make time in God's Word—quality time—a priority in my life.

말씀을 가지라

"구원의 투구와 성령의 검 곧 하나님의 말씀을 가지라"
에베소서 6:17

내가 하나님을 더 잘 알게 되고 성령의 능력과 다스리심 가운데 보다 온전히 살게 됨에 따라, 내 삶에서 날마다 경건의 시간에 성경을 읽고 공부하는 것은 의무나 마지못한 일이 아니라 축복이 되었으며, 시간적인 부담을 갖는 일이 아니라 거룩하신 하늘의 아버지와 놀라우신 우리의 구주 주님과 함께 모든 면에서 가장 가까운 사귐에 초청받는 일이 되었습니다.

기억하십시오. 하나님은 우리와의 사귐을 기뻐하십니다. 우리가 하나님의 말씀을 공부하고 기도하는 일의 성공 여부는 그 과정에서 우리가 겪을 수 있는 어떤 감정적인 경험에 의해서 결정되는 것이 아니고(비록 그런 감정적인 경험을 실제로 종종 가지게는 되지만), 우리가 성경을 연구하고 기도하면서 하나님과 함께 하는 시간을 가짐으로써 하나님을 충분히 알고자 할 때 하나님이 기뻐하신다는 사실을 깨닫는 데 달려 있습니다.

당신의 개인적인 경건의 시간을 위한 중요하고도 실제적인 몇 가지 제안이 여기에 있습니다.

1. 기도로 시작하십시오. 성령께 하나님의 말씀에 대한 깨달음을 주시도록 간구하십시오.
2. 성경 연구 노트를 계속 사용하십시오.
3. 본문 말씀을 천천히 주의 깊게 읽으십시오. 그리고 다시 읽으면서 노트를 하십시오.
4. 본문의 참된 의미를 찾아내십시오. 스스로 질문해 보십시오. (a) 중심 주제가 되는 인물이나 주제는 무엇인가? (b) 성경 기자가 말하고 있는 인물이나 대상은 무엇인가? (c) 중심이 되는 구절은 무엇인가? (d) 그 단락은 예수 그리스도에 대하여 무엇을 가르치고 있는가? (e) 이 본문은 당신이 고백하고 버려야 할 개인적인 죄를 깨닫게 해 주고 있는가? (f) 이 본문은 당신이 순종해야 할 어떤 명령을 포함하고 있는가? (g) 이 본문은 당신이 주장(claim)할 수 있는 어떤 약속을 제공하고 있는가?
5. 실제적인 적용과 명령, 그리고 말씀에서 받은 약속들을 적으십시오.
6. 성경의 말씀을 암송하십시오. 특히 중심이 되는 구절들을 암송하십시오.
7. 하나님의 말씀에서 배운 하나님의 명령에 순종하고 그 가르침을 따르십시오.

오늘 주시는 말씀 디모데후서 3:14~17
믿음의 실천 하나님의 도우심 가운데, 나는 하나님의 말씀을 공부하기 위하여 내 삶의 가장 좋은 시간을 최우선으로 하나님께 드리기 시작하겠습니다.

Abounding Therein

"As ye have therefore received Christ Jesus the Lord, so walk ye in him: Rooted and built up in him, and stablished in the faith, as ye have been taught, abounding therein with thanksgiving. Beware lest any man spoil you through philosophy and vain deceit, after the tradition of men, after the rudiments of the world, and not after Christ."
COLOSSIANS 2:6-8, KJV

Some years ago, while speaking at the University of Houston, I was told about a brilliant philosophy major. He was much older than most of the other students, having spent many years in the military before he returned to do graduate work.

He was so gifted and knowledgeable that even the professors were impressed by his ability to comprehend quickly and to debate rationally. He was an atheist, and he had a way of embarrassing the Christians who tried to witness to him.

During a visit to the university, I was asked to talk with him about Christ. We sat in a booth in the student center, contrasting his life philosophy with the Word of God. It was an unusual dialogue. He successfully monopolized the conversation with his philosophy of unbelief in God.

At every opportunity, I would remind him that God loved him and offered a wonderful plan for his life. I showed him various passages of Scripture concerning Jesus Christ [John 1, Colossians 1, Hebrews 1]. He seemed to ignore everything I said; there appeared to be no communication between us whatsoever.

After a couple of hours, I felt that I was wasting my time and there was no need to continue the discussion. He agreed to call it a day. A friend who was with me suggested that we drop this student off at his home on the way to my hotel.

As we got in the car, his first words were, "Everything you said tonight hit me right in the heart. Tell me how I can receive Christ." Although I had not sensed it during our conversation, the Holy Spirit had been speaking to his heart through the truth of God's Word which I had shared with him.

BIBLE READING Colossians 2:1-10
ACTION POINT I will not depend on my own wisdom, personality or training to share Christ effectively with others, but I will commit to talk about Him wherever I go, depending on the Holy Spirit to speak through me to the needs of others.

감사함을 넘치게 하라

"그러므로 너희가 그리스도 예수를 주로 받았으니 그 안에서 행하되 그 안에 뿌리를 박으며 세움을 받아 교훈을 받은 대로 믿음에 굳게 서서 감사함을 넘치게 하라 누가 철학과 헛된 속임수로 너희를 사로잡을까 주의하라 이것은 사람의 전통과 세상의 초등학문을 따름이요 그리스도를 따름이 아니니라"
골로새서 2:6~8

몇 년 전, 휴스턴대학에 설교를 하러 갔을 때, 철학 전공을 하는 한 뛰어난 학생에 대한 이야기를 듣게 되었습니다. 그는 다른 대부분의 학생들보다 나이가 많은 편이었으며, 대학원에 들어가 공부하기 전에 오랫동안 군에 복무한 경력이 있는 학생이었습니다.

그는 뛰어난 재능과 많은 학식을 갖춘 학생이어서 교수들조차도 그의 빠른 이해력과 합리적인 토론 능력에 감동을 받았습니다. 그는 무신론자였고, 자기에게 그리스도를 전하려고 하는 사람들을 궁지에 몰아넣곤 하였습니다.

그 대학을 방문했을 때, 나는 그리스도에 대하여 그와 이야기해 달라는 부탁을 받았습니다. 우리는 학생회관의 한 자리에 마주 앉아 그의 인생 철학과 하나님의 말씀을 대비해 보고 있었습니다. 우리의 대화는 일반적인 대화와는 좀 달랐습니다. 그는 하나님을 믿지 않는 자신의 철학으로 대화를 독차지했습니다.

나는 대화 중 기회가 있을 때마다 그에게 하나님이 그를 사랑하시며, 그의 삶을 위한 놀라운 계획을 가지고 계시다는 사실을 알려 주려고 했습니다. 나는 그에게 예수 그리스도에 관한 성경의 여러 부분들을 말해 주었지만(요한복음 1장, 골로새서 1장, 히브리서 1장), 그는 내가 말하는 것은 모두 무시하는 것 같았습니다. 우리 사이에는 전혀 의사소통이 이루어지는 것 같지 않았습니다.

몇 시간이 지나서 나는 내가 시간 낭비를 하고 있으며, 더 이상 이야기를 계속 이어 갈 필요가 없겠다고 느꼈습니다. 그도 역시 이제 그만할 것에 동의했습니다. 나와 함께 있던 내 친구가 나를 호텔로 데려다 주는 길에 그 학생을 집에까지 태워 주겠노라고 제안했습니다.

우리가 차에 탔을 때 그가 한 첫 번째 말이 이것이었습니다. "당신이 오늘 밤 하신 모든 말씀은 내 마음을 찔렀습니다. 그리스도를 어떻게 영접할 수 있는지 내게 말해 주십시오." 비록 나는 대화 중에 느끼지 못했지만, 성령께서 내가 그와 나눈 하나님 말씀의 진리를 통하여 그의 마음에 말씀하고 계셨던 것입니다.

오늘 주시는 말씀 골로새서 2:1~10
믿음의 실천 나는 다른 사람에게 그리스도를 효과적으로 전하기 위해 나의 지혜와 인격, 그리고 내가 받은 훈련에 의지하지 않겠습니다. 나는 성령께서 나를 통해 다른 사람들의 필요한 부분에 대해 말씀하시도록 의지하면서 어디를 가든지 그리스도를 전하는 일에 전념하겠습니다.

Poor, Blind and Naked

"You say, 'I am rich, with everything I want; I don't need a thing!' And you don't realize that spiritually you are wretched and miserable and poor and blind and naked."
REVELATION 3:17

George had come for a week of lay training at Arrowhead Springs. Following one of my messages on revival, in which I explained that most Christians are like members of the church at Ephesus and Laodicea, described in Revelation 2 and 3, he shared with me that he was definitely lukewarm and had lost his first love. He frankly had never heard such a sermon and therefore had not realized how wretched, miserable, poor, blind and naked he was.

If there were such an instrument as a "faith thermometer," at what level would your faithfulness register? Hot? Lukewarm? Cold?

Jesus said to the church at Laodicea, "I know you well—you are neither hot nor cold; I wish you were one or the other! But since you are merely lukewarm, I will spit you out of my mouth!" Revelation 3:15. Again, I ask you, where does your faithfulness register on that faith thermometer?

The greatest tragedy in the history of nations is happening right here in America. Here we are, a nation founded by Christians, a nation founded upon godly principles, a nation blessed beyond all the nations of history for the purpose of doing God's will in the world. But most people in this country, including the majority of church members, have without realizing it become materialistic and humanistic, all too often worshiping man and his achievements instead of the only true God.

Granted, the opinion polls show meteoric growth in the number of people in America who claim to be born-again Christians. But where does their faith register on the faith thermometer? America is a modern-day Laodicea. We are where we are today because too many Christians have quenched the Holy Spirit in their lives.

BIBLE READING   Revelation 3:14-19
ACTION POINT   Realizing that America cannot become spiritually renewed without individual revival, I will humble myself, pray, seek God's face, and turn from my wicked ways. By faith I will claim revival in my own heart.

가난한 것과 눈 먼 것과 벌거벗은 것

"네가 말하기를 나는 부자라 부요하여 부족한 것이 없다 하나 네 곤고한 것과 가련한 것과 가난한 것과 눈 먼 것과 벌거벗은 것을 알지 못하는도다"
요한계시록 3:17

조지는 일주일 동안 평신도 훈련에 참여하기 위해 애로우헤드 스프링스, CCC의 국제본부에 왔습니다. 하루는 내가 오늘날 대부분의 그리스도인이 요한계시록 2장과 3장에서 묘사된 에베소와 라오디게아 교인들과 같다고 말하면서, 부흥 집회의 설교를 마쳤을 때 그는 나에게 와 자신은 분명 미지근하고, 또 첫사랑을 잃어버렸다고 이야기했습니다. 그는 솔직히 그러한 설교를 전에 한 번도 들어 본 적이 없어서 자신이 얼마나 곤고하고, 가련하고, 가난하며, 눈 멀고 벌거벗었는지를 깨닫지 못하고 있었다고 털어놓았습니다.

만일 '신앙 온도계' 같은 것이 있다면, 당신의 신앙의 온도는 어느 정도의 온도를 나타내겠습니까? 뜨겁습니까? 미지근합니까? 아니면 차갑습니까?

예수님께서는 라오디게아 교회에 말씀하셨습니다. "내가 네 행위를 아노니 네가 차지도 아니하고 뜨겁지도 아니하도다 네가 차든지 뜨겁든지 하기를 원하노라"(계 3:15)

다시 묻습니다. 당신의 믿음은 신앙 온도계의 어디쯤에 표시되고 있습니까?

세계 역사상 가장 큰 비극이 지금 이곳 미국에서 벌어지고 있습니다. 여기 미국은 그리스도인들에 의해 세워진 나라이며, 거룩한 말씀의 원리 위에 세워진 나라이고, 하나님의 뜻을 세상에 이루기 위하여 역사상 그 어떤 나라보다 더 큰 축복을 받은 나라입니다. 그러나 이 나라의 대부분의 국민들은, 교회의 교인들 대다수를 포함하여 이 나라가 물질주의적, 인본주의적인 나라로 변해가고 있다는 사실을 깨닫지 못하고 있으며, 또 유일하신 참 하나님 대신에 인간과 인간이 이룬 성취를 숭배하는 일이 일상화 되어가고 있습니다.

거듭난 그리스도인이라고 주장하는 미국인의 수가 여론 조사 결과 일시적으로 증가했다고는 합니다. 그러나 그들의 믿음이 신앙의 온도계의 어디쯤에 나타나겠습니까? 미국은 '현대판 라오디게아' 교회입니다. 오늘날 우리가 이러한 자리에 처하게 된 것은 너무나 많은 그리스도인이 자신들의 삶에서 성령을 소멸하고 있기 때문입니다.

오늘 주시는 말씀 요한계시록 3:14~19
믿음의 실천 개인적 영적 부흥 없이는 이 나라가 영적으로 새로워질 수 없는 것을 알기에 나는 스스로 겸비하여 기도하며 하나님의 얼굴을 구하고, 나의 악한 행위에서 돌아서겠습니다. 믿음으로(by faith) 나는 내 자신의 마음의 부흥을 주장(claim)하겠습니다.

When He's in Control

"But when the Holy Spirit controls our lives he will produce this kind of fruit in us: ...self-control." GALATIANS 5:22-23

Sue insisted that she was Spirit-filled, and she frequently challenged others to be filled with the Spirit. But there was no evidence that the Holy Spirit was in control of her life, because she was completely undisciplined in everything she did. She know nothing about self-control. She knew all about the Holy Spirit, in her mind, but there was no evidence that He was in her life—and in control of her life.

Dr. Henrietta Mears, as director of Christian education at the First Presbyterian Church in Hollywood, had one of the greatest spiritual ministries of her time. Hundreds of young men and women became church members and missionaries under her influence. She lived in a palatial home, owned priceless antiques a dressed beautifully. Most people assumed she was a woman of great wealth. She simply knew how to maximize her salary, a modest inheritance, and savings for God's glory.

For example, she would advise young people, "Do not eat in expensive restaurants where you spend excessively except on rare occasions. Instead, prepare your own lunch, and over a year you can save enough money to take a trip around the world and enrich your spirit, your soul and your cultural sensitivities. Or you can use the money to buy something which will enhance the beauty of your home or person."

We see disciplined people all around us in this world. Athletes discipline themselves to strict training, solders are drilled in military disciplines, artists and writers are disciplined to sharpen their talents through dedicated practice.On the other hand, we also see examples of a lack of discipline in the lives of many people around us.

Whether a person is a Christian or a nonbeliever, the development of self-control seems to be difficult for most people. Yet we are told in the Bible that the Spirit-filled Christian will exhibit self-control as a part of the fruit of the Spirit.

BIBLE READING 1 Chronicles 28:9-13
ACTION POINT Because walking in the fullness and control of the Holy Spirit will enable me to demonstrate a life of discipline and self-control, by faith, I shall live a life of discipline and self-control for the glory of God.

성령이 주관하실 때

"오직 성령의 열매는 사랑과 희락과 화평과 오래 참음과 자비와 양선과 충성과 온유와 절제니
이 같은 것을 금지할 법이 없느니라" 갈라디아서 5:22~23

'수'는 자신이 성령 충만을 받았다고 주장하면서 곧잘 다른 사람들에게도 성령 충만하라고 말하곤 했습니다. 그러나 그녀의 모든 행동은 전혀 성숙되고 훈련된 그리스도인의 것이 아니었기 때문에 성령께서 그녀의 삶을 다스리고 계신다는 증거를 찾아볼 수 없었습니다. 그녀는 절제에 대해서는 전혀 모르고 있었습니다. 그녀는 성령에 관해서 모두 알고 있다고 생각했지만, 성령이 그녀의 삶 가운데 계시다는, 즉 그녀의 삶을 다스리고 계시다는 증거가 없었던 것입니다.

할리우드의 제일장로교회의 기독교 교육 책임자였던 [10]헨리에타 미어즈 박사는 이 시대의 가장 위대한 영적 사역자 중의 한 사람이었습니다. 수많은 젊은이가 그녀의 영향을 받아 그리스도인이 되었으며, 선교사가 되었습니다. 그녀는 훌륭한 저택에 살면서 고가의 골동품들을 소유하고, 아름다운 의상을 입고 지냈습니다. 대부분의 사람들은 그녀가 대단한 부자일 것이라고 생각했지만, 사실 그녀는 그녀의 한정된 급여와 약간의 유산, 그리고 저축을 하나님의 영광을 위해 최대한 가치있게 쓸 줄 아는 사람일 뿐이었습니다.

예를 들어 그녀는 청년들에게 이렇게 충고했습니다. "특별한 경우 외에는 과도한 비용을 쓰게 하는 비싼 식당에서 식사하는 것을 피하십시오. 대신 직접 점심을 준비하도록 하십시오. 그렇게 1년을 모으면 세계 여러 나라로 여행을 할 수 있고, 당신의 영혼과 문화적 감수성도 풍부해질 수 있습니다. 또는 그 돈으로 당신의 집이나 당신 자신을 아름답게 가꾸기 위해 사용할 수도 있을 것입니다."

우리는 이 세상 어느 곳에서나 훈련된 사람들을 볼 수 있습니다. 운동선수들은 엄격한 훈련으로 자신을 단련합니다. 군인들은 군사 훈련을 반복하며, 예술가와 작가들은 혼신의 연습을 통해 자신의 재능을 연마합니다. 반면에 우리는 우리 주위의 많은 사람의 삶을 통해 훈련되지 않은 삶의 예들도 찾아볼 수 있습니다.

그리스도인이든 아니든 간에 절제를 키워 나가는 것은 대부분의 사람들에게 어려운 일로 보입니다. 그러나 성경은 성령 충만한 그리스도인은 성령의 열매 가운데 하나로서 절제의 열매를 나타내게 될 것임을 말해줍니다.

오늘 주시는 말씀 역대상 28:9~13
믿음의 실천 성령의 충만함과 그 다스림에 따라 걸어가면 내가 절제와 훈련된 삶의 모습을 나타내 보일 수 있을 것이기 때문에, 믿음으로(by faith) 나는 하나님의 영광을 위해 절제와 훈련의 삶을 살도록 하겠습니다.

No Darkness in Him

> "This is the message God has given us to pass on to you: that God is Light and in him is no darkness at all. So if we say we are his friends but go on living in spiritual darkness and sin, we are lying. But if we are living in the light of God's presence, just as Christ does, then we have wonderful fellowship and joy with each other, and the blood of Jesus his Son cleanses us from every sin." 1 JOHN 1:5-7

One of the first passages of Scripture that I memorized as a new Christian was the first chapter of 1 John. This passage has been a beacon to me through the years as a simple reminder that in God is light and the only reason that I do not live perpetually in that light is because at times I deliberately sin.

Steve had lost his joy and enthusiasm for Christ, and as a new Christian was perplexed. He could not understand what had happened to him. As we counseled together it became apparent that he had allowed some of his old natural habit to creep back into his life.

I suggested that he make a list of all the things that were wrong in his life and confess them to the Lord in accordance with 1 John 1:9. A few days later, with joyful enthusiasm he came to share with me how his heart had been kindled afresh with the love of God as he was now walking in the light as God is in the light, having wonderful fellowship with the Lord Jesus Christ.

How does one walk in the light? Do not tolerate unconfessed sin. Meditate upon the Word of God. Spend time in prayer talking to God and letting Him talk to you. Share your faith in Christ with others. Obey the commandments of God.

Are you walking in the light as God is in the light? Are you experiencing the joy of the Lord? Are you constrained by the love of Christ to share Him with others?

BIBLE READING   1 John 1:6-10
ACTION POINT   I shall always seek to walk in the light so I may experience wonderful fellowship with my Lord. When I find myself walking in darkness, I shall confess my sins and claim God's forgiveness so I may walk again in the light with God.

어두움이 조금도 없으시니라

"우리가 그에게서 듣고 너희에게 전하는 소식은 이것이니 곧 하나님은 빛이시라 그에게는 어둠이 조금도 없으시다는 것이니라 만일 우리가 하나님과 사귐이 있다 하고 어둠에 행하면 거짓말을 하고 진리를 행하지 아니함이거니와 그가 빛 가운데 계신 것 같이 우리도 빛 가운데 행하면 우리가 서로 사귐이 있고 그 아들 예수의 피가 우리를 모든 죄에서 깨끗하게 하실 것이요"
요한일서 1:5~7

내가 새신자였던 시절, 처음 암송한 성구 중 하나가 요한일서 1장이었습니다. 이 말씀은 오랫동안 나에게 횃불과 같은 길잡이가 되었으며, 하나님은 빛 가운데 계시고 내가 그 빛 가운데서 계속하여 머물러 살지 못하는 유일한 이유는 고의로 범죄하기 때문이라는 사실을 늘 상기시켜 주었습니다.

스티브는 새신자였으나, 기쁨과 열심을 잃고 혼란에 빠져 버렸습니다. 그는 자신에게 일어난 일을 이해할 수 없었습니다. 우리가 함께 상담할 때 그가 이전의 육적인 습관이 다시금 그의 삶 속으로 숨어 들어오도록 허용했다는 사실이 밝혀졌습니다.

나는 그에게 삶 가운데서 모든 잘못된 것의 목록을 만들어 요한일서 1장 9절의 말씀을 따라 주님께 고백할 것을 권했습니다. 며칠 뒤 그는 기쁨과 열정에 넘쳐 내게 찾아와 그의 마음이 하나님의 사랑으로 너무도 새롭게 뜨거워져서 주 예수 그리스도와 놀라운 사귐을 가지며 하나님이 빛 가운데 계신 것 같이 그도 빛 가운데 살아가고 있다는 것을 말해 주었습니다.

사람이 어떻게 빛 가운데 행할 수 있습니까? 고백하지 않은 죄를 남겨두지 마십시오. 하나님의 말씀을 묵상하십시오. 하나님께 말씀드리고 또 하나님께서 당신에게 말씀하시도록 기도하는 시간을 가지십시오. 그리스도를 믿는 당신의 믿음을 다른 사람들에게 전해 주십시오. 하나님의 명령에 순종하십시오.

하나님이 빛 가운데 계신 것같이 당신은 빛 가운데 행하고 있습니까? 당신은 주님이 주시는 기쁨을 맛보고 있습니까? 당신은 다른 사람들에게 그를 증거하라고 하시는 그리스도의 사랑의 강권함을 받고 있습니까?

오늘 주시는 말씀 요한일서 1:6~19
믿음의 실천 나는 언제나 빛 가운데 행할 것을 구하도록 하겠습니다. 그럼으로써 나는 나의 주님과의 놀라운 사귐을 경험할 것입니다. 만일 어두움 가운데 행하고 있는 것을 깨달았을 때는 반드시 나의 죄를 고백하고 하나님의 용서를 구하도록(claim) 하여, 다시금 하나님과 함께 빛 가운데 걸어가도록 하겠습니다.

Cleansed From Sin

"But if we are living in the light of God's presence, just as Christ does,
then we have wonderful fellowship and joy with each other,
and the blood of Jesus his Son cleanses us from every sin." 1 JOHN 1:7

A pastor I know had once delighted in studying and preaching the Word of God. In his earlier days, he had been a real soul-winner, but the time came when he no longer spent time reading and studying the Scriptures. He became critical, discouraging and pessimistic. Finally, his personal life and his family fell apart.

At one point, he told me, he was thinking about committing suicide. He could have been spared all of this heartache, tragedy and sorrow if only he had continued to study the Word of God, to meditate on its truths and to obey its commands.

As someone wisely said, "Sin will keep you from God's Word, or God's Word will keep you from sin."

Many of the problems we experience in the Christian life are self-imposed. They are the result of carelessness in the way we walk. The promises of God are true; you can stake your life on them. The way to supernatural living is to walk with God in the light of His presence.

"God is light and in Him is no darkness at all. So if we can say we are His friends, but go on living in spiritual darkness and sin, we are lying. But if we living in the light of God's presence…then we have wonderful fellowship and joy…" 1 John 1:5-7.

BIBLE READING 1 John 2:1-6
ACTION POINT Claiming the power of the Holy Spirit, I will continue to live in the light of God's presence and explain to those who walk in darkness how they too can walk in the light of God's presence and in joyful fellowship with our risen Savior.

죄에서 깨끗하게 하실 것이요

"그가 빛 가운데 계신 것 같이 우리도 빛 가운데 행하면 우리가 서로 사귐이 있고
그 아들 예수의 피가 우리를 모든 죄에서 깨끗하게 하실 것이요"
요한일서 1:7

내가 아는 어떤 목사는 한때 하나님의 말씀을 연구하고 설교하는 일에 큰 기쁨을 맛본 사람이었습니다. 젊은 시절 그는 참으로 많은 영혼을 구원으로 인도했던 사람이었지만, 언젠가부터 성경을 읽고 공부하는 일에 더 이상 시간을 쏟지 못했습니다. 이후 그는 비판적이며, 낙심하며, 비관적이 되었으며, 마침내 그와 그의 가족의 삶은 무너지게 되었습니다.

한때 그는 내게 자살을 생각하고 있다고 털어놓은 적도 있습니다. 만일 그가 계속해서 하나님의 말씀을 공부하고 그 진리를 묵상하며 그 계명에 순종하기만 했다면 그가 겪고 있는 마음의 고통과 비극과 슬픔은 겪지 않아도 되었을 것입니다.

누군가가 이렇게 지혜롭게 말했습니다. "죄가 하나님의 말씀으로부터 당신을 막을 것입니다. 아니면 하나님의 말씀이 당신을 죄에서 막아줄 것입니다."

그리스도인의 삶을 사는 가운데 우리가 겪는 문제들의 대부분은 우리 자신의 잘못으로 인하여 스스로 자초한 것들입니다. 그런 문제들은 우리가 살아가면서 부주의했던 데 따른 결과물들입니다. 하나님의 약속은 참된 것입니다. 당신은 그 약속에 당신의 삶을 맡겨도 좋습니다. 초자연적인 삶으로 이르는 길은 하나님의 임재하심의 빛 가운데 하나님과 함께 행하는 것입니다.

"…하나님은 빛이시라 그에게는 어둠이 조금도 없으시다는 것이니라 만일 우리가 하나님과 사귐이 있다 하고 어둠에 행하면 거짓말을 하고 진리를 행하지 아니함이거니와 그가 빛 가운데 계신 것 같이 우리도 빛 가운데 행하면 우리가 서로 사귐이 있고…"(요일 1:5~7)

오늘 주시는 말씀 요한일서 2:1~6
믿음의 실천 성령의 능력을 구하며(claim), 나는 계속하여 하나님의 임재하심의 빛 가운데 살아가겠습니다. 또 어둠 가운데 행하는 사람들에게는 그들도 어떻게 해야 하나님의 임재하심의 빛 가운데 행할 수 있으며, 우리 부활하신 구주와 기쁜 사귐을 가질 수 있는지를 설명해 주겠습니다.

Fullness of Joy

"Thou wilt show me the path of life: in thy presence is fullness
of joy; at thy right hand there are pleasures for evermore."
PSALM 16:11, KJV

"If you have lost the joy of the Lord in your life," someone once observed, "who moved, you or God? For in His presence is fullness of joy."

That saint and prophet of earlier years, A. W. Tozer, suggested several ways for the believer to achieve real joy:

1. Cultivate a genuine friendship with God. He is a Friend who sticks closer than a brother.
2. Take time to exercise yourself daily unto godliness. Vow never to be dishonest about sin in your life, never to defend yourself, never to own anything (or let anything own you), never to pass on anything hurtful about others, never to take any glory to yourself.
3. No known sin must be allowed to remain in your life. "Keep short accounts with God"—never allow unconfessed sins to pile up in your life.
4. Set out to build your own value system based on the Word of God. Meditate on the Word; practice the presence of God. Set priorities as you realize what is truly important. It will be reflected in the standard of values you set for yourself.
5. Share your spiritual discoveries with others.

BIBLE READING John 15:7-11
ACTION POINT Since the best witness is a joyful, radiant Christian, I will try to be that kind of believer, trusting the Holy Spirit to empower me and radiate His love and joy through me. I will share my spiritual discoveries with others.

기쁨의 충만

"주께서 생명의 길을 내게 보이시리니 주의 앞에는 충만한 기쁨이 있고
주의 오른쪽에는 영원한 즐거움이 있나이다"
시편 16:11

누군가가 이렇게 말했습니다. "만일 당신의 삶에서 주님으로 인한 기쁨을 잃어버렸다면 그 기쁨이 사라지게 한 사람은 당신입니까, 아니면 하나님이십니까? 하나님 앞에는 언제나 기쁨이 충만하기 때문입니다."

일찍이 성도요, 예언자였던 [27)]토저는 믿는 자가 참된 기쁨을 성취할 수 있는 몇 가지 방법에 대해 말한 적이 있습니다.

1. 하나님과 참된 친구가 되도록 애쓰십시오. 하나님은 형제보다 더 가까이 계시는 친구이십니다.
2. 날마다 경건에 이르도록 자신을 훈련하는 시간을 가지십시오. 당신의 삶에서 결코 죄에 대하여 부정직하지 않겠다는 것과 또 자신을 변명하지 않겠다는 것, 결코 무엇을 소유하지 않겠다는 것(혹은 그 무엇이 당신을 소유하게 하지 않겠다는 것), 타인에 대해 어떤 나쁜 말도 하지 않겠다는 것, 그리고 어떤 영광도 자신에게 돌리지 않겠다는 것을 하나님께 약속하십시오.
3. 깨달은 죄는 어떤 것도 삶에 그대로 남겨 두어서는 안 됩니다. 하나님께 죄의 빚을 오래 지지 않도록 하십시오. 고백하지 않은 죄가 당신의 삶에 절대 쌓이지 않도록 하십시오.
4. 하나님 말씀에 근거하여 당신 자신만의 가치관을 세우도록 하십시오. 말씀을 묵상하십시오. 하나님의 임재하심을 깨닫는 것을 훈련하십시오. 당신이 참으로 중요하다고 깨달은 대로 우선순위를 정하십시오. 무엇이 중요한가는 당신이 세운 가치 기준에 따라 결정될 것입니다.
5. 당신이 영적으로 발견한 것들을 다른 사람들과 나누십시오.

오늘 주시는 말씀 요한복음 15:7~11
믿음의 실천 최고의 전도자는 기쁨으로 빛나는 그리스도인이기 때문에 나는 그런 그리스도인이 되도록 애쓰겠습니다. 나는 성령께서 내게 힘주시고 나를 통해 그의 사랑과 기쁨이 빛나도록 해주실 것을 신뢰하겠습니다. 나는 내가 영적으로 깨달은 것을 다른 사람들과도 나누도록 하겠습니다.

He Protects Worshipers

"He protects all those who love him, but destroys the wicked."
PSALM 145:20

Throughout Scripture one is reminded over and over again that when a person obeys Him, God blesses that person. And when a person—or a nation—disobeys Him, God disciplines, just as a loving father disciplines his disobedient child because he loves him, not because of his wrath or any evil intent.

The Israelites, though warned many times that if they disobeyed God He would destroy them, finally had to be destroyed—after numerous warnings and disciplinings (including grievous plagues)—because of their disobedience (Deuteronomy, chapters 8 and 28; Amos, chapter 4). God still disciplines men and nations. It is a sobering thing to disobey God.

Someone has said, "We do not break God's laws, but God's laws break us." If we obey them, we are blessed. If we disobey them, we must suffer the consequences.

Scripture suggests that what applies to individuals and to nations also applies to Christian movements or organizations such as the one with which I have the privilege of serving our Lord. So long as I and the now more than 16,000 full-time and associate staff members continue to obey God, His hand of blessing will remain upon our worldwide efforts. If we disobey Him, He will not only withhold His blessings, but will discipline us as individuals and as a movement.

I pray daily that each one of us may determine to obey God implicitly.

BIBLE READING Psalm 145:14-19
ACTION POINT Recognizing that God's spiritual laws are just as inviolate as physical laws, and God blesses those who obey Him and disciplines the disobedient, with the Holy Spirit's help I will show my love for God by living a life of faith and obedience.

사랑하는 자로 보호하심

"여호와께서 자기를 사랑하는 자들은 다 보호하시고 악인들은 다 멸하시리로다"
시편 145:20

성경 전체를 통해 사람이 하나님께 순종할 때 하나님께서 그 사람에게 복을 주신다는 말씀이 계속 반복하여 강조되고 있습니다. 그리고 한 개인이, 혹은 한 나라가 불순종할 때 하나님은 진노나 어떤 악의에서가 아니라 부모가 자식을 사랑하기 때문에 징계하심 같이 그 개인이나 나라를 징계하십니다.

이스라엘 민족은 만일 그들이 하나님께 불순종하면 멸망하리라는 경고를 많이 받았음에도 불구하고, 쓰라린 재앙을 포함한 징계 후에 그들의 불순종으로 인해 결국 멸망하고 말았습니다(신 8, 28장, 암 4장). 하나님은 지금도 사람들과 나라들을 징계하십니다. 하나님께 불순종하는 것은 두려운 일입니다.

누군가가 말했습니다. "우리는 하나님의 율법을 깨뜨릴 수 없으나, 하나님의 율법은 우리를 깨뜨릴 수 있습니다." 우리가 하나님의 법을 순종하면 복을 받습니다. 그러나 불순종하면 그 결과로 인하여 고통을 겪어야 합니다.

성경은 개인과 국가에 적용되는 하나님 말씀이 기독교 운동이나 혹은 지금 내가 주님을 섬기는 특권을 누리고 있는 우리 CCC와 같은 조직과 기관에도 적용된다고 말하고 있습니다. 나와 그리고 현재까지 1만 6천 명이 넘는 우리 전임간사 혹은 협동간사들이 계속 하나님께 순종하는 한, 하나님의 축복의 손길은 우리의 범세계적인 사역 위에 함께 하실 것입니다. 우리가 하나님께 불순종하면 그는 우리를 향한 축복을 보류하실 뿐 아니라, 각 개인에 대하여 그리고 우리의 운동에 대해서 징계하실 것입니다.

나는 날마다 우리 한 사람 한 사람이 절대로 하나님을 순종할 수 있도록 기도합니다.

오늘 주시는 말씀 시편 145:14~19
믿음의 실천 하나님의 영적인 법칙은 물리적 법칙과 마찬가지로 변할 수 없는 것이며, 하나님은 순종하는 사람을 축복하시고 불순종하는 사람은 징계하신다는 것을 깨닫습니다. 나는 성령의 도우심 가운데 믿음과 순종의 삶을 사는 것으로 하나님께 대한 나의 사랑을 나타내겠습니다.

Self-Control Is Better

"It is better to be slow-tempered than famous; it is better
to have self-control than to control an army." PROVERBS 16:32

You and I know from experience that it is not easy to discipline our emotions, our passions or our self-will. In fact, apart from God's help, it is an impossibility.

A lustful person who does not control his thoughts quenches and grieves the Spirit.

An overweight person, because he cannot control his appetite, quenches and grieves the Spirit.

A Christian who places undue emphasis on material possessions quenches and grieves the Spirit.

A gossip who cannot control his tongue quenches and grieves the Spirit.

A husband, wife or child who fails to live according to the commands of Ephesians chapter 5 quenches and grieves the Spirit.

A student who fails to study adequately because of poor discipline quenches and grieves the Spirit.

Many pages would be required to list all the ways in which lack of self-control quenches and grieves the Holy Spirit.

The spirit, mind and body are the three aspects of our being over which we are told to practice self-control.

What is man's spirit?

It is his immaterial being—man without his body, if you will. The Bible gives many characteristics of the spirit of man. It is that which communicates with the Spirit of God.

Man's spirit is the center of emotions 1 Kings 21:5, the source of passions Ezekiel 3:14 and the seat of volition or exercise of the will Proverbs 16:32. Our spirit is subject to divine influence while housed in our mortal body Deuteronomy 2:20, Isaiah 19:14, and leaves the body at the time of physical death Ecclesiastes 12:7; James 2:26.

BIBLE READING Proverbs 15:1-5
ACTION POINT Drawing upon this enabling power of the Holy Spirit, I will practice the vital discipline of self-control.

마음을 다스리는 자

"노하기를 더디하는 자는 용사보다 낫고 자기의 마음을 다스리는 자는 성을 빼앗는 자보다 나으니라"
잠언 16:32

우리의 감정이나 욕구 또는 의지를 다스리기가 쉽지 않다는 것을 우리는 경험으로 잘 알고 있습니다. 사실 하나님의 도우심이 없이는 불가능한 일입니다.

자기의 생각을 다스리지 못하는 정욕적인 사람은 성령을 소멸하고 근심하게 합니다.

식욕을 다스리지 못하는 과도하게 비만인 사람은 성령을 소멸하고 근심하게 합니다.

물질적 소유에 지나치게 집착하는 그리스도인은 성령을 소멸하고 근심하게 합니다.

자기의 혀를 다스리지 못하고 남의 말을 하고 다니는 사람은 성령을 소멸하고 근심하게 합니다.

에베소서 5장의 주님의 명령에 따라 살지 못하는 남편이나 아내나 자녀는 성령을 소멸하며 근심하게 합니다.

자기를 훈련하지 못하여 적절하게 공부하지 못하는 학생은 성령을 소멸하며 근심하게 합니다.

자기를 다스리지 못하여 성령을 소멸하고 근심하게 하는 일들을 모두 다 기록하자면 많은 지면이 필요할 것입니다.

영과 혼과 육은 스스로를 다스리는 훈련을 해야 할 우리 인간의 세 가지 대상입니다.

인간의 영은 무엇입니까? 영은 몸을 제외한 비물질적인 인간 자신입니다. 성경은 인간의 영의 많은 특징에 대해 말하고 있습니다. 영은 하나님의 성령과 소통하는 존재입니다.

사람의 영은 감정의 중심이며(왕상 21:5), 감동의 근원이고(겔 3:14), 의지와 결단의 중심(잠 16:32)입니다. 우리의 영이 우리의 유한한 육신에 거하고 있는 동안 하나님의 감동하심에 영향을 받으며(신 2:20, 사 19:14), 육신이 죽을 때 그 몸을 떠나게 됩니다.(전 12:7, 약 2:26)

오늘 주시는 말씀 잠언 15:1~5
믿음의 실천 성령의 가능케 하시는 능력을 받아 나는 필수적인 자기 절제 훈련을 하겠습니다.

The Lord Forgave You

"Since you have been chosen by God who has given you this new kind because of life, and because of his deep love and concern for you, you should practice tenderhearted mercy and kindness to others. Don't worry about making a good impression on them, but be ready to suffer quietly and patiently. Be gentle and ready to forgive; never hold grudges. Remember, the Lord forgave you, so you must forgive others." COLOSSIANS 3:12-13

J.C. Penney, a devout Christian whom I knew personally, built one of America's leading businesses on the principle of the Golden Rule, taught by our Lord:

"Do unto others as you would have them do unto you."

He and other gentle men have developed tenderness and sensitivity to others through their years of maturing, often through many difficult and trying experiences. So should we as Christians seek to develop gentle spirits through the trials and tribulations that God permits us to go through.

Do you lack gentleness in your life?

Do you have a tendency to be arrogant, proud, boastful?

Are you overbearing or even coarse and rude with others?

By faith you can become a gentle person. By faith you can confess your sins and know that they have been forgiven. By faith you can appropriate the fullness of the Holy Spirit. By faith you can practice tenderhearted mercy and kindness to others.

The Lord has commanded us to be gentle people, so by faith we can ask for that portion of the fruit of the Spirit, gentleness and love, and know that He is changing us for the better.

As I have cautioned with regard to other Christlike traits, this is one which usually develops over an extended period of time, usually through the maturing process that comes only with time and trials and sometimes tribulation. Pray that God will give you patience with yourself as you mature into the gentle and humble person He wants you to be.

BIBLE READING Colossians 3:14-17
ACTION POINT God's promise to me is that He forgives; with His help I will forgive and practice tenderhearted mercy and kindness to others, with the prayer that I may be more and more conformed to the image of my Lord.

주께서 너희를 용서하신 것 같이

"그러므로 너희는 하나님이 택하사 거룩하고 사랑 받는 자처럼
긍휼과 자비와 겸손과 온유와 오래 참음을 옷 입고 누가 누구에게 불만이 있거든
서로 용납하여 피차 용서하되 주께서 너희를 용서하신 것 같이 너희도 그리하고"
골로새서 3:12~13

내가 개인적으로 잘 아는 사람 중에서 주님께 헌신된 그리스도인 중 하나인 [29]페니는 "무엇이든지 남에게 대접을 받고자 하는 대로 너희도 남을 대접하라"(마 7:12)고 가르치신 우리 주님의 [57]황금률을 따라 미국의 으뜸가는 사업체 중의 하나를 이루어냈습니다.

그와 그 주변의 사람들은 자주 힘들고 어려운 많은 시험을 겪으면서 오랜 시간 인격의 성숙을 통하여, 다른 사람들에 대한 온유함과 그들의 필요를 민감히 깨닫는 능력을 키워 왔습니다. 그리스도인으로서 우리도 하나님께서 우리에게 경험하게 하시는 시련과 어려움을 통해 온유한 마음을 키우고자 노력해야 할 것입니다.

당신은 삶 가운데 온유한 성품이 부족합니까?

당신은 거만하거나 교만하거나 자랑하려는 경향이 있습니까?

당신은 다른 사람들에게 오만하거나 거칠거나 무뚝뚝하게 대하고 있습니까?

당신은 [1]믿음으로(by faith) 온유한 사람이 될 수 있습니다. 당신은 믿음으로(by faith) 당신의 죄를 고백할 수 있으며 또, 그 죄들이 용서받은 것을 알 수 있습니다. 당신은 믿음으로(by faith) 성령의 충만함을 소유할 수 있습니다. 당신은 믿음으로(by faith) 다른 사람들에게 긍휼과 자비를 베풀 수 있습니다.

주님께서 우리에게 온유한 사람이 될 것을 명령하셨으므로, 우리는 믿음으로(by faith) 성령의 열매 중 바로 그 부분인 사랑과 온유를 구할 수 있으며, 주께서 우리를 더 나은 사람으로 바꾸어 주시는 것을 압니다.

그리스도인의 다른 성품들에 관해 이야기하면서 내가 앞에서 지적한 바와 같이 온유는 보통 상당한 시간을 거쳐 얻어지는 것이며 이 성숙의 과정은 반드시 시간과 시험 그리고 때로 환난까지도 포함합니다. 하나님이 원하시는 온유와 겸손의 사람으로 당신이 성장하여 갈 때 하나님께서 인내도 주실 것을 위해 기도하십시오.

오늘 주시는 말씀 골로새서 3:14~17

믿음의 실천 하나님께서 용서의 약속을 내게 주셨기 때문에 그의 도우심을 힘입어 나는 다른 사람들을 용서하며 그들에게 긍휼과 자비를 베풀겠습니다. 또한 기도를 통하여 더욱더 주님의 형상을 닮아갈 것입니다.

The Right Priorities

"Constantly remind the people about these laws, and you yourself must think about them every day and every night so that you will be sure to obey all of them. For only then will you succeed." JOSHUA 1:8

Jim was a driven man. He loved his wife and children. But consuming every waking moment was the thought, "How can I be a greater success? How can I make more money? How can I earn the praise of men?"

Through neglect his family began to disintegrate, and he came to me for counsel. His wife was interested in another man; he was alienated from his children. Three were involved in drugs and one had attempted suicide twice.

"Where have I gone wrong?" Jim asked. I reminded him of the Scripture, "What does it profit a man if he gains the whole world and loses his own soul?"

According to Scripture, a man's priorities are first to love God with all his heart, soul and mind, and then to love his neighbor as himself. Since his closest neighbor is his wife, his second priority is his wife. A good marriage takes the Ephesians 5:25 kind of love: "Husbands, love your wives, even as Christ also loved the church"—a sacrificial love.

The third priority is his children. He must show them love, not by giving them things, but by giving himself, spending time with them, letting them know they are more important than his business.

And the fourth priority I discussed with Jim was his business. A man's business must be dedicated to the Lord Jesus Christ.

Jim surrendered his life to Christ. After almost three years of implementing the Bible's priorities, Jim's family again was united in the love of Christ, and God had given Jim and his wife a newfound love for Himself and for each other.

The law of God is clear: When we disobey Him, He disciplines us as a loving father disciplines his child, and when we obey Him, He will bless us.

BIBLE READING James 2:1-8
ACTION POINT I will seek to please the Lord in all that I do, knowing that I will experience His blessings when I obey Him, and His discipline when I disobey Him.

올바른 우선순위

"이 율법책을 네 입에서 떠나지 말게 하며 주야로 그것을 묵상하여 그 안에 기록된 대로 다 지켜 행하라
그리하면 네 길이 평탄하게 될 것이며 네가 형통하리라"
여호수아 1:8

짐은 성공의 욕구에 사로잡힌 사람이었습니다. 그는 아내와 네 자녀를 사랑했습니다. 그러나 깨어있는 시간 동안 그의 생각을 사로잡고 있는 것은 '어떻게 보다 더 큰 성공을 거둘 수 있을까? 어떻게 돈을 더 많이 벌 수 있을까? 어떻게 다른 사람들의 찬사를 받을 수 있을까?' 하는 욕망이었습니다. 이로 인해 그가 가족들에게 소홀하게 되자 그의 가정은 무너지기 시작했습니다. 그는 내게 상담하러 찾아왔습니다. 그의 아내는 다른 남자에게 관심이 있었고, 그는 그의 자녀들로부터도 배척을 받고 있었습니다. 자녀 중 세 명은 마약에 손을 댔고, 한 명은 두 번이나 자살을 기도했습니다. "저는 어디서부터 잘못된 것일까요?" 짐이 내게 물어 왔습니다. 나는 그에게 성경 말씀을 상기시켜주었습니다. "사람이 만일 온 천하를 얻고도 자기 목숨을 잃으면 무엇이 유익하리요"(마 16:26, 막 8:36)

성경에 따르면, 인간의 우선순위 중 첫 번째는 마음과 목숨과 뜻을 다하여 하나님을 사랑하는 것이며, 그 다음은 이웃을 자기 몸과 같이 사랑하는 것입니다. 짐의 가장 가까운 이웃은 그의 아내이기 때문에 그의 두 번째 우선순위는 그의 아내인 것입니다. 참다운 결혼 생활은 에베소서 5장 25절과 같은 사랑을 행합니다. "남편들아 아내 사랑하기를 그리스도께서 교회를 사랑하시고 그 교회를 위하여 자신을 주심 같이 하라" 즉 희생적인 사랑을 말합니다. 세 번째 우선순위는 자녀들입니다. 그는 자녀들에게 물질을 주는 것이 아니라 그 자신을 줌으로 그들에게 사랑을 보여줘야 합니다. 함께 시간을 보내며 그들이 그의 사업보다 더 소중하다는 것을 자녀들이 알게 해줘야 합니다. 내가 짐과 함께 이야기한 네 번째의 우선순위는 그의 사업이었습니다. 우리가 하는 모든 사업은 반드시 주 예수 그리스도께 드려져야 합니다.

짐은 자신의 삶을 그리스도께 순복시켰습니다. 거의 3년 동안 계속해서 성경 말씀에 의한 우선순위에 따라 산 뒤 짐의 가정은 그리스도의 사랑으로 다시 결속되었으며, 하나님은 짐과 그의 아내에게 하나님을 향한, 그리고 서로를 향한 사랑을 새롭게 발견하게 하셨습니다. 하나님의 율법은 분명합니다. 우리가 하나님께 불순종할 때 자녀를 사랑하는 부모가 그 자녀를 징계하듯이, 우리를 징계하시며 또 우리가 순종할 때는 우리를 축복해 주십니다.

오늘 주시는 말씀 야고보서 2:1~8
믿음의 실천 내가 하나님께 순종할 때 그분의 축복을 맛보며 내가 불순종할 때 나를 징계하신다는 사실을 알기에, 나는 내가 하는 모든 일에서 주님을 기쁘시게 하고자 노력하겠습니다.

Perfect Harmony

"Most of all, let love guide your life, for then the whole church will stay together in perfect harmony." COLOSSIANS 3:14

Martha had a very poor self-image. The distress she felt because of her physical appearance was compounded by the guilt of being grossly overweight. She hated herself and was despondent to the point of seriously considering suicide.

I counsel many students and older adults who are not able to accept themselves. Some are weighted down with guilt because of unconfessed sins. Others are not reconciled to their physical handicaps or deformities. Still others feel inferior mentally or socially.

My counsel to such people is this: God loves you and accepts you as you are. The love of God which is shed abroad in our hearts by the Holy Spirit enables us to love ourselves as God made us. We can be thankful for ourselves, loving ourselves unconditionally as God does, and we can love others unconditionally, too.

It is Satan who is the great accuser, causing us to hate ourselves and others. God, having commanded us to love Him with all of our heart, soul, mind and strength, and our neighbor as ourselves, and our enemies, will enable us to do what He commands us to do as we claim His promise.

The great tragedy of many families is that resentment, bitterness and hate overtake their members like an all-consuming cancer, ultimately destroying the unity among husband, wife and children. Love of the husband and wife for each other, and of parents and children for one another, is so basic that it should not need to be mentioned. Yet, sadly and alarmingly, children are alienated from their parents, and even many Christian marriages are ending in divorce—in fact, in greater numbers today than at any other time in history.

God's kind of love is a unifying force. Paul admonishes us to "put on love, which is the perfect bond of unity."

BIBLE READING　Colossians 3:18-25
ACTION POINT　Since God commands us to love Him, our neighbors, our enemies and ourselves, today I will claim that love by faith on the basis of God's command to love and the promise that if I ask anything according to His will, He will hear and answer me.

온전하게 매는 띠

"이 모든 것 위에 사랑을 더하라 이는 온전하게 매는 띠니라"
골로새서 3:14

마사는 비참한 자아상에 사로잡혀 있었습니다. 자신의 외모가 볼품없다는 생각과 지나치게 뚱뚱하다는 데 대한 죄의식이 뒤섞여 있었습니다. 그녀는 자신을 미워했으며 자살을 심각하게 고려할 정도로 낙심하고 있었습니다.

나는 자신을 용납하지 못하는 수많은 학생이나 성인들과 상담을 합니다. 어떤 사람들은 고백하지 않은 죄로 인한 죄책감으로 깊이 번민합니다. 또 어떤 사람들은 자신들의 신체적인 장애나 문제를 받아들일 수가 없습니다. 또 어떤 사람들은 정신적으로, 혹은 사회적으로 열등감에 빠져 있습니다.

나는 그와 같은 사람들에게 다음과 같이 조언하여 줍니다. 하나님은 당신을 사랑하시고, 있는 그대로의 당신을 받아주십니다. 성령에 의해 우리 마음에 부어주시는 하나님의 사랑이 하나님이 창조하신 그대로의 우리 자신을 사랑할 수 있게 해주십니다. 하나님이 우리에게 하시는 대로 우리도 아무 조건 없이 자신을 사랑하면서 자신으로 인하여 하나님께 감사드릴 수 있고, 다른 사람들 또한 조건 없이 사랑할 수 있다는 것을 말해 줍니다.

우리로 하여금 우리 자신과 다른 사람들을 미워하게 하는 것은 참소하는 자, 곧 사탄입니다. 우리의 마음과 목숨과 뜻과 힘을 다하여 하나님을 사랑하고, 이웃을 우리의 몸과 같이 사랑하며, 원수를 사랑하라고 명령하신 하나님은 우리가 그의 약속을 주장(claim)할 때 그분이 우리에게 주신 명령을 행할 수 있도록 능력을 주십니다.

많은 가정에 있어서 큰 비극은 모든 것을 다 삼켜 버리는 암과 같이, 분노와 쓰라린 고통과 증오가 가족 구성원들을 사로잡아 남편과 아내와 자녀들 사이의 결속을 완전히 파괴해 버리는 것입니다. 부부간의 사랑과 부모와 자식 간의 사랑은 너무나 기본적인 것이어서 사실 언급할 필요조차도 없어야 합니다. 그러나 슬프고도 놀랍게도 자녀들이 부모로부터 버림을 받고 있으며 많은 그리스도인의 결혼조차도 이혼으로 끝나고 있습니다. 사실 오늘날 역사상 그 어느 때보다도 더 많은 그리스도인들이 이혼하고 있습니다.

하나님의 사랑은 하나가 되게 하는 사랑입니다. 바울은 우리에게 권면하고 있습니다. "사랑을 더하라 이는 온전하게 매는 띠니라"

오늘 주시는 말씀 골로새서 3:18~25
믿음의 실천 하나님께서 하나님과 이웃과 원수와 또 우리 자신을 사랑하라고 하셨기 때문에 오늘 나는 믿음으로(by faith) 그 사랑을 주장(claim)하겠습니다. 나는 내가 무엇이든 하나님의 뜻으로 구하면 들으신다고 하는 약속과 '사랑하라'고 하신 명령에 근거해 믿음으로(by faith) 사랑하겠습니다.

Ways That Are Right and Best

"He will teach the ways that are right and best to those who humbly turn to him."
PSALM 25:9

A guide, taking some tourists through Mammoth Cave, reached a place called "The Cathedral."

Mounting a rock called "The Pulpit," he said he wantedto preach a sermon, and it would be short.

"Keep close to your guide," he said.

The tourists soon found it was a good sermon. If they did not keep close to the guide, they would be lost in the midst of the pits, precipices and caverns.

It is hard to find one's way through Mammoth Cave without a guide. It is harder to find one's way through the world without the lamp of God's Word.

"Keep your eye on the Light of the World (Jesus) and use the Lamp of God's Word" is a good motto for the Christian to follow.

Humbly turning to God is one of the most meaningful exercises a person can take. We come in touch with divine sovereignty, and we become instant candidates to discern God's will for our lives.

Humbling ourselves is clearly in line with God's formula for revival:

"If My people, which are called by My name, shall humble themselves, and pray, and seek My face, and turn from their wicked ways; then will I hear from heaven, and will forgive their sin, and will heal their land" 2 Chronicles 7:14, KJV

BIBLE READING Psalm 25:1-8
ACTION POINT With the enabling of the Holy Spirit, I will fix my heart and mind on Jesus first and others second, which is true humility.

바르고 가장 좋은 길

"온유한 자를 정의로 지도하심이여 온유한 자에게 그의 도를 가르치시리로다"
시편 25:9

매머드 대동굴(미국 켄터키주 중서부에 있는 큰 석회암 동굴)을 찾은 관광객들을 안내하던 한 관광 안내원이 관광객들과 함께 동굴 안의 '대성당'이라고 부르는 곳에 이르렀습니다.

'강단'이라고 불리는 바위 위에 올라가면서 그는 '짧은 설교'를 하고 싶다고 말했습니다. 그는 "저를 바싹 따라오십시오."라고 말했습니다.

관광객들은 곧 이 말이 훌륭한 설교임을 알게 되었습니다. 만일 그들이 안내원을 가까이 쫓지 않으면 웅덩이와 벼랑과 여러 굴 가운데서 길을 잃을 것이기 때문이었습니다.

매머드 동굴에서 안내자 없이 길을 찾아내는 것은 어려운 일입니다. 하나님의 말씀의 등불 없이 세상에서 우리의 갈 길을 찾아내는 것은 이보다 더 어려운 일입니다.

"세상의 빛(예수 그리스도)에서 시선을 떼지 말고 하나님의 말씀의 등을 사용하십시오." 이것은 그리스도인들이 따라야 할 훌륭한 좌우명입니다.

겸손히 하나님께 돌아서는 것은 사람이 취할 수 있는 가장 의미 깊은 행동 중의 하나입니다. 그렇게 할 때 우리는 하나님의 거룩하신 주권을 접하게 되며, 우리의 삶을 위한 하나님의 뜻을 분별할 수 있는 자리에 곧바로 서게 됩니다.

우리 자신을 겸허하게 하는 것은 부흥을 위한 하나님의 공식과 명확히 일치합니다.

"내 이름으로 일컫는 내 백성이 그들의 악한 길에서 떠나 스스로 낮추고 기도하여 내 얼굴을 찾으면 내가 하늘에서 듣고 그들의 죄를 사하고 그들의 땅을 고칠지라"(대하 7:14)

오늘 주시는 말씀 시편 25:1~8
믿음의 실천 성령의 능력을 따라, 나는 다른 무엇보다 먼저 예수님께 나의 마음과 생각을 집중하겠습니다. 그렇게 하는 것이 참된 겸손이 되기 때문입니다.

How to Be Fearless

"The Lord is my light and my salvation; he protects me from danger—whom shall I fear?"
PSALM 27:1

The psalmist David did not choose words carelessly—but under divine inspiration—when he spoke of light and salvation.

Of all the memorials in Westminster Abbey, not one has a nobler thought inscribed on it than the monument to Lord Lawrence—simply his name, with the date of his death, and these words:

"He feared man so little because he feared God so much."

Charles H. Spurgeon gives some helpful insights into Psalm 27:1.

"In the New Testament, the idea which is hinted at in the language of David is expressly revealed as a truth. God does not merely give us His light. He is light, just as He is love in His own uncreated nature.

"'God is light,' John writes in his epistle, 'and in Him is no darkness at all.' When John sought to teach us our Lord's Godhead as clearly and as sharply as possible, he calls Him the 'light,' meaning to teach us that as such He shares the essential nature of the Deity."

How wonderful that we need not live in darkness—in any sense of the word—but that we immediately can have the Light of Life, God Himself, available to us in the person of His indwelling Holy Spirit as well as in His inspired Word. Every prerequisite for the abundant, supernatural life has been made available to us, and access is immediate if we come to Him immediately with our needs.

BIBLE READING Psalm 27:2-6
ACTION POINT With God's help, I will follow Him who is my light and my salvation. I will have no fear of men or circumstances.

두려워하지 않는 법

"여호와는 나의 빛이요 나의 구원이시니 내가 누구를 두려워하리요
여호와는 내 생명의 능력이시니 내가 누구를 무서워하리요" 시편 27:1

시편 기자인 다윗왕은 함부로 어휘를 선택하지 않았습니다. 특별히 빛이나 구원에 대하여 말할 때는 하나님의 감동을 받아 사용했습니다.

웨스트민스터 사원의 모든 기념물 중에서 로렌스 경의 비문보다 더 고상한 생각을 나타내고 있는 것은 없습니다. 그 비문에는 그의 이름과 사망일 그리고 다음과 같은 말이 간단히 새겨져 있습니다.

"하나님을 너무나 두려워한 까닭에 그는 사람을 두려워하지 않았도다."

[30]찰스 스펄전의 시편 27편 1절에 대한 통찰은 우리에게 참으로 유익합니다.

"다윗이 사용한 언어에서 엿볼 수 있는 사상은 신약에서 진리로 명백하게 나타났다. 하나님은 단지 우리에게 빛을 주시기만 하는 것이 아니다. 그분의 본성 자체가 사랑이신 것과 마찬가지로 하나님은 빛이시다. "하나님은 빛이시라 그에게는 어둠이 조금도 없으시니라"(요일 1:5)라고 사도 요한은 그의 서신에 기록하고 있다. 사도 요한은 우리 주님의 하나님 되심을 최대한 분명하고도 정확하게 우리에게 가르치려고 할 때에는 주님을 '빛'이라고 부르고 있다. 이는 우리 주님이 하나님의 본질적인 신성을 그대로 갖고 계심을 우리에게 가르치기 위함이다."

어떤 의미의 '어둠'이든지, 우리가 그 가운데서 살 필요가 전혀 없으며, 하나님의 영감이 담긴 말씀뿐만 아니라 그의 내주하시는 성령의 인격을 통하여서 허락된, 바로 하나님 자신이신 그 '생명의 빛'을 우리가 즉시 소유할 수 있다는 사실은 참으로 놀라운 일입니다. 풍성하고 초자연적인 삶을 위해 요구되는 모든 전제 조건이 우리에게 이루어졌으므로 우리가 우리의 필요를 가지고 하나님께로 나아가기만 하면 그러한 삶을 누릴 수 있는 길이 즉시 열립니다.

오늘 주시는 말씀 시편 27:2~6
믿음의 실천 하나님의 도우심으로 나는 나의 빛이요, 구원이신 그분을 따르겠습니다. 나는 어떤 사람도, 어떤 환경도 두려워하지 않겠습니다.

Christ Lives in Me

"I have been crucified with Christ; and I myself no longer live, but Christ lives in me. And the real life I now have within this body is a result of my trusting in the Son of God, who loved me and gave himself for me." GALATIANS 2:20

After many years of working with thousands of Christians, I am convinced that a person cannot enjoy the supernatural life—which is a believer's heritage in Christ—apart from the proper balance between Bible study, prayer and sharing Christ with others out of the overflow of an obedient, Spirit-filled life.

We need to be able not only to experience this great adventure with Christ ourselves, but also to share this good news with others.

A word of caution and reminder is in order at this point. We become spiritual and experience power from God and become fruitful in our witness as a result of faith and faith alone.

The Bible clearly teaches that "the just shall live by faith" Romans 1:17. However, it is equally important to know that good works are the result of faith—"trusting in the Son of God"—and unless there are "good works" there is not faith, for "faith without works is dead" James 2:17.

Many Christians are confused on this point. They think of works (Bible study, prayer and other spiritual disciplines) as the means to, rather than the results of, the life of faith. They spend much time in these activities, seeking God's favor and blessing.

They may even attempt to witness for Christ and to obey the various commands of God, thinking that by these means they will achieve supernatural living. But they remain defeated, frustrated, powerless and fruitless.

As you are filled with the Holy Spirit—"Christ living in me"—and walk in His power by faith, the Bible becomes alive, prayer becomes vital, your witness becomes effective and obedience becomes a joy.

BIBLE READING Galatians 2:15-19
ACTION POINT I will seek to remember that Christ lives in me, in the person of His indwelling Holy Spirit, and thus I have all I need for supernatural living, for victory and joy and peace.

내 안에 사신 그리스도

"내가 그리스도와 함께 십자가에 못 박혔나니 그런즉 이제는 내가 사는 것이 아니요 오직 내 안에 그리스도께서 사시는 것이라 이제 내가 육체 가운데 사는 것은 나를 사랑하사 나를 위하여 자기 자신을 버리신 하나님의 아들을 믿는 믿음 안에서 사는 것이라" 갈라디아서 2:20

수많은 그리스도인과 더불어 오랫동안 함께 사역을 해오면서 나는 온전한 순종과 성령 충만한 삶 가운데 성경공부와 기도, 다른 사람들에게 그리스도를 증거하는 일을 적절히 균형을 이루어 유지하지 않고서는 초자연적인 삶—그리스도께서 우리 믿는 자들에게 주신 유산인—을 누구도 누릴 수 없다는 것을 확신하게 되었습니다.

그리스도와 함께하는 이 경이로운 모험을 우리 자신이 경험할 필요가 있을 뿐만 아니라 또 다른 사람들에게도 이 복된 소식을 전해 줄 수 있어야 합니다.

그런데 여기서 우리가 반드시 주의하고 다시 되새겨야 할 것이 있습니다. 오직 '믿음'의 결과로써, 그리고 '믿음'으로써만, 우리가 영적인 사람이 되고, 하나님의 능력을 체험하며, 또 그리스도를 증거할 때 열매를 맺을 수 있다는 것입니다.

성경은 명확히 우리에게 이야기하고 있습니다. "의인은 오직 믿음으로 말미암아 살리라"(롬 1:17) 그러나 이 말씀과 함께 '선한 행동'이 믿음—하나님의 아들을 신뢰함—의 결과라는 것을 아는 것도 마찬가지로 중요합니다. 만약 '선한 행동'이 없으면 믿음이 없는 것입니다. 왜냐하면 "행함이 없는 믿음은 그 자체가 죽은 것"(약 2:17)이기 때문입니다.

많은 그리스도인이 이 부분에서 혼동을 하고 있습니다. 이들은 믿음으로 사는 결과로서가 아니라 그 믿음으로 사는 삶에 이르기 위한 방법으로써 행위(성경 연구, 기도 그리고 다른 영적 훈련들)를 이해합니다. 이들은 하나님의 은총과 축복을 구하면서 그러한 행위에 많은 시간을 사용하고 있습니다.

이들은 심지어 그리스도를 위하여 증거하려고 하기도 하고 하나님의 여러 계명을 지키려고 노력하면서 그렇게 하는 것이 초자연적인 삶에 도달하는 수단이 된다고 생각합니다. 그러나 이러한 노력으로는 패배와 좌절과 무기력함과 열매 없는 삶에서 벗어날 수 없습니다.

당신이 성령 충만—'내 안에 그리스도께서 사시는 것'—하고, 1)믿음으로(by faith) 그의 능력 가운데서 행할 때, 성경 말씀은 살아 역사하며, 기도는 힘이 넘치고, 당신의 증거는 효과적인 것이 되며, 순종은 기쁨이 될 것입니다.

오늘 주시는 말씀 갈라디아서 2:15~19
믿음의 실천 나는 그리스도께서 성령의 인격으로 내 안에 살아 계시며, 따라서 초자연적인 삶과 승리와 기쁨과 평안을 위하여 필요한 모든 것을 내가 소유하고 있다는 사실을 기억하고자 노력하겠습니다.

Instruct, Teach, Guide

*"I will instruct thee and teach thee in the way which
thou shalt go: I will guide thee with mine eye." PSALM 32:8, KJV*

As an Eastern Monarch, David was familiar with the thought behind this interesting expression: "guide thee with mine eye."

As he sat in state, David was surrounded by a number of servants who were eager to do his bidding. They constantly fixed their eyes on him, and when David wanted any service done, he rarely needed to speak. Each servant knew his post, and his eyes were dutifully fixed on his master. At a nod or a sign—a turn of the eye—he flew to complete the desired service.

How refreshing to know that our God keeps an eye on each one of us as His children. He knows the way we are going; He knows the way we should take—and with His watchful eye He promises to instruct us and to teach us.

When we become careless and stubborn, and thus are not observing the slightest indications of God's will for us, we require the bit and bridle instead of the guiding eye. Great attentiveness and great desire are presupposed on the part of those who are led.

On some subjects, full directions and plain commands are not always given in the Word of God. In such cases, we must be especially sensitive to the guiding eye.

Similarly, we apply the truth of this passage to the truth of a particular providence. God's guiding us with His eye often indicates to us His will by means of providential events. When we live and walk in the Spirit, by faith, we recognize His guiding eye.

BIBLE READING Proverbs 3:1-6
ACTION POINT I will try to be more sensitive to God's guiding eye, realizing that I will find proper direction in no other way.

가르치고 훈계하고 인도하심

"내가 네 갈 길을 가르쳐 보이고 너를 주목하여 훈계하리로다"
시편 32:8

동방의 군주였던 다윗은 '주목하여 훈계하리로다'라는 흥미로운 표현 속에 숨은 뜻을 잘 알고 있었습니다.

왕좌에 앉아 있는 다윗의 주위에는 그의 명령을 수행하고자 둘러서 있는 많은 종이 있었습니다. 항상 다윗에게 시선을 고정시키고 있는 그들이 있었기에 무슨 일이 필요할 때든지 다윗은 따로 말할 필요가 거의 없었습니다. 모든 종이 자기의 할 바를 알고 있었으며 충실하게 그 주인에게 시선을 고정시키고 있었습니다. 왕이 고개를 끄덕이거나 눈길을 돌리기만 해도 종들은 왕이 원하는 일을 수행하기 위하여 재빠르게 움직였습니다.

하나님께서 그의 자녀 된 우리 각자에게 시선을 고정시키고 계신다는 사실을 깨닫는 것은 참으로 새로운 감동을 선사해 줍니다. 하나님은 우리가 가는 길을 아십니다. 하나님은 우리가 택해야 할 길이 무엇인지를 아십니다. 그분은 우리를 살펴보시며 우리를 가르치시고 훈계하실 것을 약속하십니다.

우리가 부주의하거나 완악하여져서 우리를 향한 하나님의 뜻을 보여주는 세미한 표시들을 깨닫지 못할 때는 하나님의 '인도하시는 눈' 대신에 '재갈과 고삐'가 필요하게 됩니다. 인도함을 받는 자들에게는 철저한 주목과 그 인도에 따르려는 열망이 먼저 있어야 합니다.

하나님의 말씀을 통해서 지시와 명령이 완전하고 분명하게 주어지지 않는 경우도 많이 있습니다. 그런 경우에 우리는 특별히 더 하나님의 인도하시는 눈에 민감해야 합니다.

그와 같이 우리는 오늘 주신 말씀의 진리를 특정한 섭리에도 적용할 수 있습니다. 하나님께서 '주목하시는 눈'으로 우리를 인도하실 때 섭리적인 사건들을 통하여 자신의 뜻을 나타내시는 경우가 자주 있습니다. 성령 안에서 믿음으로 살며 행할 때 우리는 하나님의 인도하시는 눈을 깨닫게 됩니다.

오늘 주시는 말씀 잠언 3:1~6
믿음의 실천 나는 내가 다른 어떤 곳에서도 올바른 인도를 받을 수 없음을 깨달으며 하나님의 인도하시는 눈에 보다 더 민감해지도록 노력하겠습니다.

He Gives Attention

"For the eyes of the Lord are intently watching all who live good lives, and he gives attention when they cry to him." PSALM 34:15

A mother and her little 4-year-old daughter were preparing to retire for the night. The child was afraid of the dark, and the mother, on this occasion alone with the child, also felt fearful.

After the light was turned out, the child glimpsed the moon outside the window.

"Mother," asked, "is the moon God's light?"

"Yes," replied the mother.

"Will God put out His light and go to sleep?"

"No, my child," the mother replied, "God never goes to sleep."

"Well," said the child, with the simplicity of childlike faith, "as long as God is awake, there is no sense in both of us staying awake."

God expects you and me—with that same kind of childlike faith—not only to live good lives but also to cry out to Him in our times of need, knowing that He watches intently and gives attention to our every cry.

Again we have that helpful imagery of guiding eyes, the eyes of Him who rules and reigns over all—who is concerned about each one of His children, and equally concerned about those who have not yet trusted in Him for He is not willing that any should perish.

BIBLE READING   Proverbs 34:16-22
ACTION POINT   I shall not be afraid to cry out to the Lord when circumstances warrant a call to the Almighty. In the meantime I will devote special time today to worship, praise and thank Him for His goodness to me.

귀 기울이시는 하나님

"여호와의 눈은 의인을 향하시고 그의 귀는 그들의 부르짖음에 기울이시는도다"
시편 34:15

한 어머니와 네 살 된 딸이 잠자리에 들려 하고 있었습니다. 딸은 어두움을 무서워했고, 어린 딸만 데리고 자게 된 어머니도 역시 무서워졌습니다.

불을 끄고 난 뒤 딸은 창문 밖의 달을 내다보았습니다.

"엄마, 달이 하나님의 불빛이야?" 어린 딸이 물었습니다.

"그렇단다" 어머니가 대답했습니다.

"하나님은 저렇게 불빛을 걸어 놓고 자러 가?"

"아니란다. 애야, 하나님은 절대로 자러 가지 않으신단다."

"그럼 엄마, 하나님이 주무시지 않고 항상 깨어 있다면 나는 안심하고 자도 되겠네." 어린 아이다운 단순한 신앙으로 딸이 말했습니다.

하나님은 하나님의 눈이 우리를 주목하고 계신 것과 우리의 모든 부르짖음에 귀를 기울이고 계신 것을 우리가 깨닫고, 단지 우리가 선한 삶을 사는 것뿐만 아니라, 그 어린아이와 같은 믿음으로 곤궁할 때에 우리가 그에게 부르짖는 것도 원하십니다.

다시 말해서 우리는 모든 것을 다스리고 주관하시며, 하나님의 자녀 된 우리 각자에게 관심을 쏟고 계시며, 또한 아무도 멸망하기를 원치 않으시기에 아직 그를 믿지 않는 자들에도 동일한 관심을 가지시는 하나님의 인도하시는 눈을 생각하면서 크게 위안을 받습니다.

오늘 주시는 말씀 시편 34:16~22

믿음의 실천 전능하신 분께 부르짖을 수밖에 없는 상황이 되었을 때, 나는 주님께 부르짖기를 두려워하지 않겠습니다. 한편으로 나는 오늘 내게 베푸신 주님의 선하심을 인하여 주님을 예배하고 찬양하며 감사드리는 시간을 특별히 갖겠습니다.

All Who Win Souls Are Wise

"Godly men are growing a tree that bears life-giving fruit, and all who win souls are wise."
PROVERBS 11:30

I have never led anyone to Christ, and I never shall. However, I have had the privilege of praying with thousands of people who have received Christ as a result of my witness.

When a person receives Christ, it is the work of the Holy Spirit. That is why I cannot boast over much fruit or be discouraged over little fruit.

The responsibility for fruit belongs to the Holy Spirit who works in and through the believer, producing fruit and changing the lives of those who respond favorably to our witness.

The power of our Lord Jesus Christ is available to all who trust and obey Him. We need to "understand how incredibly great His power is to help those who believe Him."

The Lord Jesus commissioned the disciples to go into all the world and preach the gospel, with the promise that He would always be with them.

BIBLE READING Proverbs 11:24-31
ACTION POINT Today I will consciously draw upon the supernatural resources of the Holy Spirit to obey God's commands for holy living and fruitful witnessing.

지혜로운 자는 사람을 얻느니라

"의인의 열매는 생명 나무라 지혜로운 자는 사람을 얻느니라"
잠언 11:30

나는 나 자신이 누군가를 그리스도께로 인도한 일은 한 번도 없었고, 또 앞으로도 없을 것입니다. 그러나 나는 나의 증거의 결과로 그리스도를 영접한 수많은 사람과 함께 기도하는 특권을 누려 왔습니다.

사람이 그리스도를 영접할 때 그것은 성령이 하시는 일입니다. 때문에 열매를 많이 맺었다고 자랑할 것도, 적게 맺었다고 낙심할 필요도 없는 것입니다.

열매 맺는 것에 대한 책임은 믿는 자 안에서, 그리고 믿는 자를 통하여 역사하시며 열매를 맺게 하시고, 또 우리 증거에 호의적으로 반응하는 사람들의 삶을 변화시키시는 성령께 속한 것입니다.

우리 주 예수 그리스도의 능력은 그를 신뢰하고 순종하는 모든 사람에게 주어집니다. 다만, 우리는 "그의 힘의 위력으로 역사하심을 따라 믿는 우리에게 베푸신 능력의 지극히 크심이 어떠한 것을"(엡 1:19) 제대로 이해할 필요가 있습니다.

주 예수님께서는 온 천하에 두루 다니며 복음을 전파하라는 사명과 함께 주께서 언제나 함께 하시겠다는 약속을 제자들에게 주셨습니다.

오늘 주시는 말씀 잠언 11:24~31
믿음의 실천 오늘 나는 거룩한 삶과 열매 맺는 증거를 명령하시는 하나님께 순종하기 위하여 성령의 초자연적인 능력의 자원을 의식적으로 끌어와 활용하겠습니다.

We Shall Never Lack

"Even strong young lions sometimes go hungry, but those of us who reverence the Lord will never lack any good thing." PSALM 34:10

"When you have nothing left but God," a Christian leader once observed, "then for the first time you become aware that God is enough."

With every command of God is a specific or implied promise to enable us to do what He commands us to do. He always makes it possible for us to fulfill the conditions to obey His commands.

Rarely will some of us see a check for a million—or even thousands—of dollars. But here is a check for millions of millions, waiting to be cashed by those of us who know and love the Lord, who love Him enough to obey His commands.

Here is a promise of God which is great enough to meet our needs, our wants, even our deepest desires and distresses.

As you and I go through our day, how reassuring it is to know that our reverence for the Lord will be rewarded by provision of every good thing we need. That means the strength, the peace, the courage, the love I need to get me through the decisions, the trials, the testings.

That also means a new consciousness of God's indwelling Holy Spirit, the one through whom I find the supernatural, abundant life. That means a tender conscience toward God, so that I make a supreme effort to avoid yielding to temptation in any way, lest I grieve my wonderful Lord.

BIBLE READING Psalm 34:1-9
ACTION POINT I shall not be afraid to go to the bank of heaven today and cash a check for all my needs, enabling me to share the supernatural life with all whom my life touches.

부족함이 없으리로다

"젊은 사자는 궁핍하여 주릴지라도 여호와를 찾는 자는 모든 좋은 것에 부족함이 없으리로다"
시편 34:10

어떤 기독교 지도자가 이렇게 이야기했습니다. "당신에게 하나님 외에 아무것도 남은 것이 없는 때가 온다면, 바로 그때가 당신이 하나님 한 분으로 충분하다는 것을 처음으로 깨닫는 때가 될 것입니다."

하나님의 모든 명령에는 구체적이든 간접적이든 간에 우리에게 주시는 명령을 수행할 수 있는 능력도 함께 약속되어 있습니다. 하나님은 언제나 우리가 그의 명령을 순종하기 위한 조건들을 충족시켜 주십니다.

사실 100만 달러짜리 수표는 보기가 어렵고 몇천 달러짜리조차도 드물게 봅니다. 그러나 주님을 알고 사랑하는 사람, 주님을 사랑하여 주님이 주신 계명을 기꺼이 순종하는 사람들에게 현금으로 지불될 수 있는 수억 달러, 혹은 그 이상도 가능한 가치를 가진 수표가 여기에 있습니다.

바로 위에 주어진 오늘의 말씀입니다. 이 말씀은 우리의 필요와 부족, 우리의 가장 깊은 소원과 염려까지도 넘치게 채워 주시는 하나님의 약속입니다.

우리가 삶을 살아가는 동안 우리 주님을 경외함이 우리에게 필요한 모든 좋은 것으로 하나님께서 공급해 주심으로 보상을 받게 된다는 것을 깨닫는 것은 얼마나 큰 위로와 확신이 되는지요. 그것은 내가 여러 어려운 결정과 시련과 시험의 문제들을 감당할 수 있도록 필요한 능력과 평안, 용기 그리고 사랑을 공급해 주신다는 것을 의미합니다.

그것은 또한 초자연적이며 풍성한 삶을 허락하여 주시는 내주하시는 성령에 대한 새로운 깨달음도 주신다는 것을 의미합니다. 아울러 우리에게 민감한 양심도 갖게 해 주심을 의미합니다. 그 민감한 양심으로 우리는 우리의 놀라우신 주님이 근심하지 않도록 어떤 유혹에도 굴복하지 않고 최선의 노력을 다하게 될 수 있습니다.

오늘 주시는 말씀   시편 34:1~9
믿음의 실천   나는 오늘 담대히 하늘의 은행에 나아가, 나의 모든 필요를 위하여 (약속의) 수표를 현금으로 바꾸고 나의 삶이 미치는 범위 내의 모든 사람과 초자연적인 삶을 함께 나누도록 하겠습니다.

Recognizing False Teachers

"Beware of false teachers who come disguised as harmless sheep, but are wolves and will tear you apart. You can detect them by the way they act, just as you can identity a tree by its fruit. You need never confuse grapevines with thorn bushes or figs with thistles."
MATTHEW 7:15-16

The secular press frequently quoted a famous professor in a very prestigious theological seminary, referring to him as the Protestant theologian of our time. I asked two of his students, whom I had the privilege of introducing to Christ, "What is your impression of Professor So and so?" They replied, "If the Bible is true, he is not a Christian." They explained that he denied the deity of Christ, the authority of the Scripture and all the basic tenets of the Christian faith. Yet he was so subtle, so brilliant and profound, that many Christian leaders who were not biblically oriented were deceived and viewed him as a great theologian.

However, after he died, his wife revealed his sexual exploits and his other wrongdoings that were inconsistent with the Bible's teachings.

There are many false teachers in seminaries and pulpits who represent another master, not our Lord Jesus Christ. They do not preach the inspired Word of God. Often brilliant, gracious, considerate people, they are nevertheless well-described by our Lord as false teachers, wolves disguised as harmless sheep.

How can you recognize false teachers? The test is threefold: (1) What is their view of the Lord Jesus Christ? Is He truly the Son of God? Did He die on the cross for our sins? Was He raised from the dead? (2) Do they profess that the Bible is the authority of God, divinely inspired? (3) Do they live lives that are consistent with the teachings of Scripture? Or do they condone practices that are contrary to the Word of God? If they do the latter, beware, for they will rob you of the supernatural resources of God that are available to you.

As you meditate on today's Scripture passage, ask God to give you a discerning spirit that you may not be deceived by false teachers.

BIBLE READING   Matthew 7:13-23
ACTION POINT   I shall weigh those who profess to be God's followers in light of their view of Jesus Christ, His inspired Word, and their obedience to His commands. I will also alert others to the influence of false teachers.

거짓 선지자들을 삼가라

"거짓 선지자들을 삼가라 양의 옷을 입고 너희에게 나아오나 속에는 노략질하는 이리라
그들의 열매로 그들을 알지니 가시나무에서 포도를, 또는 엉겅퀴에서 무화과를 따겠느냐"
마태복음 7:15~16

한 언론 기관에서는 세계에서 가장 수준 높은 신학교 가운데 하나인 어느 신학교의 저명한 교수 한 사람을 우리 시대의 대표적인 개신교 신학자로 언급하면서 그의 말을 자주 인용했습니다. 내가 그 교수의 제자 중 두 사람에게 그리스도를 소개하는 특권을 얻게 됐을 때, 대화 중에 이런 질문을 던져봤습니다. "당신들은 그 교수에 대하여 어떤 인상을 받았습니까?" 그 제자들은 "만일 성경이 참된 것이라면 그 교수님은 그리스도인이 아닙니다."라고 대답했습니다. 그들은 이어서 말하기를 그 교수는 그리스도의 신성과 성경의 권위와 그 외 기독교 신앙의 기본적인 교리를 모두 부인하고 있다고 했습니다. 그는 너무나 교묘하고 명석하며 깊은 사고의 소유자여서 성경 중심적이지 못한 기독교 지도자들은 속아 넘어가 그를 위대한 신학자로 믿었던 것입니다. 그러나 그가 죽은 뒤 그의 부인은 자기 남편의 수많은 성적 타락과 그밖에 성경의 교훈에서 벗어난 많은 잘못된 행동들을 폭로했습니다.

세상에는 우리 주를 섬기는 것이 아니라 다른 주인을 섬기는 많은 '거짓 선지자'가 신학교와 교회의 강단에 있습니다. 그들은 하나님의 감동으로 된 성경 말씀을 전하지 않습니다. 때로 그들이 명석해 보이고 자애롭고 사려 깊게 보일 때도 있지만 우리 주님께서는 저들을 가리켜 '양의 옷을 입고 나아오나 속에는 노략질하는 이리'라고 말씀하셨습니다.

어떻게 거짓 선지자들을 분별할 수 있습니까? 세 가지로 시험해 볼 수 있습니다. (1) 그들은 주 예수 그리스도를 어떻게 바라보고 있습니까? 예수 그리스도가 참으로 하나님의 아들이심을 믿고 있습니까? 예수 그리스도가 우리의 죄를 위하여 십자가에서 죽으신 것과 죽은 자 가운데서 다시 사신 것을 믿고 있습니까? (2) 그들은 성경이 거룩한 영감으로 기록된 하나님의 권위 있는 말씀인 것을 고백합니까? (3) 그들은 성경의 교훈과 일치하는 삶을 살고 있습니까? 아니면 하나님의 말씀과 어긋나는 행동과 습관을 용납하고 있습니까? 만일 그들이 후자에 속한다면 조심하십시오. 그들이 당신이 누릴 수 있는 하나님의 초자연적인 힘의 원천을 당신에게서 빼앗아갈 것이기 때문입니다. 오늘의 말씀을 묵상하면서 거짓 선지자들에게 속아 넘어가지 않도록 분별하는 영을 주실 것을 하나님께 구하십시오.

오늘 주시는 말씀 마태복음 7:13~23
믿음의 실천 나는 하나님을 따른다고 말하는 사람들이 갖고 있는 예수님과 성경에 대한 생각, 또 그들이 하나님의 명령을 순종하는지를 잘 살펴보겠습니다. 나는 또한 다른 사람들에게도 거짓 교사의 영향력을 경고하겠습니다.

God Meets Our Needs

"I have been young and now I am old. And in all my years I have never seen the Lord forsake a man who loves him; nor have I seen the children of the godly go hungry." PSALM 37:25

Tom had been a humble follower and servant of the Lord Jesus Christ from his youth. He learned of our Lord at the family altar in his modest home. Through the urging of his parents, he memorized large portions of Scripture. By his teenage years he was preaching, and after a brief time of study in a Bible institute he became an evangelist. His work was largely in the smaller rural churches. His speech was never eloquent nor was he distinguished and cultured in his appearance and demeanor, but he was a man of God. Wherever he went, hearts were strangely warmed as he spoke the truths concerning our Savior.

Now he had reached the ripe age of ninety and his hair was snow white. During his ministry of over seventy years, he had come to know heartache, sorrow, adversity and poverty (especially during the Depression). He had performed many wedding ceremonies, had spent long nights at the bedside of the sick and had preached many funeral sermons. In obedience to his Lord, he had ministered to the widows and orphans, the poor and imprisoned. As he was coming to the climax of a rich and overflowing life, a radiant adventure with God—the supernatural life—he recalled some of the heartaches and tragedies. He said, "You know, not one single time in all my years have I seen the Lord forsake a man who loved Him, nor have I seen the children of the godly go hungry. Of course, I have seen Christians suffer, and I've been with them in their sorrow. But there's something different about the life of one who walks with God. There's serenity, a peace. And almost miraculously, while the ungodly often go hungry, God meets the needs of His children as He promised.

"Yes," he said in conclusion, "you can trust God and His Word. He never fails to keep His promise."

BIBLE READING Psalm 37:26-34
ACTION POINT Knowing that I can trust God to meet my every need, I shall seek first the kingdom of God. Through the power of the Holy Spirit, I will live a godly, supernatural life, and I will tell others how faithful and trustworthy God is.

우리의 필요를 채우심

"내가 어려서부터 늙기까지 의인이 버림을 당하거나 그의 자손이 걸식함을 보지 못하였도다"
시편 37:25

톰은 어릴 때부터 주 예수 그리스도를 겸손히 따르는 그리스도의 종이었습니다. 그는 그의 조촐한 가정 제단에서부터 우리 주님에 대하여 배우기 시작했습니다. 부모님의 간곡한 권유로 성경의 많은 부분을 암송했습니다. 십대 소년이었을 때 벌써 설교를 했으며, 성경 학교에서 잠시 공부한 뒤 전도자가 되었습니다. 그는 사역의 대부분을 자그마한 시골 교회에서 했습니다. 그의 설교는 결코 유창하지도 탁월하지도 않았으며, 외모와 거동도 뛰어나거나 세련되지 못했지만 그는 하나님의 사람이었습니다. 어디를 가든지 그가 우리의 놀라우신 구주에 대한 진리를 말할 때마다 사람들의 마음은 이상하게도 뜨거워졌습니다.

지금 그는 나이 90세의 고령에 접어들어 머리가 눈같이 흰 백발이 되었지만 언제나 단정합니다. 70년을 넘는 그의 사역을 통해 그는 마음의 고통과 슬픔과 역경과 빈곤을(특히 미국의 대공황기 동안) 겪었습니다. 그는 많은 결혼식의 주례를 섰으며, 병자의 침대 곁에서 많은 밤을 지새웠고, 장례식 설교도 수없이 했습니다. 주님께 순종하여 그는 과부와 고아와 가난한 자와 갇힌 자들을 위해 일했습니다. 이제 하나님과 함께했던 기쁨으로 가득 찬 그의 모험, 즉 초자연적인 그리스도인의 삶이며 넘치도록 풍성했던 삶의 절정에 이르러서 그는 때로 자신이 지켜보아야 했던 가슴 아픈 일들과 비극들에 관해 회상하며 말했습니다.

"당신도 아시겠지만, 나는 하나님을 사랑하는 의인을 하나님께서 버리시거나 그 자손이 걸식하는 경우를 평생 한 번도 본 적이 없습니다. 물론 나는 고난당하는 그리스도인들을 보아왔고 그들과 함께 슬픔을 나누었습니다. 하지만 하나님과 함께 행하는 사람들의 삶에는 무엇인가 다른 것이 있습니다. 그들에게는 평온과 평강이 있습니다. 그리고 하나님을 경외하지 않는 사람들이 굶주리는 경우가 종종 있는데 반해 거의 기적이라고 해야 할 정도로 하나님은 약속하신 대로 그의 자녀들의 필요를 채워 주십니다."

"그렇습니다. 당신은 하나님과 그의 말씀을 신뢰해도 좋습니다. 하나님은 결코 약속을 어기시지 않습니다." 그의 결론이었습니다.

오늘 주시는 말씀 시편 37:26~34
믿음의 실천 어떤 경우에도 나의 모든 필요를 채워주실 하나님을 신뢰하기에 나는 먼저 하나님의 나라를 구하겠습니다. 나는 성령의 능력을 통해 경건하며 초자연적인 삶을 살겠으며, 다른 사람들에게 하나님께서 얼마나 신실하시고 신뢰할 수 있는 분이신지를 말해 주겠습니다.

He Will Take Care of Us

"He will take care of the helpless and poor when they cry to him; for they have no one else to defend them." PSALM 72:12

Some time ago, a French tourist set out to cross St. Bernard's Pass by himself. When he got caught in the fog near the top, he sat on a rock and waited for one of the famous St. Bernard dogs, which have rescued thousands of lost travelers, to come and attend to him. But none came.

When the fog cleared away, he managed to reach the hospice. There he let it be known that he thought the dog a rather overrated animal.

"There I was," he said, "for at least six hours, and not one came near me."

"But why," exclaimed one of the monks, "did you not ring us up on the telephone?"

Then he explained to the astonished tourist that whole of the pass is provided with shelters at short distances from each other—all in direct phone communication with the hospice. When the bell rings, the monks send off a dog loaded with bread, wine and other comforts.

The dog goes straight to the proper shelter. The system saves the hounds their former duty of patrolling the pass on the chance of a stray traveler being found, and as the pass is under deep snow for about eight months of the year, this entailed hard and often fruitless labor.

Many people in need of spiritual help have not yet realized there is One who will hear and answer directly the troubled cries for help.

BIBLE READING Psalm 72:13-19
ACTION POINT Remembering that we "have not because we ask not," I'll remember to call on a kind heavenly Father today and whenever I have a need.

우리를 건지실 하나님

"그는 궁핍한 자가 부르짖을 때에 건지며 도움이 없는 가난한 자도 건지며"
시편 72:12

언젠가 프랑스 관광객 한 사람이 혼자서 '세인트 버나드' 고개를 넘어가려고 길을 나섰습니다. 그러다 거의 정상에 이르렀을 때 그만 안개에 갇히게 되었습니다. 그는 바위에 앉아 길 잃은 수많은 여행자들을 구조해온 그 유명한 세인트 버나드 구조견들이 와서 자기를 구조해 줄 것을 기다렸습니다. 그러나 아무도 나타나지 않았습니다.

안개가 걷힌 후 그는 간신히 수도원에서 운영하는 여행자 숙소에 다다랐습니다. 거기서 그는 사람들이 세인트 버나드 개를 상당히 과대평가하고 있다는 자신의 생각을 털어놓았습니다.

"내가 적어도 여섯 시간은 더 기다렸을 겁니다. 그런데 한 마리도 오지 않았지 뭡니까?"

그러자 수도사 한 사람이 놀라서 말했습니다. "그런데 왜 우리에게 전화하지 않았습니까?"

그리고 그 수도사는 놀란 여행자에게 언덕 전체의 길에 멀지않은 간격으로 대피소가 설치되어 있으며, 모든 숙소와 직통 전화가 연결되어 있다고 설명해 주었습니다. 전화가 울리면 수도사는 빵과 포도주와 기타 필요한 것들을 개에게 지워 보내면 구조견이 바로 해당 대피소로 직행하게 되어 있었습니다.

이전에는 개들이 혹시나 있을 길 잃은 여행자를 발견하기 위해 그 고개를 모두 순찰해야 했지만 이렇게 함으로써 그러한 수고가 덜어졌습니다. 그 고갯길은 사실상 1년 중 8개월이나 깊은 눈 속에 덮여 있어서 개들이 일일이 길을 순찰하는 것은 힘만 들고 별로 성과도 없는 수고였습니다.

이와 마찬가지로 영적으로 궁핍한 처지에 있으면서도 하나님이 환난 당한 자의 부르짖음을 직접 들으시고 응답하시는 분이심을 여전히 깨닫지 못하는 사람들이 많이 있습니다.

오늘 주시는 말씀 시편 72:13~19
믿음의 실천 우리가 '얻지 못함은 구하지 아니하기 때문'(약 4:2)임을 기억하면서, 나는 오늘이나 또 필요하다면 언제든지 자비하신 하나님 아버지께 부르짖겠습니다.

Obedience Releases the Power

"For the Lord says, 'Because he loves me, I will rescue him; I will make him great because he trusts in my name. When he calls on me, I will answer; I will be with him in trouble and rescue him and honor him." PSALM 91:14-15

Pete was the playboy type. He believed that Christ was in his life and that he had eternal life and would go to heaven when he died, but he was not willing to "go all the way with the Lord." He wanted to live the "good life," he said. One day perhaps he would make a total commitment of his life to Christ, but not now. He had all kinds of physical and emotional problems, but somehow he was never able to make the connection that the fact that his life was miserable was because of his disobedience to God.

All of God's supernatural resources are latent within us waiting for us, as an act of the will by faith, to release that power. This explains the difference between impotent, fruitless, defeated Christians and those who are buoyant, joyful, victorious and fruitful in magnificent ways for the glory of God. Both are indwelt by the same God and possess the same supernatural power, but one for whatever reason—lack of knowledge, lack of faith, disobedience—fails to release the power while the other—knowledgeable, dedicated, obedient, faithful—releases the power.

John 14:21 is another way of stating Psalm 91:14, 15. Jesus said, "He that hath My commandments, and keepeth them, he it is that loveth Me: and he that loveth Me shall be loved of My Father, and I will love him, and will manifest Myself to him."

We demonstrate that we love God when we obey Him. And when we trust and obey Him, all the supernatural resources of deity are released in our behalf. He literally heals our bodies, our minds and our spirits and enables us to live the supernatural life.

BIBLE READING Psalm 91:7-13
ACTION POINT I will acknowledge Jesus daily as the Lord of my life and demonstrate my love by obeying His commandments. I can then be assured that He will be with me in trouble and deliver me and honor me as He promised.

순종으로 오는 능력

"하나님이 이르시되 그가 나를 사랑한즉 내가 그를 건지리라 그가 내 이름을 안즉 내가 그를 높이리라
그가 내게 간구하리니 내가 그에게 응답하리라
그들이 환난 당할 때에 내가 그와 함께 하여 그를 건지고 영화롭게 하리라" 시편 91:14~15

피터는 바람둥이의 기질을 가진 인물이었습니다. 그는 그리스도가 자신의 삶 속에 계시며, 따라서 영생도 얻었고 죽으면 천국에 갈 것이라고 믿고 있었습니다. 그러나 그는 '주님과 항상 함께하는 삶'은 살려고 하지 않았습니다. 그는 '즐거운' 삶을 살고 싶다고 말했습니다. 그는 언젠가 그리스도께 전적으로 자신의 삶을 드릴 헌신의 때가 오겠지만 지금은 아니라고 했습니다. 그는 신체적, 그리고 감정적으로 문제란 문제는 다 가지고 있었으나 자기의 삶이 비참한 것은 하나님께 불순종하기 때문이라는 사실을 연관 지어 생각하지는 못했습니다.

하나님의 초자연적인 자원들은 우리가 믿음에 의한(by faith) 의지적인 행동으로 그 능력을 활용하기까지 우리 속에 잠재되어 있습니다. 이 사실은 무기력하고 열매 맺지 못하며 패배하는 그리스도인들과, 하나님의 영광을 위하여 놀라운 삶을 살아가는 쾌활하고 기쁨과 승리로 열매 맺는 그리스도인들과의 삶의 차이를 설명해 줍니다. 양쪽 모두 동일한 하나님이 내주하시며 동일한 초자연적인 능력을 소유하고 있지만, 하나님을 아는 지식이 있으며 헌신되고 순종하며 신실한 그리스도인은 그 능력을 활용하는 반면에, 다른 쪽은 하나님을 아는 지식의 부족 혹은 믿음의 부족, 불순종 등 여러 이유로 하나님의 능력을 활용하지 못하고 있습니다.

요한복음 14장 21절은 시편 91편 14~15절을 다르게 표현한 말씀입니다. 예수님께서는 말씀하셨습니다. "나의 계명을 지키는 자라야 나를 사랑하는 자니 나를 사랑하는 자는 내 아버지께 사랑을 받을 것이요 나도 그를 사랑하여 그에게 나를 나타내리라"

우리가 하나님께 순종할 때 우리는 그를 사랑한다는 사실을 나타내 보이게 됩니다. 그리고 그를 신뢰하고 순종할 때 하나님의 모든 초자연적인 힘의 자원들이 우리를 위하여 풀려 나오게 됩니다. 하나님은 문자 그대로 우리 몸과 마음과 영혼을 치유하시며 우리가 초자연적인 삶을 살 수 있도록 해 주십니다.

오늘 주시는 말씀 시편 91:7~13

믿음의 실천 나는 날마다 예수님이 나의 삶의 주인이심을 인정하고 그의 계명을 순종함으로 나의 사랑을 나타내겠습니다. 그럼으로써 나는 그가 약속하신 대로 환난 중에 나와 함께 계시며 나를 건지시며 영화롭게 하실 것을 확신할 수 있습니다.

The Godly Shall Flourish

"But the godly shall flourish like palm trees and grow tall as
the cedars of Lebanon. For they are transplanted into the
Lord's own garden and are under his personal care. Even in
old age they will still produce fruit and be vital and green." PSALM 92:12-14

John Vredenburgh preached in a Somerville, New York, church for many years, often feeling that his ministry was a great failure even though he preached the gospel faithfully. His death came amidst discouragements, and even some of his members wondered about his success and effectiveness as a minister.

Not long after his death, however, spiritual revival came to Somerville. On one Sunday alone, 200 people came to Christ—most of whom dated their spiritual stirrings from the ministry of John Vredenburgh.

Faithfulness and persistence are great virtues in the service of Jesus Christ. "Pay Day, Some Day" was a significant theme and message of the great Southern Baptist pastor, R. G. Lee—and since God's timing is always perfect, it surely will come in good time.

"Even in old age they will produce fruit." Though the outward man may be perishing, the inward man is renewed day by day. When the outward ear grows deaf, the inward man hears the voice of God. When the eye grows dim, the mind is enlightened with God's Word.

When the flesh becomes weak, we are "strengthened with might in the inner man." Older Christians look toward heaven, where they again shall see family and friends; meanwhile, they share their maturity and good judgment with others, knowing that God still rewards the faithful. Until that dying breath, the supernatural life on earth can continue.

BIBLE READING   Psalm 92:7-11
ACTION POINT   Knowing that even in old(er) age my life can produce fruit, I will persevere and remain faithful to our Lord and His commands.

의인은 종려나무 같이 번성하며

"의인은 종려나무 같이 번성하며 레바논의 백향목 같이 성장하리로다
이는 여호와의 집에 심겼음이여 우리 하나님의 뜰 안에서 번성하리로다
그는 늙어도 여전히 결실하며 진액이 풍족하고 빛이 청청하니" 시편 92:12~14

존 브레덴버그는 뉴욕주 서머빌의 한 교회에서 오랫동안 설교했으며, 복음을 신실하게 전해 왔지만 정작 자신의 사역은 크게 실패했다고 자주 느끼고 있었습니다. 그는 낙심 가운데 세상을 떠났으며, 그가 일하던 교회의 교인들조차도 그가 목회 사역자로서 성공과 성과를 거두었는지에 대해 회의적이었습니다.

그러나 그의 사후, 오래지 않아 서머빌에는 영적 부흥이 일어났습니다. 어떤 주일에는 하루에만 200여 명이 그리스도께로 나아왔으며, 그들 중 대부분은 존 브레덴버그가 목회하던 생전에 영적인 감동을 받았던 사람들이었습니다.

신실함과 끈기는 예수 그리스도를 섬기는 데 있어서 위대한 미덕입니다. "보상의 날이 오리라. 반드시 오리라." 이것은 남침례교의 위대한 목사였던 '리'의 중요한 구호요, 메시지였습니다. 하나님의 때는 언제나 완벽하며, 가장 좋은 시기에 하나님의 때가 도래할 것이기 때문입니다.

'늙어도 여전히 결실하며' 겉사람은 낡아지나 속사람은 날마다 새로워지는 것입니다.(고후 4:16) 육신의 귀는 멀어가도 속사람은 하나님의 음성을 듣습니다. 눈은 어두워져 가도 마음은 하나님의 말씀으로 밝아집니다.

육신은 약해지더라도 우리의 속사람은 능력으로 강건하게 됩니다.(엡 3:16) 나이 많은 그리스도인들은 그들이 다시 가족과 친구들을 만나게 될 천국을 소망합니다. 또한, 그들은 하나님께서 언제나 변함없이 신실한 사람들에게 갚아주심을 알기 때문에 다른 사람들에게 그들의 원숙함과 지혜로운 판단을 나눠주는 삶을 삽니다. 마지막 숨을 거둘 때까지 이 땅에서의 초자연적인 삶은 계속될 것입니다.

오늘 주시는 말씀 시편 92:7~11
믿음의 실천 노년이라고 할지라도 내가 결실을 거두는 삶을 살 수 있다는 것을 알기에, 나는 우리 주님과 그의 계명을 위하여 인내하며 계속하여 신실한 삶을 살겠습니다.

Faithful of the Land

"Mine eyes shall be upon the faithful of the land, that they may dwell with me: he that walketh in a perfect way, he shall serve me." PSALM 101:6, KJV

My mind immediately turns to the faithful minister of the gospel, the Sunday school teacher, the Christian worker as I read this verse of Scripture with its glorious promise.

Christian leaders are, indeed, included in this conditional promise. But many others may have a part as well. When that construction worker, a believer, who hears blasphemy on the job dares to speak up for his Lord, his act shall not go unnoticed and unrewarded.

That man who is scrupulously honest in his business, in the face of countless opportunities to be otherwise and in the face of competition and opposition that would seek to wipe him out, likewise shall have his reward.

That homemaker who cuts no corners, but completes the drudgery of housework with love and joy and peace, shall rejoice too that day when the faithful are rewarded. That young person who dares swim upstream against the tide of humanism, the drug culture, the careless, the indifferent, also shall be rewarded.

It is remarkable, too, that God rewards His children for good works which He makes possible by giving the grace and ability to perform them! He gives us grace, then smiles on us because we exercise the very grace that is a gift from Him.

BIBLE READING Psalm 101:1-5
ACTION POINT I will do what is right, regardless, and be faithful in every task I am called upon to do.

이 땅의 충성된 자

"내 눈이 이 땅의 충성된 자를 살펴 나와 함께 살게 하리니 완전한 길에 행하는 자가 나를 따르리로다"
시편 101:6

 이 말씀과 또 이 말씀이 주는 영광된 약속을 읽을 때마다 나는 곧 신실한 복음의 사역자들과 주일학교 교사들과 기독교 사역자들을 떠올리게 됩니다.
 많은 기독교 지도자들은 참으로 이 조건에 부합하는 하나님의 약속을 받은 사람들입니다. 그러나 이 약속에 해당하는 다른 사람들도 많이 있습니다. 예를 들어, 건축 공사장에서 일하는 어떤 그리스도인이 동료가 하나님을 모독하는 말을 하는 것을 듣고 담대히 자기의 주님을 위하여 증거한다면 그의 행동은 주님이 아신 바 되어 보답을 받을 것입니다.
 정직한 사업가가 경쟁자들의 경쟁과 적대 속에서 수많은 유혹을 물리치고 양심을 지켜 정직하게 행한다면 그도 마찬가지로 보답을 받을 것입니다.
 가정주부가 집안을 구석구석 돌보며 단조롭고도 힘든 살림을 사랑과 기쁨과 화평으로 행한다면 신실한 자들이 보상받을 그 날에 그도 역시 기쁨을 누리게 될 것입니다. 인본주의와 마약 문화와 무분별과 무관심의 흐름을 거슬러 헤쳐 나아가는 젊은이들도 그 날에 보답을 받을 것입니다.
 하나님께서 그 자녀들에게 선한 일을 할 수 있도록 은혜와 힘을 주시면서 동시에 그 선한 일을 행한 자녀들에게 상 주신다는 사실은 놀라운 것입니다. 하나님은 우리에게 은혜를 베푸시고 우리가 하나님께로부터 온 바로 그 은혜를 행동으로 나타내 보일 때 우리를 향해 미소를 지으십니다.

오늘 주시는 말씀 시편 101:1~5
믿음의 실천 나는 옳은 것은 그것이 무엇이든 개의치 않고 행하겠으며, 또 내가 부름 받은 일은 무엇이든 신실하게 행하겠습니다.

Freedom From Fear

"He does not fear bad news, nor live in dread of what may happen. For he is settled in his mind that Jehovah will take care of him." PSALM 112:7

Sarah was a hypochondriac, a bundle of nerves, plagued by all kinds of fears—fears that she would become ill, that she would have an accident, that something would happen to her husband or children or that they would experience financial reverse. Her every conversation was negative. And of course, her attitude alienated her from others, and the more isolated she found herself, the more fearful she became.

Completely absorbed with her own problems, she was seriously thinking of committing suicide when a Christian couple moved in next door to her. They began to demonstrate the love of God and share the good news of His forgiveness in Jesus Christ. Few people had taken an interest in Sarah, but this godly, Christian couple, especially Mary, the wife, embraced her with understanding, compassion and a loving heart.

Together they studied the Bible and after a brief time, Sarah received Christ and began to grow as a Christian. She began to memorize Scripture and delighted in hiding large quantities of the Word in her heart. Now her mind and her conversation were saturated with the things of God—His attributes, His holiness, His love—and His promises became a joyful reality to her.

A year had passed when one day she remarked to me with great enthusiasm, "I have been liberated. Christ has set me free. I seldom think of my own problems anymore, but find my mind absorbed with God and His truth, and how I might reach out in love and compassion to others as Mary reached out to me in my desperate need."

Sarah was no longer afraid. The fears that had plagued her were gone, because she knew Jehovah would take care of her and her family. No matter what happened, she knew she could trust a loving, gracious, holy, righteous God, who had become her very real heavenly Father. Jesus Christ had become more real to her than her own flesh and blood.

BIBLE READING Psalm 112:1-6
ACTION POINT I will seek to know more and more about my Lord by hiding His Word in my heart and meditating on His attributes. I am convinced that He will care for me so that nothing can happen to me that He does not allow for my good.

두려워 아니함

"그는 흉한 소문을 두려워하지 아니함이여 여호와를 의뢰하고 그의 마음을 굳게 정하였도다"
시편 112:7

사라는 우울증과 신경과민 그리고 온갖 공포에 짓눌려 있었습니다. 병에 걸리지 않을까, 사고를 당하지 않을까, 남편이나 아이들에게 무슨 일이 생기지 않을까, 혹은 경제적인 곤경에 처하지 않을까 등의 두려움이었습니다. 사라의 말은 늘 부정적이었습니다. 그녀의 부정적 태도는 그녀를 남들과 점점 더 멀어지게 했고, 자신이 소외되었음을 깨달을수록 그녀는 더 큰 두려움에 사로잡히게 되었습니다.

자신의 문제에 너무 깊이 눌린 그녀가 자살을 심각하게 생각하고 있을 무렵, 이웃에 그리스도인 부부가 이사를 왔습니다. 그들은 사라에게 하나님의 사랑을 보여 주었으며, 그리스도 예수 안에 있는 하나님의 용서라는 기쁜 소식을 전해 주었습니다. 그동안에는 사라에게 관심을 보여준 사람이 별로 없었으나 그 경건한 그리스도인 부부, 특히 부인인 매리는 이해와 동정과 사랑의 마음으로 사라를 포용해 주었습니다.

그들과 함께 성경 공부를 시작하고 얼마 안 되어 사라는 그리스도를 영접하고 그리스도인으로서 성장을 시작했습니다. 그녀는 성경 구절들을 암송하기 시작했고 많은 말씀을 마음 가운데 가득히 간직하는 기쁨을 맛보았습니다. 지금 사라의 마음과 그녀의 모든 대화는 하나님의 것들, 즉 그의 속성과 거룩하심과 사랑으로 흠뻑 적셔져 있으며, 하나님의 약속이 그녀에게 현실로 이루어지는 기쁨을 맛보고 있습니다.

1년이 지난 어느 날, 사라는 크게 기뻐하면서 내게 말해 주었습니다. "나는 해방되었습니다. 그리스도께서 나를 자유하게 하셨습니다. 이제 나는 내 자신의 문제에 관해 고민하는 일이 거의 없답니다. 대신 하나님과 그의 진리의 말씀에 깊이 젖어 내가 그렇게 어렵고 힘들었을 때 매리가 나를 찾아와 준 것처럼, 나도 어떻게 다른 사람들에게 사랑과 연민 가운데 찾아갈 수 있을지 생각합니다." 사라는 이제 더 이상 두려워하지 않습니다. 그녀를 괴롭히던 공포는 사라졌습니다. 이는 여호와께서 사라와 그녀의 가족들을 보살피신다는 사실을 깨달았기 때문입니다. 어떤 일이 일어나더라도 사라는 자신에게 참된 아버지가 되신, 사랑과 은혜와 거룩함과 의의 하나님을 신뢰할 수 있다는 것을 깨닫게 되었습니다. 예수 그리스도가 사라 자신의 육신보다도 더 실재하신 분이 되신 것입니다.

오늘 주시는 말씀 시편 112:1~6
믿음의 실천 나는 하나님의 말씀을 나의 마음속에 간직하고 그의 많은 속성을 묵상함으로써 나의 주님에 대해 더욱더 알기를 힘쓰겠습니다. 나는 그가 나를 보살펴주심으로 나의 유익을 위한 일이 아니면 어떤 일도 내게 일어나지 않게 하실 것을 확신합니다.

The Best Counsel

"The godly man is a good counselor because he is just and fair and knows right from wrong." PSALM 37:30-31

Mary had gone to several psychologists and psychiatrists, and even religious leaders, seeking help, but no one had been able to help her. Consequently, she had been committed to a mental institution. Now, in desperation her family had come to seek help.

It did not take long to discover the root of her problem—she was plagued with a deep sense of guilt. Mary had been sexually promiscuous as a teenager, and prior to that she had been violated by her stepfather when she was a very young girl.

All of this tormented her greatly, but no one had taken her to the Word of God to help her understand that she did not have to carry the burden of her own sin. Scripture teaches that if we confess our sins, God is waiting to forgive and cleanse us.

There are three things we need to know about confession. First, the word "confess" means, in the original Greek, "to agree with." If I agree with God concerning my immorality, I am saying, "Lord, I know it is sin." Second, we know from Scripture that Christ paid the penalty for our sins by shedding His blood on the cross. And third, we must repent—change our attitude toward that sin. This results in a change of action. When we do this, we have the promise that God forgives and cleanses us from all unrighteousness.

When Mary understood the truth of God's promise, we knelt together and by faith she surrendered all of her guilt and frustration to Christ, who died for her, and she claimed God's forgiveness.

Only God could liberate her from the darkness and gloom of Satan's kingdom and bring her into the kingdom of light—the kingdom of our Lord Jesus Christ. Mary sensed God's immediate liberation and rejoiced in the assurance of forgiveness and eternal life with Christ. She became a radiant, joyful and victorious witness for our Savior.

BIBLE READING Psalm 37:32-40
ACTION POINT I will seek the counsel of godly men and women, and will, with God's help, become a godly person myself. I will saturate my mind with the truth of His Word, so that I will know right from wrong and be able to give wise counsel to others.

최고의 상담자

"의인의 입은 지혜로우며 그의 혀는 정의를 말하며 그의 마음에는 하나님의 법이 있으니
그의 걸음은 실족함이 없으리로다" 시편 37:30~31

매리는 심리학자들과 정신과 의사들, 심지어 종교 지도자들에게까지도 찾아가 도움을 구했지만 아무런 도움도 얻지 못했습니다. 그 결과 그녀는 정신병원에 수용되었고, 가족들은 거의 자포자기한 상황에서 도움을 구하기 위해 나를 찾아왔습니다.

내가 매리가 처한 문제의 근원을 발견하는 데는 오랜 시간이 걸리지 않았습니다. 그녀는 깊은 죄의식에 사로잡혀 있었던 것입니다. 그녀는 십대 때 성적으로 난잡했으며, 그보다 앞서 아주 어렸을 때 의붓아버지에게 성적으로 이용당하고 폭행을 당했던 것이었습니다.

이 모든 게 매리를 크게 괴롭혔으나, 하나님의 말씀으로 그녀가 자기의 죄짐을 지고 갈 필요가 없다는 사실을 깨닫도록 인도해 준 사람은 아무도 없었습니다. 성경은 우리가 죄를 자백할 때 하나님께서 우리의 죄를 용서하시고 깨끗케 하시기 위하여 기다리고 계신다는 것을 가르쳐 주고 있습니다.

죄의 고백에 대하여 알아야 할 세 가지가 있습니다. 첫째, '고백하다'라는 단어는 헬라어로 '동의한다'라는 의미입니다. 내가 하나님께 나의 비도덕적인 것에 대해 동의한다면 나는 '주님, 나는 그것이 죄인 것을 압니다.'라고 이야기 하는 것입니다. 둘째, 우리는 성경에서 그리스도께서 십자가에서 피 흘리심으로 우리의 죄를 대신하여 형벌을 치르셨음을 알아야 합니다. 셋째, 우리는 회개해야 합니다. 이는 죄에 대한 우리의 태도의 변화를 의미합니다. 그 결과는 행동의 변화로 나타나게 됩니다. 이렇게 할 때 우리가 고백하는 죄들을 하나님께서 사하시고 모든 불의에서 우리를 깨끗케 하신다(요일 1:9)는 약속을 누리게 됩니다.

매리가 하나님의 약속의 진리를 깨달았을 때 그녀와 나는 함께 무릎을 꿇었으며 매리는 자기를 위해 죽으신 그리스도께 모든 죄의식과 좌절을 믿음으로 맡기고 하나님의 용서를 [44] 구(claim)했습니다.

오직 하나님만이 어둡고 음울한 사탄의 권세에서부터 매리를 해방하여 빛의 나라, 우리 주 예수 그리스도의 나라로 인도하실 수 있었습니다. 매리는 자신이 해방된 것을 즉시 깨닫고 그리스도와 함께 하는 용서와 영생의 확신을 기쁨으로 누리기 시작했습니다. 그녀는 기쁨으로 넘쳐 우리 구주를 위하여 승리의 증인이 되었습니다.

오늘 주시는 말씀 시편 37:32~40
믿음의 실천 나는 경건한 사람들의 조언에 귀 기울이겠으며, 또한 나 자신도 하나님의 도우심으로 경건한 사람이 되겠습니다. 나는 항상 하나님 말씀의 진리로 나의 마음을 흠뻑 적셔 옳고 그른 것을 분별하겠으며, 다른 사람들에게 지혜로운 조언을 줄 수 있도록 하겠습니다.

Overflowing Blessings

"Lord, I am overflowing with your blessings, just as you promised."
PSALM 119:65

As the father of Dr. Harry Ironside, famous Christian leader, pastor and author, lay dying, he seemed to have a recurring view of the descending sheet which Peter saw in a vision.

"A great sheet and wild beasts," he mumbled, over and over, "and... and... and..."

The next words would not come, so he would start over again.

"John," a dear friend whispered to him, "it says, 'creeping things.'"

"Oh, yes," the dying man said, "that's how I got in—just a poor, good-for-nothing creeping thing. But I got in, saved by grace."

And considering the fact that each one of us, in ourselves, outside the Lord Jesus Christ, is but a poor creeping thing saved by grace, we must marvel anew as we overflow with His blessings.

What an exalted place we can have! Children of God, heirs of God, joint heirs with Christ, indwelt by His Holy Spirit, we are recipients of eternal life, given supernatural, abundant life as we yield ourselves to Him.

God has dealt well with each one of His children. He has given us work to do—to serve Him is to reign. He has given us provision. He has given us encouragement. He has given us many tokens of the pay we shall receive at the end of life's journey. He has dealt with us according to His Word.

Even the testings and trials are for a divine purpose: to conform us to His image; to make us more Christlike. Truly, we are on the winning side; how important it is that we tell men and women, boys and girls, around us each day, that they too can be on the winning side.

BIBLE READING Psalm 119:66-72
ACTION POINT I will make a special effort to count my blessings today, and in deep gratitude share the good news of the gospel with others..

넘치는 축복

"여호와여 주의 말씀대로 주의 종을 선대하셨나이다"
시편 119:65

유명한 기독교 지도자요, 목회자이며, 작가인 31)해리 아이언사이드 박사의 부친이 운명할 때의 일입니다. 그 부친은 베드로가 환상 중에 본 것처럼 보자기에 싸인 짐승들이 내려오는 것을 되풀이하여 보았습니다.

"큰 보자기에 들짐승들이…" 그 부친은 계속하여 같은 말을 중얼거렸습니다. "그리고… 그리고… 그리고…" 그는 반복하여 같은 말을 되풀이했습니다.

"존, 그다음에는 성경에 '기는 것'이라고 되어 있네." 옆에 섰던 가까운 친구가 속삭여 주었습니다.

"오, 그렇지." 숨을 거두려는 사람이 대답했습니다. "그렇게 내가 천국에 들어가지, 천하고 쓸모없는 기는 짐승 같은 내가. 그러나 나는 들어가네. 은혜로 구원받은 것일세."

우리 한 사람 한 사람이 모두 주 예수 그리스도 밖에서는 천하고 기어가는 짐승 같은 존재에 불과하며 다만 은혜로 구원받은 것을 생각할 때 우리를 선대하셔서 축복으로 넘치게 하심에 다시금 놀라지 않을 수 없습니다.

우리는 참으로 존귀한 자리에 설 수 있게 되었습니다! 하나님의 자녀요, 하나님의 후사이며, 그리스도와 함께하는 후사이고, 성령이 내주하시는 우리는 영생을 받을 자로서, 우리 자신을 하나님께 순복시킬 때 초자연적이고 풍성한 삶을 살게 될 것입니다.

하나님은 그의 자녀 한 사람 한 사람을 선대해주셨습니다. 그는 우리에게 할 일을 주셨습니다. 그를 섬김으로 우리는 다스리게 될 것입니다. 그는 우리에게 필요한 것들을 공급하셨습니다. 그는 우리에게 용기를 주셨습니다. 그는 우리 삶의 여정이 끝날 때 받게 될 상급의 증표로 많은 것을 주셨습니다. 그는 우리를 그의 말씀대로 선대하셨습니다.

시험과 시련조차도 우리가 그의 형상을 따라 더욱 그리스도와 닮아가도록 하시려는 하나님의 거룩한 뜻입니다. 참으로 우리는 승리의 편에 서 있습니다. 우리가 남녀노소 할 것 없이 매일매일 우리 주변의 모든 사람에게 그들도 역시 우리와 함께 승리의 편에 설 수 있다는 것을 전해 주는 일은 참으로 중요한 일입니다.

오늘 주시는 말씀 시편 119:66~72
믿음의 실천 나는 오늘 내게 주신 축복들을 하나씩 깊이 생각해보는 시간을 특별히 갖겠습니다. 그리고 깊이 감사하는 마음으로 다른 사람들에게도 복음의 기쁜 소식을 전하도록 애쓰겠습니다.

Preserved From the Enemy

"Though I walk in the midst of trouble, thou wilt revive me: thou shalt stretch forth thine hand against the wrath of mine enemies, and thy right hand shall save me."
PSALM 138:7, KJV

Robert Bruce, the great emancipator of Scotland, was fleeing from his enemies. He sought refuge in a cave.

Hot on his trail, his enemies reached his hideout where they saw that a spider had built a web over the mouth of the cave. His pursuers, concluding that he would not have entered without first destroying the web, turned around and went on their way.

"Oh, God," Bruce prayed, "I thank Thee that in the tiny bowels of the spider you can place for me a shelter, and then send the spider in time to place it for my protection."

God works in mysterious ways His wonders to perform, and whatever is necessary to protect His children from their enemies will be done.

All of life's journey is summed up in that one word "walk." Constant action, movement onward, never stationary, always on the move. Life is not simply a walk; often it is a walk "in the midst of trouble." Since sin came into the world, pleasure is mixed with pain. Trials and conflict often seem to mar the pathway

To the trusting, confident believer in Christ, however, there is certain renewal and deliverance. Christ's indwelling Holy Spirit, given full control, guarantees victory and joy and abundant life—supernatural life.

BIBLE READING Psalm 138:1-6
ACTION POINT I will see God's protecting hand in my walk with Him today and proclaim His faithfulness to others.

원수로부터 지키심

"내가 환난 중에 다닐지라도 주께서 나를 살아나게 하시고 주의 손을 펴사 내 원수들의 분노를 막으시며 주의 오른손이 나를 구원하시리이다" 시편 138:7

스코틀랜드의 위대한 독립 운동가였던 32)로버트 브루스는 적을 피해 달아나고 있었습니다. 그는 동굴 속으로 들어가 숨었습니다.

급히 뒤쫓아 온 적들은 그가 숨은 곳에 이르렀지만 동굴 입구에 거미가 거미줄을 쳐놓은 것을 보았습니다. 추적자들은 만약 브루스가 동굴 안으로 들어갔다면 거미줄이 끊어지지 않고 남아 있지 않았을 거라 생각하고 되돌아갔습니다.

브루스는 이렇게 기도했습니다. "오, 하나님, 거미의 그 작은 배 속에 나를 위한 피난처를 마련해 두시고, 또 나를 보호하시려고 때맞추어 보내어 주심에 감사드리나이다."

하나님은 신비한 방법으로 놀라운 일들을 행하시며, 그의 자녀들을 원수로부터 보호하시기 위해 필요한 모든 일을 행하십니다.

인생의 모든 여정은 한 마디로 '걸음'(Walk, 개역개정 성경 말씀에는 '다닐지라도'로 번역되어 있음. 역자 주)이라는 한 단어에 집약됩니다. '걸음'은 지속적인 행동이며, 앞을 향해 나아가는 것이며, 결코 멈추지 않고, 계속하여 가는 것입니다. 삶은 단순한 '걸음'이 아닙니다. 때때로 환난 가운데서의 걸음이기도 합니다. 죄가 세상에 들어온 이래 즐거움은 고통과 섞여 있습니다. 시련과 갈등이 갈 길을 가로막는 것 같이 보일 때도 자주 있습니다.

그러나 그리스도를 굳게 믿는 자들에게는 분명히 새로움과 구원이 주어집니다. 그리스도의 내주하시는 성령이 전적으로 우리를 다스리실 때 승리와 기쁨과 풍성한 삶, 초자연적인 삶을 보장해 주십니다.

오늘 주시는 말씀   시편 138:1~6
믿음의 실천   나는 오늘 내가 하나님과 함께 행할 때 그의 보호하시는 손길을 깨닫고 그의 신실하심을 다른 사람들에게 선포하겠습니다.

We Can Have Real Peace

"So now, since we have been made right in God's sight by faith in his promises, we can have real peace with him because of what Jesus Christ our Lord has done for us."
ROMANS 5:1

When Arthur DeMoss, one of my very best friends and one of our Lord's choicest servants, went to be with the Lord as the result of an unexpected heart attack, all of us were shocked. The word reached me in Austria, where I was meeting with our European staff. Immediately, I flew back to the United States for the memorial service.

As I participated in that service, I looked over the large audience, about half of whom had been introduced to Christ through the ministry of this man whom we had all come to honor.

In the crowd, I saw one face that stood out—a face that was the most radiant of all. It was Art's widow, Nancy. She was sitting in the front row with their seven children. Her radiant countenance was a demonstration to me of the supernatural joy and peace which God gives in such times of extreme grief.

Nancy and Art were the greatest of lovers and friends. They had been deeply love since their courtship and were almost inseparable whether in the building of their business, in the rearing of their family or in their burden for evangelism and the souls of men.

Yet, in this time of Nancy's greatest sorrow, the evidence that she was filled with the Spirit radiated from her countenance. She was experiencing the supernatural peace of God—love's security, which is available to all of God's children.

BIBLE READING   Romans 5:2-11
ACTION POINT   I will claim by faith God's peace—not only for me but also for family and friends in need of such peace—and seek to introduce others to the One who is the Prince of Peace.

참된 평화

"그러므로 우리가 믿음으로 의롭다 하심을 받았으니
우리 주 예수 그리스도로 말미암아 하나님과 화평을 누리자" 로마서 5:1

나의 가장 좋은 친구 중의 한 사람이자, 우리 주님이 가장 기뻐하시는 종의 한 사람이었던 [33]아더 드모스가 예기치 않은 심장마비로 주님의 품으로 돌아갔다는 소식은 우리 모두에게 충격을 주었습니다. 내가 오스트리아에서 유럽의 간사들과 함께 회의를 하고 있을 때 그 소식을 들었습니다. 나는 장례식에 참석하기 위하여 즉시 미국으로 돌아왔습니다.

장례식에 참석해서 많은 조문객을 바라봤을 때 나는 한 가지 사실을 발견했습니다. 그중 거의 절반 정도의 사람이 오늘 우리가 조문하러 모인 바로 그 사람의 사역을 통해 그리스도께 인도된 사람들이었습니다.

많은 사람 가운데서 나는 그 모든 사람 중 가장 빛나는 의연한 한 사람의 얼굴을 보았습니다. 그것은 아더의 미망인 낸시의 얼굴이었습니다. 그녀는 맨 앞줄에 일곱 자녀와 함께 앉아 있었습니다. 나는 그녀의 빛난 얼굴에서 하나님께서 그 같은 극한 슬픔의 때에도 주시는 초자연적인 기쁨과 평안을 발견할 수 있었습니다.

낸시와 아더는 서로 지극히 사랑하는 부부요, 친구였습니다. 두 사람은 결혼해서 지금까지 서로 깊이 사랑하며, 사업을 이뤄 나갈 때나 가정을 꾸려나갈 때, 혹은 복음 전도와 사람들의 영혼을 구하는 여러 어려운 일 가운데 그 어느 때나 거의 떨어질 수 없는 사이였습니다.

그러나 낸시의 생애 중 가장 슬픈 이때, 그녀의 빛난 얼굴은 그녀가 성령으로 충만한 사람임을 입증해 주었습니다. 그녀는 하나님의 초자연적인 평안, 즉 하나님의 자녀라면 누구나 받을 수 있는 사랑의 보호를 경험하고 있었던 것입니다.

오늘 주시는 말씀 로마서 5:2~11
믿음의 실천 나는 나 자신뿐만 아니라 가족과 친구들에게 그러한 평안이 절실히 필요할 때, 하나님의 평안(peace)을 믿음으로(by faith) claim하겠으며 또, 다른 사람들을 평강의 왕이신 주님께 인도하도록 노력하겠습니다.

First Step to Wisdom

"How does a man become wise? The first step is to trust and reverence the Lord! Only fools refuse to be taught." PROVERBS 1:7

In 1787, the Constitutional Convention was on the verge of total failure. The issue: whether small states should have the same representation as large states.

From the wisdom of his 81 years, Benjamin Franklin recalled the Scripture which says, "Except the Lord build the house, they labor in vain that build it" Psalm 127:1, and in this hopeless situation, he offered a suggestion.

"Gentlemen," he said, "I have lived a long time and am convinced that God governs in the affairs of men. If a sparrow cannot fall to the ground without His notice, it is probable that an empire can rise without His aid?

I move that prayer imploring the assistance of heaven be held every morning before we proceed to business." God heard their prayers and the conflict was soon resolved. To this day, all legislative sessions continue to be opened with prayer, with God's blessing.

"Reverence of the Lord is the beginning of knowledge" reads the Modern Language translation of this verse—a preamble to wise living and a good motto for life.

Someone has said, "The eternal task of religion is the conquest of fear." Men fear many things—bacteria, losing their jobs, being dependent in old age, offending their neighbors, war, failure, death.

Fear (worshipful reverence) of God represents a different kind of fear—the kind a child shows toward wise, loving parents when he shuns acts of disobedience to avoid both grieving those parents whom he loves and suffering the inevitable discipline that follows disobedience. Perhaps if we feared God more, we would fear everything else less.

BIBLE READING Proverbs 1:8-16
ACTION POINT My fear and reverence of God is the beginning of supernatural living and will result in worship of Him—by walk as well as by talk.

지혜의 근본

"여호와를 경외하는 것이 지식의 근본이거늘 미련한 자는 지혜와 훈계를 멸시하느니라"
잠언 1:7

1787년 미국의 제헌 회의는 완전히 깨어질 위기에 처해 있었습니다. 상대적으로 작은 주들이 큰 주들과 동일한 대표단을 갖느냐 하는 문제로 논쟁이 벌어졌기 때문입니다.

81세의 노정치가 [34]벤자민 프랭클린은 '여호와께서 집을 세우지 아니하시면 세우는 자의 수고가 헛되며'[시 127:1]라는 성경 말씀을 기억하며 절망적인 당시 상황에서 한 가지 제안을 내어놓았습니다.

그는 이렇게 말했습니다. "여러분, 나는 오랫동안 살아오면서 하나님께서 사람의 일을 주관하신다는 확신을 얻었습니다. 참새 한 마리도 하나님의 뜻이 없이는 땅에 떨어지지 않는 법인데, 하나님의 도움이 없이 나라를 세우는 것이 가능하겠습니까?"

"나는 우리가 아침마다 일을 시작하기 전에 하나님의 도움을 구하는 기도를 드릴 것을 제안하는 바입니다." 하나님은 그들의 기도를 들으셨으며, 그들의 갈등은 곧 해결되었습니다. 오늘날까지도 미국의 입법부는 하나님의 축복으로, 기도로 회의를 시작합니다.

'하나님을 경외하는 것이 지혜의 시작'이라고 현대인의 성경은 번역하고 있습니다. 현명한 삶을 위한 전제요, 삶을 위한 좋은 좌우명입니다.

누군가 이렇게 말했습니다. "종교의 영원한 임무는 공포를 정복하는 것이다." 인간은 많은 것을 두려워합니다. 병균, 실직, 노후 문제, 이웃과의 불화, 전쟁, 실패, 죽음 등 두려움의 대상은 수없이 많습니다.

하나님을 두려워하는 것(예배하는 마음으로 그분을 경외하는 것)은 그러한 두려움과는 다릅니다. 이는 아이들이 자신들의 지혜롭고 사랑이 많은 부모에게 보여 주는 그러한 두려움입니다. 자신을 사랑하는 부모를 슬프게 하지 않게 하고 또 불순종에 어쩔 수 없이 따르는 징계의 고통을 겪지 않기 위해 불순종의 행동을 피하려고 할 때 보여주는 두려움입니다. 하나님을 두려워할수록 다른 두려움은 적어질 것입니다.

오늘 주시는 말씀   잠언 1:8~16
믿음의 실천   하나님께 대한 나의 두려움과 경외가 초자연적인 삶의 시작이 될 것이며, 그 결과 말뿐이 아니라 행동에 있어서도 하나님을 예배하게 될 것입니다.

Practicing the Presence of God

"How precious it is, Lord, to realize that you are thinking about me constantly! I can't even count how many times a day your thoughts turn toward me. And when I waken in the morning, you are still thinking of me!" PSALM 139:17-18

Our sons, Zac and Brad, have helped me to understand, in some small measure, the truth of this promise, for in the course of a single day, I will lift them up in prayer many times. I am finite, but God is infinite. My love for our sons is limited, but His love is inexhaustible and unconditional. It is because of God's love in my heart that I am able to love my sons unconditionally, even as He loves me.

What a comforting, encouraging thought, that the omnipotent Creator, God, who possesses all power and control of creation, loves me enough that He is constantly thinking about me. When I allow Him to do so, He talks to me, expressing His love, wisdom and grace from His Word, through divine impressions and the counsel of wise and godly friends. His eyes run to and fro throughout the whole earth to make Himself strong and mighty in my behalf 2 Chronicles 16:9.

Just as He is constantly thinking about me, I have been admonished to pray without ceasing. To talk to Him, to think about Him all the time—as difficult as it may sound—is a joyful reality to those who practice the presence of God. Is that the kind of relationship you are experiencing day by day? If not, it can be.

BIBLE READING Psalm 139:1-10
ACTION POINT Mindful that God loves, cares and thinks about me constantly, I shall seek to live the supernatural life by practicing His presence, by praying without ceasing and by claiming His supernatural power by faith.

하나님의 임재를 깨닫는 훈련

"하나님이여 주의 생각이 내게 어찌 그리 보배로우신지요 그 수가 어찌 그리 많은지요
내가 세려고 할지라도 그 수가 모래보다 많도소이다
내가 깰 때에도 여전히 주와 함께 있나이다" 시편 139:17~18

나의 아들 잭과 브래드 덕분에 나는 이 약속의 진리를 조금 이해할 수 있었습니다. 내가 하루에도 여러 번 기도 중에 그들을 위해 간구하기 때문입니다. 나는 유한하지만 하나님은 무한하십니다. 내 아들들을 향한 나의 사랑은 제한되어 있지만, 하나님의 사랑은 다함이 없으며 조건도 없습니다. 하나님께서 나를 사랑하시는 것같이 나도 내 아들들을 조건 없이 사랑할 수 있는 것은 하나님의 사랑이 내 마음에 있기 때문입니다.

전능하신 창조주 하나님, 모든 능력을 다 소유하시고 모든 창조를 주관하시는 하나님이 나를 그토록 사랑하셔서 끊임없이 내게 대하여 생각하고 계신다는 사실을 생각하면 얼마나 큰 위로와 용기가 되는지요.

내가 하나님께 마음을 열고 귀를 기울이면, 하나님께서는 그의 사랑과 지혜 그리고 은혜를 담아 성경 말씀 가운데 내게 말씀하시며, 또 하나님의 거룩한 영감과 감동을 통해, 그리고 지혜 있고 경건한 친구들의 조언을 통해 말씀하십니다. 하나님의 눈은 온 땅을 두루 다니시며 나를 위하여 그 능력을 베풀어 주십니다. (대하 16:9)

나는 하나님께서 언제나 나를 생각하시듯이 나도 쉬지 말고 기도하라는 권면을 받았습니다. 늘 하나님께 말씀드리고 또 항상 하나님에 관하여 생각한다는 것이 혹시 어려운 일처럼 들릴지도 모르나, 하나님께서 함께 하고 계심을 깨닫는 훈련을 하는 사람들에게는 삶 가운데 기쁨으로 이루어지는 현실입니다. 당신은 날마다 이와 같은 관계를 경험하고 있습니까? 만일 그렇지 않다면 훈련을 시작해 보십시오. 당신도 이를 경험할 수 있습니다.

오늘 주시는 말씀 시편 139:1~10
믿음의 실천 하나님이 언제나 나를 사랑하시고 돌보시고 생각하신다는 사실을 기억하면서 나는 초자연적인 삶을 살도록 힘쓰겠습니다. 나는 하나님께서 함께 하고 계심을 늘 깨닫는 훈련과 또, 쉬지 않고 기도하고, 믿음으로(by faith) 하나님의 초자연적인 능력을 구(claim)함으로써 그러한 삶을 살 것입니다.

Long, Satisfying Life

"If you want a long and satisfying life, closely follow my instructions."
PROVERBS 3:1-2

A famous children's specialist declared, "When it comes to serious illness, the child who has been taught to obey has four times the chance of recovery that the spoiled and undisciplined child has."

Every parent should consider well the implications of that statement. We have all been taught that one of the Ten Commandments was for children to obey their parents.

But it is doubtful that many of us have ever considered that obedience might mean the difference between the saving or losing of a child's life.

The hymn writer who said that we should "trust and obey, for there's no otherway to be happy in Jesus" well knew what he was saying. A "long and satisfying life" certainly would be synonymous with a "happy life."

Many Christians have every intention of following God's instructions—without ever really knowing what those instructions are. That is why it is supremely important for every believer to spend time in God's Word, the book of instructions for Christians.

Are you one of those who truly want a long and satisfying life? Then, you are willing to follow God's instructions for your life? Are you willing to familiarize yourself thoroughly with His instructions so that you will have no difficulty knowing and following them?

BIBLE READING Proverbs 3:1-8
ACTION POINT I will follow closely God's instructions so that I may live a long and satisfying life.

장수하는 삶

"내 아들아 나의 법을 잊어버리지 말고 네 마음으로 나의 명령을 지키라 그리하면 그것이 네가 장수하여 많은 해를 누리게 하며 평강을 더하게 하리라" 잠언 3:1~2

유명한 한 소아과 전문의가 이렇게 말했습니다. "아이들이 중한 병에 걸렸을 때, 훈육 받지 않고 제멋대로 자란 아이들보다 순종하는 법을 배운 아이의 회복률이 네 배나 더 높습니다." 부모님들은 이 말의 의미를 새겨들어야 할 것입니다. 십계명 중의 하나가 그 부모를 공경하라는 명령임을 우리 모두는 배웠습니다.

그러나 우리 중 많은 사람이 순종이 어린 자녀의 생명을 구하게도, 잃게도 하는 차이를 만들 수도 있다는 사실을 생각해 본 적이 있는지 의문입니다.

"의지하고 순종하는 길은 예수 안에 즐겁고 복 된 길이로다"라는 찬송가의 저자는 자신이 하는 말을 충분히 이해하고 있는 사람입니다. '장수하며 만족스러운 삶'은 분명히 '복된 삶'과 같은 뜻의 말입니다.

많은 그리스도인이 하나님의 교훈을 따라 살려고 애쓰고는 있지만 하나님의 교훈이 지닌 참뜻을 전혀 이해하지 못하고 있습니다. 때문에 믿는 자들이 그리스도인들을 위한 교훈의 책인 성경 말씀에 많은 시간을 드리는 것은 너무도 중요합니다.

당신은 참으로 장수하며 만족스럽게 사는 삶을 원하십니까? 그렇다면 당신은 당신의 삶에 주시는 하나님의 교훈을 기꺼이 따르겠습니까? 당신은 하나님의 교훈을 깨닫고 따르는 데 아무런 어려움도 없도록 기꺼이 하나님의 교훈들이 완전히 당신의 삶 속에 체득되기를 원합니까?

오늘 주시는 말씀 잠언 3:1~8
믿음의 실천 나는 하나님의 가르침을 마음으로 지켜 하나님이 주시는 장수하며 복된 삶을 누릴 수 있도록 하겠습니다.

Give Him the First Part

"Honor the Lord by giving him the first part of all your income, and he will fill your barns with wheat and barley and overflow your wine vats with the finest wines."
PROVERBS 3:9-10

"Yes, I tithe," said John D. Rockefeller, Sr., "and I would like to tell you how it all came about.

I had to begin work as a small boy to help support my mother. My first wages amounted to $1.50 per week. The first week after I went to work I took the $1.50 home to my mother and she held the money in her lap and explained to me that she would be happy if I would give a tenth of it to the Lord."

"I did," Rockefeller said, and from that week until this day I have tithed every dollar God has entrusted to me. And I want to say that if I had not tithed the first dollar I made I would not have tithed the first million dollars I made.

"Tell your readers to train their children to tithe, and they will grow up to be faithful stewards of the Lord."

As R. G. LeTourneau observed years ago, "We do not give to God because it pays, but it does pay to give to God and to serve Him faithfully." Without question, God honors faithful stewardship—of time, energy, money, all that we have and are.

The importance of tithing is one of the first lessons I learned as a new Christian. Now I realize that that is only the beginning, because everything that I enjoy has been entrusted to me by a gracious, loving Father, who expects me to maximize all that He has put into my hands. Therefore, tithing must be followed by offerings, based on the clear Word of God that as we sow we reap. The more we give back to God, the more He will entrust to us, but we are to give with a cheerful heart out of a deep sense of gratitude for all that God has given to us.

BIBLE READING Malachi 3:8-12
ACTION POINT God will have the first fruits of my life, the first part of my money, my time, my talent, my energy.

첫 열매를 드리라

"네 재물과 네 소산물의 처음 익은 열매로 여호와를 공경하라 그리하면 네 창고가 가득히 차고 네 포도즙 틀에 새 포도즙이 넘치리라" 잠언 3:9~10

"그렇습니다. 나는 십일조를 드립니다. 그리고 내가 십일조를 드리게 된 연유를 말씀드리고 싶습니다." 35)존 록펠러 1세의 말입니다.

"나는 어린 소년 시절에 어머니를 도와드리려고 일을 시작했습니다. 내가 받은 첫 임금은 주당 1달러 50센트였습니다. 처음 한 주간의 일이 끝나고 그 돈을 어머니께 갖다 드리자 어머니는 그 돈을 무릎에 놓으시고는 네가 하나님께 십일조를 드리면 참으로 기쁘겠다고 말씀하셨습니다."

"나는 어머니의 말씀대로 했습니다. 그때부터 오늘까지 나는 하나님께서 내게 위탁하신 돈의 십일조를 빼놓은 적이 없습니다. 내가 만일 처음 번 돈의 십일조를 드리지 않았더라면 처음 번 백만 달러의 십일조도 하지 못했을 것이라는 점을 말하고 싶습니다."

"당신의 독자들이 그 자녀들에게 십일조를 가르치도록 전해 주십시오. 그러면 자녀들은 하나님의 신실한 청지기로 성장할 것입니다."

7)르 터너는 이렇게 말했습니다. "우리가 하나님께 드리는 것은 이익이나 보상이 있기 때문이 아닙니다. 그러나 하나님께 무엇을 드리고, 또 그를 충성되게 섬길 때는 보상이 있습니다." 분명한 것은 우리가 신실한 청지기로서 시간과 정력과 돈과 그 외 우리가 가진 모든 것, 그리고 우리 자신을 드릴 때 하나님은 우리를 영화롭게 하신다는 것입니다.

십일조의 중요성은 내가 새신자였을 때 배운 첫 번째 교훈 중의 하나였습니다. 지금 나는 십일조는 단지 시작에 불과한 것임을 깨달았습니다. 왜냐하면 내가 누리는 모든 것이 자애로우시며 사랑이 많으신 하나님께서 내게 맡겨주신 것이며, 하나님께서는 그가 내 손에 쥐여주신 것들을 내가 최선으로 잘 활용하기를 기대하신다는 것을 깨달았기 때문입니다. 그러므로 뿌린 대로 거두리라는 분명한 하나님의 말씀에 근거하여 십일조에 더하여 헌금이 또한 드려져야 합니다. 우리가 하나님께 더 많이 되돌려 드릴수록 우리에게 더 많이 맡겨 주실 것이지만 우리는 하나님께서 우리에게 주신 모든 것에 대한 깊은 감사에서 우러나오는 기쁨으로 드려야 합니다.

오늘 주시는 말씀 말라기 3:8~12
믿음의 실천 나는 하나님께 나의 수입, 나의 시간, 나의 정력, 나의 재능 등 내 삶에서의 모든 것의 첫 열매를 드리겠습니다.

Wisdom Brings Peace

"Wisdom gives: a long, good life, riches, honor, pleasure, peace."
PROVERBS 3:16-17

High up in the Andes Mountains stands a bronze statue of Christ—the base of granite, the figure fashioned from old cannons—marking the boundary between Argentina and Chile.

"Sooner shall these mountains crumble into dust," reads the Spanish engraving, "than Argentines and Chileans break the peace sworn at the feet of Christ the Redeemer."

Peoples of those two countries had been quarreling about their boundaries for many years, and suffering from the resultant mistrust.

In 1900, with the conflict at its highest, citizens begged King Edward VII of Great Britain to mediate the dispute. On May 28, 1903, the two governments signed a treaty ending the conflict.

During the celebration that followed, Senora de Costa, a noble lady of Argentina who had done much to bring about peace, conceived the idea of a monument. She had the statue of Christ shaped from the cannons that had been used to strike terror into Chilean hearts.

At the dedication ceremony, the statue was presented to the world as a sign of the victory of good will. "Protect, oh Lord, our native land," prayed Senora de Costa. "Ever give us faith and hope. May fruitful peace be our first patrimony and good example its greatest glory."

The monument stands today as a reminder that only Christ—the Prince of Peace—can bring real peace to the world. And that refers as much to individual peace as it does to national and international peace.

BIBLE READING   Proverbs 3:18-23
ACTION POINT   Like Solomon of old, I shall seek the wisdom that brings a good, long life, riches, honor, pleasure and the lasting peace that comes from God's indwelling Holy Spirit.

평화를 가져오는 지혜

"그의 오른손에는 장수가 있고 그의 왼손에는 부귀가 있나니 그 길은 즐거운 길이요
그의 지름길은 다 평강이니라" 잠언 3:16~17

안데스산맥 높은 곳에 청동으로 된 그리스도의 상이 서 있습니다. 그 발판은 화강암이며 동상은 옛 화포를 녹여 만든 것으로서 아르헨티나와 칠레의 국경을 표시해 주고 있습니다. '이 산들이 먼저 가루가 되기 전에는 아르헨티나와 칠레가 구주 그리스도의 발아래에서 한 평화의 서약을 깨뜨리는 일이 없으리.' 그 동상에 스페인어로 새겨져 있는 말입니다.

양국은 오랫동안 국경 문제로 분쟁 상태에 있었으며 그 결과 서로를 불신하고 있었습니다. 1900년, 양국의 분쟁이 최고조에 달하자 양국의 시민들은 당시 영국 왕이던 에드워드 7세에게 분쟁의 중재를 요청했습니다. 1903년 5월 28일, 양국 정부는 분쟁을 종식시키는 조약에 서명했습니다.

이어서 벌어진 축제 중, 평화를 이루기 위해 많은 수고를 한 바 있던 아르헨티나의 귀부인인 '세뇨라 데 코스타'는 기념물을 세우려는 생각을 가지게 되었습니다. 그녀는 칠레인들을 공포로 몰아넣었던 대포를 녹여서 그리스도의 동상을 만들었습니다.

봉헌식에서 그 동상은 '선한 의지의 승리'의 상징으로 온 세계에 그 모습을 드러내었습니다. 세뇨라 데 코스타는 이렇게 기도했습니다. "오, 주님! 우리 조국을 지켜 주옵소서. 우리에게 영원히 믿음과 소망을 주옵소서. 가득한 평화가 우리의 으뜸가는 유산이 되게 하시며 그 최고의 영광을 보여주는 본보기가 되게 하옵소서."

그 기념 동상은 오직 평화의 왕이신 그리스도만이 세상에 참된 평화를 가져올 수 있음을 상기시키며 오늘도 서 있습니다. 그곳에서 얻는 교훈은 국가적 혹은 국제적 평화뿐만 아니라 개인 사이에 대해서도 마찬가지로 적용되는 것입니다.

오늘 주시는 말씀 잠언 3:18~23
믿음의 실천 옛날 솔로몬과 같이, 나는 내 안에 거하시는 성령께서 주시는 선함과 장수와 부귀와 명예, 그리고 기쁨과 영원한 평강을 얻게 하는 지혜를 구하겠습니다.

Wait Patiently and Confidently

"But if we must keep trusting God for something that hasn't happened yet, it teaches us to wait patiently and confidently." ROMANS 8:25

During my college days, I was not a believer. Only in retrospect can I appreciate in some measure the testimony of one of my professors, who was the head of the education department.

He and his wife were devout Christians. They had a mongoloid child, whom they took with them wherever they went, and I am sure that their motivation for doing so—at least in part—was to give a testimony of the fruit of the Spirit, patience and love.

They loved the child dearly and felt that God had given them the responsibility and privilege to rear the child personally as a testimony of His grace, rather than placing her in a home for retarded children. The Bible teaches us that God never gives us a responsibility, a load or a burden without also giving us the ability to be victorious.

This professor and his wife bore their tremendous burden with joyful hearts. Wherever they went, they waited on the child, hand and foot. Instead of being embarrassed and humiliated, trying to hide the child in a closet, they unashamedly took her with them, as a witness for Christ and as an example of His faithfulness and sufficiency.

They demonstrated patience and love by drawing upon the supernatural resources of the Holy Spirit in their close, moment-by-moment walk with God. Because of the working of the Holy Spirit in their lives, they were able to bear their trials supernaturally without grumbling or complaining. This is not to suggest that every dedicated Christian couple would be led of God to respond in the same way under similar circumstances. In their case, their lives communicated patience.

BIBLE READING   Romans 8:18-24
ACTION POINT   Knowing that God's Holy Spirit indwells me and enables me to live supernaturally, I will claim by faith the fruit of the Spirit (Galatians 5:22-23) with special emphasis on patience for today and every day.

참음으로 기다릴지니라

"만일 우리가 보지 못하는 것을 바라면 참음으로 기다릴지니라"
로마서 8:25

대학 시절 나는 진정한 그리스도인이 아니었습니다. 그 당시 교육학과의 주임교수님의 신앙고백이라고 해야 할 한 행동을 돌이켜보면서 나는 이제야 이해할 수가 있게 되었습니다.

그 교수님 내외는 경건한 그리스도인이었습니다. 두 분에게는 36)몽고증 환자인 딸이 있었는데, 가는 곳마다 데리고 다녔습니다. 나는 그분들이 그렇게 한 동기 중의 하나가 성령의 열매인 인내와 사랑을 증거하기 위해서였다고 확신합니다.

그들은 그 소녀를 극진히 사랑했으며, 지진아를 돌보는 곳에 그 아이를 맡기는 대신에 하나님이 주시는 은혜의 증거로서 그 아이를 직접 개인적으로 양육할 수 있는 책임과 특권을 받은 것으로 생각했던 것입니다. 성경은 하나님께서 승리할 수 있는 능력을 주시지 않으면 책임이나 짐이나 부담도 주시지 않는다는 사실을 가르쳐 줍니다.

두 내외는 기쁜 마음으로 그 엄청난 부담을 받아들였습니다. 가는 곳마다 그들은 아이의 손과 발이 되어 아이를 보살폈습니다. 당혹과 수치로 아이를 숨기거나 하는 대신에 두 분은 그리스도를 위한 증거로서, 그리고 그리스도의 신실하심과 풍요하심의 본보기로 당당히 그 아이를 데리고 다녔습니다.

그들은 하나님과 매 순간 친밀하게 동행하면서 성령의 초자연적 자원을 끌어옴으로써 인내와 사랑을 나타내 보였습니다. 성령께서 그들의 삶 속에서 역사하심으로 인하여 그들은 원망이나 불평함이 없이 주어진 시련을 초자연적인 능력으로 감당할 수 있었습니다. 지금 헌신된 그리스도인 부부들이 비슷한 상황에서 모두 같은 방식으로 인도함을 받을 것이라는 말을 하려는 것이 아닙니다. 그러나 그 두 분의 삶이 사람들에게 인내를 보여주는 삶이었음을 증거하고자 하는 것입니다.

오늘 주시는 말씀 로마서 8:18~24
믿음의 실천 성령께서 내 안에 거하시며 내가 초자연적으로 살도록 도와주시는 것을 알기에, 나는 오늘 그리고 날마다 특별히 인내를 주실 것을 간구하며 믿음으로 성령의 열매(갈 5:22~23)를 구하겠습니다.

Real Life, Radiant Health

"I have been crucified with Christ: and I myself no longer live, but Christ lives in me. And the real life I now have within this body is a result of my trusting in the Son of God, who loved me and gave himself for me." GALATIANS 2:20

George Muller was asked the secret of his fruitful service for the Lord. "There was a day when I died," he said, "utterly died."

As he spoke, be bent lower and lower until he almost touched the floor.

"I died to George Muller," he continued, "his opinions, preferences, tastes and will—died to the world, its approval or censure—died to the approval or blame even of my brethren and friends—and since then I have studied only to show myself approved unto God."

With that kind of obedience to God and His inspired Word, it is small wonder that that great man of faith, George Muller, saw God perform miracle after miracle in his behalf, helping to support hundreds and even thousands of orphans simply by trusting God to provide.

Men and women of the world today would pay literally millions of dollars for the real life and radiant health promised in Proverbs 4:20-22 to the believer for simple faith and trust in God. "Listen, son of mine, to what I say. Listen carefully. Keep these thoughts ever in mind; let them penetrate deep within your heart, for they will mean real life for you, and radiant health." To me, these verses encourage reading, studying, memorizing and meditating upon the Word of God.

Being crucified with Christ and hiding His Word in our hearts will not only keep us from sin, but it will also promote real life and radiant health for us, which we will want to share with others.

BIBLE READING Proverbs 4:23-27; 5:1-2
ACTION POINT By faith, I will recognize that I have been crucified with Christ and will keep His thoughts in my mind throughout the day, meditating on His promises and faithfulness.

생명과 육체의 건강

"내가 그리스도와 함께 십자가에 못 박혔나니 그런즉 이제는 내가 사는 것이 아니요 오직 내 안에 그리스도께서 사시는 것이라 이제 내가 육체 가운데 사는 것은 나를 사랑하사 나를 위하여 자기 자신을 버리신 하나님의 아들을 믿는 믿음 안에서 사는 것이라" 갈라디아서 2:20

누군가가 [37]조지 뮬러에게 열매가 풍성한 그의 사역의 비결이 무엇이냐고 물었습니다. 그가 대답했습니다. "내가 죽은 날이 있었습니다. 말 그대로 완전히 죽었던 날이 있었습니다." 그렇게 말하면서 그는 점점 허리를 굽혀 거의 마룻바닥에 닿을 정도로 몸을 숙였습니다. 그는 말을 이었습니다. "나는 조지 뮬러에 대해서 죽었습니다. 그의 견해, 좋아하던 것들, 그의 취향과 의지에 대해서 죽은 것입니다. 그리고 세상과 세상의 칭찬과 비난에 대해서도 죽었습니다. 심지어 나의 형제들과 친구들의 칭찬과 비난에 대해서도 죽었습니다. 그리고 그 이후에는 하나님의 칭찬을 받는 나 자신만을 나타내 보이려고 힘쓰고 있습니다."

하나님과 그의 영감으로 기록된 말씀에 대한 이러한 그의 순종에 비추어 보면 그 위대한 믿음의 사람인 조지 뮬러가 그의 필요를 하나님께서 채워주실 것을 믿는 단순한 믿음으로 순종했을 때, 하나님이 그를 위하여 수백, 수천의 고아들을 돕는 기적을 베풀어 주심을 체험했다는 것은 놀라운 일이 아닙니다.

오늘날 세상의 모든 사람은 하나님을 믿고 신뢰하는 단순한 믿음을 소유한 그리스도인들에게 약속된 잠언 4장 20~22절의 '생명과 온 육체의 건강'을 얻을 수 있다면 문자 그대로 수백만 달러라도 내놓으려 할 것입니다. "내 아들아 내 말에 주의하며 내가 말하는 것에 네 귀를 기울이라 그것을 네 눈에서 떠나게 하지 말며 네 마음속에 지키라 그것은 얻는 자에게 생명이 되며 그의 온 육체의 건강이 됨이니라" 이 말씀은 하나님의 말씀을 읽고 공부하고 암송하고 묵상하도록 나를 크게 격려해 줍니다.

그리스도와 함께 십자가에 못 박히며 그의 말씀을 마음속에 간직하는 것은 우리를 죄로부터 지켜줄 뿐만 아니라 '생명과 온 육체의 건강'을 크게 증진시킬 것이며, 우리는 이 축복을 다른 사람들에게 전하고 싶어지게 될 것입니다.

오늘 주시는 말씀 잠언 4:23~27, 5:1~2
믿음의 실천 나는 그의 약속과 신실하심을 묵상하면서, 믿음으로(by faith) 내가 그리스도와 함께 못 박힌 것을 되새기고 그리스도의 생각을 나의 마음속에 종일토록 품겠습니다.

Our Treasuries Filled

"My paths are those of justice and right. Those who love and follow me are indeed wealthy. I fill their treasuries." PROVERBS 8:20-21

"How does it feel to be a millionaire?" someone once asked the maker of Pullman cars, George M. Pullman.

"I have never thought of that before," replied Pullman, "but now that you mention it, I believe I am no better off—certainly not happier, than when I did not have a dollar to my name and had to work from daylight to dark.

I wore a good suit of clothes then, and I only wear one suit at a time now. I relished three meals a day then a good deal more than I do three meals a day now. I had fewer cares, I slept better and may I add that I believe I was generally far happier in those days than I have been many times since I became a millionaire."

As Pullman learned, true wealth is not found in earthly riches. The heart can never be fully satisfied with anything of the world; besides, the world passes away. True wealth is found in the knowledge of Christ and of His great salvation, and in the possession of the abiding riches which He bestows on all who believe in Him.

True wealth has to do with spiritual health—inner peace, clear conscience and sins forgiven. That man, woman or young person with abiding faith in Christ, who is yielded to the control of God's indwelling Holy Spirit, has true wealth—the supernatural life.

BIBLE READING Proverbs 8:22-31
ACTION POINT I will begin to look more to the "Bank of Heaven" for my true wealth.

채워진 곳간

"나는 정의로운 길로 행하며 공의로운 길 가운데로 다니나니 이는 나를 사랑하는 자가 재물을 얻어서
그 곳간에 채우게 하려 함이니라" 잠언 8:20~21

"백만장자가 되는 기분은 어떻습니까?" 어떤 사람이 풀먼 자동차의 사장인 [38]조지 풀먼에게 물었습니다.

"나는 한 번도 그런 것을 생각해 본 적이 없었습니다만, 물어보시니까 하는 말인데, 이전에 내 이름으로 한 푼도 예금하지 못한 채 밤낮으로 일해야 했던 때보다 지금이 더 나을 것도, 더 행복할 것도 없다고 생각합니다. 나는 그때도 좋은 옷을 입었고 지금도 역시 한 번에 한 벌의 옷을 입을 따름입니다. 그때도 세 끼 식사를 오히려 지금보다 더 즐겁게 먹었고, 지금보다 걱정거리가 적었으며, 잠도 더 잘 잘 수 있었습니다. 덧붙이자면 백만장자가 된 지금보다 오히려 전체적으로는 그때가 훨씬 더 행복했던 적이 많았었다고 믿습니다."

풀먼이 깨달은 것과 같이 참된 부요는 세상적인 부에서 찾을 수 있는 것이 아닙니다. 인간의 마음은 세상의 그 어떤 것으로도 완전히 충족시킬 수 없습니다. 뿐만 아니라 세상은 사라져 버리는 것입니다. 참된 부요는 그리스도와 그의 구원을 알고 그를 믿는 모든 자에게 주시는 영원한 부를 소유하는 데 있습니다.

참된 부요는 내적인 평화, 깨끗한 양심, 그리고 죄 용서함을 받는 영적인 건강과 관계가 있습니다. 남녀노소에 상관없이 그리스도와 연합되어 있는 믿음을 가진 사람, 다시 말해 하나님의 내주하시는 성령의 다스림에 순복하는 사람은 참된 부요인 초자연적인 삶을 소유한 사람입니다.

오늘 주시는 말씀 잠언 8:22~31
믿음의 실천 나는 참된 부를 위하여 '하늘의 은행'에 보다 더 주목하겠습니다.

Walk in the Light

"Later in one of his talks, Jesus said to the people, 'I am the Light of the world. So if you follow me, you won't be stumbling through the darkness, for living light will flood your path.'" JOHN 8:12

The living room of our home was dark when I quietly slipped the key into the lock and opened the door night, walking slowly and softly so as not to awaken Vonette and our sons who were very young. Though they had been trained to put away their toys, somehow in the rush to get ready for bed that night they had left cars and a train and other favorite playthings scattered throughout the living room.

You guessed it! I stepped on one with wheels that almost threw me to the floor before I could regain my balance. Many a person has broken a leg or an arm under similar circumstances, and some have even fallen and hit their heads on sharp objects, resulting in a fatal accident.

So it is in the spiritual realm. If we insist on walking in the darkness, we will inevitably stumble and take risks that can greatly jeopardize our spiritual health and, in some cases, lead to our spiritual death by cutting ourselves off from God.

Jesus said, "I am the light of the world. He that followeth Me shall not walk in darkness." In the first epistle of John we are told, "God is light, and in Him is no darkness at all. If we say that we have fellowship with Him, and walk in darkness, we lie and do not tell the truth. If we walk in the light, as God is in the light, we have fellowship one with another and the blood of Jesus Christ, God's Son, cleanses [and keeps on cleansing] us from all sin."

There is only one person who qualifies to be the light of the world. That is Jesus. So how do we follow Him? What does it mean to walk in the light? Basically, it means there is no unconfessed sin. It means that we are filled with the Holy Spirit, that we are feasting upon the Word of God and obeying His commands which include sharing our love for Christ with others.

BIBLE READING   1 Thessalonians 5:4-8
ACTION POINT   Through the enabling of the Holy Spirit, I shall walk in the light with Christ and reflect His light in such a way that those who walk in darkness will be drawn to the light as moths drawn to a burning candle.

빛 가운데 행함

"예수께서 또 말씀하여 이르시되 나는 세상의 빛이니 나를 따르는 자는
어둠에 다니지 아니하고 생명의 빛을 얻으리라"
요한복음 8:12

어느 날 밤, 내가 집에 돌아와 살며시 열쇠를 꽂고 문을 열었을 때 거실은 불이 꺼져 캄캄했습니다. 나는 보네트와 어린 두 아들이 깨지 않도록 살금살금 들어갔습니다. 아이들은 장난감을 정리한 뒤 잠자리에 들도록 교육받아왔지만, 그날 밤은 급하게 잠자리에 들었는지 장난감 차와 기차와 그 외의 여러 가지 장난감이 거실에 이리저리 흩어져 있었습니다.

어떻게 됐겠는지 상상해 보십시오! 나는 그때 바퀴 달린 장난감 하나를 잘못 밟아 하마터면 몸의 균형을 잃고 거실 바닥에 나뒹굴 뻔했습니다. 그러한 상황에서 다리나 팔이 부러지는 사람도 많고, 심지어 어떤 사람들은 넘어지며 날카로운 물체에 머리를 부딪쳐 치명적인 사고를 당하는 사람도 있을 것입니다.

영적인 영역에서도 마찬가지입니다. 우리가 어두움 가운데서 행하려고 고집한다면 끝내는 넘어져 우리의 영적인 건강에 큰 손상을 주거나 때로는 자신과 하나님 사이가 단절되어 영적인 죽음에까지 이르게 될 것입니다.

예수님께서 말씀하셨습니다. "나는 세상의 빛이니 나를 따르는 자는 어두움에 다니지 아니하고"(요 8:12) 또 요한일서에서는 이렇게 말하고 있습니다. "우리가 그에게서 듣고 너희에게 전하는 소식은 이것이니 곧 하나님은 빛이시라 그에게는 어둠이 조금도 없으시다는 것이니라 만일 우리가 하나님과 사귐이 있다 하고 어둠에 행하면 거짓말을 하고 진리를 행하지 아니함이거니와 그가 빛 가운데 계신 것 같이 우리도 빛 가운데 행하면 우리가 서로 사귐이 있고 그 아들 예수의 피가 우리를 모든 죄에서 깨끗하게 하실 것이요"(요일 1:5~7)

세상의 빛이 되실 수 있는 분은 오직 한 분, 바로 예수님이십니다. 그러면 어떻게 그분을 따를 수 있습니까? 빛 가운데 행한다는 것은 무슨 뜻입니까? 기본적으로 그것은 고백하지 않은 죄가 없다는 것을 의미합니다. 그것은 우리가 성령으로 충만하다는 것을 의미하며, 하나님의 말씀을 즐거워하고 다른 사람들에게 그리스도를 향한 우리의 사랑을 전하여 주는 일을 포함하여 하나님의 모든 명령에 순종하는 것을 의미합니다.

오늘 주시는 말씀 데살로니가전서 5:4~8
믿음의 실천 성령의 가능하게 하시는 능력을 통하여 나는 그리스도와 함께 빛 가운데에서 행하겠으며, 나방이 촛불에 끌려가듯이 어두움 가운데서 행하는 자들이 내게 끌려올 수 있도록 그의 빛을 반사하겠습니다.

How to Stay Pure

"How can a young man stay pure? By reading your Word and following its rules."
PSALM 119:9

I can live a pure life if I follow God's Word. That seems to be the clear import of the psalmist's message in this verse. And if that is true—and I have no doubt it is—then certain things surely should follow.

I will begin today by determining to know His Word and to obey it. Simple logic would dictate that I cannot and will not obey His Word if I am not familiar with it.

In a day when immorality is rampant and divorce is becoming commonplace even among Christians, how important it is that I seek to keep my life pure. Surely I cannot expect to be used of God in a supernatural way to help fulfill the Great Commission unless I am pure. And there seems to be no better way to accomplish that desired end than by reading, studying—even memorizing—His Word, and then, through the enabling of the Holy Spirit, by claiming God's promises and obeying His commandments.

Earlier (Day 18) we mentioned the importance of hiding God's Word in our hearts, that we might not sin against Him Psalm 119:11. Again I would emphasize the value of committing to memory many verses—and even chapters—from the Word of God. In that way, we will have them stored in our minds so that God can bring them to our minds in time of special need and can use them to enable us to live supernaturally.

Basic to living the supernatural life is this matter of spending time in God's Word, which is quick and powerful.

BIBLE READING Psalm 119:10-16
ACTION POINT Today I will spend quality time in the Word of God and begin to memorize favorite passages, especially Psalm 119.

깨끗한 행실

"청년이 무엇으로 그의 행실을 깨끗하게 하리이까 주의 말씀만 지킬 따름이니이다"
시편 119:9

하나님의 말씀을 따를 때 우리는 깨끗하게 살 수 있습니다. 오늘의 말씀에서 시편 기자가 명확하게 그 중요성을 강조하는 점은 바로 이것입니다. 그리고 나는 이에 대하여 의심하지 않지만, 시편 기자의 이 강조가 참된 사실이라면 몇 가지 일들이 반드시 뒤따라야 할 것입니다.

오늘 나는 하나님의 말씀을 알고 순종하기로 결심하는 문제부터 시작하겠습니다. 내가 하나님의 말씀과 친숙하지 않으면 그 말씀에 순종할 수도 없고, 하지도 않을 것이라는 사실은 아주 간단한 논리로도 알 수 있습니다.

부도덕이 판을 치며 그리스도인들 가운데서도 이혼이 보편화 되어가는 이 시대에 나의 삶을 깨끗하게 하는 것은 얼마나 중요한지 모릅니다. 내가 깨끗하지 않으면 지상명령의 성취를 돕기 위하여 초자연적인 방법으로 하나님께 쓰임 받기를 기대할 수 없음은 분명합니다. 그리고 하나님의 말씀을 읽고 암송하고 공부하며 성령의 가능케 하심을 통해 하나님의 약속을 주장(claim)하고 그의 계명들에 순종하는 것보다 우리가 원하는 그런 사람이 되기 위한 더 나은 방법은 없는 것 같습니다.

앞서(제18일), 우리는 하나님께 범죄하지 않기 위하여 하나님의 말씀을 마음에 두는 일(시 119:11)이 중요함을 언급한 바 있습니다. 나는 하나님의 말씀의 많은 구절들, 심지어 한 장 전체까지라도 암기하는 노력의 중요성을 다시 한번 강조하려 합니다. 그렇게 할 때 마음속에 하나님의 말씀을 간직하게 되어 필요시에 하나님께서 저장해 둔 말씀들을 생각나게 하시고 우리가 초자연적으로 살 수 있도록 우리를 위해 그 말씀들을 사용하실 것입니다.

살아서 운동력이 있는(히 4:12) 하나님의 말씀에 이렇게 시간을 드리는 것이 초자연적으로 사는 삶의 바탕이 됩니다.

오늘 주시는 말씀 시편 119:10~16
믿음의 실천 오늘 나는 하나님의 말씀을 공부하기 위해 가장 좋은 시간을 드리겠으며, 내가 사랑하는 구절들, 특히 시편 119편부터 암송을 시작하겠습니다.

Life-Giving Fruit

"Godly men are growing a tree that bears life-giving fruit, and all who win souls are wise."
PROVERBS 11:30

"The monument I want after I am dead," said Dwight L. Moody, "is a monument with two legs going around the world—a saved sinner telling about the salvation of Jesus Christ."

When a young minister asked the Duke of Wellington whether he did not consider it useless to attempt to evangelize India, the Iron Duke sternly replied:

"What are your marching orders, sir?"

No doubt one of Satan's greatest weapons of deceit in the world today is that of procrastination. Tomorrow I am going to become a soul-winner. Next month, after an evangelistic training program, I will become a great witness. As soon as I finish seminary or Bible college, I'll begin sharing the good news of the gospel.

But "today is the day of salvation, now is the accepted time," declares the Word of God. Sensitivity to God's Holy Spirit—dwelling within me to give me supernatural ability—will enable me to tell others what Christ means to me, and what He has done for me.

In God's economy, the truly wise person is that one who is redeeming the time, buying up every opportunity to share his faith, refusing to put off that which he knows should become a natural, everyday, moment-by-moment part of his life. Wonder of wonders, God even promises to put the very words in our mouths, if we ask Him, as we go in His name.

BIBLE READING 2 Corinthians 5:11-17
ACTION POINT I will do what God leads me to do this day to bear life-giving fruit.

생명 나무의 열매

"의인의 열매는 생명 나무라 지혜로운 자는 사람을 얻느니라"
잠언 11:30

"내가 죽은 뒤에 세워졌으면 하고 바라는 기념 동상은 세상을 두루 다니는 두 다리를 가진 기념 동상입니다. 바로 예수 그리스도의 구원을 전하는 구원받은 죄인의 모습으로 말이지요." 21)드와이트 무디의 말입니다.

한 젊은 목사가 39)웰링턴 공작에게 인도를 복음화하려는 시도에 대해 소용없는 일이라 생각하지 않느냐고 물어보았습니다. 그러자 '철의 공작'으로 불린 웰링턴 공작이 단호하게 대답했습니다. "당신이 받은 행군 명령은 어떤 것입니까, 목사님?"

의심할 바 없이, 오늘날 세상에서 사탄의 가장 큰 무기 중의 하나는 다음으로 미루게 하는 지연 작전일 것입니다. 내일 나는 영혼을 구하는 자가 되리라, 다음 달, 전도 훈련을 마친 후에 위대한 전도자가 되리라, 신학교나 성경 학교를 마치자마자 곧 복음의 기쁜 소식을 전하기 시작하리라.

그러나 하나님의 말씀은 "보라 지금은 은혜 받을 만한 때요 보라 지금은 구원의 날이로다"(고후 6:2)라고 선언하고 있습니다. 내게 초자연적인 능력을 주시려고 내 안에 거하시는 하나님의 거룩하신 성령에 대하여 민감할 때 그리스도께서 내게 어떤 분이신지, 또 그가 나를 위하여 어떤 일을 행하셨는지를 다른 사람들에게 말할 수 있게 될 것입니다.

하나님의 경제학에서 참으로 지혜로운 사람은 시간을 아끼는 사람이며,(엡 5:16) 때를 얻든지 못 얻든지 자신의 믿음을 나누는 사람이며, 자기가 아는 것을 날마다 순간마다 자연스레 삶 가운데 실천하는 일을 미루지 않는 사람입니다. 그 무엇보다 놀라운 것은 우리가 하나님의 이름으로 행하면서 하나님께 구하면 하나님께서는 우리 입에 해야 할 말을 주실 것도 약속하셨다는 사실입니다.

오늘 주시는 말씀 고린도후서 5:11~17
믿음의 실천 나는 생명 나무의 열매를 맺기 위하여 하나님께서 오늘 나에게 하도록 인도하시는 일을 행하겠습니다.

Abound With Blessings

"A faithful man will abound with blessings, but he who hastens to be rich will not go unpunished."
PROVERBS 28:20, RSV

"Years ago when my children were small," declared a godly Baptist layman in South Carolina, who was secretary and treasurer of a large cotton mill corporation, "my salary was too small for my actual needs. Strive as I would I could not keep out of debt.

This became a very heavy cross to me, and one night I was unable to sleep. I arose and went to my desk, where I spent some time in prayer to God for help and guidance. Then I took a pen and paper and wrote out a solemn contract with my heavenly Father."

Continuing, the layman said, "I promised Him that no matter what testings or trials came I would never turn back. Also, that no matter how pressing my obligations I would scrupulously tithe my income. Next I promised the Lord that if He would let me make a certain salary I would pay two-tenths, then if I made a certain larger salary I would pay three-tenths.

Finally I named a larger salary, which was far beyond anything I had ever hoped to earn, and told the Lord if I ever reached such a salary I would give Him one-half of my income. For many years it has been my privilege to give one-half of my income to the Lord."

This verse warns the man who is so determined to accumulate personal wealth that he robs God of that which is rightfully His. That man will not go unpunished, God promises. May He help us to give cheerfully of that which He entrusts to us.

BIBLE READING Proverbs 28:21-28
ACTION POINT Whatever I give to the Lord, His servants and His work will be done cheerfully and generously, as He has prospered me.

복이 많은 자

"충성된 자는 복이 많아도 속히 부하고자 하는 자는 형벌을 면하지 못하리라"
잠언 28:20

사우스캐롤라이나의 큰 면방직 회사에서 비서 겸 재무 책임자로 일하는 어떤 경건한 침례교 그리스도인이 이렇게 말했습니다. "오래 전, 우리 아이들이 아직 어렸을 때 내 봉급은 생활비에 턱없이 모자랐습니다. 아무리 애써도 빚에서 헤어날 수 없었습니다. 생활이 내게는 너무나 무거운 십자가였습니다. 그러던 어느 날 밤, 잠을 이룰 수가 없어서 일어나 책상으로 가서 한동안 하나님께 기도하며 도움과 인도를 구했습니다. 그리고는 펜을 들어 하늘에 계신 우리 아버지와의 엄숙한 계약서를 만들었습니다."

그는 말을 이었습니다. "나는 어떤 시험이나 시련이 닥치더라도 뒤돌아서지 않겠다고 하나님께 약속했습니다. 동시에 아무리 쪼들려도 나는 수입의 십일조를 틀림없이 드리겠다고 약속했습니다. 다음에 나는 하나님께서 내게 어떤 특정한 금액의 봉급을 받게 해 주신다면 10분의 2를 드리겠으며, 그보다 더 많은 봉급을 허락하실 때는 10분의 3을 드리겠노라고 약속했습니다.

마지막으로 나는 내가 벌 수 있을 것으로 기대해 본 적이 없는 아주 큰 금액을 말씀드리면서 만약 내가 그런 액수의 봉급을 받게 된다면 수입의 절반을 드리겠다고 약속했습니다. 나는 지금 오랫동안 내 수입의 절반을 주께 드리는 특권을 누리고 있습니다."

오늘의 말씀은 자신의 부를 쌓으려다 너무 지나친 나머지 응당 하나님의 소유가 될 것을 가로채는 사람들에게 경고하고 있습니다. 그런 사람은 형벌을 면치 못할 것이라고 하나님은 약속하십니다. "우리에게 위탁하신 것을 다시 기쁘게 드릴 수 있도록 우리를 도와주옵소서."

오늘 주시는 말씀 잠언 28:21~28
믿음의 실천 주님과 주의 종들과 주의 일을 위하여 무엇을 드리든지, 나는 하나님께서 나를 번성케 하시는 대로 기쁘고 후하게 드리겠습니다.

Bring Forth Much Fruit

"Verily, verily, I say unto you, Except a corn of wheat fall into the ground and die, it abideth alone: but if it die, it bringeth forth much fruit." JOHN 12:24, KJV

Alex was distressed over his constant failure to live the Christian life victoriously. "I am always failing," he said. "I know what is right, but I am simply not able to keep the many commitments, resolutions and rededications that I make to the Lord almost daily. What is wrong with me? Why do I constantly fail? How can I push that magic button which will change my life and make me the kind of person God wants me to be?"

I turned with him to review Romans 7 and 8, and discussed with him how all of us experience this conflict when we walk in our own strength. But the victory is ours as we walk in the Spirit. It is impossible to control ourselves and be controlled by the Holy Spirit at the same time.

Perhaps you have had that same problem and wondered why your life was not bringing forth much fruit. Christ cannot be in control if you are on the throne of your life. So you must abdicate—surrender the throne of your life to Christ. This involves faith.

As an expression of your will, in prayer, you surrender the throne of your life to Him, and by faith you draw upon His resources to live a supernatural life, holy and fruitful.

The command of Ephesians 5:18 is given to all believers: We are to be filled, directed and empowered by the Holy Spirit, continually, moment by moment, every day. And the promise of 1 John 5:14-15 is made to all believers: When we pray according to God's will, He hears and answers us.

The person who walks by faith in the control of the Holy Spirit has a new Master. The Lord Jesus said, "He who does not take his cross and follow after Me is not worthy of Me" Matthew 10:38, NAS

BIBLE READING John 12:25-32
ACTION POINT Because my deep desire is to "bear much fruit," I will surrender to God's Holy Spirit so that He might endow me with supernatural life and enable me to bear much fruit for His glory.

많은 열매를 맺느니라

"내가 진실로 진실로 너희에게 이르노니 한 알의 밀이 땅에 떨어져 죽지 아니하면
한 알 그대로 있고 죽으면 많은 열매를 맺느니라" 요한복음 12:24

알렉스는 자신이 승리하는 그리스도인의 삶을 살지 못하고 계속 실패만 하는 것 때문에 몹시 고민하고 있었습니다.

그는 이렇게 말했습니다. "나는 언제나 실패만 합니다. 나는 무엇이 옳은지 알고, 또 거의 날마다 주님께 헌신과 결심과 재 헌신을 드려도 그것들을 지키지 못하고 맙니다. 나는 무엇이 잘못 되었을까요? 왜 자꾸만 실패하는 것입니까? 어떻게 하면 내 삶을 변화시키고 나를 하나님이 원하시는 사람이 될 수 있게 하는 그런 '마법의 단추'를 누를 수 있습니까?"

나는 그와 로마서 7~8장을 펴서 함께 읽은 후, 우리 모두가 자신의 힘으로 행하려 할 때 그와 같은 갈등을 겪게 됨을 이야기해 주었습니다. 그러나 우리가 성령 가운데서 행할 때 승리는 우리의 것입니다. 우리가 우리 스스로를 다스리면서 동시에 성령의 다스림을 받는 것은 불가능합니다.

아마 당신도 이와 같은 문제를 가지고 있으면서 왜 당신의 삶에 많은 열매가 맺히지 않는지 의아해 할지 모릅니다. 당신이 스스로 자신의 삶의 왕좌에 앉아 있는 한 주님은 당신을 다스릴 수 없습니다. 그러므로 당신은 자신의 삶의 왕좌를 포기하고 그리스도께 내어드려야 합니다. 이렇게 하는 데는 믿음이 요구됩니다. 당신의 의지의 한 표현으로써 기도하는 가운데 당신의 삶의 왕좌를 그리스도께 드리십시오. 그리고 1)믿음으로(by faith) 성령의 힘의 자원을 활용하여 초자연적인 삶, 거룩하고 열매 맺는 삶을 살도록 하십시오.

에베소서 5장 18절의 명령(성령 충만을 받으라)은 모든 그리스도인에게 주어진 것입니다. 우리는 날마다 순간마다 지속적으로 성령 충만하여 성령의 인도를 받고 성령의 능력을 힘입어야 합니다. 또한 요한일서 5장 14~15절의 약속(하나님의 뜻대로 구하면 무엇이든지 들어주신다)도 모든 그리스도인에게 주어진 것입니다. 우리가 그의 뜻을 따라 구할 때 하나님은 들으시고 응답하십니다.

믿음으로 성령의 다스리심 가운데 행하는 사람은 새로운 주인을 모신 사람입니다. 주 예수께서 말씀하셨습니다. "자기 십자가를 지고 나를 따르지 않는 자도 내게 합당하지 아니하니라"(마 10:38)

오늘 주시는 말씀   요한복음 12:25~32
믿음의 실천   "많은 열매를 맺는 것이 나의 간절한 소원이기 때문에, 나는 하나님의 성령에 순복하겠으며 그럼으로써 하나님께서는 내게 초자연적인 삶을 허락해 주시고, 또 그의 영광을 위하여 내가 많은 열매를 맺을 수 있도록 해주실 것입니다.

Praise Brings Results

"And at the moment they began to sing and to praise, the Lord caused the armies of Ammon, Moab, and Mount Seir to begin fighting among themselves, and they destroyed each other!"
2 CHRONICLES 20:22

The armies of Ammon, Moab and Mount Seir had declared war on King Jehoshaphat and the people of Judah. So Jehoshaphat gathered the people and prayed, "O our God, won't You stop them? We have no way to protect ourselves against this mighty army. We don't know what to do, but we are looking to You."

The Lord instructed them, "Don't be afraid! Don't be paralyzed by this mighty army! For the battle is not yours, but God's! Tomorrow, go down and attack them!…But you will not need to fight! Take your places; stand quietly and see the incredible rescue operation God will perform for you" 2 Chronicles 20:15-17.

Jehoshaphat determined that a choir, singing "His Lovingkindness Is Forever," should lead the march. As they walked along praising and thanking the Lord, He released His mighty power in their behalf.

One of the greatest lessons I have ever learned is the importance of praise and thanksgiving. The greater the problem, the more difficult the circumstances, the more important it is to praise God at all times, to worship Him for His sovereignty, love, grace, power, wisdom and might; for the certainty that He will fight for us, demonstrating His supernatural resources in our behalf.

When the people of Judah began to praise God, He caused the three opposing armies to destroy one another. In the same way, God will fight for us if we trust and obey Him. There is no better way to demonstrate faith and obedience than to praise and thank Him, even when our world is crumbling around us and the enemy is threatening to destroy. God honors praise. Hebrews 13:15 reminds us, "With Jesus' help, we will continually offer our sacrifice of praise to God by telling others of the glory of His name."

BIBLE READING   Psalm 136:1, 21-26
ACTION POINT   I will continually praise and thank God for who He is. When difficulties arise, I will praise Him all the more and thank Him for His faithfulness. I will depend on His supernatural resources to enable me to live the supernatural life.

찬양의 결과

"그 노래와 찬송이 시작될 때에 여호와께서 복병을 두어 유다를 치러 온 암몬 자손과 모압과 세일 산 주민들을 치게 하시므로 그들이 패하였으니"
역대하 20:22

암몬과 모압과 세일 산의 군대가 유다 왕 여호사밧과 그 백성에게 전쟁을 선언했습니다. 여호사밧은 백성들을 모아놓고 하나님께 기도했습니다. "우리 하나님이여 그들을 징벌하지 아니하시나이까 우리를 치러 오는 이 큰 무리를 우리가 대적할 능력이 없고 어떻게 할 줄도 알지 못하옵고 오직 주만 바라보나이다"(대하 20:12).

여호와께서는 백성들에게 말씀하셨습니다. "너희는 이 큰 무리로 말미암아 두려워하거나 놀라지 말라 이 전쟁은 너희에게 속한 것이 아니요 하나님께 속한 것이니라 내일 너희는 그들에게로 내려가라 그들이 시스 고개로 올라올 때에 너희가 골짜기 어귀 여루엘 들 앞에서 그들을 만나려니 이 전쟁에는 너희가 싸울 것이 없나니 대열을 이루고 서서 너희와 함께 한 여호와가 구원하는 것을 보라 유다와 예루살렘아 너희는 두려워하지 말며 놀라지 말고 내일 그들을 맞서 나가라"(대하 20:15~17).

여호사밧은 찬양하는 자들로 군대 앞에서 행진하며 "여호와께 감사하세 그의 인자하심이 영원하도다"(대하 20:21)라는 찬양을 드리도록 했습니다. 그들이 하나님께 찬양과 감사를 드리며 행진할 때 하나님은 그들을 위해 전능하신 능력을 베푸셨습니다.

내가 지금까지 배운 가장 위대한 교훈 중의 하나는 찬양과 감사의 중요성입니다. 문제가 크면 클수록, 환경이 어려우면 어려울수록, 항상 하나님을 찬양하는 것이 더 중요합니다. 우리를 위해 그의 초자연적인 능력을 베푸시며 분명히 우리를 위해 싸워주실 것을 확신하고 하나님의 주권과 사랑, 은혜와 능력, 지혜와 전능하심에 대해 경배하는 것이 더욱더 중요해지는 것입니다. 유다 백성이 하나님을 찬양했을 때 하나님은 세 원수의 군대가 서로 싸워 멸망하게 하셨습니다. 마찬가지로 우리가 하나님을 신뢰하고 순종할 때 하나님은 우리를 위하여 싸워 주실 것입니다. 내 주변의 세상이 무너지고 원수가 우리를 집어삼키려고 위협하는 때조차도 하나님께 찬양과 감사를 드리는 것보다 우리의 믿음과 순종을 더 잘 나타내 보일 수 있는 방법은 없습니다. 하나님은 찬양을 귀히 여기십니다. "그러므로 우리는 예수로 말미암아 항상 찬송의 제사를 하나님께 드리자 이는 그 이름을 증언하는 입술의 열매니라"(히 13:15).

오늘 주시는 말씀 시편 136:1, 21~26
믿음의 실천 나는 끊임없이 하나님을 찬양하고 그가 하나님 되심을 인하여 감사드리겠습니다. 어려움이 닥칠 때 나는 하나님을 더욱 찬양하겠으며, 하나님의 신실하심을 인하여 감사드리겠습니다. 나는 초자연적인 삶을 살기 위하여 하나님의 초자연적인 능력의 자원에 의지하겠습니다.

The Most Vital Food

"Your words are what sustain me; they are food to my hungry soul. They bring joy to my sorrowing heart and delight me. How proud I am to bear your name, O Lord."
JEREMIAH 15:16

In my earlier years—as perhaps was true of yours—one thing that seemed to sustain me more than anything else was food: three square meals a day, and sometimes something in between. Food is still vital—I would not understate its value—but I have found something far more vital to my happiness and success as a believer in Christ.

Now, I can truly say with the weeping prophet, Jeremiah, that the very words of God are what really sustain me. They are food to my hungry soul. And they accomplish immeasurable good in my life, and thus in the lives of thousands of people whom I am privileged to meet throughout the world.

God's Word brings joy to my sorrowing heart. Why? Because it has an answer—the answer—to every need, every burden, every problem I will face this day, and in the days to come. Furthermore, it will provide the answers for others whom I contact.

God's Word truly delights me, as it did Jeremiah. When I need encouragement, I turn to the Psalms. When I need practical wisdom for daily decisions, I turn to the Proverbs of Solomon. And so on with every kind of need, I face.

All of this being true—God's Word sustaining me, being food to my hungry soul, bringing joy to my sorrowing heart, and delighting me—"How proud I am to bear your name, O Lord!"

BIBLE READING Jeremiah 15: 15-21
ACTION POINT My spiritual food must take priority over all other considerations in my life.

가장 중요한 양식

"만군의 하나님 여호와시여 나는 주의 이름으로 일컬음을 받는 자라
내가 주의 말씀을 얻어 먹었사오니 주의 말씀은 내게 기쁨과 내 마음의 즐거움이오나"
예레미야 15:16

　당신도 아마 마찬가지겠지만 어렸을 때 나는 생존에 가장 중요한 것은 다른 무엇보다도 먹을 것이라고 여겼던 것 같습니다. 하루 세 끼의 규칙적인 식사와 때로 간식도 즐겼습니다. 나는 여전히 음식에 대해 그 중요성을 낮추어 평가하지 않습니다. 그러나 나는 그리스도를 믿는 사람으로서 행복과 성공에 있어서 훨씬 더 중요한 것이 있음을 발견했습니다.

　이제 나는 눈물의 선지자였던 예레미야와 같이 하나님의 말씀이 참으로 나의 생존에 필요한 것임을 말할 수 있습니다. 하나님의 말씀은 나의 주린 영혼의 양식입니다. 하나님의 말씀은 내 삶에 헤아릴 수 없이 많은 좋은 것을 채워주시며, 내가 세계를 돌아다니며 만나는 수많은 사람들에게도 마찬가지입니다.

　하나님의 말씀은 내 마음이 근심할 때 기쁨을 가져다줍니다. 왜 그렇습니까? 하나님의 말씀에는 현재 그리고 앞으로 내가 사는 동안 겪게 될 모든 필요와 부담, 모든 문제에 대한 해답이 있기 때문입니다. 뿐만 아니라 내가 만나는 다른 사람들에게도 마찬가지로 해답을 제공해 줍니다.

　예레미야에게 그러했듯이 하나님의 말씀은 참으로 내게 기쁨이 됩니다. 용기와 격려가 필요할 때 나는 시편을 폅니다. 매일의 여러 결정에 필요한 실제적인 지혜가 필요할 때 솔로몬의 잠언을 폅니다. 그와 같이 성경은 나의 모든 필요를 채워 줍니다.

　오늘의 말씀을 직역하면(TLB 버전) '하나님의 말씀이 나를 살아갈 수 있도록 해주시고, 나의 주린 영혼의 양식이 되며, 근심하는 나의 마음에 기쁨과 환희를 주시는'이라는 의미가 됩니다. 이 말씀의 모든 것이 그대로 다 사실입니다. "당신의 이름으로 일컬어짐이 내게 어찌 그리 자랑스러운지요, 오 주님!"

오늘 주시는 말씀 　예레미야 15:15~21
믿음의 실천 　나의 삶에 있어서 그 어떤 것보다 영적인 양식이 가장 우선적인 것이 되도록 하겠습니다.

Everything Is Possible

"Jesus looked at them intently, then said, 'Without God, it is utterly impossible. But with God everything is possible.'" MARK 10:27

"An hour in prayer can give the believer enough power to overcome the second most powerful force in the universe," sagely declared an anonymous observer.

God's Word gives us many "exceeding great and precious promises" that confirm the truth of this wise observation—and the truth of every scriptural promise that with God everything is possible. One of these precious promises declares, "They that wait upon the Lord shall renew their strength" Isaiah 40:31, KJV

Sometimes renewed strength—spiritual strength, God's strength—is all we need to face the problem, difficulty, testing or trial that confronts us.

In the gigantic tasks God has given us to do in the work of Campus Crusade for Christ, often it is the confirmed realization that with God everything is possible that keeps us going on, trusting God to do that which no man could possibly do.

God's indwelling Holy Spirit, making possible the supernatural life, constantly empowers and enables us to reach out and attempt great and mighty things for God—always an outreach that involves the needs of others more than our own personal needs, as great as they may seem to be at times.

BIBLE READING Mark 10:23-27
ACTION POINT "Dear Lord, give me a heart like Yours—one that reaches out to the ends of the earth, and the end of the block, with the good news of the gospel, always believing that nothing is impossible with Your help."

다 하실 수 있는 하나님

"예수께서 그들을 보시며 이르시되 사람으로는 할 수 없으되
하나님으로는 그렇지 아니하니 하나님으로서는 다 하실 수 있느니라" 마가복음 10:27

어떤 익명의 사람이 이렇게 지혜롭게 말했습니다. "한 시간만 기도하면 우리는 우주에서 두 번째로 강한 세력도 물리칠 수 있게 됩니다."

하나님의 말씀은 이 지혜로운 사람의 말이 사실임을, 즉 '하나님으로서는 모든 것을 다 하실 수 있다'는 모든 성경적 약속의 진실성을 확인시켜주는 "보배롭고 지극히 큰 약속"(벧후 1:4)을 우리에게 주고 있습니다. 그 귀한 약속 중 하나는 다음과 같은 선포입니다. "오직 여호와를 앙망하는 자는 새 힘을 얻으리니"(사 40:31)

여러 경우에 새 힘, 영적인 힘, 곧 하나님의 힘이 우리가 부딪치는 모든 문제와 어려움과 시험과 시련을 해결하기 위하여 필요한 전부일 때가 많습니다.

CCC 사역을 하는 중 하나님께서 주신 엄청난 과제를 수행하는 가운데 우리는 하나님으로서는 모든 것이 가능하다는 것을 실제로 자주 확인하게 되며, 그래서 어떤 인간도 해낼 수 없지만 하나님은 하실 것이라는 믿음으로 앞으로 계속 나아가게 됩니다.

초자연적인 삶을 가능케 하시는 하나님의 내주하시는 성령은 하나님을 위해 위대하고 놀라운 일들을 시도하고 이루어내도록 우리에게 지속적으로 힘을 공급해 주시며, 또 할 수 있게 해주십니다. 또한, 이 성령은 때로 어떤 일이 중요해 보일 때 우리의 개인적인 필요보다도 언제나 다른 사람의 문제와 필요를 도울 수 있게 하십니다.

오늘 주시는 말씀 　　마가복음 10:23~27
믿음의 실천 　　"사랑하는 주님, 당신의 마음과 같은 마음을 주소서. 당신이 도와주시면 불가능한 것은 아무 것도 없음을 언제나 믿으며, 복음의 기쁜 소식을 가지고 세상의 끝까지 어떤 장애라도 헤치고 나갈 마음을 주시옵소서."

Faith Can Grow

"His lord said unto him, Well done, thou good and faithful servant: thou hast been faithful over a few things, I will make thee ruler over many things: enter thou into the joy of lord."
MATTHEW 25:21, KJV

At one stage of my spiritual growth, I was able to trust God for a soul—and He answered that prayer by leading me to one person whose heart He had prepared. Through the years God has increased my faith to trust Him for 6 souls then 20, 50, 100, 1000, 1 million, 100 million souls! Always He has honored my faith and obedience. Now I pray for a billion souls and, by faith I believe that a billion will be harvested for the glory of God. God has not changed; I have changed.

I believe that God deals with is in a similar way with regard to spiritual fruit. As we continue to trust God to develop in us all the various love traits, He honors that faithfulness because we are obeying Him by doing what He commands us to do.

Faithfulness is that trait of the Holy Spirit (faithfulness—love) that makes faith a daily reality in the life of the believer who is living supernaturally. As we continue to walk in the power, love and wisdom of the Holy Spirit, we learn to develop greater confidence in the Lord Jesus Christ, in His Word, in our rights as children of God and in the ability of the indwelling Holy Spirit to empower and control our lives.

Faithfulness can be compared to an athlete's conditioning. A marathon runner does not begin by running great distances, Instead, he starts with short runs. Then, as his body becomes more conditioned, he increases the distance of his runs until he reaches the full distance of the marathon. Faithfulness in the life of a Christian also develops over an extended period of time spent in "conditioning." As we learn to trust God in small things, our faith grows and grows until we are able to trust Him in greater things. God rewards us for our faithfulness, and each time we see Him respond favorably, He reaches out to us through His Holy Spirit and increases our faith to trust Him for even greater things.

BIBLE READING Matthew 25:14-20
ACTION POINT I will seek to cultivate this fruit of the Spirit by being faithful to the calling God has entrusted to me.

믿음의 성장

"그 주인이 이르되 잘하였도다 착하고 충성된 종아 네가 적은 일에 충성하였으매
내가 많은 것을 네게 맡기리니 네 주인의 즐거움에 참여할지어다 하고"
마태복음 25:21

　나의 영적 성장 과정 가운데 한때는 한 사람의 영혼을 구하기 위하여 하나님을 신뢰하던 때가 있었습니다. 그때 하나님은 나의 기도를 들으시고 하나님께서 그 마음을 준비해 두신 어떤 사람에게로 나를 인도해 주셨습니다. 세월이 가면서 하나님은 6명의 영혼을, 그 다음에는 20, 50, 100, 1,000, 백만, 그리고 1억의 영혼을 위하여 하나님을 신뢰하도록 나의 믿음을 성장시켜 주셨습니다. 하나님은 언제나 나의 믿음과 순종을 축복해 주셨습니다. 지금 나는 10억의 영혼을 위하여 기도하고 있고 1)믿음으로(by faith) 나는 하나님의 영광을 위해 10억의 영혼을 추수하게 될 것을 신뢰하고 있습니다. 하나님은 변하신 것이 없습니다. 변한 것은 나 자신입니다. 나는 하나님께서 성령의 열매에 관해서도 같은 방식으로 우리에게 행하신다고 믿습니다. 하나님께서 우리 안의 여러 가지 사랑의 성품들을 발전시켜 주실 것을 계속하여 믿고 신뢰할 때, 하나님은 그와 같은 충성스러움에 축복하십니다. 왜냐하면 하나님께서 우리에게 명령하시는 것들을 함으로써 우리가 하나님께 순종하는 것이기 때문입니다.

　충성은 초자연적으로 살아가는 믿는 자의 삶에서 매일매일 자신의 믿음을 실제화 시키는 성령의 성품(충성-사랑)입니다. 성령의 능력과 사랑과 지혜 가운데서 끊임없이 행할 때 우리는 주 예수 그리스도와, 그의 말씀과, 하나님의 자녀 된 우리의 권리와, 우리의 삶을 다스리시고 능력 주시는 내주하시는 성령의 능력에 대하여 보다 큰 확신을 갖게 됩니다. 충성은 운동선수의 '컨디션 조절'과 비교할 수 있습니다. 마라톤 선수는 처음부터 장거리를 달리지 않습니다. 오히려 단거리를 달리는 훈련부터 시작합니다. 그의 신체가 준비됨에 따라 점차 거리를 늘려 마침내 마라톤 전 구간을 달릴 수 있게 되는 것입니다. 마찬가지로 그리스도인의 삶에서의 충성도 상당한 기간의 '컨디션 조절'을 거친 다음 나오는 것입니다. 작은 일에서부터 하나님을 신뢰하는 법을 배워 나갈 때 우리의 믿음은 자라고 또 자라서 마침내 보다 큰일을 위해서도 하나님을 신뢰할 수 있게 됩니다. 하나님은 우리의 충성에 상을 주시며, 하나님이 친히 우리의 충성에 보상해 주심을 깨달을 때마다 하나님의 성령으로 우리를 감동하게 하십니다. 이를 통해 더욱더 큰 것을 하나님이 이뤄주실 것을 신뢰하도록 우리의 믿음을 키워주십니다.

오늘 주시는 말씀　　마태복음 25:14~20
믿음의 실천　　나는 하나님께서 내게 맡겨 주신 일에 신실하게 행하여서 성령의 열매인 충성을 점차 키워 나가겠습니다.

In the World to Come

"And Jesus replied, 'Let me assure you that no one has ever given up anything—home, brothers, sisters, mother, father, children, or property—for love of me and to tell others the Good News, who won't be given back, a hundred times over, homes, brothers, sisters, mothers, children, and land—with persecutions! All these will be his here on earth, and in the world to come he shall have eternal life.'" MARK 10:29-30

What a wonderful promise. God will return to you and me a hundred times over what we invest for Him and His kingdom.

I believe that millions of Christians like ourselves are awakening to the fact that we must be about our Father's business. As I observe God's working in the lives of people around the world through many movements, I am persuaded that the greatest spiritual awakening since Pentecost has already begun.

Jesus said, "Go…and make disciples in all nations." In order to make disciples, we must be disciples ourselves. Like begets like. We produce after our own kind.

The man who is committed to Christ, who understands how to walk in the fullness of the Spirit, is going to influence others and help to produce the same kind of Christians. Jesus said, "If anyone wishes to come after Me, let him deny himself, and take up his cross daily, and follow Me" Luke 9:23.

For some, such a call to discipleship may sound too hard. However, in these verses Jesus tells us that we must be willing to give up everything. That this promise has been fulfilled in the lives of all who seek first Christ and His kingdom has been attested to times without number—not always in material things, of course, but in rewards far more meaningful and enriching.

BIBLE READING Luke 9:23-26
ACTION POINT Realizing that God has promised manifold gifts, persecutions, eternal life in exchange for faithfulness and commitment to Him, I vow to make that surrender real and meaningful in my daily life.

내세에

"예수께서 이르시되 내가 진실로 너희에게 이르노니 나와 복음을 위하여 집이나 형제나 자매나 어머니나 아버지나 자식이나 전토를 버린 자는 현세에 있어 집과 형제와 자매와 어머니와 자식과 전토를 백 배나 받되 박해를 겸하여 받고 내세에 영생을 받지 못할 자가 없느니라"
마가복음 10:29~30

참으로 놀라운 약속입니다. 하나님은 우리가 그의 나라를 위하여 드린 것을 백배나 더하여 갚아 주시겠다고 하십니다.

나는 우리처럼 수백만의 다른 그리스도인도 하나님 아버지의 일을 해야 한다는 사실을 깨닫기 시작하고 있다고 믿습니다. 전 세계에 걸친 기독교계의 많은 영적 운동을 통하여 하나님이 사람들의 삶 가운데 역사하시는 것을 살펴보면서, 나는 오순절 이래의 최대의 영적 각성이 이미 시작되었음을 확신합니다.

예수님은 '가서 모든 민족을 제자를 삼아'라고 말씀하셨습니다.(마 28:19) 제자를 삼기 위해서는 우리 자신이 제자가 되어야 합니다. 콩 심은 데 콩이 나게 마련입니다. 우리는 우리를 닮은 사람을 낳게 됩니다.

그리스도께 헌신한 사람, 성령 안에서 살아가는 방법을 아는 사람은 다른 사람들에게 영향을 미치며 그들의 영향을 받은 사람들이 동일한 그리스도인을 낳을 수 있도록 도와주게 될 것입니다. 예수님은 말씀하셨습니다. "아무든지 나를 따라오려거든 자기를 부인하고 날마다 제 십자가를 지고 나를 따를 것이니라"(눅 9:23)

어떤 사람들에게는 이 같은 제자로의 부르심이 너무 힘들게 보일지 모릅니다. 그러나 오늘 살펴 본 말씀들에서 예수님은 우리가 기꺼이 모든 것을 버려야 한다고 말씀하십니다. 이 약속이 그리스도와 그의 나라를 먼저 구하는 모든 사람의 삶에서 성취되어 왔다는 사실은 수없이 입증되었습니다. 물론 그 보상이 언제나 물질적인 것만은 아니었습니다. 오히려 훨씬 더 의미가 깊고 풍요로운 보상이었습니다.

오늘 주시는 말씀 누가복음 9:23~26
믿음의 실천 하나님을 향한 충성과 헌신의 상으로 우리가 많은 선물을 받되 박해를 겸하여 받고 또 영생을 약속받은 것을 깨달으며, 나는 날마다 나의 삶에서 그러한 헌신이 실제로 의미 있게 이루어질 것을 약속합니다.

You Cannot Outgive God

"For if you give, you will get! Your gift will return to you in full and overflowing measure, pressed down, shaken together to make room for more, and running over. Whatever measure you use to give—large or small—will be used to measure what is given back you."
LUKE 6:38

R. G. LeTourneau was one of God's great businessmen. He wrote a book entitled *God Runs My Business*. Though he had little formal training, he became one of America's leading industrialists, securing patents for many major improvements in earth-moving equipment. He gave away millions of dollars, and founded a wonderful Christian college bearing his name. I knew and admired him for many years. In one of our most memorable talks, I was captivated by this exuberant, joyful layman who was overflowing with God's love, still creative in his later years, and always proclaiming the truth that you cannot outgive God—the more you give, the more you receive. He had discovered a law of the universe.

Giving a tithe (ten percent of our increase) is an Old Testament principle. The New Testament principle of giving is expressed in this passage: "The more you give, the more you will receive." I personally do not believe that involves indiscriminate giving, but rather that we should prayerfully evaluate all the various opportunities to further the cause of Christ and His kingdom.

The New Testament concept makes clear that everything belongs to God. We are custodians, stewards, of that which is entrusted to us for only a brief time. Three-score and ten years (or possibly more), then all we possess will pass on to another. We are not to hoard, nor are we to pass on large estates to our heirs. That which is entrusted to God's children is given to them to be used while they are still alive. We are to care for our own, and make provision for their needs, but all that is entrusted to us beyond that amount should be spent while we are still alive, while we can guarantee proper stewardship.

BIBLE READING 2 Corinthians 8:1-6
ACTION POINT Mindful that everything belongs to God and He has entrusted me with the responsibility of being a good steward, I will seek to invest all my time, talent, and treasure while I am alive, for the enhancement of the kingdom of God.

더 많은 것으로 갚아 주심

"주라 그리하면 너희에게 줄 것이니 곧 후히 되어 누르고 흔들어 넘치도록 하여 너희에게 안겨 주리라
너희가 헤아리는 그 헤아림으로 너희도 헤아림을 도로 받을 것이니라"
누가복음 6:38

'7)르 터너'는 하나님의 위대한 사업가 중의 한 사람이었습니다. 그는 『하나님이 내 사업을 경영하신다』라는 제목의 책을 썼습니다. 그는 비록 정식 교육은 거의 받지 못했지만, 많은 토목 공사 장비의 주요한 개선들에 관련된 특허를 소유한 미국의 주도적인 기업가 중의 한 사람이 되었습니다. 그는 수백만 달러를 기부하였으며, 자신의 이름을 딴 훌륭한 기독교 대학을 설립했습니다. 나는 오랫동안 그와 친분을 가지면서 그를 존경해 왔습니다. 그와 함께 지금도 기억에 남는 대화를 나누던 중 나는 이 사업가에게 완전히 매료되어 버렸습니다. 그는 쾌활하고 하나님의 사랑으로 가득 차 기쁨에 넘치며, 많은 나이에도 불구하고, 여전히 창의적이었으며, 우리가 드릴수록 하나님께서 더 많이 되갚아 주시기 때문에 결국 우리가 하나님이 주신 것보다 더 많이 드릴 수는 없다는 진리를 언제나 담대히 이야기했습니다. 그는 우주의 법칙을 발견한 사람이었습니다.

십일조를 드리는 것은 구약의 법칙입니다. 드리는 것에 대한 신약의 법칙은 다음 구절에 나타나 있습니다. "주라 그리하면 너희에게 줄 것이니 곧 후히 되어 누르고 흔들어 넘치도록 하여 너희에게 안겨 주리라"(눅 6:38) 나는 이 말씀이 아무 곳에나 무분별하게 드리는 것을 뜻한다고는 믿지 않습니다. 오히려 우리는 그리스도와 그의 나라를 더욱 확장하기 위하여 가능한 모든 다양한 기회들에 대해 기도하면서 정확하게 평가해야 할 것입니다.

신약은 하나님께 모든 것이 속해 있다는 개념을 분명히 말하고 있습니다. 우리는 다만 잠시 동안 우리에게 맡겨진 것들을 관리하는 청지기일 뿐입니다. 70~80년(혹은 조금 더 오랫동안) 정도만 지나가면 우리가 소유한 모든 것은 다른 사람들의 손에 넘어갈 것입니다. 우리는 재산을 그대로 사장시켜서도, 상속자의 손에 큰 유산을 그대로 넘겨주려고 해서도 안 됩니다. 하나님의 자녀들에게 맡겨진 것은 그들이 살아 있을 동안 사용하라고 주신 것입니다. 우리는 자녀들을 보살피고 그들이 필요한 것들을 공급해 줄 책임이 있지만 우리에게 맡겨진 그 이상의 재물은 우리가 살아있는 동안, 다시 말해 우리에게 맡겨진 재물에 대하여 우리가 제대로 청지기 역할을 확실히 책임질 수 있는 동안 모두 사용되어야 합니다.

오늘 주시는 말씀　고린도후서 8:1~6
믿음의 실천　모든 것이 하나님께 속하였으며 하나님께서 내게 맡기신 모든 것은 착한 청지기가 되라는 책임과 더불어 맡겨 주셨다는 사실을 되새기면서, 하나님 나라의 확장을 위하여 내가 살아 있는 동안에 나의 모든 시간과 재능과 물질을 다 투자할 수 있는 기회를 찾겠습니다.

You've Already Won

"Dear young friends, you belong to God and have already won your fight with those who are against Christ because there is someone in your hearts who is stronger than any evil teacher in this wicked world." 1 JOHN 4:4

"I am afraid of Satan," a young minister once told me.

"You should be afraid of Satan," I responded, "if you insist on controlling your own life. But not if you are willing to let Christ control your life. The Bible says, 'Greater is He who is in you than he who is in the world.'"

My friend lived in a city where one of the largest zoos in the world. was located.

"What do you do with lions in your city?" I asked.

"We keep them in cages," he replied.

"You can visit the lion in its cage at the zoo," I explained, "and it cannot hurt you, even if you are close to the cage. But stay out of that cage, or the lion will make mincemeat out of you."

Satan is in a "cage." He was defeated 2,000 years ago when Christ died on the cross for our sins. Victory is now ours. We do not look forward to victory, but we move from victory, the victory of the cross.

Satan has no power except that which God allows him to have. Do not be afraid of him, but do stay away from him. Avoid his every effort to tempt and mislead you. Remember, that choice is up to you.

BIBLE READING 1 John 2:1-6
ACTION POINT I will, with God's help, stay out of Satan's "cage," choosing rather to enlist God's indwelling Holy Spirit to fight for me in the supernatural battle against the satanic forces which surround me.

이미 거둔 승리

"자녀들아 너희는 하나님께 속하였고 또 그들을 이기었나니
이는 너희 안에 계신 이가 세상에 있는 자보다 크심이라" 요한일서 4:4

"나는 사탄이 두렵습니다." 어떤 한 젊은 목사가 언젠가 내게 말했습니다.

나는 이렇게 대답했습니다. "사탄을 두려워해야 합니다, 만일 당신이 자신의 삶을 주관하려고 계속 고집한다면 말입니다. 그러나 그리스도께서 당신의 삶을 다스리시도록 한다면 두려워할 필요가 없습니다. '너희 안에 계신 이가 세상에 있는 자보다 크심이라'고 성경은 말하고 있습니다."

이 목사는 세계에서 가장 큰 동물원이 있는 도시에 살고 있었습니다.

"당신의 도시에서는 사자를 어떻게 취급합니까?" 내가 물었습니다.

"우리 속에 가두어 둡니다." 그가 대답했습니다.

나는 그에게 설명했습니다. "당신은 동물원에 가서 사자가 든 우리에 가 볼 수 있습니다. 사자 우리에 가까이 다가간다고 해도 사자가 당신을 해칠 수 없을 것입니다. 그러나 우리에 들어가서는 안 됩니다. 사자가 당신을 갈기갈기 물어뜯을 것입니다."

사탄은 '우리' 안에 갇혀 있습니다. 그는 2,000년 전 그리스도께서 십자가 위에서 우리 죄를 위하여 죽으셨을 때 패배했던 것입니다. 승리는 지금 우리의 것입니다. 우리는 승리를 고대하지 않습니다. 우리는 이미 얻은 십자가의 승리에서부터 출발합니다.

사탄은 하나님이 그에게 허락하신 것 외에는 힘이 없습니다. 그를 두려워하지 마십시오. 그러나 사탄으로부터 멀리 떨어져 있으십시오. 당신을 시험하고 잘못 끌고 가려는 그의 시도를 피하십시오. 그리고 그 선택은 당신에게 달려 있다는 사실을 기억하십시오.

오늘 주시는 말씀   요한일서 2:1~6
믿음의 실천   나는 내 주위의 사탄의 세력과 싸우는 초자연적인 전투에서 나를 위해 싸워 주실 내 안에 거하시는 하나님의 성령의 도우심을 구할 것이며, 하나님의 도우심을 힘입어 사탄의 '우리'에서 떨어져 있도록 하겠습니다.

How to Save Your Life

"And he said to them all, If any man will come after me, let him deny himself, and take up his cross daily, and follow me. For whosoever will save his life shall lose it: but whosoever will lose his life for my sake, the same shall save it." LUKE 9:23-24, KJV

Martin Luther once told the maidens and housewives of Germany that in scrubbing floors and going about their household duties they were accomplishing just as great a work in the sight of heaven as the monks and priests with their penances and holy offices.

In the 15th century, a woman—Margery Baxter—had said the same thing couched in different terms.

"If ye desire to see the true cross of Christ," she said, "I will show it to you at home in your own house."

Stretching out her arms, she continued, "This is the true cross of Christ, thou mightest and mayest behold and worship in thine own house. Therefore, it is but vain to run to the church to worship dead crosses."

Her message was plain: holiness is in our daily service.

Your life and mine are worshiping Christ today to the degree that we practice the presence of God in every minute detail of our lives throughout the day. We are taking up our cross when we shine for Jesus just where we are, obediently serving Him and sharing His good news with others.

If you and I want to save our lives, we do well to lose them in obedient service to the Lord Jesus Christ, allowing His indwelling Holy Spirit to work in us and through us.

BIBLE READING John 12:23-26
ACTION POINT I will take up my cross today—shining just where He puts me at this point in my life.

생명을 얻는 법

"또 무리에게 이르시되 아무든지 나를 따라오려거든 자기를 부인하고 날마다 제 십자가를 지고 나를 따를 것이니라 누구든지 제 목숨을 구원하고자 하면 잃을 것이요 누구든지 나를 위하여 제 목숨을 잃으면 구원하리라"
누가복음 9:23~24

언젠가 ⁶⁾마틴 루터는 독일의 부녀자들에게 그들이 마루를 닦고 가사를 돌보는 의무를 다하는 것은 하늘에서 보시기에 수도사와 사제들이 고행하며 성직을 수행하는 것과 마찬가지로 큰일을 하고 있는 것이라고 말했습니다.

15세기의 여성인 마저리 박스터는 같은 내용을 다르게 표현했습니다. "당신들이 그리스도의 참된 십자가를 보기 원한다면, 나는 바로 당신들 자신의 집, 당신들 가정에서 그 십자가를 보여 주겠습니다."

두 팔을 옆으로 펴며 박스터는 말을 계속했습니다. "이 모습이 당신들 자신의 가정에서 보고 예배할 수 있는 참된 십자가입니다. 그러므로 죽은 십자가를 예배하기 위해 교회로 달려가는 것은 헛된 일일 뿐입니다."

그녀의 메시지는 분명합니다. 거룩함은 우리의 매일, 일상의 섬김에 있다는 것입니다.

우리가 오늘 종일토록 삶의 순간순간 모든 세세한 부분에 이르기까지 하나님께서 임재하셔서 다스리시도록 하는 훈련을 할 때, 우리의 삶은 이미 그리스도를 제대로 예배하고 있는 것입니다. 어디든지 바로 우리가 있는 곳에서 예수 그리스도를 위하여 빛을 발하며, 순종으로 섬기며, 다른 사람들에게 그의 복된 소식을 전할 때 우리는 우리 자신의 십자가를 지게 됩니다.

우리가 우리 자신의 생명을 구하고자 한다면 우리는 하나님의 내주하시는 성령이 우리 안에서, 그리고 우리를 통하여 일하시도록 우리를 내어드리고, 주 예수 그리스도를 순종함으로 섬기기 위해 기꺼이 우리의 삶까지도 버릴 수 있어야 합니다.

오늘 주시는 말씀 요한복음 12:23~26
믿음의 실천 나는 하나님께서 나를 보내신 바로 지금 이곳에서 빛을 발하며 오늘 나의 십자가를 지겠습니다.

Real Freedom

"If the Son therefore shall make you free, ye shall be free indeed."
JOHN 8:36, KJV

A dedicated, but defeated, young missionary returned from the field devastated because of his failure to live the Christian life and to introduce others to the Savior. He came to my office for counsel. I explained to him that the Christian life is simply a matter of surrendering our lives to the risen Christ and appropriating the fullness of and God's Holy Spirit by faith. "Relax," I said. "Let the Lord Jesus Christ live and love through you. Let Him seek and save the lost through your life." He became very impatient with me. "You dilute and distort the gospel," he insisted. "It really costs to serve Jesus. I have made great sacrifices on the mission field. I have worked day and night. I struggled. It has cost me my health—through I am prepared to die for Christ—but you make it too easy, and I cannot accept what you are saying." He left my office in anger.

Later he called for another appointment, saying, "I don't agree with you, but there's a quality in your life that I want for myself, and I'd like to talk further."

Again I explained, "The just shall live by faith. All the supernatural resources of God are available to us by faith, not by our sacrifice and good works—though good works must follow faith, for faith without works is dead." As we talked, his attitude began to change. Some days later I received a letter filled with praise to God as he described the miracle that had occurred in his life. He had discovered the liberating truth that God's grace is available to us by faith. The Christian life is supernatural. No individual is capable of living it apart from the Lord. Jesus explains it in John 15:4,5: "As the branch cannot bear fruit of itself, except it abide in the vine, no more can ye, except ye abide in Me. I am the vine, ye are the branches…without Me ye can do nothing."

It is His supernatural life, in all of its resurrection power, released through the ministry of the Holy Spirit, that enables us to live supernatural lives for the glory of God. Only then can we be free, for the Son alone can liberate us.

BIBLE READING Romans 8:1-6
ACTION POINT By faith, I shall claim the supernatural power of the Son of God. Knowing that He has already set me free, I am confident that He will enable me to experience that freedom moment by moment so that I may live a supernatural life.

참 자유

"그러므로 아들이 너희를 자유롭게 하면 너희가 참으로 자유로우리라"
요한복음 8:36

헌신은 했지만 패배를 맛본 어느 젊은 선교사가 선교지로부터 돌아와 나의 사무실에 찾아왔습니다. 그는 그리스도인의 삶을 사는 것과 다른 사람들을 주께로 인도하는 일에 모두 실패했던 것입니다. 나는 그에게 그리스도인의 삶이란 단순히 우리의 삶을 부활하신 그리스도께 순복하여 드리는 일이며, 믿음으로 성령 충만을 소유하는 일임을 설명해 주었습니다. "긴장을 푸십시오. 그리스도께서 당신을 통하여 사시고 그 사랑을 나타내시도록 하십시오. 그리스도께서 당신의 삶을 통하여 잃어버린 영혼들을 찾아 구원하시게 하십시오." 그는 내 말을 참을 수 없어 했습니다. "당신은 복음을 희석하고, 왜곡하고 있습니다. 그리스도를 섬기는 일은 마땅한 대가를 치러야 합니다. 나는 선교지에서 큰 희생을 감수했습니다. 밤낮으로 일했고, 고통을 겪었으며 건강까지 잃었습니다. 물론 그리스도를 위하여 죽을 각오까지 했습니다. 하지만 당신은 예수 그리스도를 섬기는 일을 너무 손쉬운 것으로 만들고 있습니다. 나는 당신의 말을 용납할 수 없습니다." 그는 화가 난 채 나의 사무실을 나갔습니다.

얼마 후 그는 다시 나를 찾아왔습니다. "당신의 말에 동의하지는 않지만 당신의 삶에는 내가 원하는 어떤 특징이 있습니다. 더 대화를 나누고 싶습니다." 나는 재차 설명했습니다. "하나님은 의인은 믿음으로 말미암아 살리라고 하셨습니다. 하나님의 모든 초자연적인 능력은 우리의 희생과 선행이 아닌 믿음으로 받을 수 있습니다. 물론 행함이 없는 믿음은 죽은 믿음이므로 결국 선행이 믿음에 이어지겠지만 말입니다." 함께 대화를 나누는 동안 그의 태도는 변하기 시작했습니다. 며칠 후 그는 자기의 삶에 일어난 기적을 설명하면서 하나님께 대한 찬양으로 가득한 편지를 보내 왔습니다. 그는 하나님의 은혜가 [1]믿음으로(by faith) 우리에게 주어진다고 하는, 우리를 자유하게 하는 진리를 발견한 것입니다. 어느 누구도 그리스도를 떠나서는 초자연적인 삶을 살 수 없습니다. 예수님께서는 요한복음 15장 4~5절에서 이렇게 설명해 주십니다. "가지가 포도나무에 붙어 있지 아니하면 스스로 열매를 맺을 수 없음 같이 너희도 내 안에 있지 아니하면 그러하리라…" 부활의 능력 가운데 성령의 사역을 통하여 흘러나오는 하나님의 생명만이 우리로 하여금 하나님의 영광을 위하여 초자연적인 삶을 살게 합니다. 그럴 때에만 우리는 자유할 수 있습니다. 아들만이 우리를 자유하게 하실 수 있기 때문입니다.

오늘 주시는 말씀 로마서 8:1~6

믿음의 실천 믿음으로(by faith) 나는 하나님의 아들, 주 예수님의 초자연적 능력을 주장(claim)하겠습니다. 그리스도께서 나를 이미 자유케 하신 것을 알기에 그리스도께서 내가 그 자유를 순간순간 경험할 수 있도록 해주실 것을 확신하며 그럼으로써 나는 초자연적인 삶을 살 수 있을 것입니다.

Produce Lovely Fruit

"You didn't choose me! I chose you! I appointed you to go and produce lovely fruit always, so that no matter what you ask for from the Father, using my name, he will give it to you."
JOHN 15:16

Some time ago I asked a leading theologian and dean of faculty of a renowned theological seminary if he felt that one could be a Spirit-filled person without sharing Christ as a way of life.

His answer was an emphatic, "No!"

On what basis could he make such a strong statement? The answer is obvious. Our Savior came to "seek and to save the lost" and He has "chosen and ordained" us to share the good news of His love and forgiveness with everyone, everywhere.

To be unwilling to witness for Christ with our lips is to disobey this command just as much as to be unwilling to witness for Him by living holy lives is to disobey His command. In neither case can the disobedient Christian expect God to control and empower his life.

There are those who say, "I witness for Christ by living a good life." But it is not enough to live a good life. Many non-Christians live fine, moral, ethical lives.

According to the Lord Jesus, the only way we can demonstrate that we are truly following Him is to produce fruit, which includes introducing others to our Savior as well as living holy lives. And the only way we can produce fruit is through the power of the Holy Spirit.

BIBLE READING John 15:7-15
ACTION POINT My part is to share the good news which will produce fruit; God's part is to provide the ability, through the Holy Spirit, to be a fruitful witness. "Lord, help me to be faithful in my part, knowing You will be faithful in Yours."

열매를 맺게 하고

"너희가 나를 택한 것이 아니요 내가 너희를 택하여 세웠나니 이는 너희로 가서 열매를 맺게 하고
또 너희 열매가 항상 있게 하여 내 이름으로 아버지께 무엇을 구하든지 다 받게 하려 함이라"
요한복음 15:16

얼마 전 나는 탁월한 신학자이며, 유명한 신학교의 학과장이기도 한 어떤 분에게 "사람이 생활의 일부로써 늘 그리스도를 전하지 않고도 성령 충만할 수 있다고 생각하십니까?"라고 물어 보았습니다.

그는 단호하게 대답했습니다. "아니요, 그렇지 않습니다."

무슨 근거로 그가 그렇게 단호하게 말할 수 있겠습니까? 그 답은 명백합니다. 우리 구주께서는 "잃어버린 자를 찾아 구원하려"(눅 19:10) 오셨으며, 모든 곳에서 모든 사람에게 그의 사랑과 용서의 기쁜 소식을 전하라고 우리를 '택하여 세우셨기' 때문입니다.

거룩한 삶을 사는 것으로 그리스도를 증거하지 않는 것이 그의 명령에 대한 불순종인 것과 똑같이 우리의 입술로 그리스도를 증거하지 않는 것도 하나님의 명령에 불순종하는 것입니다.

이 중 어느 경우든 불순종하는 그리스도인은 하나님이 자기를 다스리시고 자기의 삶에 힘을 주시리라고 기대할 수 없는 사람들입니다.

"나는 선한 삶으로 그리스도를 증거한다."라고 말하는 사람들도 있습니다. 그러나 선한 삶을 사는 것만으로는 충분하지 않습니다. 많은 비그리스도인도 훌륭하고 도덕적이며 윤리적인 삶을 삽니다.

예수님의 말씀에 의하면, 우리가 그를 진실로 따르고 있다는 것을 나타내 보일 수 있는 유일한 방법은 열매를 맺는 것이며, 여기에는 거룩한 삶을 사는 것뿐만이 아니라 다른 사람들을 우리 구주께로 소개하는 일도 포함됩니다. 그리고 우리가 열매를 맺을 수 있는 유일한 길은 성령의 능력을 힘입는 것입니다.

오늘 주시는 말씀 요한복음 15:7~15
믿음의 실천 내가 해야 할 일은 열매를 맺도록 복음을 전하는 것이며, 하나님께서 하실 일은 성령을 통하여 열매 맺는 증인이 될 수 있도록 내게 능력을 공급해 주시는 일입니다. "주님, 주님이 신실하게 주님의 일을 해 주실 것을 알고 저도 제가 해야 할 역할을 신실히 감당할 수 있도록 도우소서."

The Simple, Wonderful Message

"He brought them out and begged them, 'Sirs, what must I do to be saved?' They replied, 'Believe on the Lord Jesus and you will be saved, and your entire household.'"
ACTS 16:30-31

A man who was very fond of Robert E. Lee was eager for his four-year-old son to admire this great Civil War general as much as he did. So every day, as they strolled through a park near their home, they would stop in front of the statue of General Lee astride his horse, Traveler, and the father would say to his little David, "Say good morning to General Lee." The lad would dutifully wave his hand and say, "Good morning, General Lee." Months passed and one day, as they stood in front of the statue, David asked, "Daddy, who is that man riding General Lee?"

One of the biggest problems we have in life is communication. To David's young mind the horse was more important than the rider. We all have a tendency to filter information through our own experiences. This is true even in communicating the gospel.

The most joyful news ever announced is found in Luke 2:10,11: "'Don't be afraid!' the angel said. 'I bring you the most joyful news ever announced, and it is for everyone. The Savior—yes, the Messiah, the Lord—has been born tonight in Bethlehem!'" Yet that simple message has been diluted and profaned through the centuries.

One evening, I presented this message to a very mature, intelligent layman.

"Does it make sense?" I inquired.

It was as though a light suddenly went on and, for the first time, he understood what the gospel was all about. "Of course it does," he answered.

"Would you like to receive Christ right now?"

"Yes, I would. If what you say is true, I should think everyone would want to know Christ." If Spirit-filled, trained communicators properly presented the gospel, the majority of people would want to receive Christ.

BIBLE READING John 1:9-14
ACTION POINT I will seek to present the good news of Jesus Christ in such a logical, joyful, Spirit-filled way that those who hear will want to know the Savior. I will trust God to use me to train other Christians to better communicate the good news.

단순하고도 놀라운 메시지

"그들을 데리고 나가 이르되 선생들이여 내가 어떻게 하여야 구원을 받으리이까 하거늘
이르되 주 예수를 믿으라 그리하면 너와 네 집이 구원을 받으리라"
사도행전 16:30~31

유명한 장군 [40]로버트 리를 매우 좋아했던 어떤 사람이 있었습니다. 이 사람은 네 살 난 자기 아들도 자기만큼 남북 전쟁 당시의 그 장군을 존경해 줄 것을 간절히 바랐습니다. 그래서 날마다 어린 아들과 함께 그의 집 가까이에 있는 공원을 거닐 때마다 애마 트래블러를 탄 리 장군의 동상 앞에 멈추어 서곤 했습니다. 그가 어린 아들 데이빗에게 "리 장군님께 인사드리렴." 하고 말하면 아들은 충실하게 손을 흔들며 "안녕하세요. 리 장군님." 하고 인사를 하곤 했습니다. 몇 달이 지난 어느 날 두 사람이 동상 앞에 섰을 때 데이빗이 아빠에게 물었습니다. "그런데 아빠, 리 장군님을 타고 있는 저 사람은 누구예요?"

우리의 삶에 있어서 가장 큰 문제 중의 하나가 의사전달, 소통의 문제입니다. 데이빗의 어린 마음에는 말을 탄 사람보다 말이 더 중요했던 것입니다. 우리는 누구나 주어지는 모든 정보를 우리 자신의 경험으로 걸러서 보려는 경향이 있습니다. 복음을 전하는 과정에서도 이것은 마찬가지 입니다.

지금까지 인간에게 전해진 것 중에 가장 기쁜 소식은 누가복음 2장 10~11절에 있는 것입니다. "천사가 이르되 무서워하지 말라 보라 내가 온 백성에게 미칠 큰 기쁨의 좋은 소식을 너희에게 전하노라 오늘 다윗의 동네에 너희를 위하여 구주가 나셨으니 곧 그리스도 주시니라" 그러나 이 단순한 메시지는 오랜 세월을 거치며 그 내용이 희석되고 오용되어 왔습니다.

어느 날 밤, 나는 이 메시지를 성숙하고 지성적인 어느 평신도에게 읽어 주었습니다. "이 메시지가 잘 이해가 되십니까?" 내가 그에게 물었습니다.

마치 빛이 갑자기 비추어진 것처럼 그는 난생 처음으로 복음이 무엇이라는 것을 제대로 이해할 수가 있었습니다. "물론 이해했습니다." 그가 대답했습니다.

"그리스도를 지금 영접하시겠습니까?"

"예, 그렇게 하겠습니다. 만약 목사님이 말한 것이 진실이라면 세상 모든 사람들이 그리스도를 알고 싶어 할 것입니다." 성령 충만하며 잘 훈련받은 '전달자'가 적절하게 복음을 제시한다면 거의 대부분의 사람들이 그리스도를 영접하기를 원할 것입니다.

오늘 주시는 말씀 요한복음 1:9~14
믿음의 실천 나는 예수 그리스도의 복음을 논리적이며, 기쁨으로, 성령 충만한 가운데 전할 수 있도록 하여 듣는 사람들이 구주에 관해 알고자 할 수 있도록 애쓰겠습니다. 또 나는 다른 그리스도인들이 복음을 더 잘 전달할 수 있도록 훈련시키는 일에 나를 사용하실 것을 위하여 하나님을 의지하겠습니다.

We Are Kings

"The sin of this one man, Adam, caused death to be king over all, but all who will take God's gift of forgiveness and acquittal are kings of life because of this one man, Jesus Christ."
ROMANS 5:17

Jack protested angrily, "Why should I be held accountable for the sin of Adam? Why should I be judged and condemned to eternal punishment because of the disobedience of someone who lived centuries ago? I resent that his action should involve me." I asked this young student if he remembered the Japanese attack on Pearl Harbor followed by the declaration of war by President Franklin Delano Roosevelt. "Yes," he said, "I'm a student of history and I remember that event very well." I reminded Jack that every able-bodied man who was of age was automatically conscripted to join the U.S. Army to do battle against Japan.

"Don't you think it unfair, following your logic, that the President of the United States should make a decision that would affect young men like yourself? Remember that tens of thousands of them died on the field of battle. Was that fair?"

"Well," he replied, "that was the only decision that could be made. We had to protect our homeland. We had been attacked and had to defend ourselves."

"So it was with Adam," I explained, "The wisdom of the Almighty Creator was attacked by Satan in the Garden of Eden and the battle was lost when Adam and Eve, the epitome of God's creation, surrendered to Satan's tempting lies. God, in His sovereignty, wisdom and grace caused the results of the disobedience of Adam to be borne by the rest of us in the human race. But the judgment of God which demands penalty for sin was intercepted by God's love. While we were yet in our sins God proved His love for us by sending the Lord Jesus Christ to die for us. Now, through accepting God's free gift by faith, we can become kings of life because of this one man, Jesus Christ." Simply stated, one man, Adam, through his disobedience to God, introduced sin into the world, and one man, Jesus Christ, through his obedience to God, paid the penalty for that sin for all who would believe and trust in Him.

BIBLE READING Romans 5:14-21
ACTION POINT Christ has overcome the sin I inherited from Adam by liberating me from the king of death. To express my gratitude, I will share this good news with others so they too may enjoy the abundant supernatural life which I now enjoy.

왕 노릇할 우리

"한 사람의 범죄로 말미암아 사망이 그 한 사람을 통하여 왕 노릇 하였은즉 더욱 은혜와 의의 선물을 넘치게 받는 자들은 한 분 예수 그리스도를 통하여 생명 안에서 왕 노릇 하리로다" 로마서 5:17

잭은 화가 나서 대들었습니다. "어째서 아담의 죄를 제가 책임져야 합니까? 오랜 옛날에 살던 사람의 불순종 때문에 제가 왜 심판과 영원한 형벌의 정죄를 받아야 합니까? 저는 아담의 행동에 제가 연계되어야 한다는 것에 분노합니다." 나는 그 젊은 학생에게 루즈벨트 대통령이 선전포고를 하게 했던 일본의 진주만 공격을 기억하는지 물어보았습니다. "예, 저는 역사학을 전공합니다. 그 사건은 잘 기억하고 있습니다." 나는 잭에게 당시 젊고 건강한 청년들이라면 누구나가 일본과 싸우기 위하여 미 육군에 자동적으로 징집된 것을 상기시켜주었습니다. "그대의 논리대로 한다면 미국의 대통령이 그대와 같은 수많은 젊은이에게 영향을 미치는 결정을 내린다는 것이 불공정하지 않습니까? 엄청난 수의 젊은이들이 전쟁터에서 죽은 것을 기억할 것입니다. 그것이 공정한 일입니까?"

"그러나 그건 그렇게 밖에 할 수 없는 결정이었습니다. 우리는 우리 조국을 지켜야 했습니다. 우리는 공격을 받았고 우리 자신을 지켜야 했습니다." 그가 대답했습니다.

"아담의 경우도 마찬가지였습니다." 나는 설명했습니다. "전능하신 하나님의 지혜가 에덴 동산에서 사탄의 공격을 받았고, 하나님의 가장 중요한 창조물인 아담과 하와가 사탄의 유혹적인 거짓말에 굴복했을 때 그들은 그 전투에서 패배했던 것입니다. 주권과 지혜와 은혜의 하나님은 아담의 불순종의 결과를 우리 인류에게 담당케 하셨습니다. 그러나 죄에 대한 형벌을 요구하는 하나님의 심판을 하나님의 사랑이 가로막아 주신 것입니다. 우리가 아직 죄인으로 있을 때에 하나님은 주 예수 그리스도를 보내어 우리를 위하여 죽게 하심으로 자신의 사랑을 증명하셨습니다. 이제 하나님의 값없이 주신 은혜를 믿음으로 받아들임으로 우리는 이 한 분 예수 그리스도로 말미암아 생명의 왕 노릇을 하게 될 것입니다."

간단히 말해서, 아담 한 사람이 하나님께 불순종함으로 죄가 세상에 들어왔고, 한 사람 예수 그리스도께서 하나님께 대한 그의 순종함으로 그를 믿고 신뢰하는 모든 사람을 위하여 죄의 형벌을 대신 치르신 것입니다.

오늘 주시는 말씀 로마서 5:14~21
믿음의 실천 그리스도께서 나를 사망의 왕으로부터 해방시키심으로 아담에게서 물려받은 나의 죄를 이기셨습니다. 나는 감사의 표현으로 이 복음을 다른 사람들과 나누어 그들도 내가 누리는 이 풍성한 초자연적인 삶을 함께 누릴 수 있게 할 것입니다.

He Forgets Our Sins

"And then he adds, 'I will never again remember their sins and lawless deeds.'"
HEBREWS 10:17

We were seated at the breakfast table, talking about the exciting adventure of the Christian life. Chuck and Mary were just discovering new facets and understanding of the life in Christ.

"Can you tell us in a few words what should be our objective as Christians?" they asked me.

In very brief summary, I replied, "The Christian life is the process of becoming in our experience through the enabling of the Holy Spirit what we already are in God's sight, in order to bring maximum glory, honor and praise to His name."

Christ gave Himself to God for our sin—as one sacrifice for one time. Then He sat down at the place of highest honor at God's right hand. For by that one offering He made forever perfect in the sight of God all those whom He is making holy.

I am perfect in God's sight, because in His sight there is no such thing as time and space. Let me hasten to add: I know that I am not perfect in my experience. That is a process which takes time, knowledge of God and His Word, and growth in faith in order to claim these truths as reality in our lives.

I am perfect in God's sight because He sees me in Christ, and in Christ, who is perfect and without sin, He sees me without spot or blemish. Someone has referred to this great experience of being crucified, baptized and enthroned with Christ as a different life altogether. As we are reminded in 2 Corinthians 5:17 (KJV), "Therefore if any man be in Christ, he is a new creature: old things are passed away; behold, all things are become new."

BIBLE READING   Hebrews 8:8-12
ACTION POINT   Because God has forgiven and forgotten all my sins, I will receive His forgiveness and never again be burdened with those sins of the past. I will claim my new supernatural life in Christ for the glory of God.

우리 죄를 기억하지 아니하심

"또 그들의 죄와 그들의 불법을 내가 다시 기억하지 아니하리라 하셨으니"
히브리서 10:17

우리는 그리스도인이 맛보는 삶의 놀라운 모험에 대해 대화를 나누며 아침 식탁에 앉아 있었습니다. 척과 매리는 그리스도 안에서의 삶이 어떠한 것인지를 발견하고 이해하기 시작했습니다.

"그리스도인으로서 우리 삶의 목표가 어떤 것이어야 할지를 간단하게 말씀해 주시겠습니까?" 그들이 내게 부탁했습니다.

나는 아주 간단히 요약해서 말했습니다. "그리스도인의 삶이란 하나님의 눈에는 이미 우리에게 이루어진 모습으로, 하나님의 이름을 찬양하고 높이며 최대한 영화롭게 하기 위하여 성령의 가능케 하심을 힘입어 우리의 삶이 실제로 그렇게 변화되어 가는 과정입니다."

그리스도는 우리의 죄를 위하여 자신을 단번에 영원한 제물로 하나님께 드리셨습니다. 그리고 그는 하나님의 오른편에서 가장 영화로운 자리에 앉으셨습니다. 그는 그 한 번의 드림으로 그가 거룩하게 만드신 자들을 하나님이 보시기에 영원히 '완전하게' 하셨습니다.

나는 하나님 보시기에 완전한 사람입니다. 하나님 앞에서는 시간과 공간이 문제가 되지 않기 때문입니다. 여기 반드시 덧붙여 두어야 할 것이 있습니다. 나는 나의 삶이 완전치 못하다는 것을 알고 있습니다. 완전하다는 것은 이러한 진리가 우리 삶에 실제로 나타났다고 할 수 있기까지 시간과, 하나님과 그의 말씀에 대한 지식과, 믿음 안에서의 성장을 필요로 하는 하나의 '과정'을 말합니다.

나는 하나님 앞에서 완전합니다. 하나님께서는 그리스도 안에 있는 나를 보시며, 완전하시고 죄 없으신 그리스도 안에서 나를 흠도 점도 없이 보시기 때문입니다. 어떤 사람은 그리스도와 함께 못 박히고 세례를 받고 보좌에 앉게 되는 이 위대한 경험을 전혀 차원이 다른 종류의 삶이라고 표현했습니다. 고린도후서 5장 17절에서도 이것을 우리에게 상기시켜 주고 있습니다. "그런즉 누구든지 그리스도 안에 있으면 새로운 피조물이라 이전 것은 지나갔으니 보라 새 것이 되었도다"

오늘 주시는 말씀 히브리서 8:8~12
믿음의 실천 하나님은 나의 모든 죄를 용서하시고 기억도 하지 않으시기 때문에 이제 나는 하나님의 용서를 받아 결코 다시는 과거의 죄 짐을 지지 않겠습니다. 나는 하나님의 영광을 위하여 그리스도 안에서 나의 새로운 초자연적인 삶을 주장하겠습니다.

Spiritually Minded

"For to be carnally minded is death; but to be spiritually minded is life and peace."
ROMANS 8:6, KJV

I believe the truth of this verse may speak to a common cause of depression among Christians who allow their minds to dwell on ungodly thoughts and/or over-introspection.

Paul writes: "I advise you to obey only the Holy Spirit's instructions. He will tell you where to go and what to do, and then you won't always be doing the wrong things your evil nature wants you to.

For we naturally love to do evil things that are just the opposite from the things that the Holy Spirit tells us to do, and the good things we want to do when the Spirit has His way with us are just the opposite of our natural desires" Galatians 5:16,17.

Our minds are susceptible to the influence of our old sin-nature and, as such, can pose real dangers to us. As soon as we get out of step with the Holy Spirit and get our focus off the Lord, our minds begin to give us trouble.

"The Christian life is really simple," I heard a pastor say recently. "It's simply doing what we're told to do." And he is right. We will be spiritually minded, not carnally minded, if we obey the simple commands of God's Word.

BIBLE READING Romans 8:5-11
ACTION POINT Through the enabling of the Holy Spirit, I will give the spiritual mind priority over the carnal mind in my life.

영의 생각

"육신의 생각은 사망이요 영의 생각은 생명과 평안이니라"
로마서 8:6

나는 이 말씀의 진리가 경건하지 못한 생각이나 혹은 지나친 자기 성찰에 빠져 괴로워하는 그리스도인들 모두의 공통적인 원인에 관해 이야기해 주고 있다고 믿습니다.

바울은 이렇게 말하고 있습니다. "내가 이르노니 너희는 성령을 따라 행하라 그리하면 육체의 욕심을 이루지 아니하리라 육체의 소욕은 성령을 거스르고 성령은 육체를 거스르나니 이 둘이 서로 대적함으로 너희가 원하는 것을 하지 못하게 하려 함이니라"(갈 5:16~17)

우리의 마음은 우리의 죄악 된 옛 성품의 영향에 따라 움직이기 쉬우며 그런 실제적인 위험을 우리에게 가져올 수 있습니다. 우리가 성령과 동행하는 발걸음에서 떠나며 주님에게서 우리 눈의 초점을 뗀다면 그 즉시 우리 마음은 우리에게 혼란을 주기 시작할 것입니다.

나는 최근 어떤 목회자가 이렇게 말하는 것을 들었습니다. "그리스도인의 삶은 참으로 단순한 삶입니다. 우리에게 하라고 명하시는 것을 그대로 행하는 것뿐입니다." 정말 맞는 말입니다. 하나님 말씀의 단순한 명령에 순종하기만 하면 우리는 육신적인 생각이 아닌 영의 생각을 가지게 될 것입니다.

오늘 주시는 말씀   로마서 8:5~11
믿음의 실천   성령의 가능하게 하심을 통해 나는 나의 삶 가운데 육신적인 생각이 아닌 영적인 생각을 항상 먼저 할 수 있도록 하겠습니다.

He Gave His Son

"Since he did not spare even his own Son for us but gave him up for us all, won't he also surely give us everything else?" ROMANS 8:32

George was very faithful in his Christian walk, even recording in a little black book all of his daily activities: devotions, note-taking, memory verses, and appointments. He seemed so perfect that I, as a young Christian, wanted to be like him. Then one day he had a nervous breakdown. The last thing he did before he went to the hospital was to throw away his little black book and tell his wife he never wanted to see it again. Without realizing it, he had become very legalistic in his relationship with God rather than accepting, by faith, what God had already done for him. In the hospital, he recalled some of verses he had memorized. It was then that he relaxed enough to allow the Holy Spirit to illumine his mind to comprehend the importance of living by faith.

As Paul writes to the Galatians in the third chapter: "You used to see the meaning of Jesus Christ's death as clearly as though I had waved a placard before you with a picture on it of Christ dying on the cross...Did you receive the Holy Spirit by trying to keep the Jewish laws? Of course not, for the Holy Spirit came upon you only after you heard about Christ and trusted Him to save you. Then, have you gone completely crazy? For if trying to obey the Jewish laws never gave you spiritual life in the first place, why do you think that trying to obey them now will make you stronger Christians?"

God doesn't give us the Holy Spirit as a result of our trying to obey His laws, but only when we believe in Christ and fully trust Him. The greatest heresy of the Christian life is legalism; yet, dedicated Christians are happy to accept salvation as a gift of God by faith, but then, like the Galatians, they insist on earning their way thereafter.

We must never forget that salvation is a gift of God which we receive by faith. Nothing can be earned. If we believe God, we will want to work to please Him, not to earn His favor.

BIBLE READING   Romans 8:33-39
ACTION POINT   I will invite the Holy Spirit to protect me from becoming legalistic in my walk with Christ. Having received salvation by faith, I shall claim each day's blessings by faith as I live the supernatural life.

자기 아들을 내어 주신 이

"자기 아들을 아끼지 아니하시고 우리 모든 사람을 위하여 내주신 이가 어찌 그 아들과 함께 모든 것을 우리에게 주시지 아니하겠느냐" 로마서 8:32

조지는 날마다 자기의 모든 활동을 자그마한 검은 표지의 노트에 꼼꼼히 기록하여 관리할 정도로 매우 성실한 그리스도인이었습니다. 그 노트에는 경건 생활, 기록해 둘 일들, 암송할 구절들, 그리고 약속들이 낱낱이 적혀 있었습니다. 그는 너무나 완벽하게 보여서 나 같이 어린 그리스도인은 그를 닮고 싶을 정도였습니다. 그런데 어느 날 그가 신경쇠약을 일으켰습니다. 병원에 가기 전 그가 마지막으로 한 일은 그 자그마한 노트를 집어 던진 것이었으며, 다시는 그 노트를 보고 싶지 않다고 자기 부인에게 이야기했습니다. 깨닫지 못한 가운데, 그는 하나님과의 관계에서 하나님이 이미 그를 위해 이루어 놓으신 일을 믿음으로 받아들이기보다는 매우 율법적이 되었던 것입니다. 병원에 있는 동안 그는 이전에 암송했던 여러 성구들을 다시 생각하기 시작했습니다. 그가 억눌려있던 마음으로부터 벗어나자 성령께서 1)믿음으로(by faith) 사는 삶의 중요성을 깨닫도록 그의 마음에 빛을 비춰 주신 것은 바로 그때였습니다.

바울은 갈라디아서 3장에서 이렇게 기록했습니다. "어리석도다 갈라디아 사람들아 예수 그리스도께서 십자가에 못 박히신 것이 너희 눈 앞에 밝히 보이거늘 누가 너희를 꾀더냐 내가 너희에게서 다만 이것을 알려 하노니 너희가 성령을 받은 것이 율법의 행위로냐 혹은 듣고 믿음으로냐 너희가 이같이 어리석으냐 성령으로 시작하였다가 이제는 육체로 마치겠느냐"(갈 3:1~3)

하나님은 우리가 그분의 율법을 지키려고 애썼기 때문에 우리에게 성령을 주시는 것이 아니라 우리가 그리스도를 믿고 그를 온전히 신뢰할 때 우리에게 성령을 주십니다. 그리스도인의 삶에 대한 가장 커다란 이단은 율법주의입니다. 헌신된 그리스도인은 기쁘게 믿음으로(by faith) 구원을 하나님의 선물로 받아들이지만 그러나 갈라디아인들처럼 자신의 노력으로 구원을 얻으려고 후에 고집을 부리곤 합니다.

우리는 구원이 믿음으로(by faith) 받게 되는 하나님의 선물임을 잊지 말아야 합니다. 노력으로는 아무 것도 얻을 수가 없습니다. 우리가 하나님을 믿는다면 하나님의 은총을 획득하기 위해서가 아니라 그를 기쁘시게 하기 위하여 일하기를 원하게 될 것입니다.

오늘 주시는 말씀 로마서 8:33~39
믿음의 실천 나는 그리스도와 함께 행함에 있어서 율법주의적인 삶을 살지 않도록 나를 지켜주실 것을 성령께 요청하겠습니다. 믿음으로(by faith) 내가 구원을 받은 것처럼, 내가 초자연적으로 살아가면서 믿음으로(by faith) 매일매일의 축복을 주장(claim)하겠습니다.

All Is Ours

"So don't be proud of following the wise men of this world. For God has already given you everything you need. He has given you Paul and Apollos and Peter as your helpers. He has given you the whole world to use, and life and even death are your servants. He has given you all of the present and all of the future All are yours, and you belong to Christ, and Christ is God's." 1 CORINTHIANS 3:21-23

A famous scholar and statesman called me aside to offer his counsel. "As the head of a great worldwide Christian student movement, you should be more scholarly, more of a philosopher. Your approach is too simple. Your critics and even some of your friends feel that your speaking should be more profound as befits one of your stature and position." He continued for some time. I heard him out, prayerfully asking God to give me the wisdom to respond. When he finished I said, "There was a time when I wanted to impress people with my intellect, my learning. I spent many years in graduate school including two theological seminaries where I had the privilege of sitting at the feet of some of the most learned theologians of our time."

I confessed that there was a period in my life when I became intoxicated with learning and could have spent the rest of my life in the ivory tower. Then it occurred to me in a very dramatic way that one reason the Christian message was not better understood and the reason the Christian church was making such little impact upon a worldly society that many theologians, pastors and missionaries, had complicated the good news of God's love and forgiveness. I reminded my friend that Jesus, the greatest teacher of all, taught in such a way that the masses, largely illiterate and unlearned, heard Him gladly. I explained that I had made a concerted effort to communicate clearly by eliminating big words, philosophical and theological jargon, the kind of "Christianese" that does not communicate except to those who are familiar with the usage. He seemed to understand for the first time the importance of following the example of our Lord and other great teachers through the centuries who sought to communicate clearly to the masses.

BIBLE READING   1 Corinthians 3:16-20
ACTION POINT   Since God has given me everything I need, I will look to Him to guide me and enable me to live the supernatural life. I will also keep the message simple as I communicate the good news of God's love in Christ.

다 너희의 것이요

"그런즉 누구든지 사람을 자랑하지 말라 만물이 다 너희 것임이라
바울이나 아볼로나 게바나 세계나 생명이나 사망이나 지금 것이나 장래 것이나
다 너희의 것이요 너희는 그리스도의 것이요
그리스도는 하나님의 것이니라" 고린도전서 3:21~23

유명한 학자이면서 정치가인 어떤 분이 나를 한쪽으로 불러서 조언을 해주었습니다. "세계적인 대 기독교 학생 운동의 대표자로서, 당신은 보다 더 학문적이고 철학적일 필요가 있습니다. 당신의 방식은 너무나 단순합니다. 당신을 비판하는 사람들이나, 심지어 당신의 친구들 중의 일부도 당신의 설교가 당신의 신분과 위치에 어울리도록 좀 더 고상하고 심원한 내용이어야 한다고 느끼고 있습니다." 그는 한동안 조언을 계속 이어갔습니다. 나는 그의 말을 끝까지 들으면서 대답할 수 있는 지혜를 주실 것을 하나님께 기도하며 간구했습니다.

그가 말을 마쳤을 때 나는 그에게 말했습니다. "한때 나는 사람들에게 내 지성과 학식으로 감동을 주고 싶었던 때가 있었습니다. 나는 신학교 두 곳을 포함하여 오랫동안 대학원에서 공부했으며, 우리 시대의 가장 박식한 신학자들 밑에서 공부하는 특권도 누렸습니다."

나는 그에게 한때 내가 학생 시절에 학문에 거의 중독되다시피 하여 나의 삶을 상아탑에서 보내려고 한 적도 있었다고 털어 놓았습니다. 그러던 중 나는 많은 그리스도인의 메시지가 제대로 이해되지 못하고 기독교가 세속 사회에 그다지 영향을 주지 못하는 이유가 바로 많은 신학자들과, 그들에게 배운 학생들, 또 목회자와 선교사들이 하나님의 사랑과 용서를 너무나 복잡하게 만들었기 때문임을 매우 극적으로 깨닫게 되었던 것입니다. 나는 그에게 가장 위대한 교사이셨던 예수님께서, 대부분 문맹이고 별로 배운 것이 없었던 군중이 기쁘게 알아들을 수 있도록 가르치셨던 것을 상기시켜 주었습니다. 나는 듣는 사람들이 익숙하지 못한 소위 '기독교적'인 전문 용어, 신학적이고 철학적이며 어려운 말들을 제거함으로써 명확하게 전달하려고 그간 집중적으로 노력해 왔음을 설명해 주었습니다.

이 유명한 학자는 처음으로 군중들과 명확하게 소통하려고 애쓰신 우리 주님과 역사 속의 여러 위대한 교사들의 본보기를 따르는 일의 중요성을 깨닫는 것 같아 보였습니다.

오늘 주시는 말씀 고린도전서 3:16~20
믿음의 실천 하나님이 내게 필요한 모든 것을 주셨기 때문에, 나는 하나님께서 나를 인도하여 주시며 초자연적인 삶을 살게 해 주실 것을 기대하겠습니다. 그리고 그리스도 안에 있는 하나님의 사랑의 좋은 소식을 전할 때 그 메시지를 단순하게 전할 수 있도록 하겠습니다.

Not in Vain

"Therefore, my beloved brethren, be ye stedfast, unmoveable, always abounding in the work of the Lord, forasmuch as ye know that your labour is not in vain in the Lord."
1 CORINTHIANS 15:58, KJV

"Do not let your belief of these truths be shaken," the apostle Paul was saying to the Corinthian believers. "They are most certain, and of the utmost importance."

In the context, you will remember that Paul had just been talking about the resurrection, and now he wanted them to be steadfast believers of this great truth. The person who has no belief in the afterlife—the resurrection—is of all men most miserable. His motto is: "Eat, drink and be merry, for tomorrow we die."

Paul also exhorts believers to be immovable in their expectation of being raised incorruptible and immortal. Christians should never lose sight of this hope of the gospel:

"The only condition is that you fully believe the Truth, standing in it steadfast and firm, strong in the Lord, convinced of the Good News that Jesus died for you, and never shifting from trusting Him to save you This is the wonderful news that came to each of you and is now spreading all over the world. And I, Paul, have the joy of telling it to others" Colossians 1:23.

Having determined to remain steadfast and unmovable for the rest of their lives, believers then are ready with God's help to labor faithfully for the Lord, knowing that such labor is not in vain.

BIBLE READING 1 Corinthians 15:51-57
ACTION POINT Drawing by faith upon the supernatural resources of the Holy Spirit, I will keep my expectation and hope steadfast and unmovable, continuing my service for the Lord with the confident assurance that it will not be in vain.

헛되지 않은 수고

"그러므로 내 사랑하는 형제들아 견실하며 흔들리지 말고
항상 주의 일에 더욱 힘쓰는 자들이 되라
이는 너희 수고가 주 안에서 헛되지 않은 줄 앎이라" 고린도전서 15:58

"나의 사랑하는 형제 여러분, 그러므로 굳게 서서 흔들리지 말고 항상 주님의 일에 열심을 다하십시오. 주님을 위한 여러분의 수고는 결코 헛되지 않을 것입니다."(현대인의 성경) 바울이 고린도 교회의 교인들에게 한 말입니다.

오늘 말씀의 전후를 살펴보면 당신은 바울이 부활에 관하여 말을 마치고 나서 고린도 교인들이 이 위대한 진리에 '굳게 서는 믿는 자들'이 될 것을 원하고 있음을 알 수 있을 것입니다. 사후의 삶, 즉 부활을 믿지 못하는 사람은 가장 불쌍한 사람입니다. 그들의 표어는 이것입니다. "내일 죽을 터이니 먹고 마시자."

또한 바울은 믿는 자들에게 썩지 아니하고 죽지 아니할 몸으로 부활할 소망 가운데 흔들리지 말 것을 권면합니다. 그리스도인은 결코 복음의 이 소망을 놓쳐서는 안 됩니다.

"만일 여러분이 믿음에 굳게 서서 여러분이 들은 기쁜 소식의 희망에서 흔들리지 않는다면 그렇게 될 것입니다. 이 기쁜 소식은 하늘 아래 모든 사람에게 전파되고 있으며 나 바울은 이 기쁜 소식을 전하는 일꾼입니다."(골 1:23, 현대인의 성경)

남은 생애 동안 견고하며 흔들리지 않기로 결심한 그리스도인들은 주 안에서 그 수고가 헛되지 않은 줄 알기 때문에 하나님의 도움으로 더욱 충성되게 일할 준비가 되어 있는 것입니다.

오늘 주시는 말씀   고린도전서 15:51~57
믿음의 실천   믿음으로(by faith) 성령의 초자연적인 능력의 자원을 활용하면서, 나는 나의 기대와 소망을 굳게 하고, 또 흔들리지 않게 지키며, 그리스도를 위한 나의 섬김이 헛되지 않을 것이라는 확신을 가지고 계속해서 주를 섬기겠습니다.

More Than We Could Hope For

"Now glory be to God, who by his mighty power at work within us is able to do far more than we would ever dare to ask or even dream of—infinitely beyond our highest prayers, desires, thoughts, or hopes." EPHESIANS 3:20-21

Few verses describe the supernatural life better than this powerful promise. On hundreds, if not thousands, of I have meditated on this truth and been inspired to claim increasingly great and mighty things for the glory of God because of the inspiration contained in this Word. Think of it: the omnipotent God, who created the heavens and the earth and the vastness of all the hundreds of millions of galaxies, has come to take up residence within us! Our bodies have become His temple. That omnipotent, divine, supernatural, inexhaustible resource of power dwells within every believer.

How much power? Far more than we would ever dare to ask or even dream of! Let your mind race, your prayers be without limit, and yet, whatever you believe, whatever you think, whatever you pray for, God's power is infinitely beyond it all.

I have come to the conclusion, after many years of serving our wonderful Lord, that there is nothing too big for us to attempt for the glory of God. If our hearts and motives are pure, if what we do is according to the Word of God, He hears and is able to do more than we ask or even think.

For example, is it God's will that the Great Commission be fulfilled? Of course. It is His command. Let your mind soar over the vastness of the earth, where each generation is faced with another billion or more souls to pray for. I challenge you to believe God for the entire world to be blanketed with His love and forgiveness.

I am presently praying for a billion souls to come to Christ before A.D. 2000, and on the basis of what we are now seeing, God is putting His plan together through many members of the Body of Christ cooperating under many umbrellas, including Here's Life, World, to see that prayer fulfilled.

BIBLE READING Ephesians 3:13-19
ACTION POINT Today I will ask the Holy Spirit to give me the faith to comprehend the magnitude of God's purpose in my life and never be satisfied with anything less than the reality of this great promise in my life.

더 넘치도록 능히 하실 이

"우리 가운데서 역사하시는 능력대로 우리가 구하거나
생각하는 모든 것에 더 넘치도록 능히 하실 이에게
교회 안에서와 그리스도 예수 안에서 영광이 대대로 영원무궁하기를 원하노라" 에베소서 3:20~21

이 힘 있는 약속보다 더 강력하게 초자연적인 삶에 대하여 더 잘 설명해 주는 구절은 거의 없습니다. 수천 번은 아닐지라도 수백 번 나는 이 말씀의 진리를 묵상하며 이 말씀으로부터 하나님의 영광을 위해서 더욱더 크고도 놀라운 일들을 주장하도록 영감을 받아왔습니다. 생각해 보십시오. 전능하신 창조주, 하늘과 땅과 헤아릴 수 없는 광대한 은하계와 우주를 지으신 하나님께서 우리 가운데 거하시기 위하여 오신 것입니다! 우리의 몸은 그의 거하시는 전이 되었습니다. 그토록 전능하시고, 거룩하시며, 초자연적이며, 다함이 없는 능력의 자원이 모든 그리스도인 안에 거하고 있습니다.

얼마나 큰 능력이냐고요? 우리가 감히 요청하거나 꿈꿀 수조차 없는 능력입니다. 얼마든지 생각의 폭을 넓히고 무엇이든 기도하십시오. 당신이 무엇을 믿든, 무엇을 생각하든, 무엇을 위해 기도하든 하나님의 능력은 그것들을 무한히 초월하여 그 위에 있습니다.

나는 오랜 세월 동안 놀라우신 우리 주님을 섬겨 오면서 하나님의 영광을 위하여 시도하지 못할 정도로 큰 일은 없다는 결론에 이르게 되었습니다. 우리의 마음과 동기가 순수하다면, 그리고 우리가 하는 일이 하나님의 말씀과 부합한다면, 하나님은 우리에게 귀를 기울이시고 우리가 생각하거나 구하는 것 이상의 것을 하실 수 있습니다.

예를 들면, 지상명령의 성취가 하나님의 뜻입니까? 물론입니다. 이는 하나님의 명령입니다. 각 세대마다 그 영혼을 위해서 기도해야 할 인구가 10억 이상이나 추가로 새로 태어나고 있는 광대한 이 땅 위에 당신의 마음이 높이 날아오르도록 하십시오. 나는 하나님의 사랑과 용서로 온 세상이 덮일 수 있도록 당신이 하나님께 대한 믿음을 가질 것을 도전합니다.

현재 나는 2000년이 이르기 전에 10억의 영혼이 그리스도께로 돌아오도록 기도하고 있습니다. 지금 우리가 목도하고 있는 바에 의하며 하나님은 Here's Life, World 등을 포함한 많은 운동 가운데 그리스도의 몸 된 많은 지체를 통하여 그의 계획을 이루고 계십니다.

오늘 주시는 말씀 에베소서 3:13~19
믿음의 실천 오늘 나는 나의 삶을 향한 하나님의 크신 뜻을 이해할 수 있는 믿음을 주시도록 성령께 구하겠습니다. 나는 나의 삶에 이 위대한 약속이 실제로 이루어지는 것 외에는 그 어느 것에도 결코 만족하지 않겠습니다.

Cleansing From Sin

"If we confess our sins, he is faithful and just to forgive us our sins, and to cleanse us from all unrighteousness." 1 JOHN 1:9, KJV

Henry was experiencing difficulty in communicating with God. "It seems as though He is far away from me," he said, "and no matter what I do I am not able to make contact with Him." Henry was weighted down with problems and concerns that robbed him of his joy, his radiance and even his physical strength. He was a Christian and wanted to be a man of God but had become careless in his walk with Christ, and in the process had lost his first love.

If that condition describes you as well, it is quite likely that you have allowed sin to short-circuit your relationship with God. The flow of His power has been cut off, and you are no longer walking in the light as God is in the light. This is expressed in this great epistle of 1 John.

King David knew that experience because he had disobeyed God and would not admit that he had sinned As a result, his dishonesty made him miserable and filled his days with frustration Psalm 32. If the light has gone out in your life and you are conscious of the same kind of experience to which King David refers, may I encourage you to take a sheet of paper, make a list of everything that you know is wrong in your life, as the Holy Spirit directs you, and confess your sins to God.

As you make your list, claim the promise of 1 John 1:9. Confess means "to agree with; to say along with." You are saying to God, "I acknowledge that what I am doing is wrong. I know Christ's death on the cross paid the penalty for these sins. I repent." To repent means genuinely to change your mind, which results in a change of action.

As a result of this change, you no longer do those things that grieve or quench the Spirit, and you desire to honor Him every moment of every day of your life through faith and obedience. Then, whenever sin enters your life, you engage in spiritual breathing.

BIBLE READING Proverbs 28:10-14
ACTION POINT Today I will make a list of everything the Holy Spirit calls to my mind that is short-circuiting His power in my life, and I will genuinely confess them before God.

죄에서 깨끗케 하심

"만일 우리가 우리 죄를 자백하면 그는 미쁘시고 의로우사 우리 죄를 사하시며
우리를 모든 불의에서 깨끗하게 하실 것이요" 요한일서 1:9

헨리는 하나님과의 교제에 어려움을 겪고 있습니다. "마치 하나님께서 내게서 멀리 떠나 계신 것만 같습니다. 어떻게 해도 하나님과 접촉할 수가 없습니다." 그는 이렇게 말했습니다. 헨리는 그의 기쁨과 얼굴의 광채와 신체적인 건강까지도 빼앗아 간 문제와 근심에 억눌려 있었습니다. 그는 그리스도인이었으며 하나님이 원하시는 사람이 되고 싶어 했지만, 그리스도와 함께 하는 삶 가운데 점점 부주의하게 되었고, 그러다가 하나님께 대한 첫 사랑도 잃어버렸습니다.

만약 당신도 그와 같은 상태에 놓여 있다면 죄가 하나님과 당신의 관계를 끊어 놓도록 허용했을 가능성이 큽니다. 넘쳐흐르던 하나님의 능력은 끊기고, 당신은 하나님이 빛 가운데 계신 것 같이 빛 가운데 더 이상 행하지 못하고 있을 것입니다. 이것이 요한일서라는 위대한 편지에 나타나 있습니다.

다윗왕도 그가 하나님께 불순종하였고, 또 시편 32편에 나타난 대로 자신이 범죄한 것을 인정하지 않았기 때문에 같은 경험을 했습니다. 그 결과 그는 비참하고도 좌절로 가득 찬 날들을 보내야 했습니다. 만일 당신의 삶에서 빛이 사라져 버리고 다윗왕이 겪은 것과 같은 경험을 하고 있다고 스스로 느낀다면, 나는 당신에게 종이 한 장을 꺼내어 성령이 깨닫게 하시는 대로 자신이 알고 있는 당신 삶의 모든 잘못된 것들을 적어 목록을 만들고 당신의 죄들을 하나님께 고백할 것을 권합니다.

당신 자신의 목록을 만들 때 요한일서 1장 9절의 약속을 주장(claim)하십시오. 위의 '자백'(Confess)이라는 단어의 의미는 '동의하다', '따라서 같이 말하다'입니다. 하나님께 이렇게 말씀드리십시오. "나는 내가 한 일이 잘못임을 시인합니다. 나는 그리스도께서 십자가에서 죽으심으로 이 죄들에 대한 형벌을 대신 처러 주신 것을 압니다. 나는 회개합니다." 회개한다는 것은 당신의 마음을 진정으로 변화시키는 것을 뜻하며, 그 결과로 행동이 변하는 것을 말합니다. 이러한 변화의 결과로 당신은 이제 더 이상 성령을 근심하게 하거나 소멸하는 일들을 행하지 않으며 믿음과 순종을 통하여 매일 매순간 당신의 삶에서 하나님을 영화롭게 하려고 소원할 것입니다. 그리고 죄가 당신의 삶에 들어올 때마다 당신은 5)영혼의 호흡을 할 것입니다.

오늘 주시는 말씀 잠언 28:10~14
믿음의 실천 오늘 나는 성령께서 내 마음에 깨닫게 해 주시는 대로 나의 삶에서 그의 능력을 가로막고 있는 모든 것의 목록을 만들겠습니다. 나는 하나님 앞에서 그 죄들을 진정으로 고백하겠습니다.

Protected From Satan

"But the Lord is faithful; he will make you strong and guard you from satanic attacks of every kind." 2 THESSALONIANS 3:3

As a lad I grew up in a rural community on a ranch five miles from the nearest town. I received the first seven years of my formal education in a one-room, country school. I was often the only student in my class and there were never more than three of us. It was not unusual for some big bully to pick on a student smaller than himself and fights would ensue.

I had been taught never to run from a fight because that was not the manly thing to do and so I sometimes found myself in such a situation. I was encouraged by a brother, several years older, who would stand by to insure that the fighting was fair and that I would not be taken advantage of. The Lord Jesus Christ is our elder brother. He stands by to help us, to make us strong and guard us from the attacks of Satan who is like the big bully.

Two thousand years ago Satan was defeated at the cross. He has no control over us except that which God allows and which we by our disobedience and unbelief enable Him to have. Why then, you may ask, does the average Christian have such a tough time living the Christian life? It is because he does not understand that the battle has already been won! Victory is ours and nothing can touch us or harm us whether we are criticized, persecuted or even martyred for the sake of the kingdom, for we are not of this world. We are citizens of the heavenly kingdom. While here on this earth, Christ will envelop us and surround us with His supernatural peace and power, turning tragedy to triumph, heartache and sorrow to joy. This is our heritage if only we keep on trusting and obeying Him.

BIBLE READING 2 Thessalonians 3:1-5
ACTION POINT I will remember that Jesus is my Savior and Lord, as well as my older brother who will protect me against satanic attacks. The battle has already been won! Through His resources, I will live a supernatural life.

악한 자에서 지키시리라

"주는 미쁘사 너희를 굳건하게 하시고 악한 자에게서 지키시리라"
데살로니가후서 3:3

어린 시절에 나는 가장 가까운 읍에서도 8km나 떨어져 있는 시골 동네의 목장에서 자랐습니다. 그때 나는 처음 7년 동안 교실이 하나뿐인 시골 학교에 다녔습니다. 내가 그 학교의 유일한 학생인 경우가 자주 있었으며, 잘해야 학생 수가 세 명을 넘은 적이 없었습니다. 덩치 큰 녀석이 자기보다 작은 아이들을 괴롭히는 일도 흔했고, 싸움이 끊이지 않았습니다.

나는 싸울 때 절대로 도망가지 말라고 배웠습니다. 그런 일은 남자답지 못하다는 것이었습니다. 그래서 때로 싸워야 할 때가 있었습니다. 나보다 몇 살 위인 형이 있었는데 그는 내가 싸울 때면 내 곁에 서서 나를 격려해 주었고, 그 싸움이 공정하게 진행되고 또 내가 속임을 당하지 않도록 지켜주었습니다. 주 예수 그리스도는 우리의 형님이십니다. 그는 우리 곁에 서서 우리를 도우시며, 덩치 큰 깡패와 같은 사탄의 공격에서 우리를 지켜 주십니다.

2,000년 전 사탄은 십자가에서 이미 패배를 맛보았습니다. 하나님께서 허락하시거나 혹은 우리 스스로가 불순종과 불신앙으로 사탄이 그렇게 할 수 있도록 하지 않는 한 사탄은 우리를 주관할 수 없습니다. 그렇다면, 대부분의 그리스도인들이 그리스도인의 삶을 살아가는 데 왜 그렇게 어려움을 겪고 있느냐고 물을 수 있을 것입니다. 그것은 그리스도인들이 이미 승리를 거두었다는 사실을 이해하지 못하고 있기 때문입니다. 승리는 우리의 것이며, 우리가 비판을 받거나 핍박을 당하거나 심지어 그 나라를 위하여 순교를 당한다고 할지라도 그 어떤 것도 우리를 괴롭히거나 해를 끼칠 수 없습니다. 그것은 우리가 이 세상에 속하지 아니했기 때문입니다. 우리는 하늘나라의 시민입니다. 이 땅에 사는 동안 그리스도는 그의 초자연적인 평안과 능력으로 우리를 감싸고 지켜주시며 비극을 승리로, 마음의 고통과 슬픔을 기쁨으로 바꾸어주실 것입니다. 이것은 우리가 계속하여 그를 신뢰하고 순종하기만 하면 누리는 우리의 유업입니다.

오늘 주시는 말씀 데살로니가후서 3:1~5
믿음의 실천 나는 예수님이 나의 구주이시며 주님이실 뿐만 아니라 나의 형님으로서 사탄의 어떤 공격에도 나를 보호하여 주실 분임을 기억하겠습니다. 싸움은 이미 승리로 끝났습니다! 하나님의 초자연적인 능력의 자원을 통하여 나는 초자연적인 삶을 살겠습니다.

He Never Fails nor Forsakes

"Stay away from the love of money; be satisfied with what you have. For God has said, 'I will never, never fail you nor forsake you.'" HEBREWS 13:5

Malcolm Muggeridge, one of England's leading intellectuals, came to our Christian Embassy headquarters for lunch one day. Together we talked about the things of God—the Christian adventure. On that day, he offered little hope for the future of the Western world.

"We are," he said, "like a pan of frogs in cold water placed over a low flame. As the flame warms the water, the frogs relax. And by the time the water is boiling, it is too late for them to jump out of the pan. They are boiled alive. In contrast, if the frogs were placed in boiling water, they would leap out instantly."

He continued by explaining that the average person in America and in Western Europe was being destroyed by materialism, the love of money and the love of things. People are greedy and are grasping for more than they have. Our appetites know no bounds; we have become insatiable.

As a result, no doubt there is more vital Christianity in Eastern Germany than in Western Germany, in Poland than in Italy, in the Soviet Union than in England. The Christians who are willing to pay the price of persecution in these countries have learned to seek first the kingdom of God and His righteousness and to be satisfied with what they have.

With the apostle Paul, they are able to say, "I have learned, in whatsoever state I am, therewith to be content" Philippians 4:11 KJV. You will observe that the admonition was to stay away from the love of money. There is nothing wrong with money. Thank God for able, dedicated, godly men and women to whom God has given the ability to make money, but who recognize that there is no satisfaction or fulfillment in making money. It is in the stewardship of what God has entrusted to them that they find fulfillment and true meaning to life.

BIBLE READING Ephesians 5:1-5
ACTION POINT With the certainty that God will never, never fail me nor forsake me, I will seek to find fulfillment and meaning in my life in Christ and not in materialism. I will encourage others to do the same today.

버리지도 떠나지도 아니하리라

"돈을 사랑하지 말고 있는 바를 족한 줄로 알라 그가 친히 말씀하시기를 내가 결코 너희를 버리지 아니하고 너희를 떠나지 아니하리라 하셨느니라" 히브리서 13:5

영국의 대표적 지성인 중의 한 사람인 41)말콤 머거리지가 어느 날 CCC 본부에 찾아와 함께 점심식사를 할 수 있었습니다. 우리는 하나님의 일들, 즉 그리스도인의 모험적인 삶에 대하여 이야기를 나누었습니다. 그날 그는 서유럽 세계의 장래에 대하여 비관적인 견해를 내어 놓았습니다.

"우리는 찬물에 담아 약한 불 위에 올려놓은 냄비 속의 개구리들과 같습니다. 물이 점차 따뜻해지면 개구리들은 긴장을 풀고 즐길 것입니다. 그러나 물이 끓을 때가 되면 그때는 이미 개구리들이 냄비에서 튀어나오기에 너무 늦어 버립니다. 그냥 산 채로 삶아지는 것입니다. 반대로 끓는 물속에 개구리를 넣으면 즉시 튀어나올 것입니다."

그는 계속해서 미국과 서유럽의 사람들이 대부분 돈과 물질을 사랑하는 물질주의에 빠져 그 영혼이 파멸하고 있다고 설명했습니다. 사람들은 탐욕스럽고 자기들이 소유하고 있는 이상의 것을 움켜쥐려고 하고 있습니다. 우리의 욕심은 끝이 없으며 우리는 만족할 줄 모르게 되었습니다.

그 결과 서독보다는 동독에, 이탈리아보다는 폴란드에, 영국보다는 구소련 지역에 더 살아 있는 기독교가 존재하고 있다는 사실은 의심의 여지가 없습니다. 이러한 나라들에 살면서 박해의 값을 기꺼이 치르고 있는 사람들은 하나님의 나라와 그의 의를 먼저 구하는 것과 자신들의 현재의 소유에 만족하는 것을 배운 사람들입니다.

그들은 사도 바울과 같이 말할 수 있게 되었습니다. "어떠한 형편에든지 나는 자족하기를 배웠노니"(빌 4:11) 당신은 오늘의 말씀의 교훈이 돈을 사랑하는 것을 멀리 하라는 것임을 깨달았을 것입니다. 돈 그 자체에는 아무 잘못된 것이 없습니다.

하나님께서 돈을 벌 수 있는 능력을 주신, 그러나 그 돈을 버는 일에 만족이나 성취가 없다는 사실을 깨달은 능력 있고 헌신된 경건한 사람들로 인하여 나는 하나님께 감사드립니다. 삶에 대한 참 의미와 성취는 하나님이 맡겨 주신 것을 성실한 청지기로 잘 관리하는 데에 있습니다.

오늘 주시는 말씀 에베소서 5:1~5
믿음의 실천 하나님이 결코 나를 버리지도, 떠나지도 않으실 것이라는 확신을 가지고, 나는 물질주의가 아닌 그리스도 안에서 나의 삶의 성취와 의미를 발견하고자 애쓰겠습니다. 나는 오늘 다른 사람들도 그와 같이 하도록 권면하겠습니다.

Crown of Life

"Blessed is the man that endureth temptation: for when he is tried, he shall receive the crown of life, which the Lord hath promised to them that love Him." JAMES 1:12, KJV

In Christian art, the crown is usually pictured entwined with the cross. This suggests that endurance of trial leads to victory, as the above verse indicates.

Temptation often comes at our weakest—rather than our strongest—moments. When we have reached the limit of our love and our patience, for example, we are tempted to be unlike Christ in one way or another. Remember, Jesus' temptation began after forty days of fasting.

People usually are impressed—favorably or unfavorably—when they see how we act under pressure. It is possible for one weak act to spoil a whole lifetime of witness.

The beatitude, or blessing, in Matthew 5:10 says, "Blessed are they which are persecuted for righteousness' sake: for theirs is the kingdom of heaven" (KJV).The crown of life is promised to those who successfully stand up under the testing of their faith.

The Christian life is a spiritual conflict from the moment of birth until we go to be with the Lord. The flesh wars against the Spirit and the Spirit against the flesh. There is absolutely no hope for victory until one discovers the availability of the supernatural resources of the indwelling Holy Spirit.

A young student who came to me for counsel said, "I have given up. I can't live the Christian life. There is no hope for me."

"Good," I replied. "At last you have recognized that you cannot live the Christian life. Now there is hope for you, for the Christian life is a supernatural life and the only one who can live it is Jesus Christ Himself."

Surrender your life completely to Him and recognize moment by momentthat the Holy Spirit is the only one who will enable you to endure temptation. By faith you must draw upon His supernatural resources to live a supernatural life. Only then will you be victorious and fruitful for the glory of God.

BIBLE READING   James 5:7-11
ACTION POINT   Today and every day I will remember to draw on the supernatural resources of the indwelling Christ who will enable me to be victorious over temptation and to live the supernatural life as a testimony to His faithfulness.

생명의 면류관

"시험을 참는 자는 복이 있나니 이는 시련을 견디어 낸 자가 주께서 자기를 사랑하는 자들에게
약속하신 생명의 면류관을 얻을 것이기 때문이라" 야고보서 1:12

기독교 미술에서 면류관은 보통 십자가에 걸쳐져 있는 모습으로 그려져 있습니다. 그러한 모습은 오늘의 말씀과 같이 시험을 참으면 승리를 얻는다는 것을 되새기게 합니다.

시험은 종종 우리가 가장 강할 때보다 가장 약할 때 오곤 합니다. 예를 들어 사랑과 인내의 한계에 도달할 때 이런저런 모양으로 그리스도와 다르게 행하도록 유혹을 받습니다. 기억하십시오. 예수님의 시험은 40일 간의 금식이 끝나고 시작된 것입니다.

사람들은 우리가 어려움을 당할 때 어떻게 행동하는가를 보고 좋은 쪽이든 안 좋은 쪽이든 우리에 대한 인상을 갖게 됩니다. 한 번 나약한 행동을 한 결과로 증거자로서 살아 온 일생을 망쳐버릴 수도 있습니다.

마태복음 5장 10절의 산상수훈, 팔복의 설교 가운데 주님은 말씀하십니다. "의를 위하여 박해를 받은 자는 복이 있나니 천국이 그들의 것임이라" 생명의 면류관은 믿음의 시험을 받고도 꿋꿋이 서서 견딘 사람들에게 약속된 것입니다. 그리스도인의 삶은 태어나는 순간부터 세상을 떠나 주님과 함께 거할 때까지 영적인 싸움의 연속입니다. 육은 성령을 거슬러 싸우고 성령은 육에 대항하여 싸웁니다. 우리 안에 거하시는 성령의 초자연적인 능력의 자원을 활용하는 법을 배울 때까지 승리의 소망은 전혀 없습니다.

한 젊은 학생이 상담하러 나를 찾아와서는 말했습니다. "저는 포기했습니다. 저는 그리스도인의 삶을 살 수가 없습니다. 제게는 희망이 없습니다."

"좋습니다. 드디어 당신은 그리스도인의 삶을 살 수 없다는 것을 깨달은 것입니다. 이제 당신에게는 희망이 있습니다. 그리스도인의 삶은 초자연적인 삶이며, 그 삶을 살 수 있는 분은 오직 한 분 예수 그리스도뿐입니다."라고 내가 대답했습니다.

당신의 삶을 그리스도께 전적으로 완전히 드리고 날마다 순간마다 성령께서 당신이 시험을 이길 수 있도록 도우시는 분이라는 사실을 인식하십시오. 초자연적인 삶을 살기 위하여, 1)믿음으로(by faith) 당신은 그의 초자연적 자원을 끌어내야 합니다. 그렇게 할 때만 당신은 하나님의 영광을 위하여 승리하며 열매 맺는 그리스도인이 될 것입니다.

오늘 주시는 말씀 야고보서 5:7~11

믿음의 실천 오늘 그리고 날마다 나는 내 안에 거하시는 그리스도의 초자연적인 능력의 자원을 이끌어내어 활용할 것을 기억하겠습니다. 성령께서는 하나님의 신실하심의 증거로써 나를 시험에 이기게 하시고 초자연적인 삶을 살게 하실 것입니다.

Knowledge and Wisdom

"But the wisdom that comes from heaven is first of all pure and full of quiet gentleness. Then it is peace-loving and courteous. It allows discussion and is willing to yield to others; it is full of mercy and good deeds. It is wholehearted and straightforward and sincere."
JAMES 3:17

"Donkeys laden with books," a phrase in rabbinical literature, is descriptive of those who know much but still remain fools.

Another expression says that "knowledge is power." True, but how is the knowledge used—beneficially or malevolently? That is a vitally important question. We have more knowledge than ever before, but few would claim that we have more wisdom.

Going faster and farther, we may be still going astray. Just as grapes are not picked from a bramble bush, neither can the good life be harvested from sowing wild oats.

For a nation of people, many of whom are "educated beyond their intelligence," as an anonymous wit once observed, America sorely lacks a sufficiency of men with real wisdom—that which is given by the Lord Himself.

In our modern education, we seem to be preoccupied with the accumulation of knowledge, to the neglect of that wisdom which alone can save us from the misuse of knowledge.

William Lyon Phelps, famous English professor at Yale University and a godly statesman, once said, "If I could choose between a knowledge of the Bible and a college education, I would readily choose the knowledge of the Bible."

If we lack wisdom, God's wisdom, we need only ask of Him and He will grant it when we ask in faith, according to His promise in James 1:5.

BIBLE READING James 3:13-18
ACTION POINT In order to live a supernatural life, I'll look for divine wisdom from the proper source—God, His Word, and His indwelling Holy Spirit.

지식과 지혜

"오직 위로부터 난 지혜는 첫째 성결하고 다음에 화평하고 관용하고 양순하며
긍휼과 선한 열매가 가득하고 편견과 거짓이 없나니"
야고보서 3:17

'책을 잔뜩 짊어진 당나귀', 이는 유대인의 랍비 문학에 나오는 표현으로서 많은 지식을 가지고도 여전히 어리석은 사람을 가리키는 말입니다.

'아는 것이 힘이다.'라는 격언도 있습니다. 사실입니다. 그러나 그 지식이 어떻게 사용됩니까? 유익하게 쓰입니까 혹은 악하게 사용됩니까? 그것이 정말 중요한 문제입니다. 우리는 그 어느 때보다 더 많은 지식을 갖고 있지만 그러나 우리가 예전보다 더 지혜로워졌다고 주장할 수 있는 사람은 아마 거의 없을 것입니다.

더 빨리, 더 멀리 가고 있지만 우리는 아마 잘못된 길로 가고 있는 것 같습니다. 가시덤불에서 포도를 딸 수 없는 것과 마찬가지로 젊어서 방탕하게 살고서 아름다운 삶을 수확할 수는 없을 것입니다.

어떤 이가 농담 삼아 이야기 한 것처럼, 국민의 국가로서, 미국은 '자신의 지적 능력 이상으로 교육을 받은' 사람들은 많으나, 참된 지혜를 가진 사람, 즉 주님께로부터 직접 받은 지혜를 갖춘 사람들이 심각하게 부족합니다.

현대 교육에 있어서 우리는 지식의 축적에만 정신을 쏟다가 지식의 오용으로부터 유일하게 우리를 구원해 낼 수 있는 지혜를 소홀히 하고 있는 것 같습니다.

예일대학에서 봉직한 유명한 영문학자이며, 경건한 정치가였던 윌리엄 펠프스는 언젠가 이런 말을 한 적이 있습니다. "나에게 성경의 지식과 대학 교육 중 하나를 택하라고 한다면 나는 망설임 없이 성경의 지식을 택하겠다."

우리에게 하나님의 지혜가 부족하다면 우리는 다만 하나님께 구하기만 하면 됩니다. 야고보서 1장 5절에서 약속하신 대로 믿음으로 구할 때 하나님께서는 우리에게 지혜를 주실 것입니다.

오늘 주시는 말씀 야고보서 3:13~18
믿음의 실천 초자연적인 삶을 살기 위해 나는 거룩한 지혜의 올바른 근원이 되는 하나님과 그의 말씀과 내 안에 거하시는 하나님의 성령으로부터 거룩한 지혜를 구하겠습니다.

Everything You Do

"But if anyone keeps looking steadily into God's law for free men, he will not only remember it but he will do what it says, and God will greatly bless him in everything he does."
JAMES 1:25

Jim expressed his displeasure with the Epistle of James.

"I agree with Martin Luther," he said. Bothered by the apparent contradiction between James and Paul, Luther for a long time rejected the Epistle of James. Later, however, he had become satisfied that it was a part of the inspired Scripture.

"I am no longer under law, but under grace," Jim continued. "I feel free to do whatever I want to do, knowing that I have already found favor in God's sight through what Christ has done for me on the cross."

Having been reared in a very legalistic church, he was now liberated. And, he said, the rest of his life he would emphasize the importance of grace and faith.

I endeavored to explain to him that he was allowing the pendulum of his life to swing to the other extreme. There had to be balance. "Faith without works is dead." The extreme of either view leads to heresy. Trying to please God and earn salvation through works alone is impossible; it is an insult to God and leads nowhere.

But believing that Christ's death on the cross had paid the penalty for all of our sins and that now we are free to live any way we like and do anything we want to do without any thought of obedience is also heretical. Throughout the Scriptures, from Genesis through Revelation, obedience is important. Our Lord emphasized that fact in John 14:21, "He that hath my commandments, and keepeth them, he it is that loveth me" (KJV).

We prove that we love Him by our actions, by our obedience. In this verse for today we have the promise, "God will greatly bless him [the believer] in everything he does," when he obeys God's commands.

BIBLE READING 1 Peter 2:9-12
ACTION POINT Since the supernatural Christian life is a life of good works, I will demonstrate my faith by my good works, for faith without works is dead. I will share this truth with someone who is living in the bondage of legalism.

행하는 일마다

"자유롭게 하는 온전한 율법을 들여다보고 있는 자는 듣고 잊어버리는 자가 아니요 실천하는 자니
이 사람은 그 행하는 일에 복을 받으리라"
야고보서 1:25

짐은 야고보서에 대해 불만을 가지고 있었습니다.

"나도 ⁶⁾마틴 루터의 말에 동감합니다."라고 그는 말했습니다. 야고보와 바울 사이의 명백한 모순 때문에 루터는 오랫동안 야고보서를 거부했던 것입니다. 그러나 나중에 루터는 야고보서도 영감으로 기록된 성경의 한 부분이라는 사실을 깊이 인정하게 되었습니다.

짐은 말을 계속했습니다. "나는 이제 더 이상 율법 아래 있지 않고 은혜 아래 있습니다. 나는 그리스도께서 십자가에서 나를 위해 하신 일을 통하여 내가 하나님의 목전에서 은총을 입은 것을 알기 때문에 원하는 일은 무엇이나 할 수 있는 자유를 느낍니다."

매우 율법적인 교회에서 성장해 온 그는 이제 해방되었다고 했습니다. 그리고 그는 남은 생애를 은혜와 믿음의 중요성을 강조하며 살겠노라고 했습니다.

나는 그가 지금 자기의 삶의 추를 한 쪽 극단으로 몰아가고 있음을 설명하느라 애썼습니다. 신앙에는 반드시 균형이 이루어져야 합니다. "행함이 없는 믿음은 죽은 것이라"(약 2:17) 어느 한 쪽에 극단적으로 치우칠 때 이단이 됩니다. 행위만으로 하나님을 기쁘시게 하고 구원을 얻는 것은 불가능합니다. 그것은 하나님께 대한 모욕이며, 그 어떤 것도 얻을 수 없습니다.

그러나 십자가 위에서의 그리스도의 죽음이 우리의 모든 죄에 대한 형벌을 다 치르셨고 이제 우리가 자유하게 되었기 때문에 하나님께 순종할 필요 없이 원하는 대로 마음대로 살고, 하고 싶은 것은 무엇이나 할 수 있다고 믿는 것도 이단입니다. 창세기에서 계시록에 이르기까지 성경 전체를 통하여 순종은 중요한 요소입니다. 우리 주님은 그 사실을 요한복음 14장 21절에서 강조하고 계십니다. "나의 계명을 지키는 자라야 나를 사랑하는 자니" 우리는 우리의 행동과 순종으로 우리가 하나님을 사랑한다는 것을 증명합니다. 오늘 말씀에서 우리는 이 약속을 받습니다. 하나님의 계명에 순종할 때 "이 사람은 그 행하는 일에 복을 받으리라"

오늘 주시는 말씀 베드로전서 2:9~12
믿음의 실천 초자연적인 그리스도인의 삶은 선한 행위의 삶이기 때문에 나는 선한 행위로 나의 믿음을 나타내 보이겠습니다. 행함이 없는 믿음은 죽은 믿음이기 때문입니다. 나는 율법주의의 굴레 아래 살고 있는 사람들에게 이 진리를 전해 주겠습니다.

Strength to the Humble

"But he gives us more and more strength to stand against all such evil longings.
As the Scripture says, God gives strength to the humble,
but sets himself against the proud and haughty." JAMES 4:6

Dr. A. B. Simpson, leader of the Christian and Missionary Alliance at its inception, wisely said years ago: "Humility is not thinking meanly of yourself; it is not thinking of yourself at all."

Under that rigid definition, not many of us would qualify as being truly humble—nevertheless, the statement contains a great deal of truth, for it is a goal toward which we should all strive.

No real progress is made toward God in any person's life—believer or unbeliever—without this special characteristic of humility. One proof of that is found in the familiar verse:

"If My people, which are called by My name, shall humble themselves, and pray, and seek my face, and turn from their wicked ways; then will I hear from heaven, and will forgive their sin, and will heal their land" 2 Chronicles 7:14, KJV.

Even before we pray, before we seek His face, before we turn from our wicked ways, we must humble ourselves. Why? Because we are in no position to meet any of these other three criteria without first humbling ourselves.

Every Christian who seeks to advance in a holy life must remember well that humility is the most important lesson a believer has to learn. There may be intense consecration, fervent zeal and heavenly experience, yet there also may be an unconscious self-exaltation. True humility must come from God.

BIBLE READING James 4:7-10
ACTION POINT Remembering that pride is the root sin from which all others grow, I will humble myself and with the assistance of the Holy Spirit I will stay so busy helping, praying for and encouraging others that pride cannot take root in my life.

겸손한 자에게 은혜를 주심

"그러나 더욱 큰 은혜를 주시나니 그러므로 일렀으되 하나님이 교만한 자를 물리치시고
겸손한 자에게 은혜를 주신다 하였느니라" 야고보서 4:6

42)기독교선교동맹의 지도자인 43)심프슨 박사는 오래전 그 조직을 시작하면서 이런 지혜로운 말을 했습니다. "겸손은 자신을 스스로 낮추는 것이 아니라, 자신에 대해 아예 전혀 생각도 않는 것입니다."

이 같은 엄격한 정의를 적용한다면 정말 겸손하다고 인정받을 수 있는 사람은 거의 없을 것입니다. 그럼에도 불구하고 이 말은 커다란 진리를 포함하고 있습니다. 왜냐하면 이 말이 우리 모두가 추구해야 할 목표이기 때문입니다.

겸손의 이 특별한 성품이 없이는 믿는 자이건 믿지 않는 자이건 누구도 삶 가운데 하나님을 향한 진정한 진전이 이루어질 수 없습니다. 우리에게 익숙한 말씀 중 하나에서 그것을 확인할 수 있습니다. "내 이름으로 일컫는 내 백성이 그들의 악한 길에서 떠나 스스로 낮추고 기도하여 내 얼굴을 찾으면 내가 하늘에서 듣고 그들의 죄를 사하고 그들의 땅을 고칠지라"(대하 7:14)

기도하기 전에, 하나님의 얼굴을 찾기 전에, 악한 길에서 떠나 돌이키기 전에 먼저 우리는 스스로를 낮춰야 합니다. 왜 그렇습니까? 말씀에 첫 번째로 언급된 우리 자신의 겸손 없이는 이 세 가지 기준의 그 어느 것도 맞추려고 시도할 수 없기 때문입니다.(대하 7:14, 영문 성경에 따른 순서가, humble, pray, seek, turn의 순서임)

거룩한 삶을 살며 앞으로 나아가기 원하는 모든 그리스도인은 겸손이 그리스도인이 배워야 할 가장 중요한 교훈임을 기억해야 합니다. 철저한 헌신과 뜨거운 열심, 천국의 경험을 가진 사람도 무의식중에 자기를 높일 수 있습니다. 참된 겸손은 하나님께로부터 와야 합니다.

오늘 주시는 말씀   야고보서 4:7~10
믿음의 실천   교만이 다른 모든 죄악의 뿌리인 것을 기억하고, 나는 스스로 겸비하겠으며, 성령의 도우심을 힘입어 나의 삶에 교만이 뿌리내리지 않도록 쉼 없이 다른 사람들을 도우며, 위하여 기도하고, 격려하면서 바쁘게 살겠습니다.

Inspiration of God

"All scripture is given by inspiration of God, and is profitable for doctrine, for reproof, for correction, for instruction in righteousness." 2 TIMOTHY 3:16, KJV

Recently, it was my privilege to be chairman of a national congress on the Bible, which was held in San Diego, California. Thousands of Christian leaders came from across the nation and from other countries. More than fifty leading scholars addressed the various plenary and seminar sessions.

We were there to affirm our confidence that the Word of God is holy, inspired and without error. God's Word is unlike any other book ever written. It is full of power and transforms the lives of all who read and obey its commandments. Many scholars read it without understanding, while others with little or no formal education comprehend its truths and transformed in the process because they walk with God in humility and in the fullness and control of the Holy Spirit.

The story is told of famous actor who attended a party one evening. A minister, who was also present, asked him if he would be kind enough to recite the 23rd Psalm. The actor, a famous and eloquent star of stage and screen, agreed on one condition—that the minister, a man in his eighties who had served God faithfully and humbly for half a century, would also recite the psalm.

The minister agreed, and the actor began. The words came like beautiful music, and everyone was enthralled at his presentation of the 23rd Psalm. A standing ovation greeted him at the finish.

Then the minister stood. He was not polished or eloquent. But as he began to recite the 23rd Psalm, a holy hush fell over his listeners and tears began to fill their eyes. When he finished, there no applause—only silence. The actor stood to his feet. "I have reached your eyes and your ears and your emotions," he said. "But this man of God has reached the very depths of your being."

BIBLE READING   2 Peter 1:19-21
ACTION POINT   I will seek to become so familiar with God's Word, and obedient to its precepts, that my life will reflect its teachings. I will encourage others to join me in this great adventure of getting to know God and His holy, inspired Word.

하나님의 감동

"모든 성경은 하나님의 감동으로 된 것으로 교훈과 책망과 바르게 함과 의로 교육하기에 유익하니"
디모데후서 3:16

최근에 나는 캘리포니아 샌디에이고에서 열린 전국 성경대회의 의장으로 선출되는 영광을 누렸습니다. 수천 명의 기독교 지도자들이 미국 전역과, 세계 여러 나라에서 모였습니다. 50명 이상의 유명한 학자들이 여러 차례의 본회의와 각 세미나 모임에서 강연을 했습니다.

우리가 모인 것은 하나님의 말씀이 거룩하며 영감된 말씀으로 오류가 없다는 우리의 확신을 주장하기 위해서였습니다. 하나님의 말씀은 지금껏 쓰인 어떤 책과도 다릅니다. 하나님의 말씀은 능력으로 가득하며, 읽고 그 계명을 순종하는 모든 사람의 삶을 변화시켜 줍니다. 많은 학자가 그 말씀을 이해하지 못하고 읽지만, 반면에 정식 교육을 거의, 혹은 전혀 받지 못한 많은 사람도 그 진리를 깨닫고 점점 변화가 됩니다. 왜냐하면 그들은 겸손하게 성령의 충만과 다스리심 가운데 하나님과 동행하기 때문입니다.

어느 날 저녁 한 파티에 참석했던 유명한 배우에 관한 이야기입니다. 그 자리에 동석했던 목사 한 사람이 그 배우에게 시편 23편을 좀 낭송해 주지 않겠느냐고 요청했습니다. 영화와 연극 무대에서 풍부한 감정 표현으로 유명했던 그 배우는 한 가지 조건을 달아 승낙했습니다. 즉, 반세기 이상이나 성실하고 겸손하게 하나님을 섬겨온, 이제 80대의 나이에 접어든 그 목사 역시 시편 23편을 낭송한다는 조건이었습니다.

목사는 승낙했고 배우는 낭송을 시작했습니다. 마치 아름다운 음악을 듣는 것 같아서 모두가 시편 23편의 아름다운 낭송에 매혹되었습니다. 낭송이 끝나자 모두 기립하여 그에게 갈채를 보냈습니다.

그리고 목사의 차례가 되었습니다. 그의 낭송은 별로 세련되지도 유려하지도 못했습니다. 그러나 그가 시편 23편을 낭송하기 시작하자 경건한 침묵이 청중을 뒤덮었으며 사람들의 눈에는 눈물이 흐르기 시작했습니다. 낭송이 끝났을 때 갈채는 없었으며 다만 침묵뿐이었습니다. 그 배우는 목사의 발아래에 섰습니다. 그리고는 말했습니다. "나는 여러분의 눈과 귀, 그리고 감정을 움직였을 뿐입니다. 그러나 여기 이 하나님의 사람은 여러분의 존재의 그 깊은 곳을 움직이셨습니다."

오늘 주시는 말씀 베드로후서 1:19~21
믿음의 실천 나는 하나님의 말씀에 깊이 친숙하여지고 그 교훈을 순종하기에 힘씀으로 나의 삶이 그 교훈을 드러낼 수 있도록 힘쓰겠습니다. 나는 다른 사람들에게도 나와 같이 하나님을 알고 또 그의 거룩하고 영감된 말씀을 알아가는 이 큰 모험에 나와 함께 동참하도록 권면하겠습니다.

Anything Is Possible

"Jesus said unto him, If thou canst believe, all things are possible to him that believeth."
MARK 9:23, KJV

"My doing all depends on thy believing" is what Jesus really said to the desperate father of the demoniac boy. And it is what He says to you and me today.

The Lord sought to bring forth faith in that struggling soul, and—through pain and travail—it came to birth. Realizing that the solution rested not upon God's power but upon his own faith, the man became conscious of conflicting principles and delivered himself of a noble utterance:

"Lord, I believe; help Thou mine unbelief."

Mystery of mysteries: even the very faith that we must exercise to bring down the power of God is a gift from God Himself. But some conditions are laid down before we receive that gift of faith.

"Faith comes by hearing and hearing by the Word of God."

When I spend time in God's Word—whether reading, studying, memorizing or meditating—that faith is being built up in me. Not faith in myself, not faith in a routine, but faith in the almighty ruler of heaven and earth.

That physical illness; that unsaved loved one; that financial need; that faltering relationship; that broken home—whatever the need might be—the solution is as close as the Word of God, for our dependence upon it, and upon the God of the Word, brings the faith that unlocks the solution to every need.

BIBLE READING   Mark 9:24-29
ACTION POINT   I shall believe God today for every need I face, at the same time building up my faith in Him by feasting on His Word.

능치 못할 일이 없느니라

"예수께서 이르시되 할 수 있거든이 무슨 말이냐 믿는 자에게는 능히 하지 못할 일이 없느니라 하시니"
마가복음 9:23

"내가 어떤 일을 네게 이룰지는 네 믿음에 달려있다." 이것이 귀신들린 자식을 위해서 필사적으로 간구하는 아비에게 예수께서 하신 위의 말씀의 진정한 뜻일 것입니다. 또한 오늘 당신과 나에게 주시는 말씀이기도 합니다.

주님은 그 고통 받는 아비의 영혼에 믿음을 심어 주려 하셨습니다. 그리고 고통과 번민 끝에 드디어 그에게 믿음이 생겨났습니다. 결국 관건은 하나님의 능력이 아니라 자신의 믿음임을 깨닫고 그 아버지는 그것이 서로 모순인 것을 의식하면서 스스로 귀한 믿음의 말을 했습니다.

"내가 믿나이다 나의 믿음 없는 것을 도와주소서"(막 9:24)

신비 중의 신비가 바로 이것입니다. 우리가 하나님의 능력을 받기 위하여 사용해야 할 믿음, 바로 그 자체도 하나님께로부터 오는 선물이라는 사실입니다. 그러나 그 믿음의 선물을 받기 전에 먼저 몇 가지 조건이 있습니다.

"믿음은 들음에서 나며 들음은 그리스도의 말씀으로 말미암았느니라"(롬 10:17)

읽든지, 공부하든지, 암송하든지, 묵상하든지, 하나님의 말씀에 시간을 드릴 때 믿음은 우리 안에 굳게 세워지게 됩니다. 이것은 나 자신을 믿는 믿음이나 세상의 평범한 것들을 믿는 믿음이 아니라 하늘과 땅의 전능하신 통치자를 믿는 믿음입니다.

신체적 질병, 아직 구원받지 못한 사랑하는 사람, 재정적 필요나 인간관계의 문제, 무너진 가정, 그 어떤 문제든지 문제의 해결책은 하나님의 말씀에 있습니다. 그것은 우리가 하나님의 말씀을 의지하고, 또 말씀 가운데에서 하나님을 의지할 때 모든 문제의 해결책이 되는 믿음이 생기기 때문입니다.

오늘 주시는 말씀   마가복음 9:24~29
믿음의 실천   나는 오늘 내가 직면하는 모든 필요를 위하여 하나님을 신뢰하겠으며, 동시에 그의 말씀의 성찬을 먹음으로 하나님께 대한 나의 믿음을 굳건히 세우겠습니다.

Power for Healing

"Is anyone sick? He should call the elders of the church and they should pray over him and pour a little oil upon him, calling on the Lord to heal him. And their prayer, if offered in faith, will heal him, for the Lord will make him well; and if his sickness was caused by some sin, the Lord will forgive him." JAMES 5:14-15

Years ago, the principal of a missionary school in Hong Kong asked me to address the student body. He and others had prayed for years for revival to come to the school. "God has impressed me," he said, "that you are to be His instrument for that revival." God gave me such a sense of great excitement and anticipation that I could hardly sleep.

But early on that day, a serious amoebic illness struck me and I could hardly get out of bed. Believing that God was going to use me despite my illness, I claimed His supernatural power and went to the anticipated meeting. A famous Asian evangelist who, for several years, had been ill with a mysterious disease that even the medical specialists were unable to diagnose, had also gotten out of his sickbed to be my interpreter.

Here we were, two very sick men speaking on revival. However, I had spoken only a sentence or two when I felt God's healing touch upon me. The power was reflected in my message and God did send revival, not only to the students and faculty, but also to the speaker.

Later, the principal and I prayed for my interpreter who was still very ill. We laid hands on him, by faith claiming his healing. Within days he was miraculously restored to full health and was soon on his first evangelistic speaking tour in years.

Unfortunately, the major denominations have left the emphasis on healing to some who have prostituted this great truth, cheapened it, and made it a laughing matter among evangelicals as well as in the secular world. Though many for whom we pray are not healed—else no one would die—it is a privilege and power available to believers that we can claim for the glory of our risen Savior.

BIBLE READING James 5:13-18
ACTION POINT I will pray in faith for those who are ill and claim God's supernatural healing power in their behalf.

치유의 능력

"너희 중에 병든 자가 있느냐 그는 교회의 장로들을 청할 것이요 그들은 주의 이름으로 기름을 바르며 그를 위하여 기도할지니라 믿음의 기도는 병든 자를 구원하리니 주께서 그를 일으키시리라 혹시 죄를 범하였을지라도 사하심을 받으리라" 야고보서 5:14~15

오래전 홍콩에 있는 한 선교사 학교의 교장 선생님께서 그다음 날 학생들에게 강연을 해 달라는 부탁을 해왔습니다. 교장과 학교의 관계자들은 학교의 영적 부흥을 위해 수년 동안 기도해 왔습니다. "하나님께서 당신이 바로 그 부흥을 위해 쓰임 받을 도구라는 느낌을 주셨습니다."라고 교장 선생님이 내게 이야기했습니다. 하나님은 그날 내게 큰 기대와 흥분을 주셔서 밤에 거의 잠을 이룰 수가 없었습니다.

그러나 다음 날 아침에 갑자기 심한 이질에 걸려 나는 거의 침대에서 일어날 수가 없었습니다. 그러나 하나님께서 몸이 아픔에도 불구하고 나를 사용하시리라고 믿었기 때문에, 그의 초자연적인 능력을 주장(claim)하면서 예정된 집회에 나갔습니다. 그날 나의 통역은 유명한 아시아의 한 선교사였는데, 그는 몇 년째 의사들도 진단을 내리지 못하는 알 수 없는 질병을 앓고 있었던 사람으로, 나를 돕기 위해 병상에서 몸을 일으켜 나온 것이었습니다.

결국 두 사람의 심하게 아픈 환자가 부흥회에서 메시지를 전하게 된 것입니다. 그런데 불과 몇 마디의 말을 하기도 전에 나는 하나님의 치유의 손길이 나를 만져주심을 느꼈습니다. 하나님의 능력이 그날 나의 메시지에 힘을 부어주시어 학생들과 교직원들뿐만 아니라 설교하는 우리에게까지도 부흥을 경험하게 하셨습니다. 집회 후에 교장 선생님과 나는 그때까지도 매우 심하게 앓고 있던 통역자를 위해서 함께 기도했습니다. 우리는 그에게 안수하고 그의 치유를 1)믿음으로(by faith) 구(claim)했습니다. 며칠 안에 그는 기적적으로 완전히 건강을 회복하게 되었고, 곧이어 그의 생애 처음으로 수년에 걸친 선교 여행을 떠날 수 있었습니다.

일부 큰 교단에서 신유의 중요성을 외면하는 까닭에 이 중요한 진리가 일부 사람들에 의해 악용되거나 값싸게 다루어지고 세상 사람뿐만 아니라 심지어 복음적인 그리스도인들에게서까지 조롱거리가 되도록 한 것은 불행한 일입니다. 비록 우리가 기도해주는 사람들이 다 낫는 것은 아니지만,(그렇게 되면 아무도 죽을 사람이 없겠지요) 그럼에도 불구하고 부활하신 우리 주님의 영광을 위해 우리가 신유를 구(claim)할 수 있다는 것은 우리 믿는 자들에게 주시는 큰 특권이요 능력입니다.

오늘 주시는 말씀   야고보서 5:13~18
믿음의 실천   나는 믿음으로(by faith) 몸이 아픈 사람들을 위해 기도하겠으며, 그들을 위해 하나님의 초자연적인 치유의 능력을 구(claim)하겠습니다.

Finished With Sin

"He personally carried the load of our sins in his own body when he died on the cross so that we can be finished with sin and live a good life from now on. For his wounds have healed ours!" 1 PETER 2:24

Following one of my messages a woman in her early 20s asked for counsel. She was weighted down with guilt and sin, so distraught that she would not look me in the eye. While I was counseling her, she was under such deep conviction that all I could see was the top of her head.

I asked, "Do you believe that Jesus Christ is the Son of God?" She nodded in the affirmative. "Do you believe that He died on the cross for your sins?" Again she responded affirmatively. "Would you like to invite Him into your life and ask Him to cleanse you with His precious blood, which He shed on the cross for your sins, and make you a new creature in Christ?" Again, she nodded. Together we knelt in prayer and through her sobs she surrendered to Christ, acknowledging the wickedness and filth of her life of gross immorality. She confessed to God her disobedience of her parents whose hearts had been broken by her prodigal ways.

After some time on our knees it was obvious that God had touched her, had forgiven and cleansed her. The sobbing had passed and now she was at peace. The Spirit within me bore witness that she had become a new creature in Christ. As we stood to our feet, she looked at me with her eyes still glistening with tears and her face radiant with joy. She now knew the reality of our promise for today. Jesus had taken the load of her sins on His own body and she was now cleansed. With His wounds He had healed her and now she could live a life for the glory of God.

Who, but Jesus, could work such a miracle? Is it any wonder that those who know Him in this way want, like the apostle Paul, to tell everyone who will listen about Him? He alone can forgive our sin and liberate us from the darkness and gloom of Satan's kingdom.

BIBLE READING 1 Peter 2:21-25

ACTION POINT I will praise the Lord that He has taken my sins and paid the penalty that I could never have paid through my own effort. Out of gratitude, with the Holy Spirit's power, I commit to live a supernatural life that will glorify my Savior.

죄에 대하여 죽고

"친히 나무에 달려 그 몸으로 우리 죄를 담당하셨으니
이는 우리로 죄에 대하여 죽고 의에 대하여 살게 하려 하심이라
그가 채찍에 맞음으로 너희는 나음을 얻었나니" 베드로전서 2:24

내가 설교를 마치고 돌아왔을 때 20대 초반의 젊은 여성이 상담을 청해 왔습니다. 그녀는 죄의식으로 억눌려 있었습니다. 너무 마음이 혼란스러운 상태여서 나를 똑바로 쳐다보지도 못하고 있었습니다. 상담하는 동안 줄곧 그녀는 깊은 자책감에 빠져 웅크리고 있었기에 나는 그녀의 머리 외에는 볼 수가 없었습니다.

내가 물었습니다. "당신은 예수 그리스도가 하나님의 아들이심을 믿습니까?" 그녀는 그렇다고 고개를 끄덕였습니다. 내가 다시 물었습니다. "예수님이 당신의 죄를 위해서 십자가에서 죽으신 것을 믿습니까?" 그녀는 같은 식으로 응답했습니다. "그러면 당신은 그를 당신의 삶에 영접하여 십자가에서 당신을 위해 흘리신 주님의 거룩한 보혈로 당신을 깨끗하게 해 주실 것과 그리스도 안에서 새로운 피조물이 되게 해 주실 것을 요청하지 않겠습니까?" 또다시 그녀는 고개를 끄덕였습니다. 우리는 함께 무릎을 꿇고 기도했으며, 그녀는 흐느끼면서 자기 삶의 부도덕과 죄악을 시인하고 그리스도께 순복했습니다. 그녀는 자신이 불순종과 방탕한 생활 때문에 부모님의 마음에 상처 준 것을 하나님께 고백했습니다.

함께 무릎을 꿇고 있는 동안 하나님께서 그녀를 만지시고 용서하시며 깨끗하게 하신 것이 분명해졌습니다. 눈물을 거두고 그녀는 이제 평안해 보였습니다. 내 안에 계신 성령께서는 그녀가 그리스도 안에서 새로운 피조물이 되었음을 깨닫게 해 주셨습니다. 우리가 자리에서 일어났을 때 그녀는 여전히 눈물로 반짝이는 두 눈으로 나를 바라보았으며, 그녀의 얼굴은 기쁨으로 빛이 났습니다. 이제 그녀는 우리에게 주신 오늘 말씀의 약속이 자기에게도 이루어진 것을 깨달았습니다. 예수님께서는 자신의 몸으로 그녀의 죄 짐을 담당해 주셨으며 그녀는 이제 깨끗함을 받았습니다. 예수님께서 채찍에 맞음으로 그녀는 이제 나음을 얻었고 하나님의 영광을 위하여 살 수 있게 되었습니다. 예수님 외에 그 누가 그와 같은 기적을 행할 수 있겠습니까? 그녀처럼 예수님을 믿게 된 사람들이 사도 바울이 그랬듯이 모든 사람에게 예수 그리스도를 전하고 싶어하는 것은 별로 놀라운 일이 아닙니다. 예수님만이 우리의 죄를 용서하시고 사탄의 왕국의 흑암의 권세에서 우리를 해방시킬 수 있습니다.

오늘 주시는 말씀 베드로전서 2:21~25
믿음의 실천 나는 주님께서 나의 죄를 담당하시고 내 스스로의 노력으로는 감당할 수 없었던 죗값을 치러주신 것을 찬양하겠습니다. 나의 감사를 표현하기 위해 나의 구주를 영화롭게 하도록 성령의 능력을 힘입어, 반드시 초자연적인 삶을 살도록 하겠습니다.

Mercy and Grace

"Let us therefore come boldly unto the throne of grace, that we may obtain mercy, and find grace to help in time of need." HEBREWS 4:16, KJV

Though prayer has been a vital, integral part of my life since I became a Christian, I am always discovering new challenges and new facets of prayer. I find one of the most powerful, exciting and fulfilling privileges God has given to man to be that of prayer based on the authority of God's Word.

Man instinctively prays, even if only to false gods built of sticks and stones. Whenever he is faced with tragedy, heartache, sorrow or danger, he prays.

There is a serious danger in this "ignorant" kind of praying, however. It is a well-established fact of philosophy and history that man always assimilates the moral character of the object he worships. People who have prayed to gods of blood, fire and war have become militaristic, ruthless and sadistic.

This same principle applies to the Christian, who can pray to the one true God. "As we behold His [Christ's] face, we are changed into the same image from glory to glory." This explains the scriptural emphasis on praying worshipfully to the only true, righteous, holy and loving God.

In spite of this potential metamorphosis, however, the lives of few Christians are characterized by the supernatural. Many Christians today are impotent and fruitless compared to those of the first century. The is because the average Christian spends so little time at the throne of grace, so little time beholding the face of our Lord. And, as a result, he does not really believe that mercy and grace are available to enable him to live a supernatural life.

BIBLE READING Hebrews 3:1-6
ACTION POINT Knowing I can come boldly to the throne of grace and receive mercy, cleansing, forgiveness and help for my every need, I will spend more time in God's presence and not be satisfied with an impotent, fruitless life.

긍휼과 은혜

"그러므로 우리는 긍휼하심을 받고 때를 따라 돕는 은혜를 얻기 위하여
은혜의 보좌 앞에 담대히 나아갈 것이니라" 히브리서 4:16

    내가 그리스도인이 된 이후로 기도는 나의 삶에 있어서 가장 중요하고도 빼놓을 수 없는 요소가 되었지만, 나는 여전히 기도에서 언제나 새로운 도전과 새로운 면들을 발견합니다. 나는 하나님이 인간에게 주신 가장 강력하고 흥분되며 성취를 가져다주는 특권 중 하나가 하나님의 말씀의 권위에 근거한 기도라는 것을 발견했습니다.

    인간은 본능적으로 나무나 돌로 만든 거짓된 신들에게라도 기도하는 습성이 있습니다. 비극이나 마음의 고통이나 슬픔이나 위험이 닥칠 때 인간은 언제나 기도합니다.

    그러나 이런 '무지한' 기도에는 심각한 위험이 도사리고 있습니다. 인간은 언제나 그 섬기는 대상의 도덕적인 성격을 닮아가게 된다는 것은 역사적으로, 철학적으로 아주 잘 뒷받침되어 있는 사실입니다. 피와 불과 전쟁의 신들에게 기도하는 사람들은 호전적이며 무자비하고 가학적인 성격을 가지게 됩니다.

    유일하신 참 하나님께 기도할 수 있는 그리스도인들에게도 이와 같은 원리가 적용됩니다. "우리가…주의 영광을 보매 그와 같은 형상으로 변화하여 영광에서 영광에 이르니…"(고후 3:18) 이는 참되시고 의로우시며 거룩하시고 사랑이신 유일하신 하나님을 경배하며 기도하는 일의 중요성을 강조하는 성경의 말씀입니다.

    그러나 초자연적인 삶을 향하여 탈바꿈할 수 있는 가능성을 지녔음에도 실제적으로 그런 삶을 살고 있는 그리스도인들은 많지 않습니다. 많은 그리스도인이 1세기의 그리스도인들에 비해 무기력하고 능력 없는 삶을 살고 있습니다. 그것은 오늘날의 대부분의 그리스도인들이 은혜의 보좌 앞에 나아가는 시간과 우리 주님의 얼굴을 바라보는 시간을 너무나 적게 가지고 있기 때문입니다. 그리고 그 결과는 우리가 초자연적인 삶을 살 수 있도록 주님의 은혜와 긍휼을 받을 수 있다는 것을 사실상 믿지 않고 있게 된 것입니다.

오늘 주시는 말씀   히브리서 3:1~6
믿음의 실천   내가 담대히 은혜의 보좌 앞에 나아가 긍휼하심과 정결케 하심과 용서, 그리고 나의 모든 필요를 채워 주시는 도움을 받을 수 있음을 깨닫기에, 나는 하나님의 임재하심 속에 더욱 많은 시간을 보내도록 하겠으며, 무기력하고 열매 없는 삶에 만족하지 않겠습니다.

Peace of Heart and Mind

"I am leaving you with a gift—peace of mind and heart! And the peace I give isn't fragile like the peace the world gives. So don't be troubled or afraid." JOHN 14:27

A stricken widow stood beside the coffin of her husband. She said to a friend, "There lies my only earthly support, my most faithful human friend, one who has never failed me; but I must not forget there lies also the will of God, and that will is perfect love."

By faith, she saw good and blessing, remembering the promise of God, "I know the plans that I have for you…plans for good" Jeremiah 29:11.

As the Prince of Peace, Jesus gives peace of heart and mind, truly one of the greatest and most remarkable gifts we can receive. In the midst of trial and testing, His perfect peace is a supernatural blessing far exceeding even such coveted gifts as good health, for with His inner peace we have everything we need.

How do we obtain that kind of peace? First, it is the fruit of the Spirit. "Love, joy, peace…" As we are yielded to Him and controlled by the Holy Spirit, the fruit of peace is being cultivated in our lives moment by moment, day by day.

Second, "Thou wilt keep him in perfect peace whose mind is stayed on Thee" Isaiah 26:3, KJV; "As he thinketh in his heart so is he" Proverbs 23:7, KJV. It is a fact of life that we become in our attitudes and actions like that which most dominates our thoughts. That explains the dramatic moral and spiritual deterioration resulting from the influence of immoral television programming. When the Lord is given His proper priority in our lives, His perfect peace will reign in our hearts.

While it is true that all such blessings are gifts from God and cannot be earned or merited, it is equally true that we can deliberately choose to cooperate with God's Holy Spirit by yielding ourselves to Him, and thus cultivating the fruit of peace.

BIBLE READING Isaiah 26:1-5
ACTION POINT By faith I shall claim God's promised peace daily. I shall ask the Holy Spirit to help me concentrate my heart's gaze on the Lord Jesus, the Prince of Peace, and I will encourage others to do the same.

마음의 평안

"평안을 너희에게 끼치노니 곧 나의 평안을 너희에게 주노라 내가 너희에게 주는 것은 세상이 주는 것과 같지 아니하니라 너희는 마음에 근심하지도 말고 두려워하지도 말라" 요한복음 14:27

비통에 잠긴 한 미망인이 남편의 관 옆에 서 있었습니다. 그녀는 친구에게 이렇게 말했습니다. "세상에서 나의 유일한 도움이었던 사람, 가장 신실한 친구이며, 한 번도 나를 실망시키지 않았던 사람이 여기 누워 있습니다. 하지만 나는 이것 또한 하나님의 뜻이며 하나님의 뜻은 언제나 나를 위한 완벽한 사랑인 것을 기억해야 할 것입니다."

그녀는 하나님의 약속, "너희를 향한 나의 생각을 내가 아나니 평안이요 재앙이 아니라 너희에게 미래와 희망을 주는 것이니라"(렘 29:11)라는 말씀을 기억하면서 1)믿음으로(by faith) 그의 선하심과 축복을 바라본 것입니다.

평강의 왕이신 예수님은 진실로 우리가 받을 수 있는 가장 크고도 놀라운 선물 중 하나인 마음과 생각의 평강을 주십니다. 시련과 시험 가운데 그가 주시는 온전한 평안은 건강 등과 같은 사람들이 탐내는 선물보다 훨씬 고귀한 초자연적인 축복입니다. 하나님이 주시는 내적인 평안 가운데서 우리는 필요한 모든 것을 누릴 수 있기 때문입니다.

어떻게 하면 그와 같은 평안을 얻을 수 있습니까? 첫째, 그것은 성령의 열매입니다. "오직 성령의 열매는 사랑과 희락과 화평과…"(갈 5:22) 우리가 주님께 순복하며 성령의 다스림을 받을 때 평안의 열매는 날마다 순간마다 우리의 삶 가운데서 자라나게 됩니다.

둘째, "주께서 심지가 견고한 자를 평강하고 평강하도록 지키시리니"(사 26:3), "대저 그 마음의 생각이 어떠하면 그 위인도 그러한즉"(잠 23:7)이라고 하신 대로 무엇이 우리의 생각을 지배하느냐에 따라 우리의 태도와 행동이 결정된다고 하는 것은 삶의 원리입니다. 이 원리에 의해 비도덕적인 TV 프로그램의 영향으로 말미암아 오늘날의 극단적인 도덕적, 영적 타락이 일어난 것으로 설명할 수 있습니다. 주님께서 우리의 삶에서 합당한 최우선의 자리를 차지하실 때 그의 온전한 평안이 우리의 마음을 다스리게 됩니다.

그런 모든 축복은 하나님이 주신 선물이며 우리의 수고와 행동으로 살 수 없는 것이 사실이지만, 동시에 우리가 하나님께 우리 자신을 순복시킴으로 하나님의 성령과 연합하도록 우리의 의지로 결정할 수 있다는 것도 마찬가지로 사실입니다. 그 결과로 우리는 평안의 열매를 키울 수 있게 되는 것입니다.

오늘 주시는 말씀   이사야 26:1~5
믿음의 실천   믿음으로(by faith) 나는 하나님이 약속하신 평안을 매일매일 요청하겠습니다. 나는 성령께 나의 마음이 평강의 왕이신 주 예수 그리스도에게 시선을 집중할 수 있도록 도와주실 것을 구하겠으며 다른 사람들도 그렇게 하도록 권면하겠습니다.

Rescue From Temptation

"So also the Lord can rescue you and me from the temptations that surround us, and continue to punish the ungodly until the day of final judgment comes." 2 PETER 2:9

Charles G. Finney was one of America's most outstanding evangelists. One day while he was still a young lawyer, he sat in his village law office in the state of New York. It was early in the day, and the Lord began to deal with him.

"Finney," an inner voice asked, "what are you going to do when you finish your course?"

"Put out a shingle and practice law."

"Then what?" the voice persisted.

"Get rich."

"Then what?"

"Retire."

"Then what?"

"Die."

"Then what?"

This time the words came tremblingly, "The judgment."

Young Finney ran for the woods half a mile away. As he prayed, he vowed that he would not leave until he had made his peace with God. After a long struggle, he discovered that he could not resist God's call, and he came out of the woods that evening with the high purpose of living the remainder of his life to the glory of God, enjoying Him forever.

Like that great preacher and evangelist, you and I can be rescued from the temptations of the world so that we will not resist any clear call from God.

BIBLE READING 2 Peter 2:10-17
ACTION POINT When the world tries to squeeze me into its mold, I will not resist the clear call from our Lord Jesus Christ to follow Him.

시험에서 건지시고

"주께서 경건한 자는 시험에서 건지실 줄 아시고 불의한 자는 형벌 아래에 두어 심판 날까지 지키시며"
베드로후서 2:9

45)찰스 피니는 미국의 가장 위대한 전도자 중의 한 사람이었습니다. 청년 변호사였던 그는 어느 날, 뉴욕주의 어느 마을에 있는 자신의 법률 사무소에 앉아 있었습니다. 아직 이른 아침이었는데, 주님이 그에게 찾아오셨습니다,

"피니야, 네가 지금 하는 일이 끝나면 무엇을 하려느냐?" 마음속에서 한 목소리가 물었습니다.

"간판을 걸고 변호사 개업을 하겠습니다."

"그런 다음에는 어떻게 하려느냐?"

"부자가 되렵니다."

"그런 다음에는?"

"은퇴하겠지요."

"그런 다음에는?"

"죽겠지요."

"그런 다음에는?"

이제 피니의 목소리는 떨려 나왔습니다. "심판이 있습니다."

젊은 피니는 800m쯤 떨어진 숲으로 달려갔습니다. 기도하면서 그는 하나님과 더불어 평안을 맛보지 않고는 그 자리를 떠나지 않겠노라고 맹세했습니다. 오랜 시간의 고뇌 끝에 그는 자기가 하나님의 부르심을 거부할 수 없다는 것을 발견하고는 남은 생애를 하나님의 영광을 위하여 살며 영원히 그를 기뻐하겠노라는 높은 뜻을 간직한 채 저녁에 숲을 나왔습니다.

그 위대한 설교자요, 전도자처럼 우리도 세상의 시험으로부터 구원받을 수 있고, 그래서 우리도 하나님의 분명한 부르심에 어떠한 저항도 하지 않게 될 것입니다.

오늘 주시는 말씀	베드로후서 2:10~17
믿음의 실천	세상이 자신의 틀에 나를 억지로 밀어 넣으려 할 때, 나는 "나를 따르라"고 하시는 우리 주 예수 그리스도의 분명한 부르심을 거부하지 않겠습니다.

He Keeps His Promises

"Understand, therefore, that the Lord your God is the faithful God who for a thousand generations keeps his promises and constantly loves those who love him and who obey his commands." DEUTERONOMY 7:9

Torn between the desire to surrender his life to the Lord and the desire to be his own person, Tom gave vent to his frustration.

"I want to be a good Christian," he said, "but I'm afraid of God and what He might do to change my plans. You see, I have great plans for my life and I don't want to end up wasting it.

For example, I don't want to marry someone with whom I would be miserable or risk my opportunities for a successful business career."

I asked Tom, as I have often asked others, "Do you really believe that God loves you?"

"Yes," he replied—and that is the general response. Then I reminded him that Jesus Christ so loved him that He was willing to die on the cross for his sins.

"Do you believe that He died for you?"

"Yes," Tom agreed, and that also is the general reply.

Then, my final question, "Don't you think that you can trust the omnipotent Creator God, who so loved you that He sent His only begotten Son, who Himself loved you so much that He was willing to die on the cross for your sins, that you may have a full and abundant life here on earth and for all eternity?"

Tom's response was, "I'd never thought of it that way before. Of course I can trust Him, and I will."

Together we knelt in prayer, and God touched his life in such a dramatic way that he has since been used to introduce many thousands to our Savior.

BIBLE READING Deuteronomy 7:6-8, 10-13
ACTION POINT I will surrender my will to the will of God in all things, because He wants the best for me. I will share this with others who are reluctant to surrender their wills to Him or who have not yet experienced the supernatural life.

그 언약을 이행하시는 하나님

"그런즉 너는 알라 오직 네 하나님 여호와는 하나님이시요 신실하신 하나님이시라
그를 사랑하고 그의 계명을 지키는 자에게는 천 대까지 그의 언약을 이행하시며 인애를 베푸시되"
신명기 7:9

주 예수님께 자신의 삶을 순복시키고자 하는 욕구와 자신의 욕망에 따라 살고자 하는 갈등 사이에서 깊이 방황하던 톰은 자기가 겪고 있는 좌절에 분통을 터뜨렸습니다.

"나는 좋은 그리스도인이 되고 싶습니다. 하지만 나는 하나님이 두렵습니다. 하나님이 내 계획들을 마음대로 바꿔 놓으실지 모르기 때문입니다. 아시다시피 나는 나의 삶을 위한 큰 계획들을 세워 놓고 있어서 그걸 잃고 싶지 않습니다. 예를 들면 나를 비참하게 만들지도 모르는 사람과는 결혼하고 싶지 않으며, 사업가로서의 성공적인 경력을 쌓을 기회들을 놓치고 싶지도 않습니다."

나는 그전부터 다른 사람들에게 자주 하던 질문을 그에게 던졌습니다. "당신은 하나님이 당신을 사랑하신다는 것을 정말 믿습니까?"

"그렇습니다." 그가 대답했습니다. 이 대답은 사람들이 흔히 하는 대답이었습니다. 나는 계속해서 그에게 예수 그리스도께서 그를 사랑하셔서 그의 죄를 위하여 십자가에서 기꺼이 죽으셨다는 사실을 상기시켜 주셨습니다.

"당신은 그가 당신을 위해 죽으신 것을 믿습니까?"

"그렇습니다." 톰은 다시 동의했습니다. 이도 역시 흔히 들을 수 있는 대답이었습니다.

그다음에 나는 마지막 질문을 던졌습니다. "그러면 당신은 당신을 그토록 사랑하셔서 외아들을 보내시고, 그 외아들도 또한 당신을 그토록 사랑하셔서 십자가에서 당신의 죄를 위하여 기꺼이 죽으심으로 당신이 이 땅에서나 또, 영원한 곳에서 충만하고도 풍성한 삶을 살게 하신 전능하신 창조주 하나님을 믿고 신뢰할 수 있다고 생각하지 않습니까?"

톰의 대답은 이러했습니다. "나는 이전에 한 번도 그렇게 생각해보지 못했습니다. 물론 나는 하나님을 신뢰할 수 있습니다. 아니 신뢰하겠습니다."

우리는 함께 무릎을 꿇고 기도했습니다. 하나님은 그의 삶을 극적으로 감동시켜 주셨으며, 그 이후 그는 수많은 사람을 그리스도께로 인도하는 일에 쓰임받고 있습니다.

오늘 주시는 말씀   신명기 7:6~8, 10~13
믿음의 실천   하나님께서 내게 최고의 것으로 주시려고 하심을 알기 때문에 나는 모든 일에 있어서 하나님의 뜻에 나의 뜻을 순복시키겠습니다. 나는 자신의 뜻을 하나님께 순복하기를 꺼리는 다른 사람들과 아직 초자연적인 삶을 맛보지 못한 사람들에게도 이 기쁜 소식을 전하겠습니다.

Riches in Glory

"And it is he who will supply all your needs from his riches in glory because of what Christ Jesus has done for us." PHILIPPIANS 4:19

God has faithfully met the needs of this great worldwide ministry since its inception. He met our needs when there were only two of us—Vonette and I—on the staff. He meets our needs today (1983) with more than 16,000 full-time and associate staff members serving in most communities of America and in 151 other countries.

He met our needs when our budget was a few thousand dollars a year. He continues to meet our needs when our budget is approximately $100 million a year. During this exciting, incredibly rich and rewarding adventure with our gracious Lord, we have never had an extra dollar at the end of any day. We get only what we need—and no more.

During these years, there have been many dramatic demonstrations of His faithfulness, when He has led us to undertake major and frequently expensive projects. He has always supplied the funds to pay for what He orders. We have learned many lessons concerning God's faithfulness.

First, whatever He leads us to do He will enable us to do by supplying the manpower, the finances and the know-how—oftentimes dramatically—if we continue to trust and obey Him.

Second, "we have not because we ask not" James 4:2, KJV.

Third, we do not receive when our motives are impure.

But of this we can be sure: if our hearts are pure, our motives are pure and we do what we do for the glory of God—to help fulfill the Great Commission through the winning and discipling of men and women for Christ throughout the world—we can always be assured that God will supply our needs. Not to do so would be a contradiction of His attributes, for the idea of the Great Commission began with our Lord.

BIBLE READING 2 Corinthians 9:6-11
ACTION POINT I will examine my motives and relate my needs to scriptural commands, confident that God will supply all my needs. I will thank Him in advance for meeting my needs, and encourage others to trust Him also.

영광 가운데 그 풍성한 대로

"나의 하나님이 그리스도 예수 안에서 영광 가운데 그 풍성한 대로 너희 모든 쓸 것을 채우시리라"
빌립보서 4:19

하나님께서는 CCC라는 우리의 범세계적인 큰 사역의 처음부터 우리 필요를 신실하게 채워 주셨습니다. 나와 내 아내 보네트, 우리 두 사람만이 간사로 일하고 있었을 때 하나님은 우리의 필요를 채워 주셨습니다. 하나님께서는 오늘날(1983년) 미국의 거의 모든 지역과 151개의 국가에서 주를 섬기고 있는 1만 6천 명 이상의 전임 또는 협동간사들의 필요를 모두 채워 주고 계십니다. 하나님은 우리의 연간 예산이 불과 몇천 달러에 불과했을 때에도 우리의 필요를 채우셨고, 연간 예산이 약 1억 달러에 이르는 지금도 우리의 필요를 늘 채워주십니다. 그러나 은혜로우신 주님과 더불어 이처럼 놀랍고도 믿을 수 없는 풍요와 상급의 모험을 누려오면서도, 우리의 수중에 여분의 금액이 남아돌았던 날은 하루도 없었습니다. 우리는 다만 우리가 필요로 하는 만큼을 받았던 것입니다.

이와 같이 지내오는 동안, 주님께서 비용이 많이 드는 주요한 큰 사역을 기획하도록 우리를 인도하실 때에는 그의 신실하심을 극적으로 보여 주신 적이 많이 있었습니다. 하나님은 하나님이 명하신 일을 수행하기 위한 자금을 언제나 공급해 주셨습니다. 우리는 하나님의 신실하심에 대하여 그간 많은 교훈을 얻었습니다.

첫째, 무엇이든지 하나님께서 우리에게 하도록 하시는 일은 우리가 그를 계속 신뢰하고 순종하기만 하면 인력과 재정과 방법을 공급해 주셨습니다. 그것도 자주, 아주 극적으로 말입니다. 그렇게 하나님은 우리가 그 일을 해낼 수 있도록 해주셨습니다.

둘째, 우리가 받지 못하는 것은 구하지 않기 때문입니다.(약 4:2)

셋째, 우리의 동기가 순수하지 못할 때 우리는 받지 못합니다.(약 4:2)

그러나 이로부터 우리는 다음의 사실을 확신할 수 있습니다. 만일 우리의 마음과 동기가 순수하고 우리가 하나님의 영광을 위하여 하고 있는 일, 즉 세상 끝까지 나아가 그리스도를 위해 복음을 전하고, 또 사람들을 제자로 훈련시켜 지상명령의 성취를 돕는 일을 한다면 하나님께서 우리의 모든 필요를 채워 주실 것을 확신할 수 있습니다. 하나님이 그렇게 하지 않으신다면 이는 하나님 자신의 속성과 어긋나는 일일 것입니다. 왜냐하면 지상명령의 계획이 우리 주님으로부터 시작되었기 때문입니다.

오늘 주시는 말씀 고린도후서 9:6~11

믿음의 실천 나는 오늘 나의 동기를 다시 한번 점검하겠으며, 하나님께서 나의 모든 필요를 공급하실 것이라는 확신을 갖고, 나의 필요를 성경의 명령들과 연결하여 생각하도록 하겠습니다. 나는 하나님께서 나의 필요를 채워 주실 것을 믿고 먼저 감사드리겠으며, 다른 사람들도 하나님을 신뢰하도록 권면하겠습니다.

Claiming Forgiveness

"But, dearly loved friends, if our consciences are clear, we can come to the Lord with perfect assurance and trust, and get whatever we ask for because we are obeying him and doing the things that please him." 1 JOHN 3:21-22

What a marvelous promise—unfortunately, a promise which few Christians are able to claim. Why? Because they do not have a clear conscience in regard to their sin and when they come to God, they cannot come with confidence that He will hear and answer them. As God's Word reminds us in Psalm 66:15, if I regard iniquity in my heart, the Lord will not hear me. How wonderful to know that whatever sins have been committed, the shedding of Christ's blood and His death on the cross have paid the penalty for them all. If we confess our sin of pride, lust, jealousy, gossip, dishonesty, greed, whatever it may be, we can by faith claim His forgiveness. Remember that, if we agree with God concerning our sin, if we recognize that Christ's death on the cross has indeed paid the penalty for that sin, and if we repent or change our attitude, which results in a change of our action, we can know that we are forgiven. However, if there is no change of attitude and action, obviously there has been no true confession and therefore no forgiveness and cleansing.

If you have truly confessed your sins, you can come now into the presence of God with great joy and a clear conscience and have perfect assurance and trust that whatever you ask for, you will receive because you are praying according to the will and the Word of God.

BIBLE READING 1 John 3:18-24
ACTION POINT I will keep my heart and motives pure through the practice of Spiritual Breathing. When I do, I can come into God's presence with a clear conscience and expect to receive answers to my prayers.

용서를 구함

"사랑하는 자들아 만일 우리 마음이 우리를 책망할 것이 없으면 하나님 앞에서 담대함을 얻고 무엇이든지 구하는 바를 그에게서 받나니 이는 우리가 그의 계명을 지키고 그 앞에서 기뻐하시는 것을 행함이라" 요한일서 3:21~22

참으로 놀라운 약속입니다. 그러나 불행하게도 그리스도인들이 거의 주장하고 있지 못한 약속입니다. 왜 그렇습니까? 그것은 그들이 죄에 대하여 책망할 것이 없는 깨끗한 양심을 가지고 있지 못하기 때문이며, 그래서 하나님 앞에 나아올 때도 그가 들으시고 응답하시리라는 확신을 가지지 못하고 나오기 때문입니다.

시편 66편 18절에서 하나님의 말씀이 우리에게 상기시켜 주는 것과 같이 만일 우리가 마음에 죄를 품으면 주께서 듣지 아니하실 것입니다. 십자가에서 흘리신 피와 그의 죽으심으로 우리의 모든 죗값이 치러졌으며 우리의 모든 죄가 용서되었다는 사실을 깨닫는 것은 얼마나 놀라운 일인지요. 교만이나 정욕이나 시기나 수군거리는 것이나 부정직한 것이나 탐욕이나 그 어떤 것이든 죄를 고백할 때 우리는 그의 용서를 1)믿음으로(by faith) 주장할 수 있습니다. 기억하십시오. 만일 우리가 하나님께서 깨닫게 하시는 죄를 인정하고, 그리스도께서 십자가에 죽으심으로 그 죗값을 실제로 다 치르셨다는 것을 인정하며, 우리가 회개하여 태도가 변하고 그 결과로 행동이 변하면, 우리는 용서받은 것을 알 수 있습니다.

그러나 만일 태도와 행동에 아무런 변화가 없다면 진정한 고백은 없었던 것이며, 따라서 용서와 정결케 하심도 없는 것입니다.

당신이 참으로 자신의 죄를 고백했다면 당신은 큰 기쁨과 깨끗한 양심으로 지금 하나님의 임재하심에 나아갈 수 있으며, 당신이 무엇을 구하든 모두 받게 될 것이라는 완전한 확신과 신뢰를 가질 수 있습니다. 왜냐하면 당신이 하나님의 뜻과 말씀에 따라 기도하기 때문입니다.

오늘 주시는 말씀   요한일서 3:18~24
믿음의 실천   나는 지속적인 영혼의 호흡을 통하여 나의 마음과 동기를 순수하게 유지하겠습니다. 내가 그렇게 할 때 하나님의 임재하심에 깨끗한 양심으로 나아갈 수 있게 되며, 나의 기도에 응답하실 것을 기대할 수 있을 것입니다.

Rescued From Darkness

"For he has rescued us out of the darkness and gloom of Satan's kingdom and brought us into the Kingdom of his dear Son." COLOSSIANS 1:13

A famous general invited me to his office. He was hungry for God and eager to become a Christian. Yet, as we counseled together, he seemed reluctant to pray. I inquired as to his reluctance, and he said, "I don't understand myself. I want to receive Christ, but I can't."

I turned to Colossians 1:13,14 and asked him to read it aloud. Then I asked him to tell me what he thought it meant. The light went on. Suddenly he realized that he was a member of Satans kingdom, and Satan was trying to hinder his being liberated from darkness and gloom into the glorious light of the kingdom of God's dear Son. Satan did not want him to receive Christ into his heart.

As soon as this man realized he was a member of Satan's kingdom, he was ready to pray and receive Christ into his life so that he would then become a member of God's kingdom.

I, too, was once in Satan's kingdom—not a very pleasant thought, but true. And so were you if you are a Christian. Every person born into this world is a part of Satan's kingdom; all who are not now experiencing the saving grace and love of Christ are a part of his kingdom.

It is God the Holy Spirit who enables men to comprehend spiritual truth. It is God the Holy Spirit who liberates men from darkness into light. It is God the Holy Spirit who is responsible for the new birth that brings men into the kingdom of God.

When we go out to witness, it is not enough to know God's plan. It is not enough to know the Four Spiritual Laws. It is not enough for us to be nicely groomed and properly scented. We need to go in the power of God's Holy Spirit. He alone can change men.

BIBLE READING   Ephesians 6:10-13
ACTION POINT   My first concern in everything I do and every contact I make today will be that the power of God's Holy Spirit will be operative in my life, so that others will see His supernatural qualities in my life and want to join me in following Him.

흑암의 권세에서 건져 내사

"그가 우리를 흑암의 권세에서 건져 내사 그의 사랑의 아들의 나라로 옮기셨으니"
골로새서 1:13

어떤 유명한 장군이 나를 자기의 사무실로 초청했습니다. 그는 하나님을 갈망하고 있었으며 그리스도인이 되기를 간절히 원했습니다. 그러나 우리가 상담하는 동안에 그는 영접기도를 꺼리는 듯했습니다. 나는 그 이유를 그에게 물어보았습니다. 그러자 이렇게 대답했습니다. "나 자신을 이해할 수 없군요. 나는 그리스도를 영접하고 싶습니다. 하지만 어쩐지 잘 안 되는군요."

나는 골로새서 1장 13~14절을 펴서 그에게 소리 내어 읽어 보라고 했습니다. 그러고 나서 그 내용이 무엇을 의미한다고 생각하는지를 물었습니다. 그때 그에게 빛이 비치었습니다. 갑자기 그는 자신이 사탄의 나라의 일원인 것과 그가 흑암의 나라에서 벗어나 하나님의 사랑하는 아들의 빛나고 영광된 나라로 들어가려는 것을 사탄이 방해하고 있다는 사실을 깨달았습니다. 사탄은 그가 그리스도를 마음에 영접하는 것을 원하지 않았던 것입니다.

자신이 사탄의 나라의 일원이었다는 사실을 깨닫자마자 그는 곧 기도로 그리스도를 영접하고 하나님 나라의 일원이 될 수 있었습니다.

나 역시 한때 사탄의 나라의 일원이었습니다. 별로 유쾌한 이야기는 아니지만 엄연한 사실이었습니다. 현재 그리스도인으로 거듭난 당신도 과거에는 마찬가지였을 것입니다. 이 세상에 태어나는 사람은 누구나 사탄의 나라의 일원입니다. 누구든지 지금 그리스도의 구원의 은혜와 사랑을 아직 누리고 있지 못한 사람은 사탄의 나라의 일원입니다.

사람에게 영적인 진리들을 깨닫게 해 주시는 분은 성령 하나님이십니다. 사람들을 흑암에서 해방하여 빛 가운데로 들어가게 하시는 분도 성령 하나님이십니다. 사람들을 하나님의 나라에 새롭게 태어나게 하시는 분 역시 성령 하나님이십니다.

우리가 전도하러 나갈 때 하나님의 계획을 아는 것만으로는 충분하지 않습니다. 4영리를 아는 것으로도 충분하지 않습니다. 우리가 몸을 잘 단장하고 향수를 뿌려도 역시 부족합니다. 우리는 하나님의 성령의 능력에 힘입어 가야 합니다. 오직 그분만이 사람들을 변화시킬 수 있습니다.

오늘 주시는 말씀 에베소서 6:10~13
믿음의 실천 오늘 내가 하는 모든 일과 사람들과의 모든 접촉에 있어서 나의 첫 번째 관심은 성령께서 내 삶 가운데서 활발히 역사하시는 것입니다. 그렇게 될 때 다른 사람들도 나의 삶 가운데 나타나는 성령의 초자연적인 삶의 특징을 보고 나와 함께 하나님을 따르려고 할 것입니다.

We Are Held Securely

"No one who has become part of God's family makes a practice of sinning, for Christ, God's Son, holds him securely, and the devil cannot get his hands on him." 1 JOHN 5:18

"I am enjoying my newfound liberty. I know I am a Christian. I know I am going to heaven, but right now I want to do my own thing. I recognize that the Lord may discipline me for things I am doing that the Bible says are wrong. I was reared in a very strict, legalistic Christian family and church and I have never enjoyed life before, but now I am having a ball. I don't see anything wrong with drinking, sex and the other so-called sins that I have been told all my life were so terribly wrong."

Do you believe that person is a Christian? Of course I have no way of judging, but according to the Word of God it is quite likely that this person has never really experienced a new birth. Can you imagine a beautiful butterfly going back again to crawl in the dirt as it did as a caterpillar?

It is possible for a Christian, one who has experienced new life in Christ, to sin, and even to continue in sin for a period of time, but never with a casual, flippant indifference to God's way as this person expressed.

In 1 John 2:3-6, the writer says the same thing: "How can we be sure that we belong to Him? By looking within ourselves: are we really trying to do what He wants us to? Someone may say, 'I am a Christian; I am on my way to heaven; I belong to Christ.' But if he doesn't do what Christ tells him to, he is a liar. But those who do what Christ tells them to will learn to love God more and more. That is the way to know whether or not you are a Christian. Anyone who says he is a Christian should live as Christ did." Though it is not possible for us in this life to know the perfection that our Lord experienced, there will be heartfelt desire to do what He wants us to do. Therefore, any child of God will not make a practice of sinning. Those who are so inclined should consider the possibility that they could be forever separated from God on judgment day.

BIBLE READING 1 John 5:16-21
ACTION POINT I am assured of my salvation, demonstrated by my transformed attitudes and actions. I will encourage Christians whose lives do not reflect God's desires to appropriate by faith the Holy Spirit so they can have assurance of their salvation.

우리를 지키시매

"하나님께로부터 난 자는 다 범죄하지 아니하는 줄을 우리가 아노라 하나님께로부터 나신 자가
그를 지키시매 악한 자가 그를 만지지도 못하느니라" 요한일서 5:18

"나는 새로이 발견한 나의 자유를 즐기고 있습니다. 나는 내가 그리스도인인 것을 압니다. 나는 천국에 갈 것을 압니다. 그러나 나는 지금 내가 원하는 것들을 하고 싶습니다. 나는 성경에서 잘못이라고 지적하고 있는 일들을 내가 범하고 있는 것에 대해 주님이 나를 징계하실 것을 인정합니다. 나는 매우 엄격한 율법주의적인 교회와 가정에서 자라났기 때문에 이전에는 한 번도 인생을 즐겨 본 적이 없었습니다. 하지만 이제는 내 차례가 왔습니다. 술 마시는 것이나 섹스나 그 밖의 소위 죄가 된다고 하는 것들이 무엇이 잘못되었습니까? 그동안 내가 배워왔던 것들은 완전히 잘못된 것이었습니다."

당신은 이 사람을 그리스도인이라고 믿을 수 있습니까? 물론 내가 이 사람을 판단할 권리는 없습니다. 그러나 하나님의 말씀에 의한다면 이 사람은 거듭난 삶을 진실로 경험한 적이 전혀 없었을 가능성이 큽니다. 당신은 아름다운 나비가 자신이 유충이었을 때처럼 다시 더러운 먼지 속으로 기어가려 하는 모습을 상상할 수 있겠습니까?

물론 그리스도 안에서 새 삶을 경험한 사람도 죄를 범할 수 있고, 또 한동안 계속 죄를 범하며 살기도 하지만 이 사람처럼 하나님의 뜻에 대하여 경박하고 냉담하게 행할 수는 결코 없을 것입니다.

요한일서 2장 3~6절에서 성경 기자도 같은 내용을 이야기하고 있습니다. "우리가 그의 계명을 지키면 이로써 우리가 그를 아는 줄로 알 것이요 그를 아노라 하고 그의 계명을 지키지 아니하는 자는 거짓말하는 자요 진리가 그 속에 있지 아니하되 누구든지 그의 말씀을 지키는 자는 하나님의 사랑이 참으로 그 속에서 온전하게 되었나니 이로써 우리가 그의 안에 있는 줄을 아노라 그의 안에 산다고 하는 자는 그가 행하시는 대로 자기도 행할지니라"

비록 우리가 이 땅에 사는 동안 우리 주님이 사셨던 완전함을 따라 살 수는 없다고 해도 우리에게는 우리 주님이 우리에게 원하시는 일을 하고 싶어 하는 마음속으로부터의 욕구가 있을 것입니다. 그러므로 어떤 하나님의 자녀도 습관적으로 계속하여 범죄하려 들지는 않을 것입니다. 그런 성향에 깊이 물든 사람들은 심판의 날에 하나님으로부터 영원히 분리될 가능성이 있음을 반드시 생각해야 할 것입니다.

오늘 주시는 말씀 요한일서 5:16~21
믿음의 실천 나는 나의 변화된 행동과 태도를 통하여 나의 구원을 다시 확인합니다. 나는 하나님의 뜻을 삶을 통해 보여주지 못하는 그리스도인들에게도 믿음으로(by faith) 성령 충만을 소유하도록 권면하겠으며 그래서 그들도 자신의 구원을 확신할 수 있도록 돕겠습니다.

Strength Out of Weakness

"And he said unto me, My grace is sufficient for thee: for my strength is made perfect in weakness. Most gladly therefore will I rather glory in my infirmities, that the power of Christ may rest upon me." 2 CORINTHIANS 12:9, KJV

On thousands of occasions, under all kinds of circumstances, I have found Gods promise to be true in my own experiences and in the lives of multitudes of others.

Charles Spurgeon rode home one evening after a heavy day's work. Feeling very weary and depressed, he suddenly recalled the Scripture, "My grace is sufficient for thee."

Immediately he compared himself to a tiny fish in the Thames river, apprehensive lest its drinking so many pints of water in the river each day might drink the Thames dry. Then he could hear Father Thames say, "Drink away, little fish, my stream is sufficient for thee."

Then he pictured a little mouse in Joseph's granaries in Egypt, afraid lest its consumption of the corn it needed might exhaust the supplies and it would starve to death. Then Joseph would come along and sense its fear, saying, "Cheer up, little mouse, my granaries are sufficient for thee."

He thought to himself as a mountain climber reaching the lofty summit and dreading lest he might exhaust all the oxygen in the atmosphere. Then he would hear the Creator Himself say, "Breathe away. O man, and fill thy lungs ever. My atmosphere is sufficient for thee."

"Then," Spurgeon told his congregation, "for the first time in my life I experienced what Abraham must have felt when he fell upon his face and laughed."

What kind of needs do you have today? Are they needs for which our heavenly Father is not sufficient? Can you trust Him? Is there anyone who has proven himself to be more trustworthy?

BIBLE READING 2 Corinthians 12: 1-10
ACTION POINT In every type of need, burden and problem I face today—whether my own or that of someone else—I will count on the sufficiency of Christ to handle it, and to enable me to live supernaturally.

약한 데서 온전하여짐

"나에게 이르시기를 내 은혜가 네게 족하도다 이는 내 능력이 약한 데서 온전하여짐이라 하신지라
그러므로 도리어 크게 기뻐함으로 나의 여러 약한 것들에 대하여 자랑하리니
이는 그리스도의 능력이 내게 머물게 하려 함이라" 고린도후서 12:9

   수많은 상황과 환경을 겪어 오면서, 그리고 나 자신의 경험과 다른 많은 사람의 삶에서 나는 하나님의 약속이 참된 것임을 발견합니다.

   [30]찰스 스펄전은 어느 날 저녁, 하루의 힘든 일과를 마친 후 말을 타고 집으로 돌아오고 있었습니다. 매우 지치고 의기소침해 있던 그는 갑자기 성경 말씀이 기억났습니다. "내 은혜가 네게 족하다"

   바로 그때 그는, 자신을 날마다 강물을 너무 들이마셔 끝내는 템스강 전체를 다 마셔 버릴지도 모른다고 염려하는 강물 속의 자그마한 물고기에 비교하여 보았습니다. 그리고 그는 '아버지 템스강'이 말하는 소리를 들을 수 있었습니다. "마셔라, 작은 물고기야. 내 강물은 네게 족하도다."

   그리고 이번에는 이집트의 요셉의 창고에 살면서 창고의 곡식을 모두 다 먹어 버리면 나중에 굶어 죽게 될지 모른다고 염려하는 작은 생쥐 한 마리의 모습을 그려보았습니다. 그때 요셉이 나타나 그 쥐의 근심을 알고는 말했습니다. "힘을 내어라, 작은 생쥐야. 내 곡식이 네게 족하도다."

   이제 스펄전은 자신을 높은 산꼭대기에 올라가 그가 공기 중의 산소를 다 마셔 버리게 될까 봐 염려하는 등산가로 생각해 보았습니다. 그때 그는 창조주 하나님께서 직접 하시는 말씀을 들을 수 있었습니다. "심호흡을 하여라. 그리고 네 폐를 언제든지 가득 채워라. 나의 공기가 네게 족하도다."

   "그때 나는 아브라함이 엎드려 웃었을 때 느낀 감정을 생전 처음으로 경험할 수 있었습니다." 나중에 스펄전이 그의 회중에게 한 말입니다.

   오늘 당신이 필요한 것은 무엇입니까? 그중에 하늘에 계신 우리 아버지께서 충족시킬 수 없는 것이 있습니까? 당신은 그분을 신뢰할 수 있습니까? 그분보다 더 신뢰할 분이 또 어디 있습니까?

오늘 주시는 말씀   고린도후서 12:1~10
믿음의 실천   오늘 내가 부딪치는 어떠한 종류의 필요도 그것이 내 자신의 것이든 다른 사람들의 것이든 간에 그 필요를 담당하시고 초자연적으로 살 수 있게 도와주시는 그리스도의 충족하심을 의지하겠습니다.

He Gives Good Gifts

"And if you hardhearted, sinful men know how to give good gifts to your children, won't your Father in heaven even more certainly give good gifts to those who ask him for them?"
MATTHEW 7:11

"Daddy, we love you and want to do only what pleases you."

Do you know what I would do if my sons expressed their love for me and their trust in me this way?

"I love you, too," I would tell them, as I put my arms around them and gave them a big hug. "I appreciate your offer to do anything I want. Your expression of love and faith is the greatest gift you can give me."

As a result, I am all the more sensitive and diligent to demonstrate my love and concern for them.

Is God any less loving and concerned for His children? Of course not. He has proven over and over again that He is a loving God. He is worthy of our trust. Further, He has the wisdom and power to do for us far more than we ever are able to do for our children.

"If you then, being evil, know how to give good gifts to your children, how much more shall your Father who is in heaven give what is good to those who ask Him?"Matthew 7:11, NAS.

By our attitudes and actions, most of us say to God, "I don't love You. I don't trust You."

Can you think of anything that would hurt you more deeply, coming from your children? The average Christian is a practical atheist living as though God does not exist. Even though we give lip service to Him, we often refuse to trust and obey His promises as recorded in His Word.

BIBLE READING Matthew 7:7-11
ACTION POINT Knowing that God wants to give me a supernatural, abundant life, I will trust and obey Him today in all that I do.

좋은 것으로 주시지 않겠느냐

"너희가 악한 자라도 좋은 것으로 자식에게 줄 줄 알거든 하물며 하늘에 계신 너희 아버지께서
구하는 자에게 좋은 것으로 주시지 않겠느냐" 마태복음 7:11

"아빠, 우리는 아빠를 사랑해요. 그래서 아빠가 기뻐하실 일만 하려고 해요."

사랑하는 나의 아들들이 이렇게 자기들의 사랑을 내게 표현한다면 내가 어떤 반응을 보이겠습니까?

"나도 너희를 사랑한단다." 팔을 펴서 아이들을 꼭 안아 주며 나는 말할 것입니다. "내가 원하는 건 무엇이든지 해주겠다니 참으로 고맙구나. 네 사랑과 믿음을 그렇게 말해 준 것은 네가 내게 줄 수 있는 가장 큰 선물이란다."

그 결과로 나는 아들들을 향한 나의 사랑과 관심을 나타내 보이기 위해 더욱 민감하게, 더욱 많이 애쓸 것입니다.

그 자녀들을 향한 하나님의 사랑과 관심이 이보다 못하겠습니까? 물론 그렇지 않습니다. 그는 자신이 사랑의 하나님이심을 수없이 입증하셨습니다. 그는 우리의 신뢰를 받기에 합당하신 분입니다. 더구나 하나님은 우리가 우리의 자녀들을 위해 할 수 있는 것보다 훨씬 더 큰 지혜와 능력을 가지고 계십니다.

"너희가 악한 자라도 좋은 것으로 자식에게 줄 줄 알거든 하물며 하늘에 계신 너희 아버지께서 구하는 자에게 좋은 것으로 주시지 않겠느냐"(마 7:11).

우리 대부분은 우리의 태도와 행동으로 이렇게 말하는 경우가 많습니다. "하나님, 나는 당신을 사랑하지 않습니다. 나는 당신을 신뢰하지 않습니다."

세상에 자식보다 더 부모에게 상처 줄 수 있는 사람이 있겠습니까? 그저 그렇게 사는 대부분의 그리스도인들은 마치 하나님이 계시지 않는 것처럼 살아가는 실제적인 무신론자들입니다. 우리가 입술로는 하나님을 섬긴다고 하면서도 우리는 자주 하나님의 말씀에 기록된 그의 약속들을 신뢰하고 순종할 것을 거부합니다.

오늘 주시는 말씀	마태복음 7:7~11
믿음의 실천	하나님이 내게 초자연적이며 풍성한 삶을 주려고 하시는 분임을 알기에 나는 오늘 내가 하는 모든 일에 있어서 하나님을 신뢰하고 순종하겠습니다.

Spirit of His Son

"And because we are his sons God has sent the Spirit of his Son into our hearts, so now we can rightly speak of God as our dear Father." GALATIANS 4:6

What would you say is the most sacred privilege and indescribable honor of your entire lifetime? If you are a Christian and you rightly understand the meaning of our verse for today, you will agree that nothing compares with presenting your body to the Holy Spirit to be His dwelling place here on earth.

Wherever I am, whether speaking in meetings, reading the Bible, praying, counseling, attending conferences, alone in my hotel room or in the company of my beloved wife and family, I am always keenly aware that my body is a temple of God and there is no higher privilege. I am reminded of the Virgin Mary's response to the angel's announcement that she would conceive a child by the Holy Spirit. "Oh, how I praise the Lord! How I rejoice in God my Savior, for He took notice of this lowly servant girl and now generation after generation forever shall call me blessed of God, for He the mighty one has done great things to me.

"His mercy goes on from generation to generation to all who reverence Him," she continues in joyful expression of her grateful heart.

We too should praise and give thanks to God constantly for the privilege of being chosen to be a temple in which He dwells here on earth. As one meditates upon this fact, one becomes intoxicated with the realization that the infinite, omnipotent, holy, loving, righteous God and Father, Son and Holy Spirit, now dwell within us who have received Him. There are many believers who are not fully aware of the significance of this fact, because, though they as believers in Christ possess the Holy Spirit, the Holy Spirit does not possess all of them. Ours is the indescribable privilege of presenting our bodies to Him as a living sacrifice, as temples in which He will dwell. Only then will we have the power to live the abundant, supernatural life promised to those who yield their hearts and lives to the control of the Holy Spirit.

BIBLE READING Galatians 4:7-14
ACTION POINT Throughout the day, I will acknowledge the fullness and control of God's Holy Spirit in my life. I will also encourage other Christians to claim by faith the fullness and power of the Holy Spirit.

그 아들의 영

"너희가 아들이므로 하나님이 그 아들의 영을 우리 마음 가운데 보내사
아빠 아버지라 부르게 하셨느니라" 갈라디아서 4:6

당신의 전 인생에 걸쳐서 가장 거룩한 특권과 말로 다 할 수 없는 영광이 있었다면 어떤 것이겠습니까? 당신이 그리스도인으로서 오늘 이 말씀의 의미를 정확히 이해한다면 당신의 몸을 이 땅에서 성령이 거하시는 장소로 드리는 것보다 더 중요한 일은 아무것도 없다는 사실에 동의할 것입니다.

내가 어느 곳에 있든지, 모임에서 이야기를 하거나, 성경을 읽거나, 기도하거나, 상담하거나, 집회에 참석하거나, 호텔 방에 홀로 있거나, 혹은 사랑하는 아내와 온 가족과 함께 모여 즐기고 있거나 언제, 어디에서든지 나는 내 몸이 하나님의 성전이며 이보다 더한 특권이 없다는 것을 언제나 분명하게 인식하고 있습니다. 나는 동정녀 마리아가 천사로부터 성령으로 말미암아 잉태하리라는 소식을 듣고 보인 반응을 생각합니다. "마리아가 이르되 내 영혼이 주를 찬양하며 내 마음이 하나님 내 구주를 기뻐하였음은 그의 여종의 비천함을 돌보셨음이라 보라 이제 후로는 만세에 나를 복이 있다 일컬으리로다 능하신 이가 큰 일을 내게 행하셨으니 그 이름이 거룩하시며 긍휼하심이 두려워하는 자에게 대대로 이르는도다"(눅 1:46~50) 마리아는 기뻐하며 감사의 마음을 계속 이어서 표현했습니다.

우리도 그와 같이 이 땅에서 하나님이 거주하실 성전으로 우리가 선택된 특권을 인하여 늘 찬양하며 감사를 드려야 합니다. 이 사실을 묵상할 때, 무한하시고 전능하시며, 거룩하시고 사랑이신, 의로우신 아버지 하나님과 아들과 성령께서 그를 영접한 우리 안에 지금 거하고 계신다는 사실을 실감함으로 우리는 말할 수 없는 기쁨에 가득 차게 됩니다.

이 사실의 중요성을 온전히 깨닫지 못하는 그리스도인들이 많이 있습니다. 그것은 그들이 그리스도를 믿는 자들로서 성령을 받았지만 성령께서 그들을 완전히 소유하시도록 하지 못하고 있기 때문입니다. 우리 몸을 산 제물로, 성령이 내주하시는 성전으로 드리는 것은 말로 다 할 수 없는 우리의 특권입니다. 오직 그럴 때에만 마음과 삶을 성령의 다스림에 순복시키는 사람들에게 약속하신 풍성하고도 초자연적인 삶을 살 수 있는 능력을 얻게 됩니다.

오늘 주시는 말씀 갈라디아서 4:7~14
믿음의 실천 종일토록 나는 나의 삶 속에서 성령의 충만하심과 다스리심을 인식하도록 하겠습니다. 또한 나는 다른 그리스도인들에게도 성령 충만과 능력을 믿음으로(by faith) 주장(claim)하도록 권면하겠습니다.

Awards for Faithfulness

"Stop being afraid of what you are about to suffer—for the devil will soon throw some of you into prison to test you. You will be persecuted for 'ten days.' Remain faithful even when facing death and I will give you the crown of life—an unending, glorious future." REVELATION 2:10

I find this a very timely word of caution, for we live in a day when it appears that the enemy is making his last fling. I would not attempt to set dates, for it may be years, decades or even centuries before the culmination of all things.

But the fact remains that committed believers are facing persecution and testing as perhaps seldom before. You and I may be called upon to suffer for the cause of Christ. By faith, we are not to fear, knowing that an "unending, glorious future" awaits us. a

This promise might apply equally to the physical suffering we encounter from time to time as a part of the natural order of things. If we can accept such suffering as part of God's plan for us—one of the "all things" of Romans 8:28 that is working together for our good—we will be among those victors who are able to "count it all joy."

As we consider these possibilities, we may be optimistic, even cheerful, knowing that we are already on the winning side—more than conquerors. And we need not be afraid, for "God has not given us the spirit of fear, but of power, and of love, and of a sound mind."

BIBLE READING Revelation 2:8-11
ACTION POINT I will count on God's promise of Romans 8:28 to do only that which is good for me, regardless of the circumstances. He will enable me to live supernaturally.

충성의 상급

"너는 장차 받을 고난을 두려워하지 말라 볼지어다 마귀가 장차 너희 가운데에서 몇 사람을 옥에 던져 시험을 받게 하리니 너희가 십 일 동안 환난을 받으리라 네가 죽도록 충성하라 그리하면 내가 생명의 관을 네게 주리라" 요한계시록 2:10

나는 이 말씀이 시기적으로 매우 적절한 경고의 말씀이라는 것을 깨닫습니다. 그것은 원수가 우리를 향하여 최후의 공격을 시도하고 있는 것으로 보이는 때에 우리가 살고 있기 때문입니다. 만물의 마지막이 이르기(벧전 4:7) 전까지 아직 몇 해가 걸릴는지, 혹은 몇십 년이나 몇 세기가 걸릴는지 알 수 없기 때문에 감히 날짜를 못 박을 수는 없습니다.

그러나 헌신된 그리스도인들이 이전에는 거의 없던 핍박이나 시험에 장차 부딪치게 되리라는 사실만은 변함이 없습니다. 우리는 그리스도를 믿는 까닭에 핍박의 자리로 불려 나가게 될지 모릅니다. 우리는 그 너머에 '무한한 영광의 미래'가 우리를 기다리고 있다는 것을 알기에 1)믿음으로(by faith) 두려워하지 않습니다.

자연 질서의 한 부분으로서 때때로 우리가 겪는 신체의 질병과 고통에도 이 약속은 마찬가지로 적용될 수 있을 것입니다. 즉 "모든 것이 합력하여 선을 이룬다"라고 하는 로마서 8장 28절의 말씀대로 신체적인 고통도 그 모든 것 중의 하나로서 우리를 위한 하나님의 계획의 일부분으로 받아들일 때 우리는 어떤 시련도 기쁘게 여길 수 있는 승리자의 반열에 들게 되는 것입니다.

이런 여러 가지를 생각해 볼 때 우리가 단순한 승리자가 아니라, 영원히 승리를 거두시는 분의 편에 이미 서 있다는 사실을 깨닫고 아무 염려 없이 기뻐할 수 있는 것입니다. 우리는 두려워할 필요가 없습니다. 하나님이 우리에게 주신 것은 "두려워하는 마음이 아니요 오직 능력과 사랑과 절제하는 마음"(딤후 1:7)이기 때문입니다.

오늘 주시는 말씀 요한계시록 2:8~11
믿음의 실천 나는 나를 둘러싼 환경에 관계없이 나를 위해 선한 것만을 행하신다는 로마서 8장 28절의 하나님의 약속을 의지하겠습니다. 하나님은 내가 초자연적인 삶을 살 수 있도록 힘을 주실 것입니다.

The Lord Will Pay

"Remember, the Lord will pay you for each good thing you do, whether you are slave or free." EPHESIANS 6:8

When I proposed to Vonette, I promised to do everything I could to make her happy and told her that she would always be the most important person in my life. But I also explained that my first allegiance was to the Lord—I had already made a commitment to Him and would not violate my promise to follow Him whatever the cost. She agreed, and we were married on those conditions.

My love for Vonette is far greater today because Jesus Christ is first in my life, and her love for me is far greater because He is first in her life. Our relationship is infinitely richer and more meaningful than it would have been had she been the master of her life and I the lord of my life, or if we had made each other first in our lives and the Lord Jesus second.

The apostle Paul, inspired by the Holy Spirit, is affirming the promise of our Lord recorded in Matthew 6:32,33, "Your heavenly Father already of knows perfectly well what you need and He will give it to you if you give Him first place in your life and live as He wants you to."

In the context of this verse in Ephesians, Paul is dealing with family relationships—authority within the family. If we can grasp the concept of God as our paymaster, it will make a vast difference in the way we respond to the authority of men.

Christ knows everything you endure; He gives you your full portion of all that He owns. He is really the one for whom you are working. Wherever you are working, you may have assignments and responsibilities which you do not enjoy. But if Christ is truly the one for whom you work, then you will undertake His assignments cheerfully.

If we choose to be rebellious, we face the danger of a reward from our paymaster that might not be at all to our liking. Let us be about out Father's business—willingly, joyfully, enthusiastically.

BIBLE READING   Ephesians 6:1-7
ACTION POINT   I will always remember that my first allegiance is to the Lord Jesus Christ, and by putting Him first, even above my loved ones, I can serve others with greater joy, confidence and enthusiasm.

주께 받으리라

"이는 각 사람이 무슨 선을 행하든지 종이나 자유인이나 주께로부터 그대로 받을 줄을 앎이라"
에베소서 6:8

보네트에게 사랑을 고백하며 청혼했을 때, 나는 보네트를 행복하게 할 수 있는 일은 무엇이든 다 하고 언제나 보네트가 나의 삶에 가장 중요한 사람이 될 것이라고 약속했습니다. 그러나 나는 그녀에게 나의 첫 번째 충성의 대상은 주님이며 내가 이미 그에게 헌신을 약속했을뿐더러 어떤 값을 치르더라도 그를 따르겠다고 한 약속을 어기지 않을 것이라고 덧붙여 이야기해 줬습니다. 보네트는 청혼을 받아들였고 내가 말한 조건으로 우리는 결혼을 했습니다.

예수 그리스도가 나의 삶에서 첫 번째이시기 때문에 보네트를 향한 나의 사랑은 지금은 더욱 큰 사랑이 되었으며, 보네트의 삶에서도 주님이 최우선이시므로 나를 향한 그녀의 사랑이 더욱 큰 사랑이 되었습니다. 만일 나나 그녀가 각자 스스로 자기 삶의 주인이 되었거나 혹은 우리 두 사람이 서로의 삶에서 주 예수를 밀어내고 서로에게 첫 번째의 자리를 차지했다면 얻을 수 없었을 훨씬 더 무한하고 깊고 풍요로운 관계를 우리 두 사람은 지금 누리고 있습니다. "이는 다 이방인들이 구하는 것이라 너희 하늘 아버지께서 이 모든 것이 너희에게 있어야 할 줄을 아시느니라 그런즉 너희는 먼저 그의 나라와 그의 의를 구하라 그리하면 이 모든 것을 너희에게 더하시리라" 마태복음 6장 32~33절에 기록된 우리 주님의 말씀을 오늘 말씀의 저자인 사도 바울은 성령께서 주신 영감으로 다시 확인하고 있습니다.

오늘 주신 에베소서 6장 8절의 전후에서 바울은 가족 관계, 즉 가정 내에서의 권위 문제를 다루고 있습니다. 하나님이 우리의 주인으로 우리의 모든 행위에 대한 결산을 하실 분임을 깨닫는다면 우리가 인간의 권위에 대하여 대응하는 방법이 엄청나게 달라질 것입니다.

그리스도는 당신이 인내하며 수고하는 모든 일을 알고 계십니다. 그는 자신이 소유하고 계신 것 중에서 당신의 몫을 전부 당신에게 주십니다. 당신이 어떤 일을 하든지 사실 당신은 그리스도를 섬기고 있는 것입니다. 당신이 어디서 어떤 일을 하든지 별로 내키지 않는 업무나 책임을 감당할 때도 있을 것입니다. 그러나 만일 당신이 그 일을 통하여 그리스도를 섬기고 있다면 당신은 기쁘게 그가 맡기신 일을 수행할 것입니다. 만일 우리가 하나님을 거역하면 우리는 우리가 전혀 원하지 않는 보상을 하나님께로부터 받는 위험에 직면하게 될 것입니다. 기꺼이, 기쁘게, 그리고 열정적으로 우리 아버지가 주신 사업을 하도록 합시다.

오늘 주시는 말씀 에베소서 6:1~7
믿음의 실천 나는 언제나 나의 첫 번째 충성은 주 예수 그리스도께 향한 것임을 늘 기억하겠습니다. 또 내가 사랑하는 사람들보다도 먼저 예수 그리스도를 첫 번째로 모실 때 나는 더 큰 기쁨과 확신과 열정을 갖고 다른 사람들을 섬길 수 있을 것입니다.

No Hurt in Second Death

"Let everyone who can hear listen to what the Spirit is saying to the churches: He who is victorious shall not be hurt by the Second Death." REVELATION 2:11

I find great comfort in the promises of God's word, and this is another that makes a positive assurance to us: we shall not be hurt by the second death.

But just what is meant by the term second death? It would seem to mean that the conqueror shall not have anything to fear in the future world. The punishment of hell is sometimes called death—not in the sense that the soul will cease to exist, but because death is the most fearful thing we know about, and there is a striking similarity in many respects between death and future punishment.

As death cuts us off from life, so the second death cuts one off from eternal life. Death puts an end to all our earthly hopes, and the second death to all hope forever. Death is accompanied by terrors and alarms, which are only faint emblems of the coming terror in the world of woe.

This promise of no harm for us in the second death really is all that is necessary to sustain us in our trials. Nothing else is needed to make the burdens of life tolerable but this assurance that the end of our earthly journey will bring us to the close of suffering. No power can harm us beyond the grave.

We have no promise that we shall not die, but we do have this glorious assurance that nothing beyond that will ever hurt us. Meanwhile, we are expected to listen—and to be faithful.

BIBLE READING   John 8:21-25
ACTION POINT   Knowing that nothing beyond the grave will ever hurt me, I will make this present life count for Christ and His kingdom.

둘째 사망의 해를 받지 아니하리라

"귀 있는 자는 성령이 교회들에게 하시는 말씀을 들을지어다 이기는 자는
둘째 사망의 해를 받지 아니하리라" 요한계시록 2:11

나는 하나님의 말씀에 나타난 약속들에서 큰 위안을 받습니다. 우리가 둘째 사망의 해를 받지 아니하리라고 하신 오늘의 말씀은 또 하나의 분명한 확신을 우리에게 안겨 줍니다.

그런데 둘째 사망이란 말을 통하여 나타내려는 것은 무엇입니까? 이기는 자는 다가올 세상에서 두려워할 것이 아무것도 없다는 의미를 나타내려는 것으로 생각됩니다. 지옥의 형벌은 때때로 죽음이라고도 불립니다. 그러나 그것은 영혼의 존재가 끝난다는 의미는 아닙니다. 죽음은 우리가 알고 있는 것 가운데 가장 두려운 것이며, 죽음과 미래의 형벌 사이에는 놀랍도록 유사한 점들이 많기 때문에 그렇게 불리는 것입니다.

죽음이 우리를 육신의 생명에서 갈라놓듯이, 둘째 사망은 우리를 영원한 생명에서 갈라놓습니다. 죽음이 이 세상에서 우리의 모든 소망을 빼앗아 가듯이 둘째 사망은 모든 소망을 영원히 거두어 가는 것입니다. 죽음에는 공포와 경악이 함께하지만 이는 다만 장차 다가올 비탄의 세계의 공포를 엿볼 수 있게 하는 희미한 상징일 뿐입니다.

우리가 둘째 사망의 해를 받지 아니하리라고 하신 이 약속은 진실로 우리가 시련을 이겨내는 데 필요한 약속 그 전부입니다. 이 땅에서의 우리의 여정이 끝날 때 고통도 완전히 끝나게 된다는 이 확신 외에 삶의 무거운 짐을 견디기 위해 우리에게 더 필요한 것은 아무것도 없습니다. 어떤 것도 죽음 이후에 우리를 해할 수 없습니다.

우리가 죽지 않으리라는 약속은 없습니다. 그러나 죽음 이후에 우리를 해롭게 할 것은 아무것도 없다는 이 영광된 확신을 우리는 소유하고 있습니다. 이에 따라 주님은 우리가 청종하기를 원하시며, 그리고 신실한 사람이 되기를 원하십니다.

오늘 주시는 말씀   요한계시록 8:21~25
믿음의 실천   죽음 이후에 나를 해할 수 있는 것은 아무 것도 없다는 사실을 깨달으며 나는 이 땅의 삶을 그리스도와 그의 나라를 위하여 살도록 하겠습니다.

Glory Will Be Ours

"Yet what we suffer now is nothing compared to the glory he will give us later."
ROMANS 8:18

In Sydney, Australia, a taxi driver to whom I witnessed became very angry.

"I was in World War II," he exploded, "and I saw thousands of people die. I don't want to have anything to do with a God who allows war."

"Don't blame God for war and the slaughter of millions of people," I explained. "War is the result of man's sin. Man does what he does because of his selfishness and pride. God does not desire that man should destroy men. God is not in favor of war. But sickness, death, earthquakes, tornadoes, floods are all a part of God's judgment because of man's sin, because of man's disobedience to His commands."

The problem of suffering is a mysterious one, but for the Christian there is a good, logical answer. All creation waits patiently and hopefully for that future day when God will resurrect His children. On that day, thorns and thistles, sin and death and decay—the things that overcome the world—will all disappear at God's command.

The world around us then will share in the glorious freedom from sin which God's children enjoy. Even the things of nature, animals and plants which now suffer deterioration and death, await the coming time of this great glory.

We Christians—though we have the Holy Spirit within us as a foretaste of future glory—also groan to be released from pain, heartache, sorrow and suffering. We too wait anxiously for that day when God will give us full rights as His children, including the new bodies He has promised us—bodies that will never suffer again, and that will never die.

BIBLE READING Romans 8:24-27
ACTION POINT Knowing that glory is ahead for me as a believer, I will joyfully endure whatever suffering comes my way. I will tell others in times of sorrow of God's love and plan for them, and help them understand the scriptural reason for man's suffering.

우리에게 나타날 영광

"생각하건대 현재의 고난은 장차 우리에게 나타날 영광과 비교할 수 없도다"
로마서 8:18

오스트레일리아의 시드니에서 어떤 택시 운전사에게 그리스도를 증거하자 그는 매우 화를 냈습니다.

그는 분노를 터뜨리며 이렇게 말했습니다. "나는 제2차 세계 대전에 참전했습니다. 그리고 엄청난 사람들이 죽어가는 것을 목격했습니다. 나는 전쟁이 일어나도록 내버려 두는 신은 생각하고 싶지 않습니다."

나는 이렇게 설명했습니다. "전쟁과 수많은 사람의 살육 때문에 하나님을 비난하지 마십시오. 전쟁은 인간의 죄 때문입니다. 인간은 자신의 이기심과 교만 때문에 하고 싶은 대로 합니다. 하나님은 사람이 사람을 죽이는 것을 원하지 않으십니다. 하나님은 전쟁을 좋아하지도 않으십니다. 그러나 질병과 죽음과 지진, 그리고 폭풍과 홍수 따위는 모두 인간의 죄와 하나님의 계명에 대한 불순종 때문에 받게 되는 하나님의 심판의 일부입니다."

인간이 겪는 고난의 문제는 이해하기 어려운 것입니다. 그러나 그리스도인에게는 그에 대해 훌륭한, 논리적인 답이 있습니다. 모든 피조물은 하나님께서 그의 자녀들을 부활하게 하실 그 날을 고대하고 있습니다. 바로 그 날 세상을 뒤덮고 있던 가시와 엉겅퀴, 죄와 죽음 그리고 썩어짐은 하나님의 명령에 의해 사라질 것입니다.

그때 우리를 둘러싼 세상은 죄로부터 벗어나 하나님의 자녀들이 누리는 영광스러운 자유를 함께 누리게 될 것입니다. 지금 썩어짐과 죽음의 고통을 당하고 있는 자연계의 피조물들, 동물이나 식물들도 이 큰 영광의 때를 고대하고 있습니다.

성령이 우리 안에 거하심으로 장차 나타날 영광을 미리 맛보고 있는 우리 그리스도인들도 역시 고통과 상심과 슬픔과 괴로움에서 벗어날 때를 탄식하며 기다리고 있습니다. 약속하신 대로 결코 다시는 고통을 겪지도, 다시는 죽지도 않을 새 몸과 함께 우리에게 하나님의 자녀로서의 완전한 권리를 하나님께서 주실 그 날을 우리 역시 간절히 고대하고 있습니다.

오늘 주시는 말씀 로마서 8:24~27
믿음의 실천 믿는 자로서, 영광이 내 앞에 있을 것을 알고 있는 나는 앞길에 어떤 고통이 있더라도 기쁘게 인내하겠습니다. 나는 고통을 겪고 있는 사람들에게 그들을 위한 하나님의 사랑과 계획에 대해 이야기 해주겠으며 또 인간이 겪는 고통에 대한 성경적인 이유들을 이해할 수 있도록 도와주겠습니다.

Worthy of Trust

"What is faith? It is the confident assurance that something we want is going to happen.
It is the certainty that what we hope for is waiting for us,
even though we cannot see it up ahead." HEBREWS 11:1

Frequently, individuals make gifts of property, stocks or bonds to Campus Crusade for Christ. I am notified by our legal department that the papers have been received, confirming our ownership. Then, on basis of their word, I consider the value and the potential sale of these properties in light of our budget for this worldwide ministry. Can you imagine? I make decisions involving literally millions of dollars based upon a word or a memo. I do not see the stocks and bonds, visit the property, or even see the papers. But I can take the word of my associates, whom I have learned to trust, and, based on their recommendations, I can determine how many missionaries we can send to the field. That is what faith is all about. I have faith in my beloved colleagues because they have proven to be trustworthy. How much more should I have faith in our loving, gracious God and Father who has demonstrated His faithfulness and trustworthiness innumerable times? How much more should I believe His holy, inspired Word—His many promises? However, God's promises do not become reality unless we act upon them, claiming them in faith, any more than the word of my associates would be of any value unless I acted upon that information. Vast resources of heaven are available to us. We appropriate them by faith. For example, suppose I have $1,000 in the bank. I go to the bank with a check for $100. I get on my knees and beseech the teller to cash my $100 check. This would seem unusual to the teller for this is not the way to cash a check. Rather, I place it before the teller with the assurance that I have ten times the amount of the check on deposit and therefore without any hesitancy can expect my check to be cashed. So it is with the bank of heaven. I know that the promises of God are faithful and true. God does not lie. God is worthy of my trust and, therefore, whatever He promises, He will perform if only I will trust and obey Him.

BIBLE READING   Psalm 119:89-96
ACTION POINT   Today I will claim the promises of God by faith with the joyful assurance that whatever God promises, He is faithful to perform. I will claim His supernatural resources for supernatural living.

# 신뢰를 받으실 분

"믿음은 바라는 것들의 실상이요 보이지 않는 것들의 증거니"
히브리서 11:1

CCC의 사역을 위하여 부동산이나 주식, 혹은 채권을 기부하는 분들이 자주 있습니다. 소유권을 양도하는 서류를 받게 되면 우리 법률 담당 부서는 나에게 내용을 알려줍니다. 그러면 나는 우리 법률 담당 부서의 말에 따라 우리 CCC의 전 세계적인 사역을 위한 예산을 감안하여 그 자산의 가치와 매도 가능성을 검토합니다. 상상하실 수 있습니까? 나는 문자 그대로 수백만 달러의 금액과 관련된 결정을 단지 담당 동역자들의 말이나 메모만으로 내리곤 합니다. 나는 그 주식이나 채권을 본 일도, 그 부동산이 있는 곳을 찾아본 적도 없습니다. 그 관련 서류조차도 보지 않습니다.

믿음도 바로 이와 같습니다. 나는 내 사랑하는 동역자들을 믿습니다. 그들은 믿을 수 있는 사람들임을 증명해 보였기 때문입니다. 그렇다면 수도 없이 우리에게 그의 신실하심과 신뢰성을 보여 주신 사랑과 은혜의 하나님 아버지께 대한 우리의 믿음은 얼마나 더 큰 것이어야 하겠습니까? 또 그의 거룩하고 영감된 말씀 가운데 그가 주신 많은 약속들에 대한 믿음은 얼마나 더 큰 것이어야 하겠습니까? 그러나 내가 나의 동역자들이 주는 정보에 근거하여 행동하지 않으면 그들의 말이 아무 가치가 없는 것과 마찬가지로 하나님의 말씀을 믿음으로 주장(claim)하면서 그 말씀에 따라 행동하지 않으면 그 약속은 현실로 이루어지지 않을 것입니다.

하늘의 무한한 자원은 우리에게 열려 있습니다. 우리는 믿음으로 그 자원들을 소유할 수 있습니다. 예를 들어 내가 은행에 1,000달러를 예금해 두었다고 가정합시다. 내가 100달러 짜리 수표를 가지고 은행에 가서 무릎을 꿇고 그 수표를 현금으로 바꾸어 달라고 애원한다면 그 은행원은 대단히 이상히 여길 것입니다. 그건 수표를 현금으로 바꾸는 방법이 아니기 때문입니다. 대신에 나는 수표의 열 배가 되는 예금이 있고 따라서 즉시 현금으로 바로 바꿀 수 있다는 확신으로 은행원 앞에 수표를 내밀어야 할 것입니다. 하늘의 은행도 이와 마찬가지입니다. 나는 하나님의 약속들이 신실하고 참된 것임을 압니다. 하나님은 거짓말을 하시지 않습니다. 하나님은 내가 신뢰할 수 있는 분이며, 그러므로 내게 주신 약속은 어떤 것이든지 내가 하나님을 신뢰하고 순종하기만 하면 모두 이루어 주실 것입니다.

오늘 주시는 말씀 시편 119:89~96
믿음의 실천 오늘 나는 하나님께서 약속하신 것은 무엇이든 이뤄주시는 신실하신 분이심을 기쁘게 확신하면서 믿음으로(by faith) 하나님의 약속들을 주장하겠습니다. 나는 초자연적인 삶을 위하여 하나님의 초자연적인 능력의 자원을 요청하겠습니다.

All Things for Our Good

"And we know that all that happens to us is working for our good
if we love God and are fitting into his plans." ROMANS 8:28

I waited and prayed in the chapel at Loma Linda Hospital. My beloved wife, Vonette, had been in major surgery for four hours. Three weeks before, while I was in Brazil, she had learned during a physical examination that she had a large growth which could be malignant.

Though he wanted to operate at once, the doctor agreed to wait until I returned from a tour of several Latin American countries. When Vonette called to give me the report, naturally I wanted to return home at once. However, she assured me that she would be all right and encouraged me not to interrupt the meetings since they had the potential of ultimately helping to train hundreds of thousands of Christians to reach millions for our Lord throughout Latin America (which they have subsequently done through a great Here's Life movement in each of those countries).

We prayed over the telephone, praising God for His past faithfulness to us. To express our faith and obedience to His holy Word, we thanked Him for this opportunity to trust Him, even though it seemed very difficult. Then as we praised the Lord, His supernatural peace flooded our hearts. God always honors faith and obedience. In the following weeks we continued to praise and thank God as we both spoke and witnessed for Him personally and at many meetings, recognizing that we are His servants, and that the Master is responsible for the welfare of His servants. After the surgery the doctors assured us that the operation was successful and that there was no malignancy. We continued to thank and praise the Lord for His goodness to us. We know that, if we love God, all things really do worktogether for our good regardless of the circumstances or its outcome. God allowed us to go through this experience so that we would be reminded of His faithfulness and learn to love, trust and obey Him.

BIBLE READING Romans 8:29-34
ACTION POINT Since I love God, I will, by faith, count all things as working together for my good and will thank and praise God in obedience to His command. I will encourage others to trust and obey God as an expression of the supernatural life.

합력하여 선을 이룸

"우리가 알거니와 하나님을 사랑하는 자 곧 그의 뜻대로 부르심을 입은 자들에게는
모든 것이 합력하여 선을 이루느니라" 로마서 8:28

나는 캘리포니아에 있는 '로마 린다' 병원의 예배실에서 기다리며 기도하고 있었습니다. 내 사랑하는 아내 보네트가 네 시간에 걸쳐 큰 수술을 받고 있었기 때문입니다. 3주 전에 내가 브라질에 있었을 때 보네트는 건강 검진을 받던 중 악성일지도 모르는 커다란 종양이 있다는 말을 들었습니다.

의사는 바로 수술하려고 했지만 결국 내가 남미 여러 나라의 순회 여행을 마치고 돌아올 때까지 기다리겠다고 한 보네트의 고집에 동의했습니다. 보네트가 처음 내게 그 소식을 알리기 위해 전화를 했을 때 물론 나는 당장 집으로 돌아오려고 했습니다. 그러나 그녀는 괜찮을 것이라고 나를 안심시키며 예정된 모임들에 지장을 주지 않도록 하라고 권면했습니다. 그 모임들을 통하여 우리 주님을 위하여 수십만의 그리스도인을 훈련시키고 궁극적으로 남미 전체의 수백만 명의 사람에게 복음을 전할 수 있도록 도울 수 있었기 때문입니다.(그 후 남미 여러 나라에서 실제로 'Here's Life 운동'이 크게 일어났습니다.) 보네트와 나는 하나님이 전에 우리에게 베풀어 주셨던 신실함을 찬양하며 전화로 함께 기도했습니다. 하나님의 거룩한 말씀에 대한 우리의 믿음과 순종을 표현하기 위해, 비록 매우 어려운 상황으로 보였지만, 우리는 하나님을 신뢰할 수 있는 기회를 주신 것에 함께 감사했습니다. 우리가 주님을 찬양했을 때 주님의 초자연적인 평안이 우리 마음에 넘쳤습니다. 하나님은 언제나 믿음과 순종을 영화롭게 하십니다.

그다음 몇 주간 우리는 우리가 주님의 종인 것과 주인 되신 우리 주님은 그 종들의 복지에 책임을 져주신다는 사실을 인식하면서, 두 사람 모두 계속하여 하나님을 개인적으로, 또 여러 모임에 나가 증거하고 말씀을 전하며 찬양과 감사를 드렸습니다.

수술이 끝난 뒤 의사들이 수술이 성공적이었으며, 악성 종양은 없었다고 확인시켜주었습니다. 우리를 향하신 하나님의 선하심을 인하여 우리는 계속하여 감사와 찬송을 드렸습니다. 우리가 하나님을 사랑한다면 상황이나 혹은 상황에 따른 결과에 상관없이 모든 것이 합력하여 선을 이룰 것을 우리는 압니다. 하나님은 우리가 이러한 경험을 하도록 허락하셔서 우리가 하나님의 신실하심을 다시 한번 깨닫고 또 하나님을 신뢰하며 순종하는 법을 배우게 하려는 것입니다.

오늘 주시는 말씀   로마서 8:29~34
믿음의 실천   내가 하나님을 사랑하기 때문에 모든 것이 합력하여 선을 이룰 것을 믿음으로 확신하겠으며 하나님의 명령에 순종하여 감사와 찬양을 드리겠습니다. 나는 다른 사람들도 마찬가지로 초자연적인 삶의 표현으로써 하나님을 신뢰하고 순종하도록 권면하겠습니다.

In the Book of Life

"Everyone who conquers will be clothed in white, and I will not erase his name from the Book of Life, but I will announce before my Father and his angels that he is mine."
REVELATION 3:5

Perhaps you have rejoiced—as I have—at the reminder that our names are written in the Lamb's Book of Life, God's heavenly record of the redeemed.

Here are two more promises to the conqueror, the overcomer, the victorious Christian—one having to do with future reign, the other with our security in Him.

Not only to the believers in Sardis who should be victorious, but also to those in every age and every land, lies the hope—indeed the promise—of appearing with Christ in white robes expressing holiness and joy in that future day when He shall rule and reign on this earth.

If you are a believer in Christ, your name is in that book which contains the names of those who are to live with Him throughout eternity. Not to have our names erased, of course, means that the names will be found there on the great day of final account, and forever and ever.

What better way could we use our time today—and tomorrow—and the next day—than to add names to the Book of Life, by faithfully witnessing to others about the good news of the gospel? Our privilege and responsibility is to share; God's Holy Spirit does the work of convicting and saving.

BIBLE READING Revelations 3:1-6
ACTION POINT "Dear Lord, help me to add names to Your Book of Life by sharing my faith in You at every possible opportunity."

생명책에서

"이기는 자는 이와 같이 흰 옷을 입을 것이요 내가 그 이름을 생명책에서 결코 지우지 아니하고 그 이름을 내 아버지 앞과 그의 천사들 앞에서 시인하리라"
요한계시록 3:5

아마 당신도 내가 그랬던 것처럼 당신의 이름이 하나님의 구속된 자들의 기록인 어린 양의 생명책에 기록되었음을 깨닫고 기뻐하였을 것입니다.

여기에 이기는 자, 정복하는 자, 승리하는 그리스도인을 위한 또 다른 두 가지의 약속이 있습니다. 하나는 장래에 주와 함께 다스린다는 약속이요, 다른 하나는 하나님 안에서 우리가 안전하다는 것입니다.

승리한 사데 교회의 믿는 자들에게만 아니라 모든 세대와 모든 나라의 믿는 자들에게도 장차 주께서 통치하고 다스리시는 날에 거룩함과 기쁨을 나타내는 흰 옷을 입고 그리스도와 함께 나타날 소망, 즉 참된 약속이 있습니다.

당신이 그리스도를 믿는 사람이라면 그분과 영원토록 함께 살 사람들의 이름이 적혀 있는 생명책에 당신의 이름도 기록되어 있습니다. 물론 이름을 지우지 않는다는 것은 그 이름들이 마지막 심판의 날에, 그리고 또 영원토록 생명책에 남아있을 것을 의미합니다.

신실하게 복음의 좋은 소식을 전하여 다른 사람들의 이름을 이 생명책에 더 하는 것보다 오늘, 내일, 그리고 우리가 사는 날 동안 우리의 시간을 더 잘 사용할 수 있는 방법이 무엇이겠습니까? 우리가 가진 특권이자 책임은 복음을 전하는 것이며, 죄를 깨닫게 하시고 구원하시는 일은 성령께서 담당하십니다.

오늘 주시는 말씀　　요한계시록 3:1~6
믿음의 실천　　"사랑하는 주님. 내가 언제든지 기회 있을 때마다 당신을 믿는 나의 믿음을 다른 사람들과 나눔으로써 당신의 생명책에 이름들을 더할 수 있도록 저를 도와주옵소서."

His Spirit Tells Us

"That is what is meant by the Scriptures which say that no mere man has ever seen,
heard or even imagined what wonderful things God has ready for those who love the Lord.
But we know about these things because God has sent his Spirit to tell us,
and his Spirit searches out and shows us all of God's deepest secrets."
1 CORINTHIANS 2:9-10

I have asked millions this question: "What is the greatest thing that as ever happened to you since you became a Christian?"

The answer invariably has been: "To experience the reality, power, control and fruit of the Holy Spirit." No other truth so transforms the life of the Christian and enables him to be fruitful for the glory of God.

Two strangers were viewing the Niagara whirlpool rapids one day and one said to the other, "Come and I'll show you the greatest unused power in the world."

Taking him to the foot of Niagara Falls, he said, "There is the greatest unused power in the world!"

"Oh, no, my friend," came the reply, "not so. The greatest unused power in the world is the Holy Spirit of the living God."

Christ's strength is given to us through the Holy Spirit to meet our every need. How do we receive that strength, that supernatural power?

As Christians, we have the potential within us, in the person of God's Holy Spirit, but sin hinders the working of the Holy Spirit in our lives.

By confessing all our known sin and appropriating the power of the Holy Spirit within us, we can, by faith, be filled and continue to be filled with the power of the Holy Spirit. Then, according to God's Word, the Holy Spirit ministers to our every need. When we by faith are filled with the Holy Spirit, He guides us, empowers us, makes us holy, bears witness in our lives, comforts us, gives us joy, gives discernment, bears fruit in and through our lives and gives us spiritual gifts for the building up of the Body of Christ.

BIBLE READING 1 Corinthians 2:11-16
ACTION POINT I will by faith appropriate the greatest unused power in the world today, God's indwelling Holy Spirit who enables me to live a supernatural life. I will share with someone today how he, too, can live a supernatural life.

보여 주시는 성령

"기록된 바 하나님이 자기를 사랑하는 자들을 위하여 예비하신 모든 것은 눈으로 보지 못하고
귀로 듣지 못하고 사람의 마음으로 생각하지도 못하였다 함과 같으니라
오직 하나님이 성령으로 이것을 우리에게 보이셨으니
성령은 모든 것 곧 하나님의 깊은 것까지도 통달하시느니라" 고린도전서 2:9~10

나는 그동안 수백만의 사람에게 이 질문을 던져 보았습니다. "당신이 그리스도인이 된 이래 당신에게 일어난 가장 위대한 사건은 무엇입니까?"

그 대답은 항상 변함없이 "성령의 실재, 능력과 다스림 그리고 그 열매를 경험한 것입니다."였습니다. 그리스도인의 삶을 그토록 크게 변화시키고 하나님의 영광을 위하여 열매를 맺을 수 있게 하는 다른 진리는 없습니다.

어느 날, 두 사람이 나이아가라 폭포 아래 소용돌이치는 급류를 바라보고 있었습니다. 한 사람이 다른 사람에게 이렇게 말했습니다. "이리 와 보게. 내가 이 세상에서 아직 사용되지 않고 있는 가장 거대한 힘을 보여주겠네." 그는 옆 사람을 나이아가라 폭포의 아래로 데리고 와서 말했습니다. "이 세상에서 사용되지 않고 있는 가장 거대한 힘은 바로 저기에 있네."

그러자 다른 사람이 대답했습니다. "오, 아닐세. 친구, 그렇지 않네. 이 세상에서 사용되고 있지 않은 가장 거대한 힘은 살아 계신 하나님의 성령일세."

그리스도의 능력은 우리의 모든 필요를 채워 주시기 위하여 성령을 통해 우리에게 주어집니다. 그 능력, 그 초자연적인 권능을 어떻게 받을 수 있을까요?

그리스도인으로서 하나님의 성령의 인격 안에서 우리는 잠재적인 능력을 우리 안에 이미 소유하고 있습니다. 그러나 죄가 우리 삶 가운데서 성령의 역사를 방해합니다.

우리가 깨닫는 모든 죄를 고백하고 또, 우리 안에 있는 성령의 능력을 1)믿음으로(by faith) 소유함으로써 우리는 성령 충만할 수 있으며 또 지속적으로 성령 충만을 누릴 수 있습니다. 그럴 때 하나님의 말씀에 이르신 대로 성령께서 우리의 모든 필요를 채워주십니다.

우리가 믿음으로(by faith) 성령의 충만함을 받을 때 그분은 우리를 인도하시고, 능력 주시며, 거룩하게 하시고, 삶 가운데 증거하게 하시고, 위로하시고, 기쁨을 주시고, 우리에게 분별력을 주시며, 우리의 삶 안과 밖에서 열매를 맺게 하시며 그리스도의 몸을 세우기 위하여 우리에게 성령의 은사들을 주십니다.

오늘 주시는 말씀   고린도전서 2:11~16
믿음의 실천   나는 오늘날 세상에서 사용되고 있지 않은 가장 거대한 힘, 나로 하여금 초자연적인 삶을 살 수 있도록 하시는 하나님의 내주하시는 성령을 믿음으로(by faith) 소유하겠습니다. 나는 오늘 다른 사람에게 초자연적인 삶을 살 수 있는 비결을 전해 주겠습니다.

Glorious Future

"As for the who conquers, I will make him a pillar in the temple of my God; he will be secure and will go out no more; and I will write my God's Name on him, and he will be a citizen in the city of my God—the New Jerusalem, coming down from heaven from my God; and he will have my new Name inscribed upon him." REVELATION 3:12

You and I shall some day be in that beautiful temple in Jerusalem—New Jerusalem—to rule and reign with the King of kings and Lord of lords forever and forever.

Can you see it now? While we do not know—and need not know—all the incidental details and circumstances, we know enough from God's holy Word to know that some day we shall be with Him, never to be separated. That is cause for shouting and rejoicing.

And we need not be terrified by the condition that we must be conquerors before we qualify for any of these promised blessings. Has He not told us that we are already "more than conquerors?"

Here again we have that promise of the new name, thought by some to be the very name of Christ Himself—certainly worthy of attainment, whatever its true meaning.

To be "heirs with God and joint-heirs with Christ" holds all the wonderful promise that the human mind can imagine. Just to be with Him is enough; to know that He adds blessing upon blessing as we rule and reign with Him—that is unparalleled joy indeed.

BIBLE READING Revelation 3:7-13
ACTION POINT With a quick look at the future, I'll do my best to make this day all that God intends for me, especially in my outreach to others.

영광의 미래

"이기는 자는 내 하나님 성전에 기둥이 되게 하리니 그가 결코 다시 나가지 아니하리라
내가 하나님의 이름과 하나님의 성 곧 하늘에서 내 하나님께로부터 내려오는 새 예루살렘의 이름과
나의 새 이름을 그이 위에 기록하리라" 요한계시록 3:12

여러분과 나는 언젠가는 왕 중의 왕, 만유의 주님과 함께 영원토록 다스리기 위하여 그 아름다운 예루살렘—새 예루살렘—성전에 거할 것입니다.

그 모습을 지금 상상할 수 있습니까? 우리가 그때 보게 될 세세한 내용과 또 그 모든 환경을 지금은 자세히 모르고, 또 굳이 알 필요도 없지만, 우리는 하나님의 거룩한 말씀에 의하여 우리가 언젠가 그분과 함께 있게 되고 두 번 다시 떨어져 있지 않으리라는 것은 분명히 알 수 있습니다. 이것이 큰소리로 외치며 즐거워할 이유입니다.

그리고 우리는 이 모든 약속된 축복을 얻을 자격을 위해 먼저 이기는 자가 되어야 한다는 조건 때문에 두려워할 필요가 없습니다. 주께서는 우리가 이미 '이기는 자 그 이상'이라고 말씀하시지 않았습니까?(롬 8:37) 우리는 오늘 말씀에서 또다시 '새 이름'의 약속을 받았습니다. 어떤 사람들은 이를 바로 그리스도 자신의 이름이라고 생각합니다. 그 참된 의미가 무엇이든지 간에 이는 얻을 만한 가치가 있는 것입니다.

"하나님의 후사요 그리스도와 함께한 후사"(롬 8:17)가 되는 약속에는 인간이 생각할 수 있는 모든 놀라운 약속이 다 포함되어 있습니다. 그분과 함께 있게 된다는 것만으로 족합니다. 그리고 우리가 그분과 함께 다스릴 때 축복에 축복을 우리에게 더하실 것을 아는 것, 이것이 그 무엇과도 비교할 수 없는 기쁨입니다.

오늘 주시는 말씀   요한계시록 3:7~13
믿음의 실천   우리에게 장차 있을 미래를 잠시 생각해보며, 나는 오늘을 온전히 하나님이 원하시는 날이 되도록 최선을 다하겠습니다. 특별히 다른 사람들에게 증거하는 일에 열심을 다하겠습니다.

We Are His Friends

"And since, when we were his enemies, we were brought back to God by the death of his Son, what blessings he must have for us now that we are his friends and he is living within us!"
ROMANS 5:10

Marilyn had a very poor self-image. She hated the way she looked and felt that her personality was so bad she could never expect to have true friends. She was concerned especially about marriage. How could she ever find a man to love her since she was so unattractive (in her thinking)?

I was able to help her see how much God loved her, and how great was His blessing for her as a child of God. The supernatural life-style was available to her, and she was the one to determine whether or not she would measure up, as an act of the will by faith, to what God had called and enabled her to be. Her part was simply to trust and obey Him.

With God's help, she determined to be that kind of person, the kind of person God had created her to be.

We who are Christians can see ourselves as God sees us and through the enabling of the Holy Spirit become what we are in His sight. With the eyes of love, He sees us covered with the blood of Christ, which was shed on the cross for our sins, and, as expressed in Hebrews 10, He sees us as holy, righteous and totally forgiven. He hold nothing against us. The penalty for our sins has been paid—once and for all. There is nothing that we can add.

Now we have the privilege of becoming in our own experience what we are already in God's sight.

BIBLE READING   Romans 5:11-15
ACTION POINT   Through the enabling of the Holy Spirit, I will begin to see myself as God sees me: loved, forgiven, holy, spiritually mature, and fruitful for the glory of God. Today I will live by faith the supernatural life which is my heritage in Christ.

하나님과 화목 된 자

"곧 우리가 원수 되었을 때에 그의 아들의 죽으심으로 말미암아 하나님과 화목하게 되었은즉 화목하게 된 자로서는 더욱 그의 살아나심으로 말미암아 구원을 받을 것이니라"
로마서 5:10

마릴린은 자신에 대한 아주 비참한 자아상을 가지고 있었습니다. 그녀는 자신의 용모를 싫어했으며 자신의 성품이 너무 나빠서 결코 참다운 친구를 가질 수 없으리라고 느끼고 있었습니다. 그녀는 특별히 결혼에 대해 걱정하고 있었습니다. 이렇게 매력이 없는데 어떻게 나를 사랑해 줄 남자를 찾을 수 있겠느냐고 그녀는 혼자 생각했습니다.

나는 그때 하나님께서 그녀를 얼마나 사랑하시는지, 그리고 하나님의 자녀로서 그녀를 위한 하나님의 축복이 얼마나 큰지를 그녀가 깨달을 수 있도록 도울 수 있었습니다. 초자연적인 생활 방식은 그녀에게도 가능한 것이며, 믿음에 의한(by faith) 의지적인 행동으로 하나님이 그녀를 부르신 뜻과 또 그 뜻이 그녀에게 이뤄질 수 있도록 도우시는 하나님의 도우심에 부응할 것인지 아닌지를 결정하는 것은 그녀 자신임을 이야기해 주었습니다. 그녀가 할 일은 단지 하나님을 믿고 순종하는 것이었습니다.

하나님의 도우심으로 그녀는 하나님이 원래 그녀를 창조하실 때 가지셨던 목적대로 그런 사람이 되기로 결심했습니다.

우리 그리스도인들은 하나님께서 우리를 보시는 그대로 자신을 볼 수 있으며, 성령의 가능케 하심으로 말미암아 하나님의 눈에 비치는 것과 같은 사람으로 점차 변화되어 갑니다. 그분은 사랑의 눈으로 우리를, 또 우리 죄를 위해 십자가에서 흘린 그리스도의 보혈로 덧입혀 있는 모습으로 보시며, 히브리서 10장에 나타난 대로 우리를 거룩하고 의롭고 온전히 용서받은 자로 보십니다. 그분은 우리에게 불리한 것은 아무것도 기억하지 않으십니다. 우리의 죗값은 단번에 그리고 영원히 치러졌습니다. 우리가 할 일은 더 이상 아무것도 없습니다.

이제 우리는 하나님 보시기에 이미 아름다운 우리의 모습대로 하루하루 변화되어가는 것을 경험하는 특권을 누리고 있습니다.

오늘 주시는 말씀 로마서 5:11~15
믿음의 실천 성령의 가능케 하심을 통해, 나는 하나님의 관점으로 나를 보기 시작하겠습니다. 사랑과 용서를 받고 거룩하고 영적으로 성숙하며 하나님의 영광을 위하여 열매를 풍성히 맺는 모습으로 나를 보겠습니다. 오늘 나는 그리스도 안에서 나의 유산인 초자연적인 삶을 믿음으로(by faith) 살겠습니다.

Can't Keep on Sinning

"The person who has been born into God's family does not make a practice of sinning because now God's life is in him; so he can't keep on sinning, for this new life has been born into him and controls him—he has been born again." 1 JOHN 3:9

I am sobered by the thought that, having served the Lord for more than 30 exciting, wonderful, fruitful years, I might yet dishonor His name and bring disgrace to His cause. I know what has happened to other brothers and sisters in Christ—some of whom had been Spirit-filled Christian leaders, and I know that I too could fail the Lord if I do not continue to trust and obey Him. Even the apostle Paul lived in reverential fear that he might dishonor the name and cause of our Lord.

"So be careful. If you are thinking, 'Oh, I would never behave like that,' let this be a warning to you. For you too may fall into sin. But remember this: The wrong desires that come into your life aren't anything new and different. Many others have faced exactly the same problems before you. And no temptation is irresistible.

"You can trust God to keep the temptation from becoming so strong that you can't stand up against it, for He has promised this and will do what He says. He will show you how to escape temptation's power so that you can bear up patiently against it" 1 Corinthians 10:13.

For many years it has been my prayer, as I pray on the offensive, "Oh, God, if there is a possibility that I may dishonor or disgrace Your name by becoming involved in a moral, financial or any other kind of scandal that would discredit my ministry and nullify my witness for You, I would rather You take my life first before such a thing could happen."

The Scripture warns all believers that any one of them, too, could fall. No one reaches the place of spiritual maturity or perfection where he can say, "I don't need the Lord's help anymore." The only one who can enable us to live victorious lives is the Lord Jesus Christ Himself.

BIBLE READING   1 John 2:21-29
ACTION POINT   At the very first sign of yielding to Satan in any way, large or small, I will remind the Lord of my utter dependence on Him and I will claim by faith His power to live a supernatural life.

죄를 짓지 아니하나니

"하나님께로부터 난 자마다 죄를 짓지 아니하나니 이는 하나님의 씨가 그의 속에 거함이요
그도 범죄하지 못하는 것은 하나님께로부터 났음이라" 요한일서 3:9

나는 30년 이상이나 흥분되고 놀라우며 풍성한 열매 맺는 사역을 통해 주님을 섬겨 왔지만, 아직도 내가 혹시라도 하나님의 이름에 불명예를 끼치거나 하나님이 하시는 일을 더럽힐 수도 있다는 생각에 다시금 긴장하곤 합니다. 나는 성령 충만했었던 일부 기독교 지도자들을 포함하여 그리스도 안에 있는 다른 형제자매들에게 무슨 일들이 있었는지를 압니다. 그리고 계속하여 주님을 믿고 신뢰하지 않으면 나 역시도 실패할 수 있음을 알고 있습니다. 사도 바울조차도 혹시라도 자신이 주님의 이름과 뜻을 더럽히지 않을까 하는 경건한 두려움 가운데 살았습니다.

그러므로 조심하십시오. 만일 '나는 절대로 그런 행위는 하지 않을 것이다.'라는 생각을 한다면 이 생각 자체를 자신에 대한 경고로 받아들이십시오. 당신도 같은 죄에 빠질 수 있기 때문입니다. 그러나 기억하십시오. 당신의 삶 속에 들어오는 잘못된 욕구들은 새롭거나 특별한 것이 아닙니다. 많은 다른 사람도 당신이 겪는 똑같은 문제들과 직면해 왔습니다. 그리고 우리가 물리칠 수 없는 시험은 없습니다. "사람이 감당할 시험 밖에는 너희가 당한 것이 없나니 오직 하나님은 미쁘사 너희가 감당하지 못할 시험 당함을 허락하지 아니하시고 시험 당할 즈음에 또한 피할 길을 내사 너희로 능히 감당하게 하시느니라"(고전 10:13)

시험에 대하여 나는 움츠려들기보다는 오히려 오랫동안 이렇게 공격적으로 기도하여 왔습니다. "오, 하나님, 만일에 내가 도덕적이나 금전적 혹은 다른 어떤 종류의 부끄러운 행위로 나의 사역에 대한 신뢰를 잃게 하고 하나님을 위한 나의 증거를 헛되게 하여 당신의 이름을 더럽히고 불명예를 끼칠 것 같으면 그런 일이 일어나기 전에 당신께서 차라리 내 생명을 먼저 취하여 가시기를 바랍니다."

성경은 누구라도 실족할 수 있음을 모든 믿는 자에게 경고합니다. "나는 더 이상 주님의 도움이 필요치 않습니다."라고 말 할 수 있을 정도로 영적으로 성숙하거나 완벽한 사람은 없습니다. 우리로 하여금 승리의 삶을 살 수 있게 하실 분은 주 예수 그리스도 한 분 뿐입니다.

오늘 주시는 말씀 요한일서 2:21~29
믿음의 실천 크든 작든, 어떤 것에서든지 내가 사탄에게 굴복한다는 어떤 징조라도 보이면 나는 즉시 주님께 내가 주님을 전적으로 의지하고 있음을 고백하고 초자연적 삶을 살 수 있게 하시는 그분의 능력을 믿음으로(by faith) 주장(claim)하겠습니다.

On the Throne Beside Him

"I will let everyone who conquers sit beside me on my throne, just as I took my place with my Father on his throne when I had conquered." REVELATION 3:21

Can you imagine such glorious majesty as that which is promised in this verse?

In Revelation, Christ is frequently pictured as being on a throne, both in heaven and during His return on earth. More unusual is this promise to overcomers that, just as Christ is seated with God on His throne, they will sit on their thrones with Christ. This is in keeping with the reward of a crown as described in chapter 2, verse 10.

In Mark 10:35-45, in response to the request of James and John that they be allowed to sit at His right and left in glory, Jesus replied that this was not in His power to grant. On the contrary, He reminded them that they were to be, like Him, the "servant of all."

Matthew 19:28 presents quite a different view, with Jesus telling His disciples that when the Son of man sits on His glorious throne, those who have followed Him "will also sit on twelve thrones, judging the twelve tribes of Israel."

In Luke's parallel passage 22:30, the disciples are to eat with Christ at His table and also to sit on thrones judging the twelve tribes—a joyful combination similar to the one presented in Revelation 3:21. The promise that the overcomers will rule is to find its glorious fulfillment in their millennial reign with Christ Revelation 20:4.

In our daily walk with Christ, this view of His grace and love and majesty should spur us on to holy living—to supernatural living.

BIBLE READING   Acts 2:30-36
ACTION POINT   I will strive to express my gratitude and appreciation for God's wonderful provision for His children by living my life in such a way that all I do and say will be pleasing to Him.

주의 보좌에 함께

"이기는 그에게는 내가 내 보좌에 함께 앉게 하여 주기를
내가 이기고 아버지 보좌에 함께 앉은 것과 같이 하리라" 요한계시록 3:21

당신은 위의 구절에서 우리에게 약속되어 있는 그 영광스럽고 장엄한 모습이 상상할 수 있습니까?

요한계시록에서 그리스도는 하늘에서나 그리고 재림하셨을 때나 보좌에 앉아계신 분으로 자주 묘사되곤 합니다만, 오늘의 말씀이 특이한 점은 이기는 자들이 그리스도께서 하나님 보좌에 함께 앉으심 같이 그들도 그리스도와 함께 보좌에 앉으리라고 묘사되고 있는 점입니다. 이 약속은 요한계시록 2장 10절에 기록된 면류관의 상급과 조화를 이룹니다.

마가복음 10장 35~45절에서 예수님의 영광의 때에 예수님의 오른편에 자신들을 앉혀달라는 야고보와 요한의 요청에 대하여 예수님은 그것은 예수님이 주시는 것이 아니라고 대답하시고 오히려 그들에게 그들이 예수님과 같이 '모든 사람의 종'이 되어야 함을 상기시키셨습니다.

마태복음 19장 28절은 이와 상당히 다른 시각을 보여주는데, 예수께서 제자들에게 "세상이 새롭게 되어 인자가 자기 영광의 보좌에 앉을 때에 나를 따르는 너희도 열두 보좌에 앉아 이스라엘 열두 지파를 심판하리라"고 말씀하십니다.

마태복음의 이 부분의 내용에 해당하는 누가복음 22장 30절은 제자들이 그리스도와 함께 그의 상에서 먹고 또 보좌에 앉아 열두 지파를 심판하실 것을 말씀하시는데, 이것은 요한계시록 3장 21절 말씀과 함께 유사한 짝을 이루는 기쁜 말씀입니다. 이기는 자가 다스릴 것이라는 약속은 그리스도와 더불어 천년 왕국에서 성취될 것입니다.(계 20:4) 그리스도와 매일 함께 하는 우리의 삶 가운데 그리스도의 은혜와 사랑과 장엄함을 바라보는 이 시각이 우리로 거룩한 삶—초자연적 삶을 살 수 있도록 격려해줍니다.

오늘 주시는 말씀   사도행전 2:30~36
믿음의 실천   나는 나의 모든 말과 행동이 하나님을 기쁘게 하는 삶을 살아 그 자녀를 위한 하나님의 놀라운 공급에 대한 감사와 고마움을 표현하도록 애쓰겠습니다.

Promise of the Spirit

"And Peter replied, 'Each one of you must turn from sin, return to God, and be baptized in the name of Jesus Christ for the forgiveness of your sins; then you also shall receive this gift, the Holy Spirit. For Christ promised him to each one of you who has been called by the Lord our God, and to your children and even to those in distant lands!" ACTS 2:38-39

The most important truth that I or anyone else could share with Christians is to help them understand the person and ministry of the Holy Spirit. My own life was dramatically transformed when by faith I claimed the fullness and power of the Holy Spirit.

"One day in New York—what a day!" declared Dwight L. Moody. "I can't describe it. I seldom refer to it. It is almost too sacred to name. I can only say God revealed Himself to me. I had such an experience of love that I had to ask Him to stay His hand."

"I went to preaching again. The sermons were no different. I did not present any new truth. Yet hundreds were converted. I would not be back where I was before that blessed experience if you would give me Glasgow."

The Holy Spirit is the key to revival. He is the key to revival because He is the key to supernatural living, and apart from living supernaturally—living in the fullness of the Holy Spirit—the believer has no power to introduce others to Christ and help fulfill the Great Commission.

The Holy Spirit is convicting many Christians of their lethargy, their coldness of heart and unbelief, the loss of their first love. A spiritual Mount St. Helens is about to erupt, spreading the good news of the love and forgiveness of our Lord Jesus Christ far and wide throughout the world. We shall see a resurgence in evangelism and a zeal unparalleled in church history as we endeavor—in the power of the Holy Spirit—to help fulfill the Great Commission.

BIBLE READING Acts 2:32-37
ACTION POINT I shall ask the Holy Spirit to empower and control my life so that I may be a part of a mighty spiritual awakening to help fulfill the Great Commission, beginning in my home, community and church in obedience to the Lord's command.

성령을 주신다는 약속

"베드로가 이르되 너희가 회개하여 각각 예수 그리스도의 이름으로 세례를 받고 죄 사함을 받으라 그리하면 성령의 선물을 받으리니 이 약속은 너희와 너희 자녀와 모든 먼 데 사람 곧 주 우리 하나님이 얼마든지 부르시는 자들에게 하신 것이라 하고" 사도행전 2:38~39

나 자신이나 또는 누구라도, 다른 그리스도인들과 함께 나눌 수 있는 가장 중요한 진리는 다른 사람들로 하여금 성령의 인격과 사역을 이해할 수 있도록 돕는 것입니다. 나의 삶도 성령의 충만과 능력을 믿음으로 주장하였을 때 극적으로 변화되었습니다.

[21]드와이트 무디는 이렇게 말했습니다. "어느 날 뉴욕에서 있었던 일입니다. 참으로 굉장한 일이었습니다. 나는 그때 겪은 일을 말로 다 형용할 수 없습니다. 나는 그 일에 관해서는 사람들에게 거의 이야기하지 않았습니다. 너무도 거룩해서 입에 담기도 어려운 어떤 것이었습니다. 그저 하나님께서 나에게 자신을 나타내셨다고 말할 수 있을 뿐입니다. 이제 제발 그만 두어 주십사 하고 말씀드려야 할 정도로 감격적인 하나님의 그러한 사랑을 경험했던 것입니다.

나는 다시 설교를 했습니다. 설교 내용은 다르지 않았습니다. 어떤 새로운 진리를 말하지도 않았습니다. 그러나 수백 명이 회심했습니다. 나는 당신이 도시 하나를 통째로 준다고 해도, 이 복된 경험 이전의 나로 돌아가지 않을 것입니다."

성령이 부흥의 열쇠입니다. 성령은 초자연적 삶을 살게 하는 열쇠이며, 만일 믿는 자가 성령의 충만 가운데 사는 초자연적 삶을 살지 못하면, 다른 사람을 그리스도께로 인도할 능력도, 그리스도의 지상명령이 이루어지도록 도울 능력도 없기 때문에, 성령이 부흥에 이르는 열쇠인 것입니다.

성령께서는 오늘날 많은 믿는 자들의 무기력함과 냉랭한 마음과 불신앙과 그리고 첫사랑을 잃어버린 것을 책망하고 계십니다. 온 세상 끝까지 널리 우리 주 예수 그리스도의 사랑과 용서에 관한 기쁜 소식을 전할 영적인 화산이 이제 곧 폭발하려고 합니다. 우리가 성령의 능력 가운데 그리스도의 지상명령 성취를 돕고자 애쓸 때, 교회 역사상 유래가 없는 복음 전도에 있어서의 새로운 부흥과 열정을 목도하게 될 것입니다.

오늘 주시는 말씀 사도행전 2:32~37
믿음의 실천 나는 내게 능력 주시고 나의 삶을 다스려 주시도록 성령께 기도하겠습니다. 그럼으로써 나는 주의 명령에 순종하여 나의 집과 지역 사회, 그리고 교회에서 시작하여 그리스도의 지상명령이 성취되는 것을 도울 수 있도록 강력한 영적 각성의 일익을 담당할 수 있게 될 것입니다.

We Help Conquer Satan

"They defeated him by the blood of the Lamb and by their testimony;
for they did not love their lives but laid them down for him."
REVELATION 12:11

Down through the years, you and I have lauded and applauded the martyrs—and rightly so.

These heroes of the faith—like Chester Bitterman of the Wycliffe Bible Translators, one of the latest in a long line of martyrs—preferred death to disloyalty to God and to Christ. Their testimony literally was written in blood.

Truly, "they did not love their lives but laid them down for Him." And by so doing, they became partners with God and with Christ in defeating the enemy of men's souls, Satan. Satan is to be conquered not only by the blood of the Lamb, but also by reason of the testimony of the martyrs.

T. E. McCully, father of missionary martyr Ed McCully, who, along with Jim Elliot, Pete Fleming, Nate Saint and Roger Youderian, lost his life to the Auca Indians on January 8, 1956, made a sage observation about the great sacrifice these young men had made.

"Sometimes," he said, "it's harder to be a living sacrifice than it is to be a dead sacrifice." And this hits us all right where we live, in our walk with Christ today. The daily grind, the commitment and recommitment, the enduring of trial and testing—all of this takes a daily sacrifice. This is an opportunity for our lives to be a "sacrifice of praise" to our God.

BIBLE READING Revelation 12:7-12
ACTION POINT Claiming the power of the Holy Spirit by faith, I will seek to be a living sacrifice, so that my life will be part of Satan's defeat.

사탄을 이김

"또 우리 형제들이 어린 양의 피와 자기들이 증언하는 말씀으로써 그를 이겼으니
그들은 죽기까지 자기들의 생명을 아끼지 아니하였도다"
요한계시록 12:11

예나 지금이나 우리는 순교자들을 찬양하고 칭송하여 왔으며, 또한 그렇게 하는 것이 올바른 일일 것입니다.

수많은 순교자 가운데, 최근의 순교자 중 한 사람인 '위클리프 성서 번역회'의 '체스터 비터만'의 예에서 보듯이 이 신앙의 영웅들은 하나님과 그리스도께 불충성하기보다 죽음을 더 낫게 여겼습니다. 그들의 증거는 문자 그대로 피로 쓰여진 것이었습니다.

진실로 "그들은 죽기까지 자기 생명을 아끼지 아니하였던 것"입니다. 그렇게 함으로써 그들은 인간의 영혼의 원수인 사탄을 물리치고 하나님과 그리스도의 동역자가 되었습니다. 사탄은 어린 양의 피로 정복할 수 있을 뿐만 아니라 순교자의 증거에 의해서도 역시 이길 수 있습니다.

지난 1956년 1월 8일, 아우카 인디언들에 의해 짐 엘리엇, 피터 플래밍, 네이트 세인트, 로저 유더리안 등의 동역자들과 함께 순교한 선교사 에드 맥컬리의 부친 T. E. 맥컬리는 이 젊은이들이 치른 위대한 희생에 대하여 사려깊은 이야기를 했습니다.

그는 이렇게 말했습니다. "때로는 죽는 희생보다 사는 희생이 더 어려운 일입니다." 이는 매일 그리스도와 함께 동행하며 살아가는 우리의 삶에 대단히 적합한 일입니다. 매일매일의 단조롭고 고된 일, 헌신 그리고 재 헌신, 고난과 시험에 대한 인내, 이 모든 것이 매일의 희생을 요구합니다. 이는 우리의 삶으로 하나님께 '찬양의 제사'가 될 수 있게 하는 기회인 것입니다.

오늘 주시는 말씀 요한계시록 12:7~12절
믿음의 실천 믿음으로(by faith) 성령의 능력을 주장(claim)하여 나는 살아서 희생(living sacrifice)하는 삶을 살 수 있도록 함으로써 나의 삶이 사탄을 패배시키는 역사의 한 부분이 되도록 하겠습니다.

Will He Be Ashamed?

"And anyone who is ashamed of me and my message in these days of unbelief and sin, I, the Messiah, will be ashamed of him when I return in the glory of my Father, with the holy angels." MARK 8:38

Dr. Charles Malik, once president of the General Assembly of the United Nations, and I—along with others—were invited to a very prestigious meeting in Washington, D.C. Present were some of the most distinguished leaders in our nation and from other countries.

In the course of his remarks, Dr. Malik emphasized his conviction that there were no human solutions to the problems that face mankind. Only Jesus Christ could help us as individuals and as nations.

As a young businessman, I was tremendously impressed to think that one of the world's leading scholars and statesmen would speak so boldly and courageously of his faith in Christ. Following the meeting, I introduced myself to him and expressed to him my appreciation for his courage in speaking out so boldly for Christ.

I had heard others—politicians, statesmen, scholars—speak of faith in God, the Bible and the church in general terms. But few, in those days, ever spoke of their faith in the person of the Lord Jesus Christ. I shall never forget his response.

"I am sobered by the words of my Lord," he said, quoting today's verse, Mark 8:38.

Perhaps you are one who loudly acclaims, "No, I could never be ashamed of my wonderful Lord." But the familiar axiom is true: actions speak louder than words. If we are truly unashamed of our Savior, we will look for every opportunity to share the good news of His great love.

BIBLE READING Psalm 31:1-5
ACTION POINT I will not be ashamed of my Lord and Savior Jesus Christ, but will trust the indwelling Holy Spirit to witness through me.

그 사람을 부끄러워 하리라

"누구든지 이 음란하고 죄 많은 세대에서 나와 내 말을 부끄러워하면 인자도 아버지의 영광으로
거룩한 천사들과 함께 올 때에 그 사람을 부끄러워하리라"
마가복음 8:38

나는 전에 유엔 총회의 의장을 지낸 바 있는 찰스 말리크 박사와 다른 여러 사람들과 함께 워싱턴에서 있었던 매우 저명한 인사들의 모임에 초대되었던 적이 있었습니다. 초대된 사람들 가운데는 미국과 다른 여러 나라에서 온 대단히 저명한 지도자들도 포함되어 있었습니다.

말리크 박사는 그의 연설에서 현재 인류가 직면하고 있는 문제들의 해결책을 인간이 전혀 갖고 있지 못하며, 오직 예수 그리스도만이 개인과 국가를 도우실 수 있다는 그의 확신을 강조했습니다.

당시 젊은 실업가였던 나는 세계적인 정치 지도자요, 학자인 사람이 어떻게 그리스도에 대한 그의 신앙을 그렇게 담대하고 용기있게 말할 수 있는지 생각하며 큰 감동을 받았습니다. 모임 후에 나는 그에게 가서 나를 소개한 뒤 그리스도를 담대히 이야기한 그의 용기에 대해 감사를 표했습니다.

나는 여러 정치인들, 공직자들, 또 학자들이 하나님과 성경 그리고 교회에 대한 신앙을 세상의 거부감을 일으키지 않는 상식적인 말로 표현해오는 것을 자주 들어왔지만, 주 예수 그리스도를 인격적으로 믿는 자신의 신앙을 이야기하는 사람은 그 당시에 거의 보지 못했던 것입니다. 그리고 나는 말리크 박사의 대답을 결코 잊을 수 없을 것입니다. 바로 오늘의 말씀인 마가복음 8장 38절을 인용하면서 그는 말했습니다. "나는 나의 주님의 말씀에 깨어있습니다."

아마 당신도 "아니요, 나는 결코 좋으신 주님을 부끄러워하지 않습니다."라고 큰 소리로 이야기할 것 입니다. 그러나 우리에게 익숙한 격언은 사실입니다. "행동은 말보다 더 크게 이야기한다."

우리가 진정으로 우리의 구주를 부끄러워하지 않는다면, 우리는 그분의 위대한 사랑의 기쁜 소식을 전할 수 있는 가능한 모든 기회를 찾으려고 할 것입니다.

오늘 주시는 말씀 시편 31:1~5
믿음의 실천 나는 나의 구주 예수 그리스도를 부끄러워하지 않을 것이며, 내 안에 거하시는 성령께서 나를 통하여 증거하실 것을 신뢰하겠습니다.

Everything I Need

"Because the Lord is my shepherd, I have everything I need!"
PSALM 23:1

A minister telephoned his sermon topic to his local newspaper one day. "The Lord Is My Shepherd," he said.

"Is that all?" he was asked.

"That's enough," the pastor replied.

The weekend church page carried his sermon topic as: "The Lord Is My Shepherd—That's Enough."

Thoroughly satisfied with the meaning of the expanded title, he used it as his subject on Sunday morning—to the delight and great benefit of his congregation.

Surely the truth of this familiar verse, when properly assessed, should delight and benefit each one of us. Who but our wonderful Lord could serve as such a faithful shepherd? And what better description is there of His loving care for us than that which is implied in the word shepherd?

With Him as our Shepherd, what else could we possibly need? He has promised to be our daily provision, our healer, our all in all. Truly nothing happens to the genuine believer without the knowledge and permissive will of our heavenly Father.

BIBLE READING Psalm 23:1-6
ACTION POINT "Dear Lord, help me to see You today as my Shepherd—gracious caretaker and friend, provider of everything I could ever possibly need."

부족함이 없으리로다

"여호와는 나의 목자시니 내게 부족함이 없으리로다"
시편 23:1

한 목사님이 어느 날 지방 신문사에 전화로 자신의 설교 제목을 알려 주었습니다.

"'여호와는 나의 목자시니'가 제목입니다."

"그게 전부입니까?"

"그것으로 충분합니다."

주말 신문의 교회란에 다음과 같이 설교 주제가 실렸습니다. '여호와는 나의 목자시니 그것으로 충분합니다'

목사님은 이 늘어난 제목이 가져다 준 의미에 전적으로 만족하여 그 제목을 주제로 주일 아침 예배에서 회중에게 큰 기쁨과 유익을 끼치는 설교를 했습니다.

우리가 잘 아는 이 구절의 의미를 적절하게 깨닫기만 하면 우리 각자에게 큰 기쁨과 유익을 줄 것입니다. 우리 좋으신 주님 외에 누가 그런 신실한 목자가 되겠습니까? 그리고 목자라는 단어 속에 포함된 의미보다 우리를 돌보시는 주님의 사랑을 묘사할 더 좋은 표현이 있겠습니까?

우리의 목자 되신 주님과 함께라면 무엇이 더 필요하겠습니까? 그분은 매일 우리의 필요를 공급해 주시며, 우리의 치유자가 되시고, 모든 것이 되어주시겠다고 약속하셨습니다. 진실로 우리 하늘 아버지께서 아시고 허락하신 뜻이 아니고는 참된 그리스도인에게는 어떤 일도 일어나지 않을 것입니다.

오늘 주시는 말씀   시편 23:1~6

믿음의 실천   사랑하는 주님, 주님께서 나의 친절한 보호자요, 친구이시며, 내가 필요한 모든 것을 공급해 주시는 목자이심을 오늘 내가 깨달을 수 있도록 도와주소서.

Help for Hard Times

"He cares for them when times are hard; even in famine, they will have enough."
PSALM 37:19

I recall that, in the early 1930s during the time of the great depression in America, many people experienced hard times. It was not always easy to fully appreciate the fact I know now to be true: God always cares for His children.

"When times are hard" can refer not only to the material, but also to the physical and the spiritual. And during any of these times—whether in poverty, poor health or the spiritual doldrums—our great God always cares for us.

In Bible times, God often proved the truth of the assertion that He cares for His people in periods of famine. And no doubt multitudes of sufferers around the world today would attest to that fact, in spite of their suffering.

When physical suffering is involved, it is not always easy to see the hand of God. But one sure way to increase faith is to exercise the sacrifice of praise—praise to our wonderful God for the positive fact that "all things work together for our good if we love God and are called according to His purpose."

When spiritual poverty is concerned, we need only retreat to that time and place in our lives where we wandered away from God, whatever degree of wandering that involves, whether large of small. "Blessed are they that hunger and thirst after righteousness, for they shall be filled."

BIBLE READING Psalm 37:16-22
ACTION POINT At all times of difficulty in my life—spiritual, material, physical—I will look for God's hand of blessing in the joyful assurance that He cares for me.

환난 때의 도우심

"그들은 환난 때에 부끄러움을 당하지 아니하며 기근의 날에도 풍족할 것이나"
시편 37:19

　나는 1930년대 미국 대공황 때에 많은 사람이 큰 어려움을 겪었던 것을 회상해 봅니다. 그 시절에는 지금 내가 확실히 알고 있는 사실, 하나님께서 언제나 그의 자녀들을 돌보신다는 그 사실을 온전히 느끼는 것이 항상 쉬운 것만은 아니었습니다.
　'환난 때에'라는 말씀은 단순히 물질적인 것에만 적용되는 것이 아닌, 육체적인 것과 영적인 것에도 해당됩니다. 그리고 이러한 환난들—물질적 궁핍, 건강 문제, 또는 영적인 침체—가운데 우리의 크신 하나님께서는 언제나 우리를 보살펴 주십니다.
　성경에서 하나님께서는 기근의 때에 자기 백성들을 보살피신다는 약속의 진실성을 자주 확증해 보여주셨습니다. 그리고 고난을 겪고 있는 세계의 수많은 사람이 오늘날 그들이 고난에도 불구하고 의심할 나위 없이 이것이 사실이라는 것을 증거할 것입니다.
　육체적인 고통 가운데 있을 때 하나님의 손길을 깨닫기가 늘 쉽지는 않습니다. 그러나 믿음을 자라게 하는 한 가지 확실한 방법은 "우리가 알거니와 하나님을 사랑하는 자 곧 그의 뜻대로 부르심을 입은 자들에게는 모든 것이 합력하여 선을 이루느니라"(롬 8:28)는 확실한 사실로 인해서 우리의 좋으신 하나님을 찬양하는 찬미의 제사를 드리는 일을 반복하여 훈련하는 것입니다.
　영적으로 방황할 경우에는 그 영적 방황의 정도가 크든 작든 간에 우리가 하나님으로부터 떠나 방황하게 되었던 그 때와 장소로 돌아가기만 하면 됩니다. "의에 주리고 목마른 자는 복이 있나니 그들이 배부를 것임이요"(마 5:6)

오늘 주시는 말씀　　시편 37:16~22
믿음의 실천　　영적이나 물질적 혹은 신체적인 문제든, 나의 삶에 어떤 문제가 있든지, 나는 하나님이 나를 보살피신다는 기쁜 확신으로 하나님의 축복의 손길을 기대하겠습니다.

It All Belongs to Him

"For every beast of the forest is mine, and the cattle upon a thousand hills."
PSALM 50:10, KJV

Gently chiding a Christian worker for praying that God might give him a second-hand car to use in his service for the Lord, Dr. A. W. Tozer reminded the man: "God owns the cattle on a thousand hills, and the Cadillacs, too. Why not ask Him for the best?"

That same principle might apply to many areas of our lives today. If we truly believe that "according to your faith, be it unto you," then it is imperative that we trust God for greater things than normally we might.

Motive, of course, is supremely important in our asking from God. If the thing asked is clearly for God's glory, to be used in His service, the motivation is good. If pride or any other motive plays a part in the decision, then we do well to think twice before asking great things from God.

What man owns, we do well to remember, we own under God. And God has never given man the absolute proprietorship in anything. Nor does He invade our rights when He comes and claims what we possess, or when He in any way removes what is most valuable to us.

God owns all things—let's leave to Him the right to do whatever He wishes with the things He owns.

BIBLE READING Psalm 50:7-15
ACTION POINT Since my receiving is "according to my faith," I will with proper motive for His glory believe God in a large manner this day—for whatever needs may arise.

모든 것이 주님의 것

"이는 삼림의 짐승들과 뭇 산의 가축이 다 내 것이며"
시편 50:10

주님을 위한 사역에 사용할 중고 자동차를 주시도록 기도하던 한 사역자를 점잖게 나무라며 ²⁷⁾토저 박사는 이렇게 말했습니다.

"하나님은 뭇 산의 가축을 소유하고 계시며, 캐딜락 같은 차도 마찬가지입니다. 왜 제일 좋은 것으로 구하지 않습니까?"

그와 똑같은 원리를 오늘날 우리 삶에 적용할 수 있을 것입니다. 우리가 진정으로 "너희 믿음대로 되리라"(마 9:29)는 말씀을 믿는다면, 우리가 일반적으로 구하는 것보다 하나님께서 훨씬 큰 것을 주실 것을 신뢰하는 것이 마땅할 것입니다.

물론 하나님께 구함에 있어서는 그 동기가 가장 중요합니다. 만일 구하는 것이 하나님의 영광과 그분을 섬기는 것에 필요한 것이라면, 그 동기는 선합니다. 그러나 만약 자랑이나 혹은 다른 어떤 동기가 우리의 결정에 작용했으면 하나님께 큰 것을 주십사 하고 구하기 전에 다시 한번 생각해 봐야만 할 것입니다.

우리가 기억해야 할 것은 인간의 모든 소유는 하나님의 소유라는 것입니다. 그리고 하나님께서는 어떤 것도 절대적인 소유권을 인간에게 주신 적이 없습니다. 우리가 가진 것에 대해 하나님께서 소유권을 주장하시거나 혹은 우리에게 가장 소중한 것을 가져가신다고 하여도 우리의 권리를 침해하는 것이 아닙니다.

하나님께서 모든 것의 주인이십니다. 하나님의 소유인 모든 것에 대해 그분이 원하시는 대로 행하실 권한을 그분께 돌려드립시다.

오늘 주시는 말씀 시편 50:7~15
믿음의 실천 내가 받는 것은 '나의 믿음대로' 받는 것이기 때문에 오늘 나는 어떤 필요가 생기든지 하나님께 더욱 크게 기대하겠습니다. 하나님의 영광을 위한 올바른 동기를 가지고 더욱 크게 기대하도록 하겠습니다.

He Does Such Wonders

"I will cry to the God of heaven who does such wonders for me."
PSALM 57:2

I cannot begin to count the times, even during just one 24-hour day, that I lift my heart in praise, worship, adoration and thanksgiving to God in heaven. I begin the day by acknowledging His lordship of my life and inviting Him to have complete control of my thoughts, my attitudes, my actions, my motives, my desires, my words; to walk around in my body, think with my mind, love with my heart, speak with my lips and continue through me to seek and save the lost and minister to those in need. Throughout the day I bring before Him the personal needs of my family. I pray for the extended family of Campus Crusade for Christ staff and their families and for all those who support this ministry through their prayers and finances. I pray for the business and professional people, that God will bless their finances as well as their lives so that they can continue to help support this and other ministries for His kingdom.

As I look through the mail, I breathe a prayer to God for some staff member, friend, associate or supporter who is hurting, needing encouragement, strength and peace. At all of my many daily conferences, I will begin and close with a brief word of prayer claiming the promise of God-given wisdom for the matters we shall be discussing, for supernatural discernment that will enable me to see through all the intricacies of the problems presented. When the phone rings, I breathe a silent prayer and often a vocal one at the appropriate time with that person on the other end of the line who is in distress, whether from family problems or work-related difficulties.

In between, I pray alone and with others for the hundreds of different people, events and circumstances that involve the worldwide ministry of Campus Crusade for Christ and the ministry of His Body throughout the world.

BIBLE READING   Psalm 57:1-11
ACTION POINT   Recognizing that prayer is as vital to my spiritual life as air is to my physical being, I will pray without ceasing and in all things give thanks to our God in heaven who does such wonders for me.

모든 것을 이루시는 하나님

"내가 지존하신 하나님께 부르짖음이여 곧 나를 위하여 모든 것을 이루시는 하나님께로다"
시편 57:2

단지 하루 24시간 동안에도 하늘에 계시는 하나님께 찬양과 예배, 그리고 경배와 감사 가운데, 내가 몇 번이나 기도를 드리는지 나는 셀 수가 없습니다. 하나님께서 내 삶의 주인 되심을 인정하고 또 나의 생각과 태도와 행동과 동기와 욕구와 나의 입에서 나오는 모든 말을 온전히 주관해 주시도록 하나님을 모시는 기도로 나는 하루를 시작합니다. 나의 몸을 통하여 역사하시고, 나의 마음을 통하여 생각하시며, 나의 가슴을 통하여 사랑하시고, 나의 입술을 통하여 말씀하시며, 나를 통하여 잃어버린 자를 찾아 구원하시고, 어려움에 처한 사람들을 돕는 일들을 계속하시도록 기도하는 것입니다. 하루 동안 내내 우리 가정의 필요가 있을 때마다 나는 주님께 아룁니다. 나는 나의 또 다른 가족, CCC의 간사들과, 그들의 가정, 그리고 우리를 기도와 재정으로 후원하는 분들을 위하여 기도합니다. 나는 사업하는 분들과 또 전문 직업인들을 위하여 기도합니다. 하나님께서 그들의 삶뿐만 아니라 재정에도 축복하여 주셔서, 그들이 하나님 나라를 위한 우리 CCC와 또 여러 다른 기관의 사역들을 도울 수 있도록 기도합니다.

내게 온 편지들을 읽는 가운데 상처를 입었거나 혹 격려가 필요하거나 새로운 힘과 평안을 필요로 하는 우리 CCC의 간사, 친구, 동료, 그리고 후원자들을 위하여 조용히 기도합니다. 매일같이 있는 수많은 회의 때마다 나는 하나님께서 우리가 이야기해야 할 사안을 위한 지혜를 주시는 하나님의 약속을 주장(claim)하는 짧은 기도로 언제나 시작하고 마칩니다. 나는 우리 앞에 놓인 얽히고설킨 복잡한 문제들을 꿰뚫어 볼 수 있는 초자연적인 통찰력을 위하여 하나님께 기도합니다. 전화가 오면 내게 전화한 사람과 함께 그의 문제가 가족의 문제이든, 혹은 일과 관련된 어려움이든, 마음속으로 조용히 기도하거나 혹은 적당한 때를 보아 종종 소리 내어 함께 기도하곤 합니다.

그런 가운데에도 틈틈이 나는 혼자서, 때로는 여럿이서 함께, 온 세계의 CCC의 사역과 그리스도의 한 지체인 세계의 여러 다른 단체의 사역에 관련된 수많은 사람과 사건과 상황을 위하여 기도합니다.

오늘 주시는 말씀 시편 57:1~11
믿음의 실천 공기 없이 살 수 없는 것처럼, 기도 없이는 나의 영적인 삶을 살 수 없다는 것을 깨달으며, 나는 쉼 없이 기도하고 나를 위해 모든 것을 이루시는 하늘에 계신 하나님께 모든 일 가운데 항상 감사를 드리겠습니다.

He Can Help!

"O my people, trust him all the time. Pour out your longings before him, for he can help!"
PSALM 62:8

"I have no faith in this matter," a minister said to an evangelist, "but I see it is in the Word of God and I am going to act on God's Word, no matter how I feel."

The evangelist smiled. "Why, that is faith!" he said.

The Word of God is the secret of faith. "Faith cometh by hearing, and hearing by the Word of God." We do not attain or achieve faith; we simply receive it as we read God's Word.

Many a child of God is failing to enjoy God's richest blessings in Christ because he fails to receive the gift of faith. He looks within himself for some quality that will enable him to believe, instead of "looking unto Jesus, the author and finisher of our faith."

In the words of an anonymous poem published by War Cry:

He does not even watch the way.
His father's hand, he knows,
Will guide his tiny feet along
The pathway as he goes.
A childlike faith! A perfect trust!
God grant to us today,
A faith that grasps our Father's hand
And trusts Him all the way.

BIBLE READING Psalm 62:1-7
ACTION POINT I will be wise in the ways of God today by looking for help from the One whom I know I can trust.

하나님은 우리의 피난처

"백성들아 시시로 그를 의지하고 그의 앞에 마음을 토하라 하나님은 우리의 피난처시리로다"
시편 62:8

한 목회자가 선교사에게 말했습니다. "나는 이 문제에 대하여는 믿음이 없습니다. 그러나 이것이 하나님의 말씀에 있는 것을 알기에 내가 어떻게 느끼든 상관없이 하나님의 말씀대로 행하겠습니다."

그 선교사는 미소 지으며 "그렇지요, 그것이 믿음입니다."라고 말했습니다.

하나님의 말씀이 믿음의 비밀입니다. "믿음은 듣는 데서 생기고 듣는 것은 그리스도의 말씀에서 비롯됩니다."(롬 10:17, 현대인의 성경) 믿음은 노력하여 얻거나 성취하는 것이 아닙니다. 단순히 하나님의 말씀을 읽을 때 믿음을 받는 것입니다.

많은 하나님의 자녀들이 이 믿음의 선물을 받지 못하여 그리스도 안에서의 하나님의 풍성한 축복을 누리지 못합니다. 그들은 "믿음의 주요 또 온전케 하시는 이인 예수를 바라보는"(히 12:2) 대신에 믿게 해줄 무언가를 그 자신 안에서 찾습니다.

'워 크라이'(War Cry) 사에 의해 출판된 무명인의 시에 이런 구절이 있습니다.

그는 그 길을 살피지도 않는다네.
그는 알고 있다네, 하나님 아버지의 손이
좁은 길 가는 동안 그 작은 발을 인도하여 주실 것임을

어린아이 같은 믿음이여! 온전한 신뢰여!
하나님 오늘 우리에게 주신 믿음은
하늘 아버지의 손을 붙잡고
그 길 가는 내내 그를 의지할 믿음이라네.

오늘 주시는 말씀 시편 62:1~7
믿음의 실천 신뢰할 수 있는 분임을 내가 이미 알고 있는 나의 하나님께 도움을 구함으로써 오늘 나는 하나님을 따르는 가운데 지혜롭게 행하겠습니다.

Authority Over the Enemy

"And I have given you authority over all the power of the Enemy."
LUKE 10:19

By nature I am a very shy, reserved person. But I can look the world in the face and say, "I am a child of the King. There is royal blood in my veins."

Because of our identification with Christ, we are no longer ordinary people. The authority of God is available to those who believe in Christ. What a promise!

"Authority over all the power of the Enemy!" That is His promise, but it is something you and I must claim each time we face the enemy. We are to believe this; it is an intellectually valid fact. It is not exercising positive thinking and blindly hoping for the best; rather, it is claiming and leaning on the promises of God by faith.

Supernatural authority belongs to the believer, and there is a difference between authority and power. A policeman standing at a busy intersection has no physical power that would enable him to stop cars coming from all directions. But that little whistle he blows and the uniform he wears represent authority, and because of that authority the drivers know they had better stop.

You and I have authority—given to us by the Lord Himself—over all the power of the enemy. He may tempt us; he may attack us; he may sorely try us. But victory is assured as we continue to trust and obey our Lord and claim by faith His supernatural resources for our strength.

BIBLE READING Luke 10:20-24
ACTION POINT Because I have been given all authority over the enemy, by faith I will exercise that authority on behalf of others as well as myself, believing God for ultimate victory in each situation.

원수를 이길 권세

"내가 너희에게 뱀과 전갈을 밟으며 원수의 모든 능력을 제어할 권능을 주었으니
너희를 해칠 자가 결코 없으리라" 누가복음 10:19

나는 천성적으로 부끄러움을 잘 타며 내성적인 사람입니다. 그러나 나는 세상을 정면으로 바라보며 말할 수 있습니다. "나는 왕의 자녀이다. 나의 혈관에는 왕의 피가 흐른다."

그리스도로 인한 우리의 신분으로 인해 우리는 더 이상 평범한 사람들이 아닙니다. 그리스도를 믿는 자들에게는 하나님의 권세가 주어집니다. 참으로 놀라운 약속입니다!

'원수의 모든 능력을 제어할 권세' 이것이 하나님의 약속이지만, 그러나 그것은 우리가 원수를 대적할 때마다 주장(claim)해야 하는 약속입니다. 우리는 하나님이 약속하신 이 사실을 믿어야 합니다. 그것은 지적으로 확인된 사실입니다. 그것은 긍정적으로 생각하려고 애를 쓴다거나, 또는 막연히 좋은 결과를 바라는 것이 아닌, 1)믿음으로(by faith) 하나님의 약속을 주장(claim)하며, 그 약속을 의지하는 것입니다.

초자연적인 권세는 믿는 자의 것이고, 권세와 능력은 다른 것입니다. 교통이 번잡한 교차로에 서 있는 경찰관은 사방에서 달려오는 차들을 멈출 수 있는 물리적인 힘은 없습니다. 그러나 그가 부는 작은 호루라기와 또 그가 입고 있는 경찰 제복이 그의 권세를 드러내 보이고, 그 권세로 인해 운전자들은 차를 멈춰야 한다는 것을 압니다.

우리는 주님께서 직접 우리에게 주신 원수의 모든 능력을 이길 권세가 있습니다. 원수는 우리를 유혹할 것입니다. 우리를 공격할 것입니다. 우리를 심하게 시험할 것입니다. 그러나 우리가 지속적으로 우리 주님을 신뢰하고 순종하며 우리에게 능력주시는 그분의 초자연적인 힘을 믿음으로(by faith) 주장(claim)하면 승리는 보장되어 있는 것입니다.

오늘 주시는 말씀 누가복음 10:20~24
믿음의 실천 원수를 이길 모든 권세를 받았으므로, 나는 어떤 상황에서든지 하나님께서 완전한 승리를 주실 것을 믿으며 나 자신뿐 아니라 다른 사람을 위해서도 믿음으로(by faith) 늘 그 권세를 사용하기를 힘쓰겠습니다.

Never Too Busy

"He will listen to the prayers of the destitute, for he is never too busy to heed their requests."
PSALM 102:17

As a relatively young Christian businessman, I was deacon of First Presbyterian Church of Hollywood. I was asked to be the chairman of all of our deputation ministry involving more 100 college and post-college-age men and women who dedicated their lives serving Christ in the hospitals, jails and skid row missions.

On many occasions it was my responsibility and privilege to speak at various mission meetings attended by hundreds of destitute winos, alcoholics, drug addicts and others who had lost their way and were now in desperate need of help, physically and spiritually. God always ministered to me as well as to them for I seldom spoke to such a group without my own heart being deeply stirred. Inevitably I found myself reaching out to these men, poor, dejected, discouraged, many of whom had not bathed for months, and yet I found myself embracing them in the name of Jesus, pleading with them to allow Him to turn the tragedy of their lives into His eternal triumph. Many did and with life-changing results.

But unfortunately, there were far more who refused Christ. I am reminded of one with whom I pleaded to surrender his life to Christ and receive the gift of God's grace. He had, through the ravages of drink, lost his wife, his children, his business and even his health. He had absolutely nothing left, but his response to my insistence that he receive Christ was, "I cannot, I have too much to give up." I could hardly believe my ears! God was waiting with arms outstretched, eager to embrace him with His love and forgiveness, to transform his life. Let us never forget that this is God's desire for every person for He is not willing that any should perish, but that all should come to repentance.

BIBLE READING Psalm 102:18-28
ACTION POINT Today I will encourage others, rich and poor, old and young, all who are spiritually destitute, to turn to God, who loves and forgives, that they too may experience eternal and supernatural life.

기도를 멸시치 아니하시는 하나님

"여호와께서 빈궁한 자의 기도를 돌아보시며 그들의 기도를 멸시하지 아니하셨도다"
시편 102:17

비교적 젊은 그리스도인 실업가로서 한때 나는 할리우드의 제일 장로교회의 집사였습니다. 그곳에서 나는 병원과 감옥과 빈민굴 선교 사역을 통하여 그리스도를 섬기는 데 헌신하고 있는 백 명이 넘는 대학 재학생과 졸업생들로 구성된 여러 파송 선교 사역(대사회 선교사역)의 회장을 맡아달라는 부탁을 받았습니다.

수백 명의 가난한 주정뱅이들, 알코올 중독자들, 마약 중독자들, 그리고 또 삶의 길을 잃고 방황하며 영적, 육적으로 모두 정말 도움이 필요했던 그 모든 선교 현장의 사람들 앞에서 자주 설교하는 것은 당시 나의 책임이며, 또한 특권이기도 했습니다. 하나님께서는 그런 모임에서 설교할 때마다 그 사람들뿐만 아니라 내게도 역사하여 주셔서 나의 마음도 언제나 깊이 감동되곤 했습니다. 나는 그 가난하고, 낙심하여 풀이 죽어 있는 사람들, 몇 달간 목욕도 못한 사람들에게 다가가 그래도 예수의 이름으로 포옹하며, 그들에게 현재의 비참한 삶을 돌이켜 영원한 승리로 바꾸어주실 예수님을 영접하시기를 설득했습니다. 그곳에서 많은 사람이 그리스도를 영접했고, 삶의 변화를 경험했습니다.

그러나 불행하게도 그리스도를 거절한 사람들이 더 많았습니다. 나는 당시 그리스도께 그의 삶을 드리고 하나님의 은혜의 선물을 받으라고 내가 간곡히 권했던 한 사람이 기억납니다. 그는 술 때문에 폐인이 되어 부인을 잃고, 자녀들과, 사업과, 건강마저도 잃어버린 사람이었습니다. 그야말로 아무것도 남은 것이 없는 사람이었습니다. 그러나 그리스도를 영접하라는 나의 끈질긴 권면에 대한 그의 대답은 "나는 그럴 수 없습니다. 나는 포기할 수 없는 것이 너무 많습니다."였습니다. 나는 나의 귀를 의심했습니다! 하나님은 두 팔을 벌리시고 사랑과 용서로 포옹하며 그의 삶을 바꾸어 주시려고 기다리고 계셨습니다. 이것이 모든 사람을 향하신 하나님의 간절한 뜻임을 결코 잊지 맙시다. 하나님은 아무도 멸망치 않고 다 회개하기에 이르기를 원하시기 때문입니다.(벧후 3:9)

오늘 주시는 말씀 시편 102:18~28
믿음의 실천 나는 오늘 빈부노소에 상관없이 영적으로 궁핍한 모든 사람에게 용서하시고 사랑해주시는 하나님께 돌아오도록 권면하여 그들도 또한 영원하고 초자연적인 삶을 경험하도록 하겠습니다.

To Seek and to Save

"For the Son of man is come to seek and to save that which was lost"
LUKE 19:10, KJV

The word of God clearly teaches that He wants His children to live supernaturally, especially in the area of living holy lives and bearing much fruit since that is the reason our Lord Jesus Christ came to this world.

Through the years I have prayed that my life and the ministry of Campus Crusade for Christ would be characterized by the supernatural. I have prayed that God would work in and through us in such a mighty way that all who see the results of our efforts would know that God alone was responsible, and give Him all the glory.

Now as I look back—marveling at God's miraculous working in our behalf—I remember earlier days which were also characterized by praise and glory to God, even though I was not privileged then to speak to millions or even thousands. At one point in our ministry, about the only understanding supportive listener I could find was my wife.

Vonette and I used to live mostly for material pleasures. But soon after our marriage we made a full commitment of our lives to the Lord. Now it is our desire (1) to live holy lives, controlled and empowered by the Holy Spirit, (2) to be effective witnesses for Christ, and (3) to help fulfill the Great Commission in our generation to the end that we may continue the ministry which our Lord began as He came to "seek and to save the lost."

BIBLE READING Luke 19:1-9
ACTION POINT I determine to bring my priorities in line with those of my Lord and Savior, who came to seek and to save the lost, and to encourage others to do the same.

찾아 구원하려

"인자가 온 것은 잃어버린 자를 찾아 구원하려 함이니라"
누가복음 19:10

하나님의 말씀은 하나님께서 그의 자녀들이 초자연적으로 살기를 원하신다고 분명히 가르치고 계십니다. 그 가운데에서도 특별히 예수께서 이 세상에 오신 까닭인 그 자녀들이 거룩한 삶을 살고 또 많은 열매를 맺으며 초자연적인 삶을 사는 것을 원한다고 말씀하고 계십니다.

여러 해 동안 나는 나의 삶과 CCC의 사역이 '초자연적인' 특징을 갖게 되도록 기도해 왔습니다. 나는 하나님께서 우리 '안에서' 또 우리를 '통하여' 강력하게 역사하셔서, 우리의 애쓴 결과를 바라보는 모든 사람이 오직 하나님만이 우리의 사역을 주관하심을 깨닫고 그분께 모든 영광을 돌려드릴 수 있도록 기도해 왔습니다.

돌이켜보면 하나님께서 우리를 위해 행하셨던 기적적인 일들이 놀랍기만 합니다. 사역 초기에 백만 명은 커녕 수천 명에게도 설교할 기회를 누리고 있지 못했지만, 그래도 하나님께 찬양과 영광을 돌리며 사역하던 때를 나는 기억합니다. 한때 내 말에 귀기울여주는 유일한 청중은 내 아내뿐이었습니다. 내 아내 보네트와 나는 전에 주로 물질적인 만족을 위해 살았었습니다. 그러나 결혼 후 얼마 안 되어 우리는 우리의 삶을 주님께 완전히 드리기로 헌신하였습니다. 이제 우리의 바람은 이것입니다. (1) 성령의 인도하심과 그 능력을 공급받는 거룩한 삶을 사는 것 (2) 그리스도를 위한 효과적인 증인이 되는 것 (3) '잃은 자를 찾아 구원하려'고 오신 주님이 시작하셨던 지상명령의 성취를 우리 세대에 완성하는 일을 돕기 위해 우리의 사역을 마지막 날까지 계속하는 것입니다.

오늘 주시는 말씀 누가복음 19:1~9
믿음의 실천 나는 나의 삶의 우선순위를 '잃은 자를 찾아 구원하려' 오신 나의 구세주, 나의 주님께 맞출 것을 결심하며 또 다른 사람들에게도 그리 할 것을 권면하도록 하겠습니다.

Praying in His Will

"This is the confidence which we have before Him, that, if we ask anything according to His will, He hears us. And if we know that He hears us in whatever we ask, we know that we have requests which we have asked from Him." 1 JOHN 5:14-15, NAS

A dedicated church member who came to me for counsel said, "I pray all the time, but I don't seem to get any answers. I have become discouraged and I wonder if God really answers prayer."

I showed her this wonderful promise and asked, "First of all, do you pray according to the will of God?" This was a new thought to her.

I explained by reminding her what God's Word says. If we delight ourselves in the Lord, He gives us the desires of our hearts Psalm 37:4, and it is God who works in us both to will and to do His good pleasure Philippians 2:13. For example, we can always know that we are praying according to God's will when we pray for the salvation of souls, for God desires that all should come to repentance. We can pray for the maturing of believers because God wants us to be conformed to the image of Christ. We can pray for all the needs of our brothers and sisters materially, emotionally, and most of all, spiritually—because God's Word promises that He will supply all of our needs according to His riches in glory in Christ Jesus.

One can know that selfish prayers for "me, myself and only my interests" are not likely to be heard because we are to seek first God's kingdom.

If we want to receive blessings from God, we must forget ourselves and help others find their fulfillment. In the process, God will meet our needs. This does not mean we should not give attention to the needs of ourselves and our loved ones, but we are not to seek only what is for our personal best.

No prayer life can be effective without a thorough knowledge and understanding of God's Word, the basis from which we can know the will of God and thus pray with assurance that our prayers will be answered.

BIBLE READING   1 John 3:22-24
ACTION POINT   I will saturate my mind with the Word of God and seek to know and do His will so that when I pray, my prayers will have ready answers.

그의 뜻대로 기도함

"그를 향하여 우리의 가진 바 담대함이 이것이니 그의 뜻대로 무엇을 구하면 들으심이라
우리가 무엇이든지 구하는 바를 들으시는 줄을 안즉
우리가 그에게 구한 그것을 얻은 줄을 또한 아느니라" 요한일서 5:14~15

헌신된 한 성도가 내게 찾아와 말했습니다. "저는 늘 기도하지만 아무 응답도 못 받는 것 같아요. 이제 실망이 되어 하나님이 정말 기도에 응답하시는지조차 회의가 듭니다."

나는 그녀에게 위의 놀라운 말씀을 보여주고 물었습니다. "우선 무엇보다도, 당신은 하나님의 뜻에 따라서 기도하십니까?" 그것은 그녀가 전에 하지 못한 새로운 생각이었습니다.

나는 그녀에게 성경이 말씀하고 계신 것을 상기시키면서 설명했습니다. 우리가 여호와를 기뻐하면 우리 마음의 소원을 이루어 주신다고 시편 37편 4절에서 말씀하고 계십니다. 그리고 빌립보서 2장 13절에서 "너희 안에서 행하시는 이는 하나님이시니 자기의 기쁘신 뜻을 위하여 너희에게 소원을 두고 행하게 하시나니"라고 말씀하십니다. 예를 들어 우리가 다른 사람의 구원을 위해 기도할 때 우리는 우리가 하나님의 뜻을 따라 기도함을 항상 알 수 있습니다. 하나님은 모든 사람이 회개하기에 이르기를 원하시기 때문입니다.(벧후 3:9) 우리는 믿는 자들의 성숙을 위해서 기도할 수 있습니다. 하나님께서 우리가 그리스도의 형상을 닮아가기를 원하시기 때문입니다.(롬 8:29) 또 우리는 우리 형제자매들의 모든 물질적, 감정적, 그리고 무엇보다도 영적 필요를 위해 기도할 수 있습니다. 하나님 말씀이 "나의 하나님이 그리스도 예수 안에서 영광 가운데 그 풍성한 대로 너희 모든 쓸 것을 채우시리라"(빌 4:19)고 약속하시기 때문입니다. 우리는 하나님의 나라를 먼저 찾아야 하기 때문에(마 6:33) '내 자신 그리고 오직 나의 관심'만을 위한 이기적인 기도는 응답받기 힘들 것임을 누구나 이해할 수 있습니다.

만일 우리가 하나님의 축복을 원한다면 우리는 자신을 잊어버리고 다른 사람들이 만족을 얻도록 먼저 도와야 합니다. 그럴 때 하나님께서 우리의 필요를 충족시켜 주실 것입니다. 이 말은 우리가 우리 자신이나 우리 사랑하는 사람들의 필요에 주의를 기울일 필요가 없다는 뜻이 아닙니다. 이 말은 우리가 우리 자신에게 제일 큰 유익만을 구하여서는 안 된다는 뜻입니다.

우리로 하나님의 뜻을 알 수 있게 하고 그래서 우리 기도가 응답받으리라는 확신을 갖고 기도할 수 있게 해주는 근거가 되는 하나님의 말씀을 제대로 알고 이해하지 않고는 어떤 기도 생활도 효과적일 수 없습니다.

오늘 주시는 말씀 요한일서 3:22~24
믿음의 실천 나는 나의 마음을 하나님의 말씀으로 흠뻑 적시게 해서 하나님의 뜻을 깨닫고 또 그대로 행하기를 구하여 내가 기도할 때 하나님이 예비하신 기도의 응답을 받도록 하겠습니다.

His Mighty Power Within

"Last of all I want to remind you that your strength must come from the Lord's mighty power within you." EPHESIANS 6:10

When my saintly mother became a Christian at 16, she immediately determined to become a woman of God with the help of the Holy Spirit. She devoted her life to my father and to the rearing of seven children.

Through the years, as I have observed her attitudes and actions closely, I have never seen her do anything that reflected negatively on the Lord.

As a result, my life has been greatly affected in a positive way. There is no question in my mind that everything God has done and ever will do in and through me will be, in no small measure, a result of those unique, godly qualities of my mother, and especially of her prayers.

In today's world, there often is considerable criticism of the woman who finds her fulfillment as a wife, mother and homemaker, as though such roles are demeaning to the woman. The popular thought is that there is something better, such as a professional career.

I would not minimize the fact that there are gifted women who should be involved in business and professional life, but in most cases this would be a secondary role compared to the privilege of being a mother, especially a godly Christian mother in whose life the fruit of the Spirit is demonstrated.

What I can say about my mother, I believe my sons can say about theirs, for Vonette has demonstrated those same godly, Christlike qualities toward them as a mother—and, as a wife, toward me.

These two examples underscore a wonderful, basic truth of supernatural living: As we continue to live supernaturally, walking in the power and under the guidance and control of the Holy Spirit, the personality and character of Christ become more and more a part of us.

BIBLE READING Ephesians 6:11-20
ACTION POINT When I need special strength—whether physical, emotional or spiritual—I will claim by faith the Lord's mighty power within me to meet the need.

우리 안에 있는 주의 능력

"끝으로 너희가 주 안에서와 그 힘의 능력으로 강건하여지고"
에베소서 6:10

참으로 경건하게 삶을 살아오신 나의 어머니는 그녀가 16세에 처음 그리스도인이 되자마자 하나님의 여인이 될 것을 성령의 도우심으로 바로 결심했습니다. 그녀는 자신의 삶을 남편과 일곱 아이의 양육을 위해 헌신했습니다.

오랫동안 가까이에서 어머니의 삶의 태도와 행동을 지켜보면서 주님을 부정적으로 보게 만드는 어떤 일도 어머니가 하시는 것을 나는 본 적이 없습니다.

그 결과 나의 삶은 긍정적인 쪽으로 크게 영향 받을 수 있었습니다. 내 안에서, 또 나를 통하여 그동안 하나님께서 하셨고, 그리고 앞으로도 하실 일들이 어머니의 독특하고 경건한 성품, 특별히 어머니의 기도로 인한 결과라는 것을 나는 확신하고 있습니다.

오늘날 아내로, 어머니로, 그리고 주부로 성실히 삶을 사는 여성들에 대하여 마치 그런 삶이 여성의 품위를 떨어뜨리는 것인 양, 상당한 비판이 종종 있습니다. 전문직 같은 더 나은 어떤 것이 있다고 하는 생각이 더 인기를 모으고 있습니다.

나는 사업이나 혹은 전문직에 재능을 부여받은 여성들이 있다는 사실을 과소평가하지 않습니다. 그러나 대부분의 경우 어머니가 되는 특권, 특별히 성령의 열매가 그 삶에 드러나는 경건한 그리스도인 어머니가 되는 특권에 비하면 그것은 부차적인 일일 것입니다.

내가 내 어머니에 대해 이야기한 것처럼 나의 아들들도 그들의 어머니에 대해 같은 이야기를 할 수 있을 것으로 믿습니다. 내 아내 보네트는 그리스도를 닮은 그런 경건한 성품을 어머니로서 그들에게 보여주었으며, 또 아내로서 나를 향해 보여줬기 때문입니다.

이 두 사람의 본보기는 초자연적 삶에 관한 놀랍고도 기본적인 진리를 뒷받침해 줍니다. 우리가 계속하여 초자연적으로 살아갈 때, 다시 말해 성령의 능력 안에서 성령의 다스림과 인도하심 아래 계속하여 행할 때, 그리스도의 인격과 그 성품이 점점 더 우리 안에 이루어져 가는 것입니다.

오늘 주시는 말씀 에베소서 6:11~20
믿음의 실천 내게 특별한 힘이 필요할 때, 그것이 육체적이든, 감정적이든, 혹은 영적이든 나는 그 필요를 충족하기 위해 내 안에 있는 주님의 전능하신 능력을 믿음으로(by faith) 주장(claim)하겠습니다.

Trusting Means Safety

"Fear of man is a dangerous trap, but to trust in God means safety."
PROVERBS 29:25

A man attending a lay institute for evangelism protested that he was not going to go out into the community to share his faith, something he had never done before. I explained that it was an optional assignment, but that if he would go and observe a more mature Christian, he would learn something and feel greater freedom to witness on his own. He expressed his fear, but he did go, and God used him and his witnessing partner to introduce two people to Christ. He went home radiant, overflowing with thanksgiving and praise to God. He came to see me immediately to say, "I am so glad I went. I would have missed a great blessing had I not gone. Thank you for encouraging me to go."

The number one barrier to witnessing is the fear of man. Think of the contradiction. It never occurs to the average Christian that not to witness is to disobey God, and the consequences can be devastating to his spiritual life. Therefore the average Christian risks offending God for fear of offending man.

It is interesting that there are 365 "fear nots" in the Bible—one for every day of the year. And yet there is one fear in particular that thwarts effective witnessing for Christ more than any other—the fear of man.

It would not be a distorted picture to envision thousands—even millions—of believers caught in that dangerous trap referred to by Proverbs. And what a deadly snare! Martin Luther, years ago, found a solution to this deadly enemy:

"And though this world, with devils filled, should threaten to undo us; We will not fear, for God has willed, His truth to triumph through us. The prince of darkness grim—we tremble not for him; His rage we can endure, For lo! his doom is sure; One little word shall fell him."

Our trust must be in God whose indwelling Holy Spirit helps us not only to trust Him, but also to share the good news of the gospel with others.

BIBLE READING Proverbs 29:19-24
ACTION POINT With God's help, I will share His love and forgiveness with others with the confidence that having called me to be His witness, He will enable me and will prepare the hearts of those to whom I go.

여호와를 의지하는 자는 안전하리

"사람을 두려워하면 올무에 걸리게 되거니와 여호와를 의지하는 자는 안전하리라"
잠언 29:25

평신도 전도 훈련원에서 훈련을 받던 한 사람이 자신이 전에 해본 적이 없는 지역 사회 전도를 위해 밖으로 나가지 않겠다고 버텼습니다. 나는 그에게 꼭 나가야 하는 것은 아니지만 더 성숙한 그리스도인과 함께 나가서 그가 전도하는 것을 지켜보면 배우는 것이 있을 것이고, 후에 스스로 전도할 때 큰 도움이 되지 않겠느냐고 이야기했습니다. 그는 두려워했지만 나가기로 했고, 하나님께서는 그와 그의 짝을 그리스도께로 두 사람을 인도하는 데에 사용하셨습니다. 그는 환한 얼굴로 넘치는 감사 가운데 하나님을 찬양하며 돌아왔습니다. 그는 바로 나에게 와서 말했습니다. "내가 전도하러 나간 것이 정말 기쁩니다. 만약 나가지 않았더라면 큰 축복을 놓칠 뻔 했습니다. 내가 나갈 수 있도록 격려해 주셔서 감사합니다."

전도의 가장 큰 장애는 사람을 두려워하는 것입니다. 다음의 모순을 생각해 보십시오. 대부분의 그리스도인은 전도하지 않는 것이 하나님께 불순종하는 것이라고 생각지 않으며 그 결과 그들의 영적인 삶은 황폐해지게 됩니다. 그들은 인간의 비위를 거스르지 않을까 하는 두려움으로 하나님을 거스르는 위험을 무릅쓰고 있습니다.

성경에 '두려워 말라'는 말이 365회 나오는 것은 흥미롭습니다. 하루에 한 번씩 1년 전체입니다. 그리고 다른 어떤 것보다 그리스도에 대한 효과적인 증거를 좌절시키는 특별한 두려움은 바로 '사람에 대한 두려움'입니다. 수백, 수천만의 믿는 자들이 잠언 기자가 말한 이 위험한 올무에 걸려있다고 생각해도 잘못된 상상이 아닐 것입니다. 참으로 얼마나 무서운 함정인지요! 오래 전에 [6]마틴 루터는 이 무서운 적에 대한 해결책을 찾았습니다.

"악마가 가득한 이 세상이 우리를 파멸하려 위협해도, 우리는 두려움이 없네. 하나님이 이미 계획하셨으므로, 우리를 통해 그의 진리가 승리하실 것을. 어둠의 왕자가 무서워 보여도, 우리는 두려워 않네. 보라, 그의 멸망은 확실하니 그의 분노는 견딜 수 있도다. 한 마디의 말씀으로도 그를 무너뜨리리."

우리는 하나님을 신뢰해야 하고 우리 안에 거하시는 하나님의 성령은 우리로 하나님을 신뢰하게 하실 뿐만 아니라, 다른 사람에게 복음의 기쁜 소식을 전하게 도우십니다.

오늘 주시는 말씀 잠언 29:19~24
믿음의 실천 하나님의 도우심 가운데 나는 그분의 사랑과 용서의 소식을 다른 사람과 나누도록 하겠습니다. 나는 하나님께서 나를 복음의 증인으로 부르셨고 복음을 증거할 수 있도록 도우실 것이며 또 내가 만나는 사람의 마음을 준비시켜 주실 것이라는 확신으로 나아가겠습니다.

True Spiritual Life

"Only the Holy Spirit gives eternal life. Those born only once, with physical birth, will never receive this gift. But now I have told you how to get this true spiritual life."
JOHN 6:63

A businessman called to ask if he could bring one of his associates to talk to me about receiving Christ. As the three of us talked together, it became apparent that the businessman who had arranged the meeting was not a Christian either. So after his friend had received Christ, I asked him if he believed that Jesus Christ was the Son of God.

"Yes," he said.

"Do you believe that he died for our sins?"

"Of course."

"Have you ever received Him into your life as your Savior and Lord?"

"No," he said, "I haven't"

"Wouldn't you like to do so?"

"Yes" he said, "I would. But I have been waiting for that particular time when God would speak to me in a very emotional way."

He explained that this was the way his mother had become a Christian, and he felt that this was the way he should become a Christian, too.

Once again I reviewed very simply the plan of salvation, explaining that only the Holy Spirit gives eternal life and there may or may not be an emotional experience accompanying the moment of salvation. I explained that salvation is a gift of God, which we receive by faith on the basis of His promise.

So together we prayed, and though I had explained that he should not expect any emotional experience, God graciously touched him in a very dramatic way emotionally, contrary to my own experience and that of the majority of people with whom I counsel and pray.

BIBLE READING John 6:60-65
ACTION POINT Realizing that no one can enter the kingdom of God apart from a spiritual birth, I will pray today for many opportunities to share the good news of God's love and forgiveness in Christ with others.

참된 영적 생명

"살리는 것은 영이니 육은 무익하니라 내가 너희에게 이른 말은 영이요 생명이라"
요한복음 6:63

    한 사업가가 전화로 그의 동료 한 사람을 데리고 와서 그리스도를 영접하는 것에 관해 이야기를 나누어도 괜찮겠는지를 물어왔습니다. 우리 세 사람이 함께 모여 대화를 나누던 중 그 모임을 주선한 그 사업가도 그리스도인이 아님을 알게 되었습니다. 그가 데리고 온 친구가 그리스도를 영접하고 난 후에, 나는 그에게 예수 그리스도가 하나님의 아들이심을 믿는지를 물었습니다.
    "예." 그가 대답했습니다.
    "당신은 예수께서 당신의 죄를 위하여 죽으셨음을 믿습니까?"
    "물론입니다."
    "그러면 예수님을 당신의 구주와 주님으로 당신의 삶에 모신 적이 있습니까?"
    "아니요, 없습니다."
    "그렇게 하고 싶지 않습니까?"
    "아니요, 그러고 싶습니다. 그러나 나는 하나님께서 나에게 어떤 특별한 느낌을 통해 그것을 말씀해 주실 때를 기다려 왔습니다."
    그는 그의 어머니도 그런 방식으로 그리스도인이 되었고, 자신도 그런 방식으로 그리스도인이 되어야 한다고 생각해 왔다고 말했습니다.
    다시 한번 나는 간단히 하나님의 구원의 계획을 설명하면서 오직 성령만이 영생을 주시며, 또 구원 받는 순간에 감정적인 경험이 있을 수도 있지만 없을 수도 있음을 이야기해 주었습니다. 나는 구원은 하나님의 약속에 근거하여 우리가 1)믿음으로(by faith) 받는 하나님의 선물임을 설명해 주었습니다.
    우리는 함께 기도했고, 비록 내가 감정적인 경험을 기대해서는 안 된다고 그에게 설명했음에도 불구하고, 나 자신의 경험과 또 내가 그동안 상담하고 함께 기도해 온 많은 다른 사람들의 경우와는 달리 하나님은 그에게 감정적으로 매우 극적인 경험을 주셨습니다.

오늘 주시는 말씀   요한복음 6:60~65
믿음의 실천   영적으로 거듭나지 아니하고는 아무도 하나님 나라에 들어갈 수 없음을 깨달으며 나는 오늘 그리스도 안에 있는 하나님의 사랑과 용서의 복된 소식을 나눌 많은 기회를 얻기 위해 기도하겠습니다.

Perfect Peace

"He will keep in perfect peace all those who trust in Him,
whose thoughts turn often to the Lord!" ISAIAH 26:3

John shared how, during the serious illness and death of his belove Agnes, God had enveloped him with His perfect peace. Tom spoke with moistened eyes, of how God filled his heart with peace when he lost his job of more than 25 years. Roger and Kim shared how they experienced perfect peace in the loss of their darling two-year-old who had just died of leukemia. Peter had just received the solemn word from his doctor that he had no more than six months to live. What joy, soon he would see his Lord and witness perfect peace!

How can these things be?

Because the Prince of peace dwells within the heart of every believer and He promised, "Peace I leave with you, My peace I give unto you: not as the world giveth, give I unto you. Let not your heart be troubled, neither let it be afraid" John 14:27, KJV. God is waiting to pour out His supernatural peace upon all who will trust and obey Him.

In my experience with thousands of businessmen, laymen and students, I have discovered an interesting fact. In a time of crisis when one's world is crumbling, wealth, fame, power, position, and glory are not important any more. It is inner peace that every man longs for and for which he would gladly give his fortune. But remember that perfect peace comes only to those who walk in faith and obedience. Such peace is not the experience of those who live self-centered lives, violating the laws of God.

BIBLE READING   John 14:27-31
ACTION POINT   As a candidate for God's perfect peace, I will meditate upon His laws and through the enabling of His Holy Spirit, seek to obey His commands.

완전한 평강

"주께서 심지가 견고한 자를 평강하고 평강하도록 지키시리니 이는 그가 주를 신뢰함이니이다"
이사야 26:3

존은 그의 사랑하는 아그네스가 중병에 시달리다 마침내 죽음을 맞는 동안 어떻게 하나님께서 그의 완전한 평강으로 자신을 감싸주셨는지를 우리에게 이야기해 주었습니다. 톰은 젖은 눈으로 그가 25년간 다니던 직장을 잃었을 때 어떻게 하나님께서 그의 마음을 평강으로 채워주셨는지에 대해 말했습니다. 로저와 킴은 눈에 넣어도 아프지 않을 그들의 사랑하는 두 살 난 딸을 바로 얼마 전에 백혈병으로 잃었을 때 그들이 어떻게 하나님의 완전한 평강을 경험했는지를 이야기해 주었습니다. 피터는 얼마 전에 그의 의사로부터 앞으로 6개월 정도밖에 더 살 수 없다는 선고를 들었습니다. 그는 "머지않아 주님을 뵐 테니 얼마나 기쁜가!"라고 그가 경험하는 완전한 평강을 증거했습니다.

어떻게 이런 일들이 가능한 것입니까?

평강의 왕이 모든 믿는 자의 마음 가운데 거하시기 때문입니다. 그분은 약속하셨습니다. "평안을 너희에게 끼치노니 곧 나의 평안을 너희에게 주노라 내가 너희에게 주는 것은 세상이 주는 것과 같지 아니하니라 너희는 마음에 근심하지도 말고 두려워하지도 말라"(요 14:27) 하나님은 하나님을 믿고 순종하는 모든 사람에게 그의 초자연적 평강을 부어 주시려고 기다리고 계십니다.

수천 명의 사업가, 평신도 그리고 학생들을 접하는 동안 나는 아주 흥미있는 사실을 발견했습니다. 자신이 살아오던 온 세상이 무너지는 것 같은 큰 위기의 순간에는 부나 명성, 지위, 그리고 사람의 온갖 영예는 더 이상 중요하지 않다는 것입니다. 모든 사람이 간절히 바라는 것은 내적인 평강이며, 그것을 위해 기꺼이 자신의 소유를 내어놓을 것입니다. 그러나 기억하시기 바랍니다. 완전한 평강은 믿음과 순종 가운데 행하는 사람들에게만 주어지는 것입니다. 그러한 평강은 하나님의 말씀을 거역하며 자기중심적으로 사는 사람들이 경험할 수 있는 것이 아닙니다.

오늘 주시는 말씀 요한복음 14:27~31
믿음의 실천 하나님의 완전한 평강을 받을 수 있고 또 받기를 원하는 사람으로서, 나는 하나님의 말씀을 묵상하고, 성령의 가능케 하시는 능력에 힘입어 하나님의 명령에 순종하도록 하겠습니다.

He Will Uphold Us

"Fear not, for I am with you. Do not be dismayed. I am your God. I will strengthen you; I will help you; I will uphold you with my victorious right hand."
ISAIAH 41:10

An obsolete Army transport plane was filled with people from various parts of the world. We flew, at the invitation of the president of a third-world country, for a dedication ceremony of a historic sight. It was not until we were crowded into the plane and ready to take off that we observed that there were no seatbelts. In fact there were not even enough seats for all the guests. It was quite an unusual experience at best. Yet, I was able to claim this assuring promise that God gave to Isaiah and gives to all of His children who trust and obey Him.

Many times in my trips to various parts of the world, I have encountered difficulties, opposition, problems and challenges. In such times as these, I have needed and claimed the promises of God.

God's banquet table is full to overflowing. Not only can we be free from fear, but we can also be encouraged knowing that He is our God and thus He will strengthen and uphold us with His victorious right hand. If you and I come to such a banquet table as this, and come away with only crumbs, we should not blame the one who has prepared the table. He has made all things possible for us and given us all things in Him. Even if your task today is simply to perform routine duties, you may approach them without fear, even of boredom, knowing that God is with you.

BIBLE READING Isaiah 41:1-9
ACTION POINT Claiming this marvelous promise from God's Word, I will not fear, but will claim with joyful confidence His faithful promise to meet my every need, knowing that I am complete in Him who will enable me to live the supernatural life.

내가 너희를 붙들리라

"두려워하지 말라 내가 너와 함께 함이라 놀라지 말라 나는 네 하나님이 됨이라 내가 너를 굳세게 하리라
참으로 너를 도와 주리라 참으로 나의 의로운 오른손으로 너를 붙들리라"
이사야 41:10

구식 군용 수송기에는 세계 각국으로부터 온 사람들로 가득했습니다. 우리는 제3세계의 한 대통령으로부터 초대를 받아 역사적 유적지의 헌정식에 가는 길이었습니다. 승객이 빽빽하게 탑승한 후 막 이륙 직전에야 좌석에 안전벨트가 없음을 알았습니다. 사실 모든 승객이 앉을 좌석도 부족했습니다. 정말 색다른 경험이었습니다. 그러나 나는 하나님이 이사야에게 주시고 그리고 하나님을 순종하고 신뢰하는 그의 모든 자녀에게 주신 이 확신을 주는 약속을 주장(claim)할 수 있었습니다.

세계의 여러 나라를 여행하는 동안 나는 어려움, 반대, 온갖 문제들과 갖가지 도전에 많이 직면했었습니다.

그럴 때마다 나는 하나님의 약속을 필요로 했고, 또 약속을 44)구(claim)했습니다.

하나님의 잔칫상은 진수성찬으로 차고 넘칩니다. 단지 여러 두려움으로부터의 해방뿐만 아니라 우리는 하나님이 우리의 하나님이시며, 그래서 우리를 굳세게 하여 주시고 우리를 그의 강한 오른손으로 붙들어 주실 것을 깨닫도록 격려 받습니다. 만약 우리가 그 잔칫상에 가서 빵 부스러기 몇 개를 들고 돌아온다면 우리는 잔칫상을 준비한 분을 탓해서는 안 될 것입니다. 그분은 우리를 위해 모든 것이 가능하도록 만드셨으며, 그분 안에 있는 모든 것을 우리에게 주셨습니다. 오늘 당신이 해야 할 일이 단순히 매일 늘 해오던 일을 하는 것이라고 해도 당신은 하나님이 당신과 함께 하심을 알기에 두려움 없이 권태도 느끼지 아니하고 일할 수 있을 것입니다.

오늘 주시는 말씀 이사야 41:1~9
믿음의 실천 하나님의 말씀인 이 놀라운 약속을 주장(claim)하면서, 나는 이제 어떤 두려움 없이, 기쁨에 찬 확신으로 나로 초자연적 삶을 살게 해주실 주님 안에서 내가 완전한 사람임을 믿고 나의 모든 필요를 채우실 이 신실한 약속을 주장(claim)하겠습니다.

A Blameless Watchman

"If you refuse to warn the wicked when I want you to tell them, 'You are under the penalty of death; therefore repent and save your life,' they will die in their sins, but I will punish you. I will demand your blood for theirs. But if you warn them, and they keep on sinning and refuse to repent, they will die in their sins, but you are blameless—you have done all you could."
EZEKIEL 3:18-19

One of the most sobering messages I find in all the words of God is this terrible warning found in the book of Ezekiel. God commanded Ezekiel to warn the people of Israel to turn from their sins. Some would argue that this has no application for the Christian. I would disagree. In principle, this is exactly what our Lord commands us to do—to go and make disciples of all nations, to preach the gospel to all men, to follow Jesus and He will make us fishers of men.

It is a sobering thing to realize that all around us there are multitudes of men and women, even loved ones, who do not know the Savior. Many of them have never received an intelligent, Spirit-filled, loving witness concerning our Savior. Who will tell them? There are some people you and I can reach whom nobody else can influence.

While in Amsterdam where I spoke at a gathering of evangelists, I talked with many taxi drivers and hotel employees. Only one professed to be a believer and we had good fellowship together. Some were openly defiant, even angry at the name of Jesus. But in each case I shared the gospel, constrained by the love of Christ out of a deep sense of gratitude for all that He has done for me, and in obedience to His command to be His witness.

I pray that God will give me a greater sense of urgency to warn people that unless they turn to Christ they will die in their sins. I do not want to be responsible because I failed to warn them. They must know there is a heaven and a hell, and there is no other name under heaven given among men whereby we must be saved but the name of Jesus.

BIBLE READING Ezekiel 3:15-21
ACTION POINT I will ask the Holy Spirit to quicken within my heart a greater sense of urgency to be His witness and to warn men and women to turn from their wicked ways and receive Christ, the gift of God's love.

무죄한 파수꾼

"가령 내가 악인에게 말하기를 너는 꼭 죽으리라 할 때에 네가 깨우치지 아니하거나 말로 악인에게 일러서 그의 악한 길을 떠나 생명을 구원하게 하지 아니하면 그 악인은 그의 죄악 중에서 죽으려니와 내가 그의 피 값을 네 손에서 찾을 것이고 네가 악인을 깨우치되 그가 그의 악한 마음과 악한 행위에서 돌이키지 아니하면 그는 그의 죄악 중에서 죽으려니와 너는 네 생명을 보존하리라" 에스겔 3:18~19

    내가 성경 전체를 통해서 가장 엄중하다고 믿는 메시지 중 하나가 바로 에스겔서의 위의 경고입니다. 하나님은 에스겔에게 이스라엘 사람들이 그들의 죄에서 돌이키도록 경고할 것을 명령하셨습니다. 어떤 사람들은 이것이 그리스도인들에게는 적용되지 않는다고 주장하겠지만, 나는 그에 동의하지 않습니다. 기본적으로 주님이 우리에게 명령하신 것이 바로 이것입니다. 가서 모든 민족으로 제자를 삼고, 모든 사람에게 복음을 전파하고, 예수님을 따르도록 하는 것입니다. 주님은 우리로 사람 낚는 어부가 되게 하실 것입니다.

    우리 주위에 우리가 사랑하는 사람들을 포함하여 수많은 사람이 아직 구주를 모르고 있다는 사실을 깨달으면 우리는 새삼 엄중한 마음을 갖게 됩니다. 그들 가운데 아직 많은 사람이 성령 충만하고, 논리적이며, 사랑으로 우리 구주를 증거하는 전도를 들어보지 못했습니다. 누가 그들에게 이야기해 주겠습니까? 그들 가운데에는 우리 외에는 어느 누구도 영향을 미칠 수 없는 사람들도 있습니다.

    선교사들의 집회에서 설교하기 위해 암스테르담에 머무는 동안 나는 많은 택시 기사와 호텔의 종업원들과 이야기했습니다. 그중 단 한 사람만이 그리스도인이 되기로 결심했으며 나는 그와 좋은 교제의 시간을 가졌습니다. 어떤 사람들은 공개적으로 무시했고, 심지어 예수의 이름에 화를 내기까지 했습니다. 그러나 그 모든 사람들에게 주님의 증인이 되라고 하신 주의 명령에 순종하고, 또 주께서 나를 위하여 행하신 그 모든 일에 대한 깊은 감사로부터 우러나온 그리스도의 사랑에 붙잡혀 복음을 전했습니다.

    나는 사람들이 그리스도께로 돌아오지 않으면 그들의 죄 가운데 죽을 것이라는 것을 경고해야 하는 긴급함을 내가 실감할 수 있기를 하나님께 기도합니다. 나는 경고하는 일에 실패한 책임을 지고 싶지 않습니다. 그들은 천국과 지옥이 엄연히 존재함을 알아야 하며 우리 주 예수 외에는 천하 인간에게 주신 구원받을 이름이 없음을 알아야 합니다.

오늘 주시는 말씀   에스겔 3:15~21
믿음의 실천   나는 내가 주님을 증거하고 사람들에게 경고하여 그들이 죄로부터 돌이켜 하나님의 사랑의 선물인 그리스도를 영접하도록 성령께서 내 마음 가운데 더욱더 긴박감을 주시도록 구하겠습니다.

A Matter of the Will

"If any man will do his will, he shall know of the doctrine, whether it be of God,
or whether I speak of myself." JOHN 7:17, KJV

At the conclusion of an address I gave at M.I.T., a skeptical young man approached me. He said, "As a scientist, I can't believe anything that I can't see. I must be able to go into the laboratory and test a proposition or a theory to prove its authenticity before I will believe."

"Religion," he said, "is a matter of faith. It has no substance, and as far as I'm concerned no validity." I turned to the seventh chapter of John, verse 17—our Scripture for today—and asked him to read it aloud. "Do you understand what Jesus is saying here?" I asked.

"Well, I'm not sure," he replied. "What is your point?"

"Your problem is not your intellect, but your will. Are you willing to do what God wants you to do? Are there relationships in your life that you're not willing to surrender in order to do the will of God? Are there moral problems, problems of integrity that you are unwilling to relinquish?"

An odd expression came over his face. "How did you know?" Then he said, "I'd like to talk to you privately." Later, as we sat alone, he poured out his heart to me. He said, "I know that what you're saying is true. I know that there's a God in heaven, and I know that Jesus Christ is His Son and that He died on the cross for me.

"But," he said, "there is sin in my life. I have been living with a young woman without the benefit of marriage for the last couple of years. Today you have exposed me for what I really am—a fraud. a sham, a hypocrite—and I want with God's help to terminate my relationship with this young woman and receive Christ into my life."

I am happy to report that, soon after, he and the young woman both surrendered their lives to Christ and were married. Together they are making their lives count for the glory of God.

BIBLE READING   John 7:14-18
ACTION POINT   Today I will confess—and turn from—all known sin that keeps me from knowing and doing the will of God. I will also share this message with others.

의지의 문제

"사람이 하나님의 뜻을 행하려 하면 이 교훈이 하나님께로부터 왔는지 내가 스스로 말함인지 알리라"
요한복음 7:17

내가 M.I.T 대학에서 있었던 강연을 끝냈을 때 한 회의적인 젊은이가 내게 와서 말했습니다. "과학자로서 나는 내가 볼 수 없는 것은 어떤 것도 믿을 수 없습니다. 믿기 전에 나는 반드시 실험실에 들어가서 그 신빙성을 확인하기 위해 전제와 이론을 실험할 수 있어야 합니다."

그는 "종교는 믿음에 관한 것인데 이것은 실체가 없는 것이며 내가 보기에는 타당성이 없는 것입니다."라고 말했습니다.

나는 요한복음 7장 17절, 오늘의 말씀을 펴서 그에게 소리 내어 읽어 달라고 부탁했습니다. "예수님이 여기서 말씀하신 것이 이해가 되십니까?" 내가 그에게 물었습니다.

"글쎄요, 확실히 모르겠는데요." 그는 이렇게 되물었습니다. "어떤 이야기를 지금 제게 하고 싶으신 겁니까?"

"당신의 문제는 당신의 '지성'이 아닙니다. 당신의 진정한 문제는 당신의 '의지'에 있습니다. 당신은 하나님이 당신에게 하시도록 원하는 일을 기꺼이 하려고 합니까? 하나님의 뜻을 행하기 위해 포기해야 할 관계 중에 당신이 그렇게 하길 원치 않는 어떤 것이 있습니까? 도덕적인 문제나 양심의 문제 가운데 당신이 포기하기를 원치 않는 어떤 것이 있습니까?"

묘한 표정이 그의 얼굴에 스쳤습니다.

"어떻게 아셨습니까?" 그는 이어서 말했습니다. "개인적으로 대화를 좀 나누고 싶습니다." 얼마 후에 우리가 따로 자리를 마련하여 앉았을 때 그는 자신의 마음을 내게 쏟아 놓았습니다. "나는 당신이 하시는 말씀이 사실임을 압니다. 나는 천국에 하나님이 계심을 알고 있고, 예수 그리스도가 그분의 아들이시며, 십자가에서 나를 위해 죽으셨음을 알고 있습니다."

"그러나 내 삶에는 죄가 있습니다. 나는 지난 몇 해 동안 결혼도 않고 한 젊은 여인과 함께 동거하고 있습니다. 당신은 오늘 사기꾼이요, 허풍쟁이며, 위선자인 진정한 내 모습을 드러내었습니다. 나는 하나님의 도우심을 받아 이 여인과의 관계를 정리하고 그리스도를 내 삶에 영접하고 싶습니다."

그런 직후 그와 그 젊은 여인, 두 사람이 함께 자신들의 삶을 그리스도께 드리고 결혼했다는 것을 나는 기쁘게 말씀드립니다. 그들은 함께 하나님의 영광을 위한 삶을 살고 있습니다.

오늘 주시는 말씀 요한복음 7:14~18
믿음의 실천 오늘 나는 하나님의 뜻을 알고 행하는 데 장애가 되는 내가 깨닫는 모든 죄를 고백하고 그 죄로부터 돌이키겠습니다. 나는 이 메시지를 또한 다른 사람에게도 전하여 나누도록 하겠습니다.

Whatsoever you Desire

"For verily I say unto you, That whosoever shall say unto this mountain, Be thou removed, and be thou cast into the sea; and shall not doubt in his heart, but shall believe that those things which he saith shall come to pass; shall have whatsoever he saith. Therefore I say unto you, What things soever ye desire, when ye pray, believe that ye receive them, and ye shall have them." MARK 11:23-24, KJV

If the Holy Spirit were to withdraw from your life and from your local church, would He be missed? Is there anything supernatural about your life or the church where you fellowship with other believers?

A skeptic contrasted actors and Christians: Actors present fiction as truth. Christians often present truth as though it were fiction.

A militant atheist attacked Christians with this accusation: "You say that your God is omnipotent, that He created the heavens and the earth. You say that He is a loving God who sent His only Son to die on the cross for the sins of man and was raised from the dead. You say that through faith in Him one could have a whole new quality of life, of peace, love and joy; a purpose and meaning, and eternal life. I say that is a lie and you know it, because if you really believed it you would pay any price to tell everyone who would listen. What you claim is the greatest news the world has ever heard, but it couldn't be true or you would be more enthusiastic about it. If I believed what you believe, I would sell everything I have and use every resource at my command to reach the largest possible number of people with this good news."

Unfortunately, the critics and skeptics have good reason to find fault with us. It is true that, if we really believed what we say we believe, we would be constrained, as was the apostle Paul, to tell everyone who would listen about Christ, mindful that there is nothing more important in all the world that we could do. At the same time we would claim our rights as children of God, drawing upon the supernatural resources of God.

BIBLE READING   Mark 11:20-26
ACTION POINT   I will seek to know God better by studying His Word and meditating upon His attributes so that His supernatural qualities will become more and more a part of my life for the glory and praise of His name.

무엇이든지 원하는 대로

"내가 진실로 너희에게 이르노니 누구든지 이 산더러 들리어 바다에 던져지라 하며
그 말하는 것이 이루어질 줄 믿고 마음에 의심하지 아니하면 그대로 되리라
그러므로 내가 너희에게 말하노니 무엇이든지 기도하고 구하는 것은 받은 줄로 믿으라
그리하면 너희에게 그대로 되리라" 마가복음 11:23~24

만약 당신의 삶과 당신의 교회로부터 성령이 떠나버리신다면 어떻겠습니까? 당신의 삶 가운데 그리고 당신이 다른 믿는 사람들과 함께 교제를 나누는 당신의 교회에는 어떤 초자연적인 특징이 있습니까? 한 회의론자가 배우와 그리스도인을 이렇게 대조시켜 말했습니다. "배우는 허구를 사실처럼 보이게 하고 그리스도인은 자주 사실을 허구처럼 보이게 한다."

한 도전적인 무신론자가 이렇게 그리스도인을 공격했습니다. "당신들은 당신들의 하나님이 전능하시고 하늘과 땅을 창조하셨다고 말합니다. 당신들은 하나님이 인간의 죄를 위해 자신의 하나뿐인 아들을 보내어 십자가에서 죽게 하시고, 그 죽음으로부터 부활하게 하신 사랑의 하나님이라고 말합니다. 그를 믿는 믿음을 통하여 사람은 평안과 사랑, 그리고 기쁨을 누리는 완전히 새로운 삶을 살게 된다고 당신들은 말합니다. 당신들은 그 믿음을 통해 삶의 목적과 의미, 그리고 영생을 얻는다고 말합니다. 나는 그 모든 것이 거짓말이며, 당신들도 그것을 알고 있다고 생각합니다. 왜냐하면 당신들이 그것을 정말로 믿는다면 듣고자 하는 모든 사람들에게 그 사실을 전하기 위해 어떤 대가도 치를 것이기 때문입니다. 당신들이 주장하는 것은 세상이 여태까지 들어본 것 중 최고의 소식입니다. 그러나 그것은 사실이 아닐 것이며, 만약 사실이라면 당신의 열정은 지금 같을 수 없을 것입니다. 당신들이 믿고 있는 것을 만약 내가 믿는다면 나는 내가 갖고 있는 모든 것을 팔고 또 동원할 수 있는 나의 모든 자원을 사용하여 이 좋은 소식을 가능한 많은 사람에게 전하도록 할 것입니다."

유감스럽게도 비판자들과 무신론자들의 우리에 대한 비난은 나름 타당한 부분이 있습니다. 우리가 믿는다고 말하고 있는 것을 만약 우리가 진심으로 믿는다면, 이보다 더 우리가 세상에서 할 수 있는 중요한 일이 없다고 하는 것을 마음에 새기면서 사도 바울이 그랬던 것처럼 우리도 듣고자 하는 모든 사람에게 그리스도에 대해 전하지 않을 수 없을 것입니다. 동시에 우리는 하나님의 초자연적인 능력의 자원을 삶에 활용하며 하나님의 자녀로서의 우리의 권리를 주장(claim)할 것입니다.

오늘 주시는 말씀 마가복음 11:20~26
믿음의 실천 나는 하나님의 말씀을 공부하고 또 그의 성품을 묵상함으로써 하나님을 더욱 잘 알게 되도록 힘쓰겠습니다. 그럼으로써 그의 이름이 영광과 찬양을 받으시도록 그분의 초자연적인 성품과 능력들이 더욱더 내 삶에 나타나게 될 것입니다.

Shine Like the Sun

"And those who are wise—the people of God—shall shine as brightly as the sun's brilliance, and those who turn many to righteousness will glitter like stars forever."
DANIEL 12:3

Did it ever occur to you that as a child of God you are to radiate in your countenance the beauty and glory of God? Have you ever considered the inconsistency of having a glum expression while professing that the Son of God, the light of the world, dwells within you?

Proverbs 15:13 reminds us that a happy face means a glad heart; a sad face means a breaking heart.

When missionary Adoniram Judson was home on furlough many years ago, he passed through the city of Stonington, Connecticut. A young boy, playing about the wharves at the time of Judson's arrival, was struck by the missionary's appearance. He had never before seen such a light on a man's face.

Curious, he ran up the street to a minister's home to ask if he knew who the stranger was. Following the boy back, the minister became so engaged in conversation with Judson that he forgot all about the lad standing nearby.

Many years later that boy—unable to get away from the influence of what he had seen on a man's face—became the famous preacher Henry Clay Trumbull. One chapter in his book of memoirs is entitled, "What a Boy Saw in the Face of Adoniram Judson."

A shining face—radiant with the love and joy of Jesus Christ—had changed a life. Just as flowers thrive when they bend toward the light of the sun, so shining, radiant faces are the result of those who concentrate their gaze upon the Lord Jesus Christ.

May we never underestimate the power of a glowing face that stems from time spent with God. Even as Moses' countenance shone, may your face and mine reveal time spent alone with God and in His Word.

BIBLE READING Matthew 5:13-16
ACTION POINT I will spend sufficient time with the Lord each day to ensure a radiant countenance for the glory of God and as a witness to those with whom I have contact each day.

해같이 빛나리

"지혜있는 자는 궁창의 빛과 같이 빛날 것이요
많은 사람을 옳은 데로 돌아오게 한 자는 별과 같이 영원토록 빛나리라"
다니엘 12:3

하나님의 자녀로서 당신은 당신의 얼굴이 하나님의 영광과 아름다움으로 빛나야 한다는 것을 생각해 본 적이 있습니까? 당신은 당신 안에 세상의 빛이신 하나님의 아들이 거하신다고 고백하면서 동시에 침울한 표정을 짓는 모순에 대해 생각해 본 적이 있습니까?

잠언 15장 13절은 "마음의 즐거움은 얼굴을 빛나게 하여도 마음의 근심은 심령을 상하게 하느니라"라고 우리에게 상기시켜 줍니다.

오래 전에 46)아도니람 저드슨 선교사가 휴가차 고향 집에 돌아 와 있을 때 코네티컷주의 스토닝턴시를 지나간 적이 있었습니다. 저드슨이 그곳을 지나갈 무렵 부둣가에서 놀고 있던 한 어린 소년이 그의 모습에 깜짝 놀랐습니다. 그 소년은 사람의 얼굴에서 그런 빛이 있는 것을 한 번도 보지 못했었습니다.

호기심에 그는 거리를 가로질러 마을에 있는 목사의 사택으로 달려가 그 이상한 사람이 누군지를 아느냐고 물었습니다. 소년의 말을 듣고 그 소년을 따라 저드슨을 만나러 온 목사는 저드슨과의 대화에 너무 깊이 빠져 들어가 곁에 서 있는 소년도 잊어버릴 정도였습니다.

여러 해가 지난 후에 어렸을 때 본 저드슨의 얼굴에서 받은 감동을 잊을 수 없었던 그 소년은 유명한 설교자 47)헨리 클레이 트럼블이 되었습니다. 그는 자신의 회고록 한 장에 이렇게 제목을 붙였습니다. '한 소년이 아도니람 저드슨의 얼굴에서 본 것'.

예수 그리스도의 사랑과 기쁨으로 가득 찬 빛나는 얼굴은 한 소년의 일생을 변화시켰습니다. 마치 꽃들이 태양 빛을 향해 고개를 돌릴 때 성장하듯이 밝게 빛나는 얼굴은 주 예수 그리스도를 향하여 시선을 고정시키는 사람들이 얻는 결과입니다.

우리는 하나님과 함께 시간을 보냄으로써 얻어지는 빛나는 얼굴의 능력을 과소평가해서는 안 됩니다. 모세의 얼굴에서 빛이 난 것처럼 당신과 나의 얼굴에서도 하나님과 또 그의 말씀과 함께 홀로 우리가 지낸 시간을 나타낼 수 있기를 빕니다.

오늘 주시는 말씀 마태복음 5:13~16
믿음의 실천 나는 하나님의 영광을 위해, 그리고 매일 내가 접촉하는 사람들에게 증거자로서 빛나는 얼굴을 드러낼 수 있도록 매일 주님과 충분한 시간을 갖도록 하겠습니다.

Perfect Healing

"Jesus' name has healed this man—and you know how lame he was before.
Faith in Jesus' name—faith given us from God—has caused this perfect healing."
ACTS 3:16

This is another of the great "3:16" verses of the Bible—with a truth and a promise that you and I need probably every day of our lives. Jesus claimed "all authority in heaven and earth" Matthew 28:18. "In Him dwelleth all the fullness of the Godhead bodily" Colossians 2:9 KJV; see also 1:15-19.

There is great power in the name of Jesus. Throughout Scripture that fact is emphasized. And I have seen it illustrated in miraculous ways though the film JESUS, which has been used of God to introduce tens of millions of men, women, young people and children to Christ in most countries of the world.

The promise, equally clear, is that if we exercise faith in that wonderful name of Jesus—faith that is a gift from God—we can see healing, both physical and spiritual.

I sit in astonishment often as I try to comprehend such great love that would give us the very gifts He requires of us—faith, in this instance. We need not conjure up such faith; it is made available on simple terms: "Faith comes by hearing, and hearing by the Word of God."

And we may appropriate this truth and this promise today.

BIBLE READING Acts 3:12-18
ACTION POINT "Dear Lord, I dare to believe that You are still the same yesterday, today and forever, so I can trust You to heal, and to enable me to live a supernatural life."

완전한 치유

"그 이름을 믿으므로 그 이름이 너희가 보고 아는 이 사람을 성하게 하였나니
예수로 말미암아 난 믿음이 너희 모든 사람 앞에서 이같이 완전히 낫게 하였느니라"
사도행전 3:16

    이 말씀은 매일 우리의 삶이 필요로 하는 진리요 약속인 또 하나의 위대한 3장 16절 말씀입니다. 예수님은 "하늘과 땅의 모든 권세"(마 28:18)를 주장하셨으며, 또 "그 안에는 신성의 모든 충만이 육체로 거하시는" 분이십니다.(골 1:15~19, 2:9)

    예수님의 이름에는 위대한 능력이 있습니다. 성경 전체를 통하여 이 사실이 강조되어 있습니다. 나는 예수 영화 가운데 기적적인 일들을 통해 그 사실을 설명하고 있는 것을 보았는데 그 영화는 세계의 거의 대부분의 국가에서 남녀노소 수천만의 사람을 그리스도께로 인도하는 하나님의 도구로 사용되어 오고 있습니다.

    이 분명한 약속은 우리 놀라운 예수님의 이름을 믿는 믿음―하나님의 선물인 그 믿음―을 우리가 훈련하면 육체적, 영적 치유를 얻을 수 있다는 것입니다.

    나는 하나님이 우리에게 찾으시는 바로 그것―이 경우에는 믿음―을 우리에게 또 선물로 주신 그 크신 사랑을 생각할 때마다 자주 감격하곤 합니다. 우리는 그러한 믿음을 억지로 지어내려고 할 필요가 없습니다. 믿음은 단순히 다음의 말씀에 따르기만 하면 얻을 수 있는 것입니다. "그러므로 믿음은 들음에서 나며 들음은 그리스도의 말씀으로 말미암았느니라"(롬 10:17)

    우리는 이 진리와 약속을 바로 오늘 누릴 수 있습니다.

오늘 주시는 말씀   사도행전 3:12~18
믿음의 실천   "사랑하는 주님, 저는 당신이 어제나 오늘이나 영원토록 변함없으신 분이심을 믿습니다. 그러므로 나는 주님이 나를 치유하실 것을 믿으며 또 나로 초자연적으로 살 수 있도록 해주실 것을 믿습니다."

Joy and Gladness

"And the Lord will bless Israel again, and make her deserts blossom; her barren wilderness will become as beautiful as the Garden of Eden. Joy and gladness will be found there, thanksgiving and lovely songs." ISAIAH 51:3

When the editors of a Christian publication came to Arrowhead Springs some time ago to interview me, the discussion turned to the subject of problems in the Christian life. They were skeptical when I explained my way of handling difficult circumstances, potential sources of anxiety and frustration.

As you will note from this verse in Isaiah, thanksgiving is a spiritual way of singing to the Lord. As we sing with a thankful heart, we receive the joy of the Lord in return.

So it was that I explained to the editors: "Many years ago I learned to obey God's command to be thankful in all things as an act of faith. And since I am assured from God's Word that He rules in the affairs of men and nations, that He is all-wise, all-powerful and compassionate and that He loves me dearly, I would be very foolish indeed to worry about my problems, cares and tribulations even for a few moments. I cast them upon the Lord as soon as they are brought to my attention.

For example, I can list at least 25 major problems that I have given to the Lord today—some of which would crush me and destroy my effectiveness if I tried to carry them myself."

Then I recalled an earlier week beset with illness, surgery and bereavement for loved ones and friends. "But," I told them, "I chose to obey the Lord's command to give them all to Him, and to retain a thankful spirit."

BIBLE READING Ephesians 5:18-21
ACTION POINT I will trust God's Holy Spirit to establish a thankful spirit in my heart and life today and every day as a way of life.

기뻐함과 즐거워함

"나 여호와가 시온의 모든 황폐한 곳들을 위로하여 그 사막을 에덴 같게, 그 광야를 여호와의 동산 같게 하였나니 그 가운데에 기뻐함과 즐거워함과 감사함과 창화하는 소리가 있으리라" 이사야 51:3

언젠가 기독교 출판사의 편집자들이 나를 인터뷰하기 위해 애로우헤드 스프링스에 왔을 때 함께 이야기하던 대화가 그리스도인들이 삶 가운데 겪는 여러 어려움에 대한 주제로 흐른 적이 있었습니다. 그들은 내가 어려운 상황 또는 내게 근심과 좌절을 일으킬 가능성이 있는 사안들에 대처하는 나의 방법을 설명했을 때 회의적이었습니다.

위의 이사야서의 말씀에서 알 수 있듯이, 감사는 여호와 하나님을 찬양하는 영적인 방법입니다. 우리가 감사하는 마음으로 찬양하면 우리는 하나님이 주시는 기쁨을 그 대신 얻게 됩니다.

그래서 나는 그 편집자들에게 이렇게 말했습니다. "오래전 나는 '믿음의 실천'의 하나로써 모든 일에 감사하라는 하나님의 명령에 순종하는 것을 배웠습니다. 그리고 하나님이 사람과 나라의 모든 일을 다스리시며 전지전능하시고 긍휼하시며 또 나를 지극히 사랑하신다는 것을 하나님의 말씀으로부터 확신하였기 때문에 잠깐이라도 나의 문제나 염려, 시련에 대해 걱정한다는 것은 대단히 어리석은 일이 될 것입니다. 그런 것들이 내 마음 가운데 들어오게 되면 나는 그 모든 것을 즉시 주께 맡겨버립니다. 예를 들어 나는 오늘 내가 주께 맡긴 적어도 25개의 큰 문제들의 목록을 기록할 수 있습니다. 그중의 어떤 것들은 만약 그 문제를 내가 해결하려고 한다면 나를 완전히 짓이기고 나의 영향력을 파괴할 것입니다."

이어 나는 질병과 수술, 사랑하는 이와 친구들과 사별하는 고통으로 싸여 있었던 이전의 한 주간을 회상했습니다. 나는 그들에게 말했습니다. "그러나 나는 그 모든 것을 주께 맡기라는 주님의 명령에 순종하고 감사하는 마음을 갖기로 선택했습니다."

오늘 주시는 말씀 에베소서 5:18~21
믿음의 실천 나는 하나님의 성령께서 내 마음과 삶 가운데 오늘, 또 매일, 내가 삶을 살아가는 방식으로서(as a way of life) 늘 감사하는 마음을 갖도록 해주실 것을 신뢰하겠습니다.

Subduing the Enemy

"At that time Samuel said to [the Israelites], 'If you are really serious about wanting to return to the Lord, get rid of your foreign gods and your Ashtaroth idols. Determine to obey only the Lord; then he will rescue you from the Philistines.'" 1 SAMUEL 7:3

As I was reading and meditating on the Word of God, the thought struck me that this passage relates to multitudes of defeated, frustrated Christians today who feel that they have lost contact with God. They are puzzled as to why He has withdrawn His blessing from them, but the reason, in most cases, is very simple.

Throughout Israel's history, the people alternately obeyed God and disobeyed Him. When they obeyed, He blessed, and when they disobeyed, He disciplined. At this time the Lord seemingly had abandoned them because they were worshiping foreign gods and idols. "If you will only obey God," Samuel advised, "He will rescue you from the Philistines."

So they destroyed their idols and worshiped the Lord, and then a miracle happened. Samuel invited all of Israel to come to Mispah and said, "I will pray to the Lord for you." As they gathered there, the Philistine leaders heard about it and mobilized their army to attack. The Israelites were frightened, but God spoke with a mighty thunder from heaven, and the Philistines were thrown into terrible confusion. Israel surrounded and subdued them, and the Philistines did not invade Israel again for the remainder of Samuel's life.

Enemies can take many forms, but their intent is always to destroy. What are the Philistines in your life? Lust, pride, jealousy, materialism, financial indebtedness, physical illness, resentment, antagonism, criticism, discrimination? Do you feel that God has forsaken you?

Why not look into the mirror of God's Word? Ask the Lord to reveal the idols of your life, then turn away from them. Confess your sins and claim God's victory over those areas of life that destroying you.

BIBLE READING 1 Samuel 7:1-12
ACTION POINT I will examine my life for any idols that would grieve or quench the Holy Spirit. I will destroy any that find, and will confess my sins and appropriate God's fullness to live a supernatural life for His glory.

원수를 이김

"사무엘이 이스라엘 온 족속에게 말하여 이르되 만일 너희가 전심으로 여호와께 돌아오려거든 이방 신들과 아스다롯을 너희 중에서 제거하고 너희 마음을 여호와께로 향하여 그만을 섬기라 그리하면 너희를 블레셋 사람의 손에서 건져내시리라" 사무엘상 7:3

내가 오늘의 말씀을 읽고 묵상할 때 이 말씀이 오늘날 하나님과의 교제가 단절되었다고 느끼는 많은 패배하고 좌절한 그리스도인들과 관련이 있다는 생각이 강하게 들었습니다. 그들은 하나님이 왜 그들로부터 축복을 거두어 가셨는지 혼란스러워하지만, 대부분의 경우 그 이유는 아주 간단합니다.

이스라엘은 역사를 통해 알 수 있듯이 그 백성들이 순종과 불순종을 반복했습니다. 그들이 순종했을 때 하나님은 축복하셨고 불순종했을 때 징계하셨습니다. 오늘의 말씀에서는 하나님이 그들을 버리셨던 것처럼 보입니다. 그들이 이방신들과 우상들을 섬겼기 때문입니다. 사무엘은 권고했습니다. "너희 마음을 여호와께로 향하여 그만을 섬기라 그리하면 너희를 블레셋 사람의 손에서 건져내시리라"

그래서 백성들은 우상을 파괴하고 여호와를 경배했습니다. 그때 기적이 일어났습니다. 사무엘은 모든 이스라엘 백성을 미스바로 모으고 말했습니다. "내가 너희를 위하여 여호와께 기도하리라." 그들이 미스바에 모였을 때 블레셋 지도자들이 이 소식을 듣고 공격하기 위해 군대를 동원했습니다. 이스라엘 백성들은 겁에 질렸지만, 하나님이 하늘에서 큰 우레 소리를 발하여 블레셋 사람들을 엄청난 혼란에 빠뜨렸습니다. 이스라엘 백성들은 그들을 에워싸 승리했으며 블레셋은 사무엘이 살아있는 동안 이스라엘을 다시는 침략하지 못했습니다.

원수는 여러 모습으로 나타나지만 목적은 언제나 우리를 파멸시키는 것입니다. 당신의 삶에서의 블레셋인은 무엇입니까? 탐욕, 교만, 질투, 물질주의, 금전적 부채(빚), 신체적 질병, 원한, 적개심, 비난, 혹은 차별 대우입니까? 당신은 하나님이 당신을 버리신 것처럼 느끼고 있습니까?

왜 하나님의 말씀의 거울을 들여다보지 않습니까? 하나님께 당신의 삶에 있는 우상을 보여주시도록 구하고 그것들로부터 떠나십시오. 당신의 죄를 고백하고 당신을 파괴하고 있는 당신 삶의 그 부분에서 하나님의 승리를 주장(claim)하십시오.

오늘 주시는 말씀 사무엘상 7:1~12
믿음의 실천 나는 나의 삶 가운데 성령을 근심케 하거나 소멸하는 어떤 우상이 있는지 점검하도록 하겠습니다. 나는 내가 깨닫는 어떤 것이라도 그것을 없애고 나의 죄를 고백하겠으며 또 하나님의 영광을 위한 초자연적 삶을 살기 위해 하나님이 내 안에 충만하심을 누리도록 하겠습니다.

Guardian Angels

"For the Angel of the Lord guards and rescues all who reverence him."
PSALM 34:7

For many years my travels have taken me from continent to continent, to scores of countries each year. I have traveled under all kinds of circumstances, not a few times faced with danger. But always there was peace in my heart that the Lord was with me and I was surrounded by His angels to protect me.

In Pakistan, during a time of great political upheaval, I had finished a series of meetings in Lahore and was taken to the train station. Though I was unaware of what was happening, an angry crowd of thousands was marching on the station to destroy it with cocktail bombs.

The director of the railway line rushed us onto the train, put us in our compartments and told us not to open our doors under any circumstances—unless we knew that the one knocking was a friend. The train ride to Karachi would require more than 24 hours, which was just the timed I needed to finish rewriting my book Come Help Change the World.

So I put on my pajamas, got in my berth and began to read and write. It was not until we arrived in Karachi some 28 hours later that I discovered how guardian angels had watched over us and protected us. The train in front of us had been burned when rioting students had lain on the track and refused to move. So the train ran over them and killed them. In retaliation, the mob burned the train and killed the officials.

Now we were the next train and they were prepared to do the same for us. But God miraculously went before us and there were no mishaps. We arrived safely in Karachi to discover that martial law had been declared and all was peaceful. A Red Cross van took us to the hotel and there God continued to protect us. When the violence subsided we were able to catch a plane out of Karachi for Europe.

BIBLE READING Isaiah 63:7-9
ACTION POINT I will express my gratitude to God for assigning angels to protect me and help me in times of trouble. I will not take for granted the protection that in the past I may have overlooked, not recognizing God's miraculous, divine intervention.

여호와의 천사

"여호와의 천사가 주를 경외하는 자를 둘러 진 치고 그들을 건지시는도다"
시편 34:7

여러 해 동안 나는 매년 이 대륙에서 저 대륙으로 많은 나라를 여행해 왔습니다. 나는 온갖 종류의 상황 가운데 여행해 왔으며 위험에 처한 적도 많았습니다. 그러나 언제나 하나님께서 나와 함께 계시고 하나님의 수호천사가 나를 둘러싸 보호하고 있다는 마음의 평안을 누려왔습니다.

파키스탄이 큰 정치적 격변기에 있었을 때 나는 라호르에서 일련의 모임을 마치고 기차역으로 이동했습니다. 당시 나는 무슨 일이 벌어지고 있는지 모르고 있었지만, 분노한 수천 명의 군중이 화염병을 들고 기차역을 파괴하기 위해 몰려가는 중이었던 것입니다.

철도청 관리들은 서둘러 우리를 기차에 태우고 객실로 밀어 넣은 다음 우리가 아는 사람이 아닌 한, 어떤 경우에도 문을 열어 주어서는 안 된다고 이야기했습니다. 기차는 카라치까지 24시간 이상 가야 했으며 그 시간은 그때 다시 쓰고 있던 나의 저서 『담대히 전하라』(순출판사)를 마무리하기에 아주 적절한 시간이었습니다.

그래서 나는 잠옷으로 갈아입고 내 침대에 들어가서 읽고 쓰기를 시작했습니다. 28시간 후에 카라치에 도착한 후에야 나는 하나님의 수호천사가 어떻게 우리를 보살피셨는지를 알게 되었습니다. 우리 앞에 운행했던 기차는 폭동을 일으킨 학생들이 철로에 누워 비켜주기를 거부하여 불탔던 것입니다. 학생들이 비켜나기를 거부하자 기차는 그대로 달려서 그 학생들이 죽게 되었고, 그 보복으로 군중은 기차를 불사르고 승무원들을 죽였습니다.

그다음으로 우리가 탄 기차가 운행하고 있었고, 폭도들은 같은 행동을 하기 위해 준비하고 있었습니다. 그러나 하나님이 기적적인 방법으로 우리 앞서 행하셨으며, 그런 재난은 일어나지 않았습니다. 우리는 안전히 카라치에 도착하여 계엄령이 선포된 것을 알았고 모든 것은 평온했습니다. 적십자사의 차량이 우리를 호텔로 옮겨 주었고 그곳에서도 하나님께서는 계속하여 우리를 보호해 주셨습니다. 폭동이 진압되었을 때 우리는 카라치에서 유럽으로 향하는 비행기에 오를 수 있었습니다.

오늘 주시는 말씀 이사야 63:7~9
믿음의 실천 나는 하나님께서 나를 보호하시고 또 곤경에 처했을 때 도와주시기 위해 천사를 보내어 주심에 특별한 감사를 드리겠습니다. 나는 과거에 내가 깨닫지 못하고 간과한 하나님의 기적적인 개입에 의한 보호하심을 이제는 당연한 것으로 여기지 않겠습니다.

A New Creature

"As it is written, There is none righteous, no, not one: There is none that understandeth, there is none that seeketh after God. They are all gone out of the way, they are together become unprofitable; there is none that doeth good, no, not one."
ROMANS 3:10-12, KJV

At the conclusion of my message at a pastor's conference, a pastor took issue with me concerning a statement that I had made. I had said that there is a great hunger for God throughout the world, and that more people are now hearing the gospel and receiving Christ than at any time since the Great Commission was given almost 2,000 years ago.

"How can you say that," he objected, "when Scripture clearly teaches that no man seeks after God?"

"I agree with the Word of God 100 percent," I responded, "but do not forget that —though man does not naturally hunger for God—the Holy Spirit sends conviction and creates in the human heart a desire for God." As Jesus put it, "No one can come to Me, unless the Father who sent Me draws him" John 6:44, NAS. We can learn three things from this passage: no one is righteous; no one understands the things of God: and no one seeks God. What a contrast between man in his natural state and what man becomes at spiritual birth when he is brought from the darkness and gloom of Satan's kingdom into the light of God's glorious kingdom through Jesus Christ. Man becomes a new creature; old things pass away and all things become new.

The natural man must depend on his own resources and wisdom to find meaning and purpose in life, inevitably resulting in conflict, discord and frustration. But the one who trusts in God has the privilege of daily drawing on God's supernatural resources—joy, peace, love—that provide meaning, purpose and assurance of eternal life. Most people live lives of quiet desperation in self-imposed spiritual poverty because those of us who know the truth of the supernatural life a strangely silent. God forgive us.

BIBLE READING   Romans 3:13-20
ACTION POINT   With God's help I refuse to remain silent any longer, but will proclaim "the most joyful news ever announced" (Luke 2:10) to all who will listen so others may join me in living the supernatural life.

새로운 피조물

*"기록된 바 의인은 없나니 하나도 없으며 깨닫는 자도 없고 하나님을 찾는 자도 없고
다 치우쳐 함께 무익하게 되고 선을 행하는 자는 없나니 하나도 없도다"*
로마서 3:10~12

목회자 수련회에서 설교를 마쳤을 때 한 목회자가 나의 설교에 대해 이의를 제기하였습니다. 나는 전 세계에 걸쳐 모든 사람의 마음속에 하나님을 찾는 갈망이 있으며 2,000년 전에 지상명령이 주어진 이래 지금 그 어느 때보다 더 많은 사람이 복음을 듣고 그리스도를 영접하고 있다고 설교를 했습니다.

그는 반박했습니다. "성경은 분명하게 하나님을 찾는 자가 아무도 없다고 가르치는데 어떻게 당신은 그런 말을 할 수 있습니까?"

"나는 성경 말씀에 100% 동의합니다." 나는 대답했습니다. "그러나 비록 인간은 본성으로는 하나님을 찾지 않을지라도 성령께서 책망하시며 인간의 마음 가운데 하나님을 향한 갈망을 일으키신다고 하는 이것을 잊지 마시기 바랍니다."

예수님이 말씀하신 그대로입니다. "나를 보내신 아버지께서 이끌지 아니하시면 아무도 내게 올 수 없으니"(요 6:44) 우리는 오늘의 말씀에서 세 가지를 깨달을 수 있습니다. 첫째, 의로운 자는 아무도 없습니다. 둘째, 깨닫는 자도 없습니다. 셋째, 하나님을 찾는 자도 없습니다. 자연 상태의 인간과 예수 그리스도를 통하여 캄캄하고 암울한 사탄의 왕국으로부터 풀려 나와 하나님의 영광스러운 왕국의 빛 가운데로 옮겨져 영적으로 태어난 사람과는 얼마나 대조적인지요. 그런 사람은 새로운 피조물이 됩니다. "이전 것은 지나갔으니 보라 새 것이 되었도다"(고후 5:17)

자연 상태의 인간은 삶의 의미와 목적을 찾기 위해 자신이 가진 자원과 지혜에 의지해야 하며 필연적으로 갈등과 불화, 그리고 좌절을 겪기 마련입니다. 그러나 하나님을 신뢰하는 사람은 삶의 의미와 목적 그리고 영생의 확신을 주는 하나님의 초자연적인 능력의 자원―기쁨과 평화와 사랑―을 매일 끌어 쓸 수 있는 특권을 누립니다. 대부분의 세상 사람들은 스스로 자초한 영적 빈곤 가운데 조용한 절망의 삶을 살아가고 있습니다. 초자연적인 삶의 진실을 알고 있는 우리가 이상하게도 침묵을 지키고 있기 때문입니다. 하나님 우리를 용서하소서!

오늘 주시는 말씀 로마서 3:13~20
믿음의 실천 하나님의 도우심으로 나는 더 이상 침묵하지 않겠으며 귀 기울이는 모든 사람에게 '온 백성에게 미칠 큰 기쁨의 좋은 소식'(눅 2:10)을 전하여 다른 사람들도 나와 함께 초자연적 삶을 살 수 있도록 하겠습니다.

His Ways Will Satisfy

"Don't copy the behavior and customs of this world, but be a new and different person with a fresh newness in all you do and think. Then you will learn from your own experience how his ways will really satisfy you." ROMANS 12:2

"The trouble with living sacrifices," someone has well said, "is that they keep crawling off the altar."

That may be true. We "crawl off the altar" when we sin, and the only way to put ourselves back on the altar is to breathe spiritually—confess our known sins in accordance with the promise of 1 John 1:9 and appropriate the fullness of the Holy Spirit as we are commanded to do by faith Ephesians 5:18.

When we do this, we will be living supernaturally and our lives will produce the fruit of the spirit in great abundance.

Only by being filled with the Spirit, and thus realizing the fruit of the Spirit, can spiritual gifts be effectively utilized in witnessing and building up the Body of Christ.

We begin by totally yielding ourselves by faith to Christ in a full, irrevocable surrender to His lordship.

"He died once for all to end sin's power, but now He lives forever in unbroken fellowship with God. So look upon your old sin-nature as dead and unresponsive to sin, and instead be alive to God, alert to Him, through Jesus Christ our Lord.

Do not let sin control your puny body any longer; do not give in to its sinful desires. Do not let any part of your bodies become tools of wickedness, to be used for sinning; but give yourselves completely to God—every part of you—for you are back from death and you want to be tools in the hands of God, to be used for His good purposes" Romans 6:10-13.

BIBLE READING Romans 12:3-8
ACTION POINT Knowing that God's ways will really satisfy me, I will seek first His kingdom, resist the devil at his every appearance and watch with joy as he flees.

하나님의 온전하신 뜻

"너희는 이 세대를 본받지 말고 오직 마음을 새롭게 함으로 변화를 받아
하나님의 선하시고 기뻐하시고 온전하신 뜻이 무엇인지 분별하도록 하라"
로마서 12:2

누군가가 이렇게 재미있게 표현했습니다. "산 제물은 제단 밖으로 자꾸 기어 나오는 것이 문제입니다."

그것은 아마 사실일 것입니다. 우리가 죄를 범할 때 우리는 '제단 밖으로 기어 나오는 것'입니다. 우리가 다시 제단으로 돌아가는 유일한 방법은 5)영혼의 호흡―요한일서 1장 9절의 약속에 따라 깨닫게 해주시는 우리의 죄를 고백하고 1)믿음으로(by faith) 우리가 명령받은 대로 성령 충만을 소유하는(엡 5:18) 그 길 뿐입니다.

우리가 그렇게 행할 때 우리는 초자연적으로 살 수 있으며 우리의 삶은 성령의 열매를 크고 풍성하게 맺게 됩니다.

오직 성령의 충만함에 의해서, 그래서 성령의 열매를 체득하게 됨에 따라 우리의 영적 은사들이 그리스도를 증거하고 또 그리스도의 몸 된 교회를 세우는 일에 효과적으로 사용될 수 있는 것입니다.

우리는 그리스도께 믿음으로(by faith) 우리 자신을 온전히 드려 그 삶을 시작하게 됩니다. 완전히, 다시는 되돌릴 수 없도록 주님의 다스리심에 순복함으로 시작하게 되는 것입니다.

"그가 죽으심은 죄에 대하여 단번에 죽으심이요 그가 살아 계심은 하나님께 대하여 살아 계심이니 이와 같이 너희도 너희 자신을 죄에 대하여는 죽은 자요 그리스도 예수 안에서 하나님께 대하여는 살아 있는 자로 여길지어다 그러므로 너희는 죄가 너희 죽을 몸을 지배하지 못하게 하여 몸의 사욕에 순종하지 말고 또한 너희 지체를 불의의 무기로 죄에게 내주지 말고 오직 너희 자신을 죽은 자 가운데서 다시 살아난 자 같이 하나님께 드리며 너희 지체를 의의 무기로 하나님께 드리라"(롬 6:10~13)

오늘 주시는 말씀   로마서 12:3~8
믿음의 실천   하나님의 뜻을 따름이 나를 진정으로 만족케 할 것을 알기 때문에 나는 그의 나라를 먼저 구하겠으며, 어떤 경우에라도 사탄을 대적하여 사탄이 물러가는 것을 기쁨으로 지켜보겠습니다.

Put God to the Test

"Oh, put God to the test and see how kind he is!
See for yourself the way his mercies shower down on all who trust in him."
PSALM 34:8

Sam wanted to receive Christ, but he was reluctant. Somehow, he could not bring himself to make that necessary commitment of the will to exercise his faith and receive Christ. Because of unfortunate experiences in his youth, he had a distorted view of the goodness of God.

I encouraged him to make his commitment, but he still hesitated. Finally, I turned to that wonderful promise of our Scripture for today and asked him to read it. As he read, the Holy Spirit gave him the faith to believe that he could trust God.

Put God to the test. Taste and see how good and kind He is. Sam discovered that day, and for the rest of his life, the faithfulness and the goodness and the kindness of God.

Do you have reservations, uncertainties, fears about the trustworthiness of God? If so, I encourage you to place your trust in Him, and you will find, as millions have found, and as I have found, that God is good, faithful and true.

Similarly, you and I can put God to the test and find a friendly haven in the midst of enemy territory. More important, perhaps, is the certainty we can have that God does hear and answer our prayers—in situations where He and He alone knows the end from the beginning and can provide deliverance.

How vital to the supernatural life to know that we have immediate access to the God of the universe, the very one who alone can guarantee victory and deliverance.

BIBLE READING 1 Peter 2:1-5
ACTION POINT I will trust God for deliverance from "enemy territory," for He is loving, just, kind, and good. I will encourage others to put God to the test and discover His mercies that He showers on all who trust in Him.

선하심을 맛보아 알지어다

"너희는 여호와의 선하심을 맛보아 알지어다 그에게 피하는 자는 복이 있도다"
시편 34:8

샘은 그리스도를 영접하기 원했지만 주저하고 있었습니다. 왜 그런지 그는 그리스도를 영접하고 믿음을 키우기 위하여 꼭 필요한 의지의 결단을 할 수가 없었습니다. 어렸을 때의 불행했던 경험 때문에 하나님의 선하심에 대하여 잘못된 시각을 갖고 있었던 것입니다.

나는 그가 결단하도록 권면했지만 그러나 그는 계속 망설였습니다. 마침내 나는 성경에서 위의 오늘의 말씀을 찾아 그 놀라운 말씀을 그에게 읽도록 했습니다. 그가 이 말씀을 읽을 때 성령께서 그가 하나님을 신뢰할 수 있도록 믿음을 주셨습니다.

하나님의 선하심을 맛보십시오. 하나님이 참으로 얼마나 선하시며 인자하신 분이신지 맛보시기를 바랍니다. 샘은 그날, 그리고 그의 남은 전 생애를 통하여 하나님의 신실하심과 선하심 그리고 인자하심을 깨달았습니다.

혹시 당신은 하나님이 신뢰할 수 있는 분이라는 것에 어떤 일말의 의구심이나 불확실함 혹은 두려움을 갖고 있습니까? 만약 그렇다면 나는 당신이 하나님을 전폭적으로 신뢰하도록 권면합니다. 당신은 내가 그랬고 또 수백만의 사람이 그래왔던 것처럼 하나님은 선하시고 신실하시며 참되시다는 것을 발견하게 될 것입니다.

마찬가지로 우리는 곤경에 처하였을 때 하나님이 우리를 도우시는가를 실제로 확인해 볼 수 있고, 그래서 원수가 권세 잡고 있는 영역에서도 우리를 보호해 주는 안식처를 찾을 수 있습니다. 아마도 보다 더 중요한 것은 우리가 부딪히는 모든 일의 시작과 끝을 모두 아시는 유일한 분인 하나님이 우리 기도를 들으시고 응답하시며 우리를 구원하신다는 확실함을 우리가 가질 수 있다는 것입니다.

우리에게 승리와 구원을 주실 수 있는 유일하신 온 세상의 하나님께 우리가 언제고 아무 때나 즉시 나아갈 수 있다는 것을 깨닫는 것이 초자연적인 삶을 사는 데 얼마나 중요한 일인지요!

오늘 주시는 말씀 베드로전서 2:1~5
믿음의 실천 나는 원수가 권세 잡고 있는 영역에서도 하나님께서 늘 나를 구원하여 주실 것을 신뢰하겠습니다. 하나님께서는 나를 사랑하시며 의로우시고 인자하시며 선하시기 때문입니다. 나는 다른 사람들도 하나님을 신뢰하는 모든 자에게 부어주시는 그 자비하심을 발견하고 경험하도록 격려하겠습니다.

He Does Glorious Things

"Thank the Lord for all the glorious things he does; proclaim them to the nations. Sing his praises and tell everyone about his miracles." PSALM 105:1-2

How long has it been since you meditated upon all the glorious things the Lord has done for you, and how long has it been since you shared them with others? Among those glorious things that He has done are: He has, by His Holy Spirit, drawn us to himself; He has created within our hearts a hunger for His love; and through faith in Christ we have become His children; our sins have been forgiven and we now have the joy of living every moment in vital union and fellowship with Him—all this with the certainty that we shall spend eternity with Him. Mere human words could never express the gratitude that wells up within one's heart at the thought of God's great gifts. The word "alleluia" is universal and is spoken in all languages as an expression of praise to God and no word is more appropriate.

My personal list of blessings also includes a godly, praying mother who lived her Christianity and dedicated me to Christ before I was born, and prayed for me daily—as she did all her other children; a wonderful father whom I had the privilege of introducing to Christ and seeing him begin to experience the peace that comes from knowing Christ; a godly wife who loves the Lord Jesus Christ and shares my commitment to serve Him as our Lord and Master whatever the cost.

I thank Him for sons who love Him, and who have committed their lives to serving Him wherever He leads; a daughter-in-law who shares the love and conviction of her husband; a marvelous staff of thousands of godly men and women who seek first the kingdom of God and his righteousness; and hundreds of thousands of co-laborers who undergird me and this ministry.

The glorious things that He has done are without number. Yes, we must sing His praises and tell everyone about His miracles. We must proclaim the glorious things He has done to all the nations!

BIBLE READING Psalm 113
ACTION POINT Today I will meditate upon the glorious things God has done for me and I will sing His praises and tell everyone about His miracles. will give my prayer and financial support to helping proclaim His greatness to all the nations of the earth.

하나님의 영광스러운 일들

"여호와께 감사하고 그의 이름을 불러 아뢰며 그가 하는 일을 만민 중에 알게 할지어다 그에게 노래하며
그를 찬양하며 그의 모든 기이한 일들을 말할지어다" 시편 105:1~2

하나님이 당신을 위해 행해주셨던 그 모든 영광스러운 일에 대해 최근에 묵상한 것이 언제였습니까? 또 하나님이 행해주신 그 일들을 다른 사람들과 마지막으로 나눠 본 것은 언제였습니까? 하나님이 행하신 그 영광스러운 일들 가운데에는, 성령으로 우리를 늘 그에게 이끄시고 우리 마음 가운데 하나님을 향한 갈망을 느끼도록 해주시며, 그리스도를 믿는 믿음을 통해 우리를 그분의 자녀로 삼아 주시고, 우리의 죄를 모두 용서해주시고, 이제 하나님과의 생생한 연합과 교제 가운데 매 순간을 사는 기쁨을 주신 이 모든 것과 또 우리가 결국에는 하나님과 영원히 함께 지내게 되리라는 확신이 포함됩니다. 인간의 언어로는 하나님이 주신 그 엄청난 선물들을 생각할 때 솟구치는 감사를 결코 표현할 길이 없습니다. "할렐루야"란 말은 우주적인 단어이며 하나님을 찬양하는 표현으로 이 땅의 모든 언어로 쓰이고 있고, 이보다 더 적절한 말은 없을 것입니다.

내가 받은 개인적인 축복의 목록 가운데에는 그리스도인의 삶을 살며 내가 태어나기도 전에 나를 그리스도께 바치고 나의 형제자매와 나를 위해 매일 기도해 주신 경건한 기도의 어머니, 그리고 내가 그리스도를 전하는 특권을 누리고 그리스도를 앎으로 오는 평안을 누리기 시작하는 것을 볼 수 있었던 나의 아버지, 또 어떤 대가를 치르더라도 그리스도를 나의 주님으로 섬기겠다고 하는 나의 헌신에 함께 동참하고 주 예수 그리스도를 사랑하는 나의 아내도 포함됩니다.

나는 하나님을 사랑하고 하나님이 그들을 어디로 이끄시든 그들의 삶을 하나님께 헌신하기로 한 내 아들들로 인해 감사드립니다. 또 나의 아들과 그리스도께 대한 사랑과 확신을 함께하는 나의 며느리, 하나님의 나라와 의를 먼저 구하는 CCC의 수천 명의 놀라운 간사들과 그리고 나와 또 우리의 사역을 굳게 뒷받침하여 주는 수십만의 동역자로 인해서도 감사드립니다.

하나님께서 우리를 위해 행하신 일들은 그 수를 헤아릴 수가 없습니다. 그렇습니다. 우리는 그를 찬양하며 그의 모든 기이한 일들을 말해야 합니다. 우리는 그가 하신 일을 만민 중에 알게 해야 하겠습니다.

오늘 주시는 말씀 시편 113편
믿음의 실천 오늘 나는 하나님이 나를 위해 행해주신 영광스러운 일들을 묵상하겠으며, 하나님을 찬양하고 하나님이 베푸신 기적을 모든 사람에게 말하겠습니다. 나는 하나님의 위대하심을 세상의 모든 나라에 선포하는 일에 기도와 재정적인 후원으로 돕겠습니다.

Reverence Brings Reward

*"If you belong to the Lord, reverence him;
for everyone who does this has everything he needs."* PSALM 34:9

Roger had a heart for God. He wanted to be everything the Lord wanted Him to be. But he was troubled over how to achieve the balance between being what God wanted him to be and doing what God wanted him to do.

As we talked together I reminded Roger that everything flows from our relationship with the Lord—that He has to be primary. In Matthew 4:19, Jesus says, "Follow Me, and I will make you fishers of men." As we follow Him, He enables us to become fishers of men.

"If ye abide in Me, and My words abide in you, ye shall ask what ye will, and it shall be done unto you" John 15:7, KJV. "Out of the heart are the issues of life" Proverbs 4:23, KJV. That which is most on our hearts will be most on our lips. If we love the Lord Jesus with all our heart, soul, mind and strength, it will be impossible for us to remain silent.

At the same time, obedience is a confirmation of our walk with the Lord. Jesus said, "He that hath My commandments, and keepeth them, he it is that loveth Me: and he that loveth Me shall be loved of My Father, and I will love him, and will manifest Myself to him" John 14:21, KJV.

One of the most important commandments of our Lord is that we lead holy lives. Another is that we be fruitful in our witnessing for Christ. There is no substitute for reverence, worship, praise, and adoration.

As we remember to reverence God by enlisting His guiding hand before we get into a predicament, He reaches out in love and extends a protecting hand in the midst of the trouble as we again invoke His divine care. If I am able to live the supernatural life today, it will require divine enabling, and I must remain yielded to God's indwelling Holy Spirit.

BIBLE READING Psalm 34:10-15
ACTION POINT To demonstrate my love and trust for God, today I will worship Him by spending quality time with Him in His Word and in prayer, and by helping others to understand the importance of reverence for and worship of God.

주를 경외하는 자가 받을 상급

"너희 성도들아 여호와를 경외하라 그를 경외하는 자에게는 부족함이 없도다"
시편 34:9

로저는 하나님을 사랑했습니다. 그는 하나님이 원하시는 것은 무엇이든 다 하려고 했습니다. 그러나 그는 하나님이 원하시는 사람이 되는 것과 실제로 하나님이 원하시는 일을 행하는 것 사이에서 균형을 이루는 데 어려움을 겪고 있었습니다.

우리가 함께 이야기를 나눌 때 나는 로저에게 모든 것이 우리 주님과의 관계에서 흘러나오며 그러므로 주님이 우선이 되어야 한다고 이야기해 주었습니다. 마태복음 4장 19절에서 예수님은 말씀하십니다. "나를 따라오라 내가 너희를 사람을 낚는 어부가 되게 하리라" 우리가 주님을 따를 때 주님은 우리를 사람을 낚는 어부가 되게 해주십니다.

"너희가 내 안에 거하고 내 말이 너희 안에 거하면 무엇이든지 원하는 대로 구하라 그리하면 이루리라"(요 15:7) "네 마음을 지키라 생명의 근원이 이에서 남이니라"(잠 4:23) 우리 마음을 차지하고 있는 것은 대부분 우리 입술로 흘러나오게 되어 있습니다. 우리가 주 예수님을 전심으로 마음과 목숨과 뜻을 다하여 사랑한다면 우리가 침묵을 지키는 것은 불가능합니다.

동시에 순종은 주님과 동행하고 있다는 확증입니다. 예수님이 말씀하셨습니다. "나의 계명을 지키는 자라야 나를 사랑하는 자니 나를 사랑하는 자는 내 아버지께 사랑을 받을 것이요 나도 그를 사랑하여 그에게 나를 나타내리라"(요 14:21)

우리 주님의 가장 중요한 명령 중의 하나는 거룩한 삶을 살라는 것입니다. 다른 하나는 그리스도를 증거하여 열매를 맺으라는 것입니다. 경외함과 예배와 찬양과 경배를 대신할 수 있는 것은 없습니다.

우리가 고난에 처하기 전에 하나님의 인도하시는 손길에 순종함으로써 하나님을 경외하기를 늘 잊지 않으면, 고난 가운데서 우리가 또다시 하나님의 돌보심을 간구할 때 그분은 사랑으로 보호의 손길을 펼쳐 주십니다. 내가 만일 오늘 초자연적 삶을 살려고 한다면, 그렇게 살 수 있도록 도우시는 하나님의 도움이 반드시 필요하며 따라서 나는 내주하시는 하나님의 성령께 온전히 순복하는 삶을 살아야 하는 것입니다.

오늘 주시는 말씀   시편 34:10~15
믿음의 실천   하나님께 대한 나의 사랑과 신뢰를 보여드릴 수 있도록 나는 오늘 하루 중 기도하고 하나님 말씀을 공부하며 하나님과 함께 지내는 시간을 충분히 가지고, 또 다른 사람들이 하나님을 경배하고 예배드리는 일의 중요성을 이해하도록 도움으로 나의 하나님을 예배하는 삶을 살겠습니다.

Free Gift

"For the wages of sin is death, but the free gift of God is eternal life through Jesus Christ our Lord." ROMANS 6:23

One night I was speaking to several hundred men gathered in a skid row mission for an evangelistic meeting. I had been invited to bring the address and as always my heart was deeply stirred when I realized that these men needed the Lord so very much. In the spiritual sense, though, their lot was no worse than the leaders of the city, for all have sinned and come short of the glory of God, and the wages of sin is death whether one is rich or poor, old or young, sick or well. It makes no difference. The wages of sin is death.

In an effort to communicate to these men the love of God and His free gift of eternal life through faith in Jesus Christ our Lord, I pulled a ten dollar bill from my pocket and said, "The first person who comes to take this from my hand can have it as a free gift." This was my way of illustrating God's gift of grace. Out of the hundreds of people seated before me, not a single person moved as I extended the bill, repeating several times, "The first one who will come and take this bill from my hand can have it." Finally, a middle-aged man, shabbily dressed like the rest, stood timidly to his feet and with an inquiring expression said, "Do you really mean it?" I said, "Sure, come and get it; it is yours." He almost ran to grasp it and he thanked me. The rest of the crowd began mumbling, as if to say, "Why didn't I have the faith to go and accept the gift?"

This gave me a marvelous opportunity to emphasize that we do not earn God's love. He loves us unconditionally—not because of who we are, but because of who He is. God proved His love for us in that while we were all wretched sinners, He sent His only begotten Son to die on the cross for us and to give to all men who will receive Him the gift of eternal life. Oh, what an attractive gift. Who could refuse to accept such a wonderful gift?

BIBLE READING   Romans 6:17-22
ACTION POINT   I will trust the Lord to help me make His offer of this marvelous gift, the gift of His only begotten Son who is eternal life, so attractive that no one can refuse to accept it.

거저 받은 은사

"죄의 삯은 사망이요 하나님의 은사는 그리스도 예수 우리 주 안에 있는 영생이니라"
로마서 6:23

어느 날 저녁 나는 빈민 선교를 위한 전도 집회에서 수백 명을 앞에 놓고 이야기를 할 기회가 있었습니다. 나는 그 집회에서 설교를 해달라고 초청받았으며 그곳에 모인 사람들이 주님을 절실히 필요로 한다는 것을 깨달았을 때 언제나 그랬듯이 나의 마음은 대단히 흥분되었습니다. 비록 빈곤한 사람들이었지만 영적인 면에서 그 사람들이 그 도시의 지도자들보다 더 못한 것은 없었습니다. 왜냐하면 모든 사람이 죄를 범하여 하나님의 영광에 이르지 못하기 때문입니다.(롬 3:23) 사람은 부하든 가난하든, 젊거나 늙었거나, 건강하거나 병약하거나 죄의 결과로 모두 죽게됩니다.

모인 사람들에게 하나님의 사랑과 그리스도 예수, 우리 주님을 믿는 믿음을 통하여 거저 주신 하나님의 은사를 설명하기 위해 나는 10달러짜리 지폐를 꺼내어 들고 말했습니다. "제 손에서 이 돈을 받기 위해 제일 먼저 앞으로 나오는 분이 이 돈을 선물로 받게 될 것입니다." 그것은 하나님의 은혜의 선물을 설명하고자 하는 내 나름의 방법이었습니다. 지폐를 펴서 여러 차례 "누구든 제일 먼저 앞으로 나와 제 손에서 이 돈을 가져가는 사람이 이 돈을 거저 갖게 될 것입니다."라고 이야기했지만 앉아 있던 수백 명의 사람들 가운데 움직이는 사람이 없었습니다. 마침내 다른 사람들과 마찬가지로 초라하게 차려입은 한 중년 남자가 엉거주춤 일어나 미심쩍은 표정으로 물었습니다. "그게 정말입니까?", "물론입니다. 와서 가져가세요. 이 돈은 당신 것입니다."라고 대답했습니다. 그는 거의 뛰다시피 나와서 그 돈을 받고는 고맙다고 인사를 했습니다. 남은 사람들은 마치 "왜 내가 믿지 않아서 앞으로 나가 저 선물을 받지 못했지?" 하는 듯이 웅성거리기 시작했습니다.

그렇게 하여 나는 우리가 하나님의 사랑을 노력으로 얻는 것이 아님을 강조할 놀라운 기회를 가졌던 것입니다. 하나님은 우리를 아무 조건 없이 사랑하십니다. 우리가 자격이 있는 어떤 존재여서가 아니라 하나님이 하나님이시기 때문에 우리를 무조건적으로 사랑하시는 것입니다. 우리가 아직 죄인이었을 때에 하나님께서 자신의 독생자를 보내어 우리를 위하여 십자가에서 죽게 하시고 그를 영접하는 모든 사람에게 영생의 선물을 주심으로 자신의 사랑을 확증하셨습니다. 이 얼마나 놀라운 선물입니까? 누가 이런 선물을 거절할 수 있겠습니까?

오늘 주시는 말씀 로마서 6:17~22
믿음의 실천 나는 하나님의 이 놀라운 선물, 영생이신 하나님의 독생자를 주신 이 선물을 다른 사람들에게 매력적으로 잘 전달해서 누구도 거부할 수 없도록 하나님께서 나를 도우실 것을 신뢰하겠습니다.

Anyone Who Calls

"Anyone who calls upon the name of the Lord will be saved."
ROMANS 10:13

I have been privileged to counsel personally thousands of people—men, women, young people, children—about their spiritual needs. The experiences that remain uppermost in my heart and mind have a direct bearing on this verse.

Helping people to see their truly desperate plight outside of saving faith in Jesus Christ is sometimes difficult, but what a reward awaits those who become aware of their condition. No matter what their background—criminal, alcoholic, self-righteous or whatever—uninformed people need to recognize the fact that they are lost without Christ.

Accomplishing that purpose is a long step toward their genuine conversion, for I have heard many thousands come to the place where they do indeed "call upon the name of the Lord" and they are saved.

If you can help your loved one, neighbor or friend—or even a total stranger—to become sufficiently alarmed about their eternal welfare that they call on the name of the Lord, you have come a long way toward bringing that person to Christ in a saving relationship.

Some people are bothered by the simplicity of the gospel. I am grateful that it is so simple that anyone can understand, believe and receive. The promise of this verse is emphatic: "Anyone who calls upon the name of the Lord will be saved." Let's believe it and share it.

BIBLE READING Romans 10:14-17
ACTION POINT I will not let the utter simplicity of the gospel keep me from sharing the Good News that we need only call upon the name of the Lord to be saved.

주의 이름을 부르는 자는

"누구든지 주의 이름을 부르는 자는 구원을 얻으리라"
로마서 10:13

나는 그동안 수천 명의 남녀, 젊은이, 어린이들과 함께 그들의 영적 필요에 관해 상담을 하는 특권을 누려왔습니다. 그런데 그간의 경험 중 내 마음과 생각에 가장 깊이 남아있는 것들이 위의 말씀과 직접적인 관계가 있습니다.

사람들에게 예수 그리스도를 믿는 구원의 믿음 밖에 있는 자신들의 절박한 처지를 깨닫도록 돕는 것은 때로 쉽지 않습니다. 그러나 그들이 자신의 상황을 깨닫게 되었을 때 주어지는 보상은 참으로 놀라운 것입니다. 죄를 범한 죄인이든, 알코올 중독자이든, 독선적인 사람이든 그가 전에 어떤 사람이었든지 이 사실을 모르는 사람들은 그리스도 밖에서 자신들이 길을 잃은 자라는 사실을 깨달아야 합니다.

그들로 자신의 참모습을 깨닫게 하는 것은 그들의 진정한 회심을 향한 큰 걸음입니다. 그럼으로써 수많은 사람들이 진실로 '주의 이름을 부르는' 자리로 나오게 되었고, 그리고 구원을 얻었다고 나는 들었습니다.

당신이 당신의 사랑하는 사람이나 이웃, 또는 친구 혹은 전혀 낯선 사람들에게 그들로 주의 이름을 부르게 되는 영원한 축복을 제대로 깨닫도록 도울 수 있다면 당신은 그 사람을 그리스도와 구원의 관계를 맺게 하는 먼 길을 다 온 것입니다.

어떤 사람들은 복음의 이 단순함을 받아들이기 힘들어합니다. 나는 복음이 누구나 이해하고 믿고 받아들일 수 있을 정도로 너무도 단순하다는 데 감사합니다. 이 말씀의 약속은 힘이 있습니다. "누구든지 주의 이름을 부르는 자는 구원을 얻으리라" 이것을 믿고 전파합시다.

오늘 주시는 말씀 로마서 10:14~17
믿음의 실천 나는 주의 이름을 부르기만 하면 구원을 얻는다는 복음의 이 너무도 단순함으로 인해 복음을 전하는 데 망설이거나 주저하지 않겠습니다.

He Fulfills God's Promises

"Jesus Christ the Son of God… isn't one to say yes when he means no. He always does exactly what he says. He carries out and fulfills all of God's promises, no matter how many of them there are; and we have told everyone how faithful he is, giving glory to his name."
2 CORINTHIANS 1:19-20

From Genesis to Revelation the Word of God contains thousands of promises which we as believers in Christ can claim. We are reminded in Matthew 28:18 that all authority in heaven and earth has been given to Him, and in Colossians 2:2-3 that God's great secret plan now at last made known is Christ Himself; that in Him lie hidden all the mighty untapped resources of wisdom and knowledge, "For in Christ there is all of God in a human body; so you have everything when you have Christ, and you are filled with God through your union with Christ" Colossians 2:9-10.

So make a list of all the promises of God that apply to you, and claim those promises in the name of the Lord Jesus Christ. For "He always does exactly what He says. He carries out and fulfills all of God's promises." Begin to live supernaturally by drawing upon the supernatural resources of God, claiming His promises by faith.

BIBLE READING 2 Corinthians 1:15-19
ACTION POINT I refuse to live the typical Christian existence. So by faith in Jesus Christ, I claim the promises that will enable me to live supernaturally as a testimony that I serve the Lord Jesus Christ.

약속을 성취하시는 주님

"…하나님의 아들 예수 그리스도는 예하고 아니라 함이 되지 아니 하셨으니 그에게는 예만 되었느니라
하나님의 약속은 얼마든지 그리스도 안에서 예가 되니
그런즉 그로 말미암아 우리가 아멘 하여 하나님께 영광을 돌리게 되느니라"
고린도후서 1:19~20

창세기에서 계시록에 이르기까지 하나님의 말씀은 '그리스도를 믿는 자'인 우리가 주장(claim)할 수 있는 수많은 약속을 우리에게 주고 있습니다. 우리는 마태복음 28장 18절에서 하늘과 땅의 모든 권세가 주님께 주어졌다는 사실을 깨닫습니다. 또 골로새서 2장 2~3절로부터, 마침내 우리에게 알도록 해주신 하나님의 놀라운 비밀한 계획이 바로 그리스도 그분 자신이며, 그 안에 지혜와 지식의 모든 보화가 감추어져 있다는 사실을 알게 됩니다. "그 안에는 신성의 모든 충만이 육체로 거하시고 너희도 그 안에서 충만하여졌으니 그는 모든 통치자와 권세의 머리시라"(골 2:9~10)

그러므로 하나님이 주신 모든 약속 가운데 당신에게 필요한 목록을 작성하고 그 약속들을 주 예수 그리스도의 이름으로 주장(claim)하십시오. 주님은 언제나 말씀하신 그대로 행하시며 모든 하나님의 약속을 성취해 주시기 때문입니다. [1]믿음으로(by faith) 하나님의 약속들을 주장(claim)하면서, 하나님의 초자연적인 능력의 자원들을 끌어내어 사용함으로 초자연적 삶을 살기를 시작하십시오.

오늘 주시는 말씀 고린도후서 1:15~19
믿음의 실천 나는 많은 상투적인 그리스도인들과 같은 삶을 살기를 거부합니다. 그러므로 나는 예수 그리스도를 믿는 믿음으로(by faith), 내가 주 예수 그리스도를 섬긴다고 하는 증거로써 나를 초자연적으로 살게 해줄 하나님의 약속들을 주장(claim)합니다.

To Be Approved

"Study to show thyself approved unto God, a workman that needeth not to be ashamed, rightly dividing the word of truth." 2 TIMOTHY 2:15, KJV

Most of all my adult life has been centered around the university world—as a student, a teacher, and one who works with students, professors and administrators in the intellectual realm. I count many of the leading scholars of our time as beloved friends, yet if I had to choose between a Ph.D. from the most prestigious university in the world and a thorough knowledge and a comprehension of the Word God, I would gladly choose the latter. Fortunately, it is not necessary to choose because one can have both academic training and a knowledge of God's Word.

A recommendation which I have made to our two sons and to thousands of our staff and students with whom we work is that degrees are very important in today's world, but they will not only be meaningless and worthless in terms of eternity, but can contribute to one's moral and spiritual disintegration unless at the same time one is studying to show himself approved unto God. In all of our academic pursuits and in our commitment to excellence in the business and professional realms, we must be careful to God and His holy, inspired Word their rightful place in our daily schedule.

Ultimately, it is our knowledge of God learned through the study of Scripture and our response to Him that makes all the difference in our life-style. It makes the difference in the choosing of our mate, in the rearing of our children, in the choosing of our friends, our business or professional career, in all of our attitudes and actions and in the contribution which we make to society.

Let us give priority to priorities, the highest of which is to seek after God through the diligent study of His holy revelation to man and to encourage others to join with us in rightly dividing the Word of truth.

BIBLE READING 2 Timothy 2:19-25
ACTION POINT With God's help I will seek not only to be a student of God's Word but also to acquire the ability to teach His Word to others.

인정된 자

"너는 진리의 말씀을 옳게 분별하며 부끄러울 것이 없는 일꾼으로
인정된 자로 자신을 하나님 앞에 드리기를 힘쓰라" 디모데후서 2:15

성인이 된 후 내 삶의 대부분은 대학 사회를 중심으로 하여 이루어져 왔습니다. 한때는 학생으로, 또 선생으로, 후에는 학생과 교수와 행정 직원들과 함께 지성의 세계에서 사역하는 사람으로서 살아 왔습니다. 나는 우리 시대의 많은 저명한 학자를 소중한 친구로 갖고 있습니다. 그러나 만일 내가 세계적으로 유명한 대학의 박사 학위와 하나님의 말씀에 대한 철저한 이해와 지식, 이 둘 가운데 선택을 해야 한다면 기꺼이 후자를 선택할 것입니다. 다행히 우리가 학문적인 훈련과 하나님의 말씀에 대한 지식, 둘 다 소유할 수 있기에 선택을 할 필요는 없습니다.

내가 나의 두 아들에게, 또 함께 일하는 수천 명의 우리 CCC 간사들과 학생들에게 충고하는 것은, 오늘날 세상에서의 학위는 매우 중요하지만 영원의 견지에서 보면 큰 의미나 가치가 없을 뿐만 아니라 만일 하나님께 인정받기 위한 공부를 동시에 하지 않는다면 오히려 자신의 영적, 도덕적 붕괴를 불러올 수도 있다는 것입니다. 학문적 성취의 추구와 사업의 성공, 전문적 세계에서의 성공을 위한 우리의 모든 헌신에 있어서 우리가 반드시 기억해야 할 것은 하나님과 그의 거룩한 말씀을 매일의 우리의 시간표 가운데 제대로 자리 잡도록 해야 한다는 것입니다.

궁극적으로 우리 삶의 방식에서 모든 차이를 만들어 내는 것은 성경말씀 공부를 통하여 얻게 되는 하나님을 아는 우리의 지식과 하나님께 대한 우리의 반응입니다. 그것은 우리가 배우자를 결정하고, 자녀를 양육하며, 친구와 사업과 직업을 선택하고, 우리가 사회에 기여하는 모든 태도와 행동에 차이를 낳습니다.

우리 모두는 인간에게 주신 거룩한 계시인 하나님의 말씀을 부지런히 공부하여 하나님을 더욱 알아가는 일과, 또 다른 사람들도 진리의 말씀을 분별하는 데 우리와 같이 동참하도록 권면하는 일에 부디 최우선 순위를 두도록 합시다.

오늘 주시는 말씀 디모데후서 2:19~25
믿음의 실천 하나님의 도우심으로 나는 하나님의 말씀을 잘 공부하는 사람이 될 뿐만 아니라 다른 사람들에게 말씀을 가르칠 수 있는 능력도 얻기 위해 애쓰겠습니다.

No Abuse Tolerated

"So shall they fear the name of the Lord from the west, and his glory from the rising of the sun. When the enemy shall come in like a flood, the Spirit of the Lord shall lift up a standard against him." ISAIAH 59:19, KJV

A prominent secular columnist and a businessman were united in their efforts to destroy a well-known godly Christian leader. It seemed that they would stoop to whatever mischief was necessary to accomplish their goal: discredit this man of God.

One day they were warned of the danger of attacking God's anointed. They were shown that they were not simply attacking an individual, but they were actually tempting God, because this man was His servant and it was God's responsibility to take care of him. The warning was given in these words, "If I were you, I'd be petrified with fear because you are not attacking a man, but a servant of God. I'd be afraid of what God would do to me to punish me if I were guilty of doing what you are doing."

They laughed at such a warning, but only a few hours later one of them was killed in a tragic accident. The other was very sobered by this dramatic demonstration of how God protects His own.

I agree with the man who gave the warning. In fact, I would hate to be a critic or an enemy, not just of a godly Christian leader, but of any child of God who seeks to live a holy life because that individual can be assured that God will fight for him. Whenever a person who desires to please the Lord with all of his attitudes and actions and desires and motives is attacked, the Spirit of the Lord will raise up a standard against the adversary.

If you are a man or woman of God, I would be scared to death to criticize you, or to find fault with you, or to attack you in any way. All who belong to the Lord Jesus Christ have been purchased with His own precious blood, and He will not tolerate the abuse of His blood-purchased followers.

BIBLE READING   Isaiah 59:16-21
ACTION POINT   With God's help, I will guard my tongue, my attitudes and actions concerning other believers, following the admonition to not judge others (Matt. 7:1). I will seek to love all men as an expression of the supernatural life-style.

핍박을 허락지 않으심

"서쪽에서 여호와의 이름을 두려워하겠고 해 돋는 쪽에서 그의 영광을 두려워할 것은
여호와께서 그 기운에 몰려 급히 흐르는 강물 같이 오실 것임이로다"
이사야 59:19

저명하지만 세속적인 저술가 한 사람과 사업가 한 사람이 유명하고 경건한 기독교 지도자 한 사람을 파멸시키고자 의기투합하였습니다. 그들은 이 하나님의 사람의 명성을 해치기 위한 그들의 목적을 이루기 위해서 어떤 어려움이라도 감수하려는 것처럼 보였습니다.

그러나 어느 날 그들은 하나님의 기름 부은 사람을 공격하는 일의 위험성에 관해 경고를 들었습니다. 그 사람이 하나님을 섬기는 하나님의 종이며, 따라서 그를 보호하시는 것이 하나님의 책임이므로 그들이 단순히 한 개인을 공격하는 것이 아니라 실제로는 하나님을 시험하는 것이라는 경고를 들었던 것입니다. 그들이 받은 경고는 이와 같은 것이었습니다. "만일 내가 당신이라면 나는 두려움에 사로잡혀 어쩔 줄 몰라 할 것입니다. 당신이 사람을 공격하는 것이 아니라 하나님의 종을 공격하는 것이기 때문입니다. 내가 만약 당신이 범하고 있는 죄악을 범한다면 하나님이 나를 징벌하기 위해 하실 일로 인해 두려움에 떨 것입니다."

그들은 그 경고를 비웃었으나 불과 몇 시간 후 그들 중 한 사람이 비극적인 사고로 사망했습니다. 남은 한 사람은 하나님께서 어떻게 당신의 자녀를 보호하시는가를 보여준 이 극적인 사건을 보고 경악했습니다.

나는 그들에게 경고를 준 사람에게 동의합니다. 사실 내 경우에는 경건한 기독교 지도자들뿐만 아니라 거룩한 삶을 살려고 애쓰는 모든 하나님의 자녀들에 대해서도 비판하거나 그들의 적이 되는 것을 대단히 싫어합니다. 그 한 사람, 한 사람이 모두 하나님이 그들을 위해서 싸워 주시는 그분의 자녀이기 때문입니다. 자신의 모든 태도와 행동, 그리고 소망과 동기 그 모든 것들로 하나님을 기쁘게 하려고 하는 사람이 공격 받을 때 주님의 영은 분연히 그들의 대적과 맞서실 것입니다.

당신이 만일 하나님의 사람이라면 나는 내가 어떤 방법으로든 당신을 비판하고, 흠을 찾고, 혹은 공격하는 것을 죽기보다 두려워 할 것입니다. 주 예수 그리스도께 속한 모든 사람은 주님의 귀한 보혈로 값을 치르고 산 사람들이므로 하나님은 핏 값으로 사신 그의 자녀를 모욕하는 일을 참지 않으실 것입니다.

오늘 주시는 말씀 이사야 59:16~21
믿음의 실천 하나님의 도우심 가운데, 나는 다른 사람을 비판하지 말라고 하시는 가르침(마태복음 7:1)을 따라 다른 그리스도인들에 대한 나의 말과, 태도, 행동을 주의하겠습니다. 나는 초자연적 삶의 생활 방식의 표현으로써 모든 사람을 사랑하도록 애쓰겠습니다.

Help In Times of Trouble

"The good man does not escape all troubles—he has them too. But the Lord helps him in each and every one." PSALM 34:19

Jerry was a new Christian and for the first time was hearing about the importance of the Spirit-filled life. His was a logical question, put to me following one of my lectures on a large university campus.

"Does the Spirit-filled Christian have problems, testings, temptations like the nonbeliever and the disobedient Christian?" he asked.

"No," I replied, "the Spirit-filled Christian does not have the same kind of problems that the nonbeliever and the carnal Christian have because most of the problems we experience in life are self-imposed. The Spirit-filled person is one who seeks to do the will of God and lives by faith, drawing upon the supernatural resources of God the Holy Spirit for every attitude, motive and desire of his life."

There may be problems, such as loss of loved ones, financial reverses, illness and disappointments. The Spirit-filled Christian does not escape all troubles. But the Lord is always there with him, undergirding, helping, inspiring, motivating, encouraging, imparting to him wisdom—physical, mental and spiritual resources. Even when tragedy, heartache, sorrow and disappointment come, the Spirit-filled person knows that God is still in control.

Therefore, by faith and obedience to the command of 1 Thessalonians 5:18, he can say, "In all things I give thanks."

We can know that God is always with us, helping us in each and every trouble we encounter.

BIBLE READING Psalm 35:1-9
ACTION POINT Today I will look for opportunities to remind myself and my friends that our loving Father is working in and through every problem we face, so that we might mature and become more like our Lord Jesus.

고난에서 건지심

"의인은 고난이 많으나 여호와께서 그의 모든 고난에서 건지시는도다"
시편 34:19

제리는 이제 새신자가 되어 처음으로 성령 충만한 삶의 중요성에 관해 듣게 되었습니다. 어느 큰 대학에서 있었던 나의 강의 뒤에 던진 그의 질문은 논리적인 것이었습니다.

"성령 충만한 그리스도인들도 불신자나 불순종하는 그리스도인들과 같은 그러한 문제나 시험 혹은 유혹을 받습니까?" 하는 질문이었습니다.

"아닙니다. 성령 충만한 그리스도인들은 불신자나 육적인 그리스도인들이 갖고 있는 것과 같은 똑같은 종류의 문제는 갖고 있지 않습니다. 왜냐하면 우리가 삶에서 겪는 대부분의 문제는 우리 스스로가 자청한 것들인데 성령 충만한 사람은 하나님의 뜻을 행하기를 추구하고 또 삶의 모든 태도, 동기, 갈망 가운데 성령 하나님의 초자연적 능력의 자원을 활용하며 믿음으로 살기 때문입니다."

사랑하는 사람을 잃는다거나 경제적 어려움, 질병, 낙심 같은 문제는 있을 수 있을 것입니다. 성령 충만한 그리스도인이 모든 고난으로부터 제외되는 것은 아닙니다. 그러나 주님께서 언제나 그와 함께 하셔서 든든히 뒷받침 해주시고, 도우시며, 영감을 주시고, 동기를 부여해 주시며, 격려해 주시고, 지혜와 육체적, 정신적, 영적 능력의 자원을 공급해 주십니다. 비극과 고통과 슬픔과 낙심의 때에도 성령 충만한 사람은 하나님께서 여전히 모든 것을 주관하고 계심을 알고 있습니다.

그러므로 성령 충만한 그리스도인은 데살로니가전서 5장 18절의 명령에 대하여 믿음과 순종으로 이렇게 말할 수 있는 것입니다. "나는 범사에 감사합니다."

우리는 하나님께서 우리가 직면하는 하나하나, 그 모든 고난 가운데 우리를 도우시며 우리와 함께 계심을 알 수 있습니다.

오늘 주시는 말씀 시편 35:1~9
믿음의 실천 나는 오늘 우리 사랑하는 하늘 아버지께서 우리가 겪는 모든 문제 속에서 또 그 문제를 해결하는 과정 가운데 일하고 계시며, 그럼으로써 우리가 더욱 성숙해지고 더욱 우리 주 예수님을 닮아가게 된다는 것을 나 자신과 또 나의 친구들에게 상기시킬 수 있도록 할 기회를 찾겠습니다.

Power Over Nations

"To everyone who overcomes—who to the very end keeps on doing things that please me—I will give power over the nations. You will rule them with a rod of iron just as my Father gave me the authority to rule them; they will be shattered like a pot of clay that is broken into tiny pieces. And I will give you the Morning Star!" REVELATION 2:26-28

I marvel at the numerous promises made to the overcomer, the one "who to the very end keeps on doing things that please Me." Now we are even promised power over the nations, as we rule and reign with our heavenly Father in that coming day.

As I ponder this verse, I see in a very few words the key to the entire Christian life—the one thing alone that will keep us victorious today, tomorrow and throughout our lives. Again, it is that significant clause: "who to the very end keeps on doing the things that please Me."

Lest you think that is an oversimplification of the victorious Christian life, can you think of anything else God requires of us? He even provides life, His Holy Spirit as an indwelling reminder of the daily victory He makes possible. This is the supernatural life.

Earlier, we are told of a conquering Christ who will rule the nations of the earth with a rod of iron. This promise tells us that Christ will turn this over to the conqueror—the overcomer—and his victorious companions in death.

BIBLE READING   Psalm 2:1-12
ACTION POINT   I will trust the Lord to make being an overcomer a reality for me as a way of life—by the power of His indwelling Holy Spirit.

만국을 다스리는 권세

*"이기는 자와 끝까지 내 일을 지키는 그에게 만국을 다스리는 권세를 주리니
그가 철장을 가지고 그들을 다스려 질그릇 깨뜨리는 것과 같이 하리라
나도 내 아버지께 받은 것이 그러하니라 내가 또 그에게 새벽 별을 주리라"*
요한계시록 2:26~28

나는 이기는 자, 즉 '끝까지 내 일을 지키는 자에게' 주시는 수많은 약속에 대해 놀라움을 감출 수 없습니다. 이제 우리는 장차 우리의 하늘 아버지와 함께 모든 나라를 다스릴 권세까지 약속을 받았습니다.

위의 말씀을 깊이 생각할 때 나는 짧은 몇 마디의 단어 속에서 그리스도인의 전체 삶의 열쇠를 발견합니다. 그것은 오늘과 내일 그리고 우리 삶 전체를 통하여 우리를 승리로 이끌 유일한 것입니다. 다시 한 번 말씀드리지만 이것은 의미심장한 구절입니다. "…끝까지 내 일을 지키는 그에게…"

승리하는 그리스도인의 삶을 지나치게 단순화시키는 것이 아닌가 생각할지 모르지만, 하나님께서 우리에게 이 밖에 다른 어떤 것을 요구하시는 것을 상상할 수 있겠습니까? 하나님은 심지어 그가 가능하게 하시는 매일매일의 우리의 삶이 승리하도록 그의 성령을 우리 안에 내주하시게끔 보내어 주기까지 하십니다. 그것이 바로 초자연적 삶입니다.

앞에서 우리는 온 세상을 철장으로 다스리실 승리의 그리스도에 관한 말씀을 들었습니다. 오늘의 약속은 그리스도께서 그 힘을 정복자들, 즉 이기는 자들과 그의 죽음에 함께 참여하는 승리의 동반자들에게 주신다고 말씀하십니다.

오늘 주시는 말씀   시편 2:1~12
믿음의 실천   나는 내주하시는 하나님의 성령의 능력으로 말미암아 나의 '삶 속에서 항상'(as a way of life) 주님이 나를 실제로 이기는 자가 되도록 해 주실 것을 신뢰하겠습니다.

He Gives Us a New Song to Sing

"He has given me a new song to sing, of praises to our God. Now many will hear of the glorious things he did for me, and stand in awe before the Lord, and put their trust in him."
PSALM 40:3

Jim was big man on campus, president of his fraternity and an atheist. He ridiculed all those who professed faith in God, especially the Christians in his fraternity house.

I was invited, over his objections, to speak at one of their weekly meetings. A number of the fraternity brothers were active in Campus Crusade and insisted that I come even though Jim resented the idea. Yet, upon completion of my message, he was one of the very first to respond and, after further counsel, received Christ. He became one of the most joyful, radiant, contagious, fruitful witnesses for Christ on the entire campus.

He had a new song to sing, a song of praise to God who had liberated him from a life of decadence and deceit. Now his heart fairly burst with joy as he developed a strategy to help reach every key student for Christ on a great university campus.

There is no greater joy in life than that of sharing Christ with others, and there is no greater joy that comes to another than that which comes with the assurance of salvation when one receives Christ into his life.

Would you like to be an instrument of God to cause others to sing praises to Him? Then tell them the glorious things He has done for you and for them, and encourage them to place their trust in Christ.

BIBLE READING Psalm 40:4-8
ACTION POINT Today I will seek every opportunity to encourage others to receive Christ so that they can join me in singing a new song of praise to God, and together we will share the glorious things He does for us when we place our trust in Him.

새 노래를 주시는 주님

"새 노래 곧 우리 하나님께 올릴 찬송을 내 입에 두셨으니
많은 사람이 보고 두려워하여 여호와를 의지하리로다"
시편 40:3

짐은 캠퍼스에서 영향력이 큰 학생으로, 남학생회의 회장이자 무신론자이기도 하였습니다. 그는 하나님께 대한 신앙을 고백하는 모든 사람을 비웃었으며 특히 남학생회 회원 중의 그리스도인들을 조롱하곤 했습니다.

나는 짐의 반대에도 불구하고 그들의 주간 정기모임에 와서 이야기를 하도록 초대를 받았습니다. 그 남학생회 가운데 여러 사람이 CCC에서 활발히 활동하는 사람들이었는데 그들이 짐이 싫어한다고 해도 내가 와야 한다고 우겼던 것입니다. 그런데 내가 메시지를 마쳤을 때 첫 번째로 반응을 보인 몇 사람 중에 한 사람이 바로 짐이었으며, 이어진 개인 상담을 통하여 그리스도를 영접했습니다. 그는 전 캠퍼스에서 가장 기쁨에 찬 밝은 모습으로 전도의 능력을 보이는 그리스도를 위한 열매 맺는 증인 중의 한 사람이 되었습니다.

그에게는 속임수와 타락의 생활로부터 자신을 해방시켜 주신 하나님께 드릴 새 노래가 있었습니다. 이제 그는 그가 속한 큰 캠퍼스의 모든 영향력 있는 학생들에게 그리스도를 전할 수 있게 하는 전략을 개발하며 기쁨으로 가슴이 터질듯 하였습니다.

그리스도를 다른 사람에게 전하는 것보다 삶에서 더 큰 기쁨은 없으며 또 그 사람에게도 자신의 삶에 그리스도를 영접 했을 때 구원의 확신과 함께 오는 즐거움보다 더 큰 기쁨은 없습니다.

당신은 다른 사람들이 하나님을 찬양할 수 있게 하는 도구가 되고 싶습니까? 그렇다면 다른 사람들에게 하나님이 당신과 그들을 위해 하신 영광된 일들을 이야기해 주고 그들도 그리스도를 신뢰하도록 격려해 주십시오.

오늘 주시는 말씀   시편 40:4~8
믿음의 실천   나는 오늘 사람들이 그리스도를 영접하도록 격려하기 위하여 모든 기회를 활용하려고 애쓰겠으며 그래서 그들도 나와 함께 새 노래로 하나님을 찬양할 수 있도록 하겠습니다. 또, 우리가 하나님을 신뢰할 때 하나님이 우리를 위해 행하시는 영광스러운 일들을 함께 나누도록 하겠습니다.

None of These Diseases

"If thou wilt diligently hearken to the voice of the Lord thy God, and wilt do that which is right in his sight, and wilt give ear to his commandments, and keep all his statutes, I will put none of these diseases upon thee, which I have brought upon the Egyptians: for I am the Lord that healeth thee." EXODUS 15:26, KJV

Prior to a recent minor operation the surgeon came to my hospital room for prayer and to explain the nature of the hernia correction. He explained, "It is God alone who heals. It is my responsibility, along with my staff, to treat and care for you."

In his excellent book None of These Diseases, Dr. S. I. McMillen abundantly amplifies and proves the point of this promise: that if we always do that which is right in God's sight, at the very least our health will be greatly improved.

This highly qualified physician contends that most of our physical problems are caused by stress, but the person who is doing that which is right in God's sight is not likely to be continually under stress—at least not the kind of stress that impairs one physically.

"I am the Lord that healeth thee." And He is the same yesterday, today and forever. That would indicate that His healing is available for all today—which of course brings up the sticky question of methods and means.

Whatever our persuasion about this, the fact remains that if we really do believe that it is God who heals, then it should follow that He would be our first resource in time of physical need. And it may well be that His direction would take us to a physician. But He alone would be the healer.

BIBLE READING Exodus 15:22-26
ACTION POINT As I approach each task today, I will make a conscious effort to be concerned about doing that which is right in God's sight.

모든 질병 어떤 것도

"이르시되 너희가 너희 하나님 나 여호와의 말을 들어 순종하고 내가 보기에 의를 행하며
내 계명에 귀를 기울이며 내 모든 규례를 지키면 내가 애굽 사람에게 내린 모든 질병 중 하나도
너희에게 내리지 아니하리니 나는 너희를 치료하는 여호와임이라"
출애굽기 15:26

최근에 내게 있었던 작은 수술에 앞서 담당 외과 의사가 내 병실에 와서 함께 기도하고는 탈장 교정이 어떤 것인가에 관해 설명해 주었습니다. 그는 "치료하시는 분은 오직 하나님이십니다. 저와 저희 의료진이 하는 일은 당신을 돌보고 여러 의료적 처치를 할 따름입니다."라고 설명해 주었습니다.

맥밀런 박사는 그의 훌륭한 저서인 『모든 질병 어떤 것도』에서, 위 약속의 말씀의 요점을 여러 가지로 설명하며 증명하고 있습니다. 그는 우리가 항상 하나님 보시기에 옳게 행한다면 최소한 우리의 건강이 크게 증진될 것이라고 이야기합니다.

이 뛰어난 의사는 우리의 신체적 문제 중 대부분이 스트레스에 의해 생겨난 것인데 하나님 보시기에 옳은 일을 행하는 사람은 지속적으로 스트레스를 받을 일이 아마 없을 가능성이 많고, 더더구나 건강을 해칠 정도의 그러한 스트레스를 계속 받지는 않는다고 주장합니다.

"나는 너희를 치료하는 여호와이니라" 그리고 하나님은 어제도, 오늘도 그리고 영원토록 동일하십니다. 이 사실은 방법과 수단이라고 하는 항상 따르는 질문은 물론 있지만, 하나님의 치유가 오늘도 우리 모두에게 가능함을 알려줍니다.

우리가 하나님의 치유에 관해 어떤 식으로 믿고 있든지 간에, 치료하시는 분은 하나님이란 것을 우리가 정말로 믿는다면, 우리가 육체적으로 연약할 때 첫 번째로 찾아야 할 분이 하나님이라는 것은 지극히 당연한 것입니다. 그리고 많은 경우 하나님께서는 아마도 의사를 통하여 일하시겠지만 치유하시는 분은 오직 하나님이십니다.

오늘 주시는 말씀 출애굽기 15:22~26
믿음의 실천 오늘 나는 어떤 일이든지 할 때 마다 하나님 보시기에 옳은 일을 하도록 의식적인 노력을 기울이겠습니다.

Not by the Law

"Now do you see it? No one can ever be made right in God's sight by doing what the law commands. For the more we know of God's laws, the clearer it becomes that we aren't obeying them; his laws serve only to make us see that we are sinners. But now God has shown us a different way to heaven—not by 'being good enough' and trying to keep his laws, but by a new way (though not new, really, for the Scriptures told about it long ago). Now God says he will accept and acquit us—declare us 'not guilty'—if we trust Jesus Christ to take away our sins. And we all can be saved in this same way, by coming to Christ, no matter who we are or what we have been like. Yes, all have sinned; all fall short of God's glorious ideal; yet now God declares us 'not guilty' of offending him if we trust in Jesus Christ, who in his kindness freely takes away our sins." ROMANS 3:20-24

One of my greatest concerns through the years, especially for those who are involved in Christian ministry around the world, has been the problem of legalism. In my opinion, legalism is the greatest heresy of Christianity. The reason legalism is so dangerous is that it is extremely subtle in its appeal. It is attractive even to the most sincere Christians, who are genuinely seeking to please God by determining to be "good enough" and to "earn God's favor" through the good works of their self-effort.

How often there has been a tendency to forget that "the just shall live by faith," and "without faith it is impossible to please God." There is a strong tendency to work hard in the flesh in order to please God. But if we trust Jesus Christ to take away such sins in our lives, He is faithful to do so, as He promised.

BIBLE READING   Romans 3:25-31
ACTION POINT   I will remind myself often that the law is merely a way to show me that I am a sinner. By faith, I will trust Christ and accept His grace and forgiveness. By faith, I will draw on the mighty resources of God to live the supernatural life.

율법으로 아니라

"그러므로 율법의 행위로 그의 앞에 의롭다 하심을 얻을 육체가 없나니 율법으로는 죄를 깨달음이라
이제는 율법 외에 하나님의 한 의가 나타났으니
율법과 선지자들에게 증거를 받은 것이라
곧 예수 그리스도를 믿음으로 말미암아 모든 믿는 자에게 미치는 하나님의 의니 차별이 없느니라
모든 사람이 죄를 범하였으매 하나님의 영광에 이르지 못하더니
그리스도 예수 안에 있는 속량으로 말미암아
하나님의 은혜로 값 없이 의롭다 하심을 얻은 자 되었느니라" 로마서 3:20~24

오랜 세월 동안, 특별히 전 세계에 걸쳐 기독교 사역을 하고 있는 사람들을 위한 나의 가장 큰 염려 중의 하나는 율법주의의 문제입니다. 내 생각에는 율법주의야말로 기독교의 최대의 이단입니다. 율법주의가 그토록 위험한 이유는 매력적으로 보이는 그 교활한 이중성 때문입니다. 율법주의는 가장 진지한 그리스도인들에게 조차도 매력적으로 보이는데, 그들은 '아주 완벽한' 사람이 되기로 결심하여 하나님을 기쁘시게 하고, 또 그들 스스로의 노력을 통하여 선행을 함으로써 '하나님의 호의를 얻으려고' 정말 진지하게 애를 쓰는 사람들입니다.

"오직 의인은 믿음으로 말미암아 살리라"(롬 1:17)는 말씀과 "믿음이 없이는 하나님을 기쁘시게 못하나니"(히 11:6)라는 말씀을 얼마나 사람들이 자주 잊곤 하는지요. 하나님을 기쁘게 하기 위해 툭하면 육신으로 열심히 애쓰려 하곤 하기도 합니다. 그러나 우리가 예수 그리스도께서 그러한 죄들도 가져가 주실 것을 신뢰하면 그분은 약속하신대로 신실히 그렇게 하여 주실 것입니다.

오늘 주시는 말씀 로마서 3:25~31
믿음의 실천 나는 율법은 단지 내가 죄인임을 깨닫게 해 줄 뿐임을 자주 나 자신에게 상기시키도록 하겠습니다. 믿음으로(by faith), 나는 그리스도를 신뢰하겠으며, 그분의 은혜와 용서를 받아들이겠습니다. 믿음으로(by faith), 나는 초자연적인 삶을 살기 위해 하나님의 전능하신 능력을 활용하겠습니다.

Blessed Are the Humble

"Blessed are the poor in spirit for theirs is the kingdom of heaven."
MATTHEW 5:3, KJV

A young Christian leader, more impressed with himself than he should have been, shared with me how he had difficulty being humble about all of his talent. He was a better than average speaker, a reasonably gifted singer, and had a good mind and personality. Yet he knew that as a Christian he should be humble.

He said, "I spend hours on my knees asking God to make me humble."

I responded, "I can save you a lot of prayer time if you are interested." I explained that every gift he possessed—personality, good mind, singing and speaking abilities—were all gifts of God and could be taken from him at any moment by a brain tumor, car accident, or a thousand different things. Scripture also admonishes us to humble ourselves.

"Humility is perfect quietness of heart," Andrew Murray said. "It is to have no trouble. It is never to be fretted or irritated or sore or disappointed. It is to expect nothing, to wonder at nothing that is done to me. It is to be at rest when nobody praises me and when I am blamed or despised. It is to have a blessed home in the Lord, where I can go in and shut the door and kneel to my Father in secret, and am at peace as in deep sea of calmness when all around and above is trouble." Although few Christians achieve such high standards, it is an objective toward which we all should strive as long as we live, following the example of our Lord recorded in Philippians, chapter 2.

To be poor in spirit implies that we have a humble opinion of ourselves, but also that we recognize that we are sinners with no righteousness of our own; that we are willing to be saved by God's grace and mercy; that we are willing to serve where God places us, to bear the burdens He allows and to admit that we deserve no favor from Him.

As commonly interpreted, the word "blessed" means "happy." We are assured of happiness when make conscious strides toward humility as we yield to God's indwelling Holy Spirit.

BIBLE READING Matthew 5:17-20
ACTION POINT With the help of the Holy Spirit I will consciously humble myself, asking Him to enable me to love God with all my heart, soul, mind and strength and my neighbor as myself, as an act of humility and to achieve the supernatural life.

마음이 가난한 자는 복이 있나니

"심령이 가난한 자는 복이 있나니 천국이 그들의 것임이요"
마태복음 5:3

자신에 대해 실제 이상으로 더 큰 자긍심을 갖고 있던 젊은 기독교 지도자가 그가 지닌 모든 재능에 관해 겸손하기가 얼마나 어려운지에 관해 나와 이야기를 나눈 적이 있었습니다. 그는 보통 이상의 설교자였으며, 성악에 상당한 재능도 있었고, 건전한 사고와 인격의 소유자였습니다. 그러나 그는 그리스도인으로서 겸손해야 한다는 것을 알고 있었습니다.

그는 "나는 하나님께 무릎을 꿇고 나를 겸손하게 만들어 달라고 기도하며 수많은 시간을 보냅니다."라고 말했습니다.

나는 "만약 당신이 원한다면 그런 기도를 하실 시간을 많이 절약하도록 도울 수 있습니다."라고 답했습니다. 나는 그가 소유한 모든 재능, 즉 그의 인격, 건전한 사고, 노래, 그리고 설교 등은 모두 하나님의 선물이며, 언제든지 하나님께서 뇌종양, 교통사고 또는 수천 가지 일을 통해 도로 가져가실 수 있다고 설명했습니다.

"겸손은 완전한 마음의 평안이다."라고 4)앤드류 머레이는 말했습니다. "겸손은 마음에 어떤 갈등도 갖지 않는 것이다. 겸손은 결코 짜증도, 화도, 또 비탄에 빠지거나 낙심하지도 않는 것이다. 겸손은 아무것도 기대하지 않으며 자신에게 일어나는 어떤 것에도 놀라지 않는 것이다. 겸손은 아무도 나를 칭찬하지 않을 때나 비난받고 멸시당할 때에도 평안할 수 있는 것이다. 그것은 나의 주위를 온갖 어려움들이 에워싸고 있을 때, 조용히 들어가 문을 닫고 아버지 앞에 비밀스럽게 무릎을 꿇어 깊은 바다와 같은 고요를 맛볼 수 있는 주님 안에서의 축복된 안식처를 갖는 것이다." 비록 이러한 높은 수준에 도달하는 그리스도인은 거의 없다고 하여도 그것은 빌립보서 2장에 기록된 우리 주님의 본을 따라 살아 있는 한 우리가 도달하려고 애써야 하는 목표입니다.

심령이 가난하다는 것은 우리가 자신에 대해 겸손해지는 것뿐만 아니라 우리가 아무 의로움도 없는 죄인인 것을 깨달으며, 하나님의 은혜와 자비로 구원받으려 하고, 하나님이 허락하시는 짐을 지고, 하나님이 보내시는 곳에서 섬기려고 하는 것도 의미합니다.

보통 해석하는 바와 같이 '복된'이란 '행복'을 의미합니다. 우리 안에 내주하시는 성령께 복종함으로써 우리가 겸손을 향하여 의식적으로 나아갈 때 우리는 행복을 보장받습니다.

오늘 주시는 말씀 마태복음 5:17~20
믿음의 실천 나는 겸손의 실천으로써, 그리고 초자연적 삶을 살기 위해서, 온 마음을 다하고 목숨을 다하고 뜻을 다하고 힘을 다하여 하나님을 사랑하고 또 내 이웃을 내 몸과 같이 사랑할 수 있도록 성령님께 구하겠으며 성령의 도우심을 따라 의식적으로 스스로를 겸손해지도록 하겠습니다.

The Mind of Christ

"For who hath known the mind of the Lord, that he may instruct Him? But we have the mind of Christ." 1 CORINTHIANS 2:16, KJV

The first thing I do when I awaken each morning is to kneel before my Lord in humility, meditate upon His attributes, and praise, worship and adore Him.

The last thing I do before I go to bed at night is to kneel in prayer, to praise, worship and give thanks to Him. Thus, my first thoughts are automatically of Him when I awaken, because all night long my subconscious mind has been meditating upon Him.

Every morning of every day, I acknowledge His lordship. I gladly surrender control of my life to Him, acknowledging my dependence upon Him. Then, by faith, I claim His mind and His wisdom for direction in every detail of my life. I trust Him to influence and control my attitudes, my motives, my desires, my thoughts and my actions.

In different words and ways, I remind Him that I am a suit of clothes for Him and that He can do anything He wants in and through me. I invite Him to walk around in my body. I ask Him to think with my mind, to love with my heart, to speak with my lips, to lead me wherever He wants me to go, to seek and save the lost through me.

We should study the Word of God daily and diligently, determining as an act of the will to pattern our lives according to His commands and His example. We begin to experience the reality and the availability of the mind of Christ when we literally saturate our minds with His thoughts and spend much time meditating upon His Word.

BIBLE READING   1 Corinthians 2:9-15
ACTION POINT   Consciously and deliberately I will begin each day by inviting Christ to walk around in my body, think with my mind, love with my heart, speak with my lips and "seek and save the lost" through me.

그리스도의 마음

"누가 주의 마음을 알아서 주를 가르치겠느냐 그러나 우리가 그리스도의 마음을 가졌느니라"
고린도전서 2:16

매일 아침 일어나서 내가 가장 먼저 하는 일은 나의 주님 앞에 겸손히 무릎 꿇고 주님의 성품을 묵상하고 찬양과 경배를 드리는 것입니다.

밤마다 잠자리에 들기 전 내가 마지막으로 하는 일도 무릎을 꿇고 기도하며 찬양과 경배를 드리고 주님께 감사하는 것입니다. 그럼으로써 밤새도록 나의 잠재의식이 주님을 생각하여 아침에 내가 잠에서 깰 때에 첫 번째로 드는 생각들이 저절로 주님에 관한 것이 되는 것입니다.

하루도 빠짐없이 매일 아침 나는 주님이 나의 주인 되심을 인정합니다. 나는 나의 삶이 주님께 의지하여 사는 것임을 인정하며 기꺼이 내 삶의 주권을 주님께 넘겨드립니다. 그리고 1) 믿음으로(by faith) 내가 처해있는 삶 각각의 모든 현장에서 나아갈 방향을 위해 주님의 마음과 지혜를 구합(claim)니다. 나는 주님이 나의 태도와 동기, 또 나의 소망과 생각 그리고 행동에 영향을 미치고 이끌어 주실 것을 신뢰합니다.

여러 다양한 표현으로 나는 주님께 나는 주님을 위한 한 벌의 옷 같은 존재이며, 주님이 내 안에서 그리고 나를 통하여 무엇이든 원하시는 것을 하실 수 있다고 다시 말씀드립니다. 나는 주님이 내 안에서 두루 행하시도록 초대합니다. 나는 주님이 나의 마음으로 생각하시고, 나의 가슴으로 사랑하시고, 나의 입술로 말씀하시며 그리고 어디든 주님이 원하시는 곳으로 나를 이끌어 나를 통하여 잃어버린 사람들을 찾아 구하도록 간구합니다.

우리는 주님의 명령과 주님이 보이신 모범을 따라 우리 삶을 살도록 의지적으로(as an act of the will) 결심하면서 하나님의 말씀을 매일 부지런히 공부해야 합니다. 우리가 우리의 마음을 문자 그대로 주님의 생각으로 흠뻑 젖게 하고, 주님의 말씀을 묵상하며 충분한 시간을 들일 때 우리는 그리스도의 마음의 실재하심과 그 능력을 경험하기 시작합니다.

오늘 주시는 말씀 고린도전서 2:9~15
믿음의 실천 나는 그리스도께서 내 안에서 행하시고, 나의 마음으로 생각하시고, 나의 가슴으로 사랑하시고, 나의 입술로 말씀하시며, 나를 통하여 '잃어버린 자를 찾아 구원'하시도록 의식적이고도 분명하게 매일 그리스도를 초청하는 것으로 하루를 시작하겠습니다.

Happy Are the Mourners

"Blessed are they that mourn: for they shall be comforted."
MATTHEW 5:4

During my early inquiry into the Christian faith, I was not aware of my sin. I believed that Jesus Christ was the Son of God, that He died on the cross for the sins of man, but it had not dawned on me that I was that bad. My life-style, though far from exemplary, was not much different from the average church member's. In fact, the talk about the cross and the shedding of blood seemed offensive to my aesthetic nature. I was willing to believe that Jesus was the greatest influence, the greatest teacher, the greatest leader, the greatest example that man had ever known. If He died on the cross to make a point, I did not think it was important enough to be made an issue. The fact that was important to me was that Jesus lived a wonderful life dedicated to helping others. Then one day as I read the Bible, I was gripped with the necessity of Christ dying on the cross for my sins. I realized that without the shedding of blood there is no forgiveness of sin, that I had fallen far short of the glory of God and deserved death. I realized that there is nothing in me that merited His love, His grace, His forgiveness. I found myself on my knees in tears, deeply conscious of my unworthiness and, for the first time, I understood the true meaning of the cross and the reason He shed His blood for me.

Soon after, I helped serve communion. I wept as I served the wafers representing His broken body and the grape juice representing His blood that was shed for the sins of all men, for my sins, because now His death on the cross meant everything to me. A hymn that had once been offensive to me now became a favorite: "What can wash away my sin? Nothing but the blood of Jesus. What can make me whole again? Nothing but the blood of Jesus. Oh precious is that flow that makes me white as snow. No other fount I know. Nothing but the blood of Jesus." I beileve this is what Jesus had in mind when He said, "Blessed are they that mourn for they shall be comforted."

BIBLE READING Jeremiah 31:10-14
ACTION POINT I will not ignore my sins, but will mourn over them by confessing, repenting, and, through the discipline of spiritual breathing, walking constantly in the light as a model of the supernatural life.

애통하는 자는 복이 있나니

"애통하는 자는 복이 있나니 그들이 위로를 받을 것임이요"
마태복음 5:4

내가 기독교 신앙을 처음 알아가던 때 나는 나의 죄를 깨닫지 못하고 있었습니다. 나는 예수 그리스도께서 인간의 죄를 위하여 십자가에서 죽으셨다는 것을 믿었으나 내가 그렇게 악한 죄인이라고는 생각하지 못했었습니다. 나의 삶은 비록 아주 모범적이지는 않아도 평균적인 26)교회 출석자(Church member) 정도는 되었습니다. 사실 십자가와 피 흘리심에 대한 이야기는 내 심미적인 본성에 거슬리는 이야기 같았습니다.

나는 예수님을 위대한 영향을 끼친 분으로, 또 위대한 스승, 위대한 지도자, 그리고 인간 세상에서 가장 모범적이었던 분으로 믿으려고 했던 것입니다. 예수님께서 어떤 것의 정당함을 주장하기 위해서 십자가에서 죽으셨다면 나는 '십자가에서 죽으신' 그것이 핵심이 될 만큼 중요한 것은 아니라고 생각했습니다. 내게 중요했던 것은 예수님께서 다른 사람들을 도우시는 데 헌신한 훌륭한 삶을 사셨다는 것이었습니다. 그런데 어느 날 성경을 읽던 중, 나는 그리스도께서 나의 죄로 인하여 십자가에서 죽으셔야만 했던 것을 깊이 깨닫게 되었습니다. 나는 피 흘림이 없이는 죄 사함이 없으며, 나의 죄로 인해 하나님의 영광에 이르지 못하였고, 죽어 마땅한 죄인임을 깨달았습니다. 내 안에 하나님의 사랑과 은혜와 용서와 정결케 하심을 얻을만한 아무 공로도 없음도 깨달았습니다. 나는 무릎을 꿇고 눈물을 흘리며 나의 무가치함을 깊이 깨달으면서 처음으로 십자가의 참된 의미와 주님이 나를 위해 피를 흘리신 이유를 이해할 수 있었습니다.

얼마 지나지 않아 나는 성찬식을 돕게 되었습니다. 주님의 찢긴 몸을 상징하는 떡과, 나의 죄와 모든 사람의 죄를 위하여 흘리신 주님의 피를 상징하는 포도즙을 나누어 주며 나는 울고 있었습니다. 이제 주님의 죽으심이 나의 모든 것이 되었기 때문이었습니다. 한때 내 귀에 거슬렸던 찬송가가 이제 내가 가장 좋아하는 찬송이 되었습니다. "나의 죄를 씻기는 예수의 피 밖에 없네. 다시 성케 하기도 예수의 피 밖에 없네. 예수의 흘린 피 날 희게 하오니 귀하고 귀하다 예수의 피 밖에 없네." 나는 이것이 예수님께서 "애통하는 자는 복이 있나니 그들이 위로를 받을 것임이요"라고 말씀하셨을 때 마음에 품으셨던 뜻이라고 믿습니다.

오늘 주시는 말씀 예레미야 31:10~14
믿음의 실천 나는 나의 죄를 간과하지 않고 고백하고, 회개하며 애통해 하겠습니다. 또 영혼의 호흡의 훈련을 통해 계속하여 빛 가운데로 행하며 초자연적 삶의 모범으로 살겠습니다.

God's Supernatural Love

"For I am persuaded, that neither death, nor life, nor angels, nor principalities, nor powers, not things present, nor things present, nor things to come, nor height, nor depth, nor any other creature, shall be able to separate us from the love of God, which is in Christ Jesus our Lord." ROMANS 8:38-39, KJV

More than anything else, I was drawn to Christ because of His love for me. The Bible says that Christ proved His supernatural love for us by coming "to die for us while we were still sinners."

Because of that great love, which draws me to Him and causes me to want to please him and to love Him in return, I learned how to love supernaturally. In more than 30 years of counseling thousands of people about interpersonal conflicts, I do not know of a single problem that could not have been resolved if those involved had been willing to accept and respond to God's love for them, and to love others as an act of the will by faith, as God commands.

Such a statement may sound simplistic and exaggerated, yet I make it after carefully reviewing in my mind all kinds of conflicts between husbands and wives, parents and children, neighbors, friends and enemies.

Think of it! Christ's forgiveness is so and great compassionate that He will not allow anything or anyone to condemn us or separate us from His supernatural love. Even though He is "holy, blameless, unstained, separated from sinners, and exalted above the heavens." He still loves us and cleanses us from all unrighteousness. He gives us absolute assurance that nothing can ever "separate us from the love of God, which is in Christ Jesus our Lord."

BIBLE READING   Romans 8:32-37
ACTION POINT   I will express my gratitude for God's great love for me by loving Him in return and by loving by faith everyone with whom I have contact today, With the help of the Holy Spirit, I will demonstrate that love by gracious acts of the will.

하나님의 초자연적 사랑

"내가 확신하노니 사망이나 생명이나 천사들이나 권세자들이나 현재 일이나
장래 일이나 능력이나 높음이나 깊음이나 다른 어떤 피조물이라도
우리를 우리 주 그리스도 예수 안에 있는
하나님의 사랑에서 끊을 수 없으리라" 로마서 8:38~39

그 무엇보다도 나는 나를 위한 하나님의 사랑으로 인해 그리스도께로 인도되었습니다. 성경은 "우리가 아직 죄인 되었을 때에 그리스도께서 우리를 위하여 죽으심으로"(롬 5:8) 우리를 위한 하나님의 초자연적 사랑을 확증하셨다고 말합니다.

나를 그리스도께로 이끌어 주시고, 그 보답으로 내가 그리스도를 기쁘시게 하고 그를 사랑하기를 원하도록 해 주신 그 위대한 사랑으로 인해 나는 어떻게 초자연적으로 사랑하는지를 배웠습니다. 30년 이상 대인 관계의 갈등을 겪고 있는 수천 명을 상담해 오면서, 나는 관련된 사람들이 그들을 향한 하나님의 사랑을 받아들이고 그 사랑에 응답하여 하나님이 명령하신대로 1)믿음으로(by faith), 의지적 행동으로(as an act of the will) 다른 사람들을 사랑할 때 해결될 수 없던 사례는 단 한 건도 알지 못합니다.

이렇게 말한 것이 너무 단순하고 과장되게 들릴 수도 있겠으나 이것은 남편과 아내, 부모와 자녀, 이웃 간, 그리고 친구 혹은 적대 관계의 사람들 등 온갖 인간 사이의 갈등들을 세심히 검토해 본 후에 드리는 말씀입니다.

생각해 보십시오! 그리스도의 용서는 너무도 크고 긍휼한 것이어서 그분은 그 어떤 것도, 그 누구도 우리를 죄로 책망하거나 우리를 그리스도의 초자연적 사랑으로부터 떼어놓는 것을 허락하지 않으십니다. 주님은 "거룩하고 악이 없고 더러움이 없고 죄인에게서 떠나 계시고 하늘보다 높이 되신" 분이지만(히 7:26), 그분은 여전히 우리를 사랑하시며 모든 불의에서 우리를 깨끗케 하십니다. 주님은 그 어떤 것도 "우리를 우리 주 그리스도 예수 안에 있는 하나님의 사랑에서 끊을 수 없으리라"는 절대적인 믿음을 주십니다.

오늘 주시는 말씀 로마서 8:32~37
믿음의 실천 나는 나를 위한 하나님의 그 크신 사랑에 대한 보답으로 하나님을 사랑하고 또 오늘 내가 만나는 모든 사람들을 3)'믿음으로 사랑'(loving by faith) 하겠습니다. 성령의 도우심을 따라, 의지적인 은혜로운 행동으로 사랑을 드러내도록 하겠습니다.

Happiness for the Meek

"The meek and lowly are fortunate! for the whole wide world belongs to them."
MATTHEW 5:5

When you think of the word "meek," does the name Casper Milquetoast or some other similar figure come to your mind? True meekness in no sense means or implies spinelessness. In truth, genuine meekness is patience in the face of injuries, insults, abuse and persecution, whether physical or mental. It is not cowardice or a surrender of our rights. Rather it is the opposite of anger, malice, prejudice or resentment.

Meekness today is seen in the actions of believers who allow God to be their defense instead of making an effort to avenge real or imagined hurts. It is patience in the midst of extreme difficulties or humility under fire, as described in 1 Corinthians 13. It hardly even notices when others make a mistake.

Certainly this is one of the major characteristics of our Lord who claimed to be gentle and humble at heart. "Come to Me, all who are weary and heavy—laden, and I will give you rest. Take My yoke upon you, and learn from Me for I am gentle and humble in heart, and you shall find rest for your souls" Matthew 11:28,29, NAS.

The meek, like our Lord, are those who have remarkable, controlled strength and are calm and peaceful when all around there is confusion and chaos. These are the ones who will inherit the earth, who will be sought out as leaders. They are the ones who will help to build a better world.

BIBLE READING   James 4:5-10
ACTION POINT   Dear Lord, I pray that you will help me to be meek as You Count meekness. Give me the right reaction to insult and injury, real or imagined, to demonstrate strength under control following the example of my Lord.

온유한 자의 행복

"온유한 자는 복이 있나니 그들이 땅을 기업으로 받을 것임이요"
마태복음 5:5

'온유'라는 단어를 생각할 때 '캐스퍼 밀키토스트'(미국 만화가 T.H.Webster의 만화 주인공. 무능하고 주관이 없는 유약한 사람을 가리키는 말. 역자 주), 혹은 그와 비슷한 어떤 성격의 사람이 생각나십니까? 그러나 진정한 온유함은 줏대 없고 결단력이 없는 그런 것과는 거리가 먼 것입니다. 사실 진정한 온유는 정신적 혹은 육체적인 상해, 모욕, 학대, 박해 등에 직면할 때 인내하는 것입니다. 그것은 비겁함이나 우리의 권리를 포기하는 것이 아닙니다. 그보다는 오히려 분노, 악의, 편견 혹은 원한을 가지는 것에 대하여 반대되는 개념입니다.

오늘날 온유는 자신이 실제 받은, 혹은 받았다고 생각하는 자신의 상처에 대해 복수할 것을 계획하는 대신에 하나님께 자신을 지켜주시도록 맡기는 믿는 사람들의 행동 가운데 찾아볼 수 있습니다. 고린도전서 13장에 묘사된 대로 이는 극한 어려움 속에서 또는 불같은 어려움 중에 인내하는 것입니다. 온유는 또 남의 실수를 눈여겨보지 않습니다.

분명히 이것은 '마음이 온유하고 겸손하다'고 하신 우리 주님의 중요한 성품 중의 하나입니다. "수고하고 무거운 짐 진 자들아 다 내게로 오라 내가 너희를 쉬게 하리라 나는 마음이 온유하고 겸손하니 나의 멍에를 메고 내게 배우라 그리하면 너희 마음이 쉼을 얻으리니"(마 11:28~29)

온유한 자는 주님과 같이 남다른 절제의 힘을 갖고 있으며 주위가 온통 혼란과 무질서로 둘러싸여 있을 때도 고요하고 평화로울 수 있습니다. 이런 사람들이 땅을 유업으로 받을 사람이며, 지도자로 추대 받을 것입니다. 이들이 바로 더 나은 세상을 이루어 나갈 사람들입니다.

오늘 주시는 말씀 야고보서 4:5~10
믿음의 실천 "사랑하는 주님, 제가 주님이 말씀하시는 그대로의 온유한 사람이 되도록 저를 도와주옵소서. 실제로 받은, 또는 제가 받았다고 생각하는 모든 상처와 모욕에 대해 나의 주님의 본보기를 따라 자신을 절제하는 힘을 나타내 보이도록 올바로 반응하게 하소서."

Covered With His Love

"Long ago, even before he made the world, God chose us to be his very own through what Christ would do for us; he decided then to make us holy in his eyes, without a single fault—we who stand before him covered with his love." EPHESIANS 1:4

On every continent and in scores of countries, I have asked thousands of people, including Muslims, Hindus, Buddhists, communists and atheists: "Who is the greatest person who ever lived? Who has done more good for mankind than anyone else?"

Among knowledgeable people, the answer is always the same, "Jesus of Nazareth."

Born nearly 2,000 years ago, His coming had been foretold for centuries by the great prophets of Israel. The Old Testament, written by many individuals over a period of 1,500 years, contains more than 300 references concerning the promised Messiah. All of these prophecies have been fulfilled in the birth, life, ministry death and resurrection of Jesus. They could not have referred to anyone else.

That in itself is conclusive evidence of God's personal and supernatural intervention in history. Jesus' coming into this world was no accident, and we who trust Him are covered by His love.

What a beautiful picture—covered with His love!

"All the armies that ever marched and all the navies that were ever built, and all the parliaments that ever sat, and all the kings that ever reigned, put together have not affected the life of man upon this earth as has that one solitary life," declared an anonymous observer in reflecting upon the life of Jesus Christ.

BIBLE READING Ephesians 1:5-14
ACTION POINT Throughout the day I will picture myself embraced by the arms of the Almighty, His love covering and comforting me. I will share His love and faithfulness with others.

주의 사랑 안에서

"곧 창세 전에 그리스도 안에서 우리를 택하사
우리로 사랑 안에서 그 앞에 거룩하고 흠이 없게 하시려고"
에베소서 1:4

나는 전 세계 수십 개의 국가에서 무슬림과 힌두교, 불교 신자와 공산주의자 그리고 무신론자에 이르기까지 수천 명의 사람들에게 다음과 같은 질문을 해왔습니다. "지금까지 살았던 모든 사람 가운데 가장 위대한 사람은 누구입니까? 인류를 위해 가장 큰 훌륭한 일을 한 사람은 누구입니까?"

지식과 식견이 있는 사람들은 누구나 항상 똑같이 대답했습니다. "나사렛 예수입니다."

약 2,000년 전에 태어나신 예수님의 오심은 이스라엘의 위대한 예언자들에 의해 태어나시기 수 세기 전부터 예고되어 왔습니다. 1,500년 이상의 시간에 걸쳐 각기 다른 많은 사람에 의해 기록된 구약은 300회 이상이나 약속된 구세주에 관해 기술하고 있습니다. 그 모든 예언들은 예수님의 탄생, 생애, 사역, 죽음 그리고 부활에 의해 성취되었습니다. 그 예언들은 예수님 외에 다른 누구에게도 적용될 수 없는 것들입니다.

이러한 사실 자체가 역사에 대한 하나님의 인격적이고 초자연적인 개입을 말해주는 결정적인 증거입니다. 예수님이 이 세상에 오신 것은 우연이 아니었습니다. 그리고 예수님을 믿는 우리는 그의 사랑 안에 감싸여 있는 것입니다.

얼마나 아름다운 모습인지요. 주의 사랑 안에 감싸여 있다니!

어떤 이름 모를 사람이 예수 그리스도의 삶을 묵상한 후 이렇게 단언했습니다. "세상에 존재했던 모든 육군과 지금까지 조직되었던 모든 해군과 그리고 지금까지 이루어졌던 모든 의회와 또 세상을 통치했던 모든 왕들을 모두 합쳐 놓아도 이 고독한 삶만큼 지상의 인간의 삶에 영향을 끼치지 못했다."

오늘 주시는 말씀 에베소서 1:5~14
믿음의 실천 나는 오늘 종일토록 전능하신 주님의 팔에 안겨, 주님의 사랑이 나를 감싸고 나를 위로하시는 모습을 그려보겠습니다. 나는 주님의 사랑과 신실하심을 다른 사람들과 나누도록 하겠습니다.

Blessed Are the Merciful

"Blessed are the merciful: for they shall obtain mercy."
MATTHEW 5:7, KJV

If you and I have a desire to imitate God, seldom do we accomplish that purpose more than in the practice of showing mercy. God delights in nothing more than in the exercise of showing mercy.

One of the clear prerequisites to real happiness is this display of genuine mercy. Surely God has given us the supreme example, by giving His only Son to die in our place. That is mercy beyond comprehension, beyond description.

The world speaks often of having someone at its mercy. In a very real sense, God has us at His mercy—but He chose to be merciful and make a way of escape for us. The decision to take that way is ours.

To the degree that we show mercy to the poor, the wretched, the guilty—to that degree we are like God. And if He keeps us here on earth to be conformed more and more to His image, how important it is that we trust Him—by His indwelling Holy Spirit—to make us merciful.

When we do something to glorify God, like giving a cup of cold water in His name, in obedience to His commandments and with a desire that He should be honored, He will consider it as done unto Him and reward us accordingly.

The lesson is clear: the merciful shall obtain mercy. And who among us is not a candidate for more of God's mercy?

BIBLE READING   Luke 6:31-36
ACTION POINT   "Dear Lord, with Your great mercy as the supreme example, I resolve to allow your Holy Spirit to show mercy through me."

긍휼히 여기는 자는 복이 있나니

"긍휼히 여기는 자는 복이 있나니 그들이 긍휼히 여김을 받을 것임이요"
마태복음 5:7

만일 당신과 내가 하나님을 닮고자 하는 소망이 있다면 긍휼을 베푸는 것을 실천하는 것보다 더 좋은 방법은 찾기 어려울 것입니다. 긍휼을 베푸는 것보다 하나님이 더 기뻐하시는 것은 없습니다.

참된 행복을 얻기 위한 분명한 전제 조건 중의 하나는 진정한 긍휼을 베푸는 것입니다. 하나님은 그의 사랑하는 독생자를 우리를 위해 죽게 내어주심으로 우리에게 분명히 최고의 본을 보여주셨습니다. 그것은 이해나 설명이 불가능한 그 너머의 긍휼인 것입니다. 세상 사람들은 종종 누군가를 자신이 좌지우지 할 수 있다고 말하지만 사실은 우리야말로 하나님의 긍휼에 운명이 달려 있는 사람들입니다. 하나님은 긍휼을 베푸셔서 우리를 위하여 피할 길을 마련해 주셨습니다. 그 길을 택하는 결단은 우리가 해야 합니다.

가난한 사람과, 불쌍한 사람, 죄인들에게 우리가 긍휼을 베풀면 그 베푸는 만큼 우리는 하나님을 닮게 됩니다. 그리고 만약 하나님이 우리가 하나님의 형상을 더욱더 닮아가도록 하기 위해 우리를 세상에 살게 하시는 것이라면, 내주시는 성령의 도우심에 의해서 우리를 긍휼을 베푸는 자로 만들어 주시도록 하나님을 신뢰하는 것이 얼마나 중요한 일이겠습니까?

우리가 하나님의 명령에 순종하고 또 하나님께 영광을 돌리고자 하는 열망으로 냉수 한 잔이라도 주의 이름으로 대접하는 것 같은 일로써 하나님을 영화롭게 한다면 주님은 그것을 자신에게 한 일로 여기실 것이고 우리에게 그에 따라 상급을 내리실 것입니다.

교훈은 명확합니다. 긍휼을 베푸는 자는 긍휼을 얻을 것입니다. 그리고 우리 중 하나님의 긍휼을 더욱 원하지 않는 사람이 누가 있겠습니까?

오늘 주시는 말씀   누가복음 6:31~36
믿음의 실천   "사랑하는 주님, 최고의 본을 보여 주신 주님의 그 크신 긍휼로 인해 나는 성령께서 나를 통하여 긍휼을 나타내시도록 결단하겠습니다."

Testing Your Experience, 1

"Talk with each other much about the Lord, quoting psalms and hymns and singing sacred songs, making music in you hearts to the Lord. Always give thanks for everything to our God and Father in the name of our Lord Jesus Christ. Honor Christ by submitting to each other."
EPHESIANS 5:19-20

Mary was one of those ardent, faithful church members—a Sunday school teacher, choir member and active participant in a home Bible study—who just assume they are filled with the Holy Spirit because they do everything their pastor or Christian leader asks of them.

"Why has no one, up to now, ever told me that I needed to be filled with the Holy Spirit?" she asked me just after I had publicly suggested that very thing.

To help Mary better understand her own spiritual condition, I read to her the above passage from Ephesians. Then I asked her several questions relating to that portion of Scripture.

"Are you talking about Christ to others? Is your heart filled with melody to the Lord? Do you spend time in God's Word daily? Do you have a thankful spirit? Do you submit to others in the Lord?"

Mary hesitated only a moment. "If these are evidences of a Spirit-filled life, I must not be controlled by the Holy Spirit. But I would like to be. What should I do?"

With great delight and joy I shared appropriate Scriptures with her, and together we bowed in prayer as she claimed by faith the fullness and control of the Holy Spirit in her life. Surrendering to the lordship of Christ, turning from all known sins, hungering and thirsting after righteousness, she now knew with certainty that she was filled with the Spirit. Being filled with the Spirit is not a once-and-for-all decision, but a way of life in which we claim the fullness of the Spirit moment by moment, day by day, by faith.

BIBLE READING Colossians 3:12-17
ACTION POINT I will compare myself with the evidences of the supernatural, Spirit-filled life listed in Ephesians 5. I will claim by faith the fullness and control of the Holy Spirit, asking Him to make these qualities a reality in my relationships.

성령 충만의 증거 1

"시와 찬송과 신령한 노래들로 서로 화답하며 너희의 마음으로 주께 노래하며 찬송하며
범사에 우리 주 예수 그리스도의 이름으로 항상 아버지 하나님께 감사하며
그리스도를 경외함으로 피차 복종하라"
에베소서 5:19~21

매리는 주일 학교 교사로, 성가대원으로, 또 가정 성경 공부에도 적극적으로 참여하며 목사님이나 기독교 지도자들이 요구하는 일이라면 무엇이나 하기 때문에 성령 충만하다고 당연히 생각하곤 하는 그러한 열성적이고 신실한 26)교회 출석자(Church member) 중의 한 사람이었습니다.

"왜 아무도 내게 지금까지 성령 충만해야 한다고 이야기해 준 사람이 없었을까요?" 내가 대중 앞에서 바로 성령 충만에 관해 이야기한 직후에 그녀가 내게 물었습니다.

매리가 자신의 영적 상태를 더욱 잘 이해할 수 있도록 돕기 위해 나는 위의 에베소서 말씀을 읽어 주었습니다. 그런 후 나는 그 말씀과 관련된 몇 가지 질문을 했습니다.

"다른 사람들에게 그리스도에 관해 이야기하십니까? 당신 마음에 주님을 향한 노래가 가득합니까? 매일 하나님의 말씀을 읽으십니까? 감사의 마음을 갖고 있습니까? 주 안에서 다른 사람들에게 복종합니까?"

매리는 잠깐 망설였지만 곧 "만일 그런 것들이 성령 충만한 삶의 증거라면, 나는 분명히 성령의 지배를 받고 있지 않습니다. 그러나 나는 그렇게 되기를 원합니다. 내가 무엇을 어떻게 해야 하나요?"라고 말했습니다.

큰 기쁨과 즐거움으로 나는 적절한 성경 말씀들을 그녀와 함께 나누었습니다. 그리고 함께 머리 숙여 기도하며 그녀는 1)믿음으로(by faith) 성령의 충만과 그녀의 삶을 성령께서 다스리실 것을 주장(claim)했습니다. 그리스도의 주권에 복종하며, 깨닫는 모든 죄에서 돌아서고, 의에 주리고 목말라하며, 그녀는 이제 성령에 충만하다는 것을 확실히 알게 되었습니다. 성령에 충만해지는 것은 한 번으로 끝나는 일회적인 것이 아닙니다. 그것은 순간순간, 또 매일 믿음으로(by faith) 성령의 충만함을 지속적으로 주장(claim)하며 살아가는 삶의 형태, 삶을 살아가는 방식(a way of life)인 것입니다.

오늘 주시는 말씀   골로새서 3:12~17
믿음의 실천   나는 에베소서 5장의 초자연적이며 성령 충만한 삶의 증거들에 내 자신을 비교해 보도록 하겠습니다. 그러한 삶이 나의 주님과 또 이웃과의 관계 속에서 실재가 되도록 성령께서 이뤄 주실 것을 간구하며, 나는 믿음으로(by faith) 성령의 충만과 다스리심을 주장(claim)하겠습니다.

Testing Your Experience, 2

"You wives must submit to your husbands' leadership in the same way you submit to the Lord...And you husbands, show the same kind of love to your wives as Christ showed to the Church when he died for her, to make her, holy and clean, washed by baptism and God's Word. "Children, obey your parents; this is the right thing to do because God has placed them in authority over you. Honor your father and mother... "And now a word to you parents. Don't keep on scolding and nagging your children, making them angry and resentful. Rather, bring them up with the loving discipline the Lord himself approves, with suggestions and godly advice."
EPHESIANS 5:22, 25-26; 6:1-4

When a dear Christian friend came to me for counsel one day, he and I agreed that something was obviously wrong with his relationship with Christ.

"Do you know for sure that you are filled with the Holy Spirit?" I asked.

"Yes, I know all about the Holy Spirit and I know that I am filled."

"Here's a good test," I suggested. Then I read him the above passages from Ephesians, whereupon the Holy Spirit helped him to realize, as he compared with these passages the daily reality of his walk with Christ, that he was not truly filled with the Holy Spirit. He was honest and confessed that he did not even begin to love his wife as Christ loved the church, nor did he have a good relationship with his children, but he wanted to measure up to the scriptural standard in both cases.

As we bowed together in prayer, by faith he claimed the fullness of the Holy Spirit, and God gave to him a joyful new relationship with Christ and with his wife and children, as well as with everybody else around him.

BIBLE READING Colossians 3:18-25
ACTION POINT I will meditate on these passages from Ephesians 5 and 6. If these experiences are not real in my life, I will claim by faith the fullness and control of God's Holy Spirit, asking Him to make them a reality in my daily relationships.

성령 충만의 증거 2

"아내들이여 자기 남편에게 복종하기를 주께 하듯 하라…
남편들아 아내 사랑하기를 그리스도께서 교회를 사랑하시고
그 교회를 위하여 자신을 주심 같이 하라
이는 곧 물로 씻어 말씀으로 깨끗하게 하사 거룩하게 하시고"
"자녀들아 주 안에서 너희 부모에게 순종하라 이것이 옳으니라
네 아버지와 어머니를 공경하라…또 아비들아 너희 자녀를 노엽게 하지 말고
오직 주의 교훈과 훈계로 양육하라"
에베소서 5:22, 25~26; 6:1~2a, 4

어느 날 나의 사랑하는 그리스도인 친구 한 사람이 내게 상담하러 왔을 때 그와 나는 그리스도와 그의 관계에 무언가 틀림없이 잘못된 점이 있다는 것에 동의했습니다.

"틀림없이 자네가 성령 충만하다는 확신이 있나?" 내가 물었습니다.

"물론이네, 나는 성령에 관해 잘 알고 있고 내가 성령 충만함을 확신하고 있네."

"여기 좋은 확인 방법이 있다네."라고 이야기하고 나는 에베소서의 위의 말씀을 읽어 주었습니다. 그가 이 말씀과 그의 실제 매일의 삶을 비교할 때에 성령께서 말씀 가운데 그가 진실로 성령 충만해있지 못했다는 것을 그에게 깨닫게 해주었습니다. 그는 솔직하게 그리스도께서 교회를 사랑하심과 같이 그의 아내를 사랑하는 것을 시도해 본 적도 없으며 그의 자녀들과도 좋은 관계를 갖고 있지 못하다고 고백했습니다. 그러나 그는 두 가지 모두 그가 성경적인 기준에 도달할 수 있기를 원했습니다.

우리가 함께 머리 숙여 기도했을 때 그는 1)믿음으로(by faith) 성령 충만을 주장(claim)했으며, 하나님께서는 그에게 그리스도와 또 그의 아내, 자녀들, 그리고 주변의 모든 사람과 기쁨에 찬 새로운 관계를 주셨습니다.

오늘 주시는 말씀   골로새서 3:18~25
믿음의 실천   나는 에베소서 5장과 6장의 이 말씀들을 묵상하겠습니다. 만일 이 말씀이 내 삶의 실제와 다르다면 나는 성령께 그 말씀이 내 매일의 삶 속에서 실제가 되게 해주실 것을 간구하며 성령의 충만함과 다스리심을 믿음으로(by faith) 주장(claim)하겠습니다.

Happy Are the Pure in Heart

"Blessed are the pure in heart: for they shall see God."
MATTHEW 5:8, KJV

Jesus had a flashpoint against the hypocrisy of the Pharisees. The professed to be something they were not. Externally they did everything right, adhering meticulously to all the details of the law, yet He referred to them as being "whitewashed tombs" internally, and being "full of dead men's bones." Thus, obviously, the "pure in heart" did not apply to the Pharisees, according to His view of them.

In John 14:21, Jesus says, "The one who obeys Me is the one who loves Me and because he loves Me My Father will love him and I will too and I will reveal Myself to him." That is another way of saying what He said in the verse in Matthew above. The pure in heart shall see God because He will reveal Himself to those who obey, and only the pure in heart obey.

If God seems impersonal to you, far off and unreachable, you may want to look into the mirror of your heart to see if anything there would grieve or quench the Spirit, short-circuiting His communication with you.

You may be sure of this promise of God: The pure in heart will experience the reality of His presence within.

If for some reason this is not your experience, God has made provision whereby you can have vital fellowship with Him. Breathe spiritually. Exhale by confessing your sins, and inhale by appropriating the fullness of God's Spirit. Begin to delight yourself in the Lord and in His Word, asking God to give you a pure heart, and you may be assured that God will become a reality to you.

BIBLE READING Psalm 18:20-26
ACTION POINT Because I desire to have a close personal relationship with God and to live a supernatural life, I will keep my heart pure before Him.

마음이 청결한 자는 복이 있나니

"마음이 청결한 자는 복이 있나니 그들이 하나님을 볼 것임이요"
마태복음 5:8

예수님은 바리새인들의 위선에 대하여 더 참을 수 없는 지경에 이르셨습니다. 그들은 실제 그렇지 못한 자신들을 대단한 존재인 것처럼 이야기했습니다. 율법의 모든 세세한 부분에 지나칠 정도로 집착하고 겉으로는 모든 일을 옳게 행하는 것 같았으나 예수님은 그들을 안으로는 '회칠한 무덤'이며 '죽은 자들의 뼈로 가득하다'라고 하셨습니다. 따라서 예수님의 관점에 따르면 '마음이 청결한 자'란 바리새인들에게 적용되는 말이 분명히 아닙니다.

요한복음 14장 21절에서 예수님은 말씀하셨습니다. "나의 계명을 지키는 자라야 나를 사랑하는 자니 나를 사랑하는 자는 내 아버지께 사랑을 받을 것이요 나도 그를 사랑하여 그에게 나를 나타내리라" 이 말씀은 위의 마태복음의 말씀을 다르게 표현한 것입니다. 마음이 청결한 자는 하나님을 볼 것입니다. 왜냐하면 하나님이 순종하는 자에게 자신을 나타내실 것인데 마음이 청결한 자만이 순종하기 때문입니다.

만일 당신이 하나님과 친밀한 개인적인 관계를 갖고 있지 못하며, 당신이 미칠 수 없는 먼 곳에 하나님이 계신 것 같이 생각된다면 혹시라도 성령을 근심하게 하거나 소멸하고, 당신과 하나님의 관계를 단절시키는 무언가가 마음속에 있는지 마음의 거울을 들여다봐야 합니다.

당신은 이 하나님의 약속을 확신할 수 있습니다. 마음이 청결한 자는 하나님의 임재의 실재하심을 자신 안에서 경험하게 됩니다.

만일 어떤 이유로 당신이 아직 이러한 경험을 하지 못했다면 하나님께서는 당신이 하나님과 생생한 교제를 가질 수 있도록 준비해 놓으셨습니다. [5]'영혼의 호흡'을 하도록 하십시오. 죄를 고백함으로 숨을 내쉬고, 하나님의 성령의 충만함을 누림으로 숨을 들이마시십시오. 청결한 마음을 주실 것을 하나님께 간구하면서 주 안에서와 그 말씀 안에서 기뻐하기를 시작하십시오. 하나님이 당신에게 실재하시는 분이심을 확신하게 될 것입니다.

오늘 주시는 말씀   시편 18:20~26
믿음의 실천   하나님과 친밀하고 개인적인 관계를 갖고 초자연적인 삶을 살기를 소망함으로, 하나님 앞에서 나는 늘 마음을 청결케 갖도록 하겠습니다.

Blessed Peacemakers

"Is there any such thing as Christians cheering each other up? Do you love me enough to want to help me? Does it mean anything to you that we are brothers in the Lord, sharing the same Spirit? Are your hearts tender and sympathetic at all? Then make me truly happy by loving each other and agreeing wholeheartedly with each other, working together with one heart and mind and purpose." PHILIPPIANS 2:1-2

"Happy are those who strive for peace—they shall be called the sons of God."
MATTHEW 5:9

Few individuals are more pleasing to our Lord than those who seek to promote peace. He is our great example since He is the author of peace. He is the Prince of Peace, and He promises, "Peace I leave with you, My peace I give unto you: not as the world giveth, give I unto you. Let not your heart be troubled, neither let it be afraid" John 14:27, KJV.

When we think of peacemakers today, we think of national leaders who have made great efforts toward international peace, or of negotiators who attempt to eliminate strife between management and labor.

But this beatitude also involves more of a spiritual nature. You may know church members whom God has used as peace makers—those who calm fears and help unruffle feathers when the inevitable quarrels arise.

Peacemaking does not come easily; it requires work. Man is basically hostile toward himself, his neighbor and God. The peacemaker is one who can build bridges of love, understanding and trust.

Friends, men of influence, lawyers, may do much to promote peace; certainly homemakers can make a great difference in the harmony of a home. Long and deadly arguments can be resolved by a simple expression of love and a kind word.

Our strif-worn world, from individual homes to the international centers of influence, is in need of children of God who are peacemakers—committed to being ambassadors of the Prince of Peace.

BIBLE READING   2 Corinthians 13:11-14
ACTION POINT   Through the enabling of God's Holy Spirit, I will seek ways to become a peacemaker in building bridges of love, trust and understanding where there is now conflict, discord and even hate.

화평케 하는 자는 복이 있나니

"그러므로 그리스도 안에 무슨 권면이나 사랑의 무슨 위로나
성령의 무슨 교제나 긍휼이나 자비가 있거든
마음을 같이하여 같은 사랑을 가지고 뜻을 합하며 한마음을 품어" 빌립보서 2:1~2
"화평하게 하는 자는 복이 있나니
그들이 하나님의 아들이라 일컬음을 받을 것임이요" 마태복음 5:9

화평을 추구하는 사람들보다 더 우리 주님을 기쁘시게 하는 사람은 아마 별로 없을 것입니다. 주님은 그분 자신이 화평을 만드신 분이므로 우리에게 위대한 모범이 되시는 분입니다. 그분은 '평강의 왕'이시며 "평안을 너희에게 끼치노니 곧 나의 평안을 너희에게 주노라 내가 너희에게 주는 것은 세상이 주는 것과 같지 아니하니라 너희는 마음에 근심하지도 말고 두려워하지도 말라"(요 14:27)고 약속하셨습니다.

오늘날 우리가 화평하게 하는 사람들에 관해 생각할 때, 흔히 국제 평화를 위해 크게 애쓰는 국가 지도자들이나 또는 노동자와 경영자 간의 분쟁을 제거하려 애쓰는 중재자 등을 흔히 떠올리게 됩니다.

그러나 팔복 가운데 하나를 말씀하신 위의 말씀은 영적인 성품에 관하여 좀 더 강조하신 것입니다. 당신이 교회에서 아는 사람들 가운데에도, 피할 수 없는 분쟁이 일어날 때 분노를 누그러뜨리며 두려움을 잠재우게 하곤 하는, 하나님이 쓰신 화평하게 하는 사람들이 있을 것입니다.

화평하게 하는 것은 쉽지 않습니다. 그것은 많은 노력을 요구합니다. 인간은 본질적으로 자기 자신과 이웃 그리고 하나님에 대하여 적대적입니다. 화평하게 만드는 사람들은 사랑과 이해, 그리고 신뢰의 다리를 놓을 수 있는 사람들입니다.

친구들, 영향력 있는 사람들, 또 법을 다루는 변호사들은 화평을 이루는 데 큰 공헌을 할 수 있을 것입니다. 주부들도 분명히 가정의 화목에 큰 역할을 할 수 있습니다. 길고 심각한 논쟁도 간단한 사랑의 표현이나 친절한 말 한 마디로 해소될 수 있습니다.

가정에서부터 영향력 있는 국제기구에 이르기까지 분쟁과 다툼에 지친 이 세계는, 평화의 왕이신 주님의 대사가 되기로 헌신하여 화평하게 하는 하나님의 자녀들을 필요로 합니다.

오늘 주시는 말씀 고린도후서 13:11~14
믿음의 실천 성령의 가능케 하심을 통하여, 나는 다툼과 불화, 증오가 있는 곳에 사랑과 신뢰, 이해의 다리를 놓는 화평하게 하는 자가 되도록 애쓰겠습니다.

A New Quality of Life

"When the Holy Spirit, who is truth, comes, he shall guide you into all truth, for he will not be presenting his own ideas, but will be passing on to you what he has heard. He will tell you about the future. He shall praise me and bring me great honor by showing you my glory. All the Father's glory is mine; this is what I mean when I say that he will show you my glory."
JOHN 16:13-15

Steve asked me the question, "What is my number one priority as a Christian? I want to be a man of God, so I need counsel as to what I am to do first." This is a good question for every Christian to ask.

The answer is simple: to glorify God. Jesus tells us how we can best do this in John 15:8, "By this is My Father glorified, that you bear much fruit, and so prove to be My disciples" (NAS). Or, as The Living Bible states it, "My true disciples produce bountiful harvests. This brings great glory to My Father."

The Holy Spirit has come to be a witness of our Lord Jesus. When the Spirit controls our lives, we too will be witnesses for Him.

Witnessing for Christ with our lips is not only a natural result of being filled and controlled by the Holy Spirit, but also is a necessary act of obedience if we are to continue to experience the fullness of the Holy Spirit.

That which is most on our hearts is most on our lips, so if we truly love Christ, we will want to share Him with others. But God does not want or need the witness of individuals whose carnal lives fail to give credibility to their testimonies.

The greatest experience that has ever happened to any believer is to know Jesus Christ personally as Savior and Lord, to be forgiven of his sins, and to have assurance of eternal life.

Therefore, the most important thing we can do to help another person is to introduce him to Christ. Only the Holy Spirit can empower us to live holy lives and be fruitful witnesses for Christ.

BIBLE READING John 14:16-26
ACTION POINT I will ask the Holy Spirit to glorify God through the quality of my life and the witness of my words, as a demonstration of the supernatural life that I have received from God.

새로운 삶의 특성

"그러나 진리의 성령이 오시면 그가 너희를 모든 진리 가운데로 인도하시리니
그가 스스로 말하지 않고 오직 들은 것을 말하며 장래 일을 너희에게 알리시리라
그가 내 영광을 나타내리니 내 것을 가지고 너희에게 알리시겠음이라 무릇 아버지께 있는 것은 다 내 것이라
그러므로 내가 말하기를 그가 내 것을 가지고 너희에게 알리시리라 하였노라" 요한복음 16:13~15

스티브가 내게 물었습니다. "그리스도인으로서 나의 최우선 순위는 무엇이 되어야 하겠습니까? 나는 하나님의 사람이 되고 싶습니다. 그래서 내가 가장 먼저 할 일에 대하여 상담을 받고자 합니다." 그것은 모든 그리스도인이 물어야 할 좋은 질문이었습니다.

답은 간단합니다. 하나님을 영화롭게 하는 것입니다. 예수께서는 어떻게 우리가 그 일을 가장 잘 할 수 있는지를 요한복음 15장 8절에서 "너희가 열매를 많이 맺으면 내 아버지께서 영광을 받으실 것이요 너희는 내 제자가 되리라"(개역개정) 혹은 "너희가 많은 열매를 맺어 내 제자라는 것을 보여 주면 내 아버지께서 영광을 받으신다"(새번역)라고 말씀하셨습니다.

성령은 우리 주 예수님의 증인이 되기 위해서 오셨습니다. 성령께서 우리의 삶을 다스리실 때 우리도 역시 주님의 증인이 될 것입니다.

우리의 입술로 그리스도의 증인이 되는 것은 성령 충만과 성령의 다스리심에 따른 자연스러운 결과일 뿐만 아니라, 우리가 지속적으로 성령 충만을 누리려고 한다면 반드시 필요한 순종의 행위이기도 합니다.

늘 마음에 가득한 생각이 결국 늘 입술에 있게 되는 것입니다. 우리가 진실로 예수님을 사랑한다면 우리는 예수님을 전하고 싶어할 것입니다. 그러나 하나님은 육적인 삶으로 인해 자신의 증거에 신뢰를 받지 못하는 사람들의 증거를 원치도, 필요로 하지도 않으십니다.

모든 믿는 사람에게 일어난 최고의 경험은 예수 그리스도를 개인적으로 자신의 구세주와 주님으로 아는 것이며 자신의 죄를 용서받고, 영생의 확신을 갖게 되는 것입니다.

그러므로 우리가 다른 사람을 돕기 위해 할 수 있는 가장 중요한 일은 그에게 그리스도를 전하는 일입니다. 오직 성령님만이 우리가 거룩한 삶을 살고 그리스도를 위한 열매 맺는 증거자가 되도록 능력을 주실 수 있습니다.

오늘 주시는 말씀 요한복음 14:16~26
믿음의 실천 나는 내가 하나님으로부터 받아 누리고 있는 초자연적인 삶을 드러낼 수 있도록, 나의 삶과 입술의 증거를 통해 하나님을 영화롭게 하기 위하여 성령님께 간구하겠습니다.

The Bond of Love

"Let me assure you that no one has ever given up anything—home, brothers, sisters, mother, father, children, or property—for love of me and to tell others the Good News, who won't be given back, a hundred times over, homes, brothers, sisters, mothers, children, and land—with persecutions! All these will be his here on earth, and in the world to come he shall have eternal life." MARK 10:29-30

Having admonished His disciples to follow Him even at the cost of leaving everything—including mothers and families—behind, Christ is now affirming His consistency with the disciples. Obviously He loved His own mother dearly—one of His last acts before He died on the cross was to be sure that the apostle John would take care of her. Yet the bond of love which Jesus felt toward His disciples, a bond which continues today toward those who truly seek Him with all their hearts, transcends even the bond of love which one experiences in flesh-and-blood relationships, unless those relationships are also rooted in the love of Christ.

Romans 5:8 explains the basis for this bond. The love of God is shed abroad in our hearts through the Holy Spirit, and the Holy Spirit ignites the hearts of true disciples with supernatural love (agape) in action. That bond of love builds a spiritual family relationship that transcends all others, a relationship that is truly supernatural. In this way our Lord fulfills His promise that everything that is given up to follow Him will be given back a hundred times over in this life.

BIBLE READING Matthew 12:46-50
ACTION POINT I will obey God's commands knowing that greater bonds of love will unite my heart with my brothers and sisters in Christ. This will demonstrate the supernatural power of God's love ignited in our hearts through the Holy Spirit.

사랑의 띠

"예수께서 이르시되 내가 진실로 너희에게 이르노니 나와 복음을 위하여 집이나 형제나 자매나 어머니나 아버지나 자식이나 전토를 버린 자는 현세에 있어 집과 형제와 자매와 어머니와 자식과 전토를 백 배나 받되 박해를 겸하여 받고 내세에 영생을 받지 못할 자가 없느니라" 마가복음 10:29~30

부모와 형제를 포함하여 모든 것을 버리더라도 자신을 따를 것을 권고하시면서, 그리스도께서는 오늘의 말씀에서 그의 제자들에 대하여 변함없는 약속을 확언하고 계십니다. 예수께서 어머니 마리아를 무척이나 사랑하셨던 것은 분명합니다. 십자가에서 돌아가시기 전에 하신 일 가운데 하나가 사도 요한에게 어머니를 돌보도록 당부하신 것입니다. 그러나 예수께서 그의 제자들을 향하여 느끼셨던 사랑의 결속, 온 마음을 다하여 진심으로 예수님을 찾는 자들에게 오늘날까지 이어지고 있는 사랑의 결속은, 만일 그것이 그리스도에 대한 사랑에 기초한 것이 아니라면, 혈육 관계에서 나오는 사랑조차 초월하는 것입니다.

로마서 5장 8절은 이 사랑의 띠의 기초를 설명하고 있습니다. 하나님의 사랑은 성령을 통하여 우리의 마음 속에 도도히 흐르며, 성령은 참 제자들의 마음이 초자연적인 사랑(아가페의 사랑)으로 행동하도록 불을 붙여 주십니다. 그 사랑의 띠는 모든 것을 초월하는, 진실로 초자연적인 영적인 가족 관계를 형성하도록 합니다. 이렇게 하여 우리 주님은 주님을 따르기 위하여 포기한 모든 것을 이 세상에서 백배로 갚아 주시겠다고 하신 약속을 이루시는 것입니다.

오늘 주시는 말씀 마태복음 12:46~50
믿음의 실천 나는 하나님이 주시는 사랑의 띠가 그리스도 안에서 나의 마음을 형제자매들과 하나로 결속시켜줄 것을 깨달으며 하나님의 명령에 순종하겠습니다. 이로써 성령님을 통하여 우리 마음에 불붙여진 하나님의 사랑의 초자연적 능력을 세상에 증거하게 될 것입니다.

The Church Will Prevail

"You are Peter, a stone; and upon this rock I will build my church; and all the powers of hell shall not prevail against it." MATTHEW 16:18

You and I can truly rejoice: no matter how weak and ineffective our church may seem to be at times, the fact remains that "all the powers of hell shall not prevail against it." Remarkably fulfilled to this date, this promise has the Word of God Himself to back it up.

Sometimes we see the human frailties of one another in the church—which will always be there—and we forget for the moment the great strengths that are present: the Word of God; fellow believers who are fully committed to the Lord; genuine worship of our heavenly Father.

Primarily, we have the promise that the church is God's instrument for worship and instruction of His children. It is a rallying place for believers; a powerhouse of prayer; a training school for sharing our faith.

A parallel to this promise has to do with the Word of God. Men have tried to destroy it down through the ages, but it remains the all-time best seller and so shall it ever be. Men have tried to count the church down and out many times, never with any degree of success whatsoever. And so shall that ever be, as well.

Rejoice: All plots, stratagems and machinations of the enemy of the church shall never be able to overcome it. You and I, meanwhile, can do our part to help make the church all that God intends for it to be.

BIBLE READING Hebrews 12:21-24
ACTION POINT I will praise God for His protecting hand over the church, and do all in my power, the Holy Spirit enabling, to keep it strong and triumphant—the center of spiritual revolution.

교회가 승리하리라

"또 내가 네게 이르노니 너는 베드로라 내가 이 반석 위에 내 교회를 세우리니
음부의 권세가 이기지 못하리라" 마태복음 16:18

우리는 진정으로 기뻐할 수 있습니다. 때로 우리의 교회가 너무도 약해 보이고 무능해 보인다고 하여도 '음부의 권세가 이기지 못하리라'는 사실은 여전히 확실하기 때문입니다. 너무도 분명히 오늘날까지 성취되어 온 이 약속은 하나님 자신의 말씀이 뒷받침하고 있습니다.

때로 우리는 교회에서 서로의 인간적인 약점들을 보게 됩니다. 사실 그런 모습들은 언제나 교회 안에 있어 왔지만 그럴 때 교회 안에 존재하는, 하나님의 말씀, 주님께 온전히 헌신한 동료 그리스도인들, 하늘에 계신 우리 아버지께 드리는 진정한 예배와 같은 위대한 힘들을 우리는 때로 잊을 때가 있습니다.

우선 우리는 교회가 하나님의 자녀들의 예배와 훈련을 위한 도구라는 약속을 받았습니다. 교회는 믿는 자들이 모이는 곳이며, 기도의 발전소이며, 우리 믿음을 서로 나누는 훈련을 하는 학교입니다.

위의 약속과 함께 생각할 수 있는 것은 성경일 것입니다. 인간들은 오랫동안 성경을 파괴하려고 애썼지만 성경은 여전히 시대를 초월한 베스트셀러이며, 앞으로도 언제나 그럴 것입니다. 인간은 교회를 파괴하고 없애려고 수없이 시도했으나 전혀 성공하지 못했습니다. 앞으로도 영원히 그럴 것입니다.

기뻐하십시오. 교회의 원수의 모든 음모와 술책과 책략들은 결코 교회를 이기지 못할 것입니다. 그리고 또 한편으로 당신과 나는 하나님께서 의도하신 바 그대로의 교회가 되도록 돕기 위해 우리가 맡은 역할을 다해야 하겠습니다.

오늘 주시는 말씀 히브리서 12:21~24
믿음의 실천 나는 교회를 보호하시는 하나님의 손길을 찬양하겠습니다. 또 나는 가능케 하시는 성령의 도우심을 힘입어, 교회가 강하고 승리하는 영적 혁명의 중심지가 되도록 나의 온 힘을 다하겠습니다.

Are You Bearing Fruit?

"By this is My Father glorified, that you bear much fruit, and so prove to be My disciples."
JOHN 15:8, NAS

Early in my Christian life, I had little faith as I prayed for one person, who by God's grace received Christ. My faith grew and I could pray for two, who received Christ. The more I understood the attributes of God and experienced His blessing on my witness for Him, the more I could trust Him.

As our Campus Crusade for Christ staff grew in number and we trained more students and laymen, we began to pray for millions to receive Christ. God honored our faith and prayers with many millions of recorded decisions for our Savior in more than 150 countries.

Now that we are helping to train millions of Christians on every continent, associated with thousands of Christian organizations and churches of all denominations, I have the faith to pray for a billion souls to receive Christ. As I have come to know our Lord better, I have learned to trust Him more. I now believe that He will do great and mighty things through us as we live the supernatural Christian life by faith. Faith is like a muscle; it grows with exercise. The more we see God do in the lives of His children, the more we expect Him to do. God does not change—He is the same yesterday, today and forever—but we change as we mature in faith.

You are a true disciple who is glorifying God when you bear much fruit. The fruit of your holy life and the fruit of your Spirit-anointed lips must be in balance. Some Christians concentrate on Bible study and prayer, seeking to honor God. Others concentrate on much Christian activity. Every time the church door opens, they are there. Yet neither type of person is experiencing God's best. Remember, we glorify God when we bear much fruit. Too many Christians are satisfied with modest efforts and modest results. Yet the better we know God and His Word, the more we grasp His vision and His burden for all people throughout the world.

BIBLE READING John 15:4-5,12
ACTION POINT I determine, through the enabling of the Holy Spirit, that I will glorify God by bearing much fruit through both the witness of my life and the witness of my lips.

열매를 맺고 있습니까?

"너희가 열매를 많이 맺으면 내 아버지께서 영광을 받으실 것이요 너희는 내 제자가 되리라"
요한복음 15:8

내가 그리스도인이 된 지 얼마 안 되었을 때 한 사람의 구원을 위해 기도했습니다. 그 사람은 하나님의 은혜로 그리스도를 영접했습니다. 나의 믿음은 성장하여 두 사람을 위해 기도할 수 있었고, 그 두 사람도 그리스도를 영접했습니다. 하나님의 속성을 더 잘 이해하고 또 하나님을 위한 나의 증거에 축복주심을 경험하면서 나는 하나님을 더욱 신뢰할 수 있게 됐습니다.

우리 CCC의 간사들의 숫자가 늘고 더 많은 학생과 평신도를 훈련하면서 우리는 수백만의 사람을 놓고 기도하기 시작했습니다. 하나님은 우리의 믿음과 기도에 150개국 이상의 나라에서 공식적으로 수백만 명의 결신자로 응답해 주셨습니다.

이제 모든 대륙의 수백만의 그리스도인을 수천의 기독교 기관, 그리고 모든 교파의 교회들과 함께 훈련하는 일을 도우면서 나는 10억 명의 사람이 그리스도를 영접하도록 믿음을 갖게 되었습니다. 내가 우리 주님을 더 잘 알게 될수록 주님을 더욱 신뢰할 수 있음을 배웁니다. 지금 나는 우리가 1)믿음으로(by faith) 초자연적인 그리스도인의 삶을 살 때 하나님이 우리를 통하여 놀랍고 위대한 일을 하실 것을 믿습니다. 믿음은 근육과 같습니다. 그것은 훈련을 통해 자라납니다. 하나님의 자녀들의 삶 속에서 하나님이 행하시는 것을 더 많이 볼수록 우리는 하나님이 더 많이 행하실 것을 기대하게 됩니다. 하나님은 변하시지 않습니다. 하나님은 어제도, 오늘도, 영원히 변하시지 않습니다. 그러나 믿음이 성숙하면서 우리는 변화됩니다.

당신이 많은 열매를 맺을 때 당신은 하나님을 영화롭게 하는 참된 제자입니다. 당신의 거룩한 삶의 열매와 성령으로 인한 입술의 열매가 균형을 이루어야 합니다. 어떤 그리스도인들은 하나님을 영화롭게 하기 위해 성경공부와 기도에 집중하고, 어떤 그리스도인들은 기독교 활동에 많은 시간을 쏟으며 대부분의 시간을 교회에서 지냅니다. 그러나 어느 쪽도 하나님이 주시는 가장 좋은 것을 경험하지 못합니다. 명심하십시오, 우리가 열매를 많이 맺을 때 우리는 하나님을 영화롭게 합니다. 너무도 많은 그리스도인이 평범한 노력과 평범한 결과에 만족하고 있습니다. 그러나 우리가 하나님과 그분의 말씀을 더 잘 알게 될수록 우리는 온 세상의 모든 사람을 향하신 하나님의 비전과 책임을 감당하게 될 것입니다.

오늘 주시는 말씀 요한복음 15:4~5, 12
믿음의 실천 가능하게 하시는 성령의 능력에 힘입어, 나의 삶을 통하여, 또 입술의 증거를 통하여 많은 열매를 맺음으로 하나님을 영화롭게 할 것을 나는 결심합니다.

How to Find Your Life

"For anyone who keeps his life for himself shall lose it; and anyone who loses his life for me shall find it again." MATTHEW 16:25

From all appearances Tom and Mary were the ideal couple, They lived in a beautiful home. They possessed several fine cars—more than they needed. They dressed elegantly and entertained lavishly. They were the life of the party. Everything seemed too good to be true, and it was.

Outwardly they seemed to be loving and considerate, but beneath the facade they were miserable. They had great resentments and deep-seated antagonisms toward each other. Their quarrels had become frequent, sometimes exploding into temper tantrums and resulting in physical abuse. They had tried a number of ways to find happiness and fulfillment. But the harder they tried, the more miserable they had become.

It was in this context that I shared with them the importance of surrendering their lives to Christ and inviting Him to be their Savior. I counseled them to lose themselves, as His representatives, in bringing happiness into the lives of others.

Receiving Christ was not so hard for them to do; both realized they were sinners and needed a Savior. But they had lived selfish lives for so long that it was not easy for them to consider others as Scripture admonishes. They began to minister to the elderly, prisoners, and the homeless.

With the passing of time, that illusive goal of happiness, fulfillment and satisfaction became a reality. In losing their lives, they found them by serving others in Christ's name. They found the abundant life for which they had sought so long.

God's loyalty has been proven over and over again. In reviewing my own experiences, and observing the lives of others, I have become aware that the individual who seeks happiness never finds it, but the one who is committed to taking happiness to others always finds it. He also finds meaning, purpose, joy and peace in the process.

BIBLE READING Matthew 16:24-27
ACTION POINT I am determined to experience the reality of this promise by surrendering the control of my life to Him and demonstrating my commitment through serving others.

생명을 얻는 방법

"누구든지 제 목숨을 구원하고자 하면 잃을 것이요 누구든지 나를 위하여 제 목숨을 잃으면 구원하리라"
누가복음 9:24

톰과 매리는 겉으로 보기에는 모든 면에서 이상적인 부부였습니다. 훌륭한 저택에서 살고 있었고 좋은 차도 필요 이상으로 여러 대 소유하고 있었으며, 우아하게 차려 입고 즐거운 생활을 위해 아낌없이 비용을 썼습니다. 그들의 삶은 파티의 연속이었으며 모든 것이 너무도 완벽해 보이는 삶이었습니다.

그러나 겉으로 보기에는 그들은 서로 사랑하고 배려하는 것처럼 보였으나, 그들의 삶은 안으로는 비참했습니다. 그들은 서로에 대해 깊은 분노와 적개심을 품고 있었습니다. 부부 사이의 다툼은 점점 더 빈번해져서 때로는 거칠게 폭발하여 결국 폭력을 쓰는 지경에까지 이르렀습니다. 그들은 행복과 만족을 되찾기 위해 많은 방법을 시도해 봤지만, 노력하면 할수록 더욱 비참해지기만 할 뿐이었습니다.

내가 두 사람에게 그들의 삶을 그리스도께 드리고 그리스도를 구주로 모시는 일의 중요성을 말해준 것은 바로 이런 상황에서였습니다. 나는 그들에게 자신을 버리고 그리스도를 대신하여 다른 사람들의 삶을 행복하게 하는 일을 돕도록 권고해 주었습니다.

그리스도를 영접하는 일은 그들에게 그리 어려운 일이 아니었습니다. 두 사람 모두 자신이 죄인이며 구주를 필요로 한다는 사실을 깨닫고 있었습니다. 그러나 그들은 이기적인 삶을 너무 오랫동안 살아와서 성경이 가르치는 대로 다른 사람들을 위한 삶을 사는 것은 처음에는 쉽지 않았습니다. 얼마 후 그들은 노인과 죄수 그리고 노숙자들을 위한 사역을 시작했습니다.

시간이 지나면서 행복과 충족, 만족이라는 희미했던 꿈속의 목표가 현실이 됐습니다. 자신의 삶을 버리며 그리스도의 이름으로 다른 사람들을 섬기는 가운데 그들은 자신의 삶을 발견했습니다. 그들은 자신들이 그렇게 오랫동안 찾아 헤매던 풍성한 삶을 찾은 것입니다.

하나님의 신실하심은 거듭하여 언제나 증명되어 왔습니다. 내 자신의 경험과 또 여러 사람들의 삶을 지켜보면서 나는 자신의 행복만을 좇는 사람은 결코 그것을 찾지 못하지만, 다른 사람들을 행복하게 하기 위해 헌신하는 사람들은 언제나 그것을 찾는다는 것을 깨닫게 되었습니다. 그런 사람은 그 과정에서 인생의 의미와 목적, 기쁨 그리고 평강까지 발견합니다.

오늘 주시는 말씀 마태복음 16:24~27
믿음의 실천 나는 삶의 주도권을 주님께 양도하고 또 다른 사람들을 섬기는 일을 통하여 내가 헌신한 것을 나타내 보임으로써 오늘의 이 약속이 실제로 이루어지는 것을 경험해 보기로 결심합니다.

Maturity–In His Timing

"But when the Holy Spirit controls our lives he will produce this kind of fruit in us: love, joy, peace, patience, kindness, goodness, faithfulness, gentleness and self-control."
GALATIANS 5:22-23

One of my dearest friends had a 25-year-old son who had never grown past the baby stage mentally or physically. He had greeted the birth of his beautiful baby boy with great joy, but his joy turned to heartache and sorrow with the passing of years as his son never matured.

Unfortunately, and tragically, many Christians never pass the baby or childhood stages. Think of the heartache and sorrow God experiences when He looks upon those of His children who have never matured, though they have been Christians for many years.

Martha, a new Christian, approached me with this question, "With all my heart I want to be a woman of God, but I do not experience the consistency of Galatians 5:22-23 in my life. What is wrong"

Maybe you are asking the same question. If so, it will be helpful for you to understand that the Christian life is a life of growth. Just as in our physical lives we begin as babies and progress through childhood into adolescence, young adulthood and mature adulthood, so it is in our spiritual lives.

The Holy Spirit takes up residence within every believer at the moment of new birth. The growth process is greatly accelerated when a believer consciously yields himself to the lordship of Christ and the filling and control of the Holy Spirit. A believer who is empowered by the Holy Spirit and is a faithful student of God's Word, who has learned to trust and obey God, can pass through the various stages of spiritual growth and become a mature Christian within a brief period of time. Some Spirit-filled Christians demonstrate more of the fruit of the Spirit within one year than others who have been untaught, uncommitted believers for 50 years.

BIBLE READING Romans 5:1-5
ACTION POINT I am determined to become a mature Christian, demonstrating the fruit of the Spirit. Through the enabling of the Holy Spirit I will dedicate myself to prayer, reading the Word, witnessing, and living a life of obedience.

주님의 때를 따라 성장

"오직 성령의 열매는 사랑과 희락과 화평과 오래 참음과 자비와 양선과 충성과 온유와 절제니
이같은 것을 금지할 법이 없느니라"
갈라디아서 5:22~23

    나의 가까운 친구 한 사람에게는 정신적으로나 신체적으로 어린아이의 상태를 전혀 벗어나지 못하고 있는 25살 된 아들이 있었습니다. 그는 큰 기쁨으로 사랑스러운 아들의 탄생을 맞았지만, 그의 아들이 전혀 성장을 하지 못하자 시간이 가면서 그의 기쁨은 고통과 슬픔으로 바뀌게 되었습니다.

    유감스럽고 비극적이게도, 많은 그리스도인이 어린아이나 유아 단계를 벗어나지 못하고 있습니다. 오랫동안 그리스도인이면서도 전혀 성장하지 못하고 있는 자녀들을 바라보시는 하나님의 고통과 슬픔을 생각해 보십시오.

    새신자인 마사는 나에게 와 이렇게 물었습니다. "저는 온 마음을 다해 하나님의 딸이 되고 싶습니다. 그러나 갈라디아서 5장 22~23절의 말씀이 제 삶에 그대로 이루어지는 것을 경험하지 못하고 있습니다. 무엇이 잘못된 것일까요?"

    어쩌면 당신도 같은 의문을 갖고 있을지 모르겠습니다. 만약 그렇다면, 당신에게는 그리스도인의 삶이 성장하는 삶인 것을 이해하는 것이 도움이 될 것입니다. 우리 육신의 삶과 꼭 같이, 우리의 영적인 삶도 어린 아기에서 시작하여 유년기를 거쳐 사춘기, 청년기 그리고 성숙한 어른으로 성장하는 것입니다.

    성령께서는 거듭나는 순간 모든 믿는 자 안에 거하십니다. 성장의 과정은 믿는 자가 자신을 의지적으로 그리스도의 주권과 성령의 다스리심과 충만케 하심에 순복할 때 크게 가속화됩니다. 성령의 능력에 힘입어서, 하나님 말씀을 신실하게 공부하고, 하나님을 신뢰하며 순종하는 것을 배운 그리스도인은 여러 단계의 영적 성장을 지나 빠른 시간 안에 성숙한 그리스도인이 될 수 있습니다. 성령 충만한 어떤 그리스도인들은 50년 동안 배우지 않고 헌신하지 않은 그리스도인들 보다 더 많은 성령의 열매를 맺습니다.

오늘 주시는 말씀 로마서 5:1~5
믿음의 실천 나는 성령의 열매를 맺는 성숙한 그리스도인이 되기로 결심하겠습니다. 가능하게 하시는 성령의 도우심으로 나는 기도와 성경 읽기, 전도와 순종의 삶을 살겠습니다.

If Two Agree

*"I also tell you this—if two of you agree down here on
earth concerning anything you ask for,
my Father in heaven will do it for you."* MATTHEW 18:19

Some of the richest experiences of my life have occurred in the practice of meeting with one or two individuals to pray specifically for definite things. The Scripture promises that one person can defeat 1,000 but two can defeat 10,000 Deuteronomy 32:30.

I believe that same principle holds true in prayer. When individuals pray together, agreeing on a certain matter—assuming, of course, that they are praying according to the Word and the will of God—the might sources of deity are released in their behalf.

Some interpret this verse to refer to church discipline, rejecting the claim that I am making in principle that there is great power, supernatural power, released when God's children unite together in prayer. We have not because we ask not James 4:2. Whatsoever we shall ask in prayer, believing, we shall receive Matthew 21:22. If we ask anything according to God's will, He hears and answers us 1 John 5:14. If we ask anything in Christ's name, He will do it John 14:14.

When two or more individuals unite and together claim these promises concerning a certain matter, whatever it may be, they should expect answers. That is in accordance with God's promise and God does not lie.

BIBLE READING Matthew 18:15-20
ACTION POINT I will seek opportunities to pray with others concerning the specific needs of individual believers, or my church, or missions around the world, and we will expect answers in accordance with God's promise.

두 사람이 합심하면

"진실로 다시 너희에게 이르노니 너희 중의 두 사람이 땅에서 합심하여
무엇이든지 구하면 하늘에 계신 내 아버지께서
그들을 위하여 이루게 하시리라" 마태복음 18:19

나의 삶에서 벌어졌던 가장 귀한 경험들 중 일부는 특별한 기도를 위해 한 사람 혹은 두 사람과 개인적으로 만나 함께 기도했을 때 일어났던 일들이었습니다. 성경은 "하나가 천을 쫓으며 둘이 만을 도망하게"(신 32:30) 한다고 약속하고 있습니다.

나는 같은 원리가 기도에도 적용된다고 믿습니다. 각 개인이 뜻을 모아 함께 기도할 때, 하나님의 말씀과 또 하나님의 뜻에 따라서 기도한다고 전제할 때, 하나님의 전능하신 힘이 그들을 위하여 능력을 베푸시는 것입니다.

일부에서는 이 구절을 교회 내에서의 훈련과 징계에 관련지어 해석하면서, 원칙적으로 하나님의 자녀들이 한 마음으로 연합하여 기도할 때 초자연적인 위대한 능력이 나타난다는 나의 주장을 거부합니다. 우리가 "얻지 못함은 구하지 않기 때문"(약 4:2)입니다. 기도할 때에 "무엇이든지 믿고 구하는 것은 다 받을 것"(마 21:22)입니다. 우리가 "그의 뜻대로 무엇을 구하면 들으실"(요일 5:14) 것입니다. 우리가 "그리스도의 이름으로 무엇이든지 구하면 그가 행하실 것"(요 14:14)입니다.

둘 혹은 그 이상의 사람이 합심하여 어떤 일을 놓고 이 약속을 주장할 때는 그것이 어떤 것이든 하나님의 응답을 기대해야 합니다. 그 기대는 하나님의 약속에 따른 것이며 하나님은 거짓말을 하시지 않습니다.

오늘 주시는 말씀 마태복음 18:15~20
믿음의 실천 나는 믿는 사람 개인이나 교회 또는 전 세계에 걸친 여러 사역을 위한 특별한 필요를 위해 믿는 사람들과 함께 연합하여 기도할 기회를 찾도록 하겠습니다. 그리고 우리는 함께 하나님의 약속에 따라 기도의 응답을 기대하겠습니다.

Power to Witness

"But ye shall receive power, after the Holy Ghost is come upon you: and ye shall be witnesses unto me both in Jerusalem, and in all Judea, and in Samaria, and unto the uttermost parts of the earth." ACTS 1:8, KJV

While I was speaking to a group of theological students in Australia, one young man became very angry and argumentative when I emphasized the importance of witnessing for Christ daily as a way of life and explained that disobedient Christians cannot be Spirit-filled. Not to witness for Christ is to disobey our Lord's specific command. Therefore, any Christian who does not regularly share his faith in Christ cannot walk in the fullness of the Holy Spirit.

"I work day and night to maintain good grades," he declared "I don't have time to witness while in seminary. I can witness after I become a pastor."

Many Christians make similar excuses for their lack of witness, but none are valid. Some say they do not have the gift of evangelism. Others say they are still preparing for the day when they will be witnesses. Some pastors believe it is the responsibility of their members to witness, and they are to preach and teach the Word. Yet the Bible clearly teaches that all believers are to be witnesses with their lives and with their lips. It is a command of God.

On thousands of occasions we have found that pastors, students and laymen who have never introduced anyone to our Lord become fruitful witnesses when they learn how to live a Spirit-filled life and are taught how to share their faith in Christ with others. The apostle Paul, who was a Spirit-filled witness, shares in Colossians 1:28 how everywhere we go we are to tell everyone who will listen about Christ.

BIBLE READING Luke 24:45-49
ACTION POINT Today—and every day—I will ask the Holy Spirit to direct me to those whose hearts He has prepared, and to anoint and empower me to speak convincingly, lovingly and effectively of our Savior.

증거할 능력

"오직 성령이 너희에게 임하시면 너희가 권능을 받고
예루살렘과 온 유대와 사마리아와 땅 끝까지 이르러
내 증인이 되리라 하시니라" 사도행전 1:8

내가 오스트레일리아에서 신학생들에게 강의를 하는 동안, 일회적이 아닌 삶을 살아가는 하나의 모습으로서(a way of life) 매일 그리스도를 증거하는 일의 중요성을 강조하고, 불순종하는 그리스도인은 성령 충만할 수 없다고 설명했을 때 한 젊은 학생이 대단히 화가 나서 나와 논쟁을 하려고 했습니다. 그리스도를 증거하지 않는 것은 우리 주님의 분명한 명령을 순종하지 않는 것이고 그러므로 그리스도를 믿는 그의 믿음을 전하지 않는 어떤 그리스도인도 성령 충만한 가운데 살 수 없습니다.

그는 "나는 밤낮으로 좋은 성적을 거두기 위해 공부하고 있습니다. 신학교에 다니는 동안 전도할 시간은 없을 것입니다. 내가 목사가 된 후에야 전도할 수 있을 것입니다."라고 말했습니다.

많은 그리스도인이 전도를 못하는 데 대하여 비슷한 변명을 하지만, 그 어느 것도 온당한 이유가 되지 못합니다. 어떤 사람들은 자신이 복음 전도에 은사가 없다고 말합니다. 또 어떤 사람들은 전도자가 되기 위해 아직 준비 중이라고 말합니다. 어떤 목회자들은 전도는 교인들이 해야 할 일이고, 자신들은 설교하고 말씀을 가르쳐야 한다고 믿고 있습니다. 그러나 성경은 모든 믿는 자는 자신의 삶과 입술로 전도자가 되어야 한다고 명확히 가르치고 있습니다. 그것은 하나님의 명령입니다.

우리는 한 사람도 그동안 주님께로 인도해 본적이 없었던 목회자, 신학생, 평신도들이 [48]'성령 안에서 살아가는 방법'을 공부하고 또 [49]'성령 안에서 증거하는 방법'을 배웠을 때에 풍성한 열매를 맺는 전도자가 되는 것을 수없이 목격했습니다. 성령 충만한 전도자였던 사도 바울은 골로새서 1장 28절에서 가는 곳마다 그리스도에 관해 듣고자 하는 사람들에게 우리가 어떻게 전해야 하는지를 말해주고 있습니다.

오늘 주시는 말씀   누가복음 24:45~49
믿음의 실천   오늘, 그리고 매일, 나는 성령께서 그 마음을 준비해 놓으신 사람들에게로 나를 인도해 주실 것을 성령께 간구하겠습니다. 내게 기름 부으시고 힘을 주셔서 설득력 있게 사랑으로, 또 효과적으로 우리 주님을 전할 수 있도록 간구하겠습니다.

He's In the Midst

"For where two or three gather together because they are mine, I will be right there among them." MATTHEW 18:20

What better proof is there of the fact that Jesus is God and that He is omnipresent? As you and I gather with our little groups—whether two or three, or 200—Jesus is there in the midst. And at the same time that wonderful promise applies to similar groups in Africa, Israel, China and anywhere else!

This general assertion is made to support the particular promise made to His apostles in verse 19. Those who meet in His name can be sure He is among them.

An omniscient, omnipotent God—and His Son Jesus Christ—are omnipresent (everywhere present at the same time)! What a glorious truth! Let your imagination soar: among the Masai tribe in Kenya, Africa, or the Quechua Indians in Equador—if they are meeting in that name which is above every name, Jesus Christ our Lord, He is right there meeting with them.

Equally important, you and one or two friends meeting together in His name can have the assurance that He is right there meeting with you as well. You can feel His presence—especially as you acknowledge the fact that He is there and begin to worship Him for who and what He is.

Joy of joys, God and Jesus Christ who meet with missionaries and national believers on the field and with church leaders in their councils also meet with you and me today.

BIBLE READING Acts 20:32-38
ACTION POINT I will look for new opportunities to invoke His presence in my midst by fellowshipping with other believers in His name.

그 가운데 계신 주님

"두세 사람이 내 이름으로 모인 곳에는 나도 그들 중에 있느니라"
마태복음 18:20

예수님이 하나님이시며 모든 곳에 계시다는 사실에 대하여 이보다 더 좋은 증거가 있겠습니까? 당신과 내가 둘, 셋, 또는 200명이든 간에, 소수의 사람들과 모임을 가질 때 예수님이 그 가운데 계십니다. 동시에 이 놀라운 약속은 아프리카, 이스라엘, 중국 어디에서든지, 어떤 모임에서든지 다 같이 적용됩니다.

모든 사람에게 보편적으로 적용되는 이 말씀은 위의 말씀 바로 전의 19절에서 제자들에게 주신 특별한 약속을 뒷받침하기 위해 하신 것입니다. 주님의 이름으로 모인 사람들은 주님이 그들 가운데 계신 것을 확신할 수 있습니다.

전지전능하신 하나님과 그의 아들 예수 그리스도는 무소부재 하십니다!(동시에 모든 곳에 계십니다) 얼마나 영광스러운 진리인지요! 한번 상상력을 펼쳐보십시오. 아프리카 케냐의 마사이 부족 가운데, 혹은 에콰도르의 케츄아 인디언들이 모든 이름 위에 뛰어난 우리 주 예수 그리스도의 이름으로 모인다면, 주님은 바로 그곳에서 그들과 함께 계실 것입니다.

마찬가지로 중요한 사실은 당신이 한 사람 혹은 두 사람의 친구와 주님의 이름으로 함께 모일 때 주님이 당신과 바로 그곳에서 역시 함께 계신다는 확신을 가질 수 있다는 것입니다. 당신은 주님의 임재를 느낄 수 있습니다. 특별히 주님이 그곳에 계시다는 사실을 인정하고, 주님이 주님이심과 또 주님이 우리를 위하여 하시는 일들에 대하여 경배할 때 주님의 임재를 더욱 느낄 수 있습니다.

기쁨 중의 기쁨은 사역의 현장에 있는 선교사들과 국가적인 기독교 지도자들, 또 여러 교회 기구들의 지도자들과 함께 계시는 하나님과 예수 그리스도께서 당신과 나와도 오늘 함께 하고 계신다는 사실입니다.

오늘 주시는 말씀   사도행전 20:32~38
믿음의 실천   나는 주님의 이름으로 모이는 다른 믿는 사람들과의 교제를 통하여, 우리 가운데 임재하시는 주님께 나의 소원을 간구할 수 있는 새로운 기회를 찾겠습니다.

The Key to Real Joy

"Remember what Christ taught, and let his words enrich your lives and make you wise; teach them to each other and sing them out in psalms and hymns and spiritual songs, singing to the Lord with thankful hearts. And whatever you do or say, let it be as a representative of the Lord Jesus, and come with Him into the presence of God the Father to give him your thanks." COLOSSIANS 3:16-17

As I travel and speak throughout the world, I meet many individuals who are caught up in the emotionalism of a religious experience which they attribute to the Holy Spirit. They live from experience to experience, with little knowledge of what the Bible teaches. As a result, they seldom grow past the baby stage. They are seeking and talking about their experiences with the Holy Spirit instead of the Lord Jesus, forgetting that the Holy Spirit came to glorify Christ.

At the other extreme, I find that most Christians seldom mention the Holy Spirit. The supernatural life is a life of balance.

Notice the close parallel between Ephesians 5:18-20 and Colossians 3:16,17. The Spirit-filled person and the one whose mind and heart are saturated with the person and the Word of Jesus Christ will be joyful and thankful, and he will do all as a testimony of love to Him who is our Lord and Savior.

We can no more live a joyful, abundant, fruitful, victorious, supernatural life apart from the Word of God than we can do so apart from the spirit of God. They are like the two wings of an airplane; a plane cannot fly with only one wing. Neither can we live balanced, victorious lives if we do not invest time reading, studying, memorizing and meditating on God's Word, while at the same time depending on the Holy Spirit, who inspired its writing centuries ago, to illuminate its truth to our minds and hearts.

BIBLE READING   1 Corinthians 10:31-33
ACTION POINT   Every day, I will claim by faith the Holy Spirit's power to enable me to memorize and meditate on God's holy, inspired Word. With His help, I will live a balanced, Spirit-controlled life in accordance with God's truth.

참된 기쁨의 열쇠

"그리스도의 말씀이 너희 속에 풍성히 거하여 모든 지혜로 피차 가르치며 권면하고
시와 찬송과 신령한 노래를 부르며 감사하는 마음으로 하나님을 찬양하고
또 무엇을 하든지 말에나 일에나 다 주 예수의 이름으로 하고
그를 힘입어 하나님 아버지께 감사하라"
골로새서 3:16~17

온 세계를 다니며 설교하면서 나는 그것이 성령으로 말미암았다고 스스로 믿고 있는 감정적인 종교적 체험에 사로잡혀 사는 사람들을 많이 만납니다. 그들은 성경의 가르침에 대해서는 거의 알지 못하면서 그저 감정적 체험만을 추구하며 살아갑니다. 그 결과 그들 대부분이 신앙적 유아기를 거의 벗어나지 못합니다. 그들은 주 예수 그리스도 대신에 늘 성령의 역사만을 구하고, 또 자신들의 체험을 이야기하지만 성령께서 그리스도를 영화롭게 하시기 위해 오셨다는 사실을 잊고 있습니다.

또 이와는 정반대의 극단적인 사람들도 있는데, 많은 그리스도인이 거의 성령에 대해 언급하지 않는 것을 봅니다. 초자연적인 삶은 양쪽의 균형이 잡혀있는 삶입니다.

에베소서 5장 18~20절의 말씀과 골로새서 3장 16~18절의 말씀이 매우 흡사한 것에 유의하시기 바랍니다. 성령 충만한 사람, 그리고 그 마음과 생각이 예수 그리스도의 인격과 말씀으로 흠뻑 적셔진 사람은 기쁨과 감사로 충만할 것입니다. 그는 모든 일을 우리의 주님이시며 구세주이신 예수 그리스도에 대한 자신의 사랑의 간증으로써 행할 것입니다.

우리가 하나님의 성령을 떠나 기쁘고, 풍요롭고, 열매 맺고, 승리하며, 초자연적인 삶을 살 수 없는 것처럼 하나님의 말씀을 떠나서도 그렇습니다. 성령과 말씀은 마치 비행기의 두 날개와 같습니다. 비행기는 한 쪽 날개만으로는 날 수 없습니다. 우리가 성경을 읽고, 공부하고, 외우고 묵상하는 데 시간을 투자하면서, 동시에 성경을 오래 전에 영감으로 기록하도록 하신 성령께 우리의 마음과 생각에 빛을 비추어 주시도록 의지하지 않는다면, 균형 잡힌 삶이나 승리의 삶, 어느 것도 불가능할 것입니다.

오늘 주시는 말씀 고린도전서 10:31~33
믿음의 실천 매일같이 나는 믿음으로(by faith) 하나님의 거룩하고 영감 있는 말씀을 외우고 묵상할 수 있도록 성령의 능력을 주장(claim)하겠습니다. 성령의 도우심으로 나는 하나님의 말씀의 진리에 따라 균형 잡히고 성령의 다스림을 받는 삶을 살 것입니다.

We Can Obey All

> "'Sir, which is the most important command in the laws of Moses?' Jesus replied, 'Love the Lord your God with all your heart, soul, and mind.' This is the first and greatest commandment. The second most important is similar: 'Love your neighbor as much as you love yourself.' All the other commandments and all the demands of the prophets stem from these two laws and are fulfilled if you obey them. Keep only these and you will find that you are obeying all the others." MATTHEW 22:36-40

Steve came for counsel. "I want with all my heart to be a man of God," he said. "Can you tell me how I can please the Lord and be everything He wants me to be?"

"Jesus has answered your question, Steve," I answered. We read the above passage and I said, "If you keep these two commandments, all the others will be fulfilled." Then we turned to Exodus 20:1-17 and reviewed the Ten Commandments.

"You see, Steve, if you love God with all your heart, you will have no other god before Him. You will not take the name of the Lord your God in vain. You will remember the sabbath day to keep it holy If you love your neighbor as yourself, you will honor your father and mother. You will not murder, commit adultery, steal, lie or covet what belongs to your neighbor."

Think of what would happen if every person who professes to follow Jesus Christ would obey these two commandments. Not only would the Ten Commandments be fulfilled, but so would the golden rule and every other command of God. The great miracle would result. The moral, spiritual and even economic problems that plague the world would be resolved almost overnight.

This kind of love is the fruit of the Holy Spirit. God's supernatural, agape love is spread abroad in our hearts through the Holy Spirit. It is only as we walk in the fullness of the power of the Holy Spirit, fully surrendered to the lordship of Jesus Christ, that we can fulfill these commandments.

BIBLE READING   Mark 12:28-34
ACTION POINT   Through the supernatural enabling power of the Holy Spirit, I will love God with all my heart, soul, mind and strength and my neighbors as myself, knowing that as I do, I will be obeying all the other laws.

모든 계명을 지키는 길

"선생님 율법 중에서 어느 계명이 크니이까 예수께서 이르시되
네 마음을 다하고 목숨을 다하고 뜻을 다하여
주 너의 하나님을 사랑하라 하셨으니 이것이 크고 첫째 되는 계명이요
둘째도 그와 같으니 네 이웃을 네 자신 같이 사랑하라 하셨으니
이 두 계명이 온 율법과 선지자의 강령이니라"
마태복음 22:36~40

스티브가 상담을 하러 내게 와 말했습니다. "온 마음을 다해 나는 하나님의 사람이 되고 싶습니다. 어떻게 하면 내가 주님을 기쁘게 하고 주님이 원하시는 사람이 될 수 있는지 말해 주시겠습니까?"

"스티브, 예수께서는 당신 질문에 이미 대답해 놓으셨습니다."라고 나는 대답했습니다. 함께 위의 구절들을 읽은 후 내가 말했습니다. "이 두 계명을 당신이 지킨다면 모든 다른 계명도 지킬 수 있게 됩니다." 우리는 출애굽기 20장 1~17절을 펴서 함께 십계명을 살펴보았습니다.

"스티브, 알다시피 당신이 전심으로 하나님을 사랑한다면 어떤 다른 신도 섬기지 않을 것입니다. 하나님의 이름도 망령되이 일컫지 않을 것입니다. 안식일을 기억하여 거룩히 지킬 것입니다. 당신이 이웃을 자기 몸같이 사랑한다면 부모님을 공경할 것입니다. 살인도, 간음도, 도둑질도, 거짓말도, 또 이웃의 어떤 것도 탐내지 않을 것입니다."

예수 그리스도를 따른다고 자칭하는 모든 사람이 이 두 계명을 지킨다고 한번 상상해 보십시오. 십계명뿐만 아니라 주님의 [57]황금률, 그리고 하나님의 모든 명령이 지켜지게 될 것입니다. 엄청난 기적이 일어나게 될 것입니다. 세상을 암울하게 하는 도덕적, 영적 그리고 심지어 경제적 문제들까지 하룻밤 사이에 모두 해결될 것입니다.

이와 같은 사랑은 오직 성령의 열매에서 나옵니다. 하나님의 초자연적인 '아가페'의 사랑은 성령을 통해서만 우리 마음 가운데 가득히 자리잡게 됩니다. 우리가 성령의 능력의 충만함 가운데 행하고, 또 예수 그리스도의 주권에 완전히 복종할 때만 우리는 이 두 계명을 온전히 지킬 수 있습니다.

오늘 주시는 말씀	마가복음 12:28~34
믿음의 실천	가능하게 하시는 성령의 초자연적인 능력에 힘입어 나는 온 마음과 목숨과 뜻과 힘을 다하여 하나님을 사랑하고 또 내 이웃을 내 몸과 같이 사랑하겠습니다. 그럼으로써 나는 내가 모든 다른 계명도 지킬 수 있게 됨을 깨닫습니다.

His Word Remains Forever

"Heaven and earth will disappear, but my words remain forever."
MATTHEW 24:35

Are you not glad there is something that will remain forever, steadfast and true? In a day of change and turmoil, the promise is made that the Word of God will stand forever. The significance of that guarantee is monumental, incredible. It is not just that a book shall remain in print; rather, it is that the multitudinous truths contained in that book likewise will remain in effect, steadfast and true.

Long after heaven and earth have passed away God's holy Word will continue to endure.

That should mean much to you and me in our daily walk. God's promise to the believer, "All things work together for good," is just as true today as it was when it was written centuries ago.

In fact, every one of the promises in the Word of God—including the 365 referred to in this daily devotional—is bona fide, guaranteed by the God of the universe, the Creator of all things. That alone should strengthen our faith to know that we can trust Him supremely with our lives and everything concerned with them.

When all else fails, when hope is almost gone, we can come back to the Word of God, which is "quick and powerful and sharper than a two-edged sword." It will have the answer for every problem, every burden, every need we face.

BIBLE READING Matthew 24:36-42
ACTION POINT I will place my complete confidence in God's unchanging Word, and will rest upon His faithful promises to all believers for supernatural living.

내 말은 없어지지 아니하리라

"천지는 없어질지언정 내 말은 없어지지 아니하리라"
마태복음 24:35

영원하고 변함이 없으며 참된 어떤 것이 존재한다는 사실이 당신은 기쁘지 않습니까?

이 격변하는 혼란의 시대에 하나님의 말씀은 영원하리라는 약속이 우리에게 있습니다. 이 약속의 중요성은 믿을 수 없을 만큼 엄청난 것입니다. 그것은 단지 책이 인쇄되어 남아 있으리라는 것이 아니라 책에 기록된 수많은 진리가 여전히 참되고 변함없으며 그대로 사실일 것이라는 의미입니다.

천지가 없어지고 오랜 세월이 흘러도 하나님의 거룩한 말씀은 계속하여 그대로 남아 있을 것입니다.

이 사실은 당신과 나의 매일의 삶에 큰 의미를 부여합니다. 믿는 자에게 주신 하나님의 약속, "모든 것이 합력하여 선을 이루리라"는 말씀은 오래 전 이 말씀이 기록된 때와 똑같이 지금도 그대로 사실입니다.

매일의 경건의 시간을 위하여 만들어진 이 책에 인용된 365개의 약속을 포함하여 사실 성경의 모든 약속은 만물의 창조주이신 온 세상의 하나님이 보증하신 진실한 것입니다. 그 사실만이 우리가 우리의 목숨과 모든 것을 다하여 완전히 주님을 신뢰할 수 있다는 것을 깨닫도록 우리의 믿음을 강하게 만들어 줍니다.

모든 것에 실패하고, 희망이 거의 사라져 갈 때도 우리는 "살아 있고 활력이 있어 좌우에 날선 어떤 검보다도 예리한" 하나님의 말씀으로 돌아올 수 있습니다. 하나님의 말씀은 우리가 부딪히는 모든 문제, 모든 어려움, 모든 필요에 해답을 줄 것입니다.

오늘 주시는 말씀 마태복음 24:36~42
믿음의 실천 나는 하나님의 변함없는 말씀에 온전한 나의 신뢰를 드리겠으며, 초자연적 삶을 위하여 모든 믿는 자에게 주신 하나님의 약속을 의지하고 안식을 누리겠습니다.

Ask What You Will

"If ye abide in me, and my words abide in you, ye shall ask what ye will, and it shall be done unto you." JOHN 15:7, KJV

When Campus Crusade for Christ began at the University of California, Los Angeles, in 1951, our first act was to organize a 24-hour prayer chain. Around the clock, scores of men and women interceded for UCLA students and faculty. God answered prayer in a remarkable way, as His Spirit touched the entire Campus.

Thirty-one years later, more than 16,000 full-time and associate staff members of Campus Crusade for Christ in more than 150 countries and protectorates are teaching millions of others the importance of prayer, with revolutionary spiritual results and many millions receiving Christ.

Prayer has always been the breath, life, vitality, strength and power of the Christian. Beginning with our Lord, who spent much time in prayer, and continuing with the disciples and fruitful, Spirit-filled Christians through the centuries, prayer remains a major emphasis in the life of every believer.

History records no mighty men or women of God whose lives were not characterized by prayer, nor any great spiritual movements, awakenings or revivals that were not preceded by prayer. James 4:2 reminds us, "Ye have not, because ye ask not."

It is not enough to pray; we must pray according to the Word and the will of God. For that reason, understanding and obeying our Scripture assignment for today is crucial. We must abide in Christ and allow His Word to abide in us before we are qualified to pray. God's Word reminds us, "And this is the confidence that we have in Him, that if we ask anything according to His will, He heareth us; And if we know that He hears us, whatsoever we ask, we know that we have the petitions that we desired of Him" 1 John 5:14,15 KJV.

BIBLE READING Matthew 7:7-11
ACTION POINT I will seek, through the Holy Spirit's enabling, to abide in Christ and have His Word abide in me. As I discover God's will through His Word and His Holy Spirit, I will pray more intelligently and can expect answers to my prayers.

원하는 대로 구하라

"너희가 내 안에 거하고 내 말이 너희 안에 거하면 무엇이든지 원하는 대로 구하라 그리하면 이루리라"
요한복음 15:7

    1951년 UCLA 대학에서 CCC가 처음 시작되었을 때 우리가 맨 먼저 한 일은 24시간 연속 기도회를 조직하는 것이었습니다. 24시간 쉬지 않고 이어서 수십 명의 남녀 회원들이 UCLA 대학의 학생들과 교직원들을 위하여 기도를 했습니다. 하나님은 놀라운 방법으로 기도에 응답하셔서, 성령께서 온 캠퍼스에 영향을 끼쳤습니다.

    31년이 지난 지금 16,000명 이상의 전임 및 협동 간사들이 150개 이상의 독립 국가 혹은 그 보호령에서 수백만의 사람들에게 기도의 중요성을 가르치고 있으며 엄청난 영적인 결실과 수백만의 결신자를 낳고 있습니다.

    기도는 언제나 그리스도인의 호흡과 생명과, 활력과 힘과 능력이었습니다. 기도에 많은 시간을 쏟으신 우리 주님으로부터 시작하여, 주님의 제자들, 그리고 이후 여러 세기에 걸쳐 열매 맺는 성령 충만한 그리스도인들에게까지 계속해서 기도는 모든 믿는 자의 삶에서 여전히 가장 중요하게 강조되는 부분의 하나입니다.

    역사는 위대한 삶을 산 하나님의 사람들 가운데 기도에 힘을 쏟지 않았던 사람들이 없었으며, 기도가 선행되지 않은 위대한 영적 각성, 부흥 운동은 한 번도 없었음을 보여 줍니다. 야고보서 4장 2절은 "너희가 얻지 못함은 구하지 아니하기 때문이요"라고 상기시켜 줍니다.

    기도하는 것만으로는 충분하지 않습니다. 우리는 하나님의 말씀과 하나님의 뜻에 따라 기도해야 합니다. 그렇기 때문에 오늘 주신 말씀에 대한 이해와 순종이 극히 중요한 것입니다. 기도할 수 있게 되기 위해 우리는 그리스도 안에 거해야 하고 하나님의 말씀이 우리 안에 거하도록 해야 합니다. "그를 향하여 우리의 가진 바 담대함이 이것이니 그의 뜻대로 무엇을 구하면 들으심이라 우리가 무엇이든지 구하는 바를 들으시는 줄을 안즉 우리가 그에게 구한 그것을 얻은 줄을 또한 아느니라"(요일 5:14~15).

오늘 주시는 말씀   마태복음 7:7~11
믿음의 실천   성령의 가능케 하심을 통해 나는 그리스도 안에 거하고 또 그의 말씀이 내 안에 거하도록 애쓰겠습니다. 성경 말씀과 성령의 도우심으로 하나님의 뜻을 깨달으면서, 나는 보다 성숙하게 기도할 것이며 나의 기도에 응답을 기대할 수 있을 것입니다.

So He May Forgive Us

"And when ye stand praying, forgive, if ye have aught against any: that your Father also which is in heaven may forgive you your trespasses."
MARK 11:25, KJV

You and I have a way by which we can be absolutely certain of God's forgiveness. It is twofold.

First, we must be sure that we have forgiven anyone and everyone against whom we may have anything or hold any resentment.

Second, we must believe His Word unquestioningly—and His Word does indeed tell us we will be forgiven when we ask under these conditions.

Most familiar, of course, is the glorious promise of 1 John 1:9, "If we confess our sins, He is faithful and just to forgive us our sins, and to cleanse us from all unrighteousness" (KJV).

Though today's verse uses the word stand in reference to praying, Scripture clearly states that the posture in prayer was sometimes standing and sometimes kneeling. God, however, looks on the heart rather than on our position as we pray.

If the heart is right, any posture may be proper. All other things being equal, however, the kneeling position seems more in keeping with the proper attitude of humility and reverence in our approach to God. (Physical condition, of course, sometimes makes this inadvisable or impossible.)

Most important, we are to forgive before we pray. That much is certain.

BIBLE READING Matthew 6:9-15
ACTION POINT I will examine my heart throughout the day to be sure that I have forgiven any who should be forgiven—before I pray.

그리하여야 우리 죄를 사하여 주시리라

"서서 기도할 때에 아무에게나 혐의가 있거든 용서하라 그리하여야
하늘에 계신 너희 아버지께서도 너희 허물을 사하여 주시리라 하니라"
마가복음 11:25

당신과 나는 하나님의 용서를 분명하게 확신할 수 있는 한 가지 방법을 갖고 있습니다. 그것에는 아래의 두 가지 측면이 있습니다.

첫째, 어떤 무엇이든 우리가 분노와 원한을 품고 있는 모든 사람을 반드시 용서해야 합니다.

둘째, 우리는 하나님의 말씀을 조금도 의심 없이 믿어야 합니다. 하나님 말씀은 우리가 이런 두 가지 조건 아래 구하면 참으로 우리가 용서 받을 것이라고 말씀하고 계십니다.

물론 우리에게 가장 친숙한 말씀은 요한일서 1장 9절의 영광스러운 약속입니다. "만일 우리가 우리 죄를 자백하면 그는 미쁘시고 의로우사 우리 죄를 사하시며 우리를 모든 불의에서 깨끗하게 하실 것이요."

오늘의 말씀에서는 기도를 말하며 '서서'(stand)란 단어를 쓰고 있지만, 성경은 기도하는 자세로 때로는 '서서', 때로는 '무릎을 꿇고' 양쪽을 다 명확히 사용하고 있습니다. 아마도 하나님은 우리가 기도할 때 우리의 몸의 자세보다는 우리 마음을 보실 것입니다.

마음이 바로 서 있으면 어떤 자세로 기도해도 좋을 것입니다. 그러나 만약 모든 것이 다 똑같다고 한다면 우리가 하나님 앞에 나아감에 있어, 무릎을 꿇고 기도하는 것이 좀 더 하나님께 겸손과 공경의 모습을 보이지 않을까 합니다. (물론 신체적 조건에 따라 그렇게 하기 어려운 경우도 있을 것입니다)

그 무엇보다 가장 중요한 것은 기도하기 전에 우리가 용서해야 한다는 것입니다. 그것만큼은 분명한 사실입니다.

오늘 주시는 말씀 마태복음 6:9~15
믿음의 실천 용서해야 할 사람들을 내가 용서했는지, 기도하기 전에 나는 반드시 내 마음을 항상 점검하겠습니다.

The Holy Spirit Will Speak

"But when you are arrested and stand trial, don't worry about what to say in your defense. Just say what God tells you to. Then you will not be speaking, but the Holy Spirit will."
MARK 13:11

Have you ever had the experience of trying to say a word for the Lord, just sharing your faith, and breathing a prayer for guidance—then marveling as the Lord Himself, by His indwelling Holy Spirit, put the very words in your mouth that needed to be said?

Such has been my experience—many times. And I marvel and rejoice each time. On some occasions, I have addressed crowds of varying sizes, often not only feeling totally inadequate but also concluding my message of the evening with the feeling that I had been a poor ambassador of Christ. Then, someone has approached me after the service and thanked me for saying just the word he needed at that moment.

We serve a faithful God. That neighbor who needs a word of encouragement—ask the Lord to give you the right words to say to him or her. That correspondent hundreds of miles away—trust God for His message to him or her through you.

Certain conditions must prevail, of course, before the Holy Spirit can speak through us. But they are easily met. I must come with a clean heart, surrendered to the Holy Spirit, with my sins forgiven, having forgiven other people, holding no resentment or ill feeling against anyone. "If I regard iniquity in my heart, the Lord will not hear me" Psalm 66:18, KJV.

Let us trust God and His indwelling Holy Spirit for the very words of counsel we should say to a loved one or friend today.

BIBLE READING Acts 2:1-4
ACTION POINT I will trust God and His Holy Spirit to put the very words in my mouth this day that need to be said to others whose lives I touch.

말하는 이는 성령이시니라

"사람들이 너희를 끌어다가 넘겨 줄 때에 무슨 말을 할까 미리 염려하지 말고 무엇이든지
그 때에 너희에게 주시는 그 말을 하라 말하는 이는 너희가 아니요 성령이시니라"
마가복음 13:11

주님을 위하여 어떤 말을 하려고 할 때, 또 믿음을 다른 사람과 나누려고 하거나 혹은 인도하심을 바라며 기도할 때, 놀랍게도 우리 주님께서 직접 내주하시는 성령을 통해 꼭 필요한 말을 주신 경험이 있으십니까?

그런 경험이 제게는 아주 많이 있었습니다.

그때마다 매번 놀랍고 정말 기뻤습니다. 많거나 혹은 적은 여러 군중 앞에서 지금껏 설교하면서 나는 때로 그날의 나의 설교가 완전히 부적절했을 뿐만 아니라 그리스도의 대사로서 무능했다는 느낌을 갖게 되는 경우가 종종 있었습니다. 그런데 예배 후에 누군가가 내게 와서 자신에게 그때 꼭 필요했던 말씀을 전해준 데 대해 감사하곤 하는 것이었습니다.

우리가 섬기는 하나님은 신실하신 분이십니다. 용기를 북돋아 줄 수 있는 말씀이 필요한 우리 가까이의 이웃들, 바로 그들에게 꼭 필요한 말씀을 주시도록 하나님께 기도하십시오. 수백 마일 멀리 떨어져 있는 사람들에게도 역시 우리를 통하여 메시지를 주실 하나님을 신뢰 하십시오.

물론 성령께서 우리를 통하여 말씀하시기 전에 반드시 갖춰져야 할 조건들은 있습니다. 그러나 그 조건들은 전혀 어려운 것이 아닙니다. 정결한 마음으로 성령께 자신을 맡기고, 다른 사람들의 죄를 용서함으로 나의 죄를 용서 받고, 아무에게도 원한이나 악감정을 품지 않고 주께 나아가면 됩니다. "내가 나의 마음에 죄악을 품었더라면 주께서 듣지 아니하시리라"(시 66:18)

오늘 우리가 우리의 사랑하는 사람, 혹은 친구들에게 필요한, 바로 그 말씀을 전해 줄 수 있도록 하나님과 우리 안에 거하시는 성령을 신뢰합시다.

오늘 주시는 말씀 사도행전 2:1~4
믿음의 실천 나는 오늘 내가 접할 수 있는 사람들에게 꼭 필요한 말씀을 하나님과 성령께서 내 입에 주실 것을 신뢰하겠습니다.

Helping the Church

"The Holy Spirit displays God's power through each of us as a means of helping the entire church." 1 CORINTHIANS 12:7

A friend once asked me, "Are all the spiritual gifts for today?" and "How can I discern my spiritual gifts?"

He had been reading a number of books with conflicting views on gifts and had heard sermons—some encouraging him to discover his gifts and others saying the gifts are not for today. He was woefully confused.

I shared with this friend that I have been a Christian for more than 35 years and have known the reality of the fullness of the Spirit for more than 30 years. I explained that I have seen God do remarkable—even miraculous—things in and through my life throughout the years.

Yet, I have not felt the need to "discover" my gifts, because I believe that whatever God calls me to do He will enable me to do if I am willing to trust and obey Him, work hard and discipline myself.

The Holy Spirit obviously controls and distributes all the gifts. So when I am filled, controlled and empowered with the Holy Spirit, I possess all of the gifts potentially. God will give me any gift I need.

I went on to tell my young friend that some of the gifts of the Spirit are supernatural enhancements of abilities common to all men, wisdom for instance. Other gifts, such as healing, are granted by the Holy Spirit to only a select few.

But the gifts differ in another way, too. Some are instantaneous, and others are developmental in nature. Primarily, we need to remember that whatever God calls us to do, He will enable us to do. "For it is God who is at work in you, both to will and to work for His good pleasure" Philippians 2:13, NAS.

BIBLE READING 1 Corinthians 12:24-31
ACTION POINT I will dwell on God's ability to do in and through me whatever He calls upon me to do, rather than to spend precious time seeking to discover my spiritual gifts.

교회의 유익을 위하여

"각 사람에게 성령을 나타내심은 유익하게 하려 하심이라"
고린도전서 12:7

한번은 한 친구가 내게 물었습니다. "오늘날도 영적 은사들이 모두 존재하나요? 내가 받은 영적 은사를 어떻게 분별할 수 있습니까?"

그는 영적 은사에 관하여 서로 견해를 달리하는 많은 책을 읽고, 또 설교도 들었습니다. 어떤 사람들은 그의 영적 은사를 찾도록 애쓸 것을 권면하고, 또 다른 사람들은 오늘날은 은사가 존재하지 않는다고 하여 그는 매우 혼란스러워하고 있었습니다.

나는 그 친구에게 내가 35년 이상이나 그리스도를 믿어왔으며 30년 이상 성령 충만의 실재를 경험하고 있음을 말해주었습니다. 나는 하나님께서 그 오랜 세월에 걸쳐 내 삶 속에서, 또 내 삶을 통하여서 놀라운 일, 때로는 기적 같은 일들을 행하셨던 것을 보아왔다고 말해 주고, 그러나 나는 내게 주어진 은사를 찾으려고 애쓸 필요를 느낀 적이 없었다고 이야기했습니다. 왜냐하면 하나님이 내게 하도록 부르신 일이 어떤 것이든지, 내가 기꺼이 하나님을 신뢰하고 순종하며 열심히 일하고 내 자신을 훈련하기만 한다면 그 일을 할 수 있도록 하나님께서 힘주실 것을 나는 믿기 때문입니다.

성령께서 모든 은사를 주관하시고 나눠주시는 것은 분명합니다. 따라서 내가 성령에 충만하여, 다스림을 받고 능력을 받을 때, 잠재적으로 나는 모든 은사를 소유하게 됩니다. 하나님은 내가 필요로 하는 어떤 은사라도 다 주실 것입니다.

계속하여 나는 나의 그 젊은 친구에게 어떤 은사는 모든 사람에게 있는 보편적인 능력이 특정한 사람에게 초자연적으로 뛰어나도록 하여 주신 것이고, 지혜와 같은 것이 그 한 예임을 설명해 주었습니다. 또 다른 은사, 예를 들어 신유와 같은 은사는 선택된 소수의 사람에게만 주어지는 것임을 이야기해 주었습니다.

은사는 또 다른 방법으로도 구분될 수 있습니다. 어떤 은사들은 즉각적으로 나타나지만, 어떤 은사들은 그 성격상 점점 더 다듬어지고 발전되어 갑니다. 그러나 그 무엇보다도 우리는 하나님께서 우리가 하도록 부르신 것은 무엇이든 할 수 있도록 하나님께서 우리에게 힘주신다는 것을 기억할 필요가 있습니다. "너희 안에서 행하시는 이는 하나님이시니 자기의 기쁘신 뜻을 위하여 너희에게 소원을 두고 행하게 하시나니"(빌 2:13)

오늘 주시는 말씀 고린도전서 12:24~31
믿음의 실천 나는 나의 영적 은사를 찾기 위하여 귀한 시간을 소비하기보다는, 나에게 하도록 주신 어떤 일이든지, 내 안에서 그리고 나를 통하여 그 일을 행하실 하나님의 능력에 늘 의지하겠습니다.

Because You Believe

"You believed that God would do what he said; that is why he has given you this wonderful blessing." LUKE 1:45

So much of the life you and I live as Christians depends on simple belief. Do we really trust God to do what He says He will do?

This particular verse, of course, concerns Mary. No doubt she was chosen to be the mother of Jesus because of the faith God knew she possessed. In any case, God honored that faith by bestowing upon her the highest privilege any mother could have.

Even taken out of context, the meaning is the same: If we truly believe God will do what He says, the wonderful blessing He promises will be ours. And that applies to every area of our lives—spiritual, physical, material.

What is your greatest need today? If you are a housewife and mother, it may be for patience and love. If you are a business or professional man or woman, it may be for wisdom or strength or courage. If you are a student, it may be for persistence, commitment and application.

In all probability, you cannot think of a circumstance or situation which is beyond the ability of God to control. The promises of God are both general and specific, so that they will meet the need of every heart and life.

We may expect a great blessing from God today. Why? Because we are going to believe He will do what He said.

BIBLE READING Luke 1:39-44
ACTION POINT "Dear Lord, I will believe You for supernatural living in every situation and circumstance of my life this day."

네가 믿었으므로

"주께서 하신 말씀이 반드시 이루어지리라고 믿은 그 여자에게 복이 있도다"
누가복음 1:45

그리스도인으로서 당신과 나의 삶의 대부분은 아주 단순한 믿음에 의존합니다. 우리는 하나님이 하시겠다고 말씀하신 것을 실제 행하실 것으로 정말로 믿고 있습니까?

위의 말씀은 물론 마리아에 관한 것입니다. 의심할 바 없이 하나님께서 그녀의 믿음을 아셨기에 마리아는 예수님의 어머니로 선택 받았습니다. 하나님은 세상의 어떤 어머니도 누릴 수 없는 최고의 특권을 주심으로 그녀의 믿음을 축복하셨습니다.

굳이 마리아에게 국한시키지 않더라도 위의 말씀의 의미는 마찬가지입니다. 하나님이 말씀하신 것을 행하시리라고 우리가 정말로 믿는다면 하나님이 약속하신 놀라운 축복은 영적, 육체적, 물질적, 삶의 모든 분야에서 우리의 소유가 될 것입니다.

오늘 당신에게 가장 필요한 것은 무엇입니까? 당신이 주부이며, 어머니라면 그것은 인내와 사랑일 수 있을 것입니다. 만일 당신이 사업가나 전문 직업인이라면 그것은 지혜나 능력, 용기일 것이고, 학생이라면 끈기와 열심, 집중일 것입니다.

어떤 경우에도 하나님이 다스리실 수 없는 상황이나 환경을 상상할 수는 없습니다. 하나님이 주신 약속들은 특정한 경우에 적용되면서 동시에 모든 사람에게 적용되는 보편성을 갖고 있습니다. 그러므로 그 약속들은 모든 사람의 마음과 생활에 있어서의 필요를 채워 줍니다.

우리는 오늘 하나님의 놀라운 축복을 기대할 수 있습니다. 어째서 그렇습니까? 하나님께서 말씀하신 것을 하나님이 행하실 것을 우리가 믿기 때문입니다.

오늘 주시는 말씀 누가복음 1:39~44
믿음의 실천 "사랑하는 주님, 내 삶의 모든 상황과 환경에서 오늘 나로 초자연적인 삶을 살 수 있게 하실 주님을 믿겠습니다."

Greater Works Than He Does

"In solemn truth I tell you, anyone believing in me shall do the same miracles I have done, and even greater ones, because I am going to be with the Father. You can him for anything, using my name, and I will do it, for this will bring praise to the Father because of what I, the Son, will do for you." JOHN 14:12-13

For many years, during and after seminary, I asked leading theologians, pastors and students, "What does this passage mean? How can I and other believers do the same miracles that our Lord did when He was here in the flesh—and even greater ones?"

Surely there had to be some mistakes in the translation of this passage, for I saw little evidence of this supernatural power in the lives of the Christians around me or in my own life.

But I had wrongly interpreted what Jesus said. I was thinking only of the miracles of physical healing. God still heals the sick, and almost daily I pray that He will touch the ailing bodies of ill ones. God sometimes heals them miraculously, though mostly He works through the skill of surgeons and the miracle of modern medicine.

Yet, while physical healing is certainly valid and very desirable, I realize more and more that a greater miracle is the miracle of new birth. For the body that is healed will one day die, but the person who is introduced to Christ and experiences salvation will live forever.

The main reason our Lord came to this earth was to "seek and save the lost," not primarily to perform miracles of physical healing. Frequently, we are privileged to experience the reality of our Lord's promise as He enables us to "seek and save the lost" in greater numbers than He did while He was here in the flesh.

For example, in 1980, during the Korean Here's Life World Evangelization Crusade we saw more than one million people indicate salvation decisions during the week.

BIBLE READING Matthew 21:21-22
ACTION POINT I will claim, in the name of Jesus, that He who dwells within me will do even greater miracles in and through my life than He did while here in the flesh. By faith, I will experience and share the supernatural life of Christ with others.

이보다 큰 것도 하리니

"내가 진실로 진실로 너희에게 이르노니 나를 믿는 자는 내가 하는 일을 그도 할 것이요
또한 그보다 큰 일도 하리니 이는 내가 아버지께로 감이라
너희가 내 이름으로 무엇을 구하든지 내가 행하리니
이는 아버지로 하여금 아들로 말미암아 영광을 받으시게 하려 함이라" 요한복음 14:12~13

신학교 시절과 그 이후 오랫동안 나는 유명한 신학자들과 목회자들과 신학생들에게 다음과 같이 묻곤 했습니다. "이 구절이 무슨 뜻입니까? 어떻게 나와 또 다른 그리스도인들이 우리 주님이 육신으로 이 세상에 계실 때 행하셨던 것과 같은 기적, 심지어 더 큰 기적을 행할 수 있단 말입니까?"

틀림없이 번역에 잘못이 있었으리라고 나는 믿었습니다. 왜냐하면 내 주변의 그리스도인들과 내 자신의 삶에서 그런 초자연적인 능력의 증거를 볼 수 없었기 때문입니다.

그러나 그것은 주님이 말씀하신 것을 내가 잘못 해석했던 것입니다. 나는 단지 신체적인 치유의 기적만을 생각했었습니다. 하나님은 여전히 병자를 고쳐주시고, 나도 거의 매일 병든 자들의 몸을 치유해 주시기를 위해 기도합니다. 하나님은 오늘날 대부분 의사들의 기술과 또 놀라운 현대의 의술을 통하여 일하시지만, 때로 기적적으로 병자를 치유하시기도 합니다.

그러나 신체적 치유가 분명히 올바르고 또 대단히 끌리는 해석이기는 하지만, 나는 '더 큰 기적'이란 '거듭남의 기적'을 의미한다는 것을 점점 더 깨닫고 있습니다. 병이 치유된 육체도 언젠가 반드시 죽습니다. 그러나 그리스도께로 인도되어 구원을 얻은 사람은 영원히 살 것이기 때문입니다.

우리 주님이 이 땅에 오신 목적은 '잃어버린 자를 찾아 구원하려 함'이지, 병 고침의 기적을 행하시는 데 있는 것이 아니었습니다. '잃어버린 자를 찾아 구원'하도록 주님이 우리를 도우실 때, 주님이 육신으로 이 세상에 계실 때 행하신 것보다 더 많은 수의 사람을 구원하게 하심으로 우리 주님의 약속이 실제로 이루어지는 것을 경험하는 특권을 우리는 자주 누립니다.

예를 들어 1980년 한국에서의 '80세계복음화대성회에서 우리는 한 주간 100만 명 이상의 사람이 구원의 결단을 하는 것을 목격했습니다.

오늘 주시는 말씀   마태복음 21:21~22
믿음의 실천   나는 내 안에 거하시는 주님께서 내 삶 속에서, 또 내 삶을 통하여 주님이 육신으로 세상에 계실 때 행하신 것보다 더 큰 기적까지도 행하실 것을 예수의 이름으로 주장(claim)하겠습니다. 믿음으로(by faith) 나는 초자연적인 삶을 누리고 다른 사람들에게도 전하겠습니다.

The Key to Blessing

"He replied, 'Yes, but even more blessed are all who hear the Word of God and put it into practice.'" LUKE 11:28

If you and I could know only one rule that would guarantee us real happiness, no doubt this should be it. Because the meaning of this promise is the same in or out of context, we shall share briefly the out-of context guarantee contained therein.

Man's chief happiness—his, or her, highest honor—is to obey the Word of God. No earthly honor or achievement can compare with the blessing, meaning in and fulfillment that come from obeying the Word and will of God.

Implicit in putting into practice—or obeying—the Word of God is the matter of knowing the Word of God. This, of course, implies reading, studying, meditating upon and even memorizing the Scriptures. If we are neglecting this phase of the Christian life, we are omitting a vitally important part of spiritual nurture, without which it is impossible to live a supernatural life.

Something about the Word refreshes, cleanses, uplifts the heart and soul of each one of us when we spend time in its pages. God made it—and us—that way. No matter how many times we may have read the Word of God, even the entire Bible, there is something remarkably fresh and new about it every time we read it.

If somehow we lack the discipline to do what we know we should about the Word, we may pray ceaselessly for the Holy Spirit to illumine its truths to our minds and apply them to our lives.

BIBLE READING James 1:22-25
ACTION POINT I will not neglect God's Word but will consider it a necessary ingredient to the life of the Spirit—supernatural living.

축복의 열쇠

"예수께서 이르시되 오히려 하나님의 말씀을 듣고 지키는 자가 복이 있느니라 하시니라"
누가복음 11:28

우리에게 진정한 행복을 보장해 주는 법칙 중 단 한 가지만을 우리가 알도록 허용 된다면 의문의 여지없이 그것은 위의 말씀이 되어야 할 것입니다. 이 약속의 의미는 예수께서 말씀하시던 그 당시의 특정한 상황에서뿐만 아니라 모든 경우에 적용되므로 위의 구절을 따로 떼어내어 이 약속에 담긴 보장을 함께 간단히 나누어 보도록 하겠습니다.

남녀를 불문하고 인간의 최고의 행복, 최고의 영예는 하나님 말씀에 순종하는 것입니다. 세상의 어떤 영예나 성취도 하나님의 말씀과 그 뜻을 순종함으로부터 오는 축복과 삶의 의미, 충족감과 비교할 수 없습니다.

하나님의 말씀을 '지키는 것' 혹은 '순종'에 수반되는 것은 하나님의 말씀을 '아는' 것입니다. 물론 이것에는 읽고, 공부하고, 묵상하고 성경 말씀을 암기하는 것까지도 당연히 포함됩니다. 만일 우리가 그리스도인의 삶에서 이 부분을 무시한다면, 우리는 영적 성장에 필수불가결한 부분을 빠뜨리게 되는 것이며, 초자연적인 삶을 사는 것이 불가능할 것입니다.

하나님의 말씀에는 우리가 시간을 드려 하나님의 말씀을 공부할 때 우리의 마음과 영혼을 새롭게 하고 깨끗케 하며 고양시켜 주는 그 무언가가 있습니다. 하나님께서 우리를, 그리고 성경을 그렇게 만드신 것입니다. 아무리 성경 전체를 여러 번 읽었다고 할지라도, 읽을 때마다 너무도 신선하고 새로운 무언가가 성경에는 있습니다.

만일 우리가 어떤 이유에서든지 성경 말씀에 따라 반드시 행해야 할 것을 알면서도 실천하는 훈련이 부족하다면, 우리는 성령께 말씀의 진리를 깨닫게 해주시며 또 그것을 우리 삶에 적용하게 해 주시도록 쉬지 말고 기도해야 합니다.

오늘 주시는 말씀 야고보서 1:22~25
믿음의 실천 나는 하나님의 말씀을 경시하지 않겠으며, 성령에 의지하는 삶, 즉 초자연적인 삶에 꼭 필요한 요소로 이해하겠습니다.

He Gives Special Abilities

"Now God gives us many kinds of special abilities, but it is the same Holy Spirit who is the source of them all." 1 CORINTHIANS 12:4

The late Dr. William Evans, famous Bible teacher and pulpit orator, was one of the most eloquent preachers I have ever heard. He serves as an example of a person who developed his spiritual gift.

Dr. Evans shared with me how he believed as a young man that he had been called of God to be a preacher. But he spoke in a high, squeaky, English cockney accent that was not particularly pleasant to the ear and certainly not conducive to preaching the "most joyful news ever announced."

So when young Evans told Dwight L. Moody (under whose ministry he had been influenced for Christ) about his calling to be a preacher, Moody unhesitatingly advised him, "Forget it! You don't have the ability to speak, and no one would listen to you."

But William Evans determined that he would become a great preacher for the glory of God. So, like Demosthenes of old, he began to practice speaking with pebbles in his mouth and to practice deep diaphragmatic breathing.

After several years, he developed a deep, resonant, bass voice—one of the most beautiful speaking voices I have ever heard. Wherever he went, congregations would pack the pews to hear him preach.

William Evans was an example of Philippians 2:13 in action. Did he have the spiritual gift of preaching? Of course he did! But it did not come to him overnight. He had to work long and hard, by faith, and in the power of the Holy Spirit, to develop his spiritual gift.

Philippians 2:13 reminds us that whatever God calls us to do He will enable us to do. Be assured that you do not need to depend on your own abilities to serve Him.

BIBLE READING   1 Corinthians 12:5-11
ACTION POINT   Instead of spending fruitless time searching for my spiritual gifts, I will depend on the Holy Spirit to guide me, apply myself diligently to excel in whatever He leads me to do and trust God for a fruitful life and witness.

은사를 주십니다

"은사는 여러 가지나 성령은 같고"
고린도전서 12:4

작고한 윌리엄 에반스 박사는 유명한 성경 교사요, 설교자로서 내가 들어 본 중에 가장 감명을 주는 설교자였습니다. 그는 그가 받은 영적 은사를 잘 개발하여 사역한 본보기인 사람입니다.

에반스 박사는 젊었을 때 설교자가 되도록 하나님이 그를 부르셨다고 믿게 된 경위를 내게 말해 준 적이 있었습니다. 그러나 그의 믿음에도 불구하고 고음에 쥐어짜는 듯한 그의 런던 사투리는 귀에 상당히 거슬리는 것이었으며 '큰 기쁨의 좋은 소식'을 설교하기에는 분명히 부적절한 것이었습니다.

때문에 에반스 박사가 그의 사역으로부터 크게 영향을 받았던 [21]드와이트 무디에게 설교자가 되고자 하는 그의 소명을 이야기했을 때 무디는 조금도 망설이지 않고 그에게 "그 생각은 버리게! 자네는 말하는 재능이 없을 뿐 아니라 아무도 자네 말에 귀를 기울이지 않을 것일세."라고 충고했던 것입니다.

그러나 윌리엄 에반스는 하나님의 영광을 위하여 위대한 설교자가 되기로 굳게 결심했습니다. 그래서 그는 옛날 [50]데모스테네스처럼 입에 조약돌을 물고 말하는 연습을 하고, 또 복식 호흡 훈련도 시작했습니다.

수년이 지난 뒤 그는 낮고, 공명이 울리는 베이스 톤의 목소리를 개발했습니다. 그 목소리는 지금까지 내가 들어 본 목소리 중 가장 아름다운 목소리였습니다. 그가 어디를 가든 청중은 그의 설교를 듣기 위하여 자리를 가득 메우곤 했습니다.

윌리엄 에반스는 빌립보서 2장 13절의 말씀이 실제로 보여진 본보기였습니다. 그에게 설교의 영적 은사가 있었습니까? 물론입니다! 그러나 그것은 하룻밤 사이에 나타나지 않았습니다. 그는 그의 영적 은사를 개발하기 위하여 성령의 능력 안에서 [1]믿음으로(by faith) 오랫동안 노력해야 했습니다.

빌립보서 2장 13절의 말씀은 하나님께서 우리에게 어떤 소명을 주셨든지 간에 그 일을 할 수 있는 능력도 우리에게 주신다는 사실을 상기시켜 줍니다. 하나님을 섬기기 위해 당신 자신의 능력에 의지할 필요가 없다는 사실을 확신하시기 바랍니다.

오늘 주시는 말씀	고린도전서 12:5~11
믿음의 실천	영적인 은사를 찾기 위해 열매 없이 시간을 허비하는 대신, 나는 성령께 나를 인도해 주시도록 의뢰하고, 그가 인도하시는 어떠한 일이든 훌륭히 해낼 수 있도록 부지런히 애쓰겠으며, 내 삶 속에서, 또 이웃에게 주를 증거하는 일 가운데 풍성히 열매 맺을 수 있도록 하나님을 신뢰하겠습니다.

Yours is the Kingdom

"So don't be afraid, little flock. For it gives your Father great happiness to give you the Kingdom." LUKE 12:32

Do you like the picture, as I do, of being a part of God's little flock? That makes Him our shepherd, of course, and it makes us His sheep. How apt a picture!

Often, I am sure, most of us must seem to wander like lost sheep—not knowing which way to turn. It is at such times, in particular, that I need to see the Lord Jesus Christ as my great Shepherd, tenderly watching over me in the midst of every kind of heartache and burden.

In Judea, it was common to see men tending sheep, looking over the flocks by day and by night. The shepherd watched over them, defended them, provided for them, led them to green pastures and beside still waters.

Jesus was—and is—the Good Shepherd. His flock was relatively small. Few really followed Him, compared to the multitude who ignored Him. Though small in number, they were not to fear because God was their Friend. He would provide for them. He purposed to give them the kingdom, and they had nothing to fear.

Today, we are a part of a large and growing flock with a great and loving Shepherd. Just to know that He watches over us—cares for us—is joy Supreme.

BIBLE READING Luke 12:28-34
ACTION POINT During the day I will deliberately look up into God's heaven several times to see that great Shepherd of the sheep, the Lord Jesus Christ.

그 나라를 너희에게 주시리라

"적은 무리여 무서워 말라 너희 아버지께서 그 나라를 너희에게 주시기를 기뻐하시느니라"
누가복음 12:32

당신도 나처럼 주님이 어린 양을 돌보시는 그림을 좋아하십니까? 물론 그림의 주님은 우리의 목자가 되시고 우리는 그가 돌보시는 양떼이지요. 얼마나 아름다운 모습입니까!

내가 믿기로는 우리 대부분은 종종 어디로 가야 할지를 모르고 길 잃은 양처럼 방황할 때가 많습니다. 내가 온갖 마음의 고통과 짐 가운데에서 따뜻한 눈으로 나를 돌보시는 주 예수 그리스도를 나의 놀라운 목자로 바라보는 것이 필요할 때가 바로 그럴 때입니다.

유대 지방에서는 사람들이 밤낮으로 양떼를 돌보며 양을 치는 것을 흔히 볼 수 있습니다. 목자는 양떼를 살피고 보호하며 필요한 것을 공급해주고 푸른 초장과 잔잔한 물가로 인도합니다.

예수님은 예나 지금이나 선한 목자이십니다. 그가 거느리시던 무리는 비교적 적은 무리였습니다. 예수님을 무시하던 그 많은 무리에 비하면 그를 따르는 사람이 사실 거의 없었다고도 볼 수 있습니다. 그러나 숫자는 비록 몇 안 되었지만 그들은 두려워하지 않았습니다. 하나님이 그들과 친구가 되어 주셨기 때문입니다. 하나님이 그들을 돌보아 주셨습니다. 하나님이 그들에게 하나님 나라를 주시려고 예비해 놓으셨으며 그들에게는 두려울 것이 없었습니다.

오늘날 우리는 사랑하는 우리의 위대한 목자와 함께 계속 그 숫자가 늘고 있는 큰 양떼 가운데에 있습니다. 주님이 우리를 살피시고 돌보아 주고 계심을 아는 것이 우리의 가장 큰 기쁨입니다.

오늘 주시는 말씀 누가복음 12:28~34
믿음의 실천 오늘 하루도 나는 위대한 목자이신 우리 주 예수 그리스도를 뵙기 위하여 자주 하나님의 나라를 간절히 바라보겠습니다.

He Honors the Humble

"For everyone who tries to honor himself shall be humbled; and he who humbles himself shall be honored." LUKE 14:11

At times I am respectfully amused at the repetition of certain themes in the Word of God—repeated over and over again so that you and I will not forget the importance of the message. This is one of those principles.

Many missionaries have given up honor, acclaim and success at home in obedience to God's call upon their lives. Perhaps to their surprise, God has honored them in many ways despite the fact that they purposely gave up all rights to such honor.

In every field of endeavor, the principle is true. Most men who seek genuine acclaim are thoroughly humbled along the way. Conversely, most people who humble themselves as a part of their commitment to Jesus Christ and His service are eventually honored.

I have seen this truth fulfilled on numerous occasions in the work of Campus Crusade for Christ to which the Lord has called me. Many young people have stepped into unsung roles of service for their Master. God has honored them not only with fruit for their hire, but also with a measure of acclaim they never would have achieved otherwise.

It is a part of God's plan to abase the proud and raise up the humble. Our goal should be committed service for the Savior. We should let Him take care of the honoring and the humbling.

BIBLE READING Matthew 23:5-12
ACTION POINT I'll recognize anew today that the only good thing about me—and about any believer—is the reality of my relationship with the Lord Jesus Christ through the indwelling person of the Holy Spirit.

낮추는 자는 높아지리라

"무릇 자기를 높이는 자는 낮아지고 자기를 낮추는 자는 높아지리라"
누가복음 14:11

어떤 주제가 성경에서 되풀이하여 반복됨으로써 당신과 내가 그 중요성을 잊지 않도록 하고 있는 것을 보며 때로 나는 경외감과 아울러 즐거움을 느낍니다. 오늘의 말씀은 그러한 주제들 중의 하나입니다.

많은 선교사가 하나님의 부르심에 순종하기 위하여 고향에서의 명예와 갈채, 성공을 포기했습니다. 그들이 스스로 그런 명예를 포기했음에도 불구하고, 아마도 그들은 전혀 기대하지 않았겠지만, 하나님은 여러 가지 방법으로 그들을 영화롭게 하셨습니다.

모든 사역의 현장에서 이 원리가 적용됩니다. 진정한 갈채를 구하는 대부분의 사람은 언제나 철저히 자신을 낮춥니다. 바꾸어 말하면 예수 그리스도와 그분을 위한 사역에 대한 헌신의 하나로 자신을 낮춘 대부분의 사람은 결국 높임을 받습니다.

나는 주님이 나를 부르신 CCC의 사역에서 수없이 이 진리가 실제로 이루어지는 것을 보았습니다. 많은 젊은이가 그들의 주님을 위하여 눈에 드러나지 않는 역할을 기꺼이 감당했습니다. 하나님은 많은 열매로 그들의 수고에 보답하셨을 뿐만 아니라 다른 어떤 곳에서도 얻지 못할 갈채로 그들을 영화롭게 해주셨습니다.

교만한 자를 낮추고 겸손한 자를 높이시는 것은 하나님의 계획 가운데 하나입니다. 우리의 목표는 우리 구주를 위한 헌신된 섬김이어야 합니다. 우리는 하나님께서 그 뜻대로 높이기도 하시고 낮추기도 하시도록 온전히 맡겨드려야 할 것입니다.

오늘 주시는 말씀 마태복음 23:5~12
믿음의 실천 나는 오늘 나와 또 모든 믿는 자에게 오직 중요한 것은 내 안에 거하시는 성령의 인격을 통한 주 예수 그리스도와의 생생한 살아있는 관계인 것을 새롭게 인식하겠습니다.

Bread of Life

"Jesus replied, 'I am the Bread of Life. No one coming to me will ever be hungry again. Those believing in me shall never thirst.'" JOHN 6:35

What would it be like never to be hungry—never to be thirsty? Even in affluent America, you and I—and perhaps most people—have felt the pangs of hunger and thirst, if only for a brief period. Jesus is telling us here that, spiritually speaking, we need never be hungry or thirsty again.

But how is that possible?

As the bread of life—the support of spiritual life—His doctrines give life and peace to the soul.

In Eastern countries, especially, there are vast deserts and often a great lack of water. By nature, the soul is like a traveler wandering through such a desert. Thirsting for happiness, seeking it everywhere and finding it not, he looks in all directions and tries all objects—in vain.

St. Augustine expressed this hunger for God in the following prayer: "Thou hast made us for Thyself, O God, and our hearts are restless until they find their rest in Thee."

When we drink of the water that is Christ, we become satisfied—and need never thirst again. As we continue to grow in grace, which comes only by feasting on His Word, we find a never-ending pattern of satisfaction with Him and all that concerns Him.

The principle is clear: As you and I feed on the Word of God and its rich truths, we are satisfying a spiritual hunger and thirst that could never be satisfied otherwise. Hungering and thirsting after righteousness, on the other hand, is also a daily necessity if we are really to grow in grace. The truths are not contradictory, but are complementary.

BIBLE READING Matthew 5:1-6
ACTION POINT My daily manna and drink shall come from the living Word, our Lord Jesus Christ, and His holy inspired written word, the Bible, enabling me to live the supernatural life.

생명의 떡

"예수께서 이르시되 나는 생명의 떡이니 내게 오는 자는 결코 주리지 아니할 터이요
나를 믿는 자는 영원히 목마르지 아니하리라" 요한복음 6:35

결코 주리지 않으며 목마르지 않다는 것은 어떤 것이겠습니까? 풍요한 미국에서조차도 당신과 나, 그리고 아마 누구나 잠깐씩은 배고픔과 목마름을 경험해 본적이 있을 것입니다. 예수님은 위의 말씀에서 영적으로 우리가 다시는 주리거나 목마를 필요가 없다고 말씀하고 계십니다.

하지만 그것이 어떻게 가능합니까?

생명의 떡, 다시 말해 영적인 생명의 양식으로서 예수님의 가르침은 우리 영혼에 생명과 평강을 줍니다.

특별히 지구의 동쪽에 있는 나라들 가운데에는 광대한 사막들이 있으며, 종종 심각한 물 부족을 겪곤 합니다. 우리 영혼의 원래 속성은 그런 사막을 방황하는 나그네 같은 것입니다. 행복에 목말라하며 그것을 찾아 온 세상을 다니지만 어디에서도 찾지 못하고, 온갖 것을 다해 보지만 결국 허사일 뿐입니다.

51) 성 어거스틴은 그의 기도에서 하나님을 향한 이 갈증을 다음과 같이 표현했습니다. "오, 하나님, 당신은 당신을 위하여 우리를 지으셨으므로 당신 안에서 쉼을 얻을 때까지 우리의 마음은 안식을 얻지 못합니다."

우리가 생명이신 그리스도를 먹고 마실 때 우리는 만족을 얻고 다시는 목마를 필요가 없습니다. 하나님의 말씀, 성경을 늘 깊이 읽고 깨달을 때에만 얻을 수 있는 지속적인 은혜 안에서의 성장을 우리가 이어갈 때 주님과 또 주님이 주시는 것들로 언제든지 항상 만족할 수 있는 법을 발견하게 됩니다.

원리는 간단합니다. 당신과 내가 하나님의 말씀과 그 풍요한 진리를 먹고 마실 때 다른 어떤 것으로도 채워지지 않는 영적 주림과 목마름에 대한 채움을 얻습니다. 또 한편으로, 우리가 참으로 은혜 안에서 성장하려고 한다면 '의에 대한 주림과 목마름'은 반드시 우리에게 날마다 있어야 할 것입니다. 이 두 가지 사실은 서로 배치되는 것이 아니라 상호 보완적인 것입니다.

오늘 주시는 말씀 마태복음 5:1~6
믿음의 실천 나는 살아 계신 말씀인 주 예수 그리스도와 초자연적인 삶을 살도록 능력을 주시는 성령의 감동으로 기록된 성경 말씀에서 매일의 만나와 마실 것을 찾겠습니다.

Trusting is God's Gift

"Because of his kindness, you have been saved through trusting Christ. And even trusting is not of yourselves; it too is a gift from God. Salvation is not a reward for the good we have done, so none of us can take any credit for it." EPHESIANS 2:8-9

Joe had asked Jesus to come into his life many times but was never sure of his salvation. "How can I be sure I'm a Christian and will go to heaven when I die?" he asked.

I explained that it was not enough to ask Jesus to come to live within us forgive our sins. We must believe that He will do exactly what He promised to do. By faith, we must be able to say, "I know that Jesus is the Son of God, that He died on the cross for my sins, that He was raised from the dead and that He will come into my life and change me if I ask Him to. I know that He will never leave me because all of these are promises from God's holy Word. Therefore, I believe the promise of Ephesians 2:8-9—that I attain salvation through trust in Christ."

I have seen thousands of individuals profess faith in Christ after hearing John 1:12 (KJV), "But as many as received Him, to them He gave the right to become children of God," and Revelation 3:20, "Behold, I [Jesus] stand at the door and knock; if any one hears My voice and opens the door, I will come in to him" (NAS). But not everyone with whom I have prayed has received assurance of salvation. It is not enough to ask Christ into our lives; we must *believe* His promise, "For by grace you have been saved through faith" Ephesians 2:8, NAS.

If you have asked Jesus into your life, pray this prayer: "Lord Jesus, I want to declare that I believe in You as my Savior and wish to follow You as my Lord. So, for the last time, I invite You to come into my life and forgive my sins. By faith in the authority of Your Word, I now acknowledge You live within me, and I believe Your promise, 'I will never desert you, nor will I ever forsake you.'"

BIBLE READING 1 Peter 1:3-9
ACTION POINT If I have asked Jesus into my life, I will never insult Him by asking Him to come into my life again, but will thank Him daily that He indwells me, that I have eternal life and that through His power I can live a supernatural life.

믿음은 하나님의 선물

"너희는 그 은혜에 의하여 믿음으로 말미암아 구원을 얻었나니 이것은 너희에게서 난 것이 아니요 하나님의 선물이라 행위에서 난 것이 아니니 이는 누구든지 자랑하지 못하게 함이라"
에베소서 2:8~9

조는 예수님께 자신의 삶에 들어오시도록 여러 번 간절히 기도했지만, 구원의 확신을 갖지 못했습니다. 그는 "내가 그리스도인이며 죽은 후 천국에 갈 것이라는 것을 어떻게 확신할 수 있겠습니까?"라고 나에게 물었습니다. 나는 그에게 예수님께 우리 안에 들어오셔서 사시도록 초청하고 우리 죄를 사해 주시도록 구하는 것만으로는 충분하지 않다고 설명해 주었습니다. 우리는 주님이 하시겠다고 약속하신 것을 그대로 이루실 것을 믿어야 합니다. [1]믿음으로(by faith), 우리는 이렇게 말할 수 있어야 합니다. "나는 예수님이 하나님의 아들이시며, 나의 죄를 위하여 십자가에서 죽으시고 죽음에서 부활하셨으며 내가 주님께 간구하면 내 삶에 들어오셔서 나를 변화 시켜 주실 것을 압니다. 나는 이 모든 것이 하나님의 거룩하신 말씀의 약속이므로 주님이 결코 나를 떠나시지 않을 것을 압니다. 그러므로 나는 에베소서 2장 8절과 9절의 약속인 그리스도를 믿음으로 구원을 얻는다는 약속을 믿습니다."

나는 요한복음 1장 12절, "영접하는 자 곧 그 이름을 믿는 자들에게는 하나님의 자녀가 되는 권세를 주셨으니"라는 말씀과 요한계시록 3장 20절, "볼지어다 내가 문 밖에 서서 두드리노니 누구든지 내 음성을 듣고 문을 열면 내가 그에게로 들어가…"라는 말씀을 듣고 그리스도를 믿겠노라고 선언하는 수많은 사람을 보아 왔습니다. 그러나 그동안 나와 함께 기도했던 그 모든 사람이 구원의 확신을 받은 것은 아니었습니다. 그리스도께서 우리 삶에 들어오시도록 기도하는 것만으로는 충분하지 않습니다. 우리는 그분의 약속을 '믿어야' 합니다. "여러분은 '믿음'을 통하여 은혜로 구원을 얻었습니다."(엡 2:8, 새번역) 당신이 만약 예수님을 당신 삶에 들어오시도록 기도했으나 아직 예수님이 당신 안에 계신 것과 당신에게 영생이 주어진 것을 확신하지 못하고 있다면 이렇게 기도하시기 바랍니다. "주 예수님, 나는 예수님을 나의 구세주와 나의 주님으로 믿고 따를 것을 선언합니다. 그래서 이제 마지막으로 한 번 더 예수님께 나의 삶 가운데 들어오시고, 또 나의 죄를 용서해 주시도록 초청합니다. 하나님 말씀의 권위에 대한 '믿음에 의해'(by faith), 이제 나는 주님께서 내 안에 사시는 것을 압니다. 또한 '내가 결코 너희를 버리지 아니하고 너희를 떠나지 아니하리라'(히 13:5)라고 하신 주님의 약속을 믿습니다."

오늘 주시는 말씀 베드로전서 1:3~9
믿음의 실천 내가 이미 예수님을 나의 삶 가운데 오시도록 초청했다면, 나는 예수님께 나의 삶에 들어오시도록 다시 요청하여서 주님을 절대 욕되게 하지 않겠으며, 대신 주님께서 내 안에 계시고, 내게 영생을 주셨으며 주님의 능력으로 내가 초자연적 삶을 누릴 수 있음에 매일같이 감사드리도록 하겠습니다.

He Has Not Deserted Me

"And he who sent me is with me—he has not deserted me—for I always do those things that are pleasing to him." JOHN 8:29

If we have a conscience free of offense, and if we have evidence that we please God, it matters little if men oppose us or what others may think of us. "Enoch, before his translation, had this testimony—that he pleased God."

It would not be fair for you or me to profess ignorance in this matter of pleasing God. If we had never known before, we know now that it comes from doing always those things He commands—which of course are the things that please Him.

Jesus is saying here, among other things, that God is with Him in the working of miracles. Though men had forsaken and rejected Him, yet God stayed by Him and worked in and through Him.

In the same way, God has made it possible for us to please Him by giving us His Holy Spirit to indwell, enable and empower us for service. With the available enablement, we are without excuse in the matter of doing the "greater things" He has promised for those who love and serve Him.

What better goal for today, tomorrow and all our coming days than to seek to please Him?

BIBLE READING John 8:25-28
ACTION POINT So that Christ might be magnified in my body, whether by life or by death, I will seek to do only those things today which please Him.

나를 혼자 두지 아니하시는 주님

"나를 보내신 이가 나와 함께 하시도다 나는 항상 그가 기뻐하시는 일을 행하므로
나를 혼자 두지 아니하셨느니라" 요한복음 8:29

만일 우리가 우리 양심으로부터 어떤 가책도 느낄 것이 없고 또 하나님을 기쁘시게 해드리고 있다는 증거를 갖고 있다면 사람들이 우리를 적대적으로 대한다든가 혹은 누군가가 나를 어떻게 생각할 것인가 등은 별 문제가 되지 않을 것입니다. "그는(에녹) 옮겨지기 전에 하나님을 기쁘시게 하는 자라 하는 증거를 받았느니라"(히 11:5)

우리가 하나님을 기쁘시게 하는 일에 관해 잘 알지 못한다고 이야기하는 것은 옳지 않은 일일 것입니다. 전에는 혹시 우리가 알지 못했었다고 하더라도 이제 우리는 바로 '하나님이 명령하시는 것'들, 하나님이 기뻐하실 그 일들을 항상 행해야 한다는 것을 알고 있습니다.

여러 가지 중에서, 예수님은 그가 기적을 행하시는 사역 가운데 하나님께서 그와 함께 하고 계심을 여기서 말씀하고 계십니다. 비록 사람들은 그를 거부하고 버렸지만 하나님은 그의 곁에 계시며 그 안에서 그를 통하여 일하셨습니다.

마찬가지로 하나님은 우리 안에 거하시며 힘과 능력을 주시어 하나님을 섬길 수 있게 하시는 성령을 우리에게 주시어 우리가 하나님을 기쁘시게 할 수 있게 해주셨습니다. 가능하게 하시는 성령의 능력으로 우리는 주님이 그를 사랑하고 섬기는 사람들에게 약속하신 '더 큰 일'을 행함에 있어 핑계댈 수 없게 된 것입니다.

오늘, 내일, 그리고 또 언제라도, 하나님을 기쁘시게 할 수 있는 일을 찾는 것보다 더 훌륭한 목표가 어디 있겠습니까?

오늘 주시는 말씀 요한복음 8:25~28
믿음의 실천 내가 살든지 죽든지 내 몸에서 그리스도가 존귀하게 되게 하기 위하여, 나는 오늘 하나님을 기쁘시게 하는 일만을 하도록 애쓰겠습니다.

You Will Be Different

"Therefore if any man be in Christ, he is a new Creature: old things are passed away; behold, all things are become new." 2 CORINTHIANS 5:17, KJV

A prominent businessman, elder in a prestigious church, was impatient with "narrow-minded, born-again Christians." "I am a Christian," he said, "but I have never been born again, and frankly I'm not interested. We emphasize more important issues in my church."

When I read the third chapter of John with him and explained that there is only one kind of biblical Christian, the one who is "born again," and that no other kind of "Christian" can enter into the kingdom of God according to the words of Jesus, the light suddenly went on. With this new insight he readily received Christ as his Savior and Lord.

A caterpillar is an ugly, hairy, earthbound worm—until it weaves a cocoon about its body. Then an amazing transformation takes place. Out of that cocoon emerges a beautiful butterfly—a new creature, able to live on another plane, to soar into the heavens. So it is with man.

John 3 records Jesus' explanation of how one becomes a new creature. Nicodemus, a ruler of the Jews who tried to adhere meticulously to every detail of the law, had come to Jesus for counsel.

"'Rabbi, we know that You have come from God as a teacher; for no one can do these signs that You do unless God is with him.' Jesus answered and said to him, 'Truly, truly, I say to you, unless one is born again, he cannot see the kingdom of God'" John 3:2-3, NAS.

Puzzled, Nicodemus asked, "How can a man be born when he is old? He cannot enter a second time into his mother's womb and be born, can he?" John 3:4, NAS. Then Jesus explained that physical birth alone does not qualify anyone to enter the kingdom of God. Since His is a spiritual kingdom, we must experience spiritual birth.

BIBLE READING Romans 6:4-14
ACTION POINT I will read John 3, meditating on verses 1-8, and will consider my relationship with the Lord. If I should die today, I want to be sure I would go to heaven, and through the enabling of the Holy Spirit I want to live the supernatural life.

새로운 피조물

"그런즉 누구든지 그리스도 안에 있으면 새로운 피조물이라 이전 것은 지나갔으니 보라 새 것이 되었도다"
고린도후서 5:17

저명한 사업가이며 큰 교회의 장로 한 분이 '마음이 편협한, 거듭 났다고 하는' 그리스도인들에 대해 참을 수 없어 했습니다. 그는 "나는 그리스도인이지만 한 번도 거듭난 적이 없으며 솔직히 말해 흥미도 없습니다. 우리 교회에서는 그보다 더 중요한 문제들을 강조합니다."라고 말했습니다.

내가 요한복음 3장을 그와 함께 읽고서, 예수님의 말씀에 의하면 '성경적인 그리스도인'은 '거듭난 그리스도인' 오직 한 종류의 사람이 있을 뿐이며, '그리스도인'이라 칭하는 그 외의 어떤 사람도 하나님 나라에 들어갈 수 없다고 설명했을 때, 갑자기 그의 마음에 빛이 비추어졌습니다. 이처럼 새로이 깨닫게 된 그는 그리스도를 그의 구주와 주님으로 영접했습니다.

나비의 애벌레는 고치로 그 몸을 감쌀 때까지는 흉하고 온몸에 털이 난 땅바닥을 기는 벌레입니다. 그러나 그 후 놀라운 변화가 일어납니다. 완전히 새로운 피조물, 하늘을 나는, 다른 차원에서 사는 아름다운 나비가 고치에서 나옵니다. 사람도 이와 같습니다.

요한복음 3장은 사람이 어떻게 새로운 피조물이 되는가에 대한 예수님의 말씀이 기록되어 있습니다. 율법의 세밀한 부분까지 소심하리만치 지나치게 집착했던 유대인의 지도자인 니고데모가 예수님께 상담하러 찾아왔습니다.

"랍비여 우리가 당신은 하나님께로부터 오신 선생인 줄 아나이다 하나님이 함께 하시지 아니하시면 당신이 행하시는 이 표적을 아무도 할 수 없음이니이다 예수께서 대답하여 이르시되 진실로 진실로 네게 이르노니 사람이 거듭나지 아니하면 하나님의 나라를 볼 수 없느니라"(요 3:2~3)

니고데모가 당황하여 다시 물었습니다. "사람이 늙으면 어떻게 날 수 있사옵나이까 두 번째 모태에 들어갔다가 날 수 있사옵나이까"(요 3:4) 그때 예수님은 육신의 출생만 경험한 사람은 누구도 하나님 나라에 들어갈 수 없다고 설명해 주셨습니다. 하나님의 나라는 영적인 왕국이기 때문에 우리는 반드시 영적 출생을 경험해야 하는 것입니다.

오늘 주시는 말씀 로마서 6:4~14
믿음의 실천 나는 요한복음 3장 말씀을 읽고 특별히 1~8절 말씀을 묵상하며 나와 예수님의 관계를 점검해 보겠습니다. 만약 내가 오늘 죽는다고 하여도 나는 내가 천국에 갈 것이라는 것을 확신하기 원하며, 또 성령의 힘주심을 통하여 초자연적 삶을 살기를 원합니다.

See God's Glory

"Jesus saith unto her Said I not unto thee, that, if thou wouldest believe, thou shouldest see the glory of God?" JOHN 11:40, KJV

How wonderful to behold the glory of God! And in varying degrees you and I have the capability and opportunity of doing that very thing!

Jesus here, of course, is talking to Martha about her brother Lazarus, whom He was just about to raise from the dead. The message is plain: "Because you believed, Martha, you will see the glory of God in the raising of Lazarus."

Because you and I dare to believe God today, against all evidence and appearances to the contrary, He will let us see something of His glory. Just what is meant by that?

Most scholars agree that the glory of God, in this context at least, refers to the power and goodness displayed in the resurrection. That holds endless possibilities of fulfillment.

Amazing, isn't it, that the simple matter of believing often is so difficult for the *believer*, as we are called? "Ye receive not, because ye ask not." "According to your faith be it unto you." "Ye receive not because ye ask amiss."

May our Lord increase our faith by driving us into His Word, since "faith comes by hearing, and hearing by His Word."

BIBLE READING John 11:35-44
ACTION POINT I truly desire to experience the glory of God in my life. To this end I will, through the enabling of the Holy Spirit, live a life of faith and obedience.

하나님의 영광을 보리라

"예수께서 이르시되 내 말이 네가 믿으면 하나님의 영광을 보리라 하지 아니하였느냐 하시니"
요한복음 11:40

하나님의 영광을 눈으로 볼 수 있다면 얼마나 멋지고 놀라운 일이겠습니까? 정도는 사람에 따라 다르겠지만 당신과 나는 바로 그렇게 할 수 있는 기회와 능력을 갖고 있습니다!

물론 예수님은 이 말씀에서 그가 이제 곧 죽음에서 다시 살리시려는 마르다의 오빠 나사로에 관해 말씀하고 계십니다. 이 말씀의 메시지는 단순합니다. "마르다야, 네가 믿었으므로 나사로를 살리는 하나님의 영광을 볼 것이다."

믿음을 거스르는 눈에 보이는 모든 증거와 현상에도 불구하고 당신과 내가 오늘 담대히 하나님을 믿기 때문에 하나님은 우리에게 어떤 영광을 보여 주실 것입니다. 이것이 의미하는 바는 무엇이겠습니까?

대부분의 신학자들은 하나님의 영광이 적어도 위의 말씀 속에서는 '부활에서 보여주신 능력과 선하심'이라고 동의합니다. 그 말은 하나님의 영광은 우리에게 어떤 일도 가능하도록 한다는 것을 의미합니다.

그런데 '믿는 자'라고 불리는 우리에게, 그 단순한 '믿음'이 종종 그렇게도 어렵다는 사실이 놀랍지 않습니까? "너희가 얻지 못함은 구하지 아니하기 때문이요"(약 4:2), "너희 믿음대로 되라 하시니"(마 9:29), "구하여도 받지 못함은 정욕으로 쓰려고 잘못 구하기 때문이라"(약 4:3)

"그러므로 믿음은 들음에서 나며 들음은 그리스도의 말씀으로 말미암았느니라"(롬 10:17)고 하셨으니 부디 주께서 우리로 말씀을 공부하도록 하셔서 우리 믿음을 성장시켜 주시도록 간구합시다.

오늘 주시는 말씀 요한복음 11:35~44
믿음의 실천 나는 내 삶에서 하나님의 영광을 경험하기를 진심으로 열망합니다. 그러기 위해 나는 성령의 능력을 통하여 믿음과 순종의 삶을 살겠습니다.

You Can Be Sure

"And how can we be sure that we belong to Him? By looking within ourselves: are we really trying to do what he wants us to? Someone may say, 'I am a Christian; I am on my way to heaven; I belong to Christ.' But if he doesn't do what Christ tells him to do, he is a liar. But those who do what Christ tells them to will learn to love God more and more. That is the way to know whether or not you are a Christian. Anyone who says he is a Christian should live as Christ did." 1 JOHN 2:3-6

I frequently counsel with people who assure me that they are Christians, but their life-styles betray their profession. In fact, Jesus refers to this kind of person in His parable of the wheat and tares Matthew 13:24-30.

"I never knew you; depart from me," He will say to people whose profession of Christian faith is insincere Matthew 7:23, NAS. According to the Word of God, these people are confused, and we do them a great injustice if we do not hold before them the mirror of God's Word. Our Scripture portion today is one of the most effective passages to help open their eyes.

If there has not been a difference in your life-style since you professed faith in Christ; if, even in your failure and sin—and we all fail and sin at times—you do not have a desire to obey God and live a life pleasing to Him, it is quite possible that the new birth has not taken place in your life. Test yourself if you are not sure; if you have not done so, you can experience the new birth simply by receiving Christ into your heart today. This applies more directly to carnal Christians.

BIBLE READING 1 John 3:18-24
ACTION POINT To be absolutely certain of my relationship with Jesus Christ, I will take spiritual inventory of my life and seek to ascertain whether my life-style is consistent with that of the true believer and follower of Christ.

확신할 수 있음

"우리가 그의 계명을 지키면 이로써 우리가 그를 아는 줄로 알 것이요 그를 아노라 하고
그의 계명을 지키지 아니하는 자는 거짓말하는 자요 진리가 그 속에 있지 아니하되
누구든지 그의 말씀을 지키는 자는 하나님의 사랑이 참으로 그 속에서 온전하게 되었나니
이로써 우리가 그의 안에 있는 줄을 아노라 그의 안에 산다고 하는 자는 그가 행하시는 대로 자기도 행할지니라"
요한일서 2:3~6

나는 종종 자신이 그리스도인이라고 나에게 장담하면서도 그 삶은 자신들의 장담과는 전혀 다른 사람들을 상담하곤 합니다. 사실 예수님은 '알곡과 쭉정이'(마 13:24~30)의 비유에서 이런 종류의 사람들을 가리켜 말씀하고 계십니다.

"내가 너희를 도무지 알지 못하니…내게서 떠나가라"(마 7:23) 예수님은 그의 신앙 고백이 신실치 못한 사람들에게 이렇게 말씀하실 것입니다. 성경에 의하면 이런 사람들은 혼란스럽게 사는 사람들이며, 우리가 하나님 말씀의 거울을 그들 앞에서 비춰주지 않는다면 그들에게 큰 잘못을 범하는 것이 됩니다. 오늘의 말씀은 그런 사람들이 눈을 뜨도록 돕는 가장 효과적인 구절들 중의 하나입니다.

혹시 당신이 그리스도를 믿는 신앙 고백을 한 이후에도 당신의 생활 방식에 아무런 변화가 없고, 또 우리 모두는 때로 실패하고 죄를 범할 때가 있는데 혹시 당신이 그 때 조차도 하나님께 순종하고 하나님을 기쁘시게 하는 삶을 살고자 하는 열망이 없다면, 당신의 삶에는 애초에 '거듭남'을 경험한 적이 없었을 가능성이 아주 큽니다. 만일 당신이 확신이 없다면 자신을 점검해 보시기 바랍니다. 만일 아직 거듭남을 경험하지 못했다면 오늘 당신 마음 가운데 그리스도를 영접하기만 하면 거듭남을 경험할 수 있습니다. 이것은 육신적인 그리스도인들에게 더욱 직접적으로 해당되는 일일 것입니다.

오늘 주시는 말씀   요한일서 3:18~24
믿음의 실천   예수 그리스도와 나의 관계를 온전히 확신하기 위해 나는 나의 영적 생활을 점검하고 나의 생활 방식이 그리스도를 따르는 참된 그리스도인들과 일치하는지를 확인하겠습니다.

Path of Blessing

"You know these things—now do them! That is the path of blessing."
JOHN 13:17

These words of Jesus are as binding on us who follow Him today as they were on the disciples who actually heard Him speak them.

You will remember the setting. Jesus had just washed the feet of His disciples as an example of servanthood that He wanted them to observe and to learn. And that is the lesson we do well to ponder: service for others.

Except for the good we can do others, in the power and with the enabling of God's Holy Spirit, what really is the purpose of our being left here on earth? And miracle of miracles, when we do that which is right—serve others, in Christ's name—our own personal problems seem minor and relatively unimportant.

Loneliness and depression have their quickest cure in the realm of helping others. No matter what our problem—physical, spiritual or material—it is quite likely we can find others whose plights are worse. By giving of ourselves in their behalf, we forget about our own troubles, which are usually resolved in the process.

Simple, is it not, that we are to do those things the Lord commands us to do? When we read and study His word, we can find out just what they are.

BIBLE READING John 13:12-16
ACTION POINT I will not be content with just admiring the example Jesus has set before us, but will seek to obey His commands to be a doer of the Word as well.

축복의 길

"너희가 이것을 알고 행하면 복이 있으리라"
요한복음 13:17

　예수님의 이 말씀은 실제로 예수님께 이 말씀을 들었던 제자들만큼이나 우리를 사로잡습니다.
　이 말씀을 하실 때의 배경을 기억하실 것입니다. 예수님은 제자들이 보고 배우기를 원하셔서 섬기는 자의 모범으로 자신의 제자들의 발을 씻기셨습니다. 다른 사람을 섬기는 것, 이것이 우리가 깊이 생각해야 하는 교훈입니다.
　하나님의 성령의 힘과 능력으로 다른 사람들을 위해 우리가 선한 일들을 베푸는 것 외에 우리가 이 땅에 살고 있는 참된 목적이 또 무엇이 있겠습니까? 그리고 기적 중의 기적은, 우리가 '그리스도의 이름으로 다른 사람을 섬기는', 그 옳은 일을 할 때 우리 자신이 갖고 있는 문제가 상대적으로 작고, 덜 중요하게 보인다는 것입니다.
　우울과 외로움을 가장 신속하게 치료하는 방법은 다른 사람을 돕는 것입니다. 신체적, 영적, 물질적으로 우리가 갖고 있는 문제가 무엇이든 우리보다 훨씬 심한 어려움 가운데 있는 사람들을 쉽게 찾을 수 있습니다. 그들을 위하여 우리 자신을 줌으로써 우리 자신의 문제들을 잊을 수 있으며 또 그 문제들은 대개 남을 돕는 과정에서 해결이 되곤 합니다.
　주님이 우리에게 명령하신 대로 우리가 행하기만 하면 된다는 것은 간단하지 않습니까? 하나님 말씀을 읽고 공부할 때 우리는 그 명령이 정확히 어떤 것인지 알 수 있습니다.

오늘 주시는 말씀　　요한복음 13:12~16
믿음의 실천　　나는 예수님이 우리에게 보여 주신 모범을 찬양하는 데 그치지 않고 그 명령에 순종하여 말씀을 실천하는 자가 되도록 애쓰겠습니다.

Never Alone

"No, I will not abandon you or leave you as orphans in the storm—I will come to you."
JOHN 14:18

"I feel so alone," Bev said, "with my husband gone and all my children married. Sometimes I can hardly bear the pain, the anguish. At times it's as though I am about to suffocate—I am so lonely!" Bev was in her late 70s. Her husband was dead, and her other family members were involved in their own careers and activities. Though they loved her, they were so busy they seldom saw her to express that love.

I shared with her the good news of the one who loved her so much that He died on the cross for her and paid the penalty for her sins, the one who promised to come to her and, once He came, never to leave her. There in the loneliness of her living room, she bowed with me in prayer and invited the risen living Christ to take up residence in her life, to forgive her, to cleanse her, to make her whole, to make her a child of God. When she lifted her face, her cheeks were moist with tears of repentance and her heart was made new with joy. "I feel so different," she said. "Already I feel enveloped with the sense of God's presence, His love and His peace."

As the months passed, it became increasingly evident that she was not alone. He who was with her had been faithful to His promise never to leave her.

Do you feel deserted, alone, rejected? Do you have problems with your family, work, school or health? Whatever may be your need, Jesus is waiting to make His presence as real to you as if He were with you in his physical body.

I would encourage you to do five things to enhance the realization of His presence. (1) Meditate on His Word day and night. (2) Confess all known sin. (3) Aggressively obey His commandments. (4) Talk to Him everything as you would to your dearest friend, which He is. (5) Tell everyone who will listen about Him so that they too can experience the supernatural life which comes only from allowing the supernatural power of the indwelling Christ to be reflected in and through you.

BIBLE READING   Psalm 68:3-6
ACTION POINT   To enhance the Lord's presence in my life, I will practice the five recommendations, knowing that as I walk in this vital personal relationship with Christ, His supernatural qualities will become increasingly apparent in my life.

결코 혼자가 아닙니다

"내가 너희를 고아와 같이 버려두지 아니하고 너희에게로 오리라"
요한복음 14:18

베브가 말했습니다. "남편이 죽고 자녀들이 모두 결혼한 뒤로 나는 정말 세상에 나 혼자 밖에 없다는 생각이 듭니다. 때로는 고통과 번민을 견디기 힘들어서 숨이 막힐 것 같아요. 정말 외롭습니다!" 베브는 70대 후반의 할머니였습니다. 남편은 세상을 떠났고, 다른 가족들은 직장과 자신들의 생활로 바빴습니다. 가족들은 베브를 사랑했지만, 생활에 너무 바쁜 나머지 그녀를 찾아 사랑을 표현할 기회가 거의 없었던 것입니다.

나는 그녀에게 그녀를 너무도 사랑하셔서 그녀를 위해 십자가에서 죽으심으로 그녀의 죗값을 치루시고, 그녀 곁에 한 번 오시면 결코 떠나지 않겠다고 약속하신 분에 대한 기쁜 소식을 전해 주었습니다. 쓸쓸한 그녀의 거실에서 베브는 나와 함께 머리를 숙여 부활하시고 살아 계신 그리스도께서 그녀의 삶에 들어와 죄를 용서해 주시고, 정결케 하시며, 온전케 하시고, 그녀를 하나님의 자녀로 삼아 주실 것을 기도했습니다. 그녀가 고개를 들었을 때 그녀의 두 뺨은 회개의 눈물로 젖어 있었고, 마음은 기쁨으로 새로워져 있었습니다. "정말 다른 느낌이에요." 베브가 말했습니다. "내가 벌써 하나님의 임재와 사랑, 평화에 싸여 있는 것처럼 느껴집니다."

몇 달이 지나면서 그녀가 혼자가 아니라는 사실이 점점 더 분명해졌습니다. 그녀와 함께 계신 주님은 결코 그녀를 떠나지 않으신다는 약속을 신실히 지켜주셨습니다.

당신도 혹시 지금 버림받고 거부당해 혼자인 것 같은 느낌이 듭니까? 당신의 가족이나, 일에서, 혹은 학교나 건강에 문제가 있습니까? 당신의 필요가 무엇이든 예수님은 마치 육신으로 당신과 함께 하시는 것처럼 당신에게 실제로 임재하기 위해 기다리고 계십니다.

나는 당신이 예수님의 임재하심의 실재를 보다 분명히 깨달을 수 있도록 다음 다섯 가지를 하도록 권면합니다. (1)성경 말씀을 주야로 묵상하기 바랍니다. (2)깨닫게 해주시는 모든 죄를 고백하십시오. (3)적극적으로 하나님의 계명에 순종하십시오. (4)가장 가까운 친구이신 주님께 친구에게 하듯 모든 것을 말씀드리십시오. (5)듣고자 하는 모든 다른 사람에게 주님을 전해서, 그들도 우리처럼, 우리 안에 거하시는 그리스도의 초자연적 능력을 경험할 수 있게 하십시오.

오늘 주시는 말씀 시편 68:3~6
믿음의 실천 내가 그리스도와 함께 이 생생한 인격적인 관계 속에 살아갈 때 예수님의 초자연적 삶의 특징이 내 삶에서 점점 더 분명해진다는 것을 깨닫기 때문에, 내 삶 가운데 주님의 임재가 더욱 확실히 드러나도록, 나는 오늘 공부한 다섯 가지의 권면을 계속 훈련 하겠습니다.

Still Present With You

"In just a little while I will be gone from the world, but I will still be present with you. For I will live again—and you will too." JOHN 14:19

In this one verse the whole gospel story is expressed, for Jesus is speaking on the day before His death, foretelling just what will happen then and thereafter.

And what He has to say should bring renewed joy and comfort and peace to our hearts in the midst of a chaotic world that perhaps includes an element of chaos even in the home or at the office or in the classroom.

Yes, He was gone from the world to assume His rightful position at the right hand of His heavenly Father—after His death and resurrection. Now He is present with us in the person of His indwelling Holy Spirit, who lives within every believer. And to the extent we give Him control of our hearts and lives, He empowers and enables us to live a supernatural, abundant life.

He prophesies His resurrection—"I will live again"—the joyous truth of which makes possible His final promise to His disciples, "You will live too."

Jesus is saying, in effect, that the life of the Christian depends on that of Christ. They are united, and if they were separated, the Christian could not enjoy spiritual life here nor eternal joy hereafter. But He lives! And because He lives, we too shall live—forever, with Him throughout the endless ages of eternity!

BIBLE READING Romans 5:6-11
ACTION POINT Because Jesus died, arose and now lives at God's right hand while at the same time living in me, I can live the abundant, supernatural life today, and forever!

너희는 나를 보리니

"조금 있으면 세상은 다시 나를 보지 못할 것이로되
너희는 나를 보리니 이는 내가 살아 있고 너희도 살아 있겠음이라" 요한복음 14:19

이 짧은 구절 속에 복음서 전체의 이야기가 표현되어 있습니다. 왜냐하면 예수님이 그의 죽음 바로 전날에 무슨 일이 벌어지며, 또 그 후 어떤 일이 있을 것인지를 말씀하고 계시기 때문입니다.

주님이 하신 말씀은 가정과 일터, 학교에서조차도 진정한 평안이 없는 이 혼란스러운 세상 가운데에 사는 우리 마음에 새로운 기쁨과 위로, 평안을 줍니다.

그렇습니다. 주님은 죽음과 부활 후에 하늘에 계신 아버지의 오른편에 있는 자신의 합당한 자리를 취하시기 위하여 세상을 떠나셨습니다. 지금은 모든 믿는 자 안에 거하시는 성령의 인격 안에서 우리와 함께 계십니다. 또 우리가 우리 마음과 삶의 주도권을 주님께 드리면 드리는 만큼, 주님은 초자연적이며 풍성한 삶을 누릴 수 있도록 우리에게 힘과 능력을 주십니다.

예수님은 자신의 부활을 예언하셨습니다. '…이는 내가 살아 있고…', 이 환희의 진리가 제자들에게 주신 '너희도 살아 있겠음이라'는 마지막 약속을 가능하게 합니다.

사실상 예수님은 그리스도인의 삶이 그리스도의 삶에 의존한다는 것을 말씀하고 계십니다. 이 둘은 서로 연합되어 있고 만약 서로 떨어져 있다면 그리스도인은 이 땅에서의 초자연적인 기쁨도, 또 내세에서의 영원한 삶도 누리지 못할 것입니다. 그러나 주님은 살아 계십니다! 그리고 주님이 살아 계시기 때문에 우리도 역시 주님과 함께 끝없는 영원의 삶을 살 것입니다.

오늘 주시는 말씀 로마서 5:6~11
믿음의 실천 예수님께서 죽으시고 부활하셔서 지금 하나님 우편에 앉아 계시고 또 동시에 내 안에 살아 계시기 때문에 나는 오늘, 그리고 영원토록 풍성하고 초자연적 삶을 살 것입니다.

You Are Indwelt by God Himself!

"Haven't you yet learned that your body is the home of Holy Spirit God gave you, and that he lives within you? Your own body does not belong to you."
1 CORINTHIANS 6:19

The Bible teaches that there is one God manifested in three persons—Father, Son and Holy Spirit—and that God lives within everyone who has received Christ.

One of the most important truths I have learned as a Christian is that this omnipotent, holy, righteous, loving, triune God—our heavenly Father, Our risen Savior and Holy Spirit, Creator of heaven and earth—comes to dwell within sinful man at the moment he receives Christ! And, through Christ's blood, sinful man is made righteous at the moment of the new birth!

Meditate with me upon what this means. When you fully grasp that the God of love, grace, wisdom, power and majesty dwells within you, it will revolutionize your life. That might well be, for you, the beginning step of a supernatural life. Recognizing that God's Holy Spirit dwells within you waiting to release His matchless love and mighty power is absolutely awesome.

You are His temple, and if you invite Him to, He will actually walk around in your body, think with your mind, love with your heart, speak with your lips and continue to seek and save the lost, for whom He gave His life 2,000 years ago. Incredible! Incomprehensible to our finite minds, this truth is so clearly emphasized in the Word of God and demonstrated in the lives of all who trust and obey Him that there can be no doubt. If you have received Christ, God—Father, Son and Holy Spirit—now indwells you and your body has become His temple.

BIBLE READING Acts 2:37-40
ACTION POINT I will begin every day by acknowledging that my body is a temple of God. I will invite the Lord to walk around in my body, think with my mind, love with my heart, speak with my lips and continue to seek and save the lost through me.

우리 몸은 하나님의 성전

"너희 몸은 너희가 하나님께로부터 받은 바 너희 가운데 계신 성령의 전인 줄을 알지 못하느냐 너희는 너희 자신의 것이 아니라" 고린도전서 6:19

성경은 성부, 성자, 성령의 세 인격으로 나타나시는 한 분 하나님이 계시며, 하나님은 그리스도를 영접한 모든 사람 안에 살아 계심을 가르칩니다.

내가 그리스도인으로서 배운 가장 중요한 진리 가운데 하나는 전능하시고, 거룩하시며, 의로우시고 사랑이신 삼위일체의 하나님, 곧 우리 하늘 아버지이시며, 부활하신 구주이시고, 거룩한 성령이신, 하늘과 땅의 창조주께서 우리가 그리스도를 영접하는 순간 이 죄 많은 인간 안에 거하기 위해 오신다는 것입니다! 그리고 그리스도의 보혈로 거듭나는 순간에 죄인이 의롭게 된다는 것입니다.

이것이 어떤 의미인지 함께 묵상해 보십시다. 당신이 사랑과 지혜와 능력과 위엄의 하나님께서 당신 안에 거하신다는 사실을 온전히 깨달을 때 이 사실은 당신의 삶을 혁명적으로 바꿀 것입니다. 그와 같은 깨달음은 당신의 초자연적 삶을 위한 첫걸음이 될 것입니다. 하나님의 거룩한 성령이 당신 안에 거하시며, 그의 비길 데 없는 사랑과 전능한 힘을 주시기 위해 기다리고 계신다는 사실을 깨닫는 것은 정말 놀랍고 엄청난 일입니다.

당신의 몸은 하나님의 성전입니다. 당신이 주님을 초청하기만 하면 주님은 실제로 당신 안에서 두루 행하시고, 당신의 마음과 함께 생각하시며, 당신의 가슴으로 사랑하시고, 당신의 입술로 말씀하시며, 2,000년 전에 자신의 생명을 주셨던 잃어버린 자들을 찾아 구원하는 일을 계속하십니다. 믿기 힘든 놀라운 일 아닙니까?

우리의 제한된 이성으로는 이해하기 힘들지만, 이 진리는 하나님의 말씀에서 너무도 명확히 강조되어 있고 또 하나님을 신뢰하고 순종했던 모든 사람의 삶을 통하여 분명하게 드러나 있어서 조금도 의심의 여지가 없습니다. 당신이 그리스도를 영접했다면 성부, 성자, 성령, 하나님께서는 지금 당신 안에 거하시며 당신의 몸은 하나님의 성전인 것입니다.

오늘 주시는 말씀 사도행전 2:37~40

믿음의 실천 나는 날마다 나의 몸이 하나님의 성전임을 인정함으로써 하루를 시작하겠습니다. 나는 주님이 나의 몸 안에서 두루 행하시며, 나의 마음과 함께 생각하시고, 나의 가슴으로 사랑하시고, 나의 입술로 말씀하시며, 계속해서 나를 통해 잃어버린 자를 찾아 구원하시도록 주님께 청하겠습니다.

He Brings You Comfort

"'But I will send you the Comforter—the Holy spirit, the source of all truth. He will come to you from the Father and will tell you all about me.'" JOHN 15:26

For years I was among the more than 95 percent of church members who, according to various surveys, are not knowledgeable concerning the person and ministry of the Holy Spirit. Then God, in His gracious love and wisdom, showed me how simple it is to release His power into and through my life by faith, just as years before I had received assurance of my salvation by faith.

If I had only one message to proclaim to the Christian world, it would be this: how to know and experience, moment by moment, day by day, the reality of the fullness and power of the Holy Spirit. Everything that has to do with the Christian life involves God the Holy Spirit, the third person of the Trinity.

We are born again through the ministry of the Spirit John 3. The Holy Spirit inspired men of old to record the holy, inspired Word of God 2 Peter 1:21. Only those who are filled, controlled and empowered with His presence can comprehend what He communicated to those writers centuries ago, which is the message that He has for us today 1 Corinthians 2:14.

We cannot live holy lives apart from the Holy Spirit, for He alone can produce the fruit of the Spirit Galatians 5:22-23 in our lives. We cannot pray intelligently unless the Holy Spirit enables us, for He makes intercession for us with groanings too deep for words Romans 8:26. We have no power to witness for Christ apart from His power Acts 1:8. Only the Holy Spirit can enable us to live a supernatural life.

Don't be satisfied with anything less than the love, Joy, peace, victory and power that comes from living daily in the fullness of the Holy Spirit.

BIBLE READING John 14:16-21
ACTION POINT I determine to learn everything I can about the Holy Spirit through my Bible concordance, Scripture references to Him, and books on the Holy Spirit recommended by my pastor and other spiritual leaders.

보혜사 성령

"내가 아버지께로부터 너희에게 보낼 보혜사 곧 아버지께로부터 나오시는 진리의 성령이 오실 때에
그가 나를 증언하실 것이요" 요한복음 15:26

여러 다양한 조사에 따르면 거의 95% 이상의 사람들이 성령의 인격과 사역에 대하여 알지 못하고 있는 단순한 26)교회 출석자(Church members)라고 하는데, 나도 오랫동안 그중 한 사람이었습니다. 그런데 하나님은 예전에 1)믿음으로(by faith) 내가 구원의 확신을 얻은 것과 꼭 같이, 믿음으로(by faith) 내 삶 속에서, 또 내 삶을 통하여서, 하나님의 능력의 도우심이 드러나도록 하는 것이 얼마나 단순한 일인가를 그의 은혜로우신 사랑과 지혜 가운데 내게 보여주셨습니다.

만일 내가 그리스도를 믿는 사람들에게 단 한 가지의 메시지만 선포해야 한다면 그것은 바로 이것입니다. "매순간, 매일매일, 어떻게 성령의 능력과 충만의 실재를 깨닫고 경험할 수 있는가?" 하는 것입니다. 그리스도인의 삶에 관련된 모든 것은 삼위일체의 한 분이신 성령 하나님과 연관되어 있습니다.

우리는 성령의 사역을 통하여 거듭납니다.(요 3장) 성령께서는 옛 믿음의 사람들을 감동하여 영감으로 거룩한 하나님의 말씀을 기록하게 하셨습니다.(벧후 1:21) 오직 성령의 임재하심으로 충만하여지고, 다스리심을 받으며, 그 능력을 힘입은 사람들만이 수백, 수천 년 전에 성경을 기록한 사람들에게 주셨던 하나님의 말씀, 바로 오늘날 우리에게 주시는 하나님의 메시지를 이해할 수가 있습니다.(고전 2:14)

우리의 삶의 성령의 열매는 성령만이 맺게 하실 수 있기 때문에 성령을 떠나서 우리가 거룩한 삶을 살 수는 없습니다. 성령이 우리를 도우시지 않으면 제대로 기도할 수 없습니다. 왜냐하면 성령이 말할 수 없는 탄식으로 우리를 위하여 친히 간구해주시기 때문입니다.(롬 8:26) 성령의 능력 없이는 그리스도를 증거할 힘이 우리에게는 없습니다. 오직 성령만이 우리를 초자연적으로 살게 하실 수 있습니다.

성령 충만한 매일의 삶으로부터 우리가 누릴 수 있는 사랑과 기쁨과 평강과 승리와 능력이 아니면 그 어떤 것에도 만족하지 마시기 바랍니다.

오늘 주시는 말씀   요한복음 14:16~21
믿음의 실천   나는 성령에 관하여 내가 배울 수 있는 모든 것을 공부하기로 결심하겠습니다. 성경 사전과 또 성령과 관련된 성경 구절들, 목사님과 영적 지도자들이 추천해 주는 성령에 관한 책들도 공부하겠습니다.

His Life in Us

"Jesus replied, 'Because I will only reveal myself to those who love me and obey me. The Father will love them too, and we will come to them and live with them. Anyone who doesn't obey me doesn't love me.'" JOHN 14:23-24

Millions of Christians throughout the world profess their love for Christ each week by attending church services, singing songs, studying their Bibles, attending prayer meetings, etc. Yet, all the talk in the world will never convince anyone that you or I truly love the Lord unless we obey His commandments.

How can we know His commandments unless we study His Word? When we study His word, how can we comprehend what He is saying unless the Holy Spirit illumines our minds and teaches us? It is God the Holy Spirit who inspired the writing of His holy Word through holy men. He alone can help us understand the true meaning of the Scripture and enable us to obey His commands.

Thus, the reality of Christ abiding in us is made possible through a supernatural enabling of the Holy Spirit who came to glorify Christ and through whose indwelling presence the Lord Jesus will reveal Himself to us.

Is Jesus Christ a reality in your life? If not, it is quite likely that you are not demonstrating your love for Him by studying His Word and obeying His commandments.

BIBLE READING John 14:15-22
ACTION POINT With the help of the Holy Spirit who enables me to live the supernatural life, I will endeavor to demonstrate my love for Christ by studying His Word and obeying His commandments.

우리 안에 있는 그의 생명

"예수께서 대답하여 이르시되 사람이 나를 사랑하면 내 말을 지키리니 내 아버지께서 그를 사랑하실 것이요 우리가 그에게 가서 거처를 그와 함께 하리라 나를 사랑하지 아니하는 자는 내 말을 지키지 아니하나니 너희가 듣는 말은 내 말이 아니요 나를 보내신 아버지의 말씀이니라" 요한복음 14:23~24

전 세계의 수백만의 그리스도인들은 매주 예배에 참석하고, 찬송을 부르고, 성경을 공부하고, 기도회에 참석하는 일 등으로 그리스도를 향한 그들의 사랑을 고백합니다. 그러나 우리가 주의 계명에 순종하지 않는 한 세상의 어떤 말로도 당신과 내가 주님을 사랑한다는 것을 사람들에게 확증할 수 없을 것입니다.

그런데 우리가 하나님의 말씀을 공부하지 않고 어떻게 하나님의 계명을 알 수 있겠습니까? 또, 우리가 하나님의 말씀을 공부할 때 성령께서 우리 마음을 조명해 주시고 가르쳐 주시지 않으면 그 말씀을 어떻게 깨달을 수 있겠습니까? 거룩한 사람들을 통하여 하나님의 거룩한 말씀을 기록하도록 감동시키신 분이 성령 하나님입니다. 성령만이 성경의 진정한 의미를 깨닫도록 우리를 도우실 수 있으며 또 하나님의 명령에 우리가 순종할 수 있도록 해주십니다.

따라서 그리스도께서 우리 안에 거하시는 실재함은 그리스도를 영화롭게 하기 위하여 오신 성령의 초자연적 도우심을 통하여 가능해지며 우리 안에 거하시는 성령의 임재를 통하여 주 예수님께서는 우리에게 자신을 나타내실 것입니다.

예수 그리스도께서 당신의 삶에 실제로 존재하십니까? 만일 그렇지 못하다면 당신은 아마도 하나님 말씀을 공부하고 그의 계명을 순종하는 것으로 예수님에 대한 당신의 사랑을 나타내지 않고 있을 가능성이 대단히 큽니다.

오늘 주시는 말씀 요한복음 14:15~22
믿음의 실천 초자연적 삶을 살 수 있도록 해주시는 성령의 도우심으로 나는 하나님 말씀을 공부하고 그의 계명을 지켜 그리스도께 대한 나의 사랑을 나타내는 일에 전심으로 애쓰겠습니다.

God's Word Works

"As the rain and snow come down from heaven and stay upon the ground to water the earth, and cause the grain grow and to produce seed for the farmer and bread for the hungry, so also is my Word. I send it out, and it always produces fruit. It shall accomplish all I want it to and prosper everywhere I send it." ISAIAH 55:10-11

An angry student confronted me after my message to UCLA students. "You have no right to impose your views on these students," he exclaimed. "You will confuse them. They are easily influenced and might respond to some of your religious views which I totally reject."

I learned that he was the Communist leader on the campus and did not believe in God or the Scriptures. I invited him to our home for dinner and as we ate, we talked about many things. After we had finished our dessert, I reached over and picked up my Bible and said that I would like to read something very important to him. He resisted, saying, "I don't want to hear anything from the Bible. I don't believe it. It is a ridiculous book filled with all kinds of myths, contradictions and exaggerations."

During my years of agnosticism I would have made similar statements, not because I knew them to be true, but because I was parroting what others had told me; I did not really know the facts. I said, "If you don't mind, I would like to read you something anyway," and I turned to John l:1. "In the beginning was the Word, and the Word was with God, and the Word was God" (KJV). I continued through verse 14. Then I turned to Colossians l and Hebrews 1, reading portions identifying Christ as the Creator, the visible expression of the invisible God. I concluded with 1 John 2:22-23.

As I read each passage, he asked if he could read it for himself. The initial flash of anger soon turned to interest, then to acceptance and finally he was like a repentant child experiencing the warmth and love of the Father's embrace. As he stood to leave, I asked him to sign our guest book. He wrote these words: "The night of decision."

BIBLE READING Isaiah 55:6-13

ACTION POINT Today I will share God's Word with someone who does not know our Savior with the prayer that he, too, will come to know Him and experience with me the supernatural life which is our heritage in Christ.

하나님의 말씀이 일 하십니다

"이는 비와 눈이 하늘로부터 내려서 그리로 되돌아가지 아니하고 땅을 적셔서 소출이 나게 하며 싹이 나게 하여
파종하는 자에게는 종자를 주며 먹는 자에게는 양식을 줌과 같이 내 입에서 나가는 말도
이와 같이 헛되이 내게로 되돌아오지 아니하고 나의 기뻐하는 뜻을 이루며 내가 보낸 일에 형통함이니라"
이사야 55:10~11

UCLA 대학에서 학생집회를 마쳤을 때 한 학생이 화가 나서 나를 찾아왔습니다. "당신은 이 학생들에게 당신의 견해를 강요할 권리가 없습니다." 그는 큰 소리로 말했습니다. "당신은 학생들에게 혼란을 줄 것입니다. 학생들이 쉽사리 영향을 받아서 당신의 종교적인 견해에 동조할지 모르지만 나는 전적으로 거부합니다."

나는 그 학생이 캠퍼스의 공산주의자들의 리더이며, 하나님도 성경도 믿지 않는다는 것을 알게 되었습니다. 나는 그를 우리 집 저녁 식사에 초대하여 식사하며 여러 가지 이야기를 나누었습니다. 식사 후 후식까지 마친 후 나는 내 성경을 꺼내어 그에게 아주 중요한 어떤 것을 읽어 주고 싶다고 말했습니다. 그는 "나는 성경에 있는 어떤 것도 듣고 싶지 않습니다. 나는 성경을 믿지 않습니다. 성경은 온갖 종류의 신화와 모순, 과장으로 가득 찬 끔찍한 책입니다."라고 말하며 듣지 않으려고 했습니다.

내가 불가지론에 빠져있던 시절에는 나도 아마 그와 비슷한 말을 했을 텐데 그것이 내가 그것을 사실이라고 믿기 때문이 아니라, 다른 사람이 내게 해준 말을 그저 앵무새처럼 따라 하는 것일 뿐이었습니다. 나는 정말 사실을 제대로 알고 있지 못했었습니다.

나는 그에게 "괜찮으시다면 아무튼 조금만 읽어 드리고 싶군요."라고 말하고 요한복음 1장 1절 "태초에 말씀이 계시니라 이 말씀이 하나님과 함께 계셨으니 이 말씀은 곧 하나님이시니라"라는 부분을 펴서 읽기 시작하여 14절까지 읽었습니다. 그리고 골로새서 1장과 히브리서 1장을 펴서 그리스도를 보이지 않는 하나님의 보이는 형상으로서 우리의 창조주라고 말씀하고 계신 부분을 계속 읽어주고 요한일서 2장 22~23절로 마무리 지었습니다.

내가 각 구절을 읽을 때 그는 자기가 읽을 수 있겠느냐고 물었습니다. 처음의 불꽃같던 분노는 곧 관심으로, 그리고 수긍과 인정으로 바뀌고, 결국 아버지의 포옹과 사랑, 따뜻함을 경험하는 회개하는 아들이 되어갔습니다. 그가 돌아가기 위해 일어섰을 때 나는 우리 집 방명록에 서명을 해달라고 부탁했습니다. 그는 방명록에 이렇게 썼습니다. "결단의 밤".

오늘 주시는 말씀 이사야 55:6~13
믿음의 실천 나는 오늘 우리 구주를 아직 모르는 누군가와 하나님의 말씀을 나누겠습니다. 그리고 그도 나처럼 주님을 알고 주님이 우리에게 주신 유산인 초자연적 삶을 경험할 수 있도록 기도하겠습니다.

Life's Greatest Investment

"And anyone who gives up his home, brothers, sisters, father, mother, wife, children, or property, to follow me, shall receive a hundred times as much in return, and shall have eternal life." MATTHEW 19:29

I can tell you on the authority of God's Word and from personal experience and observation that this promise is true. From my own commitment—made more than 30 years ago—and after having spoken with hundreds of Christian leaders and humble servants of God around the world, and observed the thousands whom I have counseled, I do not know of anyone whom God is using in any significant way who would say that this spiritual law has not been true in his life.

The time to invest your time, talent and treasure for Christ and His kingdom is now. The powerful tide of secular humanism, atheism, materialism, communism and other anti-God forces is threatening to engulf the world. From the human perspective, on the basis of what I see and hear, I could be very pessimistic about the future freedom of mankind.

On the contrary, I am very optimistic, not on the basis of what I see and hear, but on the basis of what I believe God is saying to my heart and of what I am observing that He is doing throughout the world. I am constantly reminded and assured, "Greater is He that is in you, than he that is in the world" 1 John 4:4, KJV. Satan and his demonic forces were defeated 2,000 years ago.

Do you want a safe formula for success? Then recognize and practice the following:

First, remember that everything entrusted to our care actually belongs to God. We are His stewards here on earth.

Second, God does not want us to hoard His blessings.

Third, "As you sow, you reap."

Fourth, invest generously—above the tithe in time, talent and treasure.

Fifth, invest supernaturally—by faith.

BIBLE READING Matthew 25:35-40
ACTION POINT Recognizing myself as God's steward, I will prayerfully seek to learn what He would have me do to maximize my life for His glory through the investment of my time, talent and treasure.

가장 위대한 투자

"또 내 이름을 위하여 집이나 형제나 자매나 부모나 자식이나 전토를 버린 자마다
여러 배를 받고 또 영생을 상속하리라" 마태복음 19:29

나는 하나님 말씀의 권위와 내 개인적 체험, 그리고 그간 지켜 본 나의 경험에 의해 이 약속이 참된 것을 말할 수 있습니다. 거의 30년 전에 했던 나의 헌신 이후의 삶과, 전 세계의 수백 명의 기독교 지도자들과 겸손한 하나님의 종들과의 대화에서, 그리고 또 내가 상담했던 수천 명을 지켜 본 결과, 하나님이 어떤 방식으로든 귀히 쓰신 사람들 가운데 이 영적 원칙이 자신의 삶에서 사실로 나타나지 않은 사람은 한 사람도 볼 수 없었습니다.

당신의 시간과 재능과 물질을 투자할 때는 바로 지금입니다. 세속적 인본주의와, 무신론과 물질 만능주의와 공산주의와 그 외의 하나님을 대적하는 거센 물결들이 세상을 삼키려고 위협하고 있습니다. 보이고 듣는 것에 기초해 인간적인 관점에서 내가 말한다면 인류의 장래는 매우 비관적이라고 해야 할 것입니다.

그러나 나는 대단히 낙관적입니다. 보이고 듣는 것에 의해서가 아니라, 하나님이 내 마음에 하시는 말씀을 믿는 믿음과 전 세계에서 하나님이 지금 하고 계시는 일을 보면서 나는 매우 낙관적입니다. 나는 끊임없이 이 말씀을 되새기며 확신합니다. "너희 안에 계신 이가 세상에 있는 자보다 크심이라"(요일 4:4) 사단과 마귀의 세력들은 2,000년 전에 패퇴했습니다.

당신은 성공을 위한 틀림없는 공식을 원하십니까? 그러면 다음의 것들을 유념하고 실천하십시오.

첫째, 우리가 가지고 있는 모든 것은 사실 하나님의 것임을 기억하십시오. 우리는 이 땅에서 하나님의 청지기입니다.

둘째, 하나님은 우리가 그의 축복들을 묻어 두기를 원치 않으십니다.

셋째, "뿌린 대로 거둡니다."

넷째, 후하게 드리십시오. 시간과 재능과 물질에서 십일조 이상으로 후히 드리기 바랍니다.

다섯째, 초자연적으로 드리십시오— 1)믿음으로(by faith).

오늘 주시는 말씀 마태복음 25:35~40
믿음의 실천 나는 내가 하나님의 청지기임을 인식하고, 나의 시간과 재능과 물질을 드림으로써 어떻게 나의 삶을 가장 효과적으로 하나님의 영광을 위하여 사용할 것인지를 배우기 위해 기도하며 찾겠습니다.

A Greater Harvest

"He has already tended you by pruning you back for greater strength and usefulness by means of the commands I gave you." JOHN 15:3

My friend was in the process of pruning his vineyard, and it appeared to me—in my limited knowledge of vineyards—that the pruning was too severe. Only the main stump remained. I inquired, "Why have you pruned the vine back to just the main stump?"

"Because," he said, "that is the way to ensure that it will produce a greater harvest. Otherwise the nourishment flowing up through the roots would be dissipated in keeping the vines alive. It could not produce the maximum number of grapes."

It is my regular prayer that God will keep both me as an individual and the movement of which I am a part well pruned that we may not waste time, energy, talent and money producing beautiful foliage with no fruit. Our subjection to that pruning can be either voluntary or reluctant. How much better it is for us to invite the Lord to do the pruning than to have the pruning forced upon us over our protests.

The best possible way to cooperate in God's pruning is to study His Word. Memorize and meditate on His truths, obey His commandments and claim His promises. Jesus taught the disciples personally, by word and model, over a period of more than three years. Yet, Judas betrayed the Lord and committed suicide and the others denied Him and deserted Him at the cross. It was not until the Holy Spirit came upon them at Pentecost that their lives were really transformed and the things He had taught them became a reality to them.

The same Holy Spirit who transformed their lives and gave them the courage to die as martyrs proclaiming God's truth dwells within you and me. He wants to bear much fruit through us as He did through them. I encourage you to make that time, when you study the commands that Jesus gave us and apply His truths to your heart, the most important part of your day.

BIBLE READING John 15:1-5
ACTION POINT I will cooperate with the Holy Spirit in the pruning process of my life by studying, memorizing and meditating on God's Word, applying its truths to my life as I claim the supernatural resources of the living Christ for supernatural living.

더 풍성한 수확

"너희는 내가 일러준 말로 이미 깨끗하여졌으니"
요한복음 15:3

나의 친구가 그의 포도나무 가지치기를 하고 있었는데 포도나무를 재배하는 데 별로 아는 것이 없는 내게는 그가 너무 심하게 가지를 치는 것 같아 보였습니다. 그는 오직 원줄기만을 남겨두는 것이었습니다. 나는 "자네 왜 원줄기만 남기고 그렇게 바싹 잘라 버리는가?"라고 물어 보았습니다.

"그렇게 하는 것이 더 풍성한 수확을 보장하는 길이라네. 그렇게 하지 않으면 뿌리로부터 오는 양분이 가지들에 소모되어 포도 열매를 최대한 많이 맺을 수가 없게 되네."라고 친구가 대답했습니다.

나는 하나님께 나 개인과 또 내가 참여하고 있는 사역 모두 깨끗이 가지치기를 잘해주셔서 우리가 시간과 재능, 물질을 낭비하여 열매 없이 가지만 무성하게 되지 않도록 늘 기도합니다. 주님의 가지치기에 대하여 우리는 자발적으로 기꺼이 따를 수도 있고, 싫어서 마지못해 따를 수도 있을 것입니다. 억지로 마지못해 가지치기를 당하는 것보다 가지를 쳐 주십사 하고 주님을 초청하는 것이 훨씬 더 나은 일이 아니겠습니까?

하나님의 가지치기를 돕는 제일 좋은 방법은 그의 말씀을 공부하는 것입니다. 하나님의 진리의 말씀을 외우고 묵상하며 그의 계명에 순종하고 주신 약속들을 주장(claim)하십시오. 예수님은 말씀과 모범으로 개인적으로 제자들을 3년 이상이나 가르치셨습니다. 그러나 유다는 주님을 배반하고 자살했으며, 다른 제자들도 십자가의 주님을 부인하고 버렸습니다. 그들의 삶이 진정으로 변화되고 주님이 가르치신 것들이 현실에서 그들에게 실재가 된 것은 오순절에 성령이 그들 위에 임하신 다음이었습니다.

제자들의 삶을 변화시키시고, 그들에게 하나님의 진리를 선포하며 순교하기까지 용기를 주셨던 바로 그 성령께서 당신과 내 안에 거하고 계십니다. 성령께서는 제자들에게 그러했듯이 우리를 통해서도 많은 열매를 맺기 원하십니다. 나는 주님이 우리에게 주신 계명을 공부하고 그의 진리를 당신 마음에 적용하는 시간을 당신이 하루 중 가장 중요한 부분으로 여기기를 권면합니다.

오늘 주시는 말씀 요한복음 15:1~5
믿음의 실천 나는 하나님의 말씀을 공부하고 암송하고 묵상함으로, 성령께서 나의 삶을 가지치기하시도록 돕겠습니다. 또 초자연적 삶을 위하여 살아계신 그리스도의 초자연적 능력을 주장(claim)하며, 하나님 말씀의 진리를 내 삶에 적용하겠습니다.

No Longer Slaves

"And you are my friends if you obey me. I no longer call you slaves, for a master doesn't confide in his slaves; now you are my friends, proved by the fact that I have told you everything the Father told me." JOHN 15:14-15

How many really close friends do you and I have? Not many, I think you will agree, for a close friend is one in whom you confide regularly, who knows you just as you are and loves you just the same.

So it is with our heavenly Friend, the one who "sticks closer than a brother." And how do we earn the right to become that kind of intimate friend? Simply by obeying His commands, "which are not grievous," but really are necessary to keep us in the straight and narrow path and to give us a happy, blessed life.

In a sense, of course, we are still His bondslaves, His servants, but He deigns to call us His friends if we love Him enough to obey His commands. And He proves His friendship by sharing with us all that the Father has shared with Him. What greater Friend could we have?

Jesus not only called His disciples friends, but He also treated them as friends. He opened His mind to them, made known His plans and acquainted them with the plan of His coming, His death, His resurrection and ascension. He followed this proof of His friendship with the actual title of friend.

Oh, that you and I might see Him today truly as our Friend—one who sticks closer than a brother or sister or mother or father.

BIBLE READING John 15:11-17

ACTION POINT As I take inventory of my real friends today, I will especially include the one Friend above all friends, the Lord Jesus Christ, the source of the supernatural life which God has commanded me to live.

종이라 하지 아니하리니

"너희는 내가 명하는 대로 행하면 곧 나의 친구라 이제부터는 너희를 종이라 하지 아니하리니
종은 주인이 하는 것을 알지 못함이라 너희를 친구라 하였노니
내가 내 아버지께 들은 것을 다 너희에게 알게 하였음이라" 요한복음 15:14~15

우리에게 정말 가까운 친구는 몇 사람이나 있겠습니까? 언제나 신뢰할 수 있고 또 당신의 있는 모습 그대로를 알고 사랑해 주는 사람을 정말 가까운 친구라고 한다면, 아마 그렇게 많지 않을 것이라고 하는 내 말에 당신도 동의하리라고 생각합니다.

그러므로 '형제보다 더 가까운' 하늘의 친구 그리스도는 정말 가까운 우리의 친구이십니다. 그러면 어떻게 그렇게 가까운 관계가 될 수 있는 권리를 얻을 수 있겠습니까? 그저 그의 명대로 행하면 되는 것입니다. 그의 명령은 힘들고 어려운 것이 아닙니다. 그의 명령은 우리가 올바르고 좁은 길에서 벗어나지 않고 행복하고 복된 삶을 누리기 위해 꼭 필요한 것들입니다.

물론 우리는 다른 측면에서는 여전히 주님의 종이며 하인들이지만, 우리가 그를 사랑하여 그의 계명에 순종한다면 주님은 우리를 친구라고 불러 주십니다. 또 주님은 하나님 아버지께서 그에게 주신 모든 것을 우리에게 나누어 주심으로 우리와 친구 되심을 증명하여 주십니다. 이보다 더 훌륭한 친구가 어디에 있겠습니까?

예수님은 제자들을 친구라 부르셨을 뿐만 아니라 실제로 친구로 대해 주셨습니다. 주님은 제자들을 향하여 마음을 여시고 그의 계획을 말씀해 주셔서 그의 오심, 부활, 죽음 그리고 승천에 관해 알도록 해주셨습니다. 주님은 친구라는 이름에 실제로 걸맞은 우정의 증거를 보여주셨습니다.

당신과 나는 오늘 참으로 형제나, 자매나, 부모보다 더 가까운 친구로 우리 주님을 만날 수 있습니다!

오늘 주시는 말씀 요한복음 15:11~17
믿음의 실천 나의 진정한 친구들을 오늘 생각해 보면서, 나는 그 친구들 위에 주 예수 그리스도, 바로 하나님께서 내게 살도록 명령하신 초자연적 삶의 능력의 근원이 되시는 그분을 특별히 꼭 포함시키도록 하겠습니다.

He Can Be Found

"And ye shall seek me, and find me, when ye shall search for me with all your heart."
JEREMIAH 29:13, KJV

Halfhearted efforts, I have found from personal experience, seldom bring success and victory. The difference between a successful person and a failure is that the successful person is always willing to do more than the unsuccessful person is willing to do.

In spiritual matters, in particular, this is true, as evidenced scores of times in the Word of God. This is one of the most expressive of those passages that major on this theme.

Another is: "Blessed are they that hunger and thirst after righteousness, for they shall be filled" Matthew 5:6, KJV.

But one point needs to be made abundantly clear: This promise is not only to the unbeliever, though it is often taken that way. It applies equally to the believer, who may be searching after God for a variety of reasons.

The key word here, of course is heart.

"As [a man] thinketh in his heart, so is he" Proverbs 23:7, KJV. "Out of the abundance of the heart the mouth speaketh" Matthew 12:34 KJV.

What do you need from God today? Wisdom? Peace? Courage? Love? To find God in such a real way that you know He is meeting that need for you, you must really mean business with Him. Then He will indeed do business for you.

A doubter, or an unbeliever, reading this has a wonderful assurance: He can find God if he truly seeks Him with his whole heart.

BIBLE READING Jeremiah 29:10-14
ACTION POINT I'll begin right at home by personally seeking God for myself with my whole heart, and I will remind others how God can be real to them.

나를 만나리라

"너희가 온 마음으로 나를 구하면 나를 찾을 것이요 나를 만나리라"
예레미야 29:13

마음을 다하지 않은 노력으로 성공을 거두기는 대단히 어렵다는 것을 나는 개인적인 경험을 통해서 깨닫게 되었습니다. 성공한 사람과 실패한 사람의 차이는, 성공한 사람은 성공하지 못한 사람보다 기꺼이 훨씬 더 많은 것을 하려고 한다는 것입니다.

성경 말씀에서 수십 차례에 걸쳐 증거하고 있는 바와 같이 특별히 영적인 일에 관하여 이것은 사실입니다. 위의 말씀은 이에 관한 가장 인상적인 구절들 중의 하나입니다.

또 다른 구절은 "의에 주리고 목마른 자는 복이 있나니 그들이 배부를 것임이요"라고 하신 마태복음 5장 6절의 말씀입니다.

그러나 한 가지 분명히 해야 할 것이 있습니다. 비록 믿지 않는 사람들에게 이 약속의 말씀을 많이 적용하고는 있지만, 그러나 이 말씀이 믿지 않는 사람들만을 위한 것은 아니라는 것입니다. 이 말씀은 다양한 이유로 하나님을 찾고 있는 믿는 자들에게도 동일하게 적용됩니다.

이 말씀에서 핵심적인 단어는 물론 '마음'입니다.

"대저 그 마음의 생각이 어떠하면 그 위인도 그러한즉"(잠 23:7), "이는 마음에 가득한 것을 입으로 말함이라"(마 12:34)

당신이 오늘 하나님께 공급 받아야 할 필요한 것은 무엇입니까? 지혜? 평화? 용기? 사랑? 하나님께서 그러한 당신의 필요를 채워주신다고 당신이 알고 있는 대로, 실제로 하나님의 도움을 받기 위해서는 당신은 진정으로 간절히 찾아야 합니다. 그때에 하나님께서도 당신을 위하여 정말로 일하실 것입니다.

위의 말씀을 읽는 의심하는 자, 또는 믿지 않는 불신자는 놀라운 확신을 얻게 될 것입니다. 그가 전심으로 하나님을 찾고 찾으면 하나님을 만날 것입니다.

오늘 주시는 말씀 예레미야 29:10~14
믿음의 실천 나는 바로 나의 집에서부터 온 마음을 다해 나를 위하여 인격적으로 하나님을 찾기 시작하겠으며, 다른 사람들에게도 어떻게 그들이 실제로 하나님을 만날 수 있는지 상기시켜 주겠습니다.

Reasons for Trials

"He...so wonderfully comforts and strengthens us in our hardships and trials. And why does he do this? So that when others troubled, needing our sympathy and encouragement, we can pass on to them this same help and comfort God has given us." 2 CORINTHIANS 1:3-4

For two years, Annette had suffered through the agony of her beloved husband's terminal cancer. Meanwhile, their only son had been drawn into drug addiction through the influence of an undesirable group of students in the local high school. She was devastated. Her whole life was filled with heartache and sorrow. She had nothing to live for. Then a neighbor told her of Jesus—how He could give her peace of heart and peace of mind and could provide the purpose she needed in her life. He could even change her son.

So Annette received the wonderful gift of God's love, the Lord Jesus Christ, and began to pray for her son. At first he was antagonistic, but gradually he became aware of the dramatic transformation in his mother, and in answer to her prayers, along with those of her new-found friends in the local church, he too came to worship the Savior and make Him Lord of his life.

In the meantime, Annette was suffering great financial difficulty because of the huge doctor and hospital bills and her lack of ability to work during her husband's illness. But God wonderfully comorted and strengthened her so that now she can witness joyfully of His gracious mercy and faithfulness in her behalf. She and her son are ministering effectively to others who are experiencing heartache and tragedy similar to those which once plagued them.

Are you experiencing difficulties, sorrows, heartaches, disappointments? Ask the Lord to show you how to translate them into victories so that He can use you to be a blessing to those around you who are experiencing similar difficulties.

BIBLE READING 2 Corinthians 1:3-7
ACTION POINT Knowing that God is faithful in His love and wisdom, I will trust the indwelling Holy Spirit for the power to accept the trial or adversity I face today, and will expect God to use it to comfort and help someone else through me.

환난의 이유

"찬송하리로다 그는 우리 주 예수 그리스도의 하나님이시요 자비의 아버지시요 모든 위로의 하나님이시며 우리의 모든 환난 중에서 우리를 위로하사 우리로 하여금 하나님께 받는 위로로써 모든 환난 중에 있는 자들을 능히 위로하게 하시는 이시로다" 고린도후서 1:3~4

아네트는 사랑하는 남편이 말기 암으로 투병하는 것을 2년 동안 지켜보는 고통을 겪어야 했습니다. 거기에 그들의 외아들은 다니던 학교의 불량 학생 무리의 영향을 받아 마약 중독에 빠졌습니다. 그녀는 정말 비참했습니다. 그녀의 온 삶이 고통과 슬픔으로 가득했습니다. 살 소망이 없었습니다. 그때 한 이웃이 그녀에게 예수님에 대해 말해 주었습니다. 어떻게 예수님이 그녀의 마음과 생각에 평화를 주실 수 있으며, 삶의 목적을 주실 수 있는가에 대해 말해 준 것입니다. 예수님은 그녀의 아들도 변화시킬 수 있다고 했습니다.

그래서 아네트는 하나님 사랑의 놀라우신 선물인 예수 그리스도를 영접했으며, 그녀의 아들을 위해 기도를 시작했습니다. 처음에 그녀의 아들은 반항적이었지만, 자신의 어머니에게 일어난 극적인 변화를 점차 인식하기 시작했고, 아네트와 교회에서 새로 사귄 아네트의 친구들의 기도의 응답으로 그도 교회에 와서 주님을 예배하고 주님을 자신의 삶의 구주로 모시게 되었습니다.

한편 아네트는 남편의 막대한 병원비와 또 남편이 아픈 동안 자신이 일을 할 수 없었기 때문에 경제적으로도 큰 어려움을 겪고 있었습니다. 그러나 하나님은 놀랍게 그녀를 위로하시고 힘 주셔서 지금 아네트는 그녀를 위하여 베풀어 주신 하나님의 은혜로운 자비와 신실하심을 기쁘게 간증할 수 있게 되었습니다. 그녀와 그녀의 아들은 한때 그들을 괴롭혔던 것과 같은 비극과 고통을 겪고 있는 사람들을 위하여 효과적으로 사역하고 있습니다.

당신도 어려움과 슬픔과 고통과 낙심을 겪고 있습니까? 주님께서 그것들을 어떻게 승리로 바꾸실 수 있는지 보여 주시도록 기도하십시오. 당신과 같은 고난을 겪고 있는 주위의 사람들에게 주님께서 당신을 축복의 통로로서 쓰실 수 있도록 말입니다.

오늘 주시는 말씀 고린도후서 1:3~7
믿음의 실천 하나님의 사랑과 지혜의 신실하심을 알기 때문에, 나는 내 안에 거하시는 성령께서 내가 오늘 겪는 시련과 역경을 받아들이고 이겨낼 수 있는 힘을 주실 것을 신뢰하겠으며, 또 하나님께서 그 힘을 나를 통하여 다른 사람을 돕고 위로하도록 쓰실 것을 기대하겠습니다.

Our Great Privilege

"And don't you realize that you also will perish unless you leave your evil ways and turn to God?"
LUKE 13:3

I sought to share God's love and forgiveness through Jesus Christ with a taxi driver who reacted impatiently when I handed him a book I had written, entitled Jesus and the Intellectual. He flung it aside in contempt. I have seldom met anyone who appeared to be more angry and resentful of God than he was. I felt impressed to say to him what Jesus said to the Galileans, "It is a matter of life and death what you do with Jesus Christ. There is a heaven and there is a hell. God loves you and cares for you. He wants you to come to Him and receive the gift of His only begotten Son through whom you can have forgiveness, life abundant and life eternal." From all appearances he could not have cared less.

That warning to the Galileans many years ago applies equally to nations and individuals today. If one truth in the Word of God is made abundantly clear, it is this: Repent or perish.

"It is because of this solemn fear of the Lord, which is ever present in our minds, that we work so hard to win others. God knows our hearts, that they are pure in this matter, and I hope that, deep within, you really know it too" 2 Corinthians 5:11.

Christians have the awesome responsibility and great privilege to tell everyone who will listen about Christ. Most of us would take great risk to save a drowning child or snatch a toddler from the path of a car. Yet, most everyone who is living today will be dead in 100 years or less, but all men will live in heaven or hell for eternity. How much more important it is to tell those who are dying without Christ of the loving Savior who is waiting to forgive if only they will surrender their lives to Him!

We must warn them and if we do not know how, it behooves us to learn how to share our faith. If you are hesitant to witness vocally, why not begin by distributing literature such as the Four Spiritual Laws booklet?

BIBLE READING Luke 13:1-5
ACTION POINT I resolve, with God's help, to begin to share the Word of God and other materials that will help individuals to make definite commitments of their lives to Jesus Christ as Savior and Lord.

우리의 놀라운 특권

"너희에게 이르노니 아니라 너희도 만일 회개하지 아니하면 다 이와 같이 망하리라"
누가복음 13:3

어느 날 나는 내가 탄 택시 운전기사에게 예수 그리스도를 통한 하나님의 사랑과 용서를 전해 주려고 하고 있었습니다. 택시 기사는 내가 전에 쓴 '예수와 지성인'이라는 책을 건네자 대단히 신경질적으로 반응하며 구석으로 휙 던져버렸습니다. 그 사람보다 더 하나님에 대하여 화를 내며 대드는 사람을 나는 거의 본 적이 없습니다. 나는 그에게 예수님께서 갈릴리 사람들에게 하신 말씀을 들려주고 싶은 충동을 느꼈습니다. "예수님과 당신의 문제는 삶과 죽음이 걸린 문제입니다. 천국도 있고 지옥도 분명히 있습니다. 하나님은 당신을 사랑하시고 당신을 아끼십니다. 하나님은 당신이 하나님께 나아와 죄 사함과 풍성한 삶과 영원한 삶을 얻게 해주시는 하나님의 선물인 그분의 독생자를 받아들이기를 원하십니다." 하지만 그는 전혀 들으려고 하는 기색이 없었습니다.

오래 전 갈릴리 사람들에게 주셨던 예수님의 경고는 오늘날의 국가와 개인 모두에게 여전히 동일하게 적용됩니다. 만일 이 하나님의 말씀으로부터 분명한 하나의 진리를 찾는다면 이것이 될 것입니다. "회개하라 아니면 멸망하리라"

"우리는 주의 두려우심을 알므로 사람들을 권면하거니와 우리가 하나님 앞에 알리어졌으니 또 너희의 양심에도 알리어지기를 바라노라"(고후 5:11)

그리스도인은 듣고자 하는 모든 사람에게 그리스도에 관해 이야기할 엄청난 책임과 위대한 특권을 갖고 있습니다. 우리 대부분은 물에 빠질 위기에 있는 어린아이나, 길에서 자동차에 치일 위험에 처한 아이를 구하기 위하여 어떤 위험도 기꺼이 감수할 것입니다. 오늘 이 땅 위에 살고 있는 사람들은 100년, 혹은 그 안에 대부분 죽겠지만, 그 후 천국이나 지옥에서 영원히 살게 될 것입니다. 자신의 삶을 주께 맡기기만 하면 용서하여 주시려고 기다리고 계시는 사랑의 구주 예수님 없이 죽어가는 사람들에게 예수님을 이야기해 주는 것은 얼마나 중요한 일입니까!

우리는 반드시 그들에게 경고해야 하며, 만일 우리가 믿음을 전하는 방법을 모른다면 꼭 배워야 합니다. 만일 말로 전도하기가 주저된다면, 4영리 소책자 같이 글로 된 것을 나누어 주는 것으로 시작하면 됩니다.

오늘 주시는 말씀 누가복음 13:1~5
믿음의 실천 하나님의 도우심으로 나는 사람들이 자신의 삶을 구세주와 주님 되신 예수 그리스도께 확실히 드리도록 도울 수 있는 자료들과 하나님의 말씀을 전하기를 시작하겠습니다.

You Will Be Saved

> "For if you tell others with your own mouth that Jesus Christ is your Lord and believe in your own heart that God has raised him from the dead, you will be saved."
> ROMANS 10:9

Many years ago, God clearly led me in the preparation, planning any production of a little booklet called the Four Spiritual Laws. Still widely used today, its total volume of copies to date might well be second only to the Bible itself. More than a billion copies have been distributed and one can reasonably conclude that many millions have received Christ as a result of reading its message.

In something so succinct, it of course was impossible to include all of the appropriate Scriptures under each of the four laws. This verse for today, Romans 10:9, is one of those that might have been used with Law Four, for it fits in well with the wording:

"We must individually receive Jesus Christ as Savior and Lord; then we can know and experience God's love and plan for our lives."

The three passages used John 1:12; Ephesians 2:8,9; Revelation 3:20 clearly direct the seeker after God. And of course this verse in Romans clearly confirms all that the other passages affirm.

Two conditions precede salvation, the apostle Paul is saying to the church in Rome: (1) "Tell others with your own mouth that Jesus Christ is your Lord," and (2) "Believe in your own heart that God has raised Him from the dead." Simple, yet significant and meaningful, are these two preparatory steps.

As you share your faith with others today and in the days to come, recall with joy these two simple conditions that must be met.

BIBLE READING Romans 10:8-13
ACTION POINT "Dear Lord, I thank You with all of my heart for the simplicity of the gospel and, with the enabling of the Holy Spirit, I will share this good news with all who will listen."

구원을 받으리라

"네가 만일 네 입으로 예수를 주로 시인하며 또 하나님께서 그를 죽은 자 가운데서 살리신 것을
네 마음에 믿으면 구원을 받으리라" 로마서 10:9

오래 전에 하나님은 '4영리'라는 작은 전도 책자를 준비하고 계획하여 출판하도록 나를 분명하게 인도하셨습니다. 오늘까지도 널리 사용되고 있는 이 소책자는 그 발행 부수에 있어서 아마 성경 다음으로 많이 인쇄되었을 것입니다. 10억 부 이상이 배포되었으며, 수백만의 사람들이 그 내용을 읽고 예수님을 영접했다고 말합니다.

4영리는 아주 짧고 간결하게 만들어졌기 때문에 4영리 각 원리에 대한 모든 적절한 성경 구절을 그 내용 가운데에 포함시키는 것은 물론 불가능했습니다. 오늘의 말씀인 로마서 10장 9절은 제4원리에 사용될 수 있었을 구절 중의 하나입니다. 왜냐하면 이 말씀이 제4원리의 다음과 같은 문구와 잘 어울리기 때문입니다.

"우리 각 사람은 예수 그리스도를 '나의 구주, 나의 하나님'으로 영접해야 합니다. 그러면 우리는 우리 각 사람에 대한 하나님의 사랑과 계획을 알게 되며, 또 그것을 체험하게 됩니다."

제4원리에 인용된 세 구절의 말씀, 요한복음 1장 12절, 에베소서 2장 8~9절, 요한계시록 3장 20절은 하나님을 찾는 사람들에게 어떻게 해야 하는지를 명확히 일러주며, 오늘의 말씀은 그 세 구절이 단언하고 있는 것을 다시 확증하고 있습니다.

구원에는 두 가지 조건이 전제되는데, 사도 바울은 로마에 있는 교회에 (1)우리 입으로 예수를 주로 시인하는 것과 (2)하나님께서 그를 죽은 자 가운데서 살리신 것을 마음에 믿는 것, 이 두 가지를 말씀합니다. 이 두 가지는 간단하지만 대단히 중요하며 깊은 의미가 있습니다.

당신이 오늘, 그리고 앞으로 항상, 당신의 믿음을 다른 사람들에게 전할 때 반드시 갖추어야 할 이 두 가지 조건을 기쁨으로 기억하도록 하십시오.

오늘 주시는 말씀 로마서 10:8~13
믿음의 실천 "사랑하는 주님, 너무도 쉽고 단순하게 복음을 주신 것을 나의 온 마음으로 감사드립니다. 가능하게 하시는 성령의 도우심을 힘입어 나는 이 복음을 듣고자 하는 모든 사람에게 전하겠습니다.

You Will Rejoice

"You have sorrow now, but I will see you again and then you will rejoice; and no one can rob you of that joy." JOHN 16:22

Once you and I truly experience the joy of the Lord, no one can rob us of that joy! That does not mean we will never experience disappointment, sorrow or grief; but it does mean that deep down underneath it all is the joy that comes as a gift from God, the fruit of the Spirit. And that is the kind of joy that no one can take away.

Underneath the tears, the heartache, lies the calm, sweet peace that God gives *to those who walk in faith and obedience*. And that is a part of the joy that He promises.

Jesus' promise to see His disciples again, of course, refers to after the resurrection. "You will be so firmly persuaded that I have risen," He says to them, "and that I am the Messiah, that neither the threats nor the persecutions of men will ever be able to shake your faith, or produce doubt or unbelief and thus take away your joy."

Jesus' prediction, as we know, was remarkably fulfilled, for after He revealed Himself to them following the resurrection, not one of the apostles ever doubted for a moment that He had risen from the dead. No trial or persecution was able to shake their faith—so their joy remained.

You and I have certainties of faith that are unshakable, and thus they produce joy—joy that will remain forever and ever.

BIBLE READING John 16:20-24
ACTION POINT I will remember to praise and thank God for the unshakable joy that He alone gives.

너희 마음이 기쁠 것이요

"지금은 너희가 근심하나 내가 다시 너희를 보리니 너희 마음이 기쁠 것이요
너희 기쁨을 빼앗을 자가 없으리라" 요한복음 16:22

    우리가 일단 주님이 주신 기쁨을 진정으로 소유하면 아무도 그 기쁨을 빼앗아 갈 수 없습니다. 그러나 이 말은 우리가 결코 실망이나 슬픔이나 근심을 경험하지 않을 것이라는 의미가 아닙니다. 이 말은 그러한 고통의 깊은 저변에 하나님이 주신 선물인 성령의 열매로 주어지는 기쁨이 있다는 의미입니다. 그리고 그 기쁨은 아무도 빼앗아 갈 수 없는 그러한 기쁨입니다.

    눈물과 상심의 깊숙한 그 아래에 '믿음과 순종으로 살아가는 자'에게 주시는 하나님의 고요하고도 감미로운 평화가 자리 잡고 있는 것입니다. 그리고 바로 그것이 하나님께서 약속하신 기쁨 중 하나입니다.

    물론 위의 말씀 가운데 예수님이 다시 제자들을 보리라고 하신 약속은 부활 후의 일을 가리킵니다. "너희는 내가 부활한 것과 내가 메시아인 것을 분명히 믿게 되리니, 사람의 어떤 협박과 어떤 박해도 너희의 믿음을 흔들지 못하여 의심과 불신은 물러가고 너희 기쁨을 빼앗을 자가 없을 것"이라고 예수님은 제자들에게 말씀하십니다.

    우리가 아는 대로 예수님의 예언은 놀랍게 성취되었습니다. 부활하여 제자들에게 나타나신 후 단 한 사람의 제자도 예수님이 죽음에서 부활하신 것을 한 순간도 의심하지 않았습니다. 어떤 시험과 핍박도 그들의 믿음을 흔들지 못했고, 그들의 기쁨은 계속되었던 것입니다.

    당신과 나도 흔들리지 않는 믿음의 확신이 있으며, 그래서 그 믿음은 영원한 기쁨, 언제나 한결같은 영원한 기쁨을 우리에게 주고 있는 것입니다.

오늘 주시는 말씀   요한복음 16:20~24
믿음의 실천   나는 하나님만이 주실 수 있는 흔들리지 않는 기쁨으로 인하여 하나님께 찬양 드리고 감사하는 것을 잊지 않겠습니다.

More Than You Need

"God is able to make it up to you by giving you everything you need and more so that there
will not only be enough for your own needs but plenty left over to give joyfully to others."
2 CORINTHIANS 9:8

One of the greatest discoveries I have ever made in the Christian life is the law of sowing and reaping. Paul explains, in 2 Corinthians 9:6-7, "If you give little, you'll get little. A farmer who plants just a few seeds will harvest only a small crop, but if he plants much, he will reap much. Everyone must make up his own mind as to how much he should give. Don't force anyone to give more than he really wants to, for cheerful givers are the ones God prizes."

Several friends and colleagues have joined me in claiming this marvelous promise of God and in every case the blessings are abundant. People with modest incomes are able to give large sums of money, but also to enjoy a life-style that one could hardly expect even from individuals with much greater salaries. It is a "loaves and fishes" kind of demonstration of God's faithfulness. You cannot outgive God. As someone put it, "I give spoonfuls to God and He returns shovelsful to me."

Most believers have never discovered the joy and excitement of Christian stewardship. Always remember that God's graces are bestowed on us, not so we may hoard them, but so we may pass them on to others.

The same principle of giving also applies to the giving of our time and our talent to the proclamation of the gospel. The more we give, the more we receive. Is God giving you an extra portion of love today, of joy, of patience, of encouragement, or peace? Pass it on. Has something exciting happened to you? He may have given that extra supply for you to pass it on to others in need. By the same token, if your supply in any of these things is lacking, you need only ask. With your motivation of wanting to share with others, God will not delay in responding to your request.

BIBLE READING   2 Corinthians 9:6-11
ACTION POINT   To be a faithful steward of what God has entrusted to me, I will share with others a generous portion of all that He gives to me, with special emphasis on the good news of Jesus Christ and the supernatural life He gives.

넘치게 하시나니

"하나님이 능히 모든 은혜를 너희에게 넘치게 하시나니 이는 너희로 모든 일에 항상 모든 것이 넉넉하여
모든 착한 일을 넘치게 하게 하려 하심이라"
고린도후서 9:8

내가 그리스도인의 삶에서 발견한 가장 위대한 것 중의 하나가 '심은 대로 거둔다'라는 법칙입니다. 바울은 고린도후서 9장 6~7절에서 이렇게 설명합니다. "이것이 곧 적게 심는 자는 적게 거두고 많이 심는 자는 많이 거둔다 하는 말이로다 각각 그 마음에 정한 대로 할 것이요 인색함으로나 억지로 하지 말지니 하나님은 즐겨 내는 자를 사랑하시느니라"

내게는 나와 함께 이 놀라운 약속의 말씀을 믿고 자신의 것으로 주장(claim)하기로 한 몇 사람의 친구와 동료가 있는데, 모두 어떤 경우에나 풍성한 축복을 누려왔습니다. 수입이 많지 않은 사람들도 많은 액수의 금액을 내어놓을 수 있을 뿐만 아니라, 그들보다 수입이 훨씬 더 큰 사람도 누리기 힘든 삶을 누릴 수 있습니다. 그것은 하나님의 신실하심을 보여주는 [52]'오병이어'의 기적과 같은 것이라고 말씀드릴 수 있습니다. 하나님이 주시는 것보다 당신이 더 많이 하나님께 드릴 수는 없습니다. 누군가는 이렇게 표현했습니다. "내가 하나님께 스푼으로 떠드리면 하나님은 내게 삽으로 퍼서 돌려주십니다."

대부분의 믿는 사람들이 그리스도인으로서의 청지기 직분의 기쁨과 감격에 대해 전혀 깨닫지 못하고 있습니다. 하나님의 은혜가 우리에게 주어진 것은 우리가 그 은혜를 쌓아놓고 사장시키기 위함이 아니라 다른 사람들에게 전해 주기 위함이라는 것을 항상 기억하시기 바랍니다.

주는 것에 관한 이 진리는 복음을 선포하기 위한 우리의 시간과 재능에도 마찬가지로 적용됩니다. 주면 줄수록 우리는 더 많이 받습니다. 오늘 하나님께서 당신에게 특별한 사랑과 기쁨과 인내와 용기와 평강을 주셨습니까? 다른 사람들에게도 나누어 주십시오. 기쁘고 흥분되는 일이 있었습니까? 하나님은 어려움에 처한 사람들과 나누도록 그것을 주셨을 것입니다. 마찬가지로, 만약 당신이 나누고자 하는 어떤 것이라도 부족해진다면 당신은 하나님께 그저 구하기만 하면 됩니다. 다른 사람과 나누고자 하는 당신의 동기를 보시고 하나님은 그 요청에 응답하기를 지체하지 않으실 것입니다.

오늘 주시는 말씀 고린도후서 9:6~11
믿음의 실천 하나님이 내게 맡기신 것에 대한 신실한 청지기가 되기 위하여, 나는 예수 그리스도의 복음과 또 그가 주시는 초자연적 삶에 대한 좋은 소식을 이웃에게 확실히 알려주면서, 하나님이 내게 주신 모든 것을 이웃과 후히 나누겠습니다.

A Prosperous Land

"If my people, which are called by my name, shall humble themselves, and pray, and seek my face, and turn from their wicked ways; then will I hear from heaven, and will forgive their sin, and will heal their land." 2 CHRONICLES 7:14, KJV

On April 29, 1980, 500,000 men and women gathered on the Washington Mall to fast and pray and claim this promise of God.

For years, I have had a growing conviction that, because the Supreme Court ruled that Bible reading and prayer in our schools is unconstitutional, our nation has turned more and more away from God—immorality has become the "new morality"; homosexuality has become an "alternate life-style"; drug addiction and alcoholism are no longer treated as evil; even violent criminals are being declared "not guilty by reason of insanity." The decaying of our society is evident on all sides.

One of the more alarming facts is that the Soviet Union has been accelerating its production of armaments of war, including nuclear weapons. With a massive move toward peace through disarmament and through neglect on the part of our leaders, we have allowed our military power to disintegrate to the point of vulnerability. During the late '60s and '70s, I believed that unless God supernaturally met with us and we repented as a nation and turned from our sin, the boast of Nikita Khrushchev, former head of the Soviet Union, "We will bury you!" could well come true. For this reason I cosponsored the gathering on the Washington Mall with Pat Robertson, founder and president of the Christian Broadcasting Network, and John Giminez.

As 500,000 people, plus millions who joined us over radio and television, spent the day praying, fasting and crying out to God, I sensed that God lifted the burden that had been on my heart for at least fifteen years. He assured me that the promise of 2 Chronicles 7:14 would be fulfilled as a result of our gathering that day. I have no doubt that God heard our prayers and laid the groundwork for a dramatic turnaround in our nation.

BIBLE READING Leviticus 26:3-12
ACTION POINT I will pray for God's supernatural release of blessing and power upon this nation, that we might experience a revival from each individual to our leaders in Congress, the Supreme Court and the White House.

번영하는 나라

"내 이름으로 일컫는 내 백성이 그들의 악한 길에서 떠나 스스로 낮추고 기도하여 내 얼굴을 찾으면
내가 하늘에서 듣고 그들의 죄를 사하고 그들의 땅을 고칠지라"
역대하 7:14

1980년 4월 29일, 50만 명의 미국의 형제자매 그리스도인들이 기도하고 금식하며 하나님의 이 약속을 주장(claim)하기 위하여 [53]워싱턴 몰에 모였습니다.

미국 내 각 학교에서의 성경 읽기와 기도가 위헌이라고 대법원에서 판결을 내린 이후, 오랫동안 내 마음 가운데 우리 미국이 점점 더 하나님으로부터 멀어져 간다는 확신이 커져 왔습니다. 부도덕이 새로운 도덕으로 여겨지고, 동성애는 선택적인 생활 방식이 되었으며, 마약과 알코올 중독도 더 이상 죄악으로 취급되지 않으며, 심지어 폭력 범죄자들도 정신 질환을 핑계로 무죄 선고를 받았습니다. 사회가 부패하고 있다는 사실은 모든 면에서 분명했습니다.

보다 더 경각심을 일으키는 것 가운데 하나는, 공산 소비에트 연방이 핵무기를 포함한 전쟁 무기 생산을 가속화하여 오고 있다는 사실입니다. 반면에 군비 축소를 통한 평화 운동과 미국 지도자들의 나태함으로 인하여, 미국의 군사력은 취약한 지경에까지 이르게 되고 말았습니다.

60년대 말에서 70년대를 거치며 나는 하나님께서 초자연적으로 도우시지 않고, 우리가 국가적으로 회개하여 죄로부터 떠나지 않는다면, 소련의 전 지도자였던 후루시쵸프의 "너희를 땅에 묻어버리겠다."던 장담이 실제로 이루어질 수도 있겠다는 생각이 들었습니다. 이 때문에 나는 미국 기독교 방송의 창설자이며, 그 대표로 있던 팻 로버트슨과 또 존 기메네즈와 함께 워싱턴 몰에서의 이 대규모 집회를 공동 후원하기로 했던 것입니다.

라디오와 TV를 통해 동참한 수백만 명과 함께 50만 명의 집회 참석자가 기도하고 금식하며 종일 하나님께 부르짖는 것을 보면서, 나는 적어도 15년 이상 내 마음을 무겁게 만들던 마음의 짐을 하나님께서 가져가 주시는 것을 느낄 수 있었습니다. 하나님은 역대하 7장 14절의 약속이 그날 우리 집회의 결과로서 성취케 될 것임을 확신시켜 주셨습니다. 나는 하나님이 그날 우리 기도를 들으셨고, 미국이 극적인 방향 전환을 하도록 토대를 준비하셨다는 데 대하여 조금도 의심하지 않습니다.

오늘 주시는 말씀 레위기 26:3~12

믿음의 실천 하나님의 초자연적인 축복과 힘을 하나님이 이 나라에 부어주시도록 나는 기도하겠습니다. 그럼으로써 우리 국민 한 사람, 한 사람으로부터 의회, 대법원, 대통령에 이르기까지 영적인 부흥을 경험할 수 있게 될 것입니다.

When We Commit

"Commit everything you do to the Lord. Trust him to help you do it, and he will."
PSALM 37:5

Janet remained after the student meeting for counsel.

"How can I commit everything I do to the Lord?" she inquired. "What is involved in a total commitment?"

I explained that mere words can be superficial and shallow, and even insulting to God. It is the commitment of our intellects, our emotions and our wills to do the will of God in every situation with faith that we can, as He promised, trust Him to help us so whatever He calls us to do.

Sometimes I wonder if we really know the meaning of the word commitment. Paraphrasing an anonymous source:

We sing "Sweet Hour of Prayer" and are content with five or ten minutes a day. We sing "Onward Christian Soldiers" and wait to be drafted into His service. We sing "O For a Thousand Tongues to Sing" and don't use the one we have.

We sing "I Love to Tell the Story" but never witness to the love of Christ personally. We sing "We're Marching to Zion" but fail to march to worship or Sunday school. We sing "Cast Thy Burden on the Lord" and worry ourselves into a nervous breakdown.

We sing "The Whole Wide World for Jesus" and never invite our next-door neighbor to consider the claims of Christ. We sing "O Day of Rest and Gladness" and wear ourselves out traveling or cutting grass or playing golf on Sunday. We sing "Throw Out the Lifeline" and content ourselves with throwing out a fishing line.

Consistency is a wonderful word for the believer in Christ. Add to that the word commitment and you have a rare combination of supernatural enablements that result in a triumphant, fruitful life.

BIBLE READING Proverbs 3:5-10
ACTION POINT Today I will commit everything to the Lord and trust Him to help me do what He calls me to do. Since He has called me to be His witness, I will trust Him to enable me to share His love and forgiveness through Christ with someone else today.

여호와께 맡길 때

"네 길을 여호와께 맡기라 그를 의지하면 그가 이루시고"
시편 37:5

자네트는 학생 집회가 끝난 뒤에도 상담을 받기 위하여 남아 있었습니다.

그녀는 "어떻게 모든 일을 주님께 맡길 수가 있나요? 완전한 헌신은 어떻게 하는 것인가요?"라고 질문했습니다.

나는 단순히 말뿐인 헌신은 천박하고 별 의미 없는 것이며, 심지어 하나님께 대한 모독일 수도 있다고 설명해 주었습니다. 전적인 헌신은 어떤 일이든지 하나님께서 우리에게 맡기신 일을 행함에 있어 하나님이 약속하신대로 우리를 도우신다는 믿음을 가지고 모든 상황에서 하나님의 뜻을 행하기 위하여 우리의 지성과 의지와 감정을 드리는 것입니다.

때로 나는 우리가 '헌신'의 의미를 진정으로 아는지 의문이 들 때가 있습니다. 누군가가 우리의 모습을 이렇게 풀어 이야기했습니다.

'내 기도하는 한 시간'이란 찬송을 부르고 하루 5~10분 기도로 만족합니다. "믿는 사람들은 군병 같으니 앞에 가신 주를 따라 갑시다"라고 찬송하고는 징집될 때까지 기다립니다. "만 입이 내게 있으면"이라고 찬송하지만 지금 우리 입은 쓰지 않습니다.

"주 예수 넓은 사랑…나 힘써 전파함은" 찬송을 소리 높여 부르지만 개인적으로 그리스도를 증거해 본 일은 없습니다. "시온을 향해 가네"라고 찬송을 부르고 예배와 주일 학교 가는 일은 빠뜨립니다. "네 모든 염려 주께 맡겨라"라고 찬송하고는 염려로 신경쇠약에 걸리고 있습니다.

"온 세상을 주 예수 위해"라고 찬송하지만 옆집에도 그리스도의 말씀을 전하지 않습니다. "즐겁게 안식할 날"이라고 찬송하고 주일에 여행 다니고, 골프 치고, 잔디를 깎으며 지쳐 버립니다. "물 건너 생명줄 던지어라" 찬송하고서 낚싯줄 던지는 것으로 만족합니다.

'지속성', '한결 같음'은 그리스도를 믿는 이들에게 참으로 좋은 말입니다. 거기에 '헌신'이란 말을 더하십시오. 승리하며 열매가 가득한 삶을 낳는, 쉽게 누리기 힘든 귀한 초자연적 능력의 조합을 얻게 될 것입니다.

오늘 주시는 말씀 잠언 3:5~10
믿음의 실천 오늘 나는 나의 모든 일을 주님께 맡기고, 주님이 내게 맡기신 일을 할 수 있도록 주님을 의지하겠습니다. 주님이 나를 주님의 증인으로 부르셨으므로 오늘 누군가에게 그리스도를 통한 사랑과 용서를 전할 수 있도록 주님이 내게 능력 주실 것을 신뢰하겠습니다.

You Will Have Life

"But these are recorded so that you will believe that he is
the Messiah, the Son of God, and
that believing in him you will have life." JOHN 20:31

What a message you and I have to share. That is why John wrote this entire Gospel, so that we, first of all, might believe, but then also that we might share the good news with all who will listen.

"These are recorded"—the miracles presented in this Gospel—so that we might believe. The goal of the book is twofold: (1) to prove that Jesus was (is) the Messiah; and (2) that all those who look at the proof might be convinced and thus find eternal life.

The miracles, facts, arguments, instructions and conversations—all are directed toward that end. John's goal (to demonstrate that Jesus is the Messiah), if kept steadily in view, will throw much light on the book. The argument is unanswerable, framed after the strictest rules of reasoning, infinitely beyond the skill of man, and having throughout the clearest evidence of demonstration. All Scripture is given to us for a purpose. The purpose of this particular passage is crystal clear; hence it demands some kind of response from those of us who truly believe. To know the truth is not enough. We must act on it, trusting the Lord of the harvest to make us sensitive and alert to the spiritual needs of those around us.

BIBLE READING John 3:9-15
ACTION POINT I will seek to be sensitive to the spiritual needs of all with whom I have contact.

생명을 얻으리라

"오직 이것을 기록함은 너희로 예수께서 하나님의 아들 그리스도이심을 믿게 하려 함이요
또 너희로 믿고 그 이름을 힘입어 생명을 얻게 하려 함이니라"
요한복음 20:31

우리가 전해야 할 얼마나 놀라운 메시지인지요! 사도 요한이 이 복음서를 기록한 이유도 그 무엇보다 우선 우리가 믿고, 듣고자 하는 모든 사람에게 이 복음을 전해야 하는 이유도 그것입니다.

'오직 이것을 기록함은', 즉 이 복음서에 기록된 기적들을 기록함은 우리가 믿게 하려 함인 것입니다. 이 복음서의 목적은 두 가지로, 예수께서 메시아, 구세주임을 증거하고 그 증거들을 보는 모든 사람들이 믿고 영생을 얻게 하는 것입니다.

복음서에 기록된 기적들, 여러 사실들, 논쟁, 교훈 그리고 대화가 모두 이 목적을 향하고 있습니다. 예수께서 메시아임을 보여주려는 요한의 목적에 계속해서 유의하며 이 복음서를 본다면 요한복음을 이해하는 데 큰 빛이 비치게 될 것입니다. 요한의 논증은 반박할 수 없습니다. 그것은 논리의 가장 엄격한 법칙에 따라 구성되었고, 인간의 재능을 넘어서는 그 이상의 것이며, 복음서 전체에 걸쳐 명백한 증거를 제시하고 있기 때문입니다.

모든 성경 구절은 어떤 목적을 위해 우리에게 주어집니다. 오늘의 이 특별한 말씀의 목적은 너무도 명백합니다. 그러므로 이 말씀은 참되게 믿는 우리에게 어떤 응답을 요구합니다. 진리를 아는 것만으로는 충분치 않습니다. 우리는 행동해야 합니다. 추수하시는 주님께서 우리 주위에 있는 사람들의 영적 필요에 대해서 우리가 민감하고 깨어있도록 도우실 것을 신뢰하면서 이제 행동해야 하는 것입니다.

오늘 주시는 말씀 요한복음 3:9~15
믿음의 실천 나는 내가 만나는 모든 사람의 영적 필요에 민감해지도록 애쓰겠습니다.

A Place Prepared For You

"And if I go and prepare a place for you, I will come again, and receive you unto myself; that where I am, there ye may be also"
JOHN 14:3, KJV

Recently, my 93-year-old father went to be with the Lord. Though I was saddened that I would never see him again in this life, and I shed a few tears of sorrow for myself, at the same time I rejoiced in knowing that to be absent from the body is to be present with the Lord.

My father is now rejoicing in the presence of our wonderful God and Savior. One day I shall join him, my mother (who is still living at 93), all my brothers and sisters who have declared their faith in Christ, and multitudes of other loved ones, friends and saints to spend eternity in that place where "eye hath not seen, ear hath not heard…what God has prepared for those who love Him."

"I cannot think what we shall find to do in heaven," mused Martin Luther. "No change, no work, no eating, no drinking, nothing to do."

"Yes," responded a friend, "'Lord, show us the Father, and it sufficeth us.'"

"Why, of course," said Luther, "that sight will give us quite enough to do!"

Joy of joys, you and I not only have been given purpose and power for living the supernatural, abundant life—by the indwelling Holy Spirit—but we also have been promised a place in His presence when this life is over. And, as Luther realized, we will then worship Him face to face throughout the endless ages of eternity.

We need not know exactly what heaven will be like; we need only know who will be there—our Lord Jesus Christ Himself. That assurance and anticipation should motivate us to live the kind of supernatural life that burdens and concerns us about the needs of others, moment by moment, day by day.

BIBLE READING John 14:27-31
ACTION POINT Today I will meditate on the glory of my heavenly Father and my eternal home where will worship and have fellowship with Him throughout eternity. I will encourage others to prepare to go there when their work on earth is done.

예비된 처소

"가서 너희를 위하여 거처를 예비하면 내가 다시 와서 너희를 내게 영접하여
나 있는 곳에 너희도 있게 하리라"
요한복음 14:3

93세가 되신 나의 아버지는 최근에 주님과 함께 계시기 위해 세상을 떠나셨습니다. 내가 아버지를 살아서는 다시 뵐 수 없음을 생각하면 슬프고 눈물이 흐르지만, 동시에 몸을 떠나는 것이 주님과 함께 거하는 것임을 알기에 기뻐했습니다.

나의 아버지는 지금 참으로 좋으신 우리 하나님과 구주와 함께 즐거워하고 계십니다. 언젠가 나도 아버지와 아직 93세로 생존해 계신 어머니, 그리고 그리스도를 믿는 나의 모든 형제 자매들, 수많은 사랑하는 이들, 친구들, 성도들과 모두 함께 "하나님이 자기를 사랑하는 자들을 위해 예비하신 모든 것은 눈으로 보지 못하고 귀로 듣지 못한"(고전 2:9) 곳에서 영원히 지내기 위해 만나게 될 것입니다.

⁶마틴 루터가 어느 날 생각에 잠겨 "나는 천국에서 우리가 할 일이 어떤 것인지 잘 모르겠네. 변화도 없고, 일도 없고, 먹지도 마시지도 않고, 해야 할 일을 잘 모르겠어."라고 말했습니다.

그러자 한 친구가 요한복음 14장 8절 말씀으로 응답했습니다. "주여 아버지를 우리에게 보여 주옵소서 그리하면 족하겠나이다"

"그렇지. 물론이지. 아버지를 보게 되는 것만으로 할 일이 충분하겠군." 루터가 말했습니다.

기쁨 중의 기쁨은 우리가 우리 안에 거하시는 성령으로 인해 초자연적인, 풍성한 삶을 살 수 있다는 목적과 능력뿐만 아니라, 이 세상에서의 삶이 끝나면 하나님이 계시는 곳에서 함께 살 수 있는 약속도 받았다는 것입니다. 루터가 깨달은 대로 그곳에서 우리는 얼굴과 얼굴로 하나님을 뵙고 영원 무궁히 예배드릴 수 있게 될 것입니다.

천국이 정확히 어떤 곳인지 굳이 우리는 알 필요가 없습니다. 우리가 알아야 되는 것은 그곳에 누가 계신가 하는 것입니다. 바로 우리 주 예수께서 계십니다. 그 확신과 기대가 우리로 날마다, 때마다, 다른 사람들의 필요에 관심을 기울이고 짐을 지게 하는 초자연적 삶을 살게 하는 동기를 부여하게 하는 것입니다.

오늘 주시는 말씀 요한복음 14:27~31
믿음의 실천 오늘 나는 나의 하늘 아버지의 영광과, 또 영원히 하나님을 예배하며 사귐을 갖게 될 나의 영원한 집에 대해 묵상해 보겠습니다. 나는 다른 사람들에게도 이 세상에서의 모든 일이 끝날 때 그곳에 갈 준비를 하도록 격려하고 권면하겠습니다.

Judging the World

"For he has set a day for justly judging the world by the man he has appointed, and has pointed him out by bringing him back to life again."
ACTS 17:31

Why does God command men and women to repent? And why does he expect you and me to relay His message to them?

The answer is simple: because "He has set a day for justly judging the world." And if people refuse to be penitent and thus become pardoned, they must be condemned.

"Justly," of course, can be interpreted: "according to the rules of strict justice." And who will do the judging? The man God has appointed—His only Son, Jesus Christ; the one He has pointed out to us clearly by bringing Him back to life again.

Jesus, you will remember, declared that He would judge the nations (John 5:25, 26 and Matthew chapter 25). God confirmed the truth of those declarations by raising Him from the dead—giving His sanction to what the Lord Jesus had said, for surely God would not work a miracle in behalf of an impostor.

What comfort and help can you and I receive from these truths today? Surely, this is a reminder that God is still on the throne; He is in control; nothing is going on in the world without His knowledge and consent.

Further, we are reminded of God's justice, which assures us that He will always do right in behalf of His children. That falls right in line with Romans 8:28, of course, which concerns all things working together for our good.

BIBLE READING   Psalm 9:7-10
ACTION POINT   World turmoil will not upset me, for I know the God who sits on the throne—and who rules over all.

천하를 심판할 날

"이는 정하신 사람으로 하여금 천하를 공의로 심판할 날을 작정하시고 이에 그를 죽은 자 가운데서 다시 살리신 것으로 모든 사람에게 믿을 만한 증거를 주셨음이니라 하니라"
사도행전 17:31

왜 하나님은 모든 사람에게 회개하라고 명령하십니까? 또 왜 하나님은 당신과 내가 하나님의 그 메시지를 전할 것을 기대하십니까?

그 대답은 간단합니다. 이는 하나님께서 '천하를 공의로 심판할 날을 작정'하셨기 때문입니다. 그리고 사람들이 회개하여 용서받기를 거부하면 그들은 정죄를 받을 것입니다.

'공의로'라는 말은 '엄격한 정의의 원칙에 따라'라고 해석될 수 있을 것입니다. 그러면 누가 심판을 하실 것입니까? 하나님이 정하신 분, 하나님께서 그를 죽은 자 가운데서 다시 살리신 것으로 모든 사람에게 믿을 만한 증거를 주신 독생자 예수 그리스도입니다.

당신은 예수님께서 나라들을 심판하실 것이라고 선언하신 것을 기억할 것입니다.(요 5:25~26, 마 25장) 하나님께서는 그를 죽은 자 가운데서 살리심으로 그 선언이 참된 것과 그리고 예수님이 하신 말씀을 다시 확인해 주신 것입니다. 하나님께서 사기꾼을 위해 기적을 베푸실 리는 없기 때문입니다.

오늘 주신 위의 말씀의 진리로부터 우리가 어떤 위로와 도움을 받을 수 있겠습니까? 오늘의 말씀은 하나님께서 지금도 보좌에 앉으셔서, 모든 것을 다스리시며, 그가 알고 허락하시지 않는 한 어떤 일도 일어 날 수 없다는 것을 분명히 상기시켜 줍니다.

더 나아가 이 말씀은 하나님의 공의에 대해 생각하게 하는데, 공의로우신 하나님은 그의 자녀들을 위하여 항상 의롭게 행하여 주실 것이라는 것을 우리에게 확신시켜 줍니다. 당연히 이것은 로마서 8장 28절, "모든 것이 합력하여 선을 이루느니라"는 말씀과 정확히 부합하는 것입니다.

오늘 주시는 말씀 시편 9:7~10
믿음의 실천 세상의 혼란이 결코 나를 동요케 하지 못할 것입니다. 보좌에 앉으사 모든 것을 통치하고 계시는 하나님을 내가 알고 있기 때문입니다.

He Welcomes You

"Come unto me, all ye that labour and are heavy laden, and I will give you rest. Take my yoke upon you, and learn of me; for I am meek and lowly in heart; and ye shall find rest unto your souls. For my yoke is easy, and my burden is light." MATTHEW 11:28-30, KJV

Several years ago I had the privilege of meeting with a world-famous theologian. This great scholar had denied the deity of Christ and had taught thousands of seminarians who had studied under him that Jesus was only a great man and a great teacher. He was not God incarnate, and surely could not forgive sin and provide rest to His followers. Yet, in a unique way God had created a hunger in his heart for truth, and for two years he had done an in-depth study of the life of Jesus.

As we met together in his office, he asked, "What do you tell a student when he asks you how to become a Christian?"

When I realized he was sincere, I proceeded to explain why I believe Jesus Christ is the Son of God and why all men everywhere need Him as their Savior and Lord, and how anyone who wants to can receive Him.

"I am persuaded," he said after a while, "that no honest person who is willing to consider the overwhelming evidence for the deity of Christ can deny that He is the Son of God."

This great scholar, who had denied the deity of Christ all his life and encouraged millions of others to think likewise, bowed in prayer and received Christ into his life as Savior and Lord.

Jesus Christ stands out clearly as the one supernaturally unique figure in all of history. He is incomparable. He invites all who will to experience His love and forgiveness. "Come unto Me." He welcomes "all you that labour and are heavy laden, and I will give you rest… My yoke is easy, and My burden is light."

BIBLE READING Matthew 11:23-27
ACTION POINT Through the power of the Holy spirit, I will seek to tell every person I contact today that God loves him, that Jesus Christ died for him, that He offers peace and rest and will welcome him into His family through a simple act of faith.

다 내게로 오라

"수고하고 무거운 짐 진 자들아 다 내게로 오라 내가 너희를 쉬게 하리라
나는 마음이 온유하고 겸손하니 나의 멍에를 메고 내게 배우라
그리하면 너희 마음이 쉼을 얻으리니 이는 내 멍에는 쉽고 내 짐은 가벼움이라 하시니라" 마태복음 11:28~30

수년 전에 나는 세계적인 명성을 가진 신학자와 만날 특권을 누린 적이 있었습니다. 이 대단한 학자는 예수님의 신성을 부인해 왔으며, 그에게 배운 수천 명의 신학생에게 예수는 단지 위대한 인간이요, 선생이었다고 가르쳐 왔습니다. 그에게 있어서 예수님은 성육신한 하나님이 아니었으며, 따라서 자기를 따르는 자들에게 죄를 용서해주시거나 평안을 주실 수 있는 분이 아니었습니다. 그러나 하나님께서 특별한 방법으로 그의 마음에 진리를 향한 간절한 갈망을 불러 일으키셨으며, 그는 2년 동안 예수님의 삶에 대하여 깊이 연구했습니다.

그의 사무실에서 그를 만났을 때 그는 "학생들이 그리스도인이 되는 법을 물어보면 어떻게 말해 줍니까?"라고 나에게 질문했습니다.

그가 대단히 진지하게 질문하고 있다는 것을 알고 나는 내가 예수님이 왜 하나님의 아들이라고 믿는지, 또 왜 세상의 모든 사람들이 그를 구주와 주님으로 필요로 하는지, 그리고 어떻게 그를 영접할 수 있는지를 차근차근 설명해 나갔습니다.

한참 후 그는 이렇게 말했습니다. "나는 예수 그리스도의 신성에 관한 이 엄청난 증거들을 살펴보고자 하는 사람이라면 아무도 그가 하나님의 아들이심을 부인할 수 없을 것이라는 것을 믿습니다."

전 생애에 걸쳐 그리스도의 신성을 부인해 왔고, 또 수많은 사람에게 그렇게 생각하도록 가르쳐왔던 이 유명한 신학자는 머리를 숙이고 기도하며 그리스도를 구주와 주님으로 그의 삶에 영접했습니다.

예수 그리스도는 인류의 모든 역사에서 분명히 두드러지는 초자연적인 유일한 존재이십니다. 그는 그 누구와도 비교가 불가능한 분입니다. 그는 모든 사람에게 그의 사랑과 용서를 경험하도록 부르고 계십니다. "수고하고 무거운 짐 진 사람들아, 다 나에게 오너라. 내가 너희를 쉬게 하겠다."(마 11:28, 새번역) 그는 모든 사람을 초대하고 계십니다. "내 멍에는 편하고, 내 짐은 가볍다."(마 11:30, 새번역)

오늘 주시는 말씀 마태복음 11:23~27
믿음의 실천 성령의 능력을 통해 나는 오늘 내가 만나는 모든 사람에게 하나님이 그를 사랑하시며, 예수께서 그를 위하여 죽으셨다는 것을 이야기할 기회를 찾겠습니다. 나는 예수께서 우리에게 안식과 평안을 주시며 믿음의 단순한 행동을 통해 그도 예수님의 가족이 되도록 초대하고 계심을 전하겠습니다.

Prayer Has Great Power

"Admit your faults to one another and pray for each other so that you may be healed. The earnest prayer of a righteous man has great power and wonderful results." JAMES 5:16

"I can take my telescope and look millions and millions of miles into space," said the great scientist Sir Isaac Newton, "but I can lay it aside and go into my room, shut the door, get down on my knees in earnest prayer, and see more of heaven and get closer to God than I can assisted by all the telescopes and material agencies on earth."

Among many other things, the carnal Christian is characterized by a poor prayer life. The spiritual Christian, on the other hand, is characterized by an effective, fruitful prayer life.

Prayer is simply communicating with God by listening as well as talking. The acrostic ACTS is helpful in recalling the various components of effective prayer, though the order is not necessarily rigid

"A" is for adoration—worship of God, first for who He is; and second for all of His benefits. He alone is worthy of our adoration and praise.

"C" stands for confession. "If we confess our sins, He is faithful and just to forgive us our sins, and to cleanse us from all unrighteousness." Sometimes this component should take priority, especially for the unbeliever and the disobedient believer, because God does not hear the prayers of the disobedient until they confess. "If I regard iniquity in my heart, the Lord will not hear me" Psalm 66:18, KJV.

"T" is for thanksgiving—gratitude to God for His blessings.

"S" represents supplication—expressing our petitions to God for individuals and specific things and events.

BIBLE READING James 5:13-18
ACTION POINT I will claim great power and wonderful results for supernatural living by a righteous life and by giving priority to prayer. I will remember to bring my adoration, confession, thanksgiving and supplication to God throughout the day.

기도의 능력

"그러므로 너희 죄를 서로 고백하며 병이 낫기를 위하여 서로 기도하라
의인의 간구는 역사하는 힘이 큼이니라" 야고보서 5:16

위대한 과학자 아이작 뉴턴 경이 이렇게 이야기했습니다. "망원경으로 나는 수백, 수천만 마일의 우주 공간을 볼 수 있습니다. 그러나 망원경을 내려놓고 내 방에 들어가 문을 닫고 무릎을 꿇고 간절히 기도하면 세상의 어떤 망원경이나 도구보다 하늘나라를 더 많이 볼 수 있으며, 하나님께 가까이 나아갈 수 있습니다."

육적인 그리스도인의 여러 특징 가운데 하나는 기도 생활이 대단히 초라하다는 것입니다. 그와 반대로 영적인 그리스도인의 특징은 효과적이며, 열매가 풍성한 기도 생활입니다.

기도는 하나님께 우리가 드리고 싶은 이야기를 하는 것뿐만 아니라 하나님이 우리에게 주시는 말씀을 우리가 듣는, 바로 하나님과의 대화인 것입니다. 효과적인 기도에 있어야 하는 여러 요소의 영어 첫 글자를 따서 만든 'ACTS'란 단어는 굳이 그 글자의 순서에 집착할 필요는 없지만 우리가 그 내용을 기억하는 데 도움이 됩니다.

'A'는 찬양(Adoration)의 첫 글자입니다. 찬양은 먼저 하나님을 경배하며 하나님이 하나님이신 것과, 하나님이 우리에게 주신 모든 것을 찬미하는 것입니다. 하나님 한 분만이 우리의 찬양과 경배를 받으실 분입니다.

'C'는 고백(Confession)을 말합니다. "만일 우리가 우리 죄를 자백하면 그는 미쁘시고 의로우사 우리 죄를 사하시며 우리를 모든 불의에서 깨끗하게 하실 것이요"(요일 1:9) 때로는 무엇보다 이 '고백'이 우선되어야 하는데 특별히 '불신자'와 '불순종하는 그리스도인'들에게 그러합니다. 왜냐하면 하나님은 그들이 죄를 고백할 때까지 불순종하는 사람의 기도를 듣지 않으시기 때문입니다. "내가 나의 마음에 죄악을 품었더라면 주께서 듣지 아니하시리라"(시 66:18)

'T'는 감사(Thanksgiving), 즉 하나님께서 주신 축복에 감사를 드리는 것입니다.

'S'는 간구(Supplication)를 말합니다. 특정한 어떤 사람 혹은 특별한 어떤 것, 또 어떤 일에 관해 하나님께 우리의 기원을 말씀드리는 것입니다.

오늘 주시는 말씀　　야고보서 5:13~18

믿음의 실천　　나는 의로운 생활을 하고, 기도에 우선순위를 둠으로써 초자연적 삶을 살기 위한 큰 능력과 놀라운 결과를 주장(claim)하겠습니다. 오늘 나는 온종일 '찬양'과 '고백', '감사'와 '간구'를 하나님께 드리기를 잊지 않겠습니다.

You Can Trust Him

"So don't worry at all about having enough food and clothing. Why be like the heathen? For they take pride in all these things and are deeply concerned about them. But your heavenly Father already knows perfectly well that you need them, and he will give them to you if you give him first place in your life and live as he wants you to."
MATTHEW 6:31-33

As a young businessman, I was strongly attracted to the material things of the world and worked very hard to achieve success. But when I became a Christian, I could not ignore the logic of Christ's command, "Seek ye first the kingdom of God and His righteousness" Matthew 6:33, KJV

I made my commitment to obey His command. Since that day so many years ago, I have sought to be obedient to that command. The Lord has graciously and abundantly blessed me with the fulfillment of the promise of His supernatural provision, which follows:

"Your heavenly Father already knows perfectly well (the things you need), and He will give them to you if you give Him first place in your life and live as He wants you to."

God is trustworthy, and the obedient, faithful Christian soon learns that he, like the psalmist of old, can proclaim:

"I have never seen the Lord forsake a man who loves Him; nor have I seen the children of the godly go hungry" Psalm 37:25

BIBLE READING Matthew 6:25-30
ACTION POINT Resting on the absolute certainties of the Word of God, I will refuse to worry about anything today. By trusting promises such as Romans 8:28 and Philippians 4:19 from God's Word, I have no reason to worry.

하나님을 신뢰하십시오

"그러므로 염려하여 이르기를 무엇을 먹을까
무엇을 마실까 무엇을 입을까 하지 말라 이는 다 이방인들이 구하는 것이라
너희 하늘 아버지께서 이 모든 것이 너희에게 있어야 할 줄을 아시느니라
그런즉 너희는 먼저 그의 나라와 그의 의를 구하라
그리하면 이 모든 것을 너희에게 더하시리라" 마태복음 6:31~33

젊은 사업가였던 나는 세상의 물질에 강한 매력을 느끼고, 성공을 위해 매우 열심히 일했습니다. 그러나 그리스도인이 되고 난 후 나는 그리스도의 명령에 근거한 이 원칙을 무시할 수가 없었습니다. "그런즉 너희는 먼저 그의 나라와 그의 의를 구하라 그리하면 이 모든 것을 너희에게 더하시리라"(마 6:33)

나는 주님의 명령에 순종할 것을 약속했습니다. 그날 이후 많은 세월이 흐른 지금까지 그 명령에 순종하려고 노력해 왔습니다. 주님은 "너희 하늘 아버지께서 이 모든 것이 너희에게 있어야 할 줄을 아시느니라"(마 6:32)라고 하신 초자연적 공급에 대한 약속을 완전히 이루어 주심으로, 나를 풍성하고 은혜롭게 축복해 주셨습니다.

하나님은 신뢰할 수 있는 분입니다. 순종하는 신실한 그리스도인은 오래전 시편 기자와 마찬가지로 이렇게 선언할 수 있음을 곧 알게 됩니다. "내가 어려서부터 늙기까지 의인이 버림을 당하거나 그의 자손이 걸식함을 보지 못하였도다"(시 37:25)

오늘 주시는 말씀   마태복음 6:25~30
믿음의 실천   하나님 말씀의 절대적인 확실함을 의지하고 안식을 얻으며, 나는 오늘 어떤 염려도 하지 않겠습니다. 로마서 8장 28절과 빌립보서 4장 19절과 같은 하나님 말씀의 약속을 신뢰하기 때문에 나는 어떤 염려도 할 이유가 없습니다.

How to Obey God's Laws

"So now we can obey God's laws if we follow after the Holy Spirit and no longer obey the old evil nature within us." ROMANS 8:4

Are you not glad that the Word of God makes things so simple?

If we really want to obey God's laws, His resources are available to us. First and foremost, the Holy Spirit abides within to guide us. While it is true that we have all of the Holy Spirit at the time of our conversion, we cannot expect the full blessing and power of God until the Holy Spirit has full control of all of us.

As we appropriate the fullness of His Holy Spirit by faith, we are supplied with supernatural power to obey God's laws. That supernatural power, though, is contingent upon our cooperation. We must not only commit ourselves to the Holy Spirit but we must also be familiar with the Word of God if we are indeed to obey its commands.

Obedience is a key word in the Christian life. This verse points it out quite clearly, for we either obey God's laws or we obey the old evil nature. The choice is ours as we are controlled and empowered by the Holy Spirit.

Someone has well pointed out that all of life, really, is nothing more nor less than a series of choices. The secret of the successful Christian life is in making the right choices. And even the wisdom to make the right choices is available—as a gift from God.

That leaves us, you and me, without excuse. We can, if we choose, through the enabling of the Holy Spirit, obey God's laws and thus accomplish His purpose for us as believers.

BIBLE READING Galatians 5:16-26
ACTION POINT Drawing upon the promised supernatural resources of the Holy Spirit, I choose to obey God's laws rather than yield to the pull of my old evil nature.

하나님의 법에 순종하는 법

"육신을 따르지 않고 그 영을 따라 행하는 우리에게 율법의 요구가 이루어지게 하려 하심이니라"
로마서 8:4

당신은 하나님의 말씀이 우리가 해야 할 일들을 쉽고 단순하게 만들어 주신다는 사실이 기쁘지 않습니까? 만일 우리가 진정으로 하나님의 율법에 순종하기를 원한다면 우리는 하나님의 능력의 도움을 받을 수 있습니다. 우선 무엇보다 가장 중요한 것은 우리를 인도하시기 위해 성령께서 우리 안에 계시다는 것입니다. 우리가 회개하고 주님을 영접하는 순간 성령의 모든 것을 완전히 소유하는 것은 사실이지만, 그러나 성령께서 우리를 완전히 다스리기 전에는 하나님의 온전한 축복과 능력을 경험하기를 기대하기가 힘듭니다.

우리가 1)믿음으로(by faith) 하나님의 성령 충만을 누릴 때, 우리는 하나님의 율법에 순종할 수 있는 초자연적 능력을 공급받습니다. 그러나 그 초자연적 능력에는 한 가지 전제가 따릅니다. 우리가 하나님의 말씀이 명령하는 바에 진정으로 순종하기를 원한다면, 우리는 성령께 우리를 온전히 드릴 뿐 아니라 또한 반드시 하나님의 말씀과도 친숙해져야 합니다.

순종은 그리스도인의 삶에 있어서 핵심이 되는 단어입니다. 위의 말씀은 이것을 아주 분명하게 지적합니다. 우리가 하나님의 법에 순종하든지 아니면 옛 본성(육신)을 따르든지 둘 중 하나이기 때문입니다. 우리가 성령의 능력 주심과 다스리심을 받을 때에도 그러한 선택은 우리의 몫입니다.

누군가가 잘 지적한 것처럼 우리 인생은 그야말로 선택의 연속, 바로 그것입니다. 성공적인 그리스도인의 비결은 올바른 선택을 하는 것에 있습니다. 그리고 우리 그리스도인들에게는 올바른 선택을 할 수 있는 지혜까지도 하나님께서 선물로 주셨습니다.

따라서 우리에게는 어떤 핑계거리도 없는 것입니다. 성령의 가능케 하시는 능력을 따라 우리가 올바른 선택만 하면, 우리는 하나님의 법에 순종할 수 있고, 그럼으로써 믿는 자로서 우리를 향한 하나님의 뜻을 성취하게 됩니다.

오늘 주시는 말씀 갈라디아서 5:16~26
믿음의 실천 하나님께서 약속하신 성령의 초자연적 능력의 도움을 받아 나는 나의 옛 본성의 유혹에 굴복하지 않고 하나님의 법에 순종하는 것을 선택하겠습니다.

No Other Savior

"There is salvation in no one else! Under all heaven there is no other name for men to call upon to save them." ACTS 4:12

As a young skeptic, I had difficulty believing in the resurrection, for I could not believe in the supernatural. But as I became aware of the uniqueness of Jesus and of the different quality of life that was His, I was forced to reconsider the biblical claim to His resurrection.

Since it is a matter of historical fact that the tomb in which His body was placed was empty three days later, I set out to discover if the tomb could have been empty on any other basis than the biblical claim that He had been raised from the dead. In my research, I learned that there were three different theories explaining the empty tomb.

First, it was proposed that He was not really dead but had fainted from loss of blood on the cross, and that he recovered in the cold of the tomb. This notion is today expounded by certain skeptics under the name of the "swoon theory." Second, it was conceivable that Jesus' body was stolen by His enemies; or third, that it was stolen by the disciples.

Experience and logic have forced me to discount all three of these theories as impossibilities. First, Jesus could never have moved the stone or escaped from the guards in His weakened condition. Second, Jesus' enemies had no reason to steal His body since they did not want to give credence to a belief in His resurrection. Even if they had stolen the body, they could simply have produced it to discount the resurrection. Third, the disciples who deserted Jesus at His trial and crucifixion were the same men who, having seen Him after His resurrection, spent the rest of their lives telling everyone who would listen, even at the cost of their lives, that Jesus was alive. Ask yourself this question, "Would the disciples be willing to die as martyrs propagating a lie?"

Christianity alone has a living savior; in Him alone is salvation.

BIBLE READING Romans 10:9-13
ACTION POINT Several times today, as the Holy Spirit prompts me, I will remember to thank God for the gift of His Son as my personal Savior and will tell someone else that Jesus is alive and wants to be his Savior, too.

유일하신 구세주

"다른 이로써는 구원을 받을 수 없나니 천하 사람 중에 구원을 받을 만한 다른 이름을 우리에게 주신 일이 없음이라 하였더라" 사도행전 4:12

젊은 회의론자였던 나는 부활을 믿을 수가 없었습니다. 초자연적인 것을 믿을 수 없었기 때문입니다. 그러나 내가 예수님의 유일성과 또 세상의 어떤 사람과도 전혀 다른 그의 삶의 성격에 관해 알게 된 후 나는 부활에 관한 성경의 주장에 대해 다시 생각해야만 했습니다.

예수님의 시신이 놓여있던 무덤이 사흘 후 텅 빈 것은 역사적인 사실이었기 때문에 나는 예수님이 죽음에서 부활하셨다고 하는 성경의 주장 외의 다른 가능성에 의해 무덤이 빌 수 있는지를 알아보기로 했습니다. 나는 빈 무덤을 설명해 보려고 하는 세 가지 이론이 세상에 있음을 연구를 통해 알게 되었습니다.

먼저 예수님이 정말로 죽으셨던 것이 아니고 단지 십자가에서의 출혈로 인해 정신을 잃었다가 무덤의 찬 냉기에 의해 깨어났다는 설입니다. 이 의견은 오늘날 '기절설'이라는 이름으로 부활에 대한 일부 회의론자들이 주장하고 있습니다. 두 번째는 예수님의 적들이 시신을 훔쳐 갔다고 하는 것이고, 세 번째는 예수님의 제자들에 의해 시신이 도둑맞았다고 하는 것입니다.

나의 살아 온 경험과 또 논리적 사고에 의해 나는 이 세 가지 이론 모두가 불가능한 것이라고 간주할 수밖에 없었습니다. 첫째, 예수님이 기절해서 깨어났다고 해도 그런 쇠약한 몸 상태로는 돌을 움직이거나 무덤 입구를 지키는 파수꾼들을 피해 도망갈 수가 없었을 것입니다. 둘째, 예수님의 적들은 예수님의 부활을 믿는 사람들에게 도움이 될 것이므로 예수님의 시신을 훔칠 이유가 없었습니다. 혹시 그들이 훔쳐갔다고 하더라도 부활을 부인하기 위해 바로 도로 내놓았을 것입니다. 셋째, 법정에서 또 십자가의 형장에서 예수님을 부인했던 바로 그 제자들이, 부활하신 예수님을 만난 후에는 듣고자 하는 모든 사람에게 예수님께서 살아 계신다는 것을 자신의 목숨을 버리면서까지 전하며 남은 생을 살았던 것입니다. 스스로에게 이렇게 한번 물어 보십시오. "거짓말을 세상에 퍼뜨리는 순교자가 되기 위해서 제자들이 기꺼이 죽었을까?"

예수 그리스도만이 살아 계신 구주이십니다. 예수님 안에만 구원이 있습니다.

오늘 주시는 말씀 로마서 10:9~13
믿음의 실천 나는 오늘 성령께서 깨닫게 해주실 때마다 하나님께서 그 아들을 나의 구주로 주신 것에 감사드리고, 또 다른 사람들에게도 예수님이 살아 계시며 그들을 구원하기를 원하신다는 것을 말해 주겠습니다.

Claiming the Promise

"But when I am afraid, I will put my confidence in you. Yes, I will trust the promises of God. And since I am trusting him, what can mere man do to me?" PSALM 56:3-4

Raymond and Martha were active church members and gave generously to the needs of their fellowship. But their real security, as Raymond shared, was largely in monetary holdings. After working hard for many years to build a financial empire, they had nothing to worry about. They were on "Easy Street" and could do anything for the rest of their lives, confident of being able to pass on a sizeable fortune to their children and grandchildren.

But at this point, Raymond turned over the reins of his business to a trusted employee who, through mismanagement and embezzlement, coupled with a severe economic depression, was able to destroy in approximately two years what had taken Raymond more than thirty years to accumulate.

Devastated and fearful, Raymond and Martha turned to God and His word. As they claimed God's promises, the Savior whom they had professed to know but had not really known, became a reality in their lives. They became joyful, radiant and victorious. Though they had lost almost everything materially, they had, in the process, gained all that was really important. Now their trust was in the Lord who filled their lives with His love and grace. They passed on God's blessing to others, including me.

BIBLE READING Psalm 25:4-10
ACTION POINT I will not wait until personal tragedy crosses my path, but will place my confidence in the Lord and in His word and begin now to draw upon His supernatural resources to live a full and meaningful life for His glory.

약속을 주장하십시오

"내가 두려워하는 날에는 내가 주를 의지하리이다 내가 하나님을 의지하고 그 말씀을 찬송하올지라 내가 하나님을 의지하였은즉 두려워하지 아니하리니 혈육을 가진 사람이 내게 어찌하리이까"
시편 56:3~4

레이몬드와 마사는 활동적인 '26)교회 출석자'들이었으며 어려운 교인들도 많이 돕곤 했습니다. 그러나 레이몬드가 후에 들려준 말과 같이 사실 그들은 주로 금전적 소유에서 안정감을 얻고 있었습니다. 큰 부를 이루기 위해 오랜 기간 열심히 일한 후 그들은 걱정이 없는 것처럼 보였습니다. 그들은 '충분한 부'를 소유하고 있었으며 남은 생에 어떤 일이라도 할 수 있을 것 같았고, 상당한 재산을 그들의 자녀와 손주에게까지 물려 줄 수 있을 것 같았습니다.

그러나 그때 그가 사업의 운영권을 신임하는 직원에게 맡겼는데 그 직원의 잘못된 경영과 횡령, 거기에 심각한 경기 침체까지 겹치게 되어 레이몬드가 30년 이상에 걸쳐 이룩한 것이 불과 2년 만에 모두 무너지게 되었습니다.

두려움과 황망함에 싸여 레이몬드와 마사는 하나님과 그의 말씀 앞으로 돌아왔습니다. 그들이 하나님의 약속을 주장하기 시작했을 때, 이전에는 안다고 하였으나 사실 전혀 알고 있지 못했던 구주께서 이제 그들의 삶에 실재가 되어주셨습니다. 그들은 기쁘고, 활기차고, 승리의 삶을 사는 사람이 되었습니다. 비록 그들은 물질적으로 거의 대부분의 소유를 잃었으나 그 과정을 통하여 정말 중요한 모든 것을 얻었습니다. 이제 그들은 그들의 믿음과 신뢰를 자신들의 삶을 사랑과 은혜로 채워주신 주님께 두고 있습니다. 그들은 하나님의 축복을 나를 포함한 다른 사람들에게 전하고 있습니다.

오늘 주시는 말씀   시편 25:4~10
믿음의 실천   나는 내 삶에 어려움이 닥쳐야 주님을 찾는 어리석음을 범치 않고, 그전에 먼저 주님과 주님의 말씀을 신뢰하겠으며, 오늘 당장 하나님의 영광을 위하여, 또 충만하고 의미 있는 삶을 살기 위해 하나님의 초자연적 능력의 자원을 끌어 사용하기 시작하겠습니다.

Chosen to be Glorified

"And having chosen us, he called us to come to him; and when we came, he declared us 'not guilty,' filled us with Christ's goodness, gave us right standing with himself, and promised us his glory." ROMANS 8:30

A famous Christian leader insisted that anyone could lose his salvation. I asked him if he felt that he would ever lose his. Quickly, he replied, "Absolutely not. I am sure I will not lose my salvation."

Personally, I believe there is too much controversy over this issue. Some fear those who have assurance of salvation and know they will spend eternity with God might tend to compromise their conduct, resulting in disobedience to God and insulting Christ and His church. Others think those who do not live like Christians have never experienced new birth, do not have eternal life and will be forever separated from God.

It is quite likely that the person who insists on "doing his own thing"—going his own way while professing to be a Christian—is deceived and should be encouraged to look to the mirror of God's Word. For if his salvation is real, the evidence should proclaim it. The caterpillar that goes through metamorphosis to become a butterfly lives like a butterfly, not a caterpillar. In the same way, the man who has experience new life in Christ will witness to it in his life.

Today's Scripture deals with seven marvelous truths: (1) He chose us; (2) He called us; (3) we came; (4) He declared us not guilty; (5) He filled us with Christ's goodness; (6) He gave us right standing with Himself; (7) He promised us His glory.

One famous theologian put it this way: "How would it be a source of consolation to say… that whom God foreknew, He predestinated, and whom He predestinated, He called, and whom He called, He justified, and whom He justified might fall away and be lost forever?"

We should praise and worship God because of His promises to all who receive Him that He will never leave nor forsake them Hebrews 13:5.

BIBLE READING Ephesians 1:3-6
ACTION POINT I will meditate upon this marvelous truth. And as an expression of my gratitude for the privilege of living a supernatural life, I will praise and thank God constantly for His goodness, encouraging other believers to do the same.

영화롭게 하시기 위해 미리 정하심

"또 미리 정하신 그들을 또한 부르시고 부르신 그들을 또한 의롭다 하시고 의롭다 하신 그들을 또한 영화롭게 하셨느니라" 로마서 8:30

어떤 유명한 기독교 지도자가 누구든지 구원을 잃어버릴 수 있다고 주장했습니다. 나는 그에게 그도 혹시 자신의 구원을 잃어버릴지 모른다고 느껴본 적이 있는지를 물었습니다. 그는 바로 대답했습니다. "천만에요. 나는 내가 나의 구원을 잃어버리지 않을 것을 확신합니다."

나는 이 문제에 대해 불필요한 많은 논란이 벌어지고 있다고 믿습니다. 어떤 사람은 구원의 확신이 있고, 천국에서 영원히 하나님과 살 것을 알면서도 하나님에 대한 불순종과 그리스도와 그의 교회를 모독하는 행동을 하지 않을까 두려워합니다. 또 어떤 사람들은, 그리스도인답게 살고 있지 못한 사람들은 거듭남을 한 번도 경험해보지 못한 사람들이며, 그들은 영생을 소유하고 있지 못하고 결국 영원히 하나님으로부터 분리될 거라고 생각합니다.

그리스도인이라고 주장하면서도 자기 마음대로 삶을 살아가기를 고집하는 사람들은 아마도 잘못된 믿음에 속고 있는 것이며 반드시 하나님의 말씀의 거울에 자신을 비춰 보도록 권면해줘야 할 것입니다. 그의 구원이 사실이라면 그 증거가 반드시 나타나게 되어 있기 때문입니다. 변화의 과정을 거쳐 나비가 된 애벌레는 나비로 살지, 애벌레로 살지 않습니다. 마찬가지로 그리스도 안에서 새로운 삶을 경험한 사람은 자신의 삶을 통해 그것을 증거할 것입니다.

오늘의 말씀은 일곱 가지의 놀라운 진리를 담고 있습니다. (1)하나님이 우리를 선택하셨고 (2)하나님이 우리를 부르셨으며 (3)우리가 하나님께 왔습니다. (4)하나님이 우리를 의롭다 하시고 (5)우리를 그리스도의 선하심으로 채우셨으며 (6)우리에게 그리스도와 함께 설 수 있는 권한을 주셨습니다. (7)우리를 영화롭게 하실 것도 약속하셨습니다.

한 유명한 신학자는 이렇게 말했습니다. "그것이 우리에게 무슨 위로의 근원이 되겠습니까? 만약 미리 정하신 그들을 부르시고 부르신 그들을 또한 의롭다 하셨는데, 그들이 타락하여 영원히 버림받을지 모른다고 한다면…"

예수 그리스도를 영접한 모든 사람에게 결코 너희를 떠나거나 버리지 않겠다고 약속(히 13:5)하신 하나님을 우리는 찬양하고 경배해야 합니다.

오늘 주시는 말씀 에베소서 1:3~6
믿음의 실천 나는 하나님의 이 놀라운 약속을 깊이 묵상하겠습니다. 그리고 초자연적 삶을 살게 해주시는 특권에 대한 감사의 표현으로써 그의 선하심에 대하여 끊임없이 하나님을 찬양하고 감사드리며 다른 그리스도인들도 그렇게 하도록 격려하겠습니다.

Before We Even Call

"I will answer them before they even call to me. While they are still talking to me about their needs, I will go ahead and answer their prayers!" ISAIAH 65:24

Allenby's Bridge, which spans the Jordan River, was built to honor the man whom God used to lead the miraculous conquest of Jerusalem without the firing of a single gun.

Allenby recalled how, as a little boy, when he used to lisp his evening prayers, he was taught to repeat after his mother the closing part of the prayer:

"And O Lord, we will not forget Thy ancient people, Israel. Lord, hasten the day when Israel truly shall be Thy people and shall be restored to Thy favor and to their land."

"I never knew then," Allenby said at a reception in London, "that God would give me the privilege of helping to answer my own childhood prayers."

Even more wonderful than that kind of divine providence is the truth expressed in Isaiah 65:24 (KJV): "Before they call, I will answer." I have seen this promise fulfilled many times in the global program of Campus Crusade for Christ. Even during the time we have prayed for desperate needs—financial and otherwise—God was already laying it upon the hearts of His faithful people to respond.

What a great comfort to know that we serve that kind of God!

BIBLE READING Isaiah 65:18-25
ACTION POINT Even as I pray for the needs of others and myself today, I will remember the power and faithfulness of God who has already begun to answer even before I ask.

그들이 부르기 전에

"그들이 부르기 전에 내가 응답하겠고 그들이 말을 마치기 전에 내가 들을 것이며"
이사야 65:24

요단강을 가로지르는 54)에드먼드 알렌비 다리는 단 한 발의 총도 쏘지 않고 예루살렘을 기적적으로 정복하는 일에 하나님께서 사용하셨던 사람을 기념하기 위하여 세워졌습니다.

알렌비는 그가 아주 어린 시절, 잠자리에 들기 전 기도조차 더듬거리던 때 어머니가 하시던 기도의 마무리 부분을 이렇게 따라 하도록 배웠던 것을 회상했습니다.

"오, 주님. 우리는 당신의 옛 백성 이스라엘을 잊지 않겠습니다. 주님, 이스라엘이 당신의 참된 백성이 되고 다시 주님의 사랑과 그들의 옛 땅을 회복할 날이 속히 오게 하소서."

알렌비는 런던의 한 만찬에서 이렇게 말했습니다. "나는 내가 어렸을 때 드린 그 기도를 하나님이 응답하시며 그 일에 내가 참여하는 특권까지 주실 줄을 그때는 정말 몰랐지요."

그러나 그와 같은 하나님의 섭리보다 더욱 놀라운 진리가 이사야 65장 24절에 나타나 있습니다. "그들이 부르기 전에 내가 응답하겠고" 나는 이 약속의 말씀이 우리 CCC의 범세계적인 사역 가운데 이루어지는 것을 내 눈으로 많이 보아 왔습니다. 우리가 재정적이든 혹은 다른 어떤 긴박한 필요를 위해 기도하고 있는 동안 하나님은 그전에 벌써 그의 신실한 사람들의 마음을 통하여 우리 기도에 대한 응답을 준비해 놓고 계셨습니다.

이렇게 좋으신 하나님을 우리가 섬기고 있다는 사실을 깨닫는 것이 우리에게 얼마나 큰 위안이 되는지요!

오늘 주시는 말씀 이사야 65:18~25
믿음의 실천 오늘 나와 다른 사람들의 필요를 위하여 기도할 때에도, 내가 기도하기도 전에 이미 응답해주기 시작하시는 하나님의 능력과 신실하심을 기억하겠습니다.

Living the Godly Life

"As God's messenger I give each of you God's warning: Be honest in your estimate of yourselves, measuring your value by how much faith God has given you." ROMANS 12:3

A newly appointed director of affairs for our ministry come to me for counsel. He inquired, "What are the biggest problems I will encounter in my new area of responsibility?" "Three major ones," I responded. "First pride, the problem that caused Satan to seek a place of authority over God Himself, resulting in his expulsion from heaven. Since creation, man's greatest problem has been pride—thinking more highly of oneself than one ought to think.

Your second problem will be materialism—the desire to accumulate wealth, to live the good life, to keep up with the Joneses with better houses, cars, clothes and security.

And the third problem will be sex, the temptation to immorality. Man's second greatest drive after self-preservation is sex. In the marriage bond, sex is a beautiful God-given privilege. But out of marriage, it results in grieving and quenching the Spirit and, ultimately, in God's discipline. Therefore, be faithful to the wife God has given you and love her as Christ loved the church Ephesians 5:25.

Keep yourself humble by God power. Seek the simple life and be motivated and constrained by the love of God for the souls of men, rather than for the good things of this world."

This is my counsel to all our staff, as well as to all who seek to live godly lives. The world is full of men and women of great ability who are no longer being used of God. They have fallen, thinking more highly of themselves than they ought to think, after the example of Satan, the author of pride.

God's Word admonishes us to think soberly, wisely, and modestly. The fact that our faith is a gift from God should produce in us a true humility, changing any pride to gratitude. The truly humble person regards God as the source of all blessings.

BIBLE READING   Ephesians 4:1-6
ACTION POINT   I will remember that all I have is a gift of God's grace. I will humble myself before God and man and, by faith, live a supernatural, godly life, dedicated to the extension of His kingdom.

경건한 생활

"내게 주신 은혜로 말미암아 너희 각 사람에게 말하노니 마땅히 생각할 그 이상의 생각을 품지 말고
오직 하나님께서 각 사람에게 나누어 주신 믿음의 분량대로 지혜롭게 생각하라" 로마서 12:3

우리 국제 CCC의 새로 임명 받은 사무국 책임자가 나에게 상담을 하러 왔습니다. 그는 내게 "제가 맡은 직무를 감당할 때 부딪히게 될 가장 큰 문제가 무엇인지 말씀해주십시오."라고 물었습니다. "세 가지의 큰 도전이 있을 것입니다." 내가 대답했습니다. "첫 번째, 교만입니다. 교만은 사탄으로 하여금 하나님의 자리를 넘보다가 하늘로부터 추방되는 결과를 맞았습니다. 창조 이래로 인간의 최대의 문제는 자신이 마땅히 생각해야 할 그 이상으로 자신을 높이 생각하는 교만이었습니다. 당신이 마주하게 될 두 번째 도전은 물질주의입니다. 부를 쌓고, 더 안락한 생활, 이웃보다 더 좋은 집, 자동차, 옷으로 허세를 부리며 물질에서 안정을 구하려는 물질주의입니다.

세 번째 도전은 부도덕한 욕망인 성적 유혹입니다. 인간의 자기보존의 본능 다음으로 큰 욕구가 성적 욕구입니다. 결혼의 범주 안에서 성은 하나님이 주신 아름다운 특권입니다. 그러나 혼인 관계 밖에서는 성령을 슬프게 하고 소멸하며 반드시 하나님의 징계가 따르게 되는 것입니다. 그러므로 하나님이 주신 아내에게 신실하도록 하고, 그리스도께서 교회를 사랑하신 것처럼 아내를 사랑하십시오. (엡 5:25) 하나님 능력에 의지하여 늘 겸손하고 검소한 생활을 추구하며 이 세상에서의 좋은 것들 보다는 인간의 영혼을 향한 하나님의 사랑을 생각하고 그 사랑에 강권함을 받아 살아가는 삶을 추구하기 바랍니다."

이것은 우리 CCC 간사들에게 뿐만 아니라 경건한 삶을 살기를 구하는 모든 사람을 향한 나의 권면입니다. 세상은 하나님께 더 이상 쓰임 받지 못하고 있는 훌륭한 재능 있는 사람들로 넘쳐나고 있습니다. 그들은 교만의 주체인 사탄의 뒤를 따라 마땅히 생각할 그 이상으로 자신을 생각하여 나락으로 떨어진 것입니다.

하나님의 말씀은 우리가 진지하고 지혜롭고 겸손하게 생각할 것을 가르칩니다. 우리의 믿음이 사실은 하나님이 주신 선물이라는 것은 우리 안에 참된 겸손을 낳게 합니다. 그것은 우리의 모든 자랑거리를 감사로 바꾸어 줍니다. 진정으로 겸손한 사람은 하나님이 그가 받은 모든 축복의 근원이심을 인정합니다.

오늘 주시는 말씀 에베소서 4:1~6
믿음의 실천 나는 내가 가진 모든 것이 하나님 은혜의 선물임을 기억하겠습니다. 나는 하나님과 사람 앞에서 나를 낮추고 믿음으로(by faith) 하나님 나라의 확장을 위해 헌신하는 초자연적인 경건한 삶을 살겠습니다.

Satisfies God's Requirements

"Love does no wrong to anyone. That's why it fully satisfies all of God's requirements. It is the only law you need." ROMANS 13:10

Early in my Christian life, I was troubled over the command to love God so completely, as I mentioned earlier. How could I ever measure up to such a high standard? Then He showed me how to love by faith.

We are to love God. We are to love our neighbors. We are to love our enemies. We are to love our family members. And we are to love ourselves with God's kind of love, by faith.

Since the greatest commandment is to love God, we are to give Him our first love, never allowing anyone or anything to come before Him. And supernaturally, we are to express the agape kind of love to others—a love no less in its quality and magnitude than that which we express toward God.

In the same way, God loves all His children perfectly. He loves you and me just as much as He loves His Son, the Lord Jesus Christ John 17:23.

The person who has not yet learned to love God and to seek Him above all else and all others is to be pitied. Such a person is only denying himself the blessings that await all who love God with all their heart, soul and mind.

It is natural for us to fulfill the command to love our neighbors as ourselves if we truly love God in the way mentioned above. If we are properly related to God, vertically, we will be properly related to our fellow man, horizontally.

BIBLE READING 1 Corinthians 13
ACTION POINT By faith I will claim God's love—for Him, for my neighbors, for myself, for my enemies—and as a result do only good, which is a result of supernatural living.

율법의 완성

"사랑은 이웃에게 악을 행하지 아니하나니 그러므로 사랑은 율법의 완성이니라"
로마서 13:10

앞에서 언급한 바와 같이 내가 처음 그리스도인의 삶을 시작했을 때 나는 하나님을 '온전히' 사랑하라는 명령을 따르는 데 어려움을 겪었습니다. '어떻게 내가 그런 높은 기준에 이를 수 있을 것인가?' 하는 고민이 있었습니다. 그때 하나님은 1)믿음으로(by faith) 사랑하는 방법을 가르쳐 주셨습니다.

우리는 하나님을 사랑해야 합니다. 우리는 이웃을 사랑해야 합니다. 우리는 원수를 사랑해야 합니다. 또 우리는 믿음으로,(by faith) 하나님이 주시는 사랑으로 우리 자신을 사랑해야 합니다.

가장 큰 계명이 하나님을 사랑하라는 것이기 때문에 우리는 하나님께 가장 먼저 우리의 사랑을 드려야 하며, 그 누구도, 또 그 무엇도 하나님에 대한 우리의 사랑보다 앞서게 해서는 안 됩니다. 또, 우리는 그 양이나 질에서 하나님께 드리는 우리의 사랑에 못지않은 '거룩한' 사랑을 '초자연적'으로 우리 이웃에게 줄 수 있어야 합니다.

마찬가지로 하나님은 그의 모든 자녀들을 완전하게 사랑하십니다. 하나님은 자신의 독생자 예수 그리스도를 사랑하신 것과 똑같이 당신과 나를 사랑하십니다.(요 17:23)

하나님을 사랑하고, 그 무엇보다 하나님을 찾으며 이웃을 사랑하도록 배우지 못한 사람은 불쌍한 사람입니다. 그런 사람은 온 마음과 뜻과 정성을 다하여 하나님을 찾는 사람들을 위해 준비된 축복을 스스로 거부하는 것이기 때문입니다.

우리가 위의 말씀이 가르치는 것과 같이 진실로 하나님을 사랑한다면 우리 자신처럼 이웃을 사랑하라는 명령을 온전히 지키는 것이 당연합니다. 우리가 만약 하나님과 수직적으로 잘 관계가 맺어져 있다면 우리 이웃들과의 수평적 관계도 잘 맺게 될 것입니다.

오늘 주시는 말씀 고린도전서 13장
믿음의 실천 믿음으로(by faith) 나는 하나님과, 나의 이웃 그리고 나 자신과 또 나의 적들에 대한 사랑을 구(claim)하겠으며, 그 결과로 초자연적 삶의 열매인 오직 선한 일만을 하겠습니다.

Wonderful Friendship

"God will surely do this for you, for he always does just what he says, and he is the one who invited you into this wonderful friendship with his Son, even Christ our Lord." 1 CORINTHIANS 1:9

You and I do not always prove faithful, but the apostle Paul wants us to know, by way of his letter to the believers in Corinth, that our God will surely do what He has promised; in this case, makes us "blameless in the day of our Lord Jesus Christ" verse 8.

The apostle wants the Corinthians to know that they can depend on the faithfulness of God, who had begun a good work among them, and certainly would see them through to the end. He did the inviting; He would do the keeping.

Christians are able to participate with Christ in several ways:

First, in His trials and sufferings, for we are subjected to temptations and trials similar to His: "But rejoice, inasmuch as ye are partakers of Christ's sufferings" 1 Peter 4:13, KJV.

Second, in His feelings and views Romans 8:9.

Third, in His heirship to the inheritance and glory which awaits Him: "And if children, then heirs; heirs of God, and joint-heirs with Christ" Romans 8:17, KJV.

Fourth, in His triumph in the resurrection and future glory: "Ye which have followed Me, in the regeneration when the Son of man shall sit on the throne of His glory, ye also shall sit upon twelve thrones, judging the twelve tribes of Israel" Matthew 19:28, KJV.

Are you not glad for that kind of friendship?

BIBLE READING 2 Thessalonians 3:3-5
ACTION POINT When I look for a faithful friend, my first thought will be of Christ Himself, who truly qualifies as my very best friend.

놀라운 교제

"너희를 불러 그의 아들 예수 그리스도 우리 주와 더불어
교제하게 하시는 하나님은 미쁘시도다"
고린도전서 1:9

우리는 항상 신실한 사람이기가 어렵습니다. 그러나 사도 바울은 고린도 교회의 교인들에게 보낸 편지를 통하여, 우리에게 주신 약속을 하나님이 분명히 지키실 것을 우리가 알기를 원했습니다. 여기에서 그 약속은 "주께서 너희를 우리 주 예수 그리스도의 날에 책망할 것이 없는 자로 끝까지 견고하게 하시리라"(고전 1:8)는 것입니다.

사도 바울은 고린도 교인들이 그들 가운데 선한 일을 시작하시고 끝까지 이루실 하나님의 신실하심을 신뢰할 수 있다는 것을 알기 원했습니다. 부르신 분이 하나님이시기에 하나님이 지키시는 것입니다.

그리스도인들은 여러 가지 방법으로 그리스도와 함께 일할 수 있습니다.

첫째, 그가 겪으신 시험과 고난에 참여할 수 있습니다. 우리도 그가 받으신 것과 비슷한 유혹과 시험을 받기 때문입니다. "오히려 너희가 그리스도의 고난에 참여하는 것으로 즐거워하라 이는 그의 영광을 나타내실 때에 너희로 즐거워하고 기뻐하게 하려 함이라"(벧전 4:13)

둘째, 주님이 느끼고 생각하시는 것에 우리도 참여할 수 있습니다. "만일 너희 속에 하나님의 영이 거하시면 너희가 육신에 있지 아니하고 영에 있나니 누구든지 그리스도의 영이 없으면 그리스도의 사람이 아니라"(롬 8:9)

셋째, 주님을 위해 예비된 영광과 유업의 상속에 우리도 함께 참여할 수 있습니다. "자녀이면 또한 상속자 곧 하나님의 상속자요 그리스도와 함께 한 상속자니 우리가 그와 함께 영광을 받기 위하여 고난도 함께 받아야 할 것이니라"(롬 8:17)

넷째, 주님의 부활의 승리와 미래의 영광에 참여할 수 있습니다. "예수께서 이르시되 내가 진실로 너희에게 이르노니 세상이 새롭게 되어 인자가 자기 영광의 보좌에 앉을 때에 나를 따르는 너희도 열두 보좌에 앉아 이스라엘 열두 지파를 심판하리라"(마 19:28)

이와 같은 주님과의 교제가 어찌 기쁘지 않겠습니까?

오늘 주시는 말씀 데살로니가후서 3:3~5
믿음의 실천 내가 진실한 친구를 찾을 때 첫 번째로 내 마음에 떠올릴 분은, 나의 가장 좋은 친구로서 필요한 모든 것을 갖추신 그리스도 그분일 것입니다.

Abundant, Supernatural Life

"Even so consider yourselves to be dead to sin, but alive to God in Christ Jesus."
ROMANS 6:11, NAS

My friend Randy had given up on the Christian life. He said "I have tried, but failed so many times; nothing seems to work. God doesn't hear my prayers, and I am tired of trying. I've read the Bible, prayed, memorized Scripture and gone to church. But there is no joy and I don't see any purpose in continuing a life of shame and hypocrisy, pretending I am something that I'm not."

After listening to his account of his many failures and defeats, I began to explain the ministry of the Holy Spirit. He interrupted me with, "I know all about the Holy Spirit. I've read everything I can find, everything you and others have written—and nothing works for me."

My thoughts turned to Romans, chapter 6. I asked him, "Randy, are you sure you are a Christian?" "Yes," he answered. "I'm sure."

"How do you know?" "By faith," he responded. "Scripture promises, 'For by grace are you saved through faith, that not of yourselves, it's a gift of God, not of works, lest any man should boast.' I know I'm saved."

"Why," I asked him, "do you trust God for your salvation, but do not believe in His other promises concerning your rights as a child of God?"

I read from Romans 6, reminding Randy that every believer has access to the mighty, supernatural power of the risen Christ. With the Holy Spirit's help, the believer can live a supernatural life by claiming his rights through an act of his will. The same Holy Spirit who inspired Ephesians 2:8,9 inspired Romans 6, and, by faith, we can claim that sin no longer has control over us and that the power of the resurrection is available as promised.

That day, God touched Randy's life, his spiritual eyes were opened and he began, by faith, to live in accordance with his God-given heritage.

BIBLE READING   Romans 6:12-18
ACTION POINT   I will claim the truths of Romans 6, surrendering the members of my body as instruments of righteousness to God. I will encourage other believers to claim their kingdom rights, and nonbelievers to join this adventure with the risen Savior.

초자연적인 풍성한 삶

"이와 같이 너희도 너희 자신을 죄에 대하여는 죽은 자요
그리스도 예수 안에서 하나님께 대하여는 살아 있는 자로 여길지어다" 로마서 6:11

내 친구 랜디는 한때 그리스도인의 생활을 포기한 적이 있었습니다. 그는 말했습니다. "나는 열심히 노력했지만 너무 많은 실패를 겪었네. 어떻게 해도 제대로 그리스도인의 삶을 살 수가 없었어. 하나님은 내 기도를 들어주지 않으시고 나는 이제 애쓰는 것에 지쳤다네. 성경도 읽었고, 기도하고, 암송하고, 교회도 다녔네. 그러나 기쁨은 전혀 없었고, 이제 나는 실제의 내가 아닌 그 누군가인척 하는 위선적이고 부끄러운 삶을 계속해야 할 이유를 찾을 수가 없네."

그가 겪은 많은 실패에 대한 이야기를 들은 후 나는 성령의 사역에 관해 설명을 시작했습니다. 그는 내 말을 끊고 "나도 성령에 관해 모두 알아. 나는 자네와 다른 여러 사람이 쓴 책 등, 내가 구할 수 있는 모든 책을 읽어 봤지만 그 어느 것도 도움이 안됐네."

내 마음에 로마서 6장 말씀이 떠올랐습니다. 나는 그에게 "랜디, 자네가 그리스도인인 것은 확신하는가?"라고 물었습니다. "그럼, 확신하지.", "어떻게 아나?"

"1)믿음으로(by faith) 성경에 약속되어 있지 않나. '너희는 그 은혜에 의하여 믿음으로 말미암아 구원을 받았으니 이것은 너희에게서 난 것이 아니요 하나님의 선물이라 행위에서 난 것이 아니니 이는 누구든지 자랑하지 못하게 함이라'(엡 2:8~9) 이 말씀을 믿음으로 나는 내가 구원받은 줄을 안다네."

내가 다시 물었습니다. "그러면 자네는 자네의 구원에 대해서는 하나님을 신뢰하면서 왜 하나님의 자녀로서 자네의 권리에 대한 하나님의 다른 약속은 믿지 않나?"

나는 로마서 6장을 읽으며 모든 믿는 자는 부활하신 그리스도의 전능하신 초자연적인 능력을 받을 수 있음을 상기시켜 줬습니다. 성령의 도우심 가운데, 믿는 자들은 그의 의지적인 행동을 통하여 자신의 권리를 주장(claim)함으로써 초자연적 삶을 살 수 있습니다. 에베소서 2장 8~9을 기록하도록 영감을 주신 그 성령께서 로마서 6장도 기록하도록 영감을 주셨으며, 우리도 역시 믿음으로(by faith) 더 이상 죄가 우리를 다스리지 못하도록 하고, 약속된 부활의 힘을 우리가 누릴 것을 주장(claim)할 수 있는 것입니다.

그날 하나님께서는 랜디의 삶에 역사하셔서 그의 영적인 눈이 열렸습니다. 그는 믿음으로(by faith) 하나님이 주신 유업을 누리는 삶을 살기 시작했습니다.

오늘 주시는 말씀 로마서 6:12~18
믿음의 실천 나는 내 몸의 각 지체를 의의 도구로 하나님께 드리며, 로마서 6장의 진리를 내 삶에 주장(claim)하겠습니다. 나는 다른 믿는 사람들도 하나님이 주신 그들의 권리를 주장(claim)하도록 격려하고, 믿지 않는 사람들에게 부활하신 주님과 동행하는 이 모험의 삶에 그들도 동참하도록 권면하겠습니다.

Overwhelming Victory

"But despite all this, overwhelming victory is ours through Christ who loved us enough to die for us." ROMANS 8:37

Today I prayed with a beloved friend who is dying of cancer As he and his precious wife and I held hands, we lifted our voices in praise to God, knowing that He makes no mistakes, that "all things work together for good to those who love Him," and that He is fully aware of my brother's body riddled with pain as a result of cancerous cells that are on a warpath. Together we claimed the victory which comes from unwavering confidence in Christ's sufficiency.

The victory comes, of course, through Christ who loved us enough to die for us. Such love is beyond our ability to grasp with our minds, but it is not beyond our ability to experience with our hearts. God's love is unconditional and it is constant. Because He is perfect, His love is perfect, too.

The Scriptures tell of a certain lawyer who asked Jesus, "Sir, which is the most important command in the law of Moses?"

Jesus replied, "You shall love the Lord your God with all your heart, soul and mind. This is the first and greatest commandment. The second most important is similar: Love your neighbor as much as you love yourself."

The question may come to your mind: "Why does God want our love?"

From a human standpoint, this could appear selfish and egotistical. But God, in His sovereignty and love, has so created man that he finds his greatest joy and fulfillment when he loves God with all his heart and soul and mind, and his neighbor as himself.

Early in my Christian life, I was troubled over the command to love God so completely. But now the Holy Spirit has filled my heart with God's love. As I meditate on the "overwhelming victory" that He gives us, I find my love for Him growing.

BIBLE READING Romans 8:35-39
ACTION POINT His great love and "overwhelming victory" for me prompts me to respond with supernatural love for Him and for others.

넉넉히 이김

"그러나 이 모든 일에 우리를 사랑하시는 이로 말미암아 우리가 넉넉히 이기느니라"
로마서 8:37

나는 오늘 암으로 죽어가고 있는 사랑하는 나의 친구와 함께 기도를 했습니다. 그와 그의 사랑하는 아내 그리고 내가 함께 손을 잡고, 하나님께는 실수가 없으시며, "하나님을 사랑하는 자 곧 그의 뜻대로 부르심을 입은 자들에게는 모든 것이 합력하여 선을 이루느니라"(롬 8:28)라고 말씀하셨으며, 또 심하게 번진 암세포로 인하여 전신에 고통을 겪고 있는 내 형제의 몸을 하나님께서 이미 잘 알고 계시다는 것을 알기에 우리는 소리 높여 하나님을 찬양했습니다. 우리는 함께 그리스도의 능력에 대한 흔들림 없는 확신으로부터 오는 승리를 [44]구(claim)했습니다.

그 승리는 물론 우리를 죽기까지 사랑하신 그리스도를 통해서 옵니다. 그러한 사랑은 우리의 이성으로는 이해하기 힘든 사랑이지만, 그러나 우리의 마음으로 경험할 수 없는 그런 것은 아닙니다. 하나님의 사랑은 아무 조건이 없으며, 언제나 한결 같습니다. 하나님이 완전하시므로 그의 사랑도 완전합니다.

성경은 예수님께 "선생님 율법 중에서 어느 계명이 크니이까?"라고 질문했던 율법사에 대하여 이야기 하고 있습니다. 예수님은 이렇게 대답하셨습니다. "네 마음을 다하고 목숨을 다하고 뜻을 다하여 주 너의 하나님을 사랑하라 하셨으니 이것이 크고 첫째 되는 계명이요 둘째도 그와 같으니 네 이웃을 네 자신 같이 사랑하라"(마 22:37-39)

여기서 혹시 당신은 이런 의문을 가질 수 있습니다. "왜 하나님은 우리의 사랑을 원하시는가?" 인간적인 관점에서는 우리의 사랑을 원하시는 하나님이 이기적이며 자기 위주로 보일 수도 있습니다. 그러나 하나님은 하나님의 사랑과 절대적 주권으로, 인간이 자신의 마음과 목숨과 뜻을 다하여 하나님을 사랑하고 또 이웃을 자신의 몸처럼 사랑할 때, 최고의 기쁨과 만족을 얻을 수 있도록 창조하셨습니다.

내가 그리스도인으로 처음 신앙생활을 시작했을 때 나는 하나님을 그토록 완전하게 사랑하라고 하시는 명령 때문에 어려움을 겪었습니다. 그러나 지금은 성령께서 하나님의 사랑으로 내 마음을 가득 채워 주셨습니다. 하나님이 우리에게 주시는 '넉넉한 승리'에 대해 묵상할 때마다 하나님을 향한 사랑이 자라는 것을 나는 깨닫습니다.

오늘 주시는 말씀　　로마서 8:35~39
믿음의 실천　　하나님이 주시는 크신 사랑과 '넉넉한 승리'로 인해 나는 하나님과 이웃을 향한 초자연적 사랑으로 나도 보답하도록 격려를 받습니다.

He Gives the Victory

"But thanks be to God, which giveth us the victory through our Lord Jesus Christ."
1 CORINTHIANS 15:57, KJV

In our busy lives, yours and mine, there are days when victory seems an impossibility. Heartaches, trials, burdens, or just the ordinary cares of the day, all seem foreign to the idea of being victorious.

And yet the fact remains that we are "more than conquerors" even when we do not feel like it. God graciously allows His children to be human. He encourages us to express our doubts and fears when suffering and pain and testing and trial seem to overwhelm us.

"I have to be very honest," confessed Joyce Landorf, a well-known Christian author and speaker, during a long period of illness. "One of the things I have learned from severe pain is that I have felt totally abandoned by God. I didn't think He'd let it happen to me, but He has.

And maybe the feeling of abandonment when pain is at its writhing best…maybe that's what makes it so sweet after the pain goes and the Lord says, 'I was here all the time. I haven't left you. I will never forsake you.' Now those words get sweeter to me because I know what it has felt like not to feel His presence."

We do not have all the answers, but we know one who does. And that is where our victory begins—acknowledging (1) that God is a God of love, one who never makes a mistake, and (2) that He will never leave us or forsake us.

BIBLE READING Romans 7:18-25
ACTION POINT I will consider myself a victor, whatever may transpire, because I serve the victorious One.

승리를 주시는 하나님

"우리 주 예수 그리스도로 말미암아 우리에게 승리를 주시는 하나님께 감사하노니"
고린도전서 15:57

정신없이 돌아가는 우리의 바쁜 삶 속에서 때로 승리하는 삶이 불가능한 것처럼 보일 때가 있습니다. 마음의 고통, 고난, 삶의 짐, 심지어 매일 겪는 일상의 소소한 일들에 이르기까지 모든 것이 승리의 삶과는 동떨어진 것처럼 보일 때가 있습니다.

그러나 우리가 그렇게 느끼지 못하는 때 조차도 우리가 '승리자 그 이상'이라는 사실은 여전히 변하지 않습니다. 하나님은 은혜로우셔서 그의 자녀들이 인간적인 약함을 보이는 것을 허락하십니다. 하나님은 고난과 고통, 시험과 시련이 우리를 압도하는 것처럼 보일 때 의심과 두려움을 표현하라고 하십니다.

잘 알려진 기독교 작가요, 강연자인 조이스 랜돌프가 오랫동안 병을 앓던 중 이렇게 고백을 한 적이 있습니다. "나는 아주 솔직해야 합니다. 내가 심각한 고통으로부터 배웠던 것은 하나님에게서 내가 완전히 버림받았다고 느꼈던 것입니다. 나는 하나님이 그런 일이 내게 생기도록 허락하시리라고 생각지 않았었지만 그러나 하나님은 그렇게 하셨던 것입니다."

"아마도 고통이 제일 극심할 때 버림받았다는 느낌이 들지만…. 그러나 고통이 지나가고 주께서 '나는 처음부터 끝까지 여기 있었고, 너를 결코 떠난 적이 없다'라고 말씀하실 때 너무도 감미로운 느낌을 얻는 것도 아마 바로 그런 경험을 했기 때문이기도 할 것입니다. 내가 주님이 함께하심을 느끼지 못한다는 것이 어떤 것인지 알기 때문에 그 말씀은 이제 내게 더욱 달콤한 것입니다."

살아가며 갖게 되는 모든 의문에 대한 답을 우리는 갖고 있지 못하지만, 그러나 그런 분을 우리는 알고 있습니다. 우리가 (1)하나님은 절대 실수가 없으신 사랑의 하나님이시며, (2)그분은 결코 우리를 떠나거나 버리지 않으신다고 하는, 이 두 가지를 깨닫는 바로 거기서 우리의 승리는 시작됩니다.

오늘 주시는 말씀 로마서 7:18~25
믿음의 실천 어떤 일이 일어나더라도 내가 섬기는 분은 항상 승리하시는 분이므로 나도 승리자인 것을 늘 명심하겠습니다.

His Great Love for Us

"But God showed his great love for us by sending Christ to die for us while we were still sinners." ROMANS 5:8

A dear friend and Christian leader from another country hated and resented his father, who was an alcoholic. Through the years, my friend had been humiliated and embarrassed by his father's conduct. He wanted nothing to do with him.

As he grew more and more mature in his faith, and the Christlike qualities began to develop in his life, he began to realize that his attitude toward his father was wrong. He knew well that God's Word commanded him to love and honor his mother and father, with no conditions.

Then he began to comprehend and experience the truth of loving by faith after a message which he had heard me give. As a result, he went to his father and, as an act of the will, by faith—because at that point he did not honestly feel like doing so—he expressed his love.

He was amazed to discover that his father had been hurt for years because he had sensed that his son despised and rejected him.

When the son began to demonstrate love for him—to assure him that he cared for him, whether he drank or did not drink—it prompted the father to commit his life to Christ and to trust Him to help him overcome the problem which had plagued him most of his life.

Through this new relationship with the Lord, my friend's father became a new creature and was able to gain victory over the addiction to alcohol several years before he died, a dramatic example of the power of love.

BIBLE READING Romans 5:9-15
ACTION POINT Knowing Christ's great love for me, I will claim His supernatural love for others today.

우리에 대한 크신 사랑

"우리가 아직 죄인 되었을 때에 그리스도께서 우리를 위하여 죽으심으로
하나님께서 우리에 대한 자기의 사랑을 확증하셨느니라" 로마서 5:8

　나의 가까운 친구로 다른 나라 출신인 한 기독교 지도자는 알코올 중독자인 그의 아버지를 미워하고 못마땅하게 여겼습니다. 오랫동안 그 친구는 아버지의 행동 때문에 수치와 부끄러움을 겪어왔습니다. 그는 아버지와의 연을 끊고 싶어 했습니다.
　그가 믿음에 점점 더 성숙해지고 그리스도를 닮은 성품이 그의 삶에 나타나기 시작하면서 그는 아버지를 향한 그의 태도가 잘못된 것임을 깨달았습니다. 그는 하나님의 말씀이 아무 조건 없이 부모님을 사랑하고 공경하도록 명령하고 계심을 잘 알게 되었습니다.
　그 후 그는 내가 전해 준 메시지를 듣고 믿음으로 사랑하는 법의 진리를 이해하고 경험하기 시작했습니다. 그 결과로 그는 그의 아버지에게로 가서 믿음으로,(by faith) 의지적 행동으로,(as an act of the will) 그의 사랑을 표현했습니다. 솔직히 그때까지도 그렇게 하고 싶은 느낌이 들지 않았기 때문에 믿음으로, 의지적 행동으로 해야 했던 것입니다.
　그때 그는 그의 아버지가 아들로부터 멸시받고 버림받았다고 느끼어 오랫동안 상처를 받아왔음을 알고 나서 대단히 놀랐습니다.
　그의 아버지가 술을 마시든, 마시지 않든 그가 아버지를 사랑하고 염려하고 있다는 확신을 주며 그가 아버지를 향한 사랑을 나타내 보이기 시작했을 때, 그것이 그의 아버지에게 자신의 삶을 그리스도께 드리도록 만들었으며 거의 평생 그를 괴롭혔던 문제를 극복할 수 있도록 그리스도께 맡기고 신뢰하게 되었습니다.
　주님과의 새로운 교제를 통하여 나의 친구의 부친은 새로운 피조물이 되었고, 돌아가시기 수년 전에 알코올 중독을 극복하여 사랑의 능력의 극적인 한 본보기가 되었습니다.

오늘 주시는 말씀　　로마서 5:9~15
믿음의 실천　　나를 향한 그리스도의 크신 사랑을 알기에 나는 오늘 다른 사람들을 위하여 그의 초자연적 사랑을 구(claim)하겠습니다.

He Wonderfully Comforts

"What a wonderful God we have—he is the Father of our Lord Jesus Christ, the source of every mercy, and the one who so wonderfully comforts and strengthens us in our hardships and trials. And why does he do this? So that when others are troubled needing our sympathy and encouragement, we can pass on to them this same help and comfort God has given us."
2 CORINTHIANS 1:3-4

Whatever God does for you and me is without merit on our part and by pure grace on His part, and it is done for a purpose. Here the apostle Paul tells the Corinthian believers why God so wonderfully comforts and strengthens them and us, in our hardships and trials. This scriptural principle is a good one to remember: God never gives to or benefits His children solely for their own selfish ends. We are not comforted and strengthened in our hardships and trials just so we will feel better.

Eleven out of the 13 Pauline epistles begin with exclamations of joy, praise and thanksgiving. Second Corinthians, obviously, is one of those. Though Paul had been afflicted and persecuted, he had also been favored with God's comfort and consolation.

Paul delighted in tracing all his comforts back to God. He found no other real source of happiness. The apostle does not say that God's comfort and strength is given solely for the benefit of others, but he does say that this is an important purpose. We are not to hoard God's blessings.

BIBLE READING Hebrews 13:15-19
ACTION POINT As I live in the supernatural strength of the Lord God, I will make an effort, with His help, to share that strength (and other blessings) with others.

놀라운 위로

"찬송하리로다 그는 우리 주 예수 그리스도의 하나님이시요 자비의 아버지시요
모든 위로의 하나님이시며 우리의 모든 환난 중에서 우리를 위로하사
우리로 하여금 하나님께 받는 위로로써 모든 환난 중에 있는 자들을 능히 위로하게 하시는 이시로다"
고린도후서 1:3~4

하나님께서 우리를 위하여 무엇을 하시든 그것은 우리의 공로가 아니라 완전히 하나님의 은혜에 의한 것이며 또 어떤 목적을 위하여 하신 것입니다. 위의 말씀 속에서 사도 바울은 고린도 교회의 교인들과 우리에게 하나님께서 왜 고난과 역경 중에 그렇게 놀라운 위로를 주시고 힘을 주시는지를 말하고 있습니다. 이 말씀이 주시는 원칙은 기억해둘만 한 것입니다. 하나님은 결코 그의 자녀들의 이기적인 목적만을 위하여 그의 자녀들에게 무엇을 주시거나 이롭게 하시지는 않는다는 것입니다. 또한 고난과 역경을 겪을 때 단지 우리가 더 쉽게 견딜 수 있게 하기만을 위하여 우리가 위로와 능력을 받는 것도 아닙니다.

열세 권의 바울 서신 중에 열한 권이 기쁨과 찬양과 감사의 감탄문으로 시작됩니다. 고린도후서도 분명히 그중의 하나입니다. 바울은 박해와 고난을 당했지만 또한 하나님의 위로와 위안을 받았습니다.

바울은 그의 모든 위로를 하나님으로부터 찾으며 기뻐했습니다. 그는 행복의 진정한 원천을 다른 어느 곳에서도 찾지 않았습니다. 사도 바울은 하나님이 우리에게 주시는 위로와 평안이 오직 다른 사람의 유익만을 위하여 주신 것이라고는 말하지 않았지만, 그것이 중요한 목적의 하나라고 말합니다. 우리는 하나님의 축복을 사장시켜서는 안 됩니다.

오늘 주시는 말씀 히브리서 13:15~19
믿음의 실천 내가 주 하나님이 주시는 초자연적인 능력으로 살 때에, 하나님의 도우심을 따라 하나님의 능력을(그리고 다른 여러 축복들을) 다른 사람들과 나누도록 애쓰겠습니다.

Like a Sweet Perfume

"But thanks be to God! For through what Christ has done, he has triumphed over us so that now wherever we go he uses us to tell others about the Lord and to spread the Gospel like a sweet perfume."
2 CORINTHIANS 2:14

We can certainly learn a lesson from the apostle Paul. He frequently begins a chapter or a verse with a note of praise. To say that he had a thankful spirit would be understating the case. That perhaps is the key to victory in every area of our lives, to begin with thanksgiving.

It is God who leads us to triumph over principalities and powers. And in leading us to triumph, He is then able to use us to tell others of His love and forgiveness through the Lord Jesus. As we rest in His victory and in His command, with its promise of "Lo, I am with you always," we spread the gospel like a sweet perfume.

In your own home and in your own neighborhood, perhaps, are those who need the sweet perfume of the gospel, that heavenly aroma that comes first from God, then through us as His servants, and finally in the message itself: the good news of sins forgiven and a heavenly home assured.

Around the world, literally, I personally have seen multitudes of men and women, old and young, become new creatures in Christ. The aroma indeed is one of sweet perfume, for tangled lives have become untangled to the glory of God, and joy abounds in hearts and lives where only sadness and despair had been known.

BIBLE READING 2 Corinthians 2:14-17
ACTION POINT "Dear Lord, help me to bear a heavenly aroma as I share the sweet perfume of the gospel with others."

그리스도를 아는 냄새

"항상 우리를 그리스도 안에서 이기게 하시고 우리로 말미암아 각처에서
그리스도를 아는 냄새를 나타내시는 하나님께 감사하노라"
고린도후서 2:14

우리는 사도 바울로부터 한 가지 교훈을 확실히 얻을 수 있습니다. 사도 바울은 자주 그의 서신의 장이나 절을 찬양의 문구로 시작합니다. 쉽게 말해 그는 감사하는 영을 가진 사람이었다고 이해해도 좋으리라 생각합니다. 감사로 시작하는 것은 우리 삶의 어느 영역에서나 승리하는 비결일 것입니다.

우리로 하여금 권세와 힘을 가진 자들에 대하여 승리로 이끄시는 분은 하나님이십니다. 그리고 우리를 승리로 이끄실 때 하나님은 주 예수님을 통한 하나님의 사랑과 용서를 다른 사람들에게 이야기하도록 우리를 사용하실 수 있습니다. 우리가 "볼지어다 내가 세상 끝날까지 너희와 항상 함께 있으리라"(마 28:20)고 하신 하나님의 약속과 함께, 하나님이 주시는 승리와 또 그의 계명을 의지할 때, 우리는 복음을 향기로운 냄새처럼 전파하게 됩니다.

바로 당신의 가정과 당신의 이웃이 그 복음의 향기가 필요한 사람일지도 모릅니다. 그 하늘의 향기는 먼저 하나님께로부터 나와서 그의 종인 우리를 통하여 나타나고, 마지막으로 복음, 즉 우리의 죄는 용서받았고 천국이 보장되었다고 하는 이 기쁜 소식 그 자체로부터 퍼져 나가게 됩니다.

나는 문자 그대로 전 세계의 남녀노소가 그리스도 안에서 새로운 피조물이 되는 것을 봐 왔습니다. 그 향기는 정말 달콤한 향기 중의 하나입니다. 뒤엉켰던 삶이 하나님의 영광을 위하여 풀려나가며, 오직 슬픔과 낙심만을 알던 마음과 삶에 기쁨이 넘치게 되기 때문입니다.

오늘 주시는 말씀 고린도후서 2:14~17
믿음의 실천 "사랑하는 주님, 내가 다른 사람들에게 복음의 향기를 전할 때 내가 천국의 향을 품게 도와주옵소서."

God Uses Sorrow for Good

"For God sometimes uses sorrow in our lives to help us turn away from sin and seek eternal life. We should never regret his sending it. But the sorrow of the man who is not a Christian is not the sorrow of true repentance and does not prevent eternal death."
2 CORINTHIANS 7:10

Frank often referred to himself proudly as a self-made man. He bragged that in his youth he had been so poor he didn't have two nickels to rub together. Now his real estate holdings and various business enterprises were worth tens of millions of dollars. He was a pillar in the community, able to give generously to civic and philanthropic causes. His philosophy was that there was no God, and every man had to make it on his own. He laughed at the weaklings who needed the crutch of church.

Then his world began to fall apart. His only son was sent to prison for pushing drugs. His daughter had an automobile accident that left her partially paralyzed for life; and his wife, whom he had largely ignored for years, announced that she was in love with someone else and demanded a divorce. Meanwhile, because he had become lax in his business dealings, one of his partners embezzled several million dollars from him.

By this time, he was devastated and, therefore, was open to spiritual counsel. After the Holy Spirit showed him his sin of pride and selfishness, he opened his heart to Christ and the miracle took place. Now, he frequently quotes this passage: "God sometimes uses sorrow in our lives to help us turn away from sin and seek eternal life."

Though his son is still in prison and his daughter still paralyzed, he and his wife are reconciling, and his heart is filled with joy and thanksgiving to God. He is no longer a proud, "successful" businessman, but a humble child of God, a servant who discovered the hard way that everyone needs God.

For every Frank there are hundreds of others experiencing heartache and tragedy who have not repented. Yet, God offers to all men and women the priceless gift of abundant and supernatural life.

BIBLE READING Proverbs 28:12-14
ACTION POINT I shall seek to live the full, abundant, supernatural life, walking in faith and obedience, so that God will not find it necessary to discipline me in order to bless me.

하나님의 뜻대로 하는 근심

"하나님의 뜻대로 하는 근심은 후회할 것이 없는 구원에 이르게 하는 회개를 이루는 것이요 세상 근심은 사망을 이루는 것이니라"
고린도후서 7:10

프랭크는 자랑스레 곧잘 자신을 자수성가한 사람이라고 부르곤 했습니다. 그는 어렸을 때에는 동전 두 닢도 없었다고 과장해서 이야기하곤 했습니다. 그러나 이제 그가 소유한 부동산과 여러 사업체는 수천만 달러에 달했고, 그는 지역 사회의 중심인물이었으며, 그 도시의 공공사업과 자선사업에도 후하게 기부할 수 있었습니다. 그의 철학은 신은 존재하지 않으며 모든 사람은 자기 힘으로 살아가야 한다는 것이었습니다. 그는 교회에 다니는 사람들을 목발에 의지하는 허약한 사람들이라고 비웃었습니다.

그런데 그의 세계가 무너지기 시작했습니다. 그의 외아들은 마약 밀매 죄로 감옥에 가게 되었고, 그의 딸은 교통사고로 신체 일부가 영구히 마비되었습니다. 그리고 오랫동안 그가 무시하고 살아왔던 그의 아내는 다른 사람을 사랑하게 되었다고 선언하고 이혼을 요구해 왔습니다. 그러는 동안에 그가 사업에 소홀해진 틈을 타 그의 동업자 한 사람이 수백만 달러를 횡령하기도 했습니다.

이처럼 비참해진 그는 영적 상담을 원했습니다. 성령께서 그의 교만과 이기심을 깨닫게 해 주시자 그는 그리스도께 마음을 열었으며 기적이 일어났습니다. 지금 그는 자주 이 말씀을 인용하곤 합니다. "하나님의 뜻대로 하는 근심은 후회할 것이 없는 구원에 이르게 하는 회개를 이루는 것이요"(고후 7:10)

아직 그의 아들은 감옥에 있고 딸도 몸이 일부 여전히 마비 상태에 있지만, 그와 그의 부인은 화해하고 그의 마음은 하나님께 대한 기쁨과 감사로 넘치고 있습니다. 그는 더 이상 교만하고 소위 '성공한' 사업가가 아닙니다. 그는 겸손한 하나님의 자녀이며 모든 사람이 하나님을 필요로 한다는 것을 어렵게나마 발견한 사람입니다.

프랭크와 같이 고통과 비극을 겪은 수많은 사람 가운데 회개치 않는 사람도 많이 있습니다. 그러나 하나님은 모든 사람에게 값으로 따질 수 없는 풍성하고 초자연적인 삶을 주려고 하십니다.

오늘 주시는 말씀 잠언 28:12~14
믿음의 실천 나는 믿음과 순종으로 행하는 가운데 온전하고 풍성하고 초자연적인 삶을 살도록 애쓰겠습니다. 그리하여 하나님께서 나를 축복하시기 위하여 징계를 하실 필요가 없도록 하겠습니다.

Able to Keep Promises

"He was completely sure that God was well able to do anything he promised."
ROMANS 4:21

Occasionally, I hear people say, "Bill Bright is a man of great faith."

The statement is made because our ministry is involved with millions of Christians from many thousands of churches of all denominations and other Christian organizations in gargantuan undertakings—massive worldwide programs of evangelism and discipleship in which we have, by faith, trusted God for the salvation of at least one billion souls for Christ and His kingdom.

As a new Christian, I trusted God for one soul, then six, then ten souls; then hundreds, thousands, millions. And now, after more than 35 years of witnessing His mighty, miraculous power and blessing in response to faith, I am praying and believing God for a billion souls for Christ by the year 2000.

These goals are not built on careless presumptions or figures plucked out of the air in some kind of a mystical, emotional, spiritual experience. But they are based upon my confidence in the sovereignty, holiness, love, wisdom, power and grace of the omnipotent God whom I serve and upon His gracious blessings on past efforts that have been undertaken for His glory and praise. No credit should be given to me or to the ministry of which I am a part, but only to the One in whom I place my faith.

Faith must have an object, and the object of my faith is God and His inspired Word. The right view of God generates faith. Faith is like a muscle; it grows with exercise. The more we see God accomplish in and through our lives, the more we can be assured that He will accomplish as we trust and obey Him more.

BIBLE READING Romans 4:13-20
ACTION POINT I will place my faith in God alone—not in myself or in other men's efforts or abilities—and I will encourage others to trust God, too.

약속을 능히 이루실 하나님

"약속하신 그것을 또한 능히 이루실 줄을 확신하였으니"
로마서 4:21

때로 나는 사람들이 "빌 브라이트는 믿음의 사람이다."라고 말하는 것을 들을 때가 있습니다.

우리의 사역이 모든 교파를 망라한 수많은 교회와 기독교 단체의 수백만의 사람들과 더불어 그리스도와 그의 나라를 위해 적어도 10억의 영혼을 구하는 일을 위하여 [1]믿음으로(by faith) 하나님을 신뢰하며 전 세계적인 선교와 제자 훈련의 거대한 사역을 진행하고 있기 때문에 그런 말들을 한다고 믿습니다.

내가 예수님을 믿는 초신자였을 때, 나는 한 영혼을 구원하도록 해주실 것을 위해 하나님을 의지했고, 다음은 여섯 명, 그리고 열 명, 그리고 백 명, 수천 명, 수백만 명을 주실 것을 위해 하나님을 의지했습니다. 그리고 35년이 넘도록 하나님의 전능하고 기적적인 능력과 또 믿음에 대한 축복을 증거해 온 지금 나는 2000년까지는 10억의 영혼이 그리스도께로 돌아오는 것을 위해 믿고 기도하고 있습니다.

이 목표는 대충 아무렇게나 한 가정이거나 혹은 신비적이고 감정적이며 영적인 체험에 의해 갑자기 생겨난 것이 아닙니다. 이 목표는 내가 섬기는 전능하신 하나님의 주권과 거룩하심과 사랑과 지혜와 힘과 은혜에 근거한 것이며, 또 하나님의 영광과 그를 찬양하기 위하여 전에 행했던 우리의 노력에 대하여 베풀어 주셨던 은혜로운 축복에 기초한 것입니다. 어떤 영예도 나나 또 우리 선교단체에 돌려져서는 안 되며, 오직 내가 믿는 그분에게만 돌려져야 합니다.

믿음에는 그 대상이 있어야 합니다. 나의 믿음의 대상은 하나님과 그의 말씀입니다. 하나님을 올바르게 바라볼 때 믿음이 생깁니다. 믿음은 근육과 같아서 운동을 할 때 강해집니다. 하나님께서 우리 삶 속에서 그리고 우리 삶을 통하여 성취하시는 것을 더 많이 볼수록, 우리가 하나님을 더 많이 신뢰하고 순종하는 대로 하나님께서 이루실 것을 우리는 더욱 확신하게 됩니다.

오늘 주시는 말씀 로마서 4:13~20
믿음의 실천 나는 나의 믿음을 오직 하나님께만 두겠으며 나 자신이나 다른 사람의 노력 또는 능력에 두지 않겠습니다. 또 나는 다른 사람들도 역시 하나님을 신뢰하도록 격려하겠습니다.

Mighty Weapons

"I use God's mighty weapons, not those made by men, to knock down the devil's strongholds. These weapons can break down every proud argument against God and every wall that can be built to keep men from finding him. With these weapons I can capture rebels and bring them back to God and change them into men whose hearts' desire is obedience to Christ."
2 CORINTHIANS 10:4-5

Joe shared with me how a leader in a Christian organization had been unfair to him. He was being relieved of his responsibilities and replaced by another who, in his opinion, was not as qualified. As we talked it became apparent that Satan easily could sabotage the ministry.

After listening to Joe's grievances, seeking to know the truth of the matter, I asked about his walk with God. "Is there any sin in your life? Do you know for sure that you're filled with the Holy Spirit?" Then I brought the other party into private conference and asked about his relationship with God. Both assured me that they were filled with the Spirit and that they genuinely desired to know and do the will of God. I was convinced that they were both sincere.

How then could two men without sin in their lives and who claimed to be filled with the Holy Spirit be at such odds? We brought to bear the weapons of prayer and the Word of God. God says that when brothers are at odds we should claim in prayer the release of His wisdom to resolve the matter, and claim by faith that Satan's influence will be overcome.

After several hours of counseling, we were on our knees praising God and embracing, as the men genuinely felt that their relationship with each other and with the Lord was fully restored. Satan had lost the battle. A tragedy had been averted and the Body of Christ had been spared another scandal.

A holy life, the Holy Spirit, prayer, the Word of God, faith, truth—these are the weapons of God for supernatural warfare. Learn how to use them for His glory.

BIBLE READING Ephesians 6:10-17
ACTION POINT Whenever Satan attacks me, or I observe conflicts in the Body of Christ due to his influence, I will seek to defeat him by using God's mighty weapons and will teach other Christians how to apply them in times of spiritual battle.

강력한 병기

"우리의 싸우는 무기는 육신에 속한 것이 아니요 오직 어떤 견고한 진도 무너뜨리는 하나님의 능력이라
모든 이론을 무너뜨리며 하나님 아는 것을 대적하여 높아진 것을
다 무너뜨리고 모든 생각을 사로잡아 그리스도에게 복종하게 하니"
고린도후서 10:4~5

'조'는 나에게 와 그가 일하는 기독교 기관의 지도자가 얼마나 그를 부당하게 대해왔는지를 이야기했습니다. 그는 맡은 업무를 그만두게 되었고, 그 업무는 그가 보기에 자격이 되지 않는 사람에게 주어졌던 것입니다. 우리가 함께 이야기할 때 사탄이 그 기독교 기관의 사역에 쉽게 분란을 일으킬 소지가 있음을 명백히 알게 되었습니다.

'조'의 불만을 다 듣고 난 후, 이 문제의 정확한 실상을 알기 위해 나는 그의 영적인 삶에 관해 물었습니다. "당신의 삶에 혹시 지금 어떤 죄가 있지는 않습니까? 당신이 성령 충만한 것을 확신하십니까?" 그런 연후에 나는 그 상대방을 개인적으로 만나 그의 영적인 삶에 관해 물어 보았습니다. 양쪽 모두 그들이 성령 충만하며 진심으로 하나님의 뜻을 알고 행하기를 원한다는 사실을 내게 확신시켜 주었습니다. 나는 두 사람 모두 대단히 진지하다는 사실을 확신했습니다.

그렇다면 그 삶에 죄도 없고 성령 충만하다고 주장하는 두 사람이 서로 어떻게 그렇게 반목할 수 있단 말입니까? 우리는 기도와 하나님 말씀의 무기를 사용하기 시작했습니다. 하나님은 형제들 사이에 불화가 있을 때 그 문제의 해결을 위하여 하나님이 지혜를 주실 것을 기도로 주장(claim)하고, 또 사탄의 영향력을 무너뜨릴 것을 믿음(by faith)으로 주장(claim)해야 한다고 말씀하십니다.

몇 시간에 걸친 상담 끝에 우리는 함께 무릎을 꿇고 하나님을 찬양했으며 그 두 사람은 진심으로 서로 간의 그리고 주님과의 관계가 회복되었음을 느끼며 함께 포옹했습니다. 사탄은 또다시 패배했습니다. 비극은 방지되었으며, 주님의 몸 된 교회는 스캔들을 피할 수 있었습니다.

거룩한 생활, 성령, 기도, 말씀, 믿음, 진리 이것들이 초자연적 전쟁에서 하나님이 주신 무기입니다. 하나님의 영광을 위해 그것을 어떻게 사용하는지를 익히십시오.

오늘 주시는 말씀 에베소서 6:10~17
믿음의 실천 사탄이 나를 공격하거나 혹은 사탄의 영향력으로 주님의 몸 된 교회에서 분란이 있는 것을 보게 될 때마다 나는 하나님이 주신 막강한 무기를 사용하여 물리치고, 다른 그리스도인들에게도 영적 전쟁에서 어떻게 그 무기들을 사용할 수 있는지를 가르쳐 주겠습니다.

Filled With Good Things

"He fills my life with good things! My youth is renewed like the eagle's!"
PSALM 103:5

One day a poor woman greatly desired and sought a bunch of grapes from the king's conservatory for her sick child.

Taking half a crown, she approached the king's gardener and tried to purchase the grapes, Rudely repulsed, she made a second effort—with more money. Again she was refused.

Finally, the king's daughter heard the crying of the woman and the angry words of the gardener. When she inquired into the matter, the woman told her story.

"My dear woman," said the princess, "you are mistaken. My father is not a merchant, but a king. His business is not to sell, but to give."

Plucking a bunch of grapes from the vine, she gently dropped it into the woman's apron.

What a picture of goodness and bounty of our wonderful Lord! He fills our lives with good things, and even as we approach and reach old age, He renews our strength and vigor so that in effect we become young again.

This truth was impressed upon me anew when I reached my 60th birthday in late 1981. Age really did not seem to matter at all; God continues to give liberally—not only all good things that are needful but also a renewal of strength and vigor for each day and for each task. I seem to have as much strength and energy at 60 as when I was 30—with far more experience and wisdom.

BIBLE READING Psalm 103:1-8
ACTION POINT I will dare to believe God is filling my life with good things. Even when a particular thing may not seem good at the moment, I will still praise and thank Him as an expression of my love, gratitude and faith.

좋은 것으로 만족케 하사

"좋은 것으로 네 소원을 만족하게 하사 네 청춘을 독수리 같이 새롭게 하시는도다"
시편 103:5

어느 날 한 가난한 여인이 자신의 병든 아들을 위하여 왕의 온실에서 포도 한 송이를 구하려고 애태우고 있었습니다.

그녀는 반 크라운(영국의 옛 화폐, 1/8 파운드)의 많지 않은 돈으로 왕의 과수원지기에게 가서 포도를 사려고 했으나 매몰차게 거절당했습니다. 그녀는 좀 더 많은 돈을 구해 다시 시도해 봤으나 여전히 거절당했습니다.

마침내 그녀의 울음소리와 과수원지기의 성난 목소리를 그 나라의 공주가 듣게 되었습니다. 공주가 그녀에게 사연을 묻자 가난한 여인이 자초지종을 이야기했습니다.

공주가 말했습니다. "가엾은 분이여, 당신은 잘못 알고 있습니다. 내 아버지는 상인이 아니고 왕이십니다. 그분은 무엇을 파시는 분이 아니고 거저 주시는 분입니다."

공주는 한 송이의 포도를 따서 그녀의 앞치마에 친절히 놓아주었습니다.

너무도 좋으신 우리 주님의 선하심과 그 풍성히 주심에 대한 참으로 아름다운 묘사입니다. 그분은 우리의 삶을 좋은 것으로 채우시며, 우리가 나이 들어 늙어갈지라도 우리 힘과 기력을 새롭게 하시어 우리로 다시 젊어지게 하십니다.

이 진리는 1981년 말 내가 60세 생일을 맞았을 때 새롭게 내가 깨달은 것이었습니다. 나이는 정말 아무 문제가 되지 않는 것 같습니다. 하나님은 우리에게 필요한 모든 좋은 것을 항상 후히 주실 뿐만 아니라 매일의 우리 삶과 사역을 위한 힘과 기력도 늘 풍성히 새롭게 하여 주십니다.

60세인 나는 내가 30세였을 때와 같은 힘과 에너지를 갖고 있는 것 같고 이에 더하여 그때보다 훨씬 많은 경험과 지혜를 갖고 있습니다.

오늘 주시는 말씀	시편 103:1~8
믿음의 실천	나는 하나님께서 내 삶을 좋은 것으로 채워주심을 담대히 믿겠습니다. 때로 잠깐 어떤 일이 안 좋아 보이는 경우에도 나는 나의 믿음과 감사와 사랑의 표시로 계속해서 하나님을 찬양하겠습니다.

Everything Belongs to Us

*"Now we are no longer slaves, but God's own sons.
And since we are his sons, everything he has belongs to us, for that is the way God planned."*
GALATIANS 4:7

In the sense of being under the servitude of sin, you and I are no longer servants or slaves. We are sons, children of God, adopted into His family, and are to be treated as sons.

What a glorious privilege is ours in Christ!

In our exalted position as sons, of course, we are to be treated as sons. We are to share God's favors, His blessings. And as sons, it follows that we have responsibilities—not only to our heavenly Father, but also to other sons (and daughters) in Christ.

All that God has, Paul is saying, belongs to us as well for we are His sons. But there is another side to our exalted position—obedience to the Lord. And His calling is sure: "Follow Me and I will make you fishers of men."

If we are following our Lord, we are becoming fishers of men—soul winners. We are regularly and naturally, as a part of our daily routine, sharing the good news of the gospel with those whose lives we touch.

That does not necessarily mean buttonholing people and making a nuisance of ourselves; it does mean being available for God's Holy Spirit to speak through us in every conversation as He chooses. It also means being "prayed up" with no unconfessed sin in our lives.

BIBLE READING Revelation 8:14-17
ACTION POINT With the power of the Holy Spirit available to me by faith, I will behave like a child of the King—a son of the Most High. I will live a supernatural life for the glory of God.

유업을 이을 자

"그러므로 네가 이 후로는 종이 아니요 아들이니 아들이면
하나님으로 말미암아 유업을 받을 자니라"
갈라디아서 4:7

죄의 종, 노예로 산다는 것이 어떤 것인지를 생각해 볼 때, 우리는 종이나 노예가 아닙니다. 우리는 아들, 하나님의 자녀이며, 하나님의 가족에 입양되어 마땅히 아들로 대접을 받아야만 합니다.

그리스도 안에서 누리는 우리의 특권이 얼마나 영광스런 것인지요!

자녀로서의 고귀한 자리에 있는 우리는, 물론 마땅히 자녀로서 대접을 받아야 합니다. 우리는 하나님의 은혜와 축복을 전해야 합니다. 그리고 자녀로서 우리에게는 하나님께 대한 책임뿐만 아니라 그리스도 안에 있는 다른 하나님의 자녀들에 대한 책임도 있습니다.

바울은 우리가 하나님의 아들이므로 하나님께 속한 모든 것이 우리 것이라고 말합니다. 그러나 우리의 고귀한 지위에 따르는 또 한 면이 있으니 그것은 주님께 대한 순종입니다. 주님이 원하시는 그 순종은 바로 이것입니다. "나를 따라오라 내가 너희를 사람을 낚는 어부가 되게 하리라"(마 4:19)

우리가 지금 주님을 따르고 있다면 우리는 사람 낚는 어부, 즉 영혼을 얻는 사람이 되어 가고 있을 것입니다. 우리는 꾸준히, 자연스럽게, 우리 삶의 일상의 한 부분으로서, 삶 가운데 우리와 마주치는 사람들에게 복음을 전할 것입니다.

이것은 사람을 붙잡고 긴 이야기로 폐를 끼치라는 것이 아닙니다. 이것은 하나님의 성령이 이끄시는 대로 모든 대화 속에서 우리를 통하여 성령이 말씀하실 수 있도록 해드리는 것을 의미합니다. 이는 또한 항상 우리 삶 속에서 고백하지 않은 죄가 없게 하는 가운데 '늘 기도에 깨어있는' 것을 의미합니다.

오늘 주시는 말씀 요한계시록 8:14~17
믿음의 실천 믿음으로(by faith) 내게 주어진 성령의 초자연적 능력에 힘입어, 나는 왕의 자녀, 가장 고귀한 분의 자녀로서 행동하겠습니다. 나는 하나님의 영광을 위하여 초자연적인 삶을 살겠습니다.

God Protects Us

"You don't need to be afraid of the dark any more, nor fear the dangers of the day...For the Lord says, 'Because he loves me, I will rescue him; I will make him great because he trusts in my name.'" PSALM 91:5,14

"Ladies and gentlemen, we should be out of the storm in a few moments…" The calm voice over the intercom was hardly reassuring as our Pan Am 707 pierced the fury of a storm during our flight Lightning flashed as the aircraft bounced and shuddered in the turbulence. I gripped Vonette's hand. "I don't know how much longer the plane can endure this storm without breaking into pieces." She nodded gravely.

The 707 began to twist—first to the right, then to the left. Its wings flapped like those of a giant bird struggling against a violent downdraft. Vonette and I began praying. Convinced that our aircraft could not survive the turbulence much longer, I tenderly said goodbye to Vonette and to me. We told our wonderful Lord that we were ready to meet Him.

Then I remembered how the Lord Jesus had calmed the winds when His disciples feared that their boat would capsize during another violent storm. If it was His will, He could protect us, too. I prayed aloud, "Lord, You control the laws of nature. You quieted the storm on the Sea of Galilee. Please quiet this storm."

In a very short time, the rain and turbulence stopped. Amazed and thankful, Vonette and I praised God for protecting us. Hours later, the pilot landed the plane at a freight terminal in Norfolk. The flight that should have taken sixty-five minutes had lasted four hours and taken us far from our destination. Lightning had knocked a huge hole in the fuselage near the cockpit, destroying all the radar equipment. The pilot said this was the most violent storm he had ever experienced. But God was more powerful than the storm!

God promises to protect and rescue those who trust Him. What peace and joy this gives us as we turn over the difficult circumstances in our lives to Him!

BIBLE READING Psalm 91
ACTION POINT With God's help, I will claim His promise to protect me and will not be afraid of danger.

하나님의 보호하심

"너는 밤에 찾아오는 공포와 낮에 날아드는 화살과 어두울 때 퍼지는 전염병과 밝을 때
닥쳐오는 재앙을 두려워하지 아니하리로다… 하나님이 이르시되 그가 나를 사랑한즉 내가 그를 건지리라
그가 내 이름을 안즉 내가 그를 높이리라" 시편 91:5~6, 14

"승객 여러분, 우리 비행기는 곧 폭풍우를 벗어날 것입니다…." 기내 방송의 차분한 목소리는 우리에게 전혀 안도감을 주지 못했습니다. 우리가 탄 팬암707기는 번개가 치는 심한 폭풍 가운데 기체가 위아래로 요동하며 뉴욕에서 워싱턴까지 비행하고 있었습니다. 나는 아내 보네트의 손을 잡고 말했습니다. "비행기가 부서져 나가지 않고 더 얼마나 버틸 수 있을지 모르겠소." 아내도 굳은 얼굴로 내 말에 고개를 끄덕였습니다. 우리 비행기는 좌우로 뒤틀리는 소리를 내기 시작했습니다. 비행기 날개도 마치 큰 새가 기류를 거슬러 올라가기 위해 필사적으로 퍼덕일 때처럼 위, 아래로 펄럭이는 것 같았습니다. 보네트와 나는 기도를 시작했습니다. 우리 비행기가 이 폭풍 속에서 오래 버티지 못하리란 생각에 사로잡혀 나는 아내에게, 아내는 내게 사랑을 담아 작별 인사까지 서로 나누었습니다. 우리는 우리 좋으신 주님께 이제 주님을 뵈러 갈 준비가 되었다고 말씀드렸습니다.

그런데 그때 나는 주님의 제자들이 또 다른 폭풍 속에서 그들의 배가 뒤집힐까 공포에 사로잡혔을 때 어떻게 그 폭풍을 잠재우셨는지를 기억했습니다. 만약 그것이 주님의 뜻이었다면, 주님은 우리 역시 보호하실 수 있을 것이었습니다. 나는 큰 소리로 기도했습니다. "주님, 당신께서 자연을 다스리십니다. 주님이 갈릴리 바다의 폭풍을 잠재우셨습니다. 우리의 이 폭풍도 잔잔케 해 주소서."

바로 잠시 후, 폭우와 광풍이 그쳤습니다. 놀라운 감격과 감사로 보네트와 나는 우리를 지켜주신 하나님을 찬양했습니다. 몇 시간 후 조종사가 버지니아 노폭의 화물 터미널에 우리 비행기를 착륙시켰습니다. 65분이었어야 할 여정은 네 시간으로 늘어났고, 우리는 예정된 도착지에서 멀리 떨어진 곳에 내리게 됐습니다. 낙뢰가 조종석 부근을 쳐서 큰 구멍을 내면서 모든 레이더 장비를 파괴했던 것입니다. 그 조종사는 자신이 겪어 본 폭풍 중 가장 끔찍한 폭풍이었다고 말했습니다. 그러나 하나님은 폭풍보다 훨씬 강하셨습니다! 하나님은 하나님을 신뢰하는 사람들을 구원하실 것을 약속하십니다. 이 약속이 얼마나 우리에게 평안과 기쁨을 주는지요, 우리 삶의 어려운 상황들을 그저 주님께 맡기면 되기 때문입니다!

오늘 주시는 말씀　　시편 91편
믿음의 실천　　하나님의 도우심으로, 나는 나를 보호하신다고 하신 하나님의 약속을 주장(claim)하겠으며, 어떤 위험 앞에서도 공포를 이기겠습니다.

Calm in the Storm

"Immediately after this, Jesus told his disciples to get into their boat and cross to the other side of the lake while he stayed to get the people started home. Then afterwards he went up into the hills to pray. Night fell, and out on the lake the disciples were in trouble. For the wind had risen and they were fighting heavy seas. About four o'clock in the morning Jesus came to them, walking on the water! They screamed in terror, for they thought he was a ghost. But Jesus immediately spoke to them, reassuring them. 'Don't be afraid!' he said."
MATTHEW 14:22–27

In our thirty years of flying, this was the most violent storm Vonette and I had ever encountered. Suddenly the airplane began to buck like a wild mustang with its first rider. The lightning was constant and for nearly fifteen minutes we seemed to be surrounded by a ball of fire. We had good reason to believe that the plane would soon plummet to earth.

The disciples had shouted to the Lord, "Save us, we're sinking!" In the same way, Vonette and I began to pray. "You have not lost Your power over nature. We ask You to still the storm and save us, though we're ready to meet with You if need be. If You have something yet for us to do in this life, we ask You not to allow the enemy to destroy us and all these other passengers."

Almost immediately the turbulence stopped and we continued our course.

One of the greatest blessings to come from this experience was the peace that enveloped us as we considered that at any moment we could plummet to earth and our lives could be snuffed out. I asked the Lord why the disciples were so fearful during the storm while Vonette and I had such peace and confidence that He was in control. The answer was that the fruit of the Spirit is love, joy, peace, etc., and the disciples had not yet been filled with the Spirit at the time of their Galilean storm experience. Later they went to their martyrs' deaths with the same peace that God gives to all who place their faith and trust in Him.

BIBLE READING John 6:16-21
ACTION POINT The mighty power which Jesus demonstrated when He walked this earth centuries ago still abides in Him, and He abides in me. Therefore, I shall claim supernatural miraculous power whenever the occasion demands.

폭풍 속의 평온함

"예수께서 즉시 제자들을 재촉하사 자기가 무리를 보내는 동안에 배를 타고 앞서 건너편으로 가게 하시고 무리를 보내신 후에 기도하러 따로 산에 올라가시니라 저물매 거기 혼자 계시더니 배가 이미 육지에서 수 리나 떠나서 바람이 거스르므로 물결로 말미암아 고난을 당하더라 밤 사경에 예수께서 바다 위로 걸어서 제자들에게 오시니 제자들이 그가 바다 위로 걸어오심을 보고 놀라 유령이라 하며 무서워하여 소리 지르거늘 예수께서 즉시 이르시되 안심하라 나니 두려워하지 말라" 마태복음 14:22~27

30여 년 동안 많은 여행을 비행기를 타고 다닌 가운데 이번이 나와 내 아내 보네트가 겪은 가장 심한 폭풍이었습니다. 갑자기 비행기가 마치 처음 기수를 태운 야생마처럼 심하게 요동하기 시작했습니다. 번개가 계속 치고 거의 15분 이상을 불꽃 속에 갇혀 있는 것 같았습니다. 우리는 아마도 비행기가 곧 추락해서 지상으로 떨어질 것 같다고 믿을 수밖에 없었습니다.

제자들은 주님께 외쳤습니다. "우리를 구해주소서. 배가 가라앉습니다!" 마찬가지로 보네트와 나도 기도를 시작했습니다. "주님, 여전히 주님이 자연을 다스리고 계십니다. 비록 필요하시면 우리가 주님을 뵐 준비는 되어 있습니다만, 우리는 주께서 폭풍을 잠잠케 하시고 우리를 구해 주실 것을 간구합니다. 주님, 만약 아직 우리가 삶을 통해 해야 할 일이 남아있다면 원수가 우리와 이 모든 승객들을 해치지 못하도록 하시옵소서."

거의 즉시 요동이 멈췄고 비행기는 정상적인 항로로 계속 운항할 수 있었습니다.

이 경험에서 얻은 가장 큰 축복 중의 하나는 어느 순간이든지 곧 땅으로 곤두박질하여 우리의 생명을 소멸시켜 버릴 것 같이 생각되던 그때에, 우리를 에워싸던 형용할 수 없는 평안이었습니다. 나는 주님께 보네트와 내가 주님이 이 모든 것을 다스리고 계시다는 확신과 평안을 누릴 수 있었는데, 어째서 제자들은 폭풍 속에서 그렇게 두려움에 떨었는지를 여쭈어 보았습니다. 대답은 성령의 열매는 사랑과, 기쁨과, 평안 등인데 제자들이 갈릴리 폭풍을 겪을 때는 아직 성령의 충만을 받지 못했던 때였다는 것이었습니다. 후에 제자들은 주를 믿고 신뢰하는 모든 사람에게 주시는 동일한 평안을 맛보며 순교자의 길을 갔습니다.

오늘 주시는 말씀 요한복음 6:16~21

믿음의 실천 오래 전 예수님이 세상에 계실 때 보여주신 전능하신 능력은 여전히 주님 안에 있으며 또 나는 그 주님 안에 있습니다. 그러므로 나는 필요한 경우에는 언제든지 초자연적이고 기적적인 능력을 주장하겠습니다.

Saved From Trouble

"Yes, the Lord hears the good man when he calls to him for help and saves him out of all his troubles." PSALM 34:17

You and I have one of the greatest privileges ever known to mankind—that of calling on God with the assurance that He will hear and answer us.

No trouble we face today will be too great for us to bring to God, who has promised to save us out of all our troubles.

True, he suggests certain conditions that must be met for such praying to be effective, but these conditions are not grievous. They are attainable by "whosoever will."

One of these conditions is referred to by the psalmist, "If I regard iniquity in my heart, the Lord will not hear me" Psalm 66:18, KJV. According to God's Word, that means I must not even allow wrong feelings and critical attitudes against others to fester in my heart and mind, but rather I must confess them the moment they arise and then trust God for the forgiveness He promises.

Another condition is suggested in that well-known verse on revival: "If my people... will humble themselves and pray..." 2 Chronicles 7:14, KJV. Even before that time of intercession with the Lord, I must be sure to humble myself, to recognize God as my Lord and Master, and His Holy Spirit as one who sits and rules and reigns on the throne of my life.

As a result, God will produce in my life those qualities of the supernatural life.

BIBLE READING Psalm 35:1-9
ACTION POINT Confession and humbling will precede prayer in my life this day, so that I may be sure God hears and will answer.

환난에서 건지셨도다

"의인이 부르짖으매 여호와께서 들으시고 그들의 모든 환난에서 건지셨도다"
시편 34:17

당신과 나는 인간이 지금까지 알고 있는 것 가운데 가장 큰 특권을 소유하고 있습니다. 바로 우리 기도를 들으시고 응답하신다는 확신으로 하나님께 구할 수 있는 것입니다.

우리가 겪는 어려움들 가운데 하나님께 구할 수 없을 정도로 너무 큰 어려움은 없습니다. 하나님은 우리가 겪는 모든 어려움으로부터 우리를 구하시겠다고 약속해 주신 분이십니다.

물론 하나님께서 우리의 그러한 기도가 이뤄지기 위해서 어떤 조건이 이루어져야 한다고 말씀하신 것은 사실입니다. 그러나 그 조건들은 엄격하고 힘든 것들이 아닙니다. 그 조건들은 원하는 자는 누구든지 채울 수 있는 것입니다.

그 조건 중의 하나가 시편에 기록되어 있습니다. "내가 나의 마음에 죄악을 품었더라면 주께서 듣지 아니하시리라"(시 66:18) 즉, 하나님의 말씀에 의하면, 이는 다른 사람들을 향한 나쁜 감정이나 비판적인 태도가 나의 마음과 생각에 뿌리내리도록 하는 것도 허용해서는 안 되며, 그런 생각이 드는 순간 즉시 고백하고 하나님이 용서해 주신다고 한 약속대로 용서해 주심을 믿어야 하는 것입니다.

다른 하나의 조건은 영적 부흥에 관하여 잘 알려진 다음의 성경 구절에 나타나 있습니다. "내 백성이 그들의 악한 길에서 떠나 스스로 낮추고 기도하여 내 얼굴을 찾으면…"(대하 7:14) 주님께 나아가 남을 위하여 중보 기도하는 때조차도 그전에 하나님을 나의 구주, 나의 주인으로 고백하며, 겸손히 나를 낮추고 그의 성령께서 내 삶의 왕좌에 앉아 나를 다스리시도록 해야 합니다.

그렇게 할 때, 하나님께서 내가 초자연적인 삶의 모습을 나타내며 살아가도록 해주실 것입니다.

오늘 주시는 말씀   시편 35:1~9
믿음의 실천   나는 늘 기도에 앞서 깨닫게 해주시는 죄를 고백하고 스스로를 낮추겠습니다. 그럼으로써 나는 하나님께서 내 기도를 들으시고 응답하실 것을 확신하겠습니다.

He Does the Work

"And I am sure that God who began the good work within you will keep right on helping you grow in his grace until his task within you is finally finished on that day when Jesus Christ returns." PHILIPPIANS 1:6

Howard was adamant in his conviction. "I would never lead anyone to Christ whom I could not personally follow up to be sure he matures and grows and becomes all that God wants him to be."

"Since when did you assume the responsibility of the Holy Spirit?" I asked.

Obviously, we are to do everything we can to help a new believer grow to maturity in Christ—by teaching him to trust God, study His Word, pray, live a holy life, and share his faith with others. But no matter how much we do, it is the Holy Spirit who helps the new believer come to Christ, and who illumines his heart with the Word. The Holy Spirit teaches us how to pray and empowers us to witness. In fact, there would be no supernatural life apart from the Holy Spirit.

Paradoxically, you and I can be confident, yet humble, when we think of all that we are, and all that we have in Christ, and realize that we are not responsible for any of it, but it is something which God has given us according to His grace. My only boast is in God, His Son Jesus Christ and His indwelling Holy Spirit. How can I boast of my abilities and achievements, when it is the Giver alone who is worthy of all honor and praise? The apostle Paul had the strong conviction that the work God had begun in the believer would be permanent. All events that transpire in our loves, all influences, heartaches, testings and sorrows, as well as all of the blessings, are designed to conform us to the image of Christ.

BIBLE READING 1 Corinthians 1:4-9
ACTION POINT God, who saved me, continues to work in my life, conforming me to the image of Christ. Therefore, I will continue to trust and obey Him, as I draw upon His supernatural resources.

주께서 일하십니다

"너희 안에서 착한 일을 시작하신 이가 그리스도 예수의 날까지
이루실 줄을 우리는 확신하노라" 빌립보서 1:6

하워드의 신념은 굳은 것이었습니다. "나는 내가 개인적으로 양육해서 성숙시켜 제대로 하나님이 원하시는 사람이 될 수 있도록 할 수 없으면 어떤 사람도 절대 주님께로 인도하지 않겠습니다."

"언제부터 성령이 하실 일을 당신이 맡았습니까?"라고 내가 물었습니다.

분명히 우리는 새신자들에게 하나님을 신뢰하고, 말씀을 공부하고, 기도하고, 거룩한 삶을 살고, 자신의 믿음을 다른 사람들과 나누도록 가르쳐 줌으로써 그들이 그리스도 안에서 성숙하도록 돕기 위하여 할 수 있는 모든 일을 해야 합니다. 그러나 우리가 아무리 많이 애를 쓴다고 해도 새신자로 하여금 그리스도께 나아가도록 하는 분은 말씀의 빛으로 그의 마음을 밝혀주시는 성령님이십니다. 성령께서 우리에게 어떻게 기도해야 하는가를 가르쳐 주시고, 또 우리가 증거할 수 있도록 힘을 주십니다. 사실 성령을 떠나서는 어떤 초자연적 삶도 존재하지 않을 것입니다.

우리 자신과 또 우리가 그리스도 안에서 소유한 모든 것이 하나님의 은혜로 우리가 거저 받은 것이요, 그 어떤 것도 우리가 마음대로 할 수 있는 것이 없다는 것을 깨달을 때 우리는 겸손해야 함을 느끼지만 역설적으로 담대함도 갖게 됩니다. 나의 자랑은 오직 하나님과, 그의 독생자 예수 그리스도, 그리고 그의 내주하시는 성령께 있습니다. 모든 영광과 찬양이 오직 '주신 분'으로 말미암은 것인데, 아무것도 한 것이 없는 나의 능력과 성취에 무슨 자랑할 것이 있겠습니까? 사도 바울은 하나님이 믿는 자 안에서 시작하신 일은 영원할 것을 확신했습니다. 우리가 받는 모든 축복뿐만 아니라 우리 삶 가운데 있는 사랑, 우리에게 끼치는 온갖 영향들, 고통, 시험, 슬픔, 이 모든 일은 우리가 그리스도의 모습을 닮아 가도록 하나님이 이끄시는 일들입니다.

오늘 주시는 말씀   고린도전서 1:4~9
믿음의 실천   나를 구원해주신 하나님은 내가 그리스도의 모습을 닮아가도록 내 안에서 쉬지 않고 계속 일하십니다. 그러므로 나도 하나님의 초자연적 능력의 자원에 힘입으며 계속하여 하나님을 신뢰하고 순종하겠습니다.

Just As He Promised

"God, who called you to become his child, will do all this for you, just as he promised."
1 THESSALONIANS 5:24

Have you ever substituted you own name in a promise like that? I have, and the result is staggering, overwhelming. "God, who called Bill Bright to become His child, will do all this for me, just as He promised."

Include your name in the verse, and the effect will be the same for you. It is incredible that before the very foundation of the world God chose and called you and me to become His children. His foreknowledge makes possible many of the mysteries we puzzle over today.

Your sanctification (setting apart)—and mine—depends upon God, and since He has begun a good work in us, He will see it through to completion. God requires holiness (another word for sanctification) and He is the resource upon whom we may call for accomplishment of that requirement.

While it is true that we will never be completely and totally holy in this life, it is equally true that provision is made for us to be holy. Every moment that you and I are under the control of God's Holy Spirit is a moment that we are holy! Looked at in that light, the task of acquiring holiness does not seem so impossible to attain.

The principle is clear: God never gives a command without the enablement to obey it.

BIBLE READING   2 Thessalonians 3:3-5
ACTION POINT   I will see myself as a child of God, the beneficiary of His multitudinous blessings, capable of living a supernatural life and bearing fruit for His glory through His enablement.

약속하신대로

"너희를 부르시는 이는 미쁘시니 그가 또한 이루시리라"
데살로니가전서 5:24

혹시 위의 말씀과 같은 하나님의 약속에 당신 자신의 이름을 넣어 본 적이 있습니까? 나는 종종 그렇게 해보는데 그 결과는 깜짝 놀랄 만큼 감격적이었습니다. "빌 브라이트를 부르신 이는 미쁘시니 그가 또한 이루시리라"

당신도 당신의 이름을 넣어 보십시오. 저와 같은 감격을 느끼실 것입니다. 세상을 지으시기도 전에 하나님께서 당신과 나를 그의 자녀가 되도록 택하시고 부르셨다는 것은 믿기 힘들만큼 놀라운 일입니다. 하나님의 예지는 오늘날 우리가 이해하기 어려운 많은 신비를 가능하게 하십니다.

우리가 거룩해지는 것(세상과 구분되어 지는 것)은 하나님께 달려 있으며, 우리 안에서 선한 일을 시작하신 분이 하나님이시기 때문에 그 일을 반드시 이루실 것입니다. 하나님은 거룩해짐의 또 다른 말인 '성화'를 우리에게 요구하시며 바로 그 하나님이 우리가 '성화'를 이룰 수 있도록 구해야 하는 능력의 근원이시기도 합니다.

이 땅에서 사는 동안 우리가 결코 완벽히 거룩해지거나 성화될 수 없는 것은 사실이지만 우리가 거룩해지도록 하나님께서 능력을 공급해 주시는 것도 동시에 사실입니다. 순간순간 우리가 성령의 다스림 가운데 있을 때 우리는 거룩한 것입니다! 그렇게 생각하면 성화를 이룬다는 목표가 꼭 불가능해 보이지만은 않습니다.

원칙은 분명합니다. 하나님은 우리에게 지켜 순종할 수 있는 능력을 주시지 않고는 결코 명령하시지 않습니다

오늘 주시는 말씀 데살로니가후서 3:3~5
믿음의 실천 나는 내가 하나님이 능력을 주심에 따라 하나님의 영광을 위한 열매를 맺으며 초자연적 삶을 살 수 있는 수많은 축복을 받을 하나님의 자녀임을 되새기겠습니다.

Peace and Joy

"Always be full of joy in the Lord, I say it again, rejoice! Let everyone see that you are unselfish and considerate in all you do. Remember that the Lord is coming soon. Don't worry about anything; instead, pray about everything; tell God your needs, and don't forget to thank him for his answers. If you do this, you will experience God's peace, which is far more wonderful than the human mind can understand. His peace will keep your thoughts and your hearts quiet and at rest as you trust in Christ Jesus." PHILIPPIANS 4:4-7

Don and Ann wanted with all their hearts to please the Lord and worked at being victorious Christians. They diligently kept their quiet time, memorized Scripture, and faithfully attended church. But as they said, "Even though we've claimed the fullness of the Holy Spirit by faith and tried to apply identification truths [to identify themselves with Christ, His crucifixion, burial and resurrection], we just don't seem to be enjoying the Christian life. There's something missing."

"In Philippians 4," I told them "you will find a surefire spiritual formula for victory in the Christian life. Just allow the Holy Spirit to make this passage a reality to you and apply the following as He enables you:

1. As an act of your will, decide that you're going to be full of the joy of the Lord. You are the one who decides whether you're going to rejoice or be discouraged and sad.
2. Demonstrate before all men an unselfish considerate attitude.
3. Remember that the Lord can come at any moment, and be prepared.
4. Do not worry about anything.
5. Pray about everything.
6. Thank Him in faith for His answers."

The result of practicing these steps is the most priceless and wonderful experience one can know: the supernatural peace of God that cannot be acquired in any other way. To succeed in this formula for supernatural living, you must already be studying the Word of God, applying its truths to your life daily, living in the power of the Holy Spirit and sharing your faith in Christ with others.

BIBLE READING   Isaiah 12:1-5
ACTION POINT   Today, as an act of my will, I shall claim the supernatural resources of God by faith and continue to experience and share the abundant life which is the heritage of all who trust and obey Him.

평강과 기쁨

"주 안에서 항상 기뻐하라 내가 다시 말하노니 기뻐하라 너희 관용을 모든 사람에게 알게 하라 주께서 가까우시니라 아무 것도 염려하지 말고 다만 모든 일에 기도와 간구로, 너희 구할 것을 감사함으로 하나님께 아뢰라 그리하면 모든 지각에 뛰어난 하나님의 평강이 그리스도 예수 안에서 너희 마음과 생각을 지키시리라" 빌립보서 4:4~7

'돈'과 '앤'은 온 마음을 다하여 주님을 기쁘시게 해드리기를 원했으며 승리하는 그리스도인으로서 살려고 했습니다. 그들은 경건의 시간을 꼭 지키고, 부지런히 말씀을 암송했으며 교회에도 성실히 출석했습니다. 그러나 두 사람은 이렇게 말했습니다. "우리는 성령 충만을 [1] 믿음으로(by faith) 주장(claim)해 왔으며 '그리스도와 하나 되는 연합의 진리(자신들이 그리스도와, 그의 십자가의 죽으심과, 장사지냄과 부활에 연합함)도 삶에 적용하려고 노력했지만 그리스도인으로서의 삶을 즐기고 있지 못한 것 같습니다. 우리 삶에 무엇인가 빠진 것이 있습니다."

나는 그들에게 말했습니다. "빌립보서 4장에서 두 분은 그리스도인의 삶에서의 승리를 위한 명백한 영적 공식을 발견할 수 있을 것입니다. 성령께서 이 말씀을 두 분의 삶속에서 실제로 이루시도록 완전히 맡겨드리기만 하고 그의 도우심에 따라 다음의 사항들을 적용해 보십시오."

1. 의지적인 행동으로(as an act of your will) 주님의 기쁨으로 마음을 가득 채우겠다고 결심하십시오. 기뻐할 것인지 아니면 낙심하고 슬퍼할 것인지 결정하는 사람은 바로 당신입니다.
2. 이기적이 아닌 사려 깊은 태도를 모든 사람에게 보여주십시오.
3. 주님이 언제 오실지 모른다는 것을 기억하고 늘 준비되어 있도록 하십시오.
4. 아무것도 염려하지 마십시오.
5. 모든 것에 대하여 늘 기도하십시오.
6. 하나님이 응답하여 주실 것을 믿음으로 감사하십시오.

위의 사항들을 실천하기를 훈련하면 그 결과로 인간이 맛볼 수 있는 가장 놀랍고 값으로 따질 수 없는 경험을 하게 될 것입니다. 하나님의 초자연적 평강은 다른 어떤 방법으로도 얻을 수 없는 것입니다. 그러나 초자연적 삶을 살기 위한 위의 영적 공식을 적용하는 일에 당신이 성공을 거두기 위해서는, 반드시 그전에 하나님의 말씀을 공부하고, 매일 그 말씀을 삶에 적용하고, 성령의 능력 안에 살면서 그리스도께 대한 당신의 믿음을 다른 사람과 나누는 일이 전제가 되어 있어야 한다는 것을 알기 바랍니다.

오늘 주시는 말씀 이사야 12:1~5
믿음의 실천 나는 오늘 나의 의지적인 행동(as an act of my will)으로써, 믿음으로(by faith) 하나님의 초자연적 능력의 자원을 주장(claim)하겠으며, 믿고 순종하는 모든 자에게 주시는 유업인 풍성한 삶을 계속하여 누리고 또 다른 사람과 나누겠습니다.

Strength and Peace

"He will give his people strength. He will bless them with peace."
PSALM 29:11

Scott, a professing atheist with the morals of an alley cat, insisted that he had peace in his heart. Though rare, it is possible for people to so harden their hearts that God ceases to draw them to Himself, and they experience a counterfeit peace.

The psalmist, of course, is talking about a different kind of peace. Ocean voyagers in the storm are at peace because they know the ship is sound and the pilot is skillful. In the same way, we as believers are at peace because we serve God who gives His people strength and blesses them with peace.

"His people," of course, refers to those who have placed their trust and faith in His Son, Jesus Christ, as Lord and Savior. None other may claim such a wonderful promise.

Significantly, "strength" comes before "peace." This is God's strength: "who giveth power to the faint." We would certainly fail without it. Then this very same strength results in peace, God's peace "that passes all understanding."

God's strength enables us to contend with the powers of darkness, with the world and with our own natural depravity. Peace, the great blessing of the gospel, is twofold: (1) peace with God through Christ, and (2) peace of mind.

Strength and peace to live the abundant, supernatural life is available to all His people. You may claim your share today by faith.

BIBLE READING Psalm 71:9-16
ACTION POINT Those two great blessings, strength and peace, will be mine today in direct proportion to my faith and trust in Him, who is my peace.

힘과 평강

"여호와께서 자기 백성에게 힘을 주심이여 여호와께서 자기 백성에게 평강의 복을 주시리로다"
시편 29:11

    도둑고양이 같이 살면서 무신론자를 자처하는 스콧은 자기 마음에 평화가 있다고 주장했습니다. 드물기는 하지만 마음이 너무도 굳어버려 하나님이 더 이상 인도하시려고 하지 않아서 마음에 전혀 갈등을 못 느끼는 잘못된 평강을 누리는 사람들이 혹 있습니다.

    위의 시편 기자는 물론 완전히 다른 평강을 말하고 있습니다. 대양을 여행하는 사람들은 그들의 배가 튼튼하고 선장이 노련하다는 것을 알 때 폭풍 가운데서도 평강을 누립니다. 마찬가지로 우리 그리스도인들은 우리가 자기 백성에게 힘을 주시고 평강의 복을 주시는 하나님을 섬기고 있는 것을 알기 때문에 평안합니다.

    위의 '자기 백성'이란 물론 하나님의 아들 예수 그리스도를 자신의 구주와 주님으로 믿고 신뢰하는 사람들을 말합니다. 다른 누구도 이런 놀라운 약속을 주장(claim)할 수 없습니다.

    위의 말씀에서 '힘'이 '평강'보다 앞서 기록되어 있는 것은 깊이 새겨볼 만합니다. 이 힘은 '약한 자에게 힘을 주시는' 하나님의 힘입니다. 이것 없이는 우리는 분명히 실패합니다. 그리고 바로 이 힘이 하나님의 평화, '모든 지각에 뛰어난 하나님의 평화'를 가져옵니다.

    하나님의 힘은 우리로 하여금 어둠의 권세와, 세상과, 우리 본성의 부패와 싸울 수 있게 해주십니다.

    복음의 위대한 축복인 평강은 두 가지 측면을 갖고 있습니다. 첫째는 그리스도를 통한 하나님과의 평화이고, 둘째는 우리 마음의 평화입니다.

    풍성하고 초자연적인 삶을 누리기 위한 힘과 평강은 모든 하나님의 백성이 누릴 수 있습니다. 당신은 오늘 1)믿음으로(by faith) 당신의 몫을 주장(claim)할 수 있습니다.

오늘 주시는 말씀   시편 71:9~16
믿음의 실천   '힘'과 '평강', 이 두 큰 축복은 나의 평강이 되신 하나님께 대한 나의 믿음과 신뢰와 정비례하여 오늘 나의 소유가 될 것입니다.

He Gives Richly

"Tell those who are rich not to be proud and not to trust in their money, which will soon be gone, but their pride and trust should be in the living God who always richly gives us all we need for our enjoyment." 1 TIMOTHY 6:17

Arthur S. DeMoss was a gifted and godly businessman. In building a very successful business, he amassed a fortune of half a billion dollars. Then suddenly an economic recession began and stock in his company plummeted. He lost $360 million in only four months—more than anyone had ever lost in such a short time. One would have thought he would be devastated. Instead, to avoid decreasing his Christian giving, he (personally) borrowed funds, at a high rate of interest, to enable him to increase his giving. As we talked during that time, he rejoiced in the Lord.

"The Lord gave me everything I have," he said. "It all belongs to Him and if He wants to take it away that's His business. I don't lose any sleep. I still have a wonderful family. I am prepared to do anything that God wants me to do. If He takes away everything I own and wants me to go to the mission field, I'm ready to do it. All He needs to do is tell me."

Art's trust was completely in the Lord and not in his vast fortune. God honored his faith and obedience and ultimately restored all that he had lost and much more. Art has gone to be with the Lord, but his fortune is still being used for the glory of God.

Paul's answer to the believers of his day is just as appropriate to believers today. No person should be unduly impressed with his wealth and look down with pride and arrogance on those whom he considers inferior. Riches are uncertain because they can be very quickly taken away from us. In the personal emergencies of life one cannot depend on material possessions for strength and comfort. In times of tragedy, material possessions do not insure peace. Our trust must be in the living God who is able to supply all of our needs and do for us what riches cannot do.

BIBLE READING 1 Timothy 6:6-16
ACTION POINT I will not take the blessings of God for granted and will not place my trust in any earthly possession. My confidence will be in Him who is the source of the supernatural life.

후히 주시는 하나님

"네가 이 세대에서 부한 자들을 명하여 마음을 높이지 말고 정함이 없는 재물에 소망을 두지 말고
오직 우리에게 모든 것을 후히 주사 누리게 하시는 하나님께 두며"
디모데전서 6:17

33)아더 드모스는 재능이 뛰어나고 경건한 사업가였습니다. 그는 성공적인 사업으로 거의 5억 달러에 달하는 재산을 이루었습니다. 그런데 갑자기 불황이 시작되면서 그의 회사의 주식이 폭락했습니다. 불과 4개월 만에 그는 3억 6천만 달러에 달하는 재산을 잃었습니다. 아마 그렇게 짧은 기간에 그러한 큰 손실을 본 사람은 없었을 것입니다. 사람들은 아마 그가 넋이 나갔을 것으로 생각했습니다. 그러나 그는 그리스도를 위한 사역에 대한 그의 헌금을 줄이지 않기 위해 개인적으로 비싼 금리의 돈을 빌려 오히려 그의 헌금을 늘려 나갔습니다. 그즈음에 우리가 함께 대화를 했을 때 그는 주님 안에서 기뻐하고 있었습니다.

"주님이 내가 갖고 있는 모든 것을 주셨습니다. 이 모든 것은 주님 것이며, 주님이 도로 가져가기를 원하신다고 하더라도 그것은 주님이 결정하실 일입니다. 나는 여전히 밤에 잘 자고 단란한 가족도 있습니다. 나는 주님이 원하시는 어떤 일도 할 각오가 되어 있습니다. 만약 하나님께서 내 소유 모두를 갖고 가시고 내게 선교지로 가라고 하시다면, 나는 기꺼이 그렇게 할 것입니다. 하나님은 다만 내게 말씀만 하시면 됩니다."라고 말했습니다.

아더는 그의 엄청난 재산이 아니라 주님께 온전히 그의 신뢰를 두고 있었습니다. 하나님께서는 그의 믿음과 순종에 축복하셔서 그가 잃었던 모든 것을 회복시켜 주셨을 뿐 아니라 더욱 많이 베풀어 주셨습니다. 아서는 지금 세상을 떠나 주님과 함께 있지만 그가 남긴 유산은 지금도 하나님의 영광을 위해 쓰이고 있습니다.

바울이 그 당시의 믿는 자들에게 준 가르침은 오늘날 우리 믿는 자들에게도 똑같이 적용됩니다. 아무도 자기의 부를 지나치게 신뢰하여 자기보다 못하다고 생각되는 사람을 교만하고 거만하게 낮춰 보아서는 안 됩니다. 부는 대단히 허망한 것이며, 언제든지 순식간에 사라질 수 있습니다. 삶에 급박한 개인적인 위기가 찾아왔을 때 물질적 소유로 힘과 위안을 삼을 수는 없습니다. 큰 비극이 삶에 생길 때 물질적 소유는 평안을 보장해 주지 못합니다. 우리는 우리의 신뢰를 살아계신 하나님께만 두어야 하며, 하나님만이 우리 모든 필요를 채워 주시고, 물질적 부로는 불가능한 모든 것을 주십니다.

오늘 주시는 말씀 디모데전서 6:6~16
믿음의 실천 나는 하나님이 주시는 축복을 당연한 것으로 생각지 않겠으며 세상에서의 소유물에 나의 신뢰를 두지 않겠습니다. 나의 믿음은 언제나 초자연적인 삶의 근원이 되시는 하나님께 있습니다.

Recipe for Growth

"As newborn babes, desire the sincere milk of the word, that ye may grow thereby."
1 PETER 2:2, KJV

Sam was very impatient with himself. Though he was a new Christian, he could not understand why he was not as spiritual as others who had walked with the Lord for several years. I explained to him that Christian life, like physical life, involves a process of growth. A person begins as a baby and goes through the stages of childhood, adolescence and young adulthood to reach Christian maturity. Very few, if any, Christians become spiritually mature overnight.

Lane Adams, a beloved colleague, gifted teacher, preacher and author, said, "I shrink inside when I think of the times I have mounted the pulpit, recited the conversion experience of the apostle Paul, and then indicated that he went out and turned the world upside down for Jesus Christ immediately." He continued, "This simply was not the case. There is a difference of opinion among scholars concerning New Testament dating, but it seems rather plain that many years went by before the Holy Spirit laid the dramatic burden on Paul as a missionary of the cross."

If you strongly desire to serve the Lord in some particular way, such as teaching, ask the Holy Spirit to empower you to become an effective teacher. The Holy Spirit may see fit to make you a great teacher overnight, but this is most unlikely. So if it does not happen, do not be discouraged. Have faith!

Ask and believe that the Holy Spirit will make you an effective teacher of God's Word and be willing to work hard to develop your natural ability. Remember that "faith without works is useless."

We are unique members of the Body of Christ and possess special tasks to accomplish, so the Holy Spirit will empower us to carry out those tasks. God does indeed have a plan for each of our lives. And He gives us His Holy Spirit to help us accomplish that plan as we continue to trust and obey Him.

BIBLE READING 2 Peter 3:14-18
ACTION POINT Recognizing that I am in the process of maturing spiritually, I shall seek to accelerate my spiritual growth by hiding the Word of God in my heart, spending time in prayer, walking in the Spirit and sharing my faith in Christ.

성장의 비결

"갓난 아기들 같이 순전하고 신령한 젖을 사모하라
이는 그로 말미암아 너희로 구원에 이르도록 자라게 하려 함이라" 베드로전서 2:2

샘은 매우 성미가 급한 사람이었습니다. 그는 새신자였으면서도 주님과 이미 수년간 동행해 온 사람들만큼 자신이 영적이지 못한 이유를 이해하지 못했습니다. 나는 그에게 그리스도인의 삶은 육체적인 삶과 마찬가지로 성장의 과정이 있다는 것을 설명해 주었습니다. 사람은 갓난아기로 시작해서 어린 시절, 사춘기, 청소년기를 거쳐 성숙한 그리스도인의 단계에 이르게 됩니다. 하룻밤 사이에 성숙한 그리스도인이 되는 사람은 아마 없을 것이며, 혹 있다고 해도 극소수일 것입니다.

사랑하는 동료요, 훌륭한 교사요, 설교자이며 작가인 레인 아담스는 이렇게 말했습니다. "내가 강단에 올라가 사도 바울의 회심에 관해 외치면서 그가 그 즉시 달려 나가 예수 그리스도를 위하여 세상을 뒤집어 놓았다고 이야기하던 때를 생각하면 얼굴이 뜨거워집니다." 그는 계속하여 말했습니다. "사실은 그런 것이 아니었습니다. 신약 성경의 연대에 대하여 학자들 간에 여러 이견이 있기는 하지만 성령께서 바울에게 십자가의 선교사로서 극적인 사명을 주어 보내신 것은 상당한 시간이 흐른 후라고 하는 것이 확실해 보입니다."

만일 당신이 교사와 같은 특정한 방법으로 주님을 섬기길 원한다면 당신이 유능한 교사가 될 수 있도록 성령께서 힘을 주실 것을 구하십시오. 성령께서 하룻밤 사이에 당신을 위대한 교사로 만들어 주실 수도 있겠지만, 아마 거의 그렇게 일하시지는 않을 것입니다. 그러므로 그런 일이 일어나지 않더라도 실망하지 않기를 바랍니다. 믿음을 가지십시오!

성령께 당신을 하나님 말씀의 유능한 교사가 되도록 구하고 또 그것을 믿으십시오. 당신의 타고난 능력을 개발하기 위해 기꺼이 힘써 노력하십시오. "행함이 없는 믿음은 죽은 믿음"(약 2:17)이라는 것을 명심하십시오.

우리는 모두 '그리스도의 몸'인 교회의 독특한 존재들이며, 각자 이루어야 할 특별한 사명을 갖고 있고 성령께서는 그 일들을 해내도록 우리에게 능력을 주십니다. 하나님께서는 참으로 우리 각자의 삶을 위한 계획을 갖고 계십니다. 하나님은 성령을 우리에게 보내어 주시어 우리가 계속하여 하나님을 신뢰하고 순종할 때 우리로 그 계획을 이뤄낼 수 있도록 도우십니다.

오늘 주시는 말씀 베드로후서 3:14~18
믿음의 실천 나는 내가 영적 성숙의 과정 가운데 있음을 깨닫고, 하나님 말씀을 내 마음에 새기고 기도의 시간을 드리며 성령 안에서 행하고 그리스도께 대한 나의 믿음을 나누도록 함으로써 나의 영적 성숙을 가속하기 위해 애쓰겠습니다.

He Cannot Disown Us

"Even when we are too weak to have any faith left, he remains faithful to us and will help us, for he cannot disown us who are part of himself, and he will always carry out his promises to us." 2 TIMOTHY 2:13

Have you ever run out of faith? I have—in times of great testing and trial, especially in earlier years as a young Christian. But as I have learned more and more about the many attributes of God, I have come to understand why the apostle Paul was so convinced of the faithfulness of God—that He still remains faithful to us and will help us, even when we are our weakest.

The meaning seems clear, though perhaps controversial to some: If we have truly been born again by the Spirit of God, and thus have become "part of Himself," Paul asserts that He cannot disown us. We need not argue or discuss the point of eternal security, for God's Holy Spirit, the great Teacher of spiritual truths, will reveal true meanings to each one of us individually.

We can be more certain of unanimous agreement on the latter part of the verse: "He will always carry out His promises to us." At least we all believe that theoretically, if not experientially.

Have you, for example, laid hold of one of God's promises, and not yet having seen the answer, begun to wonder and even doubt if He is indeed carrying out His promise? It might help each of us to remind ourselves constantly that God has His own timetable; He need not be bound by ours.

Someone has well said, "God's timing is always perfect." Let us not try to improve on that perfection.

BIBLE READING   Romans 3:3,4; Numbers 23:19
ACTION POINT   "Dear Lord, because You are always faithful despite my faithlessness at times, I will depend on You to fulfill Your promises."

부인하실 수 없으시리라

"우리는 미쁨이 없을지라도 주는 항상 미쁘시니 자기를 부인하실 수 없으시리라"
디모데후서 2:13

혹시 당신은 믿음을 모두 잃어버렸던 적이 있습니까? 나는 특별히 내가 그리스도인이 된 지 얼마 안 되었을 때 큰 시험과 고난을 겪은 적이 있었습니다. 그러나 내가 하나님이 어떤 분이신지에 대해 더 많이 알게 될수록 왜 사도 바울이 '우리는 미쁨이 없을지라도 주는 항상 미쁘시니'(He still remains faithful to us and will help us, even when we are weakest, 영문 성경, '우리가 가장 약할 때일지라도 하나님은 신실하시며 여전히 우리를 도우신다')라고 하며 하나님의 신실하심에 대해 그토록 확신을 가질 수 있었는지를 이해할 수 있게 되었습니다.

일부 사람들에게는 논쟁의 여지가 있다고 하겠지만 그 의미는 명확해 보입니다. 만약 우리가 성령에 의해 진정으로 거듭났고, 그래서 '하나님의 일부분'(part of himself, 영문 성경)이 되었다면 하나님이 우리를 부인하실 수 없다는 것을 바울은 주장하고 있습니다. 영생의 보장에 대하여 우리가 논쟁하거나 토론할 필요는 없습니다. 영적 진리의 '위대한 교사'이신 하나님의 성령께서 우리 각자에게 그 참된 의미를 알려 주실 것이기 때문입니다.

위의 말씀의 영문 성경의 뒷부분 "He will always carry out His Promises"(하나님은 언제나 자신의 약속을 지키신다)라는 표현에는 누구나 이의 없이 모두 동의할 것입니다. 혹시 체험적으로는 아직 그렇다고 못하더라도, 이론적으로는 우리 모두 그것을 믿습니다.

예를 들어, 당신은 하나님의 약속 하나를 붙들고 기도하다가 아직 응답을 얻지 못해 하나님이 정말로 그의 약속을 지키시는지에 관해 궁금해 하든지 혹은 의심을 해 본 일이 있습니까? 그럴 때 우리가 우리 자신에게 계속 상기시켜야 할 것은 하나님은 자신의 시간표를 가지고 계시다는 것입니다. 하나님은 우리의 시간표에 의해 얽매이셔야 할 필요가 없습니다.

어떤 사람이 아주 잘 이야기 했습니다. "하나님의 시간은 언제나 완벽하다." 그 완벽한 시간표를 고치려고 하지 맙시다.

오늘 주시는 말씀 로마서 3:3~4, 민수기 23:19
믿음의 실천 "사랑하는 주님, 때때로 내가 신실하지 못할 때에도 주님은 언제나 신실하심을 믿기에, 나는 당신께서 약속대로 이뤄주실 것을 믿고 의지하겠습니다."

Fishers of Men

"And he saith unto them, Follow me, and I will make you fishers of men."
MATTHEW 4:19, KJV

Each morning I kneel to acknowledge Christ's lordship of my life and ask Him to have complete, unhindered control of my life for that day, to walk around in my body, to think with my mind, to love with my heart, to speak with my lips and to continue seeking and saving the lost through me.

Some time ago I was at a conference in a midwestern city, anticipating an early adjournment so I could catch a plane to Los Angeles and rejoin my waiting family.

When I arrived at the airport, I learned that flight after flight had been cancelled because of poor weather conditions. Rushing from one airline ticket counter to another, I discovered, to my disappointment, that all the airlines had cancelled their flights.

On one hand I was discouraged, but on the other I was encouraged by the promise of the Bible, "And we know that all that happens to us is working for our good if we love God and are fitting into His plans" Romans 8:28.

Back at the hotel for the night, in the lobby I met a businessman who was hungry for God. As I shared Christ with him, I learned that he and his wife had been visiting a different church every Sunday for the past couple of years. They were looking for God but had not been able to find Him.

I explained to my new friend how to receive Christ. We knelt and prayed, and he received Christ into his life as his personal Lord and Savior.

With great joy and enthusiasm my new brother in Christ announced, "I want to take these things you have share with me to my wife because she too is eager to receive Christ." It is our responsibility to follow Christ. It is His responsibility to make us fishers of men.

BIBLE READING Matthew 4:18-22
ACTION POINT As I follow Christ today, I will recognize that even the delays, hindrances and closed doors may be opportunities for me to share my faith in Jesus Christ. With God's help, I will share Him with others at every opportunity.

사람을 낚는 어부

"말씀하시되 나를 따라오라 내가 너희를 사람을 낚는 어부가 되게 하리라 하시니"
마태복음 4:19

나는 매일 아침 무릎을 꿇고 나의 삶에서 주님의 주권을 인정하며 그날의 나의 삶을 온전하게 다스려 주실 것과 내 몸을 통하여 행하시고, 내 생각을 통하여 생각하시고, 내 마음을 통하여 사랑하여 주시며, 내 입술을 통해 말씀하여 주시고, 나를 통해 계속해서 잃은 자를 찾고 구원하여 주실 것을 간구합니다.

얼마 전에 나는 중서부의 어느 도시에서 열린 회의에 참석하였는데 좀 일찍 회의가 끝나 LA행 비행기 시간에 맞추어 가족들에게로 돌아갈 수 있기를 기대했습니다.

그러나 공항에 도착했을 때 날씨 때문에 모든 항공편이 결항된 것을 알게 되었습니다. 비행기 회사 카운터마다 급히 알아봤지만 실망스럽게도 모든 비행기 회사가 항공편을 취소했다는 것을 알게 되었습니다.

한편으로는 실망했지만, 다른 한편으로 나는 성경의 약속에 의하여 격려를 받았습니다. "우리가 알거니와 하나님을 사랑하는 자 곧 그의 뜻대로 부르심을 입은 자들에게는 모든 것이 합력하여 선을 이루느니라"(롬 8:28)

그날 밤을 지내기 위하여 호텔로 다시 돌아온 나는 로비에서 하나님을 갈망하고 있는 한 실업가를 만났습니다. 내가 그에게 그리스도를 전했을 때 나는 그와 그의 부인이 지난 수년간 매주일 다른 교회를 찾아 예배를 드렸음을 알게 되었습니다. 그들은 하나님을 찾았지만 하나님을 찾지 못하고 있었던 것입니다.

나는 그 새친구에게 어떻게 그리스도를 영접하는지를 설명해 주었습니다. 우리는 함께 무릎을 꿇고 기도드렸고 그는 그리스도를 그의 구주와 주님으로 그의 삶에 영접했습니다.

그리스도 안에서 나의 새로운 형제가 된 그는 넘치는 기쁨과 열정으로 약속했습니다. "나는 당신이 내게 전해 준 모든 것을 나의 아내에게 전하도록 하겠습니다. 나의 아내도 그리스도를 영접하는 것을 열망하고 있기 때문입니다." 그리스도께 순종하는 것은 우리의 책임이고, 우리를 사람 낚는 어부로 만들어 주시는 것은 주님의 책임입니다.

오늘 주시는 말씀 마태복음 4:18~22
믿음의 실천 내가 오늘 그리스도를 따르는 가운데 혹시 일이 지체되거나 방해가 생기거나 또는 길이 막힌다고 하여도 그것이 그리스도를 전할 기회가 될 수 있다는 것을 기억하겠습니다. 하나님의 도우심으로 나는 모든 기회를 활용하여 다른 사람에게 그리스도를 전하겠습니다.

The Way to Wisdom

"For the Lord giveth wisdom: out of his mouth cometh knowledge and understanding. He layeth up sound wisdom for the righteous: he is a buckler to them that walk uprightly."
PROVERBS 2:6-7, KJV

One of my brothers and a sister and I stood at the bedside of our 93-year-old mother. The doctor and nurses had just left the room after informing her that she needed a pacemaker for her heart. After the doctor left, she called us around her. "I want you to join with me in prayer," she said. She began to pray, her countenance radiant from the joyful assurance that God was listening and would answer:

"Father in heaven, I need Your help. I do not know if I need a pacemaker, but You do. Tell me what to do, because You know what is best for me."

"Mother," I asked, "how will you know when God answers you?"

She replied, "God will tell me what to do as He always does." Later in the day she informed the doctor that she would not need a pacemaker. The doctor was disappointed, and he encouraged her to reconsider. After he left, I inquired, "Mother, how do you know that you're not to have a pacemaker?"

"Well," she replied, "before I prayed I had an impression that this was the right thing to do because the doctor and nurses felt so strongly, but as I prayed God seemed to take away the desire." Months later we all agreed she had made the right decision as her health was greatly improved. For more than 75 years this beloved saint has known the faithfulness of this promise for wisdom.

Does Christ give answers to practical problems of life? Inquire of one who has walked with Him for over three-quarters of a century and you will have no doubts. To achieve this wisdom, you must seek it with all your heart. The world's wisdom, great as it may be, cannot begin to measure up to the divine wisdom available to the one who faithfully reads and meditates on God's Word and who has an intimate relationship with Him in prayer.

BIBLE READING Proverbs 2:1-5
ACTION POINT I will seek God's I supernatural wisdom by diligently studying His Word, through prayer and through fellowship with others who walk with God.

지혜를 얻는 길

"대저 여호와는 지혜를 주시며 지식과 명철을 그 입에서 내심이며
그는 정직한 자를 위하여 완전한 지혜를 예비하시며
행실이 온전한 자에게 방패가 되시나니" 잠언 2:6~7

    우리 남매들은 함께 93세 되신 어머니의 침대 곁에 서있었습니다. 의사와 간호사들은 어머니에게 심장 박동 조정기가 필요하다고 알려 주고 막 방을 나간 후였습니다. 의사가 떠난 후에 어머니가 우리를 부르셨습니다. "너희와 함께 기도했으면 좋겠구나." 어머니의 얼굴은 하나님께서 들으시고 응답하신다는 기쁜 확신으로 빛나고 있었습니다.
    "하늘에 계신 아버지, 저는 아버지의 도움이 필요합니다. 저는 심장 박동 조정기가 제게 필요한지 아닌지 모르지만, 아버지는 아십니다. 제게 가장 좋은 것이 무엇인지를 일러 주소서." 기도 후에 내가 여쭈어 보았습니다. "어머니, 하나님께서 응답하실 때 어떻게 아실 수 있습니까?" "하나님이 언제나 하시는 대로 내게 말씀하실 게다."라고 어머니는 대답하셨습니다. 그날 오후에 어머니는 의사에게 심장 박동 조정기가 필요치 않다고 이야기했습니다. 의사는 어머니의 결정에 실망하며 다시 재고해 볼 것을 권고해 왔습니다.
    의사가 나간 후 나는 어머니께 여쭈어 보았습니다. "어머니, 심장 박동 조정기를 할 필요가 없다는 것을 어떻게 아세요?", "그래, 내가 기도하기 전에는 의사와 간호사가 아주 강하게 권했기 때문에 나도 그렇게 하는 것이 옳다고 생각했었지. 그러나 기도할 때 하나님께서 심장 박동 조정기를 하고 싶다는 생각을 가져가 버리시는 것 같았단다."
    몇 달이 지난 후 어머니의 건강이 크게 좋아지시는 것을 보며 우리 형제는 모두 어머니가 옳은 결정을 하셨음을 인정했습니다. 이 주님께 사랑받는 성도는 75년 이상을 지혜에 관한 위의 약속의 신실성에 대해 알고 있었습니다.
    그리스도께서 삶의 구체적인 문제에 관해 답변을 주십니까? 한 세기의 4분의 3 이상을 주님과 함께 동행해 온 이분께 물어보십시오. 당신의 의심도 아마 사라질 것입니다. 이 지혜를 얻기 위하여 당신은 온 마음을 다하여 구해야 합니다. 세상의 지혜가 아무리 크다고 해도 신실하게 하나님의 말씀을 읽고 묵상하며 기도로 그분과 친밀한 교제를 나누는 사람에게 주시는 하나님의 지혜와 비교할 수는 없습니다.

오늘 주시는 말씀   잠언 2:1~5
믿음의 실천   나는 부지런히 하나님의 말씀을 연구함으로, 또 기도로, 그리고 하나님과 동행하는 삶을 사는 사람들과의 교제를 통하여 하나님의 초자연적 지혜를 얻기를 구하겠습니다.

Entirely by Faith

"And this is the confidence that we have in him, that, if we ask any thing according to his will, he heareth us: And if we know that he hear us, whatsoever we ask, we know that we have the petitions that we desired of him." 1 JOHN 5:14-15, KJV

A friend who had participated in one of our lay institutes a few years ago shared with me his experience when he first realized the practical benefits of the biblical concept which I call "spiritual breathing"—exhale by confession and inhale by claiming the fullness of the Holy Spirit by faith in accordance with the promise of 1 John 5:14-15.

This friend had agreed to teach a sunday school class of young students. But there was one problem: he was apprehensive about the assignment because he had never taught students of that age.

My friend planned to arrive at church early in order to make proper preparation for the arrival of his class. He had asked his family to be ready to leave the house early on that Sunday morning.

As sometimes happens, the family was late in getting ready and, as he sat in the car in the hot sun, he began to resent his family's tardiness. He began to fume and fuss while waiting for them. The longer he waited, the more tense and irritated he became.

Finally, his family loaded into the car—and he was ready to explode with anger. Before he went very far, the Holy Spirit reminded him that his attitude and actions were not honoring to the Lord.

Furthermore, he knew he would be sharing with the children in Sunday school about God's love, forgiveness and patience. Applying the principle of "spiritual breathing," he exhaled by confessing his sin and inhaled by appropriating the fullness of the Holy Spirit by faith. Filled with the Holy Spirit and overflowing with God's love, he introduced several young men to Christ that morning.

BIBLE READING Romans 1:8-16
ACTION POINT Whenever the need arises, I will practice "spiritual breathing" to help me experience spiritual victory and live the supernatural life. I will tell other Christians about the concept of "spiritual breathing."

온전히 믿음으로

"그를 향하여 우리가 가진 바 담대함이 이것이니 그의 뜻대로 무엇을 구하면 들으심이라 우리가 무엇이든지 구하는 바를 들으시는 줄을 안즉 우리가 그에게 구한 그것을 얻은 줄을 또한 아느니라"
요한일서 5:14~15

몇 년 전에 우리 평신도 학교에 참가한 적이 있었던 한 친구가 내가 [5)]'영혼의 호흡'이라고 부르는 성경적인 개념, 다시 말해 요한일서 5장 14~15절의 약속에 따라 죄를 고백함으로 숨을 내쉬고 [1)]믿음으로(by faith) 성령 충만을 주장(claim)함으로 숨을 들이쉬는 훈련의 실제적인 유익을 처음 깨달은 경험을 내게 들려주었습니다.

그 친구는 주일 학교에서 어린 학생 반을 맡기로 약속했습니다. 그러나 한 가지 문제가 있었습니다. 그는 그 나이의 학생들을 가르쳐본 적이 없어서 그 일이 염려가 되었던 것입니다.

그는 주일 학교 준비를 제대로 잘하기 위해 교회에 일찍 나가기로 계획을 세웠습니다. 가족들에게 미리 주일 아침에 일찍 출발하자고 부탁도 해놓았습니다.

그런데 가끔 그렇듯이 가족들이 준비가 덜 되어 출발이 늦어졌고, 그는 따가운 햇살 아래 차 안에 앉아 기다리며 가족들의 게으름에 대해 원망이 생기기 시작했습니다. 그는 가족들을 기다리는 데 점점 화가 나고 안달이 나게 되었습니다. 시간이 갈수록 그의 신경은 곤두서고 초조해져서 마침내 가족들이 차에 탔을 때 그는 분노로 폭발 직전이었습니다. 그러나 선을 넘기 전에 성령께서 그의 태도와 행동이 주님을 영화롭게 하지 못한다는 것을 깨우쳐 주셨습니다.

더욱이 그는 그날 주일 학교에서 하나님의 사랑과 용서, 인내를 가르치기로 되어 있다는 것을 알고 있었습니다. 그는 '영혼의 호흡'의 원칙을 적용하여, 죄를 고백하며 숨을 내쉬고, 믿음으로(by faith) 성령의 충만을 누리는 숨을 들이마셨습니다. 성령으로 충만하여지고 하나님의 사랑으로 넘치게 된 그는 그날 아침 몇 명의 아이들을 그리스도께로 인도할 수 있었습니다.

오늘 주시는 말씀 로마서 1:8~16
믿음의 실천 영적 승리를 경험하고 초자연적 삶을 살 수 있기 위하여 필요할 때는 언제든지 나는 영혼의 호흡을 실천하겠습니다. 나는 다른 사람들에게도 영혼의 호흡의 개념을 말해 주겠습니다.

He Will Preserve Me

"And the Lord shall deliver me from every evil work, and will preserve me unto his heavenly kingdom: to whom be glory for ever and ever. Amen."
2 TIMOTHY 4:18, KJV

Do you and I have that same kind of confidence in God?

Note that the apostle Paul did not mention the word death here, for earlier verses in this chapter reveal that he expected to die—and he was ready. But he was assured that God would keep him from shrinking from death when the hour approached. God would keep Paul apostasy, and from displaying an improper spirit at the time of his death.

In the same way, we can ask the Lord today, in faith believing, for that inner peace we need to face up to all that He allows to happen in our lives. His perfect peace is sufficient for every testing and trial and trouble and temptation.

By keeping us from every evil work, He likewise enables us to reach His heavenly kingdom.

An appropriate time for praise to God is when a person knows he is about to be brought to heaven, and Paul introduces such a doxology here: "to whom be glory for ever and ever."

The truth is clear: we are protected on every side, and even at death we can sing the doxology, for we are about to meet the altogether lovely One in His heavenly home. To remain in constant fellowship with our heavenly Father will maintain a spirit of joy, love and peace in our lives that nothing can shake.

BIBLE READING Psalm 3:1-6
ACTION POINT Like the apostle Paul, I will confidently expect God to protect me from every evil work and enable me to live the supernatural life for His glory.

나를 구원하시는 하나님

"주께서 나를 모든 악한 일에서 건져내시고 또 그의 천국에 들어가도록 구원하시리니
그에게 영광이 세세무궁토록 있을지어다 아멘"
디모데후서 4:18

우리도 위와 같은 확신이 있습니까?

본문의 장의 앞선 구절(6~7절)에서 사도 바울이 자신의 죽음을 예견하고 있음을 나타냈으므로 본문에서는 죽음에 대해 따로 언급치 않고 있는 것에 유의하시기 바랍니다.

그는 모든 준비가 되어 있었습니다. 사도 바울은 죽음의 시간이 가까이 오더라도 하나님께서 조금도 위축되지 않도록 그를 지켜 주실 것을 확신했습니다. 하나님은 죽음의 때에 바울이 배교하지 않도록, 또 적절치 못한 영적 모습을 보이지 않도록 지켜 주셨습니다.

마찬가지로 우리도 하나님께서 우리 삶에 일어나는 것을 허락하신 모든 것과 대면하기 위해 필요한 내적 평화를 오늘 믿음으로 주님께 구할 수 있습니다. 하나님의 완전한 평화는 모든 시험, 고난, 시련과 유혹을 감당해 내기에 충분한 것입니다.

하나님은 모든 악한 일에서 우리를 건져냄으로써 우리가 그의 천국에 이를 수 있도록 힘을 주십니다.

하나님께 찬양을 드리기 참으로 적합한 때 중 하나는 사람이 그가 이제 곧 천국으로 들어가게 될 것을 아는 때이며 바울은 여기에 그와 같은 영광의 찬송을 소개하고 있습니다. "그에게 영광이 세세무궁토록 있을지어다"

진리는 분명합니다. 우리는 모든 면에서 하나님의 보호를 받고 있습니다. 그리고 죽음 앞에서도 찬송을 부를 수 있는 것은 우리 하나님의 하늘 집에서 사랑하는 그분을 우리가 함께 만날 것이기 때문입니다. 하늘에 계신 우리 아버지와 끊임없는 교제를 유지 한다면, 그 어떤 것도 흔들 수 없는 기쁨과 사랑과 평화의 영적 상태를 유지할 수 있을 것입니다.

오늘 주시는 말씀   시편 3:1~6
믿음의 실천   사도 바울처럼 나도 하나님께서 나를 모든 악한 일에서 보호하시고 그의 영광을 위하여 초자연적 삶을 살도록 힘 주실 것을 확신을 갖고 기대하겠습니다.

Another Comforter

"If ye love me, keep my commandments. And I will pray the Father, and he shall give you another Comforter, that he may abide with you for ever." JOHN 14:15-16, KJV

Some time ago, a young businessman came to see me. He was very eager to be a man of God. He wanted to know the fullness of the Holy Spirit in his life, but he said that every time he got on his knees to pray, all he could see was the merchandise he had stolen from his employer.

"God doesn't hear my prayers," he lamented. "I feel miserable and don't know what to do."

I suggested he confess his sin to his employer and make restitution.

"I don't have the money to pay for the merchandise I have stolen," he said. "What should I do? I'm afraid to tell my employer what I have done. I'm sure he will fire me, and he could send me to jail."

"The Holy Spirit is convicting you," I told him. "You can never experience the fullness of God's Spirit and you'll never be a man of God or have your prayers answered until you deal with this sin. You must trust the Lord to help you make restitution."

So the next day he went to his employer, confessed he had stolen the merchandise and offered to make restitution. The employer received him warmly and with understanding. He suggested that my friend pay a certain amount each month out of his salary until the debt was paid, which he was more than happy to do. He came immediately to tell me what had happened.

"Now God is hearing my prayers," he said. "Now I know I am filled with the Holy Spirit. My heart is filled with joy and praise to God."

BIBLE READING John 14:22-26
ACTION POINT I will remain alert for any unconfessed sin that might grieve or quench the Holy Spirit and hinder His working in me, robbing me of the supernatural life that God wants me to live, if only I will trust and obey Him.

또 다른 보혜사

"너희가 나를 사랑하면 나의 계명을 지키리라 내가 아버지께 구하겠으니
그가 또 다른 보혜사를 너희에게 주사 영원토록 너희와 함께 있게 하리니" 요한복음 14:15~16

얼마 전에 젊은 직장인이 나를 찾아 왔습니다. 그는 하나님의 사람이 되기를 갈망하고 있었습니다. 그는 성령 충만한 삶에 대해 알고 싶어 했습니다. 그러나 그는 기도하려고 무릎을 꿇을 때마다 눈앞에 나타나는 것은 그가 고용주한테서 훔쳤던 상품이라고 말했습니다.

"하나님은 나의 기도를 듣지 않으십니다." 그는 슬퍼했습니다. "나는 비참하다는 생각이 들며 어떻게 해야 할지를 모르겠습니다."

나는 고용주에게 그의 죄를 고백하고 배상을 하도록 권고했습니다.

"나는 훔친 물건 값을 치를 만한 돈이 없습니다. 나는 어떻게 해야 좋습니까? 나는 그에게 내가 저지른 일을 말하기가 두렵습니다. 그는 틀림없이 나를 해고하고 감옥에 보낼지도 모릅니다."

"성령께서 당신을 책망하고 계십니다. 당신이 이 죄를 해결하기 전에는 결코 성령 충만을 경험할 수 없으며 하나님의 사람도 될 수 없고, 기도의 응답도 받을 수 없습니다. 당신이 배상을 할 수 있도록 주님이 도와주실 것을 당신은 신뢰해야 합니다."

그다음 날 그는 그의 고용주에게 가서 상품을 훔친 것을 고백하고 배상을 하겠노라고 말했습니다. 그의 고용주는 그를 이해심을 갖고 따뜻하게 맞아 주었습니다. 고용주는 그 젊은 이에게 그 빚을 다 갚을 때까지 월급에서 일정 금액을 공제할 것을 제안했고, 그는 기꺼이 그에 따랐습니다. 그는 즉시 내게 달려와 일이 어떻게 되었는지 이야기해 주었습니다.

"이제 하나님은 저의 기도를 들으십니다. 이제 나는 내가 성령 충만한 것을 압니다. 내 마음은 기쁨과 하나님께 대한 찬양으로 가득 차 있습니다."라고 말했습니다.

오늘 주시는 말씀 요한복음 14:22~26
믿음의 실천 나는 성령을 근심하게 하거나 소멸하고, 또 내 안에서 그의 사역을 방해하며 내가 믿고 순종하기만 하면 받을 수 있는 초자연적 삶을 내게서 빼앗아 가는 고백하지 않은 죄가 있는지 확인하며 늘 깨어있겠습니다.

The Same Father

"We who have been made holy by Jesus, now have the same Father he has. That is why Jesus is not ashamed to call us his brothers." HEBREWS 2:11

Though you and I have been made holy by Jesus, we need to ask ourselves a question: Have we really been set apart, consecrated devoted to God experientially?

A practical definition of the word consecration would carry the idea that you and I are willing to do anything the Lord asks us to do. Is that really the case? Are we listening closely enough to His still small voice even to know what He really wants us to do?

Once a popular TV commercial asked, "How do you spell relief?" We might ask ourselves, "How do you spell commitment?" Too many of us, I'm afraid, spell it C-O-N-V-E-N-I-E-N-C-E. If it is convenient for us to share the good news of the gospel, we will do it; if it is convenient for us to go to Sunday school, church or prayer meeting, we will do it.

True commitment is a rare commodity these days—even among Bible-believing, evangelical Christians. Otherwise, our churches would be full; our witnessing would be a normal daily routine; out lives would be more Christlike.

We have already been made holy, but we need to reckon on that fact—and through the enabling of the Holy Spirit, live like holy people. Meditate on this fact: We have the same Father as Jesus, and Jesus calls us His brothers. What a great honor and privilege is ours!

BIBLE READING   Hebrews 10:5-14
ACTION POINT   I will count on the holiness of Christ within me to make me all that He wants me to be. As a member of God's supernatural family I shall claim God's power to live supernaturally.

같은 아버지

"거룩하게 하시는 이와 거룩하게 함을 입은 자들이 다 한 근원에서 난지라
그러므로 형제라 부르시기를 부끄러워하지 아니하시고" 히브리서 2:11

비록 예수님께서 우리를 거룩하게 하여 주셨지만 우리는 스스로 질문해 볼 필요가 있습니다. 우리가 실제로 구별되고, 봉헌되었으며, 헌신된 삶을 살고 있는가 하는 것입니다.

봉헌(consecration)이라는 단어의 실제적인 정의는 우리가 주님께서 요구하시는 일은 무엇이든 기꺼이 하려고 한다는 것입니다. 우리가 정말 그렇습니까? 요구하시는 일을 기꺼이 하는 것은 고사하고 주님께서 정말 우리에게 하기를 원하시는 일이 무엇인지 알기 위해서라도 주님의 조용하고 세미한 음성에 우리는 제대로 귀를 기울이고 있습니까?

한때 유명한 TV 광고에서 이렇게 물었습니다. "당신은 안심(relief)이란 단어의 철자를 아십니까?" 우리는 "우리 자신에게 헌신(commitment)의 철자를 어떻게 쓰는지 아십니까?"라고 물어 봐야 할 것입니다. 나는 우리 중 너무도 많은 사람이 헌신(commitment)을 C-O-N-V-E-N-I-E-N-C-E(편의)라고 쓸까 걱정스럽습니다. 복음의 좋은 소식을 전하는 것이 편할 때는 전할 것입니다. 또 주일 학교에 가는 것이나, 교회에 가는 것이나, 기도회에 나가는 것이 편할 때는 그것도 그렇게 할 것입니다.

오늘날 성경을 믿는 복음적이라는 기독교인들 가운데도 진정한 헌신은 보기 드문 것이 되었습니다. 그렇지 않다면 우리 교회들은 차고 넘칠 것이며, 전도는 일상적인 삶의 일부가 되었을 것이며, 우리 삶은 보다 그리스도를 닮게 되었을 것입니다.

우리는 이미 거룩함을 입었으나 이 사실을 다시 생각해 볼 필요가 있으며 성령의 가능케 하심을 통하여 거룩한 백성답게 살아야 합니다. 이 사실을 묵상해 보십시오. 우리는 예수님과 더불어 '같은 아버지'를 모셨습니다. 그리고 예수님은 우리를 형제라고 부르십니다. 얼마나 큰 영광과 특권이 우리에게 주어진 것인지요!

오늘 주시는 말씀   히브리서 10:5~14
믿음의 실천   나는 그리스도께서 원하시는 사람이 되기 위해 내 안에 계신 그리스도의 거룩하심에 의지하겠습니다. 하나님의 초자연적인 가족의 한 사람으로서 초자연적으로 살기 위하여 나는 하나님의 힘을 주장(claim)하겠습니다.

Teach You Much

"But when the Father sends the Comforter instead of me—and by the Comforter I mean the Holy Spirit—he will teach you much, as well as remind you of everything I myself have told you." JOHN 14:26

Some years ago, at one of our week-long Lay Institutes for Evangelism, attended by more than 4,000 trainees, I gave a message on how to be filled with the Holy Spirit.

Afterward, a missionary who had just retired after 20 years of service in Africa came to see me. He was very excited as he came to share how, during that meeting, he had finally found what he had sought throughout his entire Christian life.

"Today, as you spoke," he said, "I was filled with the Spirit. For 20 years I have tried to serve God on the mission field, but I have served Him in the energy of the flesh and have had very little results. Now, though I have retired and returned to America, I want to go back to Africa.

"This time, I want to concentrate on working just with missionaries, because I know from experience that many of them are still searching for what I have sought all these years. The most important message I can take to them is how they can be filled with the Holy Spirit by faith.

"I want to teach them what you taught me so that they, in turn, will be able to teach the Africans how they too can be filled with the Holy Spirit."

Dr. J. Edwin Orr, a leading authority on spiritual revival, describes the Holy Spirit as "the Commander-in-Chief of the Army of Christ. He is the Lord of the harvest, supreme in revival, evangelism and missionary endeavors.

"Without His consent, plans are bound to fail. It behooves us as Christians to fit our tactical operations into the plan of His strategy, which is the reviving of the church and the evangelization of the world."

BIBLE READING John 14:13-17
ACTION POINT I will look to God's indwelling Holy Spirit for the spiritual lessons I need to learn today and claim His power to serve the Lord Jesus Christ supernaturally.

모든 것을 가르치고

"보혜사 곧 아버지께서 내 이름으로 보내실 성령 그가 너희에게 모든 것을 가르치고
내가 너희에게 말한 모든 것을 생각나게 하리라"
요한복음 14:26

수년 전에 약 4,000명 이상이 참석한 일주일간의 평신도 전도훈련회에서 성령 충만을 받는 방법에 대하여 설교를 한 일이 있었습니다.

설교 후에 아프리카에서 20년간 봉사하다가 은퇴한 지 얼마 안 되는 선교사 한 분이 나를 만나러 왔습니다. 그는 그가 평생에 걸친 신앙생활을 통하여 찾아 왔지만 발견하지 못한 진리를 그 모임을 통하여 어떻게 찾았는지를 말하며 매우 흥분되어 있었습니다.

"오늘 당신이 설교할 때 나는 성령의 충만함을 받았습니다. 20년 동안 선교지에서 하나님을 섬기려고 노력해 왔었지만 나는 육신의 힘으로 섬겼으며 거의 열매를 거두지 못했습니다. 이제 나는 은퇴하여 미국으로 돌아왔지만 다시 아프리카로 돌아가기를 원합니다.

나는 이번에는 주로 선교사들과 집중적으로 일하도록 하겠습니다. 왜냐하면 내가 평생 지금까지 찾아왔던 것을 많은 선교사도 지금 찾고 있다는 것을 경험으로 알고 있기 때문입니다. 내가 그들에게 전할 가장 중요한 메시지는 그들이 어떻게 믿음에 의하여(by faith) 성령 충만을 받을 수 있는가 하는 것입니다.

나는 당신이 나에게 가르쳐 준 것을 그들에게 가르쳐서 그들도 역시 아프리카인들에게 어떻게 성령 충만을 받을 수 있는지를 가르칠 수 있게 되기를 원합니다."

영적 부흥의 분야에서 당대의 권위자 중 한 사람인 [55]에드윈 오어 박사는 성령에 대해 "그리스도 군대의 최고 사령관이며 영적 추수와 부흥, 전도와 선교를 위한 모든 노력의 주인"이라고 묘사하며, "그의 동의 없이는 모든 계획이 실패합니다. 그리스도인으로서 우리는 교회의 부흥과 전 세계의 복음화를 위한 그의 큰 전략에 여러 전투를 위한 우리의 작전을 맞추는 것이 마땅합니다."라고 말했습니다.

오늘 주시는 말씀 요한복음 14:13~17
믿음의 실천 나는 오늘 내가 배워야 할 영적 교훈을 얻기 위하여 내주하시는 성령을 의지하고, 초자연적으로 예수 그리스도를 섬기기 위해 성령의 능력을 주장(claim)하겠습니다.

A Place of Rest

"So there is a full complete rest still waiting for the people of God. Christ has already entered there. He is resting from his work, just as God did after the creation. Let us do our best to go into that place of rest, too, being careful not to disobey God as the children of Israel did, thus failing to get in." HEBREWS 4:9-11

A Christian leader was asked: "How do you handle the incredible pressure of your schedule—speaking, writing, giving leadership to a worldwide movement? You must carry a tremendous load!"

The inquirer was surprised at the response. "No, quite honestly I don't carry the load. I'm not under any pressure. I made the greatest discovery that a Christian can make. In the Christian life there is a place of rest that one enters by faith. No matter how great the pressure or how terrible the testing, the supernatural resources of God sustain, empower, bless and encourage us and our Lord carries the load and fights for us."

When the Israelites were on their way to the promised land, God had already filled the hearts of its inhabitants with fear. There is reason to believe they would have surrendered readily. But when the twelve spies returned after checking out the land, ten of them reported, "There are giants in the land, and we felt like grasshoppers in their sight." Only Joshua and Caleb said, "Let's go in and take the land. God has withdrawn his blessing from the people and He will fight for us."

But three million Israelites agreed with the majority report, and as a result, wandered in the wilderness for forty years. They did not enter the land God had already given them because they failed to mix the promises of God with faith (verse 2).

Why does the average Christian not enter into a place of rest with God—the supernatural life that produces an abundance of fruit? Because he fails to mix the promises of God with faith.

Are you experiencing the life of the Spirit? Have you entered into God's rest? If not, you can begin to do so now.

BIBLE READING 2 Thessalonians 1:3-12
ACTION POINT As an act of faith and obedience, I will enter that place of rest and I will encourage every believer with whom I have contact today to join me in the adventure.

안식처

*"그런즉 안식할 때가 하나님의 백성에게 남아 있도다 이미 그의 안식에 들어간 자는
하나님이 자기의 일을 쉬심과 같이 그도 자기의 일을 쉬느니라
그러므로 우리가 저 안식에 들어가기를 힘쓸지니
이는 누구든지 저 순종하지 아니하는 본에 빠지지 않게 하려 함이라" 히브리서 4:9~11*

한 기독교 지도자가 이런 질문을 받았습니다. "당신은 설교와 저술과 또 전 세계에 걸친 복음 사역을 이끄는 일정들에서 오는 엄청난 중압감을 어떻게 이겨내십니까? 틀림없이 엄청난 부담을 지고 계실 텐데요." 질문했던 사람은 그의 대답에 놀랐습니다. "아닙니다. 솔직히 말해서 내가 그 짐을 지고 가는 것이 아닙니다. 나는 어떤 부담도 느끼고 있지 않습니다. 나는 그리스도인이 할 수 있는 가장 놀라운 발견을 했습니다. 그리스도인의 삶에는 그가 1)믿음으로(by faith) 들어갈 수 있는 안식처가 있습니다. 그가 받는 중압감이 아무리 크고 시험이 힘들더라도 하나님의 초자연적 능력이 이를 견디게 해주며, 힘주시고, 축복하시고, 격려해 주시고, 또 주님이 우리 짐을 지시며 우리를 위해 싸우십니다."

이스라엘 백성이 약속의 땅을 향해 가고 있을 때 하나님은 이미 그 땅에 사는 사람들의 마음이 이스라엘 사람에 대한 두려움으로 가득하게 해놓으셨습니다. 따라서 가나안 백성들이 아마 기꺼이 항복하려고 했을 것이라고 믿는 사람들의 생각에도 일리가 있습니다. 그러나 12명의 정탐꾼이 그 땅을 탐색한 후 그중 10명은 이렇게 보고했습니다. "거기서 거인들을 보았나니 우리는 스스로 보기에도 메뚜기 같으니 그들이 보기에도 그와 같았을 것이니라"(민 13:33) 오직 여호수아와 갈렙만이 "가서 그 땅을 취하자. 하나님은 그 백성들에게서 축복을 거두셨으며 그가 우리를 위해 싸우실 것이다."라고 말했습니다.

결국 300만의 이스라엘 백성들은 다수의 보고에 동의했으며, 그 결과 광야에서 40년간 방황하게 되었습니다. 그들은 하나님의 약속(히 4:2)에 그들의 믿음을 화합시키지 못했기 때문에 하나님께서 이미 그들에게 주신 땅에 들어가지 못했습니다.

왜 대부분의 그리스도인들이 풍성한 열매를 맺는 초자연적인 삶인, 하나님과 함께 안식할 수 있는 안식처에 들어가지 못합니까? 그것은 하나님의 약속에 믿음을 화합하고 있지 못하기 때문입니다.

당신은 영적인 삶, 성령이 주시는 풍성한 삶을 경험하고 있습니까? 하나님이 주시는 안식을 누려 보셨습니까? 아니라면 지금 바로 그렇게 할 수 있습니다.

오늘 주시는 말씀 데살로니가후서 1:3~12
믿음의 실천 믿음과 순종의 행동으로서 나는 하나님이 주시는 그 안식처에 들어가겠습니다. 나는 오늘 내가 만나는 모든 믿는 자에게 나와 함께 이 모험에 동참하도록 격려하겠습니다.

At Least As Much

"And if even sinful persons like yourselves give children what they need, don't you realize that your heavenly Father will do at least as much, and give the Holy Spirit to those who ask for him?" LUKE 11:13

A Christian leader approached me after one of my messages on the person and ministry of the Holy Spirit.

"I want to be a Spirit-filled person," he said, "but I don't know what to do. I have read many books about the Holy Spirit and have sincerely sought His fullness, but to no avail. I am seriously considering giving up the Christian ministry and returning to a business career. Please help me."

With great delight I shared with this earnest seeker the truths about the Holy Spirit. To be filled with the Holy Spirit is to be controlled and empowered by the Holy Spirit. We cannot have two masters.

There is a throne, a control center, in every life and either self or Christ is on that throne. This concept of Christ being on the throne is so simple that even a child can understand it.

It is such a simple truth, and yet, in its distilled essence, that is what the supernatural, Spirit-controlled life is all about—just keeping Christ on the throne. We do this when we understand how to walk in the control and power of the Holy Spirit, for the Spirit came for the express purpose of glorifying Christ by enabling the believer to live a holy life and to be a productive witness for the Savior.

The key to supernatural living is a life centered in the Holy Spirit of Jesus Christ. This supernatural life is often called the Spirit-filled life or the Christ-centered life. The Spirit-filled Christian is one who, according to Romans 6:11, has considered himself to be dead to sin but alive to God in Christ Jesus. Christ is now at the center of his life; He is Lord.

BIBLE READING Romans 8:9-14
ACTION POINT I will not allow self to usurp the rightful place of Jesus Christ—in the person of His Holy Spirit—at the control center, the throne, of my life.

하물며 너희 천부께서

"너희가 악할지라도 좋은 것을 자식에게 줄 줄 알거든 하물며
너희 하늘 아버지께서 구하는 자에게 성령을 주시지 않겠느냐 하시니라"
누가복음 11:13

한 기독교 지도자가 성령의 인격과 사역에 관한 나의 강의를 들은 후 내게 찾아 왔습니다. "나는 성령 충만한 사람이 되고 싶습니다." 그는 이어 말했습니다. "그러나 어떻게 해야 성령 충만을 받을 수 있는지 잘 모르겠습니다. 나는 성령에 관한 책도 많이 읽었고 진지하게 성령 충만을 구했지만 소용이 없었습니다. 나는 지금 기독교 사역을 포기하고 다시 전에 하던 사업으로 돌아가는 것을 심각하게 고려하는 중입니다. 나를 좀 도와주십시오."

나는 큰 기쁨으로 이 진실한 구도자와 함께 성령에 관한 진리를 나누었습니다. 성령 충만을 받는다는 것은 성령에 의하여 다스림을 받고 능력을 받는 것을 의미합니다. 우리는 두 주인을 섬길 수 없습니다.

모든 사람의 삶에는 자신의 삶을 주관하고 다스리는 보좌가 있습니다. 모든 보좌에는 자기 자신이 앉아 있든지 혹은 그리스도께서 앉아 계십니다. 삶의 보좌에 그리스도께서 앉아 계시다고 하는 이 개념은 너무 쉽고 단순해서 어린아이도 이해할 수 있습니다.

이것은 참으로 너무 단순한 진리이지만, 그러나 이 모든 것의 핵심으로써 그리스도께서 지속적으로 우리 삶의 보좌에 앉아 계시도록 하는 것이 바로 초자연적인, 성령에 의해 다스려지는 삶의 전부인 것입니다. 우리가 어떻게 성령의 능력과 다스리심 가운데 행할 수 있는지를 이해할 때 우리는 그와 같은 삶을 살 수 있습니다. 성령께서는 특별히 믿는 자들이 거룩한 삶을 살며 또 열매를 풍성히 맺는 증인이 될 수 있도록 함으로써 그리스도를 영화롭게 하고자 하는 목적을 위하여 오셨기 때문입니다.

초자연적 삶의 열쇠는 예수 그리스도의 성령을 중심으로 한 생활입니다. 이 초자연적 삶은 종종 '성령 충만한 삶' 또는 '그리스도 중심의 삶'이라고 불립니다. 성령 충만한 사람은 로마서 6장 11절의 말씀대로 자신을 죄에 대하여 죽고 그리스도 예수 안에서 하나님께 대하여는 산 자로 여기는 사람입니다. 그리스도께서 지금 그 사람의 삶의 중심에 계십니다. 그리스도께서 그의 주님이신 것입니다.

오늘 주시는 말씀 로마서 8:9~14
믿음의 실천 예수님께서 성령의 인격으로서 마땅히 앉아 계셔야 할, 나의 삶을 주관하는 삶의 보좌를 혹시라도 내가 차지하려고 하는 일을 나는 결코 허용치 않겠습니다.

Quick and Powerful

"For the word of God is quick, and powerful, and sharper than any two-edged sword, piercing even to the dividing asunder of soul and spirit, and of the joints and marrow, and is a discerner of the thoughts and intents of the heart." HEBREWS 4:12, KJV

Often, what you and I have to say may seem weak and insipid. But when we use the Word of God, we have the clear promise that it really will accomplish something. For it has several characteristics that guarantee such results.

First, the holy, inspired Word of God is impregnated with the power of the Holy Spirit and is quick—living. It is energetic and active—not dead, inert or powerless.

Second, the Word is powerful. Its mighty power awakens the conscience, reveals our fears, bares the secret feelings of the heart and causes the sinner to tremble at the threat of impending judgment.

Third, the Word is sharp—sharper than a two-edged sword. The Word has power to penetrate. It reaches the heart, laying open our motives and feelings.

Fourth, the Word pierces—penetrates.

Fifth, the Word discerns—shows what our thoughts and intentions are. Men see their real character in the mirror of God's Word.

Those are some of the reasons for choosing to use the Word of God in every possible situation, allowing it to be its own best defense. God's Word will never return unto Him void.

BIBLE READING Psalm 1
ACTION POINT I will make more use of the sword, the Word of God, as I draw upon God's power to live supernaturally.

살아 있고 운동력이 있어

"하나님의 말씀은 살아 있고 활력이 있어 좌우에 날선 어떤 검보다도 예리하여 혼과 영과 및 관절과 골수를 찔러 쪼개기까지 하며 또 마음의 생각과 뜻을 판단하나니"
히브리서 4:12

우리가 말하는 것들은 종종 약하고 활기가 없어 보입니다. 그러나 하나님의 말씀을 사용할 때는 그 말씀이 진정으로 무엇인가를 이룰 것이라는 명확한 약속을 받게 됩니다. 왜냐하면 하나님의 말씀에는 그 같은 결과를 보장하는 몇 가지 특징이 있기 때문입니다.

첫째, 거룩하고 하나님이 주신 감동으로 이루어진 하나님의 말씀은 살아있으며 성령의 능력이 말씀 가운데에 배어 있습니다. 하나님의 말씀은 힘이 넘치고 활동적이며, 죽었거나 능력이 없지 않습니다.

둘째, 말씀은 운동력이 있습니다. 그 전능한 힘은 양심을 깨우고 우리가 두려워하는 바와 마음의 비밀한 생각을 드러내며 죄인으로 하여금 임박한 심판의 위협으로 떨게 합니다.

셋째, 말씀은 좌우에 두 날을 가진 어떤 검보다도 예리합니다. 말씀은 관통하는 힘이 있으며 마음을 갈라 우리의 동기와 감정을 드러냅니다.

넷째, 말씀은 찔러 쪼개기까지 합니다.

다섯째, 말씀은 판단합니다. 우리의 마음에 품은 생각과 의도를 나타내 보입니다. 자신을 하나님의 말씀의 거울에 비추어 보면 인간은 자신의 참 모습을 알 수 있습니다.

이상이 우리가 부딪치는 모든 가능한 상황에서 말씀으로 최선의 방어를 삼으며 하나님의 말씀을 사용해야 하는 몇 가지의 이유들입니다. 하나님의 말씀은 결코 헛되이 하나님께 돌아가지 않습니다.(사 55:11)

오늘 주시는 말씀　시편 1편
믿음의 실천　내가 초자연적으로 살기 위하여 하나님의 능력의 도움을 받을 때 나는 더 많이 성령의 검, 하나님의 말씀을 활용하겠습니다.

Learn to Be Patient

"We can rejoice, too, when we run into problems and trials, for we know that they are good for us—they help us learn to be patient." ROMANS 5:3

A Christian family was struggling with the trials of being parents (they had four young children—two of them in diapers). One day the wife, who was frustrated to her wits' end, came to me for spiritual counsel. As she phrased it, she was at the point of losing her sanity.

How could she cope with rearing her children? She told how angry she got with the children when they disobeyed her. In fact, she indicated there were times when she feared she might physically harm the children, though she loved them dearly.

How could she cope with rearing her children? She needed the fruit of the Spirit, patience and love. The only way she could obtain such patience was by faith, confessing her sins and appropriating the fullness of the Holy Spirit. This she began to do, continually. Today, she is a woman of godly patience, and being a parent has become a joyful privilege for her.

All of us need Christ's patience, regardless of who we are or in what circumstances we find ourselves. Patience is granted to us by the grace of God through the Holy Spirit. It is produced by faith as a fruit of the Spirit, and it is granted in times of great crises Luke 21:15-19; in dealing with church situations 2 Corinthians 12:12; in opposing evil Revelation 2:2; for soundness of faith Titus 2:2; and in waiting for the return of Jesus Christ James 5:7,8.

BIBLE READING Romans 5:1-8
ACTION POINT I will look on trials and problems as a forerunner of great patience in my life, while claiming the supernatural power of the Holy Spirit to strengthen me.

인내를 배우라

"다만 이뿐 아니라 우리가 환난 중에도 즐거워하나니 이는 환난은 인내를"
로마서 5:3

어떤 그리스도인 부부가 아이들을 키우는 부모로서의 어려움을 겪고 있었습니다.(부부에게는 네 명의 아이가 있었는데 그중 둘은 아직 기저귀를 차는 나이였습니다) 하루는 그 부인이 견디기 힘들 정도로 낙담하여 내게 영적 상담을 청해 왔습니다. 그녀는 상황을 설명할 때에도 거의 이성을 잃을 정도였습니다.

어떻게 그녀가 자녀들을 양육하는 일에 잘 대처할 수 있겠습니까? 그녀는 자녀들이 불순종할 때 얼마나 아이들에게 화가 나는지를 이야기했습니다. 실제로 그녀는 자신이 아이들을 너무도 사랑하고 있음에도 불구하고 혹시라도 신체적으로 상처를 입힐까봐 두려울 때도 있었다고 말했습니다.

어떻게 그녀가 자녀들을 양육하는 일에 잘 대처할 수 있겠습니까? 그녀에게는 성령의 열매인 인내와 사랑이 필요했습니다. 그녀가 그러한 인내를 얻을 수 있는 유일한 방법은 믿음으로,(by faith) 자신의 죄를 고백하고 성령의 충만을 소유하는 길뿐이었습니다. 그녀는 계속하여 이를 실행하기 시작했습니다. 현재 그녀는 경건한 인내의 여인이 되었으며, 부모로서 살아간다는 것이 기쁨에 넘치는 특권이 되었습니다.

우리 모두는 우리가 누구이든 혹은 지금 어떤 상황에 처해 있든 그리스도의 인내를 필요로 합니다. 인내는 성령을 통하여 하나님의 은혜로 우리에게 주어집니다. 인내는 믿음에 의해(by faith) 맺어진 성령의 열매이며, 커다란 위기의 순간에,(눅 21:15~19) 교회의 여러 상황을 다룰 때에,(고후 12:12) 악에 대항할 때,(계 2:2) 믿음의 건전함을 위하여(딛 2:2) 그리고 예수 그리스도의 재림을 기다리도록(약 5:7~8) 주어집니다.

오늘 주시는 말씀   로마서 5:1~8
믿음의 실천   나는 나를 강하게 해주시도록 성령의 초자연적 능력을 주장(claim)하면서 시련과 문제들을 내 삶에 있어서 위대한 인내를 얻기 위한 예고편으로 간주하겠습니다.

Trusting an Unchanging God

"God also bound himself with an oath, so that those he promised to help would be perfectly sure and never need to wonder whether he might change his plans."
HEBREWS 6:17

If there is one characteristic that might describe us all, more than any other trait, it would have to be that we are changeable and unpredictable. We are not dependable. How wonderful then to know and serve someone who never changes—who is the same yesterday, today and forever. We can know what to expect from Him in any given situation without fear of a sudden change in behavior, thought or purpose.

A scientist knows there are laws governing the universe and that those laws are inviolate. Thus, when President John F. Kennedy challenged industry to put a man on the moon, a mobilized army of scientists and engineers was able to accomplish the feat within nine years from the drawing board stage. When the assignment was given, no one knew what to do, and yet there were basic laws—dependable, trustworthy laws of the universe—on which they could build. Through much creative planning and thinking, the miracle occurred.

Today, it is commonplace to send men into space. The God of the universe, who established the laws that govern all life, never changes. Our moods and our attitudes and actions vacillate, but God never changes. That is the reason we can absolutely, without question, believe His promises, and in so doing, release His mighty supernatural resources in terms of money, manpower and technology to envelop the entire world of almost five billion people with the most joyful news ever announced.

We are reminded in Hebrews 11:6 that without faith it is impossible to please God. Have you learned how to claim the promises of God by faith? When you do, you will learn how to live supernaturally.

BIBLE READING   Psalm 102:24-28
ACTION POINT   Realizing that God has bound Himself with an oath to keep His promise, I shall trust and obey Him no matter what happens, for this is the way to supernatural living. This is the way to maximize myself for the glory of God.

변치 않는 하나님을 신뢰함

"하나님은 약속을 기업으로 받는 자들에게 그 뜻이 변하지 아니함을 충분히 나타내시려고 그 일을 맹세로 보증하셨나니" 히브리서 6:17

그 어떤 것보다 우리를 잘 설명해 주는 한 가지 특성이 있다면 그것은 변하기 쉽고 예측할 수 없다는 것이 아닌가 합니다. 우리 인간은 믿을 수 있는 존재가 못됩니다. 그렇기에 어제나 오늘이나 영원토록 동일하신 어떤 분을 섬긴다는 것이 얼마나 놀라운 일인지요. 우리는 어떤 상황에 부딪쳐도, 하나님의 행동이나 생각, 목적이 변할지도 모른다는 두려움 없이 하나님을 기대할 수 있습니다.

과학자들은 우주를 다스리는 법칙들이 있다는 것과 그 법칙들은 변할 수 없는 것임을 알고 있습니다. 그래서 케네디 대통령이 달에 사람을 보내도록 우주 산업계에 과제를 부여했을 때 동원된 수많은 과학자와 기술자는 초기 기획 단계로부터 9년 만에 그 일을 이뤄낼 수 있었습니다. 처음 그 과제가 부여됐을 때 누구도 무엇을 어떻게 해야 할지 몰랐지만, 그러나 그들이 그 바탕 위에서 일을 할 수 있었던 믿고 의지할 수 있는 우주의 기본 법칙이 있었던 것입니다. 그 법칙에 근거한 많은 창조적인 계획과 사고를 통하여 그 기적은 이뤄졌습니다.

오늘날 사람을 달에 보내는 것은 평범한 이야기입니다. 모든 생명을 지배하는 법칙을 세우신 온 우주의 하나님은 결코 변함이 없으십니다. 우리의 기분과 태도와 행동은 흔들리지만, 하나님은 전혀 변함이 없으십니다. 그것이 우리가 어떤 의심도 없이 하나님의 약속을 믿을 수 있는 이유이며, 그렇게 믿음으로 해서 온 세계 거의 50억의 인류를 역사상 가장 기쁜 소식으로 감싸 안기 위하여 필요한 재정, 인력, 기술을 위해 하나님의 초자연적 능력의 도움을 받을 수 있는 것입니다.

우리는 히브리서 11장 6절에서 믿음 없이는 하나님을 기쁘시게 못한다고 배웠습니다. 당신은 1)믿음으로(by faith) 하나님의 약속들을 주장(claim)하는 법을 배웠습니까? 그렇게 할 때, 초자연적으로 사는 법도 배우게 될 것입니다.

오늘 주시는 말씀 시편 102:24~28
믿음의 실천 나는 하나님께서 자신의 약속을 지키시겠다고 스스로 보증하셨음을 깨달으며 어떤 일이 일어나더라도 하나님을 신뢰하고 순종하겠습니다. 이것이 초자연적인 삶을 사는 길이기 때문이며, 이것이 하나님의 영광을 위하여 나 자신을 극대화시킬 수 있는 일이기 때문입니다.

He Rewards All Who Look for Him

"You can never please God without faith, without depending on him. Anyone who wants to come to God must believe that there is a God and that he rewards those who sincerely look for him." HEBREWS 11:6

A friend of mine, one of the most dedicated men I have ever known, lived by a little black book. In this book he kept a careful record of all his activities, past, present and future.

In it he recorded the time he was to get up every morning, how long to have his devotions, how many verses of Scripture he should memorize that day, and to how many people he should witness. I was impressed; I wanted to be like him.

One day he had a mental breakdown, however. After he was released from the hospital, he said to me, "I was unable to live the Christian life. I tried to be a man of God by imposing upon myself certain rigid spiritual disciplines.

Before they took me to the hospital, my last conscious act was to throw that little black book, which had become my god, into the corner. I never wanted to see it again."

This man had to discover what I discovered with great relief some years ago: I will never be able live the Christian life through my own self-efforts.

My only hope for victory, power and fruitfulness is to trust Christ to live His resurrection life in and through me. He and He alone can enable me to live the Christian life. It is faith, not effort, that pleases Him, though we should never forget that faith without works is dead. Genuine faith always produces action—good works that please and glorify Him.

BIBLE READING Hebrews 7:17-22
ACTION POINT Today by faith I will claim Christ's resurrection life, and will claim His power to live a supernatural life. Since He came to seek and to save the lost, I will claim by faith His ability to seek and to save the lost.

상 주시는 하나님

"믿음이 없이는 하나님을 기쁘시게 하지 못하나니 하나님께 나아가는 자는 반드시 그가 계신 것과 또한 그가 자기를 찾는 자들에게 상 주시는 이심을 믿어야 할지니라"
히브리서 11:6

내가 아는 가장 헌신 된 사람 중의 하나인 나의 친구는 검은 표지의 작은 노트에 의지해 살아 왔습니다. 그 작은 책에 그는 자신의 과거, 현재, 미래의 모든 활동을 세심하게 기록했습니다.

그 안에는 몇 시에 일어나야 하는지, 경건의 시간을 얼마나 가져야 하는지, 그날 성경 말씀 몇 구절을 암송해야 하는지, 그리고 몇 사람에게 전도해야 하는지 등이 기록되어 있었습니다. 나는 감명을 받고 나도 그와 같이 되고 싶었습니다.

그러나 어느 날 그는 정신 장애를 일으켰습니다. 병원에서 퇴원한 후 그는 나에게 이렇게 말했습니다. "나는 그리스도인의 삶을 살 수 없었다네. 나는 내 자신에게 어떤 엄격한 영적 훈련을 가하는 것으로 하나님의 사람이 되려고 노력했었지.

사람들이 나를 병원으로 데리고 가기 전에 의식 있을 때 내가 마지막으로 한 행동은 나한테 신이 되어 버린 그 조그만 검은 노트를 구석에 던져 버린 것이었어. 두 번 다시 그 책은 보고 싶지 않았네."

그 친구는 내가 수년 전에 발견하고 놀라운 위안을 얻을 수 있었던 사실을 발견할 필요가 있었습니다. 내가 발견했던 것은 내 자신의 노력으로는 결코 그리스도인의 삶을 살 수 없다는 것이었습니다.

승리와 능력, 풍성한 열매 맺는 삶을 위한 나의 유일한 희망은 내가 그리스도의 부활하신 삶을 내 안에서 누리고, 또 나를 통하여 나타날 수 있도록 그리스도를 신뢰하는 것입니다. 그리스도께서 나를 그리스도인의 삶을 살도록 해 주실 수 있고, 또 그리스도만이 그렇게 하실 수 있습니다. 행함이 없는 믿음은 죽은 믿음인 것을 잊어서는 안 되지만, 그를 기쁘시게 하는 것은 노력이 아니라 믿음입니다. 그리고 참된 믿음은 언제나 행동, 즉 하나님을 기쁘시게 하고 영화롭게 하는 선행도 결국 낳게 됩니다.

오늘 주시는 말씀 히브리서 7:17~22
믿음의 실천 오늘 나는 믿음으로(by faith) 그리스도의 부활의 삶을 주장(claim)하고, 초자연적 삶을 살기 위한 그리스도의 능력도 주장(claim)하겠습니다. 그리스도는 잃은 자를 찾아 구원하러 오셨기 때문에 나는 믿음으로(by faith) 잃은 자를 찾아 구원하기 위한 능력을 주실 것도 주장(claim)하겠습니다.

He Is Faithful

"Let us hold fast the profession of our faith without wavering (for He is faithful that promised)."
HEBREWS 10:23, KJV

When we share our faith with others—hopefully a natural part of our daily walk, though we need not "preach a sermon" to share—we can remain steadfast in that profession of our faith, not wavering as we consider all He has done for us.

Why is that possible?

Simply this: He is faithful that promised. The writer of Hebrews, presumably the apostle Paul, knew that the believers had been suffering persecution and there might be a tendency or temptation to become weak in their faith. Even serious doubts might have crept in. So Paul is seeking to guard against any kind of apostasy.

He wants to be sure the people are not shaken by their trials or by the arguments of their enemies. So he exhorts them in unmistakable terms.

Paul's reasoning to the people about faithfulness was this: Since God is so faithful to us, His children, we ought to be to Him. Further, the fact that He is faithful should be an encouragement to us. We are dependent upon Him for grace to hold fast the profession of our faith.

All that God has promised, He will perform. He is faithful.

BIBLE READING 1 Corinthians 1:4-9
ACTION POINT I will state in positive, confident terms what God has done for me, knowing that He is the faithful One who will do all He has promised. With this assurance, I can draw upon His faithfulness to live supernaturally.

미쁘신 하나님

"또 약속하신 이는 미쁘시니 우리가 믿는 도리의 소망을 움직이지 말며 굳게 잡고"
히브리서 10:23

전도하기 위해 우리가 다른 사람들에게 굳이 '설교'를 하려고 할 필요는 없습니다. 그러나 매일 당연히 해야 하는 일상생활의 하나로써 우리는 우리의 믿음을 우리 이웃들과 나눠야 합니다. 이웃들에게 전도할 때, 하나님께서 우리를 위해 행하신 모든 일을 생각하면 '흔들림 없이 우리 신앙의 고백을 할 수 있게 되는(위의 말씀 '우리가 믿는 도리의 소망을 움직이지 말며 굳게 잡고'의 영문 성경) 것입니다.

왜 이것이 가능합니까?

바로 '약속하신 이가 신실하시기' 때문입니다.(위의 말씀 '약속하신 이는 미쁘시니'의 영문 성경)

사도 바울이라고 믿어지는 히브리서의 기자는 믿는 자들이 시련과 핍박을 받아 믿음이 약해지거나 시험을 받을 가능성이 있다는 것을 알았습니다. 심지어 아주 심각한 의심이 마음 한구석에 생길 가능성도 있었습니다. 그래서 히브리서 기자는 어떤 종류의 배교도 막으려고 했던 것입니다.

그는 믿는 자들이 시련과 원수들로부터의 시비와 논쟁으로 인하여 흔들리지 않기를 원했습니다. 그리하여 그는 분명한 말로 믿는 자들에게 간곡히 권면합니다.

믿는 자들에게 신실할 것을 권면하는 바울의 논리는 이렇습니다. 하나님이 그의 자녀인 우리에게 너무도 신실하시므로, 우리도 하나님께 신실해야 합니다. 나아가 하나님이 신실하시다는 사실 그 자체가 우리에게 큰 힘이 됩니다. 우리는 우리의 신앙 고백을 굳게 붙들 수 있기 위해 하나님의 은혜에 의지하는 사람들입니다. 하나님이 주신 모든 약속을 하나님이 이루실 것입니다. 하나님은 신실하십니다.

오늘 주시는 말씀 고린도전서 1:4~9
믿음의 실천 나는 하나님이 그가 약속하신 모든 것을 이루시는 신실하신 분임을 알기에 하나님께서 나를 위해 하신 일들을 적극적으로 확신 가운데 이야기하도록 하겠습니다. 초자연적으로 살기 위해 필요한 하나님의 신실하심에 내가 의지할 수 있음을 나는 확신합니다.

God's Gift of Himself

"Wherefore come out from among them, and be ye separate, saith the Lord, and touch not the unclean thing; and I will receive you, and will be a Father unto you, and ye shall be my sons and daughters, saith the Lord Almighty." 2 CORINTHIANS 6:17-18, KJV

Near the Church of St. Mark's in Venice are three 17th-century churches often admired for their highly ornate sculpture. On closer inspection, John Ruskin—English writer, art critic and sociologist—points out, they are found to be "entirely destitute of every religious symbol, sculpture or inscription."

They are really monuments to the glory of three Venetian families who provided the funds for their construction. Ruskin called them "impious buildings, manifestations of insolent atheism."

Many Christians are like these buildings. Their association with God is more of a facade, formal and ritualistic. They do not know God as a caring Father with whom they experience a delightful, loving relationship.

As we meet God's conditions, He becomes our Father, and we become His sons and daughters. His gift of Himself is illustrated in the life of a successful young attorney.

"The greatest gift I ever received," he said, "was a Christmas gift from my dad. Inside a small box was a note saying, 'Son, I will give you an hour every day after dinner—365 days. It's all yours. We'll talk about what you want to talk about, we'll go where you want to go, we'll play what you want to play. It will be your hour.'

He not only kept his promise, but every year he renewed it—and it was the greatest gift I ever had it my life. I had so much of his time."

BIBLE READING 2 Corinthians 6:11-16
ACTION POINT I will count myself richly blessed for having so much of my Father's time and will seek diligently to be worthy of His love and availability to me.

너희에게 아버지가 되고

"그러므로 너희는 그들 중에서 나와서 따로 있고 부정한 것을 만지지 말라
내가 너희를 영접하여 너희에게 아버지가 되고 너희는 내게 자녀가 되리라
전능하신 주의 말씀이니라 하셨느니라" 고린도후서 6:17~18

    베니스에 있는 성 마가교회 근처에는 매우 화려한 조각으로 인하여 찬사를 받는 세 곳의 교회가 있습니다. 이 세 교회를 자세히 살펴 본 영국의 작가이며 예술 비평가이자 사회학자인 [56]존 러스킨은 이 세 교회에 장식 된 신앙적 상징, 조각, 새겨진 명문 등이 너무도 형편없다고 지적했습니다.

    이 교회들은 그야말로 건축에 필요한 경비를 부담한 세 베니스 가문의 영광을 나타내기 위한 기념물에 불과했습니다. 러스킨은 이 교회들을 '불경건한 건물들이요, 오만한 무신론의 표상'이라고 칭하였습니다.

    많은 그리스도인이 이 건물들과 같습니다. 그들과 하나님과의 관계는 허울과 형식과 의식만 남은 관계입니다. 그들은 기쁨과 사랑의 관계를 경험하는 돌보고, 보살펴 주시는 아버지로서의 하나님을 알지 못하고 있습니다.

    우리가 하나님의 조건을 충족시킬 때 그분은 우리의 아버지가 되시며, 우리는 그분의 자녀가 됩니다. 어느 성공한 젊은 변호사의 이야기를 통해 하나님이 자신을 선물로 주신다고 하는 것이 어떤 것인지를 우리가 잘 이해할 수 있습니다.

    내가 받은 선물 중 최고는 내 아버지께서 주신 선물이었습니다. 조그만 상자 속에는 쪽지가 들어 있었습니다. 그 쪽지에는 "아들아, 내가 매일 저녁 식사 후 한 시간을 네게 주마. 365일 매일 그 시간은 완전히 네 것이다. 너하고 나는 무엇이든 네가 원하는 것을 이야기하고, 네가 가고 싶은 곳에 가며, 네가 하고 싶은 놀이를 하자. 그 시간은 너의 것이다."

    내 아버지는 약속을 지키셨을 뿐만 아니라 매년 이 약속을 새로이 또 해주셨습니다. 그것이 내 생애에서 내가 받은 가장 큰 선물이었습니다. 나는 내 아버지와 많은 시간을 누릴 수 있었습니다.

오늘 주시는 말씀   고린도후서 6:11~16
믿음의 실천   나는 나 자신을 내 아버지의 시간을 많이 가진 큰 축복을 받은 자로 여기며, 그의 사랑을 받기에 합당한 자가 되도록 부지런히 힘쓰겠습니다.

Practicing Patience

"You need to keep on patiently doing God's will if you want him to do for you all that he has promised." HEBREWS 10:36

During a Bible study on this passage, Ted made this contribution: "Spiritually," he said, "I'm a sprinter, not a long-distance runner."

Many Christians would identify with that, for there is little patience, persistence and tenacity among believers. When adversity comes, many are prone to give up and lose their wind. That is the reason James says in his first chapter, verses 2-4, "Dear brothers, is your life full of difficulties and temptations? Then be happy, for when the way is rough, your patience has a chance to grow. So let it grow, and don't try to squirm out of your problems. For when your patience is finally in full bloom, then you will be ready for anything, strong in character, full and complete."

Note the emphasis on patience. All of us face problems, temptations, adversities and trials in varying degrees. We can determine, by our attitudes and actions, whether or not our tragedies will turn to triumph Our heartache and sorrow can become joy by our exercising patience, which is merely the ability to relax in the confidence that God rules in the affairs of men and nations. Everything is under His control. And, as we walk in faith and obedience, we will be a part of His wonderful and perfect plan.

But how can we increase this patience that unlocks the door to supernatural living? The answer is found in Galatians 5:22,23 in the listing of the fruit of the Spirit, for one of the nine characteristics mentioned is patience or longsuffering.

Are you patient with your spouse, parents, children, neighbors, coworkers and fellow church members? Or do you find yourself critical and complaining—more prone to judge than to bless?

As we increasingly yield ourselves to God's indwelling Holy Spirit, the fruit of patience is increased, along with all the other fruit.

BIBLE READING Hebrews 6:12-15
ACTION POINT I will invite the Holy Spirit to control and empower my life moment by moment, day by day, knowing that the fruit of the Spirit, including patience, will increase and mature in my life.

인내를 훈련하기

"너희에게 인내가 필요함은 너희가 하나님의 뜻을 행한 후에 약속하신 것을 받기 위함이라"
히브리서 10:36

위의 말씀을 공부할 때 테드가 이렇게 말했습니다. "영적으로는 나는 단거리 선수이지, 장거리 선수가 못 됩니다."

많은 그리스도인이 자신도 아마 그렇다고 할 것입니다. 믿는 자들 가운데 인내와 지속성과 끈기를 갖춘 사람은 드물기 때문입니다. 역경이 닥치면 많은 사람이 숨을 헐떡이며 쉽게 포기하려고 합니다. 때문에 야고보는 야고보서 1장 2~4절에서 다음과 같이 말합니다. "내 형제들아 너희가 여러 가지 시험을 당하거든 온전히 기쁘게 여기라 이는 너희 믿음의 시련이 인내를 만들어 내는 줄 너희가 앎이라 인내를 온전히 이루라 이는 너희로 온전하고 구비하여 조금도 부족함이 없게 하려 함이라"

말씀 속에서 인내를 강조하고 있음에 우리는 주목해야 합니다. 정도의 차이는 있겠지만, 우리 모두는 문제와 시험과 역경과 시련을 겪습니다. 우리의 태도와 행동에 의해서 우리는 이러한 비극을 승리로 바꾸든지, 그렇지 못하든지 결정할 수 있습니다. 우리에게 닥친 마음의 고통과 슬픔은 우리가 인내를 훈련함으로써 기쁨으로 바뀔 수 있게 되는데, 이 인내란 단순히 하나님께서 인간과 세상의 모든 일을 주관하신다는 확신 안에서 평안을 누릴 수 있는 바로 그 능력인 것입니다. 모든 것이 하나님의 주관 아래 있습니다. 그리고 우리가 믿음과 순종으로 행할 때 우리는 하나님의 놀랍고 완벽한 계획의 일부가 될 것입니다.

그러면 어떻게 초자연적 삶으로 들어가는 문을 열어 주는 이 인내를 우리가 더욱 키울 수 있겠습니까? 갈라디아서 5장 22~23절에서 그 답을 찾을 수 있습니다. 성령의 아홉 가지 열매 중 하나가 바로 인내, 오래 참음입니다.

당신은 당신의 배우자나 부모, 자녀, 이웃, 사무실의 동료 또는 교회의 교우들에게 잘 참는 편입니까? 아니면 곧잘 비판적이고 불평을 하며, 축복보다는 판단하기를 즐겨합니까?

우리가 하나님의 내주하시는 성령께 우리 자신을 순복하면 할수록 인내의 열매는 다른 모든 성령의 열매들과 함께 자라나게 됩니다.

오늘 주시는 말씀 히브리서 6:12~15
믿음의 실천 나는 순간순간 날마다 나의 삶을 다스리시고 힘주시도록 성령님을 의지하겠습니다. 그렇게 할 때 내 삶에서 인내를 포함한 성령의 열매가 자라나고 성숙해 질 것을 알기 때문입니다.

The Holy Spirit Promised

"But when the Holy Spirit has come upon you, you will receive power to testify about me with great effect, to the people in Jerusalem, throughout Judea, in Samaria, and to the ends of the earth, about my death and resurrection." ACTS 1:8

Evangelists from more than 130 countries attended the International Conference for Itinerant Evangelists sponsored by the Billy Graham Evangelistic Association. I was asked to bring the address on "How to be Filled With the Holy Spirit." Just before I was to speak, a note from Billy Graham was handed to me. It said, "I consider this one of the most important addresses of the entire conference."

According to the surveys our ministry has taken all over the world, 95 percent of professing believers do not understand the ministry of the Holy Spirit. This includes a majority of pastors, evangelists and missionaries. In fact, if I had only one message to give to the Christian world, it would be how to be filled with the Holy Spirit and how to walk moment by moment in the fullness of His power. Indeed, if I had to choose between introducing a nonbeliever to Christ or helping a defeated Christian to understand the ministry of the Holy Spirit and share his faith in Christ with others, I would choose the latter because it would inevitably result in far more people being introduced to Christ.

The greatest need of the Body of Christ today is to be awakened to the person and ministry of the Holy Spirit, to be empowered and controlled by Him, to allow Him to exalt and honor our Lord Jesus Christ in and through us, for that is the purpose of His coming [John 16:14].

Every time I have spoken on this subject, a good percentage indicate their desire to be filled with the Spirit. You can by faith appropriate His fullness right now: simply claim His promise that God will release His power through you so that you may be an effective witness for the Lord Jesus Christ.

BIBLE READING Romans 15:15-21
ACTION POINT Today I will claim by faith the fullness of God's Spirit in order to live the supernatural life and be a fruitful witness for the Lord Jesus Christ. I know it is the Holy Spirit who will enable me to live the exciting, supernatural life.

약속된 성령

"오직 성령이 너희에게 임하시면 너희가 권능을 받고 예루살렘과
온 유대와 사마리아와 땅 끝까지 이르러 내 증인이 되리라 하시니라"
사도행전 1:8

빌리 그래함 전도협회가 주최한 국제 순회 전도자 대회에 130여 개국에서 온 많은 전도자가 참석했습니다. 나는 '성령 충만을 받는 방법'에 대하여 강연해 줄 것을 부탁받았습니다. 강연을 시작하기 직전 빌리 그래함으로부터 메모가 전달되어 왔습니다. 거기에는 이렇게 쓰여 있었습니다. "나는 이 강연을 이번 전체 집회 중 가장 중요한 강연의 하나로 생각하고 있습니다."

전 세계에 걸쳐 우리 선교회가 조사한 바에 의하면 신앙이 있노라고 고백한 믿는 자들 가운데 약 95%가 성령의 사역을 이해하지 못하고 있습니다. 여기에는 많은 교역자와 전도자, 또 선교사들까지 포함됩니다. 사실 내가 우리 기독교계에 단 하나의 메시지만 증거할 수 있다고 한다면, 그것은 바로 '성령 충만을 받는 방법과 순간순간 성령의 능력 안에서 살아가는 방법'입니다. 불신자 한 사람을 그리스도께로 인도하는 것과 패배하고 무기력한 그리스도인이 성령의 사역을 이해함으로 그의 믿음을 다른 사람들에게 전할 수 있도록 돕는 것 둘 중에서 하나를 골라야 한다면 정말로 나는 후자를 선택하겠습니다. 결과적으로 그것이 분명히 훨씬 더 많은 사람들을 그리스도께로 인도하게 될 것이기 때문입니다.

그리스도의 몸 된 오늘날의 우리 교회들에게 가장 필요한 것은 성령의 사역과 인격을 올바르게 깨닫고, 성령에 의해 다스려지고 능력을 공급받으며, 성령이 우리 안에서 그리고 우리를 통하여 그리스도를 영화롭게 하시도록 우리를 맡겨드리는 일입니다. 그것이 성령께서 오신 목적이기 때문입니다.(요 16:14)

이 주제에 관해 항상 내가 설교할 때마다 많은 수의 사람이 성령으로 충만케 되고 싶은 그들의 열망을 나타냈습니다. 당신은 1)믿음으로(by faith) 지금 당장 성령의 충만을 소유할 수 있습니다. 하나님의 능력을 당신 안에 주시겠다고 하신 하나님의 약속을 그저 주장(claim)하기만 하십시오. 당신도 주 예수 그리스도의 효과적인 증인이 될 것입니다.

오늘 주시는 말씀   로마서 15:15~21

믿음의 실천   오늘 나는 믿음으로(by faith) 성령의 충만을 주장(claim)하겠으며 그리하여 주 예수 그리스도를 위하여 열매 맺는 증인이 되겠습니다. 나를 기쁨에 넘치는 초자연적인 삶을 살도록 해주실 분이 성령이심을 나는 압니다.

Proof of His Love

"For when he punishes you, it proves that he loves you. When he whips you, it proves you are really his child." HEBREWS 12:6

Most of us prefer more pleasant ways of having others prove their love for us. Children, for example, never particularly relish the idea of having the "board of education" applied to the "seat of learning," but sometimes the disciplinary spanking is necessary.

We do that to our children because we love them. How much more important that our heavenly Father discipline us to keep us in line with His perfect plan and will for our lives. Sometimes that discipline is tough and painful.

This does not mean, of course, that God sends chastisement which is not deserved, or that He sends it for the mere purpose of inflicting pain. But it does mean that He is showing His paternal, loving care for us as His children when He punishes us.

As a child, a practical illustration helped me with this concept, so much so that it still sticks with me. When I allow my life to be flexible, like putty or soft clay, God can take it and mold it as He chooses. When I decide to be stubborn and resistant—hard like concrete—He sometimes has to smooth off the rough edges, and that always hurts.

We sing a chorus about the Spirit of God falling afresh on us. "Melt me, mold me, fill me, use me." When you and I are like putty in His hands, yielded and committed to Him, He can indeed mold us in His image.

BIBLE READING Revelation 3:19-22
ACTION POINT I will surrender to God's disciplinary action in my life realizing that as a kind loving heavenly Father He must take such action for my own good and benefit, when I am in need of correction.

하나님 사랑의 증거

"주께서 그 사랑하시는 자를 징계하시고 그가 받아들이시는 아들마다 채찍질하심이라 하였으니"
히브리서 12:6

우리는 누구나 다른 사람들이 자기를 사랑한다는 사실을 우리가 좋아하는 방법으로 표현해 주기를 바랍니다. 예를 들어 어린아이들은 공부하는 곳을 감독하는 '교육위원회'를 결코 좋아하지 않습니다. 그러나 때로 교육상의 매는 필요합니다.

우리는 자녀들을 사랑하기 때문에 교육상 매를 듭니다. 그렇다면 하늘에 계신 우리 아버지께서 우리의 행복한 삶을 위하여 세우신 그분의 완벽한 계획과 뜻이 우리에게 이뤄지도록 우리를 훈육하시는 것은 얼마나 더 중요하겠습니까? 때로 그 훈육은 힘들고 고통스럽습니다. 이는 물론 하나님께서 부당한 징벌을 하시거나 단지 고통을 주기 위한 목적으로 징계하신다는 의미가 아니며, 하나님께서 우리를 벌주실 때는 자녀 된 우리를 위하여 아버지로서의 자애로운 보살핌을 보여주신다는 것을 의미합니다.

어렸을 때 들었던 예화가 이것을 이해하는 데 대단히 큰 도움이 되어 아직도 기억이 납니다. 내가 내 삶을 '퍼티'(유리창 등에 쓰는 부드럽고 말랑말랑한 접착제)나 부드러운 진흙처럼 유순하게 하면 하나님께서는 그것으로 하나님이 원하시는 대로 무엇이나 만드실 수 있습니다. 그러나 콘크리트처럼 단단하고 완강하게 저항하기로 결심하면 하나님은 때로 거친 모서리를 부드럽게 되도록 갈아내셔야 하고, 그 과정은 언제나 고통스럽습니다.

우리는 우리 위에 새롭게 임하시는 하나님의 성령에 대해 찬양합니다. "나를 녹이시고, 지으시고, 채우시고, 나를 사용하소서." 우리가 하나님 손 안에서 '퍼티' 같이 유순하여 순복하고 헌신하면 하나님은 정말로 우리를 그의 형상대로 만드실 수 있습니다.

오늘 주시는 말씀 요한계시록 3:19~22
믿음의 실천 나는 내가 바르게 고침 받을 필요가 있을 때 자애로우신 하늘의 아버지께서 나의 유익을 위하여 나를 훈육하신다는 것을 깨달으며 하나님의 훈육에 언제나 순복하겠습니다.

Power Over Discouragement

"And let us not get tired of doing what is right, for after a while we will reap a of harvest of blessing if we don't get discouraged and give up." GALATIANS 6:9

"Yes. I do get tired in the work, but I never get tired of the work." I have heard many missionaries, ministers and other Christian leaders make such a statement. I echo their sentiments.

The first half of this wonderful verse is the sower's imperative; the second half is the sower's reward. The first half is my responsibility; the second is God's—which of course means that I should concern myself only with the first half, since our faithful God always keeps His promises.

One of the enemy's greatest weapons is discouragement. Years ago that great saint and prophet, A. W. Tozer, preached a sermon on this subject in which he recognized discouragement solely as a tool of the devil, hence one he would refuse to accept in his own life.

It is because of Satan's wiles in this regard—in causing us to be discouraged and give up—that one of God's greatest gifts to His children is the gift of exhortation and encouragement, with emphasis on the latter. How many believers have been strengthened to carry on because of the helpful, encouraging word of a friend! And how important that you and I become that kind of a friend. Yet, God's promise of encouragement is far more important.

To "keep on keeping on" is easier when we know that God is faithful.

BIBLE READING Galatians 6:1-8
ACTION POINT With power from the Holy Spirit who lives within me, I will refuse to allow Satan's trick of discouragement to hinder my work, my walk and my witness for the Lord.

낙심하지 말지니

"우리가 선을 행하되 낙심하지 말지니 포기하지 아니하면 때가 이르매 거두리라"
갈라디아서 6:9

"예, 일하는 중에 피곤할 때는 있지요. 그러나 결코 하는 일 자체에 피곤을 느끼지는 않습니다." 나는 많은 선교사와 목회자와 기독교 지도자가 이같이 말하는 것을 들었습니다. 나도 그 말에 공감합니다.

위의 놀라운 약속의 앞부분은 씨 뿌리는 자가 반드시 취해야 할 자세에 대해 말씀하며, 뒷부분은 그에게 주어질 보상에 대해 말씀합니다. 앞부분은 나의 의무이며, 뒷부분은 하나님의 의무입니다. 하나님은 언제나 약속을 지키시기 때문에 따라서 나는 앞부분에 대한 나의 일에만 관심을 가지면 됩니다.

우리의 원수가 사용하는 가장 강력한 무기 중의 하나가 바로 '낙심'입니다. 여러 해 전에 위대한 성자요, 예언자였던 [27]토저는 이 주제에 관해 설교하면서 그는 '낙심'이 완전히 마귀의 도구라는 사실을 깨달았으며, 그의 삶에 결코 어떤 '낙심'도 받아들이지 않겠다고 말했습니다.

하나님께서 그의 자녀들에게 주시는 가장 큰 선물 중의 하나가 권고와 격려이며, 특히 후자가 더 강조되는 것은 우리로 하여금 낙심하고 포기하게 하는 사탄의 간계 때문입니다. 얼마나 많은 그리스도인이 친구의 유익한 격려의 말에서 꿋꿋이 견딜 힘을 얻었는지요! 당신과 내가 그런 사람이 되는 것은 또 얼마나 중요한 일인지요! 그러나 하나님의 격려의 약속은 그 모든 것을 넘어서 무엇보다 중요합니다.

우리가 하나님이 신실하심을 알 때 '중단 없이 계속하기'는 더욱 쉬워집니다.

오늘 주시는 말씀 갈라디아서 6:1~8
믿음의 실천 내 안에 사시는 성령의 능력에 힘입어 주님을 위한 나의 사역과 행함과 증거를 방해하려고 하는 사탄의 간계를 허용하지 않겠습니다.

The Way Up Is Down

"But among you it is quite different. Anyone wanting to be a leader among you must be your servant. And if you want to be right at the top, you must serve like a slave. Your attitude must be like my own, for I, the Messiah, did not come to be served, but to serve, and to give my life as a ransom for many" MATTHEW 20:26-28

This is another one of those remarkable paradoxes of the Christian life. If you want to live, you must die. If you want to receive, you must give. If you want to lead, you must serve—contrary to the secular emphasis in the area of business, education, government and media. There the law of the jungle, the survival of the fittest, prevails. Do not worry about the mangled, mutilated bodies on which you tread as you climb the ladder of success. The important thing is to reach the top.

Not so with Jesus or those who truly follow Him. The way up in the spiritual realm is down. To command is to humble yourself, then God will exalt you. Take the low seat and be invited to a higher place of honor, because there is strength in weakness and power in serving.

Much emphasis is placed on the importance of building leaders even in the Christian world. However, if we are going to follow the example of our Lord and obey the biblical concepts of leadership, by our attitudes and actions we must become servants. One of the byproducts of serving others is the law of sowing and reaping. The more you serve others, the more God blesses you. If you have a problem with feelings of inadequacy, poor self-image, undue introspection, or depression and frustration, one of the best remedies is to begin to serve others. Give someone else your time, your talent and your treasure. Inevitably, your life will be blessed and enriched and you will become more fruitful as a result of such service.

BIBLE READING Philippians 2:3-11
ACTION POINT I will resolve with God's help to be more of a servant to those around me, following the example of my Lord as one of the keys to supernatural living.

높아지는 길

"너희 중에는 그렇지 않아야 하나니 너희 중에 누구든지 크고자 하는 자는 너희를 섬기는 자가 되고
너희 중에 누구든지 으뜸이 되고자 하는 자는 너희의 종이 되어야 하리라
인자가 온 것은 섬김을 받으려 함이 아니라 도리어 섬기려 하고
자기 목숨을 많은 사람의 대속물로 주려 함이니라" 마태복음 20:26~28

이것은 그리스도인의 삶에 있어서 또 하나의 중요한 역설입니다. 살고자 하면 죽어야 합니다. 받고자 하면 주어야 합니다. 사업계, 교육계, 정부, 언론 어느 분야든 세속적인 세상과는 달리 지도자가 되려면 섬겨야 합니다. 적자생존의 정글의 법칙이 세상을 휩쓸고 있습니다. 세상은 '성공의 사다리를 오르느라 당신이 밟고 지나간 난도질당한 상처 입은 희생자들은 걱정하지 마라, 오직 중요한 것은 정상에 오르는 것뿐이다.'라고 가르칩니다.

그러나 예수님이나 예수님을 진실로 따르는 자들에게는 그렇지 않습니다. 영적인 영역에서 오르는 길은 내려가는 것입니다. 명령하기 위해서는 스스로 겸비해야 합니다. 그때에 하나님께서 높여 주십니다. 낮은 자리를 취하십시오. 그러면 명예로운 높은 자리에 청함을 받을 것입니다. 약함 가운데 힘이 있고, 섬김 가운데 능력이 있기 때문입니다.

우리 기독교계에서도 지도자를 세우는 일에 대한 중요성을 크게 강조합니다. 그러나 우리가 우리 주님의 모범을 따르며 성경적인 지도력의 개념에 순종하고자 한다면 우리는 우리의 태도와 행동에서 종이 되어야 합니다. 다른 사람을 섬길 때 얻는 부산물 중의 하나는 심고 거두는 법칙입니다. 더 많이 섬길수록 더 많이 축복하실 것입니다. 만일 당신이 잘못된 감정이나 비참한 자아상, 또는 지나친 자기반성이나 낙심과 좌절 등의 문제를 가지고 있으면 가장 좋은 처방 중의 하나가 다른 사람을 섬기기 시작하는 것입니다. 누군가를 위하여 당신의 시간과 재능, 재물을 주십시오. 당신의 삶은 반드시 축복 받고 풍요로워지며, 그와 같은 섬김의 결과로 더욱 많은 열매를 맺게 될 것입니다.

오늘 주시는 말씀 빌립보서 2:3~11
믿음의 실천 나는 초자연적 삶을 살게 하는 핵심 원리의 하나로써 나의 주님의 본을 따라, 하나님의 도우심으로 내 주위의 사람들을 더욱 잘 섬길 것을 결심합니다.

He Is My Helper

"That is why we can say without any doubt or fear, 'The Lord is my Helper, and I am not afraid of anything that mere man can do to me." HEBREWS 13:6

Do you and I really exercise perfect confidence that God will help us in our times of need?

The writer to the Hebrews borrows a clause, an expression, used by the psalmist. "The Lord taketh my part with them that help me: therefore shall I see my desire upon them that hate me" Psalm 118:7, KJV.

With the Lord as our helper, mere man can do nothing to us or against us except that which God permits Acts 4:28. Whatever trials we face, the fact remains that God will be our protector and friend in and through them all.

One effective tool of the enemy is to bring up "exception clauses" time and time again. "My God is able to do anything, but…I'm not quite sure of His interest and/or power in this particular situation." "I know He can help me, but it may not be His will at this particular time or in this particular case."

In the face of God's power, mere man begins to look pretty small, and that is just the way God intends it to be. He wants to give us confidence that He is able for every need we have: large, small or medium. None is too large, none too small for Him.

BIBLE READING Psalm 118:5-9
ACTION POINT "Dear Lord, thank You that You are indeed my Helper. I will depend on You as never before in living the supernatural life which will bring the greatest possible glory to You."

주는 나를 돕는 이시니

"그러므로 우리가 담대히 말하되 주는 나를 돕는 이시니 내가 무서워하지 아니하겠노라 사람이 내게 어찌하리요 하노라" 히브리서 13:6

당신과 나는 우리가 도움이 필요할 때 하나님께서 우리를 도우시리라는 완전한 확신을 진정으로 갖고 행동합니까?

히브리서 기자는 히브리서에서 시편 기자가 말한 한 구절을 인용합니다. "여호와께서 내 편이 되사 나를 돕는 자들 중에 계시니 그러므로 나를 미워하는 자들에게 보응하시는 것을 내가 보리로다"(시 118:7)

우리를 도우시는 주님과 우리가 함께 있을 때 하나님이 허락하신 것 외에는 사람은 우리에게 어떤 해도 끼칠 수 없습니다. 우리가 어떤 고난과 직면한다고 할지라도 하나님께서 우리가 당한 그 고난 가운데, 또 그 고난을 통하여 우리의 보호자가 되시고 친구가 되어 주신다는 사실에는 변함이 없습니다.

우리의 원수 사탄의 효과적인 무기 중의 하나는 계속하여 반복해서 '예외적 구절들'을 우리에게 속삭이는 것입니다. "나의 하나님은 무엇이든 하실 수 있습니다. 그러나 이 특별한 상황에서는 하나님께서 관심을 보여 주시고 능력을 베풀어 주실지 확신이 서질 않습니다." 또는 "하나님께서 나를 도우실 수 있다는 것을 압니다. 그러나 지금은 혹은 이번 경우만큼은 하나님이 도우실 뜻이 없을 것입니다." 등입니다.

하나님의 능력 앞에서 사람은 너무도 작아 보입니다. 그것이 바로 그렇게 되도록 하나님께서 만드신 것입니다. 하나님은 우리가 필요한 모든 것, 크든, 작든, 중간 것이든, 그 어떤 것도 모두 주실 수 있다는 확신을 우리에게 주기 원하십니다. 하나님께는 너무 큰 것도, 너무 작은 것도 없는 것입니다.

오늘 주시는 말씀   시편 118:5~9
믿음의 실천   "사랑하는 주님, 주님이 정말로 나를 도우시는 분이라는 것에 감사합니다. 주님께 가장 큰 영광을 드리게 되는 초자연적 삶을 내가 사는 가운데, 나는 그 어느 때보다 더욱 주님을 의지하겠습니다."

Resist the Devil

"Submit yourselves therefore to God. Resist the devil, and he will flee from you."
JAMES 4:7, KJV

I received a call for help one day from the wife of an alcoholic. He is a wonderful person when he is sober, but a demon when he is drinking. Why does he keep drinking?

Another day I talked with a young man who was on drugs. He is deathly afraid that someone will find him out and he will be caught, end up in jail and have police record. Still, something about drugs woos him to go on another trip, to smoke another joint.

While it is true that addiction plays an important part in such enslavement, it is also true that Satan is chortling behind the scenes—and he needs to be resisted.

Satan manifests himself in various ways. At times he presents himself as one who has world authority Another time he comes as an angel of light, or as a roaring lion. Satan's demons can have direct influence in your life or mine.

We wrestle against supernatural power. Satan is not just a man. He possesses supernatural powers. He is a very real enemy. True, he has no authority over us except that which is given to him of God, but we dare not become careless about our Christian walk and yield to temptations which he engineers through "the world, the flesh and the devil."

And that's the reason I shudder when I think of individuals who are careless in their use of alcohol and drugs, and who become involved in unscriptural sex relationships. The drug culture has spawned a Satan-worship cult, and men are committed to Satan just as you and I are committed to Jesus Christ. In the words of James, we need to resist the devil, knowing he then will flee from us.

BIBLE READING   1 Peter 5:8-11
ACTION POINT   Upon every entrance of satanic influence into my life, I will submit myself to the Lord and resist the devil, and I will claim by faith the power of the Holy Spirit to live victoriously and supernaturally.

마귀를 대적하라

"그런즉 너희는 하나님께 복종할지어다 마귀를 대적하라 그리하면 너희를 피하리라"
야고보서 4:7

나는 어느 날 한 알코올 중독자의 아내로부터 도움을 요청하는 전화를 받았습니다. 그녀의 남편은 술에 취하지 않았을 때는 대단히 좋은 사람이지만, 술만 취하면 마귀가 된다고 했습니다. 왜 그는 술을 끊지 못하고 계속 마실까요?

또 어느 날은 마약을 복용하는 한 젊은이와 대화를 나누었습니다. 그는 누군가에게 들켜서 체포되면 교도소에 가서 전과 기록을 갖게 될까봐 크게 두려워하고 있었습니다. 그러면서도 마약이 주는 무언가에 사로잡혀서 다시 또 마약을 즐기기 위해 나서곤 했습니다.

술이나 약물 중독이 사람을 그런 노예 상태로 만드는 데 중요한 역할을 하는 것은 사실이지만, 사탄이 그 모든 배후에서 의기양양하게 웃고 있는 것도 역시 사실입니다. 우리는 이 사탄을 대적해야 합니다.

사탄은 여러 가지 방법으로 자신을 나타냅니다. 어떤 때는 세상의 권세자로 자신을 드러내고 어떤 때는 광명의 천사로, 또 다른 때는 우는 사자처럼 나타납니다. 사탄의 마귀들은 당신이나 나의 삶에 직접적인 영향을 미칠 수 있습니다.

우리는 초자연적인 힘과 싸움을 하고 있습니다. 사탄은 인간이 아닙니다. 그는 초자연적인 힘을 소유하고 있으며 실재하는 적입니다. 사탄이 하나님이 허락한 범위 안에서만 그 힘을 행사할 수 있는 것이 맞지만 그리스도인의 길을 걷는 우리가 부주의하게 '세상, 육체, 마귀'로부터 오는 사탄의 유혹을 방관하거나 굴복해서는 안 됩니다.

그것이 술과 마약에 빠지고 또 비성경적인 성관계에 빠지는 사람들을 생각할 때 내가 소름이 끼치는 이유입니다. 마약 문화는 사탄 숭배 의식을 낳았고, 그 사람들은 당신과 내가 예수 그리스도에게 헌신하는 것처럼 사탄에게 헌신합니다. 야고보서 말씀에 의하면 우리는 마귀를 대적해야 합니다. 그렇게 할 때 마귀가 우리를 피해 도망갈 것을 알기 때문입니다.

오늘 주시는 말씀 베드로전서 5:8~11
믿음의 실천 사탄의 영향력이 미칠 수도 있는 내 삶의 모든 부분에서 나는 내 자신을 주님께 복종시키고 마귀를 대적하겠습니다. 나는 승리하는 삶, 초자연적인 삶을 살기 위해 믿음으로(by faith) 성령의 능력을 구하겠습니다.

Mighty Things Through Faith

"And so [Jesus] did only a few great miracles there, because of their unbelief."
MATTHEW 13:58

It was my first visit to Nazareth, and through a series of fortuitous circumstances, I found myself enjoying lunch with one of the city's prominent leaders. As we talked our conversation turned to Jesus Christ, and ultimately this gentleman bowed his head and began to pray aloud, inviting Christ to be his Savior and Lord.

During our conversation, he indicated that what I had shared with him was a new truth. Though he was religious and active in his church, he never had been told that he should receive Christ. I later learned that, in the entire community of Nazareth, there were but a few in those days who understood the truth of the living Christ indwelling the believer.

Nazareth was where our Lord had spent approximately thirty years of His life. The son of a carpenter, He had walked those winding streets, living, loving and laughing with other children as they were growing up. He entered His public ministry, and went on to perform mighty miracles, die on the cross for our sins, be raised from the dead—and change the whole course of history. But 2,000 years have passed since then, and there is still little evidence of the influence of Jesus in the lives of the people of Nazareth.

It was said that our Lord could do no mighty things in Nazareth because of their unbelief. That seems to be true in more than just that city today. Of a billion and a half professing Christians worldwide, the majority seem to be practical atheists.

And so, our Lord cannot do mighty things in Nazareth, or throughout the world, because of unbelief. The key to releasing His power to accomplish revolutionary, supernatural things in the world—and in individual lives—is faith.

"According to you faith be it unto you" Matthew 9:29, KJV. "Whatsoever is not of faith is sin" Romans 14:23, KJV. "The just shall live by faith" Romans 1:17, KJV.

BIBLE READING Mark 6:1-5
ACTION POINT Remembering that Jesus Christ lives within me, waiting to accomplish great and mighty things through me, I will trust and obey Him for a supernatural life, and I will encourage others to do the same.

믿음으로 말미암는 기적들

"그들이 믿지 않음으로 말미암아 거기서 많은 능력을 행하지 아니하시니라"
마태복음 13:58

내가 나사렛을 처음 방문했을 때 일련의 우연한 상황을 통해서 나는 그 도시의 어떤 유명한 지도자와 함께 점심을 함께하게 되었습니다. 복잡한 식당에서 대화를 나누면서 우리의 대화는 그리스도에까지 이르렀으며, 마침내 이 신사는 머리를 숙이고 예수님을 그의 구주와 주님으로 영접하는 기도를 큰 소리로 시작했습니다.

우리가 함께 대화하는 가운데 그는 내가 전하여 준 것이 새로운 진리였다고 말했습니다. 비록 그가 신앙적이었으며 교회에서도 활동적이었지만, 그리스도를 영접해야 한다는 말을 들어 본 적은 전혀 없었던 것입니다. 믿는 자 안에 내주하시는 살아계신 그리스도에 대한 진리를 이해하는 사람이 그 당시 전 나사렛 지역에 몇 사람 되지 않았다는 사실을 나는 나중에 알게되었습니다.

나사렛은 우리 주님이 그의 생애 중 거의 30년을 사신 곳입니다. 목수의 아들이셨던 그분은 나사렛의 이리저리 굽은 골목들을 다니시고, 다른 여러 아이들과 함께 자라며 생활하시고, 사랑하시고, 웃으셨을 것입니다. 그분은 공생애를 시작하시고 놀라운 기적들을 계속 행하셨으며, 우리 죄를 위하여 십자가에서 죽으시고, 죽음에서 살아나심으로 역사의 방향을 바꾸셨습니다. 그때 이후로 2,000여 년의 세월이 흘렀습니다. 그러나 여전히 나사렛 사람들의 삶에는 예수님께서 영향을 끼치신 증거를 찾아보기가 힘듭니다.

나사렛 사람들의 믿지 않음으로 인하여 우리 주님께서 놀라운 능력을 나사렛에서는 베풀 수 없으셨다고 우리는 알고 있습니다. 그것은 오늘날 나사렛에만 해당되는 사실이 아닌 것 같습니다. 전 세계의 약 15억의 자칭 그리스도인들 가운데 태반은 사실상 무신론자처럼 보입니다.

믿음이 없음으로 인해 주님은 나사렛에서 놀라운 일들을 행하실 수 없었고, 오늘날의 세계에서도 역시 놀라운 일들을 행하실 수 없는 것입니다. 온 세상과 개인의 삶에 혁명적이며 초자연적인 일을 성취시켜주는 하나님의 능력을 베풀도록 하는 열쇠는 바로 '믿음', 그것입니다.

"너희 믿음대로 되라 하시니",(마 9:29) "믿음을 따라 하지 아니하는 것은 다 죄니라",(롬 14:23) "의인은 믿음으로 말미암아 살리라"(롬 1:17)

오늘 주시는 말씀   마가복음 6:1~5
믿음의 실천   예수 그리스도께서 내 안에 사시며 나를 통하여 크고 놀라운 일을 이루시려고 기다리고 계신다는 것을 기억하고, 나는 초자연적인 삶을 살기 위하여 주님을 믿고 순종하겠습니다. 나는 다른 사람들도 그렇게 하도록 격려하겠습니다.

Praying For Results

"Ask, and you will be given what you ask for. Seek, and you will find. Knock, and the door will be opened. For everyone who asks, receives. Anyone who seeks, finds. If only you will knock, the door will open." MATTHEW 7:7-8

We were conducting a Bible study on the subject of prayer when Amy, a professing Christian most of her life, said, "God never answers my prayers. In fact, I cannot recall a single prayer of mine that God has answered specifically."

Several others in the group chimed in and said, "Neither can I." So we turned to this passage and discussed it together. Would God lie to us? Is His Word trustworthy? Or is prayer an exercise in futility? Are we simply talking to ourselves and each other, or is there a God who hears and answers? If so, why have these not had their prayers answered?

First, we reviewed the qualifications for prayer. Jesus said, "If you abide in Me and My Word abides in you, ask what you will and it shall be done unto you." Scripture also says, "If I regard iniquity in my heart, the Lord will not hear me." So if we expect our prayers to be answered, Jesus must be the Lord of our lives. We must have no unconfessed sin in our lives and we must be filled with the Holy Spirit.

Further, 1 John 5:14,15 reminds us: "If we as anything according to God's will, He hears us and answers." We must be praying according to the Word of God. As we pray, the Holy Spirit impresses upon us certain things for which to pray. If the prayer is offered with a pure motive and according to God's will, we can expect an answer to it.

We must also enter into an expectant spirit of prayer, knowing that, when we meet His conditions, God will hear and answer us.

Within a matter of weeks everyone in that Bible study, especially Amy, was inspired by the exciting challenge of prayer. God had truly heard, and again and again, they were able to point to specific answers.

BIBLE READING Luke 11:5-13
ACTION POINT I will ensure I am meeting God's conditions: Christ is Lord of my life; I am filled with the Holy Spirit, I have no unconfessed sin, I am praying specifically and according to God's Word. As a result, I expect my prayers to be answered.

응답받는 기도

"구하라 그리하면 너희에게 주실 것이요 찾으라 그리하면 찾아낼 것이요 문을 두드리라 그리하면 너희에게 열릴 것이니 구하는 이마다 받을 것이요 찾는 이는 찾아낼 것이요 두드리는 이에게는 열릴 것이니라" 마태복음 7:7~8

우리가 기도를 주제로 성경 공부를 하고 있을 때 거의 평생 자신을 그리스도인으로 소개해 온 에이미가 이렇게 말했습니다. "하나님은 내 기도에 전혀 응답하지 않으십니다. 사실 나는 하나님께서 단 한 번이라도 내 기도에 구체적으로 응답해주셨던 기억이 없습니다."

함께 모임을 갖고 있던 몇 사람이 자신도 그렇다고 맞장구를 쳤습니다. 그래서 우리는 오늘의 이 말씀을 펴고 함께 이야기를 나눴습니다. 하나님께서 우리에게 거짓말을 하시겠습니까? 하나님의 말씀은 믿을 만합니까? 기도는 그저 헛된 노력일까요? 기도는 그저 우리 자신이나 서로에게 이야기하는 것일 뿐일까요? 아니면 정말 우리 기도를 들으시고 응답하시는 하나님이 계실까요? 만일 그렇다면 이 사람들의 기도는 왜 응답을 받지 못했습니까?

먼저 우리는 응답받는 기도를 위한 조건을 함께 살펴보았습니다. 예수님은 이렇게 말씀하셨습니다. "너희가 내 안에 거하고 내 말이 너희 안에 거하면 무엇이든지 원하는 대로 구하라 그리하면 이루리라"(요 15:7) 성경은 또한 이렇게 말합니다. "내가 나의 마음에 죄악을 품었더라면 주께서 듣지 아니하시리라"(시 66:18) 따라서 우리의 기도가 응답을 받으려면 예수님께서 우리 삶의 주인이 되어야 합니다. 또 우리 삶에 고백하지 않은 죄가 없어야 하며 우리는 성령 충만해야 합니다.

나아가 요한일서 5장 14절이 우리에게 상기시켜 주는 것이 있습니다. "그의 뜻대로 무엇을 구하면 들으심이라" 우리는 하나님의 뜻, 하나님의 말씀에 따라 기도해야 합니다. 우리가 기도할 때 성령께서 우리가 기도해야 할 특정한 것을 생각나게도 하십니다. 우리가 깨끗한 동기와 하나님의 뜻에 따라 기도할 때, 우리는 기도의 응답을 기대할 수 있습니다.

또한 우리가 하나님이 말씀하신 조건들을 충족시킬 때 하나님께서 우리 기도를 들으시고 응답하신다는 것을 알고 반드시 하나님의 응답을 기대하는 마음으로 기도해야 합니다.

몇 주가 지나지 않아 그 성경공부 모임에 참석했던 전원, 특별히 에이미는 기도에 대한 놀라운 도전에 감동을 받아 기도하게 되었으며, 하나님은 참으로 그들의 기도를 들어주셨고, 그들은 거듭하여 하나님의 구체적인 기도의 응답들을 이야기할 수 있게 되었습니다.

오늘 주시는 말씀   누가복음 11:5~13
믿음의 실천   나는 응답 받는 기도를 위한 하나님의 조건, 즉 그리스도께서 내 삶의 주인이시며, 내가 성령 충만하고 고백하지 않은 죄가 없으며, 또 구체적인 기도제목으로 하나님의 말씀에 따라 기도하고 있다는 것을 꼭 점검하겠습니다. 그 결과로 나는 나의 기도가 응답될 것을 반드시 기대하겠습니다.

Tempted Like We Are

"For we have not an high priest which cannot be touched with the feeling of our infirmities; but was in all points tempted like as we are, yet without sin." HEBREWS 4:15, KJV

"In your opinion, who is the greatest person who ever lived, and who has done more good for mankind than anyone else who ever lived?" I asked a student who was an atheist and a card-carrying Communist.

There was an awkward silence. Then finally came this reluctant reply, "I guess I would have to say Jesus of Nazareth."

How could an atheist and a Communist, who had been reared in another religion, give such an answer?

Jesus has done more good for mankind than anyone else who has ever lived. He is the greatest person of the centuries, because it is a fact. Compare Jesus, even as a man, with any other person—Muhammad, Buddha, Confucius, Socrates, Plato, Aristotle, anyone else at any time in history—and it would be like comparing a giant with a midget.

Though He lived 2,000 years ago and changed the course of history, though He was the greatest leader, the greatest teacher, the greatest example the world has ever known, He is infinitely more than these. He is God.

The omnipotent creator God visited this little planet earth and became a man, the God-man, Jesus of Nazareth. He was perfect God and perfect man, and as perfect man He understands our weaknesses, since He had the same temptations we do—though He never once gave way to them and sinned.

Do you believe that Jesus ever had the temptation to lie, to lust, to steal or to be immoral? Make a list of all your temptations, all your weaknesses, all your failures, and then, "Let us come boldly to the very throne of God and stay there to receive His mercy and to find grace to help us in our times of need" Hebrews 4:16

BIBLE READING   Hebrews 2:14-18
ACTION POINT   Since Jesus knows everything about me, having been tempted as I am and yet without sin, I will come boldly into His presence. I will come to receive His mercy and grace, enabling me to live a fruitful and victorious life for His glory.

우리와 똑같이 시험을 받으신 이

"우리에게 있는 대제사장은 우리의 연약함을 동정하지 못하실 이가 아니요 모든 일에 우리와 똑같이 시험을 받으신 이로되 죄는 없으시니라" 히브리서 4:15

"당신 생각에는 이때까지 살았던 사람들 중에 누가 가장 위대하며 또 인류를 위해 가장 많은 선을 행하신 분이 누구라고 생각하십니까?" 무신론자이며 공산당원인 어느 학생에게 내가 물었습니다.

어색한 침묵이 흐른 후 마침내 주저하며 이런 대답이 나왔습니다. "나사렛 예수라고 말해야 할 것 같은 생각이 듭니다."

무신론자이며 공산주의자이고, 다른 종교 아래에서 성장한 사람이 어떻게 이런 대답을 할 수 있었을까요?

예수님은 지금까지 살았던 그 누구보다 인류를 위해 더 많은 선을 행하셨습니다. 그가 역사상 가장 훌륭하신 인물이라고 하는 것은 그것이 사실이기 때문입니다. 예수님을 단순히 인간적인 측면에서 역사상의 여러 인물들, 마호메트, 석가, 공자, 소크라테스, 플라톤, 아리스토텔레스 등과 비교해 본다고 할지라도 그것은 마치 거인과 난쟁이를 비교하는 것과 같을 것입니다.

그분은 2,000년 전에 사신 분이지만 역사의 방향을 바꾸어 놓으셨으며, 위대한 지도자요, 위대한 교사요, 세상에 알려진 가장 위대한 본보기이셨지만, 그러나 이 모든 것을 무한히 넘어서는 분이십니다. 그분은 하나님이십니다.

전능하신 창조주 하나님께서 이 작은 별 지구에 찾아오셔서 인간이 되셨으니 곧 '신인'(The God-man), 나사렛 예수님이십니다. 그분은 완전한 인간이신 동시에 완전한 하나님이셨습니다. 그분은 완전한 인간으로서 비록 우리와 똑같이 시험을 받으셨지만 시험에 져서 죄를 범한 적은 없으셨습니다.

당신은 예수님께서도 거짓, 탐욕, 도둑질 그리고 부도덕과 같은 유혹을 받으셨다는 것을 믿습니까? 당신이 겪고 있는 모든 시험과 모든 약함과 모든 실패에 대한 목록을 만들어 보십시오. 그리고 이 말씀에 따라 행하시기 바랍니다. "그러므로 우리는 긍휼하심을 받고 때를 따라 돕는 은혜를 얻기 위하여 은혜의 보좌 앞에 담대히 나아갈 것이니라"(히 4:16)

오늘 주시는 말씀 히브리서 2:14~18
믿음의 실천 나와 똑같이 시험을 받으셨지만 죄는 없으신 예수님께서 나의 모든 것을 아시므로 나는 담대히 예수님 앞에 나아가겠습니다. 하나님의 영광을 위하여 열매 맺고, 승리하는 삶을 살 수 있게 하실 그의 은혜와 긍휼을 얻기 위하여 나는 담대히 나아갈 것입니다.

God Is a Loving God

"If a child asks his father for a loaf of bread, will he be given a stone instead? If he asks for fish, will he be given a poisonous snake? Of course not! And if you hardhearted, sinful men know how to give good gifts to your children, won't your Father in heaven even more certainly give good gifts to those who ask him for them?" MATTHEW 7:9-11

During a Bible study on this passage of Scripture, Roger commented, "I guess I have trouble believing God is a good God because my earthly father was a tyrant. He hated me, and I hated him. I do not recall a single experience in my life where he encouraged me. I want to believe that God is good, but I have difficulty. Please help me."

Unfortunately, there are many relatively new Christians who have come from backgrounds where there was no love, compassion, or concern, and their view of God is therefore distorted. When such is the case, only the Holy Spirit can heal these deep wounds and remove these scars.

So, I asked Roger to list all the attributes of God recorded from Genesis to Revelation. The project lasted several months, but in the process a transformation took place in Roger's life.

The day came when he joyfully exclaimed, "The Holy Spirit has taught me that God is truly a loving God, worthy of my trust. Even if my earthly father was the best father ever, God's love, compassion and care for me transcends anything that he could have done for me. Therefore, I can ask Him for good gifts, knowing that He will hear and answer me. I want to live only for His glory for the rest of my life."

Are you having difficulty trusting God because of an unfortunate relationship with a parent? If so, I encourage you to saturate you mind with God's attributes— His love, sovereignty, wisdom, grace, compassion and holiness. As you do, the Holy Spirit will cleanse your mind of all the memories that weigh you down, and you will be able to say with Roger, "I can trust God for anything, because I know He is a loving God who cares for me."

BIBLE READING 1 John 3:1-3
ACTION POINT I will continue to meditate upon the attributes of God, knowing that the more trust Him, the more sure I can be of His faithfulness to enable me to live a supernatural life for His glory.

사랑의 하나님

"너희 중에 누가 아들이 떡을 달라 하는데 돌을 주며 생선을 달라 하는데 뱀을 줄 사람이 있겠느냐
너희가 악한 자라도 좋은 것으로 자식에게 줄 줄 알거든 하물며
하늘에 계신 너희 아버지께서 구하는 자에게 좋은 것으로 주시지 않겠느냐" 마태복음 7:9~11

성경 공부 시간에 위의 말씀을 공부하고 있을 때 로저는 이렇게 말했습니다. "나는 나의 육신의 아버지가 폭력적이었기 때문에 좋으신 하나님을 믿는 것이 이렇게 힘든 것 아닌가 하는 생각이 듭니다. 내 아버지는 나를 미워했고 나도 아버지를 미워했습니다. 내 삶에서 단 한 번이라도 아버지가 나를 격려해 줬던 기억이 없습니다. 나는 하나님이 좋으신 분이라는 것을 믿고 싶습니다. 그러나 그렇게 하기가 힘듭니다. 나를 좀 도와주십시오."

불행하게도 처음 믿는 신자들 가운데서 이와 같이 사랑도, 동정도, 관심도 없는 환경에서 자라 하나님에 대하여 비뚤어진 생각을 하는 사람들을 상당히 많이 찾아볼 수 있습니다. 그런 경우에는 성령만이 그 깊은 상처를 치료하시고 마음에 난 흉터를 없애 주실 수 있습니다.

그래서 나는 로저에게 창세기로부터 요한계시록에까지 기록된 모든 하나님의 속성의 목록을 작성해 보도록 했습니다. 그 일에는 몇 달이 걸렸지만, 그 과정에서 로저의 삶에 변화가 일어났습니다.

마침내 그가 큰 기쁨으로 이렇게 외칠 수 있는 날이 왔습니다. "성령께서 하나님이 진실로 사랑의 하나님이시며, 내가 신뢰할 수 있는 분이시라는 것을 가르쳐 주셨습니다. 혹시 내가 세상에서 제일 좋은 육신의 아버지를 가졌다고 하더라도 나를 향한 하나님의 사랑과 동정, 그리고 보살피심은 그 아버지가 줄 수 있는 그 어떤 것도 능가한다는 것을 이제 압니다. 그러므로 하나님께서 내 기도를 들으시고 응답하시는 것을 알기 때문에 나는 하나님께 좋은 선물들을 구할 수 있습니다. 나는 내 남은 삶을 하나님의 영광을 위하여 살고 싶습니다."

혹시 당신은 부모님과의 불행했던 관계로 인하여 하나님을 신뢰하는 데 어려움을 겪고 있습니까? 만일 그렇다면 하나님의 속성-하나님의 사랑과 주권, 지혜와 은혜, 긍휼과 거룩하심과 같은 하나님의 속성을 마음 깊이, 오래, 충분히 묵상해 볼 것을 권해드립니다. 그렇게 할 때에, 성령께서 당신 마음을 무겁게 누르던 모든 기억들을 씻어 주실 것이며 로저처럼 이야기할 수 있게 될 것입니다. "나는 어떤 일에든 하나님을 믿을 수 있습니다. 하나님은 나를 보살펴 주시는 사랑의 하나님이시기 때문입니다."

오늘 주시는 말씀   요한일서 3:1~3
믿음의 실천   내가 하나님을 더욱 신뢰할수록, 하나님의 영광을 위하여 초자연적 삶을 누릴 수 있게 하는 하나님의 신실하심에 대하여 더 확신을 갖게 될 수 있음을 알기 때문에 나는 하나님의 속성을 꾸준히 묵상하도록 하겠습니다.

A Solid Foundation

"All who listen to my instructions and follow them are wise, like a man who builds his house on solid rock. Though the rain comes in torrents, and the floods rise and the storm winds beat against his house, it won't collapse, for it is built on rock. But those who hear my instructions and ignore them are foolish, like a man who builds his house on sand. For when the rains and floods come, the storm winds beat against his house, it will fall with a mighty crash." MATTHEW 7:24-27

What a wonderful promise for supernatural living to know that no matter what happens—the greatest tragedies, adversities or losses—your house will stand. You will not only survive, but mature, grow and become more like Jesus.

As you listen to and follow His instructions, you will observe that He was speaking to the multitudes in what is referred to as the Sermon on the Mount. Review chapters 5, 6 and 7 of Matthew. List all the things that He commands us to do, and then by faith claim those instructions in your life. For there is nothing that God ever commands that He will not enable us to do if we seek His help.

Remember, too, His promise recorded in Matthew 22:37-40, that all the commandments in the Sermon on the Mount are fulfilled when we love God with all of our heart, soul, mind and strength, and love our neighbor as ourselves. The instructions He is giving are not difficult, for He who gives the command will enable us to build on a sure foundation of solid rock.

Note, however, the admonishment for those who ignore His instructions. For the foolish people who build their houses on sand, collapse of those houses is the certain consequence. The evidence of the fulfillment of God's warning can be seen in the lives of others. God loves us, and He wants to bless us, but He cannot if we ignore Him.

Are you following the Lord's instructions? If not, I encourage you to begin today, with the assurance that He will bless you and your family.

BIBLE READING   1 John 2:3-9
ACTION POINT   I will meditate on the Sermon on the Mount, the Ten Commandments and the Golden Rule, as well as 1 Corinthians 13 and other commandments on love. With the Holy Spirit's help, I will obey His instructions for supernatural living.

반석 같은 기초

"그러므로 누구든지 나의 이 말을 듣고 행하는 자는 그 집을 반석 위에 지은 지혜로운 사람 같으리니
비가 내리고 창수가 나고 바람이 불어 그 집에 부딪치되 무너지지 아니하나니
이는 주초를 반석 위에 놓은 까닭이요 나의 이 말을 듣고 행하지 아니하는 자는
그 집을 모래 위에 지은 어리석은 사람 같으리니"
마태복음 7:24~26

세상의 어떤 큰 비극이나 고난, 손해가 일어난다고 할지라도 당신의 집이 견고히 서 있으리라는 것을 아는 것은 초자연적 삶을 사는 데 있어 얼마나 놀라운 약속인지요. 당신은 단순히 살아남을 뿐만 아니라 성숙해지고, 성장하며, 더욱 예수님을 닮게 될 것입니다.

당신이 예수님의 교훈을 듣고 따를 때 흔히 산상수훈이라고 불리는, 예수님께서 많은 군중에게 하신 가르침을 알게 될 것입니다. 마태복음 5~7장을 잘 읽어 보십시오. 그리고 예수님이 우리에게 명령하신 것의 목록을 작성해 보고 1)믿음으로(by faith) 그 가르침들이 당신 삶에 이뤄지도록 주장(claim)하시기 바랍니다. 우리가 하나님의 명령을 행하려고 하나님께 도움을 구할 때, 우리에게 도움을 주시지 않는 경우는 결코 없기 때문입니다.

또 기억할 것은 마태복음 22장 37~40절에 기록된 말씀대로, 산상수훈의 모든 계명이 우리가 목숨과 뜻과 힘을 다하여 하나님을 사랑하고 우리 이웃을 내 몸과 같이 사랑할 때 모두 이뤄진다는 주님의 약속입니다. 그분이 주시는 교훈은 어려운 것이 아닙니다. 명령을 주시는 그분이 우리가 견고한 반석에 확실한 기초를 쌓을 수 있도록 도우실 것이기 때문입니다.

그러나 주님의 가르침을 무시하는 사람들에게 주시는 경고도 유의해 보십시오. 모래 위에 그들의 집을 세우는 어리석은 사람들에게 그 집이 무너지는 것은 당연한 결과입니다. 하나님의 경고가 그대로 이뤄지는 증거는 주위 사람들의 삶에서 얼마든지 볼 수 있습니다. 하나님은 우리를 사랑하십니다. 그리고 우리를 축복하기를 원하십니다. 그러나 우리가 하나님의 말씀을 무시하면 그렇게 하실 수 없습니다.

당신은 지금 주님의 가르침을 따르고 계십니까? 만일 아직 아니라면 주께서 당신과 당신의 가족들을 축복하시리라는 확신으로 바로 오늘부터 주님의 가르침을 따를 것을 권합니다.

오늘 주시는 말씀 요한일서 2:3~9
믿음의 실천 나는 산상수훈과 십계명과 황금률(goldnen rule)과 고린도전서 13장, 그리고 사랑에 관한 여러 계명들을 묵상하겠습니다. 성령의 도우심으로 나는 초자연적 삶을 위한 주님의 가르침에 순종하겠습니다.

각주

1) **믿음으로**(by faith): 이 표현은 이 책 전체에 걸쳐 가장 핵심적인 개념입니다. 자세한 의미는 역자의 도움말과 766페이지의 '성령 충만을 받는 방법'을 참고하기 바랍니다.

2) **다니엘 웹스터**(Daniel Webster, 1782~1852): 미합중국의 정치가, 법률가로서 연방 하원의원, 매사추세츠 주 연방 상원 의원, 국무장관을 역임했다. 19세기 초반 미국을 대표하는 정치인 중 한 사람이다.

3) **믿음으로 사랑하는 방법**: 그리스도인의 삶은 모든 것을 믿음으로 행하는 것입니다. 우리가 믿음으로 그리스도를 영접한 것처럼 우리는 믿음으로 사랑할 수 있습니다. 예수님은 "내가 너희를 사랑한 것같이 너희도 서로 사랑하라"(요 13:34)고 명령하셨습니다. 따라서 우리가 서로 사랑하는 것은 하나님의 뜻입니다. 요한일서 5:14~15에서 하나님은 '그분의 뜻대로 구하면 무엇이든지 다 들으시고 응답해 주시겠다'고 약속하셨습니다. 따라서 다른 사람을 사랑하는 것은 분명 하나님의 뜻이며, 그분의 뜻에 맞는 기도는 분명히 응답을 받을 것이므로 우리가 사랑할 수 없거나 사랑하기 어려운 사람일지라도 그들을 사랑할 수 있게 해 달라고 믿음으로 구할 때 하나님은 우리에게 하나님의 사랑을 부어주실 것입니다. 그것을 믿고 믿음으로 간구한 후에 그 사랑을 표현하는 것이 믿음으로 사랑하는 것입니다. (더 자세한 내용은 『쉽게 전할 수 있는 신앙 개념』 8권. <믿음으로 사랑하는 방법>을 참고하기 바랍니다.)

4) **앤드류 머레이**(Andrew Murray, 1828~1917): 성령의 극적인 체험을 중시한 기독교 지도자로서, 남아프리카공화국에서 목회자로 사역하며 가르치며 저술가로 활동했다.

5) **영혼의 호흡**: 보다 자세한 설명은 766페이지의 '성령 충만을 받는 방법'을 참고하기 바랍니다.

6) **마틴 루터**(Martin Luther, 1483~1546): 독일의 수사, 종교개혁가. 1517년 10월 31일 비텐베르크대학 교회 문에 교회의 부패를 공박하는 95개 논제를 붙였는데 이것이 종교 개혁을 촉발시켰다.

7) **르 터너**(R. G. Le Tournea, 1888~1969): 버몬트 주 리치 퍼드에서 태어났고, 세계적으로 위대한 발명가요, 경영가 중 한 사람이었다. 그는 불도저, 다양한 종류의 스크레이퍼, 준설기, 이동식 크레인, 벌목장비, 해안 굴착기 등을 발명하였고, 그의 회사는 세계에서 가장 큰 중장비들을 만들어 냈다. 그는 기독교 신자로 헌신적이고 관대한 자선 활동가로 널리 알려져 있다.

8) 로버트 머리 맥체인(Robert Murray M'Cheyne, 1813~1843): 스코틀랜드의 목사, 1835년부터 1843년까지 스코틀랜드 교회를 섬겼다. 짧은 생애를 살았으나 19세기 스코틀랜드 역사에서 가장 경건한 목회자로 꼽히며 강력한 영적 부흥을 이끈 사람이었다.

9) 마이클 패러데이(Michael Faraday, 1791~1867): 전자기학과 전기화학 분야에 큰 기여를 한 영국의 물리학자이자, 화학자. 패러데이는 어린 시절에 정식 교육을 거의 받지 못했지만, 역사적으로 매우 훌륭한 과학자로 남았다.

10) 헨리에타 미어즈(Henrietta Mears, 1890~1963): 그녀는 금세기 최고의 복음 전도자 빌리 그레이엄, CCC 설립자 빌 브라이트, 전 미 상원 의회 목사 리처드 핼버슨 등 400명이 넘는 기독교 전임 사역자와 다양한 분야의 리더를 길러냈으며, 주일학교 교육의 거장이라 불리고 있다.

11) 헨리 무어하우스(Henry Moorehouse, 1840~1880): 맨체스터에서 태어났으며, 무디(Dwight Lyman Moody)에게 미친 영향으로 인해 '수백만을 감동시킨 사람을 감동시킨 바로 그 사람'으로 불리고 있다.

12) 윌리엄 라이언 펠프스(William Lyon Phelps, 1865~1943): 19세기 말 영국 문학과 자유주의문화철학을 대중화한 사람으로 유명하다.

13) 필립스(J. B. Phillips, 1906~1982): 런던 동남부 전시(戰時) 교구에서 교구 목사로 일하면서 청년부원들이 킹제임스 성경을 잘 이해하지 못한다는 사실을 알아차리고, 헬라어로 된 서신서들을 새로 번역하기 시작했다. 그는 서신서를 모아 1947년에 『개척 교회들에 보내는 편지』(Letters to Young Churches)를 펴냈다.

14) 레이몬드 에드만(V. Raymond Edman, 1900~1967): 목회자요, 선교사요, 교육자요, 세계 여행가이면서 또한 20여 권을 쓴 경건 서적의 저자이기도 하다. 명문 휘튼대학교 총장으로서 그의 채플 설교는 교수와 학생들 모두에게 깊은 감명을 주었다.

15) 프란시스 사비에르(Francis Xavier, 1506~1552): 가톨릭 선교사이자 로마 가톨릭교회 소속인 예수회의 공동 창설자이다. 인도, 말레이 제도, 일본에 그리스도교를 세우는 데 중요한 역할을 했다.

16) 존 웨슬리(John Wesley, 1703~1791): 감리교를 실질적으로 설립한 잉글랜드 성공회(Church of England)의 사제이자, 신학자이다. 또한 웨슬리의 사역과 저술은 훗날 성결 운동과 오순절 운동에 큰 영향을 끼쳤다.

17) 조지 화이트 필드(George White field, 1714~1770): 대중 설교로 18세기 영국과 아메리카 식민지 전역

에 개신교 부흥운동이 일어나도록 자극했다. 고등학교와 대학 시절에 스스로 '거듭남'이라고 부른 강한 신앙 각성을 체험했다. 옥스퍼드에서 존 웨슬리와 찰스 웨슬리의 친구가 되었고, 이들의 초청으로 1738년 선교 사역에 동참했다.

18) 데이비드 리빙스턴(David Livingstone, 1813~1873): 스코틀랜드의 조합교회(Congregationalist) 선교사이자, 탐험가이다. 데이비드 리빙스턴은 1834년 의료선교단이 되기로 결심하고, 1840년 아프리카로 떠나 이후 평생 아프리카 대륙을 다니면서 선교와 탐험에 힘썼다. 그는 아프리카에 대한 서구인들의 태도에 큰 영향을 끼쳤다.

19) 밥 피어스(Bob Pierce, 1914~1978): 한국 고아의 아버지, 세계적인 대부흥사, 한국 어린이와 교회의 영원한 벗으로 기억되고 있다.

20) 조지 갤럽(George Gallup, 1901~1984): 침묵하는 다수의 마음을 읽은 과학적 여론조사의 선구자로 불리운다. 그가 실시한 갤럽 여론조사는 여론표본조사를 가리키는 일반적인 명칭이 되었다.

21) 드와이트 무디(Dwight L. Moody, 1837~1899): 미국의 침례교 평신도 설교자이다. 부흥운동을 이끌었을 뿐만 아니라 매사추세츠 노스필드에서 매년 성서 회의를 주도하여 열었고, 1879년에는 그곳에 여자 신학교를 세웠다.

22) 화니 크로스비(Fanny Jane Crosby, 1820~1915): 뉴욕의 작은 마을에서 태어난 지 6주 만에 심각한 눈 염증을 앓다가 의사의 부주의한 처방으로 결국 시력을 잃었다. 그녀는 95년간 예수님과 함께 동행하며 무려 8천여 편에 이르는 찬송 시를 썼으며 우리 찬송가에 23편의 그녀가 쓴 찬송가가 실려있다.

23) 마이어(Frederick Brotherton Meyer, 1847~1929): 영국의 경건한 침례교 목사인 그는 찰스 스펄전과 캠벨 모간과 더불어 3대 설교자로 불릴 만큼 당시의 부흥을 이끈 인물이었다.

24) 세실 B. 데밀(Cecil B. DeMille, 1881~1959): 미국의 영화감독. 무성영화 시대에 할리우드를 주도했던 그는 성경을 바탕으로 한 대작 사극인 <십계>(The Ten Commandments), <왕 중 왕>(The King of King), 그리고 <삼손과 데릴라>(Samson and Delilah) 등을 제작했다.

25) 에밀 쿠에(Émile Coué, 1857~1926): 프랑스의 약사이자, 심리학자이다. 1920년에 낭시에 있는 그의 진료소에서 "나는 매일, 그리고 모든 면에서 점점 더 좋아지고 있다."라는 문장을 자주 반복하도록 하는 심리치료법을 도입했다. 이 자기암시요법을 '쿠에 요법'이라고 한다.

26) 교회 출석자(church members): 단순히 주일에 교회만 출석하는 사람으로, 저자는 이 책에서 그리스도인과 구분하여 쓰고 있다.

27) 토저(Aiden Wilson Tozer, 1897~1963): 미국의 개신교 목사이자 설교가, 저자이다. 미국의 대표적인 복음주의 목회자 중 한 사람이다.

28) 토레이(Reuben Archer Torrey, 1856~1928): 예일대학교와 동대학교 신학부를 졸업했고, 무디성경학교의 초대 교장을 역임했다. 특히 그의 후손들은 신앙의 명문가를 이루었다. 장로교 목사였던 그의 아들 토레이 2세(1887~1980)는 중국 선교사로 사역하다가 한국전쟁 후에는 대전 지역에서 장애인과 고아를 위해 사역했다. 토레이 3세는 한국의 예수원 원장으로 오랫동안 사역한 대천덕(1918~2002) 성공회 신부이다.

29) 페니(J. C. Penney, 1875~1971): 미국에서 손꼽히는 대규모 백화점 체인(J.C. Penney)을 설립했다.

30) 찰스 스펄전(Charles Haddon Spurgeon, 1834~1892): 영국의 침례교 목사. 스펄전은 설교에 있어서 큰 영향을 주었는데 후대에 사람들은 그를 '설교자의 왕'으로 부른다.

31) 해리 아이언사이드(Harry A. Ironside, 1876~1951): 캐나다에서 태어난 미국의 저명한 성경 교사, 설교자, 신학자, 저술가. 무디교회의 담임 목회자(1929~1948). 평생 7,500회의 설교를 통해 많은 사람들을 주님께로 인도했다.

32) 로버트 브루스(Robert Bruce, 1274~1329): 스코틀랜드의 왕. 1306년에 왕위에 올라 23년 동안 스코틀랜드를 다스렸다. 14세기 초 스코틀랜드 독립 전쟁을 이끌었으며, 1314년 6월 23일에는 에드워드 2세가 이끄는 잉글랜드 군대의 침공을 배너번에서 막아 낸 배너번 전투를 지휘하였다.

33) 아더 드모스(Arthur DeMoss, 1926~1979): National Liberty Life Insurance Co.의 설립자로서 선교 사역을 위해 많은 헌신적인 후원을 하던 중 1979년 심장마비로 소천한 미국의 사업가였다.

34) 벤자민 프랭클린(Benjamin Franklin, 1706~1790): 미국 건국의 아버지(Founding Fathers) 중 한 명이자 미국의 초기 정치인 중 한 사람이었다.

35) 존 록펠러(John D. Rockefeller, 1839~1937): 미국의 사업가, 자선가. 말년에는 자선사업에 전념했는데, 일생을 통해 그가 기부한 금액은 총 5억 달러를 넘었고, 1955년까지 아들의 기부금을 합하면 총 25억 달러가 넘었다고 한다.

36) 몽고증 환자: 다운증후군, 유전병. 1866년 영국의 의사인 존 다운(John Down)에 의해 최초로 보고되었다.

37) 조지 뮬러(George Muller, 1805~1898): 5만 번 이상 기도 응답을 받았다고 하는 '브리스톨 고아들의

아버지'로 잘 알려진 독일 태생 영국의 목회자였다.

38) 조지 풀먼(George M. Pullman, 1831~1897): 철도용 풀먼 침대차를 발명한 미국의 실업가였다.

39) 웰링턴 공작(Arthur Wellesley 1st Duke of Wellington 1769~1852): 아일랜드 더블린에서 태어나 영국군 총사령관을 거쳐 총리를 지낸 영국의 군인이자 정치가. 워털루 전투에서의 승리로 명성을 얻었다.

40) 로버트 리(Robert, E. Lee, 1807~1870): 미국 남북 전쟁 때 남부군 총사령관이었다.

41) 말콤 머거리지(Malcolm Muggeridge, 1903~1990): <가디언>, <캘커타 스테이츠먼>, <이브닝 스탠더드>, <데일리 텔레그래프> 등 전 세계에서 일했던 저널리스트. 1953년에는 <펀치>의 편집장 자리에 올라 4년 동안 편집장을 지냈다.

42) 기독교선교동맹: 앨버트 B. 심프슨 박사의 활동으로 미국에서 시작된 선교·전도 운동을 일컫는다.

43) 심프슨 박사(Albert Benjamin Simpson, 1943~1919): 원래 장로교 목사였으나 뉴욕 시에서 독립적으로 전도하기 위해 장로교회를 떠났다. 그의 궁극적인 목표는 세계 선교에 전적으로 헌신된 교회를 만드는 것이었다. 1887년 선교에 관심이 많은 신앙인들의 힘을 한군데로 모으기 위해 기독교인연합회(Christian Alliance)를 조직하였고 그 연합회는 더욱 발전하여 새로운 선교회인 복음주의선교사연합회(Evangelical Missionary Alliance)가 창립되었다. 이 두 단체는 10년간 서로 독립적으로 활동하다가 1897년 기독교선교동맹(Christian and Missionary Alliance)으로 통합되었다.

44) 구하겠으며(claim): by faith와 함께 이 책의 핵심을 이루는 용어로 역자 도움말을 참고 바랍니다. 이 용어가 사용된 곳 마다 특별히 영어를 병기하여 저자의 의도를 정확히 전달 하고자 하였습니다.

45) 찰스 피니(Charles Finney, 1792~1875): 미국 장로교 목사이며 미국의 제2차 부흥운동의 지도자. 노예제도의 폐지를 주장하고 여성과 흑인들의 교육과 같은 사회 개혁도 증진하였다.

46) 아도니람 저드슨(Adoniram Judson, 1788~1850): 미국 최초의 해외 파송 침례교 선교사. 인도와 미얀마에서 활동했다.

47) 헨리 클레이 트럼블(Henry Clay Trumbull, 1830~1903): 미국의 저명한 목사이며 작가, 신문 편집인. 주일학교운동의 선구자였다.

48) 자세한 내용은 대학생 선교회의 소책자 『쉽게 전할 수 있는 신앙 개념』 4권. <성령 안에서 살아가는 방법>을 참고하면 된다.

49) 자세한 내용은 대학생선교회의 소책자 『쉽게 전할 수 있는 신앙 개념』 5권. <성령 안에서 증거하

는 방법>을 참고하면 된다.

50) 데모스테네스(Demosthenes, BC384~322): 고대 그리스 아테네의 저명한 정치가이자 웅변가로서 반마케도니아운동의 선두에서 활동했다. 그의 정치연설이 유명하다.

51) 성 어거스틴(Saint Augustinus, 354~430): 북아프리카의 알제리 및 이탈리아에서 활동한 기독교 신학자이자 주교로, 개신교, 로마 가톨릭교회 등 서방 기독교에서 교부로 존경받는 사람이다.

52) 오병이어: 예수님께서 떡 다섯 개와 물고기 두 마리로 5천 명을 먹이신 사건으로 마태복음 14:13~21, 마가복음 6:30~44, 누가복음 9:10~17, 요한복음 6:1~15을 참고하기 바랍니다.

53) 워싱턴 몰(Washington Mall): 공식 이름은 워싱턴 내셔널 몰이며, 백악관에서 도보로 20분 거리에 있다. 국회의사당과 국회도서관, 모든 박물관과 기념관이 있는 공원이다.

54) 에드먼드 알렌비(Edmund Allenby, 1861~1936): 제1차 세계대전 중 영국 이집트 원정군의 사령관. 1917년 터키와의 전투에서 예루살렘을 점령했다.

55) 에드윈 오어(James Edwin Orr, 1912~1987): 북아일랜드 벨파스트 출신으로 미국에서 주로 활동한 침례교 목사이며, 풀러신학교의 교수, 대학생선교회의 초기 이사회원으로서 교회의 영적 부흥과 쇄신에 큰 역할을 했다.

56) 존 러스킨(John Ruskin, 1819~1900): 19세기 빅토리아 시대의 지도적 예술 비평가이며 저명한 사회 사상가였다.

57) 황금률(golden rule): 예수님이 산상수훈 중에 말씀하신 기독교의 기본적 윤리관. 남에게 대접을 받고자 하는 대로 남을 대접하라는 가르침이다.

4영리(四靈理)에 대하여 들어 보셨습니까?

자연계에 자연 법칙이 있듯이
하나님과 사람 사이에도 영적인 원리가 있습니다.

제 1 원리   하나님은 당신을 사랑하시며,
당신을 위한 놀라운 계획을 가지고 계십니다.

하나님의 사랑

"하나님이 세상을 이처럼 사랑하사 독생자(예수 그리스도)를 주셨으니 이는 그를 믿는 자마다 멸망하지 않고 영생을 얻게 하려 하심이라"고 했습니다.(요한복음 3장 16절)

하나님의 계획

예수 그리스도께서 말씀하시기를 "내가 온 것은 양(당신)으로 생명을 얻게 하고 더 풍성히 얻게 하려는 것이라"고 하셨습니다.(요한복음 10장 10절)

그런데, 왜 많은 사람들이 이 풍성한 삶을 누리지 못하고 있을까요?
그 이유는 …

 사람은 죄에 빠져 하나님으로부터 떠나 있습니다.
그러므로 하나님의 사랑과 계획을 알 수 없고,
또 그것을 체험할 수 없습니다.

사람은 죄에 빠져 있습니다.
"모든 사람이 죄를 범하였으매 하나님의 영광에 이르지 못하더니" 라고 했습니다.(로마서 3장 23절)
본래 사람은 하나님과 사귀며 살도록 창조되었습니다. 그런데 사람이 자기 마음대로 살려고 했기 때문에 마침내 하나님과의 사귐은 끊어지고 말았습니다. 하나님 없이 제 마음대로 사는 사람은 적극적일 때는 하나님께 반항하게 되며, 소극적일 때는 하나님에 대하여 무관심하게 되는데 이것이 바로 성경이 말하는 죄의 증거입니다.

사람은 하나님으로부터 떠나 있습니다.
"죄의 삯은 사망" 이라고 했습니다.(여기서 사망이란 영적으로 하나님으로부터 떠나 있는 상태를 말합니다.)(로마서 6장 23절)

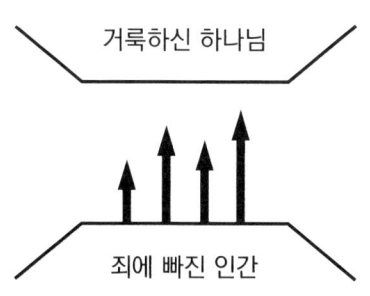

하나님은 거룩하시며 사람은 죄에 빠져 있습니다. 그리하여 이 둘 사이에는 커다란 간격이 생겼습니다. 사람들은 끊임없이 선행, 철학, 종교 등의 자기 힘으로 하나님께 도달하여 풍성한 삶을 누려 보려고 애쓰고 있습니다.

이 간격을 이어주는 유일한 길을 제3원리에서 설명하고 있습니다.

예수 그리스도만이 사람의 죄를 해결할 수 있는 하나님의 유일한 길입니다. 당신은 그를 통하여 당신에 대한 하나님의 사랑과 계획을 알게 되며, 또 그것을 체험하게 됩니다.

그는 우리를 대신하여 죽으셨습니다.
"우리가 아직 죄인 되었을 때에 그리스도께서 우리를 위하여 죽으심으로 하나님께서 우리에 대한 자기의 사랑을 확증하셨느니라" 고 했습니다.(로마서 5장 8절)

그는 또한 죽음에서 살아나셨습니다.
"그리스도께서 우리 죄를 위하여 죽으시고 장사 지낸 바 되셨다가 성경대로 사흘 만에 다시 살아나사 게바에게 보이시고 후에 열두 제자에게와 그 후에 오백여 형제에게 일시에 보이셨나니…" 라고 했습니다.(고린도전서 15장 3~6절)

예수 그리스도만이 하나님께 이르는 유일한 길입니다.
예수 그리스도께서 말씀하시기를 "내가 곧 길이요 진리요 생명이니 나로 말미암지 않고는 아버지께로 올 자가 없느니라" 고 하셨습니다.(요한복음 14장 6절)

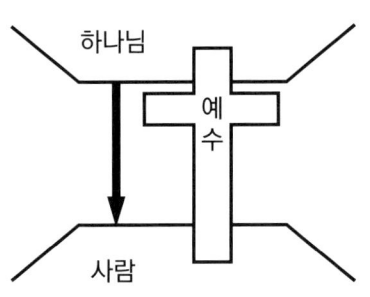

하나님은 그의 아들이신 예수 그리스도를 이 세상에 보내어 우리를 대신하여 십자가에 죽게 하심으로 우리의 죗값을 담당케 하시고 하나님과 우리 사이에 다리를 놓아 주셨습니다.

그러나, 이상의 세 가지 원리를 아는 것만으로는 충분하지 않습니다.

제4원리

우리는 개인적으로 예수 그리스도를 '나의 구주, 나의 하나님'으로 영접해야 합니다. 그러면 우리는 우리 각 사람에 대한 하나님의 사랑과 계획을 알게 되며, 또 그것을 체험하게 됩니다.

우리는 예수 그리스도를 영접해야 합니다.
"영접하는 자 곧 그 이름을 믿는 자들에게는 하나님의 자녀가 되는 권세를 주셨으니" 라고 약속했습니다.(요한복음 1장 12절)

우리는 믿음으로 예수 그리스도를 영접합니다.
"너희는 그 은혜에 의하여 믿음으로 말미암아 구원을 받았으니 이것은 너희에게서 난 것이 아니요 하나님의 선물이라 행위에서 난 것이 아니니 이는 누구든지 자랑하지 못하게 함이라" 고 했습니다.(에베소서 2장 8~9절)

우리는 각자의 초청으로 예수 그리스도를 영접합니다.
예수 그리스도께서 말씀하시기를 "볼지어다 내가 문 밖에 서서 두드리노니 누구든지 내 음성을 듣고 문을 열면 내가 그에게로 들어가 그와 더불어 먹고 그는 나와 더불어 먹으리라" 고 하셨습니다.(요한계시록 3장 20절)
그리스도를 영접한다는 뜻은 나 중심에서 하나님 중심으로 바꾸는 것이며, 내 안에 들어오셔서 내 죄를 용서하시고 그분이 원하시는 사람이 되도록 그리스도께 나를 맡기는 것입니다. 예수 그리스도의 말씀에 지적으로 동의한다든가 감정적인 경험만으로는 충분하지 않습니다. 우리는 의지의 행위인 믿음으로 예수 그리스도를 영접합니다.

다음 두 그림은 두 종류의 사람을 나타내고 있습니다.

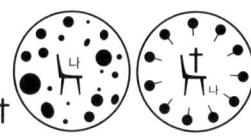

내가 나의 주인인 사람
- 나 - 내 인생의 왕좌에 나 자신이 앉아 있으며
- † - 그리스도는 내 인생의 밖에 계십니다.
- ● - 모든 일을 나 자신이 주관하므로 자주 좌절과 혼란에 빠집니다.

예수 그리스도가 나의 주인인 사람
- † - 그리스도가 내 인생의 왕좌에 앉아 계시며
- 나 - 나는 내 인생의 왕좌에서 내려와 모든 것을 그리스도께 맡겼습니다.
- ● - 모든 일을 그리스도께서 주관하시므로 하나님의 계획과 일치된 생활을 하게 됩니다.

어느 그림이 당신의 삶을 잘 나타내고 있습니까?
또 당신은 어느 그림에 속하게 되기를 원하십니까?
다음은 예수 그리스도를 어떻게 영접하는가를 설명해 줍니다.

당신은 바로 지금 이 자리에서 기도로 그리스도를 영접할 수 있습니다. (기도는 하나님과 이야기하는 것입니다)
그리스도께서 당신의 중심에 들어오시도록 간절한 마음으로 기도하십시오. 하나님은 우리의 중심을 알고 계십니다. 그래서 입으로 하는 말보다는 중심의 태도를 보고 싶어 하십니다. 이렇게 기도해 보십시오.

"주 예수님, 나는 주님을 믿고 싶습니다. 십자가에서 죽으심으로 내 죗값을 담당하시니 감사합니다. 지금 나는 내 마음의 문을 열고 예수님을 나의 구주, 나의 하나님으로 영접합니다. 나의 죄를 용서하시고 영생을 주심을 감사합니다. 나를 다스려 주시고, 나를 주님이 원하시는 사람으로 만들어 주옵소서. 예수님의 이름으로 기도합니다. 아멘"

이 기도가 당신의 마음에 드십니까?
그렇다면 바로 지금 이 기도를 드리십시오. 그러면 예수 그리스도는 그가 약속하신 대로 당신 안에 들어오실 것입니다.

그리스도가 당신 안에 계심을 어떻게 알 수 있을까요?
그리스도를 당신 안에 영접하셨습니까? 요한계시록 3장 20절의 약속에 의하면, 지금 그리스도는 당신의 경우 어느 곳에 계십니까? 그리스도는 당신 안에 들어오시겠다고 약속했습니다. 그가 거짓말을 하실까요? 그러면 무슨 근거로 하나님이 당신의 기도를 들으셨다는 사실을 알 수 있습니까? (하나님 자신과 그의 말씀인 성경의 신실성, 즉 하나님은 그의 약속을 반드시 지키십니다.)

성경은 예수 그리스도를 영접하는 모든 사람에게 영원한 생명을 약속하고 있습니다.
"또 증거는 이것이니 하나님이 우리에게 영생을 주신 것과 이 생명이 그의 아들 안에 있는 그것이니라 아들이 있는 자에게는 생명이 있고 하나님의 아들이 없는 자에게는 생명이 없느니라 내가 하나님의 아들의 이름을 믿는 너희에게 이것을 쓰는 것은 너희로 하여금 너희에게 영생이 있음을 알게 하려 함이라" (요한일서 5장 11~13절)
예수 그리스도께서 당신 안에 들어오셔서 영원히 떠나지 아니하심을 항상 감사하십시오.(히브리서 13장 5절) 영접한 순간부터 살아 계신 그분은 당신 안에 거하시며 당신은 영원한 생명을 얻었음을 명심하십시오. 하나님은 결코 속이지 않습니다.

꼭 기억할 사실은 …

감정에 의존하지 마십시오.
우리의 믿음은 하나님과 그의 말씀 곧 성경에 근거하는 것이지 우리 자신의 느낌이나 감정에 근거하는 것이 아닙니다. 그리스도인은 하나님과 그의 말씀을 믿는 믿음으로 사는 것입니다. 특별한 느낌이 있을 수도 있지만 없을지라도 안심하십시오.
다음 기차 그림은 **사실**(하나님과 그의 말씀), **믿음**(하나님과 그의 말씀에 대한 우리의
신뢰), **감정**(믿음과 순종의 결과)의 관계를 설명해 주고 있습니다.(요한복음 14장 21절)

기관차는 객차가 있으나 없으나 달릴 수 있습니다. 그러나 객차로 기관차나 연료차를 끌려고 하는 것은 어리석은 일입니다. 마찬가지로 그리스도인도 느낌이나 감정에 의존하지 않고 신실하신 하나님과 그의 말씀에 믿음의 근거를 두어야 합니다.

이제 당신은 예수 그리스도를 영접했습니다.
당신이 의지의 행위인 믿음으로 그리스도를 영접한 결과, 다음 몇 가지를 비롯하여 많은 일들이 일어났습니다.
1. 예수 그리스도께서 당신 안에 들어와 계십니다.
   (요한계시록 3장 20절; 골로새서 1장 27절)
2. 당신의 모든 죄는 사함을 받았습니다.(골로새서 1장 14절)
3. 당신은 하나님의 자녀가 되었습니다.(요한복음 1장 12절)
4. 당신은 영원한 생명을 얻었습니다.(요한복음 5장 24절)
5. 하나님께서 예비하신 풍성한 새 삶이 시작되었습니다.
   (요한복음 10장 10절; 고린도후서 5장 17절)

당신의 생애에서 예수 그리스도를 영접한 것보다 더 놀라운 일이 있을까요? 바로 지금 하나님께서 당신을 위해 행하신 일에 대해 감사하는 기도를 드리시겠습니까? 감사는 믿음의 표현입니다.(데살로니가전서 5장 18절)
         풍성한 새 삶을 누리기 위해서는 이제 어떻게 해야 할까요?

그리스도인의 성장을 위한 권면

그리스도인은 예수 그리스도를 신뢰함으로 영적 성장을 하게 됩니다. "의인은 믿음으로 살리라" 고 했습니다.(갈라디아서 3장 11절) 믿음으로 사는 생활이란 생활의 지극히 작은 일까지도 하나님께 맡기고 다음의 일들을 기쁨으로 실천하게 되는 것을 말합니다.

1. 날마다 하나님께 기도하십시오.(요한복음 15장 7절)
2. 하나님의 말씀인 성경을 날마다 읽으십시오.(사도행전 17장 11절)
   요한복음부터 읽으십시오.
3. 하나님께 항상 순종하십시오.(요한복음 14장 21절)
4. 말과 행동으로 그리스도를 증거하십시오.
   (마태복음 4장 19절; 요한복음 15장 8절)
5. 지극히 작은 일까지도 하나님께 맡기십시오.(베드로전서 5장 7절)
6. 성령께서 당신의 일상생활을 주관하시게 하고 능력을 받아 그리스도의 증인이 되십시오.(갈라디아서 5장 16~17절; 사도행전 1장 8절)

교회를 잘 선택하여 출석하는 일은 매우 중요합니다.
히브리서 10장 25절에 보면, 모이는 일을 게을리하지 말라고 권면하고 있습니다. 아궁이에 여러 개의 나무 토막을 넣으면 불이 잘 타지만 하나씩 따로 떼어 놓으면 불은 곧 꺼지고 맙니다. 당신과 다른 그리스도인과의 관계도 이와 마찬가지입니다. 예수 그리스도를 더 잘 배우고, 그가 원하시는 삶을 살며, 다른 그리스도인과의 교제를 갖기 위해서는 반드시 교회 생활을 해야 합니다.

바로 이 주일부터 시작하여 그리스도를 영화롭게 하고 하나님의 말씀을 올바로 전하는 가까운 교회에 나가서 목사님의 지도를 받으십시오.

당신이 발견한 이 놀라운 사실을 다른 사람에게 전하고 싶지 않습니까?

만일 이 소책자가 당신에게 뜻 깊은 도움이 되었다면
다른 사람에게 읽어 주거나 널리 전해 주시기 바랍니다.

이 소책자는 무려 수십억 부가 넘게 인쇄되었으며 수많은 사람들이 이 소책자를 통하여 그리스도 안에서 나타내 보이는 하나님의 뜻을 발견하고 새로운 삶을 시작했습니다. 아래 빈칸은 개인이나 단체가 필요할 때 사용하시기 바랍니다.

성령 충만한 삶을 살고 있나요?

그리스도인이 성령 충만을 알고 끊임없이 성령의 인도하심을 받는다면 하루하루 기쁘고 흥미진진한 삶을 살 수 있습니다.

성경은 성령 충만한 그리스도인과 세상적인 그리스도인에 대해 말합니다.

1. 성령 충만한 그리스도인

(성령의 인도를 받으며 성령의 능력으로 살아가는 사람)

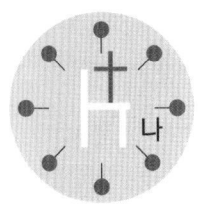

예수 그리스도가 나의 주인인 사람
- ✝ – 예수 그리스도가 내 삶의 중심에 계시며
- 나 – 나 자신은 삶의 중심에서 내려와 모든 것을 예수 그리스도께 맡겼습니다.
- ● – 모든 일을 예수 그리스도께서 주관하시므로 하나님의 계획과 일치된 생활을 하게 됩니다.

"영적인 사람(성령님께 속한 사람)은 모든 것을 제대로 살펴 옳게 판단하지만, 자기 자신은 세상 사람들의 판단에 좌우되지 않습니다." (고전 2:15)

2. 세상적인 그리스도인

(그리스도를 영접했으나 모든 일을 자기 힘으로 하려고 하는 사람)

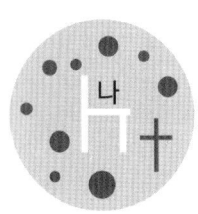

내가 나의 주인인 사람
- 나 – 내 삶의 중심에 나 자신이 앉아 있으며
- ✝ – 예수 그리스도는 내 삶의 중심에서 내려와 있습니다.
- ● – 모든 일을 나 자신이 주관하므로 자주 좌절과 혼란에 빠집니다.

"형제들이여, … 여러분은 여전히 육에 속한 세상적인 사람입니다. 지금 여러분 가운데 시기와 다툼이 있다는 사실이 바로 여러분이 육에 속한 세상적인 사람이라는 증거가 아니고 무엇이겠습니까? 여러분은 육에 속한 세상 사람들처럼 인간의 악한 본성에 따라 행하고 있습니다." (고전 3:1~3)

앞의 두 그림 중에 어느 그림이 당신의 삶을 나타내고 있습니까?
그렇다면 당신은 어느 그림에 속하기를 원하십니까?

다음은 성령 충만한 삶에 대해 가르쳐 줍니다.

하나님은 우리를 위해 풍성하고 열매 맺는 생활을 예비해 놓으셨습니다.

◆ 예수 그리스도께서 말씀하시기를 "나는 양들에게 생명을 주고, 또 그 생명을 더욱 풍성하게 해주기 위해 왔다." 고 하셨습니다.(요 10:10 하)

◆ "나는 포도나무요, 너희는 가지다. 그러므로 누구든지 그가 내 안에 살고, 또 내가 그 안에 살면, 그는 많은 열매를 맺게 될 것이다. 너희가 나를 떠나서는 아무것도 할 수 없다." (요 15:5)

◆ "그러나 성령의 인도에 따른 삶의 열매는 사랑과 기쁨과 평강과 인내와 친절과 선함과 신실함과 온유와 절제입니다. 이런 것들을 막을 율법은 없습니다." (갈 5:22~23)

하나님을 신뢰하는 성령 충만한 그리스도인 의 삶은,

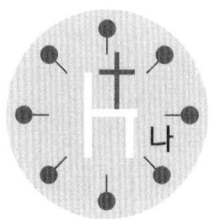

- 예수님 중심의 생활
- 응답 받는 기도 생활
- 하나님 말씀을 깨달음
- 하나님을 신뢰함
- 하나님께 순종함
- 성령의 권능을 받음
- 다른 사람을 예수님께 인도함

일상생활의 작은 부분까지 하나님을 의지하고 영적으로 계속 성장할 때 이런 삶의 특성들이 더욱 분명하게 나타나게 됩니다.

그런데 왜 많은 그리스도인들이 이 풍성한 삶을 누리지 못할까요? 그 이유는…

세상적인 그리스도인은 풍성하고 열매 맺는 생활을 누릴 수 없습니다.

- ◆ 그는 하나님의 사랑과 죄 용서함과 성령의 능력에 대해 모르거나 경험하지 못하고 있습니다.
  (롬 5:8~10; 히 10:1~25; 요일 2:1~3; 벧후 1:9; 행 1:8)
- ◆ 그는 기복이 심한 영적 생활을 합니다.
- ◆ 그는 자기 힘으로 살아가려고 합니다. 옳은 일을 하고 싶어도 자신의 힘으로는 할 수 없다는 것을 알지 못합니다.
- ◆ 그는 신앙생활에 성령의 능력을 활용하지 못하고 있습니다.
  (고전 3:1~3; 롬 7:15~24; 8:7; 갈 5:16~18)

하나님을 전적으로 신뢰하지 않는 세상적인 그리스도인 의 삶은,

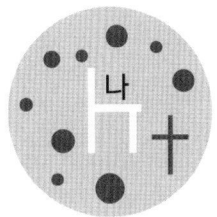

- 영적 자원에 대한 무지
- 불신앙, 불순종
- 율법적 태도
- 시기, 근심, 걱정, 죄책감
- 삶의 목적이 없음
- 하나님과 이웃에 대한 사랑을 잃음
- 성경 공부에 대한 열정이 식음
- 기도를 게을리 함

그리스도인이라고 말하면서도 계속해서 죄를 짓는 사람은 전혀 그리스도인이 아닐 수도 있다는 사실을 알아야 합니다. (요일 2:3; 3:6,9; 엡 5:5)

풍성하고 열매 맺는 생활을 하려면 어떻게 해야 할까요?

성령으로 충만하면 풍성하고 열매 맺는 생활을 할 수 있습니다.

성령 충만한 생활이란

예수 그리스도께서 나를 다스리시도록 내 생활의 중심을 그 분께 맡기는 삶입니다. 즉 내 안에 계신 성령의 인도를 따라 순종하며 사는 것입니다.(요 15장)

 "나는 그리스도와 함께 십자가에 못 박혔습니다. 그러므로 이제는 더 이상 내가 사는 것이 아니라, 내 안에 계시는 그리스도께서 사시는 것입니다. 내가 지금 육신을 갖고 살고 있는 것은, 오직 나를 사랑하셔서 나를 위해 자기 몸을 내어 주신 하나님의 아들 그리스도를 믿는 믿음으로 살고 있는 것입니다." (갈 2:20)

성령님은 하나님이십니다.

◆ 예수님을 영접한 순간부터 성령은 항상 그리스도인 안에 계십니다. (요 1:12; 3:1~8; 14:16~17)

 성령께서 모든 그리스도인 안에 살아 계시지만 모든 그리스도인이 다 성령으로 충만한 것은 아닙니다.

◆ 성령은 목마른 사람에게 필요한 생수와 같이 풍성한 삶의 원천입니다.(요 7:37~39)

◆ 성령은 예수 그리스도를 영화롭게 하기 위해 오셨습니다. 우리가 성령으로 충만할 때만 예수님을 영화롭게 할 수 있습니다.(요 16:13~14)

◆ 성령은 그리스도를 전할 수 있는 능력을 주십니다.

 "그러나 성령이 너희에게 임하시면, 너희는 권능을 받게 될 것이다. 그러면 너희는 예루살렘에서, 유대와 사마리아 전 지역에서, 그리고 땅 끝까지 이르러 나의 증인이 될 것이다." (행 1:8)

어떻게 하면 성령 충만을 받을 수 있을까요?

믿음으로 성령 충만을 받을 수 있습니다.

믿음으로 성령 충만을 받아야만 풍성하고 열매 맺는 생활을 경험할 수 있습니다.

- ◆ 성령으로 충만 하기를 간절히 사모하십시오.
  (마 5:6; 요 7:37~39; 시 42:1~2)
- ◆ 당신의 죄를 남김없이 고백하십시오.(요일 1:9)
- ◆ 하나님께서 당신의 과거와 현재와 미래의 모든 죄를 용서해 주심에 대해 믿음으로 감사하십시오.(골 2:13~14; 요일 2:1~3; 히 10:10~12)
- ◆ 성령 충만을 믿음으로 간구해야 합니다.
  "이처럼 그리스도께서 우리를 위해 대신 저주를 받으신 것은 … 또한 우리도 믿음으로 말미암아 약속된 성령을 받게 하시기 위함입니다." (갈 3:14)

- ● 하나님의 명령 – 성령으로 충만함을 받으라고 하셨습니다.
  "술에 취해 살지 마십시오. 그 길은 방탕의 길입니다. 오직 성령으로 충만해지십시오." (엡 5:18)

- ● 하나님의 약속 – 우리가 하나님의 뜻대로 기도하면 언제나 응답해 주십니다.
  "하나님 앞에서 우리가 갖는 확신은 이러하니, 곧 무엇이든지 우리가 하나님의 뜻에 따라 구하면, 하나님께서는 언제든지 우리의 기도를 들어주신다는 사실입니다. 또 무엇을 구하든지 하나님께서 우리의 기도를 들어주신다는 것을 안다면, 우리가 하나님께 구한 것들을 그분께로부터 반드시 받게 된다는 것도 압니다." (요일 5:14~15)

믿음은 기도를 통해 표현할 수 있습니다.

성령 충만을 받기 위한 기도는 어떻게 하는 것일까요?

오직 믿음으로만 성령 충만을 받을 수 있습니다. 진실한 기도는 믿음을 표현하는 방법입니다. 이렇게 기도해 보십시오.

> "사랑하는 하나님 아버지, 저는 주님이 필요합니다. 제가 저의 삶을 다스려 왔고 그 결과로 죄를 지었음을 고백합니다. 예수 그리스도께서 십자가에 죽으심으로 저의 모든 죄를 용서해 주심을 감사합니다. 주님께서 성령 충만 받으라고 명령하시고, 믿음으로 구하면 주시겠다고 약속하신 말씀대로 저를 성령으로 충만하게 하옵소서. 주님께서 제 삶의 중심을 취하여 주시고 저를 다스리심을 감사 드리며 예수님의 이름으로 기도합니다. 아멘"

이 기도가 마음에 드십니까?
그렇다면 하나님께서 당신을 성령으로 충만하게 해 주실 것을 믿고 지금 이 자리에서 기도를 드리십시오.

당신이 성령 충만 받은 것을 어떻게 알 수 있을까요?

당신은 성령 충만을 받기 위해 기도하셨습니다.
그렇다면 지금 당신이 성령 충만하게 된 것을 어떻게 알 수 있을까요? 신실하신 하나님과 그의 말씀에 근거하여 알 수 있습니다.(히 11:6; 롬 14:22~23)

감정에 의존하지 마십시오. 그리스도인은 감정에 의존하는 것이 아니라 신실하신 하나님과 그의 말씀을 믿는 믿음으로 살아갑니다.

다음 기차 그림은 사실(하나님과 그의 말씀), 믿음(하나님과 그의 말씀에 대한 우리의 신뢰), 감정(믿음과 순종의 결과)의 관계를 설명해 주고 있습니다. 기관차는 객차가 있으나 없으나 달릴 수 있습니다. 그러나 객차로 기관차나 연료차를 끌려고 하는 것은 어리석은 일입니다. 마찬가지로 그리스도인도 느낌이나 감정에 의존하지 않고 **신실하신 하나님과 그의 말씀**에 믿음의 근거를 두어야 합니다.

사실 기관차 | 믿음 연료차 | 감정 객차

어떻게 계속 성령 안에서 살아갈 수 있을까요?

하나님과 그의 말씀을 신뢰하는 믿음으로 순간순간 영혼의 호흡을 할 때 성령 안에서 살아갈 수 있습니다.

숨을 쉴 때 더러운 것을 내뿜고 깨끗한 것을 들이마시는 것처럼 **영혼의 호흡은 지은 죄를 고백하고 성령 충만을 받는 것입니다.**

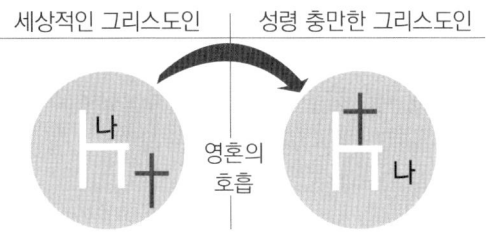

당신이 죄를 지었을 경우, 예수 그리스도께서 당신의 모든 죄를 십자가에서 용서해 주셨음을 감사하십시오. 믿음으로 그의 사랑과 용서를 받아들이고 주님이 다시 당신의 삶을 다스리시도록 영혼의 호흡을 하십시오.

영혼의 호흡

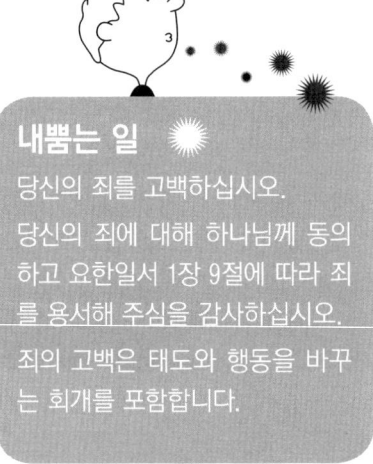

내뿜는 일
당신의 죄를 고백하십시오.
당신의 죄에 대해 하나님께 동의하고 요한일서 1장 9절에 따라 죄를 용서해 주심을 감사하십시오.
죄의 고백은 태도와 행동을 바꾸는 회개를 포함합니다.

들이마시는 일
믿음으로 성령 충만을 구하고 당신의 삶을 성령께 맡기십시오.
에베소서 5장 18절의 명령과 요한일서 5장 14~15절의 약속에 따라 성령 충만을 구하면 성령께서 당신을 다스리시고 능력을 주실 것입니다.

날마다 당신의 삶 속에서 죄를 내뿜고 성령 충만을 들이마심으로 지속적으로 성령 안에서 풍성한 삶을 살아가시기 바랍니다.

하나님의 약속 365 한·영합본

초판 1쇄 발행 1985년 11월 30일
개정판 1쇄 발행 2019년 12월 15일

지은이: 빌 브라이트
옮긴이: 정우철
편집: 김선진, 김효윤
디자인: 이혜진, 김성령

발행처: 순출판사
주소: 서울시 종로구 백석동 1가길 2-8
전화: 02-722-6931~2
등록: ® 제 1-2464호(1999.3.15)
홈페이지: www.soonbook.co.kr

ISBN 978-89-389-0324-2

본서의 판권은 순출판사에 있습니다. 무단 전재와 복제를 금합니다.

값 20,000원